# MÉLANGES OFFERTS

# A

# M.-D. CHENU

BIBLIOTHÈQUE THOMISTE

XXXVII

# MÉLANGES

OFFERTS

A

# M.-D. CHENU

MAITRE EN THÉOLOGIE

PARIS

LIBRAIRIE PHILOSOPHIQUE J. VRIN

6, Place de la Sorbonne, Ve

1967

# AVANT-PROPOS

*Le soixante-dixième anniversaire du P. Marie-Dominique Chenu a été l'occasion de diverses manifestations de sympathie de la part de ses très nombreux amis, venus des horizons les plus divers, — manifestations dont la plus notoire a été la publication en deux gros volumes d'une partie de ses travaux, dispersés pendant quarante ans en de nombreux recueils et périodiques. Il a semblé que l'œuvre scientifique du P. Chenu appelait un hommage spécial de la part des historiens et théologiens, ses amis ou ses disciples. Quelques-uns d'entre eux ont ainsi accepté de collaborer au présent volume de Mélanges que le P. Chenu veut bien accueillir dans la collection de la « Bibliothèque thomiste » dont il est le directeur, comme le fit naguère, en cas semblable, le P. Mandonnet.*

*Successeur du P. Chenu comme Recteur des Facultés du Saulchoir quand je pris l'initiative de ce recueil, je suis arrivé à la fin de ma charge sans avoir mené jusqu'à son terme une entreprise que diverses circonstances ont notablement retardée. Le P. Chenu sait bien qu'aujourd'hui encore à travers moi c'est le Saulchoir qui lui offre ces Mélanges.*

*Le 1er Novembre 1966.*

*André DUVAL, O. P.,*

*Vice-Recteur des Facultés du Saulchoir.*

*(Recteur de 1962 à 1965).*

# BIBLIOGRAPHIE
# DU
# P. MARIE-DOMINIQUE CHENU
## (1921-1965)
### par

André DUVAL, O. P.

Une bibliographie du P. Chenu (1911-1963) a été publiée dans le recueil : M.-D. CHENU, *La Parole de Dieu. I. La foi dans l'intelligence*, Paris, 1964, pp. 397-411. Cette bibliographie est ici corrigée et complétée.

Un certain nombre de publications du P. Chenu, réparties en des revues assez diverses, ayant été reprises dans des ouvrages ultérieurs, et plus particulièrement dans les deux recueils parus en 1964, il a semblé utile d'en tenir compte dans cette bibliographie. L'astérisque qui précède certains titres signifie que la publication signalée se retrouve dans une publication ultérieure, dont la référence est ensuite donnée entre crochets. — Les recueils où sont repris des textes antérieurs sont eux-mêmes signalés par un double astérisque.

ABRÉVIATIONS

| | |
|---|---|
| AD | Année dominicaine |
| AHDLMA | Archives d'histoire doctrinale et littéraire du Moyen Age |
| BT | Bulletin thomiste |
| CD | Cahiers du Droit |
| CUC | Cahiers universitaires catholiques |
| E | Esprit |
| EH | Economie et humanisme |
| ER | Etudes religieuses. Liège |
| ET | Esprit et technique |
| ICI | Informations catholiques internationales |
| LV | Lumière et vie |
| MD | Maison-Dieu |
| MO | Masses ouvrières |
| NRT | Nouvelle revue théologique |
| PM | Parole et mission |
| RD | Recherches et débats |
| RHE | Revue d'histoire ecclésiastique |
| RSPT | Revue des sciences philosophiques et théologiques |

| | |
|---|---|
| RSR | Recherches de science religieuse |
| RT | Revue thomiste |
| SdT | Signes du temps |
| TC | Témoignage chrétien |
| VI | Vie intellectuelle |
| VS | La Vie spirituelle |
| VSS | La Vie spirituelle. Supplément |

1921

1. *Un traité de spiritualité.* [Recension de Mgr Waffelaert. La Colombe spirituelle. Paris, 1919]. VS, III, 1921, pp. 398-400.
2. *De l'oraison.* Traduction d'un fragment du « Compendium totius doctrinæ catholicæ », de Jean de Saint-Thomas. VS, V, 1921-1922, pp. 219-228.

1922

3. *Le bon frère Thomas.* Revue des jeunes, 1922-I, pp. 521-527.

1923

4. * *Contribution à l'histoire du traité de la foi. Commentaire historique de* IIa IIae, q. 1, a. 2. Mélanges thomistes, Le Saulchoir, Kain, 1923, pp. 123-140 [cf. 331].
5. *Chronique de théologie mystique. Idéal monastique et vie chrétienne.* VS, VII, 1923, pp. 441-445.
6. *Ascèse et péché originel.* VS, VII, 1923, pp. 547-551.
7. *Aux incroyants.* VS, IX, 1923, pp. 93-95.
8. *Bulletin d'histoire des doctrines chrétiennes : Antiquité.* RSPT, XII, 1923, pp. 214-235. *Période moderne.* Ibid., pp. 250-253.

1924

9. * *La raison psychologique du développement du dogme.* RSPT, XIII, 1924, pp. 44-51 [cf. 331].
10. *Bulletin d'histoire des doctrines chrétiennes : Antiquité.* RSPT, XIII, 1924, pp. 221-23. *Période moderne.* Ibid., pp. 255-263.
11. Recensions : BT, I, 1924, nos 33, 35, 39, 48, 51-53, 57-61, 173.

1925

12. « *Maître* » *Thomas est-il une* « *autorité* » ? *Note sur deux lieux théologiques au* XIIe *s. : les* « *auctoritates* » *et les* « *magistralia* ». RT, XXX, 1925, pp. 187-194.
13. *Pro fidei supernaturalitate illustranda.* Xenia Thomistica. Rome, 1925, vol. III, pp. 297-307.

14. * « *Authentica* » *et* « *Magistralia* ». *Deux lieux théologiques au* XII$^{e}$-XIII$^{e}$ *s.* Divus Thomas (Plaisance), XXVIII, 1925, pp. 257-285 [cf. 211].

15. *Bulletin d'histoire des doctrines chrétiennes : Antiquité. Période moderne.* RSPT, XIV, 1925, pp. 217-247.

16. *Dictionnaire de théologie catholique,* t. VIII. Jacques de Brescia, 291-2. Jacques de Lausanne, 298-9. Jacques de S. Dominique, 299. Janssenboy Corneille, 531. Janssenboy Nicolas, 531-2. Javelli, 535-537. Jean de Fribourg, 761-2. Jean de Montenero, 731. Kilwardby, 2354-2356. Koellin, 2370-2372. Laberthonie, 2387. Labye, 2392-2393. Lafon, 2446-2447. Lambert, 2470. Las Casas, 2620-2621.

17. Recensions : BT, I (2$^{me}$ année), 1925, pp. 332-335, 345-347, et n$^{os}$ 199-201, 205, 244-248, 323-329, 330-335, 341, 366, 413-415.

## 1926

18. *Dictionnaire de théologie catholique,* t. IX. Ledesma (Barthélémy de), 126. Ledesma (Martin de), 126. Ledesma (Pierre de), 126-7. Lemos Thomas, 210-211. Leone Denis, 427. Lopez Louis, 934. Lorens, ou Laurent d'Orléans, 934-935. Loth Louis-Bertrand, 959. Maflix, 1509-1510. Magalhaens, 1510. Marcel d'Ancyre, 1993-8. Marchese, 2007. Mariales, 2335-2336.

19. *Bulletin d'histoire des doctrines chrétiennes : Antiquité. Période moderne.* RSPT, XV, 1926, pp. 422-446.

20. *Le* « *De spiritu imaginativo* » *de R. Kilwardby, O. P.* († 1279). RSPT, XV, 1926, pp. 507-517.

21. Recensions : BT, I (3$^{me}$ année), 1936, n$^{os}$ 580, 585, 587, 588, 599, 610, 614-615, 630, 633, 657-661, 672-675, 684-688, 975-978, 980-981, 1035-1040.

## 1927

22. *Le P. A. Ghesquière.* Préface de A. GHESQUIÈRE : *Saint Pierre,* Juvisy, 1927, pp. I-XII.

23. *Autor, Actor, Author.* Bulletin Du Cange, III, 1927, pp. 81-86.

24. *La théologie comme science au* XIII$^{e}$ *siècle.* AHDLMA, II, 1927, pp. 37-71.

25. *Notes de lexicographie philosophique médiévale.* Collectio, collatio. RSPT, XVI, 1927, pp. 435-446.

26. Recensions : BT, II (4$^{me}$ année), 1927, pp. 111-115, 202-207, et n$^{os}$ 35, 58-67, 72, 85-86, 88, 90, 91-97, 102-107, 111, 113-114, 116-124.

## 1928

27. *Notes de lexicographie philosophique médiévale :* Antiqui, moderni. RSPT, XVII, 1928, pp. 82-94.

**28.** *La première diffusion du thomisme à Oxford. Klapwell et ses « notes » sur les Sentences.* AHDLMA, III, 1928, pp. 185-200.

**29.** *Bulletin d'histoire des doctrines chrétiennes. Période moderne.* RSPT, XVII, 1928, pp. 308-339.

**30.** *Bulletin de théologie spéculative. Introduction à la théologie.* RSPT. XVII, 1928, pp. 798-800.

31. Recensions : BT, II (5me année), 1928, nos 125-127, 253-254, 297, 302, 371-373.

1929

32. *Pour l'histoire de la philosophie médiévale.* New scholasticism, III, 1929, pp. 65-74.

**33.** *Bulletin d'histoire des doctrines chrétiennes. Ouvrages généraux.* RSPT, XVIII, 1929, pp. 691-700. *Occident. Période moderne.* Ibid., pp. 755-776.

34. Recensions : BT, II (6me année), 1929, pp. 531-535, 574-577, et nos 505-512, 567, 570, 635-643, 648-649, 709-712, 754-755.

1930

**35.** *Les réponses de S. Thomas et de Kilwardby à la consultation de Jean de Verceil* (1271). *Mélanges Mandonnet.* Paris, 1930, t. I, pp. 191-222.

**36.** *Une opinion inconnue de l'école de Gilbert de la Porrée.* RHE, XXVI, 1930, pp. 347-353.

**37.** *Les études religieuses en France et en Allemagne autour de 1830.* VI, 10 janvier 1930, pp. 52-56.

38. *Pour lire saint Augustin.* VS, XXIV, 1930, pp. 135-157.

39. *Bulletin d'histoire des doctrines chrétiennes : Antiquité.* RSPT, XIX, 1930, pp. 569-581. *Occident. Temps modernes*, pp. 616-636.

40. Recensions : BT, III (7me année), 1930, pp. 36-40 et nos 15-23, 99-100.

1931

**41.** *Le sens et les leçons d'une crise religieuse.* VI, 10 déc. 1931, pp. 356-380.

**42.** *De Melchior Cano au P. Gardeil. La Méthode de la Théologie.* Revue dominicaine, XXXVIII, 1931, 660-665.

43. *Les nouvelles Etudes carmélitaines.* VSS, XXVIII, 1931, pp. 62-64.

**44.** *Bulletin d'histoire des doctrines chrétiennes : Ouvrages généraux.* RSPT, XX, 1931, pp. 553-559. *Antiquité.* Ibid., pp. 578-585.

45. Recensions : BT, III (8^me^ année), 1931, n^os^ 164, 170-171, 182-183.

1932

46. *Pour l'histoire de la notion de philosophie chrétienne.* RSPT, XXI, 1932, pp. 231-235 (à propos de E. Gilson, *L'esprit de la philosophie médiévale,* 1^re^ série. Paris, 1932).
47. *Maîtres et bacheliers de l'Université de Paris vers* 1240. *Description du Manuscrit Paris, Bibl. Nat. lat.* 15652. *Etudes d'histoire littéraire et doctrinale du* XII^e^ *siècle.* 1^re^ *série* (Publications de l'Institut d'Etudes médiévales d'Ottawa, I). Ottawa-Paris, 1932, pp. 11-39.
48. * Préface à A. Gardeil, *Le Donné révélé et la théologie,* 2^e^ édit. Juvisy, 1932, pp. VII-XIV [cf. 331].
49. * *Les yeux de la foi.* Revue Dominicaine (Ottawa), XXXVIII, 1932, pp. 653-660 [cf. 331].
50. * *La psychologie de la foi dans la théologie du* XIII^e^ *siècle, Genèse de la doctrine de S. Thomas,* II^a^ II^ae^, p. 2, a. 1. *Etudes d'histoire doctrinale et littéraire du Moyen Age,* 2^e^ *série* (Publications de l'Institut d'Etudes médiévales d'Ottawa, II). Ottawa-Paris, 1932, pp. 163-191 [cf. 331].
51. *A. de Pouzzoles,* dans *Etudes d'histoire doctrinale et littéraire du Moyen Age,* 2^e^ *série* (Publications de l'Institut d'études médiévales d'Ottawa, II). Ottawa-Paris, 1932, p. 203.
52. *La surnaturalisation des vertus.* Bulletin thomiste ; notes et communications, janvier-mars 1932, pp. 93-96.
53. * *L'amour dans la foi.* Ibid., pp. 97-99 [cf. 331].
54. *Bulletin d'histoire des doctrines chrétiennes.* RSPT, XXI, 1932, pp. 444-461, 466-468, 476-477.
55. Recensions : BT, III (9^me^ année), 1932, n^os^ 343, 461, 493.

1933

56. *Allocution d'ouverture à la* 2^e^ *journée d'études de la Société thomiste* (Juvisy, 11 sept. 1933) sur *Le problème de la philosophie chrétienne.* La philosophie chrétienne. Ed. du Cerf, 1933, pp. 13-18.
57. *Avant-propos* à G. Paré, A. Brunet, P. Tremblay : *La Renaissance du* XII^e^ *siècle. Les Ecoles et l'enseignement* (Publications de l'Institut d'Etudes médiévales d'Ottawa, III). Paris, 1933, pp. 5-12.
58. *Notes de lexicographie philosophique médiévale.* Sufficiens. RSPT, XXII, 1933, pp. 251-259.
59. *Bulletin d'histoire des doctrines chrétiennes.* RSPT, XXII, 1933, pp. 517-525.

60. Recensions : BT, III (10me année), 1933, nos 784-786, 1078-1081, 1388-1393.

## 1934

61. *Bulletin d'histoire des doctrines chrétiennes.* RSPT, XXIII, 1934, pp. 463-474.

62. *Paroisses et œuvres. Les exigences de l'Action catholique.* Revue dominicaine (Ottawa), mars 1934, pp. 343-358.

63. *Après dix ans.* BT, IV (11me année), 1934, pp. 1-3.

64. *Le R. P. M.-D. Roland-Gosselin, O. P.* BT, IV (11me année), 1934, p. 329.

65. Recensions : BT, IV (11me année), nos 97, 308-311, 336.

## 1935

66. *Le traité « De tempore » de R. Kilwardby. Aus der Geisteswelt des Mittelalters, Studien und Texte Martin Grabmann zur Vollendung des* 60. *Lebensjahres von Freuden und Schülern gewidmet,* 2 *Halbband* (Beitr. zur Gesch. der Phil. u. Theol. der Mittelalters. Supplementband III. 2. Halbband). Münster in W. 1935, pp. 855-861.

67. * *Sentiment religieux et Théologie.* Préface à M.-M. Desmarais, *S. Albert le Grand docteur de la médiation mariale* (Publications de l'Institut d'études médiévales d'Ottawa, IV). Ottawa-Paris, 1935, pp. 7-12 [cf. 331].

68. *Victor Cousin en* 1856. RSPT, XXIV, 1935, pp. 65-75.

69. * *Position de la théologie.* RSPT, XXIV, 1935, pp. 232-257. [cf. 331].

70. *Un essai de méthode théologique au* XIIe *siècle.* RSPT, XXIV, 1935, pp. 258-267.

71. *Horace chez les théologiens.* RSPT, XXIV, 1935, pp. 462-465.

72. *Bulletin d'histoire des doctrines chrétiennes.* RSPT, XXIV, 1935, pp. 347-356.

73. *Bulletin de théologie. Introduction à la théologie.* RSPT, XXIV, 1935, pp. 705-707.

74. *Une religion contemplative* (Recension de M.-M. Davy, Les Dominicaines, Paris, 1934). VS, XLIII, 1935, pp. 86-89.

75. Recensions : BT, V (12me année), 1935, nos 509, 521, 604-610, 638, 648-659, 814-816, 908-921.

## 1936

76. *Notes de lexicographie philosophique médiévale.* Disciplina. RSPT, XXV, 1936, pp. 686-692.

77. * *La J.O.C. au Saulchoir*. AD, mai 1936, pp. 190-193 [cf. 332].

78. Introduction à Th.-M. CHARLAND, *Artes praedicandi. Contribution à l'histoire de la rhétorique au moyen âge*. (Publications de l'Institut d'études médiévales d'Ottawa, VII). Paris, Ottawa, 1936, pp. 7-13.

79. * *Grammaire et théologie aux* XII^e^ et XIII^e^ *siècles*. AHDLMA, X, 1935-6, pp. 5-28 [cf. 211].

80. *Bulletin de théologie. Introduction à la théologie*. RSPT, XXV, 1936, pp. 744-747.

81. *Bulletin d'histoire des doctrines chrétiennes*. RSPT, XXV, 1936, pp. 356-375.

82. *Le R.P. Mandonnet* (1858-1936). BT, IV (13^me^ année), 1936, pp. 693-697.

83. *Le R.P. Pègues, O.P.*, ibid., pp. 893-895.

84. Recensions : BT, IV (13^me^ année), pp. 779-781, 784-789, et n^os^ 1159-1173, 1183-1187, 1200-1201, 1227-1243, 1249, 1255, 1283-1287, 1299-1303, 1317-1412, 1420-1445, 1452-1525.

## 1937

85. *Une école de Théologie. Le Saulchoir*. Le Saulchoir, Kain-les-Tournai (Belgique). Etiolles (Seine-et-Oise), 1937 ; 128 pages.

86. * *L'unité de la foi : Réalisme et formalisme*. VSS, LII, 1937, pp. (1)-(8) [cf. 331].

87. *Théologie et spiritualité* (lire : Philosophie et spiritualité). VSS, LI, 1937, pp. (65)-(70).

88. *Saint Dominique et le Communisme*. VI, LII, 1937, pp. 31-34.

89. *La liberté dominicaine*. AD, août-sept. 1936, pp. 283-287.

90. * *Dimension nouvelle de la chrétienté*. VI, LIII, 1937, pp. 325-351 [cf. 95, 332].

91. *Les « philosophes » dans la philosophie chrétienne médiévale*. RSPT, XXVI, 1937, pp. 27-40.

92. *Bulletin d'histoire des doctrines chrétiennes*. RSPT, XXVI, 1937, pp. 379-400.

93. *Une doctrine, une œuvre, une vie* (Mère Louise-Marguerite Claret de la Touche). VS, LI, 1937, pp. 86-89.

94. Recensions : BT, V (14^me^ année), 1937 n^os^ 8-10, 124, 126, 146, 161, 163, 179, 181-182, 184, 187, 206-211, 213-219, 227-228.

## 1938

95. * *Dimension nouvelle de la Chrétienté*. Préface du Chanoine Cardijn. Paris, 1938 [reprise de 90].

96. *Albert le Grand et la révolution intellectuelle du* XIII^e^ *siècle*. Blackfriars, janv. 1938, pp. 5-15.

97. *Notes de lexicographie philosophique médiévale. Un vestige du stoïcisme.* RSPT, XXVII, 1938, pp. 63-68.

98. *Humanisme médiéval.* VI, LVII, 1938, pp. 413-416.

99. * *Comment la doctrine et la vie surnaturelle de l'Eglise créent un climat favorable à l'exercice ordonné des libertés dans la vie sociale.* Semaines sociales de France, 30ᵉ session (Rouen, 1938), Lyon, 1938, pp. 193-213. Repris sous le titre *Liberté et engagement du chrétien*, VI, LIX, 1938, pp. 181-210. Traduction anglaise : *Christian liberty and obligations.* Blackfriars, april 1939, pp. 263-276 ; may 1939, pp. 232-242 [cf. 332].

100. *Bulletin d'histoire des doctrines chrétiennes.* RSPT, XXVII, 1938, pp. 270-286.

101. Recensions : BT, V (15ᵐᵉ année), 1938, pp. 360-364 (J. Maritain. Humanisme intégral), et nᵒˢ 386-389, 665-668.

1939

102. *Les études de philosophie médiévale.* (Chronique annuelle de philosophie publiée par l'Institut international de collaboration philosophique). (Actualités scientifiques et industrielles, 813). Paris, Hermann et Cie, 1939, 8°, 87 pp.

103. *Sang du Christ.* Dictionnaire de théologie catholique, XIV, 1ʳᵉ partie, col. 1094-197.

104. * *Journalistes et théologiens.* In : Le rôle actuel de la presse (Actes du 37ᵉ Congrès de la Maison de la bonne presse, octobre 1938). Paris, 1939, pp. 76-81. Repris dans ER, n° 455, 15 avril 1939 [cf. 332].

105. *Le plan de la Somme Théologique de saint Thomas.* RT, XLV, 1939, pp. 93-107.

106. * *Chrétien mon frère.* VS, LXI, 1939, pp. 5-14 [cf. 332].

107. * *Classes et Corps mystique du Christ.* Semaines sociales de France, 31ᵉ session (Bordeaux, 1939). Lyon, 1939, pp. 373-389. Repris dans VI, 25 janvier 1940, pp. 9-31 [cf. 332].

108. *Bulletin d'histoire des doctrines.* RSPT, XXVIII, 1939, pp. 307-326.

1940

109. *Ratio superior et inferior. Un cas de philosophie chrétienne.* RSPT, XXIX, 1940, pp. 84-89 [cf. 126].

110. *Aux origines de la science moderne.* RSPT, XXIX, 1940, pp. 206-217.

111. * *L'équilibre de la scolastique médiévale.* RSPT, XXIX, 1940, pp. 304-312 [cf. 331].

112. *Arts « mécaniques » et œuvres serviles.* RSPT, XXIX, 1940, pp. 313-315.

### 1941

113. *Spiritualité du travail.* Editions de Temps présent, 1941. Réédition, ER, n. 604-5, Liège, 1947, 45 pp.

114. * *Destinée personnelle et morale communautaire.* Dans *Contemplation* (Collection rencontres, n° 1). Paris, éd. du Cerf, 1941, pp. 31-42 [cf. 332].

### 1942

115. *Pour être heureux. Travaillons ensemble.* Paris, PUF, 1942, 64 pages.

116. *Le couvent médiéval*, dans *Foyers de notre culture.* Coll. Rencontres, n° 9, Ed. du Cerf, 1942, pp. 14-30.

117. *La date du Commentaire de S. Thomas sur le « De Trinitate » de Boèce.* RSPT, XXX, 1941-2, pp. 432-434.

118. *La première traduction française de la Somme de S. Thomas.* RSPT, XXX, 1941-2, pp. 435-438.

119. *Bulletin d'histoire de la philosophie. Moyen Age.* RSPT, XXX, 1941-2, pp. 465-474.

### 1943

120. *La Théologie comme science au* XIII$^e$ *siècle.* 2$^e$ édition. Pro manuscripto, 1943 ; 125 pages.

### 1944

121. * *L'Abbé H. Godin, fondateur de la « Mission de Paris »*,† 17 *janvier* 1944. VS, LXX, 1944, pp. 448-450 [cf. 332].

122. * *La révolution communautaire et l'apostolat.* MO, I (1944), pp. 22-34 [cf. 332].

123. *La confession de dévotion ; sur un passage de l'encyclique « Mystici corporis ».* MO, I (1944), pp. 49-51.

124. *Pourquoi l'insurrection ?* Courrier français du TC, 2 sept. 1944 [cf. 332].

125. *Révolution économique et révolution spirituelle.* Revue de l'Economie contemporaine, juin 1944, pp. 30-32.

### 1945

126. *Ratio superior et ratio inferior. Un cas de philosophie chrétienne.* Laval théologique et philosophique, 1945, pp. 119-123 [Reprise de 109].

127. *Mort d'un théologien* (le P. de Montcheuil). VI, février 1945, pp. 54-55.

128. * *Laïcs en Chrétienté.* MO, juill. 1945, pp. 15-35 [cf. 332].

**129.** * *L' « homo economicus » et le chrétien. Réflexions d'un théologien à propos du marxisme.* EH, mai-juin 1945, pp. 225-236. [cf. 202].

**130.** * *La notion du profit et les principes chrétiens.* Semaines sociales de France, 32ᵉ session (Toulouse, 1945), Lyon, 1945, pp. 125-139 [cf. 332].

**131.** *Destinée communautaire des biens et appropriation personnelle* (Notes de conférence). CD, n° 1, avril 1945, pp. 17-20.

132. Recension : H. de Lubac. Corpus mysticum. Dieu vivant, 1, 1945, pp. 141-143.

1946

133. *« Imaginatio ». Note de lexicographie philosophique médiévale. Miscellanea Giovanni Mercati,* vol. II (Studi e testi, 122). Cité du Vatican, 1946, pp. 593-602.

**134.** * *Réformes de structure en chrétienté.* EH, mars-avril 1946, pp. 85-98 [cf. 332].

**135.** *L'Humanisme et la réforme au collège de Saint-Jacques de Paris.* Archives d'histoire dominicaine, I, 1946, pp. 130-154.

**136.** *« Ratio superior et inferior ». A note on the interaction of theology and philosophy.* Downside Rewiev, 64, 1946, pp. 260-265 [cf. 109].

137. Préface à Dr Jouvenroux, *Témoignages sur la spiritualité moderne.* Paris, 1946, pp. 13-15.

138. *Humanisme médiéval.* Préface à *Les hommes du Moyen-Age* (collection « Sous le ciel »). Paris, 1946.

139. *Recht und Theologie. Francisco de Vitoria zum Gedächtnis.* Œsterreich. Zeitschrift für offentl. Recht, II, 1946, pp. 89-94.

140. Recensions : BT, VI (17ᵐᵉ à 19ᵐᵉ année, 1941-1942), nᵒˢ 111, 122, 124-125, 146-150, 167-171, 190-201, 203-215, 217-220, 233-240, 242-250, 264-268, 271-281, 346-347, 750.

1947

**141.** *Le dernier avatar de la théologie orientale en Occident au XIIIᵉ siècle. Mélanges Auguste Pelzer,* Louvain, 1947, pp. 159-181.

**142.** * *La conception du devenir social.* Semaines sociales de France, 34ᵉ session (Paris, 1947). Lyon, 1947, pp. 231-250 [cf. 202].

143. * *Anthropologie et liturgie.* MD, 12, 1947, pp. 53-65 [cf. 331].

**144.** *« Sauver les principes... ».* MD, 12, 1947, pp. 131-132.

145. * *L'âme de tout apostolat.* MO, juin 1947, pp. 84-87 [cf. 332].

146. *Université et communauté.* CD, n° 9-10, mars-avril-mai 1947, pp. 9-11.

147. *Un sermon, ou simple histoire : note théologique.* Cahiers du clergé rural, n° 87, avril 1947, pp. 611-614. Repris dans MD, n° 13, 1948, pp. 173-176.

1948

148. *Les « quaestiones » de Thomas de Buckingham. Studia mediaevalia in honorem A. R. P. Raymundi Josephi Martin.* Bruges, 1948, pp. 229-241.

149. * *Réformes de structure en chrétienté,* dans *Inspiration religieuse et structures temporelles.* Paris, 1948, pp. 261-281 [cf. 332].

150. *Evangélisme et théologie au* XIII*e* *siècle.* Dans *Mélanges offerts au R. P. Ferdinand Cavallera.* Toulouse, 1948, p. 339-346.

151. * *Civilisation technique et spiritualité nouvelle.* MO, mai 1948, pp. 14-37 [cf. 332].

152. * *Réflexions chrétiennes sur la vérité de la matière.* E, mai 1948, pp. 884-888 [cf. 332].

153. * *Matérialisme et spiritualisme.* EH, mars-avril 1948, pp. 143-145 [cf. 332].

154. * *Corps de l'Eglise et structures sociales.* Jeunesse de l'Eglise, 1948, pp. 145-153 [cf. 332].

1949

155. *Communautés de jeunes foyers.* EH, juillet-septembre 1949, pp. 22-26.

1950

156. *Introduction à l'étude de saint Thomas d'Aquin* (Université de Montréal. Publication de l'Institut d'études médiévales, XI). Montréal et Paris, 1950, 305 pages.

157. *Introduction à l'Imitation de Jésus-Christ.* Bibiothèque spirituelle du chrétien lettré. Paris, 1950, pp. I-XXX.

158. * *Chrétienté ou mission ?* VI, juin 1950, pp. 745-748 [cf. 332].

159. * *La croyance à l'Assomption corporelle en Occident de* 1150 *à* 1250 *environ.* Bulletin de la Société française d'études mariales, VIII, 1950, pp. 13-32 [cf. 331].

160. *Où en est la philosophie du Droit*e*? Réflexions du théologien.* CD, n° 22, 1950, pp. 19-20.

161. *Lettre à un ami après l'Encyclique « Humani generis ».* Bulletin d'information et de recherche, n° 4, octobre-novembre 1950, pp. 11-12.

162. *Naturalisme et Théologie au* XII*e* *siècle.* RSR, XXXVII, pp. 5-21.

163. *Les catégories affectives dans la langue de l'Ecole.* Dans *Le Cœur.* Etudes carmélitaines, XXIX, 1950, pp. 123-128.

164. Recensions : BT, VII, 1950, n°s 5I, 132, 276-282, 318-322.

## 1951

165. * *Les deux âges de l'allégorisme scripturaire au moyen âge.* Recherches de théologie ancienne et médiévale. XVIII, 1951, pp. 19-28 [cf. 211].

166. * *La croisade,* Terre humaine, mars 1951, pp. 16-21 [cf. 332].

167. *Avant l'assemblée plénière de l'épiscopat français. L'Eglise de France en* 1950. Le Monde, 30 mars 1951.

168. * *Dimensions collectives de l'ascèse.* Cahiers de la Vie spirituelle : *L'ascèse chrétienne.* Paris, pp. 205-218 [cf. 332].

169. * *Théologie symbolique et exégèse scolastique. Mélanges J. de Ghellinck,* Gembloux, 1951, pp. 509-526 [cf. 211].

170. *L'étude historique de saint Thomas.* (Notes prises par un secrétaire pendant la communication du P. Chenu aux cérémonies du centenaire du cardinal Mercier, Louvain, 1951). Revue philosophique de Louvain, XLIX, 1951, pp. 735-743.

171. * *Abélard le premier homme moderne.* Esprit et Vie, déc. 1951, pp. 391-408 [cf. 331].

172. * *Consistance juridique de la pauvreté évangélique constituée en état de vie.* CD, décembre 1951, pp. 15-18 [cf. 332].

173. Recensions : BT, VII, pp. 419-421.

## 1952

174. * *Pour une théologie du travail.* E, janv. 1952, pp. 1-12 [cf. 202].

175. *Mystique et Technique.* ET, n° 1, janv. 1952, pp. 4-6.

176. *Civilisation technique et dimension nouvelle de l'amour fraternel.* ET, n° 2, avril 1952, pp. 8-9.

177. * *Dogme et théologie dans la Bulle Unam sanctam. Mélanges Lebreton.* RSR, XL, 1952, pp. 307-316 [cf. 331].

178. *L'originalité de la morale de saint Thomas.* Préface à *Initiation théologique,* III. Ed. du Cerf, 1952, pp. 7-12.

179. *La pauvreté mendiante : Saint Dominique.* Problèmes de la religieuse d'aujourd'hui : *La pauvreté.* Ed. du Cerf. Paris, 1952, pp. 61-70. Traduction anglaise, dans *Religious Life.* IV. *Poperty,* Londres, 1954 ; traduction allemande, dans *Die Gelübde im Ordensleb.* IV. *Die Armut,* Einsiedeln-Köln, 1958.

180. * *Les sacrements dans l'économie chrétienne.* MD, n° 30, 1952, pp. 7-18 [cf. 331].

181. * *Vocabulaire biblique et vocabulaire théologique.* NRT, LXXIV, 1952, pp. 1029-1041 [cf. 331].

182. *L'instituteur et le monde du travail.* Equipes enseignantes, 1951-52, 3e tr., pp. 71-73.

183. Recensions : BT, VII, nos 1383-1387.

1953

184. * *La Ville. Notes de sociologie apostolique.* MO, IX, janv. 1953, pp. 30-54 [cf. 332].

185. * *L'homme et la nature. Perspectives sur la Renaissance du* XIIe *siècle.* AHDLMA, XIX, 1952, pp. 39-66 [cf. 211].

186. * *L'expérience des spirituels au* XIIe *s.* LV, n. 10, juin 1953, pp. 75-94 [cf. 332].

187. *Exemplaria universitaires des* XIIIe *et* XIVe *s.* Scriptorium, VII (1953), pp. 68-80 (en collab. avec J. Destrez).

186. *Une collection manuscrite des œuvres complètes de S. Thomas d'Aquin par le roi aragonais de Naples,* 1480-1493. Archivum Fratrum Praedicatorum, XXIII, 1953, pp. 309-326 (en collab. avec J. Destrez).

189. *La fin des temps dans la spiritualité médiévale.* LV, n° 11, sept. 1953, pp. 101-116.

190. *Théologie du travail.* Sources, sept. 1953, pp. 19-30.

191. * *Morale laïque et foi chrétienne.* CUC, déc. 1953, pp. 112-129 [cf. 332].

192. * *Cur homo ? Le sous-sol d'une controverse au* XIIe *siècle.* Mélanges de sciences religieuses, 1953, pp. 197-204 [cf. 211].

193. *L'Eglise missionnaire.* L'Actualité relig. dans le monde, n. 8, 15-7-1953, pp. 3-5.

1954

194. * *Le chrétien dans le monde.* Dans *Problèmes du catholicisme français,* La Nef, janvier 1964, pp. 217-224 [cf. 332].

195. * *Moines, clercs, laïcs. Au carrefour de la vie évangélique, au* XIIe *siècle.* RHE, XLIX, 1954, pp. 59-80 [cf. 211].

196. *Nature ou Histoire ? Une controverse exégétique sur la création au* XIIe *siècle.* AHDLMA, XX, 1953, pp. 23-30.

197. * *Le sacerdoce des prêtres-ouvriers.* VI, fév. 1954, pp. 175-181 [cf. 332].

198. * *Découverte de la nature et philosophie de l'homme à l'Ecole de Chartres au* XIIe *s.* Cahiers d'histoire mondiale, II, 1954, pp. 313-325 [cf. 211].

199. *Platon à Cîteaux.* AHDLMA, XXI, 1954, pp. 99-106.

200. * *Conscience de l'histoire et théologie au* XIIe *siècle*. AHDLMA, XXI, 1954, pp. 107-133 [cf. 211].

201. Recensions : BT, VIII, pp. 715-718 et n° 1346.

1955

202. ** *Pour une théologie du travail*. Paris, Ed. du Seuil, 1955, 127 pp. [reprise de 129, 142, 174]. Réimprimé dans « Livre de Vie », n° 53, 1965. Traduction néerlandaise : *De Arbeid. Pleidooi voor een theologie*. Antwerpen, 1956. Traduction allemande : *Die Arbeit und der göttliche Kosmos*. Mainz, M. Grünewald, 1956. Traduction espagnole : *Teologia del trabajo* ; avec préface de Mgr Morcillo, archev. de Saragosse. Barcelone, 1960. Traduction anglaise : *The Theology of work. An Exploration*, Dublin, 1963. Traduction italienne : *Per una Teologia del lavoro*, Turin, 1964.

1956

203. *Saint Thomas d'Aquin*, dans *Les Saints de tous les jours, Mars*. Club du Livre chrétien, 1956, pp. 82-89.

204. *Involucrum. Le mythe selon la théologie médiévale*. AHDLMA, XXII, 1955, pp. 75-79.

205. *L'esprit de St Dominique : Vérité communiquée*. France dominicaine, avril-mai 1956, pp. 124-125.

206. *Culture et théologie à Jumièges après l'ère féodale*. Jumièges. Congrès scientifique du XIIIe centenaire. Rouen. Le Cerf, 1956, pp. 775-781.

207. * *Foi et théologie, d'après le P. Gardeil*. RSPT, XL, 1956, pp. 645-651 [cf. 331].

208. *Dimension sociologique et institutionnelle de la pastoration*. Paroisse et mission, n° 2, 1956, pp. 58-61.

209. Présentation de *Jean de Sécheville. De principiis naturae*. Texte critique avec introduction et tables publié par R. M. GIGUÈRE, o. p. (Université de Montréal. Publications de l'Institut d'Etudes médiévales, XIV). Montréal et Paris, Vrin, 1956, pp. 7-8.

1957

210. *La théologie comme science au* XIIIe *siècle*. 3e éd. revue, Bibl. thomiste, XXXIII, Paris, Vrin, 112 pages.

211. ** *La théologie au* XIIe *siècle* (Etudes de philosophie médiévale, XLV). Paris, Vrin, 413 pages. [Reprise de 14, 79, 165, 169, 185, 192, 195, 198, 200].

212. *La théologie est-elle une science ?* Coll. « Je sais, je crois », Paris, Fayard, 140 pages. Traduction italienne : Encicl. catt. dell'uomo d'oggi, Catania, Ed. Paoline, 1958. Traduction anglaise et américaine. Traduction espagnole.

213. « *Mission* » : *à l'étranger, à l'intérieur. Chronique.* Paroisse et mission, n° 3, 1957, pp. 87-89.

214. * *Communautés humaines et présence missionnaire.* Paroisse et mission, N° 4, 1957, pp. 95-98 [cf. 332].

215. *Spiritus. Le vocabulaire de l'âme au* XII<sup>e</sup> *siècle.* RSPT, XLI, 1957, pp. 209-232.

1958

216. * *Position théologique de la sociologie religieuse.* Paroisse et mission, N° 5, 1958, pp. 5-9 [cf. 331].

217. * *Des diacres en l'an* 2.000 ? Paroisse et mission, N° 7, 1958, pp. 86-92 [cf. 332]. (Trad. allemande : *Theologie der Gegenwart,* III, 1960, pp. 240-243).

218. * *Sociologie de la connaissance et théologie de la foi.* RD, n° 25, 1958, pp. 71-77 [cf. 331].

219. * *L'évolution de la théologie de la guerre.* LV, N° 38, 1958, pp. 76-97 [cf. 332].

220. *Le chrétien et la colonisation.* Bulletin des chrétiens ouvriers de Montreuil, décembre 1958.

221. *Apparitions.* Rosaire et Vie chrétienne, fév. 1958, pp. 1-2.

222. * *L'Eglise en état de mission.* PM, I, 1958 [cf. 332].

223. *Un Dieu fait homme.* Panorama, Noël 1958.

224. *L'évolution de l'humanité et le phénomène religieux.* Bulletin de l'A. N. E. J. I. de Normandie, 1958.

225. *Le couvent de Saint-Jacques et les deux Renaissances du* XIII<sup>e</sup> *et du* XVI<sup>e</sup> *siècle.* Cahiers Saint-Jacques, 26, 38 pages.

226. *Une théologie axiomatique au* XII<sup>e</sup> *siècle: Alain de Lille* († 1203). Citeaux en de Nederland, IX, 1958, pp. 137-142.

227. *Introduction to the Summa of St. Thomas* (traduction du chap. 9 de l'*Introduction à l'étude de S. Thomas,* par R. E. Brennan et A. M. Landry). The Thomist Reader, 1958.

228. * « *Civique* » *ou* « *politique* ». ICI, 15-6-58, pp. 3-4 [cf. 332].

229. * *Histoire et allégorie au douzième siècle. Festgabe Lortz.* Baden-Baden, 1958, 2, pp. 59-71 [cf. 331].

230. Recensions : BT, IX, 1958, n°s 2166, 2167.

1959

231. *Saint Thomas d'Aquin et la théologie.* Collection « Les maîtres spirituels, Paris, Ed. du Seuil, 1959, 191 pages. (Traduction allemande, Hamburg, Rowohlt, 1960. Trad. espagnole, Madrid. Aguilar, 1962).

232. * *Lecture de la Bible et philosophie. Mélanges Etienne Gilson.* Paris, 1959, Vrin, pp. 161-171 [cf. 331].

233. *Présence de saint Anselme.* A propos du Congrès anselmien, Le Bec, juillet 1960. ICI, 1er juil. 1960.

234. *L'obscurantisme au Moyen Age.* Bulletin des missions du Tchad.

235. *L'Eglise au jour le jour.* VS, janv. 1959, pp. 61-63.

236. *La royauté du Christ d'après les théologiens médiévaux.* VS, oct. 1959, pp. 325-335.

237. *El Evangelio de la paz y la teologia de la guerra.* Criterio (Buenos Aires), déc. 1959, pp. 916-923.

238. * *Vérité et liberté dans la foi du croyant.* E, avril 1959, pp. 598-619. Traduction allemande, Wort und Wahreit (Autriche), oct. 1959, pp. 573-587. Traduction anglaise, Cross Currents (Amérique). [cf. 331].

239. * *Classe ouvrière et Eglise missionnaire.* TC., 1er mai 1959 [cf. 332].

240. *Réalités sociales et économiques du monde ouvrier.* Bulletin de l'A. N. E. J. I. de Normandie, 1959, pp. 21-29.

241. *Idéologies et mystiques dans le monde ouvrier.* Bulletin de l'A. N. E. J. I. de Normandie, 1959, pp. 30-40.

242. *La décolonisation. Réponse à Alioune Diop.* Tam-Tam, 8, mars 1959, pp. 11-12.

243. *La coexistence pacifique. L'ouvrage de M. Fr. Perroux.* TC, 22 mai 1959.

244. * *L'avenir professionnel de l'enfant. Perspectives théologiques,* in *L'enfant et son avenir professionnel. Esquisse d'une théologie de la création et du travail.* Paris, Ed. de Fleurus, 1959, pp. 9-48 [cf. 332].

245. *Bestaat er een theologie van de arbeid ?* De Gids (Bruxelles), 50, 1959, pp. 716-726.

246. *Préface* de l'ouvrage de A. Birou, *Sociologie et religion.* Paris, Ed. ouvrières, 1959.

247. *Personne et amour.* ET, mai 1959, pp. 23-25.

248. *Fécondité et création,* Foyers, oct. 1959.

249. *Marie éducatrice de la foi par le Rosaire.* Cahiers marials, nov. 1959, pp. 405-406.

250. *La condition humaine du prêtre au Moyen Age.* E, déc. 1959, pp. 725-728 [cf. 332].

251. *Mystère chrétien et transformation du monde.* Ad Lucem, août 1959, pp. 3-7.

252. Recensions : BT, X, 1959, pp. 19-21.

1960

253. Nouvelle édition, avec introduction, de la *Bibliographie thomiste* du P. Mandonnet. Bibliothèque thomiste, I, Paris, Vrin,

1960, 121 pages. *Das Werk des hl. Thomas von Aquin* (traduction, révision des notes et complément de la bibliographie, par O. M. PESH, O. P. (Die deutsche Thomasausgabe, 2, Ergänzungsband). Heidelberg, Kerle, Graz, Styrie, 1960, 20-451 pages.

254. * *Situation humaine. Corporalité et temporalité.* Premier Congrès international de philosophie médiévale, Louvain, 1958. Louvain, Paris, 1960, pp. 23-49 [cf. 332].

255. *Erigène à Cîteaux. Expérience intérieure et spiritualité objective,* dans *La philosophie et ses problèmes. Mélanges offerts à Mgr Jolivet.* Lyon, Paris, 1960, pp. 99-107.

256. *Jean de la Grange, abbé de Fécamp* (1357-1373) *et saint Thomas d'Aquin.* XIIIe Centenaire de l'abbaye de Fécamp (658-1958). Fécamp, 1960, pp. 151-155.

257. *Mystère et raison* dans *Le mystère.* Semaine des Intellectuels catholiques (nov. 1959). Paris, 1960, pp. 158-171.

258. *Tradition und Soziologie des Glaubens. Festschrift R. Geiselmann* (Tübingen). Freiburg, 1960, pp. 266-275.

259. * *Pour ou contre Dieu. La pensée contemporaine.* ICI, 1er janvier 1960, pp. 14-27 [cf. 332].

260. * *Dé-christianisation ou non-christianisation.* SdT, janv. 1960, pp. 3-5 [cf. 332].

261. * *L'économie du* XXe *siècle et la vertu de la Promesse,* dans *Encyclopédie française,* tome IX : *L'univers économique.* Paris, 1960, ch. 64, pp. 1-13 [cf. 332].

262. *L'espérance des pauvres et les lois économiques.* Kulturleeven (Bruxelles), octobre 1960.

263. *L'Ecole et le monde du travail.* Vie enseignante, octobre 1960.

264. * *Vers une théologie de la technique.* RD, 31, « Les techniques et l'homme », juin 1960, pp. 157-166 [cf. 332].

265. *Prêtres au travail.* Bulletin des Equipes d'ACMSS, janv. 1960, pp. 44-45.

266. *Christianisme et pensée des hommes,* dans *L'Eglise, les peuples et la culture.* Ad Lucem, Paris, 1960.

267. *Apostolat de simple présence et charité politique.* Paroisse et mission, N° 14, 1961, pp. 97-101.

268. Présentation de la *Vie de Saint Dominique par* LACORDAIRE. Paris, Ed. du Cerf, 1960, pp. 7-11.

269. Recensions : BT, X, 1960, n[os] 1096-1100.

## 1961

270. *Du bon usage des encycliques.* Vie nouvelle, déc. 1961, pp. 2-4.

271. * *Histoire sainte et vie spirituelle.* VS, mai 1961, pp. 506-513 [cf. 331].

272. *La coexistence culturelle de la civilisation arabe maghrébine et de la civilisation occidentale au Moyen Age.* Confluent, Rabat, 1961, pp. 10-17, 140-148, 264-270, 366-374.

273. * « *Spiritualisme* » *et sociologie,* dans *Jacques Leclerq. L'homme, son œuvre, ses amis.* Tournai-Paris, Casterman, 1961, pp. 209-216 [cf. 331].

274. *La théologie de la Loi ancienne selon S. Thomas.* RT, 1961, pp. 485-497.

275. * *Vie conciliaire de l'Eglise et sociologie de la foi.* E, 1961, pp. 678-689 [cf. 331].

276. * *La fin de l'ère constantinienne,* dans *Un concile pour notre temps.* Paris, Ed. du Cerf, pp. 59-83 [cf. 332].

277. *De hoop der armen en de wetten der economic.* Geugd en cultuur, 1960-1, pp. 3-8, 63-108 [cf. 262].

278. *La paix du Christ et la* « *paix* » *tout court.* TC, Noël 1961.

279. * *Apostolat de simple présence et charité politique.* Paroisse et mission, N° 14, 1961, pp. 97-101 [cf. 332].

280. *Vocation actuelle du laïc chrétien.* Ad lucem, n° 75, mars 1961, pp. 5-10.

281. Recensions : BT, X, 1961, n° 2353.

## 1962

282. *El Evangelismo.* Biblioteca dominicana, 4. Bogotà, 1962,, 28 p.

283. *Une définition pythagoricienne de la vérité au Moyen Age.* AHDLMA, XXVIII, 1961, pp. 7-13.

284. *A la mémoire renouvelée du Doctor Universalis Alain de Lille.* Dans *Cîteaux. Commentarii cistercienses.* Abbaye de Westmalle (Belgique), XIII, 1962, pp. 67-70.

285. *Nouvelles du Concile.* Amis de S. Jacques, I.

286. *Arbeit,* dans *Handbuch theologischer Grundbegriffe.* München, Kösel, pp. 75-86.

287. *La renovación de la Iglesia.* Criterio (Buenos-Aires), 1962, pp. 890-892.

288. * *Economie de circulation et évangélisation.* PM, janvier 1962, pp. 33-39 [cf. 332].

289. *Une république algérienne laïque.* TC, 16 mars 1962.

290. * *Spiritualité de la matière.* VS, CVI, 1962, pp. 579-587 [cf. 332].

291. *Civilisation du travail, civilisation du loisir.* TC, 18 mai 1962.

292. *Raison d'état, salut de la nation ?* TC, 15 juin 1962.

293. *Les pauvres et les espérances messianiques du monde.* ET, juillet 1962, pp. 8-13.

294. *Les théologiens ont la parole. Le tyrranicide.* Le Monde, 26 septembre 1962.

295. *Devant le Concile.* La Lettre, sept. 1962.

296. *Foi et sacrement.* MD, oct. 1962, pp. 69-77.

297. * *Un Concile à la dimension du monde.* TC, 12 octobre 1962 [cf. 332].

298. * *Libération politique et messianisme religieux.* PM, 15 oct. 1962, pp. 529-542 [cf. 332].

299. * *Le message du Concile au monde.* TC, 9 nov. 1962 [cf. 332].

1963

300. *L'Afrique au Concile.* Tam-Tam, 1961, I, pp. 30-34.

301. Préface à M.-J. Le Guillou, *Le Christ et l'Eglise. Théologie du mystère.* Paris, éd. du Centurion, 1963, pp. 9-12.

302. *Nature and Man at School of Chartres in the 12 th Century.* Paris, UNESCO, 1963, pp. 220-235 [Traduction de 198].

303. *France-Maghreb : le passé, gage de l'avenir.* Confluent, 1963, pp. 206-213.

304. * *Les théologiens et le collège épiscopal. Autonomie et service.* Dans *L'évêque dans l'Eglise du Christ.* Paris, Desclée de Brouwer, 1963, pp. 175-191, 333-340 [cf. 331].

305. *L'homme-dans-le-monde.* Recherches philosophiques, 1963, pp. 171-175.

306. *La pauvreté évangélique dans une économie d'abondance.* Equipes enseignantes, 1962-1963, I, pp. 77-80.

307. *Lettre d'un ami présent au Concile.* Equipes enseignantes, 1962-1963, II, pp. 66-68.

308. * *L'Afrique au concile.* PM, n° 20, pp. 11-18 [cf. 332].

309. * *Un concile « pastoral ».* PM, n° 21, pp. 182-202 [cf. 332].

310. *Nouveauté de la paix.* TC, 19 avril 1963.

311. *Premières réflexions sur l'Encyclique « Pacem in terris ».* La Lettre, mai 1963.

312. *Jean XXIII le pape du dialogue,* Dialogues (Paris-Alger), juin 1963.

313. * *Un pontificat entré dans l'histoire.* TC, 7 juin 1963. — *Juàn XXIII en la historia.* El Ciervo (Barcelona), août 1963 [cf. 332].

314. *Après Jean XXIII, peut-on revenir en arrière ?* Interview dans ICI, 15 juin 1963, pp. 5-8.

315. *Prière et travail.* Rosaire et vie chrétienne, juin 1963, pp. 8-9.

316. *Les inspirations de Jean XXIII.* SdT, juillet 1963.

317. * *Orthodoxie et Hérésie* (Conférence au colloque « Hérésies et

sociétés », Royaumont, 27-30 mai 1962). Dans *Annales,* juin 1963, pp. 75-80 [cf. 331].

318. * *Paradoxe de la pauvreté évangélique et construction du monde.* CUC, juin-juillet 1963, pp. 401-405 [cf. 332].

319. *Un titre : « Témoignage chrétien ».* TC, 5 sept. 1963.

320. *Le collège des évêques et la communauté des chrétiens. A propos du concile.* Terre entière, sept. 1963, pp. 35-40.

321. *Renouveau de l'Eglise.* Za i Przeciw, oct. 1963.

322. * *Prophètes et théologiens dans l'Eglise, Parole de Dieu.* MO, oct. 1963, pp. 57-70 [cf. 332].

323. *L'Afrique, jeunesse de l'Eglise.* Afrique nouvelle, oct. 1963.

324. *Ibn Rosh et la civilisation occidentale.* Dialogues (Paris-Alger), nov. 1963, pp. 36-39.

325. *Humanizacja Boga.* Za i Przeciw, déc. 1963.

326. *L'Eglise en Concile.* Chrétiens d'aujourd'hui (MFR), déc. 1963.

327. *Intervista sulla seconda sessione del Concilio.* Gazzetta del Popolo, 10 déc. 1963.

328. *Tradition et sociologie de la foi.* [Extrait de 258]. Dans *Eglise et tradition.* Paris-Lyon-Le Puy, 1963, pp. 225-232.

## 1964

329. *La décadence de l'allégorisation. Un témoin : Garnier de Rochefort* († *ca* 1200). Dans *L'homme devant Dieu. Mélanges Henri de Lubac,* Paris, 1964, II, pp. 129-135.

330. *Astrologia praedicabilis.* AHDLMA, XXXI, 1964, pp. 61-65.

331. ** *La Parole de Dieu.* I, *La foi dans l'intelligence.* (Cogitatio fidei, 10). Paris, Ed. du Cerf, 1964, 8°, 414 pp.
Dans ce volume sont reprises les publications signalées supra aux numéros : 4, 9, 48, 49, 50, 53, 67, 69, 86, 111, 143, 159, 171, 177, 180, 181, 207, 216, 218, 229, 232, 238, 271, 273, 275, 304, 317.

332. ** *La Parole de Dieu.* II, *L'Evangile dans le temps.* (Cogitatio fidei, 11), Paris, Ed. du Cerf, 1964, 8°, 704 pp.
Dans ce volume sont reprises les publications signalées supra aux numéros : 77, 90, 99, 104, 106, 107, 114, 121, 122, 124, 128, 130, 134, 145, 149, 151 à 154, 158, 166, 168, 172, 184, 186, 191, 194, 197, 214, 217, 219, 222, 228, 239, 244, 250, 254, 259 à 261, 276, 279, 288, 290, 297 à 299, 308, 309, 313, 318, 322.

333. Préface à Bernard Besret, *Incarnation au eschatologie ? Contribution à l'histoire du vocabulaire religieux contemporain* 1935-1955. (Rencontres, 66). Paris, 1964.

334. Préface à Servais Pinckaers. *Le renouveau de la morale.* (Cahiers de l'actualité religieuse, 19). Paris, Casterman, 1964.

335. *Lettre d'Assise.* La Lettre, n° 65, janvier 1964, pp. 12-13.

336. *Le vingtième anniversaire de l'abbé Godin.* Le Monde, 17 janvier 1964.

337. *Vingt ans après* [mort de l'abbé Godin]. PM, n° 24, janvier 1964, pp. 17-18.

338. *Réfexions sur un anniversaire : mars* 1954 - *mars* 1964. *En guise de conclusion.* La Lettre, n° 67-68, mars-avril 1964, pp. 62-63.

339. « *Consecratio mundi* ». NRT, LXXXVI, 1964, pp. 608-618.

340. *L'Eglise, peuple messianique.* ICI, n° 224, 15 sept. 1964, pp. 30-31.

341. *L'Evangile et la bombe. Ce Noël sera-t-il une mystification ?* TC, 17 déc. 1964.

1965

342. *Théologiens et mission de l'Eglise au moyen âge.* LV, 14, 1965, n° 71, pp. 32-40.

343. *L'Eglise ne crée pas un monde de valeurs propres.* TC, 11 mars 1965.

344. *Pour une lecture théologique du Syllabus.* RD, n° 50, mars 1965, pp. 43-51.

345. *Exigences présentes de la liberté religieuse.* RD, n° 50, mars 1965, pp. 71-76.

346. *L'Eglise des pauvres.* MD, n° 81, juin 1965, pp. 9-13.

347. *Les masses pauvres.* Dans *Eglise et pauvreté* (Unam sanctam, LVII). Paris, 1965, pp. 169-176.

348. *L'apport de vingt siècles.* VS, CXII, 1965, pp. 658-679.

349. *L'Ordre des Prêcheurs interpellé par le Concile.* Cahiers saint Dominique, n° 60, juillet-août 1965, pp. 470-474.

350. *L'Eglise dans le Monde.* TC, 7 oct. 1965.

351. *Les événements et le royaume de Dieu.* ICI, n° 250, 15 oct. 1965.

352. « *Vivre avec* » (Le P. Lebbe). Eglise vivante, XVII, 1965, pp. 413-417.

353. *L'homme est le partenaire de Dieu dans la construction du monde.* TC, 16 décembre 1965.

354. *L'Eglise et l'objection de conscience.* TC, 30 déc. 1965.

355. *Officium. Théologiens et canonistes.* Dans *Etudes dédiées à Gabriel Le Bras.* Paris, 1965, T. II, pp. 835-839.

# ASTROLOGUES ET THÉOLOGIENS AU XII<sup>e</sup> SIÈCLE

par

Marie-Thérèse d'ALVERNY

Le renouveau de l'astrologie, étroitement lié au progrès des études astronomiques, ne semble pas, au premier abord, avoir provoqué les foudres de l'autorité ecclésiastique pendant le cours du XIIe siècle. Les traducteurs des traités de Ptolémée, d'Al Kindi, d'Albumasar, de Zael, d'Omar, de Messahalah [1] sont des clercs dont il n'y a pas lieu de soupçonner l'orthodoxie, et il en est de même pour ceux qui ont contribué à diffuser la science fraîchement acquise. Traductions et ouvrages élaborés par les adeptes de la « philosophie naturelle » sont parfois dédiés à des évêques, et aucun, à notre connaissance, n'a repoussé cet hommage, malgré les fâcheuses suspicions qui entouraient traditionnellement les spéculations astrologiques [2].

Il est difficile, à cette époque, de dissocier l'étude du mouvement des astres et celle de leur influence présumée sur le monde sublunaire, la seconde étant considérée comme la conséquence du premier. Un certain nombre de phénomènes coïncident ou paraissent coïncider avec les saisons réglées par la course du soleil et avec les phases de la lune. Le monde céleste ne doit-il pas, de ce fait, être en harmonie avec le tempérament et le caractère des êtres vivants, et, par surcroît, avec les événements qui les atteignent ? La notion d'un cosmos organisé est favorable à ces vues, qui établissent l'astrologie dans l'ensemble de la science de la nature, et ceci permet de comprendre, jusqu'à un certain point, l'indulgence ou la complicité de dignitaires ecclésiastiques ou de maîtres dans les Ecoles.

(1) La liste la plus complète des traductions latines de traités arabes d'astrologie a été donnée par F. Carmody, *Arabic astronomical and astrological sciences in Latin translation*, Berkeley, University of California, 1956. La plupart ont été imprimées au XVe et au XVIe siècle.

(2) Plusieurs traductions de Hugues de Santalla sont dédiées à l'évêque de Tarazona, Michel ; C. H. Haskins a publié ses préfaces ; cf. *Studies in the history of Mediaeval science*, 1re éd. 1924 ; 2e éd. 1927, chap. IV. Daniel de Morley a dédié son *Liber de naturis inferiorum et superiorum* à l'évêque Jean de Norwich ; cf. éd. K. SUDHOFF, *Archiv für die Geschichte der Naturwissenschaft* 8 (1917, p. 1-40, et l'étude de Th. SILVERSTEIN, *Daniel of Morley, English cosmogonist and student of Arabic science, Mediaeval Studies* 10 (1948), p. 179-196.

Néanmoins, la question avait été posée bien avant le XIIe siècle, et résolue de manière négative par des philosophes de l'antiquité, guidés par des considérations à la fois sceptiques et morales, et par les Pères de l'Eglise, conscients, en sus, du danger que représentait pour la foi chrétienne la croyance au fatalisme astral [3]. A la suite d'Isidore de Séville [4], Hugues de Saint-Victor [5] distingue nettement l'astronomie et l'astrologie ; pour la seconde, il sépare de l'astrologie naturelle, qui traite des phénomènes physiques influencés par les astres, tels la santé, la maladie, le beau ou le mauvais temps, la fertilité ou la stérilité, l'astrologie superstitieuse qui prétend connaître les événements contingents, grâce à l'observation des planètes et des signes du zodiaque. Hugues a écrit le *Didascalicon* avant la diffusion massive des traités arabes ; pour lui, il s'agit sans doute d'un exposé théorique, car l'activité des astrologues avait été réduite pendant le Haut Moyen Age [6], et ce sont des contemporains du savant victorin qui ont mis au premier plan de la recherche scientifique la connaissance du monde céleste avec toutes ses implications, y compris celles que réprouvaient les Pères [7].

Les naturalistes n'ignoraient cependant pas les textes de saint Augustin et de Grégoire le Grand au sujet des faiseurs d'horoscopes, qui figuraient dans la plupart des bibliothèques ; leurs adversaires se chargeaient, au besoin, de les leur rappeler. Conservant la mémoire des antiques erreurs des « mathematici », les écrits des vénérables Pères fournissaient un arsenal d'arguments d'ordre rationnel et théologique contre les adeptes passés et futurs de la

(3) Cf. D. AMAND, *Fatalisme et liberté dans l'Antiquité grecque*. Recherches sur la survivance de l'argumentation morale antifataliste de Carnéade chez les philosophes grecs et les théologiens chrétiens des quatre premiers siècles. Louvain, 1945 (Université de Louvain. Recueil de travaux d'histoire et de philologie, 3e sér. fasc. 19). Le livre donne plus que ne le promet le titre, car l'auteur analyse aussi des textes d'auteurs latins, notamment Cicéron et Firmicus Maternus, et étudie la position de S. Augustin.

(4) Cf. ISIDORE de SÉVILLE, *Etym.* III, 27 : De differentia astronomiae et astrologiae ; et III, 71, condamnation de l'astrologie superstitieuse. Ces textes ont été analysés et commentés dans la remarquable étude de M. J. Fontaine, *Isidore de Séville et l'astrologie, Revue des Etudes latines,* 31 (1953), p. 271-300.

(5) *Didascalicon*, éd. C. H. BUTTIMER, Washington, 1939, II. c. 10, p. 31, et VI, c. 15, p. 133.

(6) Réduite en raison du peu de développement du *Quadrivium*, mais non éteinte. Cf. H. de la VILLE de MIRMONT, *L'astrologie chez les Gallo-romains*, Bordeaux-Paris, 1904 (Bibliothèque des Universités du Midi, VII) ; M. L. W. LAISTNER, *The Western Church and astrology during the early M. A., Harvard theological review,* 34 (1941), p. 251-275. La médecine astrologique a toujours conservé une certaine activité ; cf. L. THORNDIKE, *A History of magic and experimental science,* I (1923), c. 29, p. 676 sqq.

(7) Les premières traductions de traités sur l'astrolabe datent de la fin du Xe siècle ; et c'est sans doute à la même période que remonte le « Liber Alchandrei » ou « Mathematica Alchandrei » et textes annexes, qui paraît le plus ancien traité en latin utilisant des sources arabes, mais leur diffusion a été assez limitée. Cf. J. M. MILLAS VALLICROSA, *Assaig d'historia de les idees fisiques i matematiques a la Catalunya medieval,* I, Barcelone, 1931, avec analyse du *Liber Alchandrei,* p. 248-259, et éd. de textes p. 271 sqq. ; A. VAN DE VYVER, *Les plus anciennes traductions médiévales des traités d'astronomie, Osiris* I (1936), p. 666-680 ; J. M. MILLAS VALLICROSA, *Nuevos estudios sobre historia de la ciencia española,* Barcelone, 1960, p. 93 sqq.

divination par les astres, et il n'était pas possible de les éluder complètement.

Saint Augustin, à plusieurs reprises, a attaqué les « mathematici » ou « genethliaci », en particulier dans le cinquième livre de la Cité de Dieu, et dans la question 45 « adversus mathematicos » [8]. Il s'élève contre la croyance au « fatum » astral, qui implique une succession nécessaire des causes, et qui est une insulte à la toute puissance divine. Ses objections sont en bonne partie inspirées de celles de Carnéade et des philosophes qui l'ont suivi. Il montre la faiblesse des soi-disant prédictions astrologiques et l'incertitude des horoscopes, mettant surtout en relief le cas typique des jumeaux, qui, nés au même moment, peuvent être de sexe différent et avoir des destinées diverses [9]. L'histoire biblique d'Esaü et de Jacob lui en fournit un exemple frappant [10].

Il est vrai que les « mathematici » prétendent que la position des astres change si vite que les jumeaux ne naissent pas sous la même configuration céleste, mais Augustin se moque de la comparaison de la roue du potier, inventée par Nigidius pour les besoins de la cause [11], et se refuse à admettre les prétentions des astrologues, qui croient être capables de prédire l'avenir ; ils se gardent bien de rappeler leurs erreurs, et citent seulement les prédictions qui par hasard se sont réalisées pour impressionner les esprits crédules. Ils veulent soumettre tous nos actes aux astres et nous vendre aux étoiles, c'est-à-dire qu'ils essaient de nous extorquer le prix de la vente [12].

Grégoire le Grand, dans un sermon pour la fête de l'Epiphanie [13], emploie également des arguments de type carnéadien. Il reprend l'exemple des jumeaux Esaü et Jacob, et réfute quelques assertions familières aux « mathematici » : Si un homme est né sous le signe du Verseau, les astrologues déclarent qu'il doit devenir pêcheur. Or, s'il naît au pays des Gétules, où l'on ne peut pêcher, qu'advient-il de la prédiction ? D'autre part, lorsque naît un fils de roi dans un pays où la royauté est héréditaire, il naît au même instant de nombreux esclaves. Les uns et les autres suivent leur condition, et cependant ils ont la même planète.

Ce n'est pas seulement aux « mathematici » païens que s'en prend saint Grégoire. Il avertit ses ouailles qu'il faut se garder d'interpréter l'histoire des Mages de l'Evangile comme une justi-

(8) *De diversis quaestionibus 83*. (P. L. 40, 28-29). Nous n'avons pu consulter l'étude de L. de Vreese, *Augustinus en de Astrologie*, Maestricht, 1933.

(9) Sur l'argument des jumeaux, lieu commun carnéadien contre les astrologues, qui sera repris par bien des auteurs médiévaux à la suite d'Augustin, cf. D. Amand, *op. cit.*, p. 52 sqq.

(10) *Civ. D.* V, c. 4.

(11) *Civ. D.* V, c. 3.

(12) *De div. quaest. 83*, q. 45.

(13) *Homel. in Evang.* II (P. L. 76, 1110-1112).

fication de l'astrologie [14]. Car l'étoile, ainsi que l'avaient déjà déclaré saint Jean Chrysostome [15] et Augustin [16], est une étoile miraculeuse, créée par Dieu pour guider les Mages vers Bethléem, et non le signe du « fatum » de l'Enfant ; ce serait bien plutôt l'Enfant qui serait le « fatum » de l'étoile. Le terme même de « fatum » est à éviter en ce qui concerne les hommes ordinaires : l'homme n'a pas été fait pour les étoiles, mais les étoiles pour l'homme.

Grégoire accuse expressément une secte hérétique d'avoir professé des erreurs liées à l'astrologie, et d'avoir par suite donné une interprétation pernicieuse à l'étoile aperçue par les Mages : elle serait le signe du destin de l'Enfant, car ils pensent que chaque homme naît sous la loi des astres. Il s'agit des Priscillianistes. Les informations que possède le Pape à leur sujet proviennent sans doute des textes qui les réprouvent et donnent des listes des doctrines qui leur sont attribuées : *Commonitorium* d'Orose, et réponse de saint Augustin [17], lettre de saint Léon répondant aux *capitula* envoyés par Turribius d'Astorga [18], canons des conciles espagnols de Tolède (400) et de Braga (561) [19]. Il semble que les disciples de Priscillien aient cru à l'influence fatale des astres, et qu'ils aient professé la mélothésie zodiacale, chaque organe du corps étant soumis à l'un des douze signes, et les parties de l'âme aux douze patriarches fils de Jacob ; d'après Orose, qui cite un passage d'une lettre de Priscillien, ces opinions remonteraient à l'évêque lui-même [20]. Grégoire est le premier à accuser les Priscillianistes d'avoir appliqué la théorie du fatum astral à l'étoile de l'Epiphanie ; plus tard, ceux qui utilisent son homélie noirciront encore le tableau en mettant sur le compte de cette secte les assertions variées des « mathematici ». C'est ce que nous constatons dans une homélie

(14) L'interprétation de l'épisode des Mages est un des points délicats de l'exégèse patristique. L'étoile de l'Epiphanie paraît prophétisée par le devin Balaam : Orietur stella ex Jacob (Num. XXIV, 17), et les Mages sont souvent considérés comme ses disciples lointains ; cf. ORIGÈNE, *Hom. sur les Nombres*, XIII, 7 (P. G. 12, 675). Ont-ils usé de leur art pour interpréter le signe céleste ? Certains le pensent, à la suite de Tertullien, *De idol.*, 9 ; notamment Isidore de Séville ; cf. J. FONTAINE, *art. cit.*, p. 285-286, et CALCIDIUS, cf. éd. WASZINK, p. 169. L'auteur de l'*Opus imperfectum in Mat.* hom. II (P. G. 56, 637-638) après avoir rapporté des légendes orientales au sujet des Mages juge cependant nécessaire de mettre les fidèles en garde contre l'interprétation astrologique de l'épisode. C'est ce que font S. Jean Chrysostome, S. Augustin, et, à leur suite, Grégoire le Grand.

(15) *In Mat.* VI (P. G. 57, 64).

(16) Sermon 201, pour l'Epiphanie (P. L. 38, 1031) ; *Contra Faustum*, 2,5 (P. L. 42,212).

(17) Ed. SCHEPSS, CSEL 18 ; cf. J. A. DAVIDS, *De Orosio et S. Augustino Priscillianistarum adversariis commentatio historica et philologica*, La Haye, 1930. L'auteur étudie tous les textes concernant Priscillien et les Priscillianistes.

(18) LÉON LE GRAND, *Epistola ad Turribium*, P.L. 54, 679 sqq. *Capitula* de Turribius, *ibid.*, 677-679 ; lettre de Turribius, *ibid.*, 693 sqq.

(19) *Martini episcopi Bracarensis opera omnia*, éd. C. W. BARLOW, Newhaven, 1950, p. 108.

(20) *Commonitorium*, *éd. cit.*, p. 153-154.

sur l'Epiphanie attribuée à Haimon d'Auxerre [21] ; celle-ci a dû contribuer à lier les doctrines astrologiques au souvenir d'une hérésie condamnée, fait qui constituait un obstacle dangereux pour les nouveaux adeptes de la science des astres. Il leur était relativement facile de se défendre de l'accusation de paganisme, mais si leurs adversaires réussissaient à les rattacher à une secte chrétienne nommément anathématisée, leur cas était mauvais.

Malgré la sérénité apparente de la plupart des naturalistes du XIIe siècle, tous n'ont pas été inconscients de la difficulté de justifier le bien-fondé de leurs investigations. Leurs propres auditeurs se permettaient parfois d'évoquer les réfutations des Pères, s'il faut en croire Daniel de Morley [22]. Celui-ci rapporte une discussion entre son maître Gérard de Crémone et lui-même, qui montre sur le vif l'un des plus actifs traducteurs de textes arabes aux prises avec les graves objections adressées aux astrologues par saint Grégoire, dont l'étudiant anglais lui répète les termes : l'homme né sous le signe du Verseau, prédestiné à devenir pêcheur, mais qui vit dans une contrée dépourvue de poissons ; le fils du roi et le fils du vilain nés sous le même signe, et dont le sort est cependant bien différent. Gérard se tire d'affaire assez habilement, en réduisant le déterminisme astral à la formation du tempérament et du caractère : l'homme, dit-il, est défini comme un animal raisonnable, mortel, marchant sur deux pieds. Il arrive qu'un homme naisse sans pieds ; il n'en est pas moins un homme, bien qu'en fait il ne puisse pas marcher. Il en va de même de celui qui est né sous le signe du Verseau ; il a une aptitude pour la pêche, en quelque lieu qu'il se trouve. Pour l'exemple du fils de roi et du fils de vilain, Gérard invoque l'autorité de Julius Firmicus (Maternus), ce qui permet de constater que le vieil auteur latin est à l'ordre du jour parmi les amateurs de science arabe, et il affirme que si les deux sont nés sous la même configuration céleste, quelle que soit leur condition naturelle, ils régneront, chacun dans son milieu. Et Gérard de Crémone ajoute, non sans superbe : Moi qui te parle, je suis

(21) P. L. 118, 109-110. Haimon, reprenant presque littéralement une partie de l'homélie de saint Grégoire, a transposé plusieurs passages et a rédigé son discours de telle manière que l'attaque contre les « mathematici » semble être entièrement dirigée contre les Priscillianistes : Sed illud praetermittendum non est quia fuerunt Priscillianistae haeretici qui dixerunt unumquemque hominem sub fato stellarum nasci, hoc in adiutorium sui erroris assumere volentes quia mox ut Dominus natus est eius stella in Oriente apparuit... Dicebant autem quod qui sub signo nascebantur Librae trapezitas esse futuros... Dicebant autem quod qui sub signo Aquarii nascebantur piscatores esse futuros... Sed ne parva haec ad Priscillianistarum haeresim destruendam videantur, etiam Scripturae sacrae auctoritatem adhibeamus, Legimus enim quia una eademque hora Rebecca mater duos filios habuit... Au sujet de l'authenticité des homélies de Haimon d'Auxerre, cf. H. BARRÉ, *Les Homéliaires carolingiens de l'école d'Auxerre*, Rome, 1962 (Studi e Testi 225), p. 33 sqq.

(22) DANIEL de MORLEY, *Philosophia, sive liber de naturis superiorum et inferiorum* ; préface et fin du texte éd. par V. ROSE, *Ptolemaeus und die Schule von Toledo, Hermes* 8 (1874), p. 347-349 ; éd. intégrale par K. SUDHOFF, *Archiv f. Geschichte der Naturwissenschaft* 8 (1917), p. 6-40 (corrections et compléments par A. BIRKENMAJER, *ibid.* 9 (1920), p. 46-51. M. Th. Silverstein prépare une édition critique du texte.

roi, car je suis né sous le signe royal, le Soleil. Où donc est ton royaume ? demande ironiquement Daniel. Dans mon esprit, répond le savant traducteur, car je ne suis disposé à servir aucun homme mortel [23].

Royaume de l'esprit, où triomphent les clercs qui ont consacré leur existence à la recherche du savoir au prix de longs voyages et d'efforts persévérants, et d'où ils excluent les ignorants envieux et mesquins qui contestent leurs découvertes. La plupart d'entre eux, nous l'avons dit, ne paraissent guère se préoccuper des critiques éventuelles ou effectives des théologiens, et se contentent de juxtaposer aux données scientifiques telles qu'ils les entendent quelques citations ou allusions scripturaires qui marquent leur appartenance à la foi chrétienne.

Certains, cependant, ont abordé la difficulté de front, et tenté de justifier leur attitude en discutant les objections des saints auteurs que l'on pouvait leur opposer. Comme Gérard de Crémone, ils s'efforcent de montrer que ces objections, convenablement interprétées, se résolvent de manière satisfaisante. Elles ne doivent pas mettre en cause la légitimité de la recherche scientifique, et la valeur des connaissances acquises par les naturalistes ; il n'y a rien de commun, à leur avis, entre les calculs minutieux et les déductions rigoureuses des experts de l'astrolabe et les superstitions des païens adorateurs des astres et esclaves de la fatalité que réprouvent Augustin et Grégoire le Grand. Cette position de défense s'explique en partie par le fait que les traités d'astrologie arabe, en particulier l'*Introductorium maius* d'Albumasar [24], se présentent avec un caractère scientifique, l'astrologie « naturelle » étant mélangée à l'astrologie divinatoire, et que d'autre part les auteurs musulmans rappellent parfois de temps à autre la toute puissance divine, ne serait-ce que par la formule : in cha' Allah, dont l'équivalent subsiste dans la traduction [25] : Si Deus voluerit.

La première en date des apologies a été rédigée en 1141, et c'est l'œuvre de l'un des plus doctes astronomes du XIIe siècle,

(23) Ed. SUDHOFF, p. 39-40.

(24) *L'Introductorium maius* d'Albumasar a été traduit deux fois en l'espace de quelques années. La première traduction a été exécutée par Jean de Séville en 1133 ; elle est littérale, et correspond à un texte arabe représenté à Paris dans le ms. arabe 5902. La seconde a été rédigée par Hermann de Carinthie en 1140. Elle offre des variantes assez considérables avec la précédente ; elle dépend peut-être d'une rédaction différente, mais il est probable aussi que Hermann a suivi son texte de plus loin. Cette dernière version seule a été publiée en 1489, 1495 et 1506. M. R. Lemay vient de publier une importante étude sur les traductions d'Albumasar et leur influence au XIIe siècle : *Abu Ma'shar and Latin Aristotelianism in the XII th century*, Beyrouth, 1962 ; il prépare une édition.

(25) Au sujet du système d'Abu Ma'shar, et de la manière dont il s'efforce de justifier l'astrologie, cf. J. C. VADET, *Une défense de l'astrologie dans le Madhal d'Abu Ma'sar al Balhi*, *Annales islamologiques*, 5 (1963), p. 131-180 ; sur les sources grecques, cf. F. BOLL, *Sphaera, neue griechische Texte und Untersuchungen zur Geschichte der Sternbilder*, mit einem Beitrag von K. Dyroff, Leipzig, 1903, p. 413-419 et 482-539.

Raymond de Marseille [26]. Raymond a adapté au méridien de Marseille les tables astronomiques de Tolède, et il a également rédigé un traité d'astrolabe, récemment découvert et publié par E. Poulle [27]. Il n'y a pas de doute sur l'intention ultime des calculs savants et de l'ingénieuse construction, et l'auteur ne s'en cache pas. L'astrolabe et les tables doivent servir d'instrument de précision pour l'astrologie judiciaire [28], dont il défend les droits avec éloquence. Ce savant est aussi un lettré, qui écrit une élégante prose d'art émaillée de citations ; il connaît assez l'Ecriture, les Pères et la doctrine sacrée pour attaquer des adversaires qui ne doivent pas être fictifs. Il les décrit en effet comme des simulateurs aux vêtements ternes et tout glorieux de leur large tonsure [29]. Ces épithètes désignent sans doute des moines, et peut-être des cisterciens. Un émule de Guillaume de Saint-Thierry aurait-il écrit un « De erroribus Raymundi » contre ce contemporain de Guillaume de Conches ? Raymond paraît peu disposé à se laisser intimider, si l'on en juge par le ton de sa diatribe : Les ignorants, qui, sous le feint prétexte de défendre la religion, vilipendent ceux qui admirent et étudient la plus belle œuvre de Dieu, c'est-à-dire les merveilles du ciel, se rendent coupables d'un véritable blasphème envers le Créateur [30]. L'Ecriture ne dit-elle pas qu'il a fait les astres pour servir de signes et régler le temps : « Et sint in signa et tempora et dies et annos » [31] ? Il est vrai qu'un autre texte scripturaire nous avertit qu'il ne nous appartient pas de connaître les

(26) Le *Liber cursuum planetarum* a été découvert par P. Duhem qui en a donné une analyse d'après le ms. lat. 14704, f. 110-115, de la Bibliothèque Nationale, dont nous nous sommes servi nous-même ; il est de la fin du XII^e siècle. Le traité est anonyme dans ce ms. Cf. P. DUHEM, *Système du monde*, III, p. 202-216. L. THORNDIKE, *A history of magic and experimental science*, II (1923), p. 91-92, et C. H. HASKINS, *Studies in the history of Mediaeval science*, 1924, p. 96-98, indiquent deux autres manuscrits dont l'un, Oxford, Corpus Christi Coll. 243 contient le nom de l'auteur. Le prologue est édité par Haskins, *op. cit.* R. LEMAY, *op. cit.*, p. 141-157, l'étudie de près car c'est l'un des premiers témoins de l'influence d'Albumasar.

(27) E. POULLE, *Le traité d'astrolabe de Raymond de Marseille*, *Studi Medievali*, 3^e ser. 5, 2 (1964), p. 866-873. E. Poulle a pu dater de façon précise le *Liber cursuum planetarum* de 1141.

(28) Dans le *Liber cursuum planetarum*, Raymond annonce qu'il a l'intention de composer un « liber iudiciorum » ; cf. ms. lat. 14704, f. 112.

(29) Cesset ergo de cetero palliarum quorundam superstitiosa controversia, qui sola vestium fumositate aut alto capitis tonsuratione se posse placere putantes, cum vident quemquam nostrum de celestibus tractare, corripiendo et increpando eum sub religionis simulatione se Dei magnalia extollere credentes, miris ea modis vilificant... ms. lat. 14704, f. 112 v.

Cf. R. LEMAY, *op. cit.*, p. 164, qui cite ce passage et note des allusions analogues aux attaques dont les savants sont l'objet dans la *Philosophia* de Guillaume de Conches et la préface de Hermann de Carinthie à la traduction de la Planisphère de Ptolémée, dédiée à Thierry de Chartres.

(30) Cui enim, si nobis Dei opera mirifica considerantibus, et eum in ipsis laudantibus contradicant, detrahunt ? Numquid nobis ? Non, immo, cum Deum in suis operibus extollentes reprehendunt, non nos, sed Illum a cuius laude retrahere nos volunt, blasphemant. Hii tales, si forte oculos ad celum levaverint stellasque intuiti fuerint, nulla alia ratione eas positas arbitrantes quam lapides quos fortuitu in via passim iacere vident ; ceterum illorum mirabiliter admiratione dignus est error, qui, cum ratione Deo similes facti sint, huiusmodi ignorantie tenebris et cecitate erroris involvuntur... *ibid.*

(31) Gen. 1, 14.

temps, mais il s'agit du temps de l'éternité, avant le commencement et après la fin du monde, ainsi que des miracles de la toute puissance de Dieu. La science des astrologues est incapable de les connaître, mais ceux-ci ont le droit et le devoir de se servir des moyens que Dieu a mis à leur disposition, c'est-à-dire le cours des planètes, pour connaître les causes des événements, et ainsi rendre gloire à celui qui a placé les astres devant leurs yeux [32].

Avec une révérence pleine d'astuce, Raymond réduit à néant les objections de saint Grégoire [33]. Il était inspiré par l'Esprit Saint, nul ne l'ignore, mais ses propos ont été mal compris. Grégoire a voulu préserver les hommes de tomber dans les erreurs païennes en adorant les étoiles, et il a prêté aux « mathematici » des assertions que ne soutiendrait aucun astrologue sérieux au sujet des pêcheurs nés sous le signe du Verseau ou des changeurs nés sous le signe de la Balance. Quant à l'argument des jumeaux Esaü et Jacob, et à celui des rois et des esclaves, on peut y trouver réponse facilement grâce à une explication scientifique de la configuration du ciel à l'instant de chaque naissance. La rouerie du marseillais est encore plus flagrante en ce qui concerne les Mages de l'Evangile, car il les revendique hardiment comme des ancêtres. Ils ont été guidés par l'Esprit Saint, mais au moyen de la science astrologique ; la lettre même du texte sacré le prouve, puisqu'il est dit « vidimus stellam eius in Oriente » ; or, c'est en effet d'après le signe qui se lève à l'Orient dans la première « demeure » que l'on établit l'horoscope [34]. Après quoi, Raymond revient aux enseignements des Pères en affirmant que l'étoile de la Nativité du Christ était une étoile nouvelle, non un astre ordinaire, et pourfend les Priscillianistes, auxquels il attribue une doctrine beaucoup plus outrée que celle dont les accusait Grégoire le Grand : si un

(32) Ille igitur qui planetarum cursus quam mirabiliter Deus disposuerit, novit, ac per hoc humanorum causas effectuum non ignorat, in quo Deum glorificet, habet. Quoniam omnis qui sanum sapit, rerum auctorem hominis servitio non tantum que in terra sed etiam que in celo cernuntur subdidisse patenter agnoscit. Nec enim solummodo ad hoc ut super terram luscerent astra Deum condidisse constat, sed ut iuxta quod scriptum est essent in signa et tempora et dies et annos (Gen. I, 14). Resipiscant ergo hi, quos sui erroris argumentum sumentes ex verbis dominicis quibus dicitur : Non est vestrum nosse tempora vel momenta (Act. I, 7) supraposita Scriptura mendaces ostendit hoc modo : Dixit Deus : Fiant luminaria in firmamento celi, et dividant diem ac noctem et sint in signa et tempora et dies et annos (Gen. I, 14) et post pauca : Fecit, inquid, duo magna luminaria (Gen. I, 16)... Quod enim scriptum est : « Non est vestrum nosse tempora vel momenta » de temporibus eternitatis dictum est, quod satis claret ex sequentibus, quibus dicitur : que Pater posuit in sua potestate (Act. I, 14). Nam quemadmodum de tempore Dominice Incarnationis, atque de sole qui ad Gabaon stetisse legitur (cf. Ios. X, 12), accidit, quoniam nullatenus astrologorum iudicio hec presciri potuerunt, sic sciendum, quia hec in omni tempore singulariter in sua Deus disposuit potestate ; illa namque solius Dei scire est. Cetera vero et Dei dispositione et disposita ad Conditoris laudem et gloriam cognoscere nostrum est et agnita predicare... *ms. cit.*, f. 110.

(33) Cf. *ms. cit.* f. 112 v.

(34) Cf. *ms. cit.*, f. 112... in Oriente... quia astrologorum mos est tam in nativitatum iudiciis quam ceterarum rerum, signum in oriente apparens considerare ; primam vero domum in nativitatibus ideo potius observamus, quoniam ipsa nascentis vitam significat...

enfant était né au même instant que le Seigneur, il lui aurait été en tous points semblable [35].

Il subsiste actuellement peu de témoins du « Liber cursuum planetarum » ; l'on peut admettre cependant que les tables astronomiques qui l'accompagnent ont dû contribuer à sa diffusion. L'arsenal d'arguments défensifs et offensifs fourni par Raymond aux naturalistes amateurs d'astrologie n'a pas été négligé, ainsi que nous avons pu le constater en étudiant l'œuvre de l'un de ses successeurs, qui a jusqu'ici passé inaperçue. Elle est en effet submergée dans la Chronique d'Hélinand de Froidmont, vaste compilation encore en grande partie inédite, constituée par des extraits d'ouvrages divers entremêlés des réflexions de l'auteur [36].

Au cours du livre VI, Hélinand aborde l'histoire d'Esaü et de Jacob. A propos du texte biblique, il expose l'argument des jumeaux d'après saint Augustin, et en profite pour s'attaquer, dans une digression de près de cinquante chapitres [37], à un astrologue dont

(35) Verumtamen Priscillianistarum errorem funditus avertere et gladio rationis confodere dignum credimus. Hii enim dicere solerent quod si hora quando Dominus natus est, nasceretur alius, qualis et ipse fuit, esset ; quod non solum deffendere, verum etiam audire stultissimum est... Ponamus ergo, nato in terris Domino, puerum quemlibet alium natum fuisse ; profecto aliquem planetarum significatorem habuit, sed Dominus non tantum nativitatis sue planetam aliquem significatorem habuit, verum etiam stellam novam... *ibid.*, f. 112.

(36) Cf. notice de K. Spahr sur Hélinand, *Lexikon f. Theol. und Kirche*, 2e éd., 1960, V, 211-212. Hélinand, devenu moine à l'abbaye cistercienne de Froidmont après une jeunesse agitée est un curieux personnage qui mériterait d'être étudié de près. Ses « vers de la mort », en français, ont été édités en 1905 par F. Wulff et E. Walberg (Soc. Anc. textes fr.), cf. R. Bossuat, *Manuel bibliographique de la littérature française du M. A.*, 1951, n. 3538, 3539. Une partie de ses œuvres latines ont été éditées par D. Tissier, *Bibl. Patr. cister.* VII, et reproduites dans P.L. 212, précédées d'une notice d'après C. Oudin, 477-1082. Ces œuvres comprennent des sermons, des opuscules transmis par Vincent de Beauvais sous le titre « Flores Helinandi » et les livres 45-49 de la gigantesque chronique. Cette chronique a été largement utilisée par Vincent de B., qui fait son éloge dans le *Speculum historiale*, 29, c. 107-108, à l'année 1208. La chronique s'arrête à l'année 1204. Vincent dit n'en avoir pu consulter de manuscrit complet. Un manuscrit qui paraît avoir été un recueil original de l'auteur a été étudié par L. Delisle : *La chronique d'Hélinand de Froidmont, Notes et Documents publ. par la Soc. de l'Histoire de France à l'occasion du 50e ann. de sa fondation*, 1884, p. 150 sqq. Ce manuscrit, qui appartenait alors au Grand Séminaire de Beauvais a disparu. Deux manuscrits contiennent le début de la chronique : Londres, Br. Mus. Cotton Claud. B. IX (L. I-XVI) ; cf. E. Rathbone, *Master Alberic of London « Mythographus tertius Vaticanus », Mediaeval and Renaissance studies* I, 1 (1941), p. 36-37 ; Rome-Vatican Regin. lat. 535 (L. I-XVIII) ; cf. P. Lehmann, *Aufgaben und Anregungen d. Lat. Philologie des M. A., Sitzungsb. bayer. Akad. Phil. hist. Kl.* 1918, 8, p. 55-56. Nous avons utilisé ce dernier manuscrit, qui paraît contemporain de l'auteur d'après l'écriture (premier quart du XIIIe s.).

(37) La digression commence au ch. 4 du L. VI, p. 82 du ms. cit. et se termine au ch. 51, p. 103 (le ms. est paginé). Les premiers chapitres de la digression sont extraits de la Cité de Dieu, 1. V : c. 4 « De diversis moribus Iacob et Esaü et de primogenituris ; c. 5 « Obiectio contra mathematicos de diversis moribus geminorum » ; c. 6 « De duobus fratribus simul egrotantibus contra Possidonium » ; c. 7 « De duobus geminis diversas egritudines patientibus ». C'est au c. 8 que commence la série d'extraits avec réfutation du « Libellus » (p. 84) : Responsio cuiusdam Odonis Campani ad predictam questionem ». « Huic questioni sic respondet quidam Odo Campanus in libello quem scripsit ad Guillelmum Remensem archiepiscopum de efficacia artis astrologice... » Nous devons signaler que quelques passages de la « digression » ont été utilisés par Vincent de Beauvais dans le *Speculum naturale*, notamment, *Spec. nat.* XVI, 49, et XXXII, 38.

il indique le nom « Odo » et l'origine : « campanus », ou « de Campania ». Cet Eudes ou Odon avait écrit en défense de son art un traité dédié à l'un des plus grands personnages de la seconde moitié du XIIe siècle, Guillaume aux Blanches Mains, alors qu'il était archevêque de Reims (1176-1202). Ce prélat, homme politique, était aussi un lettré et paraît avoir été un mécène, car de nombreux ouvrages lui ont été offerts en hommage [38]. Parmi ceux-ci figure un important traité de philosophie naturelle, la Microcosmographie, écrite par un certain Guillaume, qui s'intéressait, lui aussi, à l'astrologie [39]. Eudes était-il attaché, comme secrétaire ou médecin, à quelque illustre personnage ? Est-ce à ce titre qu'il a fait un voyage en Terre Sainte, dont il est question dans le traité ? Avouons que jusqu'ici, nous ne savons rien de précis sur son compte. Néanmoins un autre document contemporain cite son nom à propos d'une éclipse de soleil qui eut lieu le 1er mai 1185, vers midi. Les spectateurs, contemplant l'astre dont la partie inférieure était sombre, la zone médiane obscurcie, et la partie supérieure pâle, s'effrayèrent de voir les visages refléter la lividité du soleil. Ce signe avait été prédit, dit le chroniqueur d'Anchin [40], par un certain « magister Odo » qui avait écrit une lettre à l'archevêque de Reims pour le mettre en garde contre ce péril proche. La lettre est-elle identique au « libellus » cité par Hélinand, bien que le texte de ce dernier ne mentionne pas de prédiction d'éclipse, ou maître Eudes a-t-il plusieurs fois fait montre de ses talents de savant et de devin ?

Pour résoudre le problème, il faudrait posséder le « libellus », et il est à craindre qu'il n'ait disparu, car il n'a pas été signalé par L. Thorndike, qui a examiné une quantité considérable de manuscrits scientifiques [41].

Du moins, grâce à Hélinand, peut-on reconstituer en partie

(38) Cf. J. R. WILLIAMS, *William of the White Hands and men of letters. Anniversary essays in Med. hist. by students of C. H. Haskins*, 1929, p. 365-386.

(39) Cf. J. R. WILLIAMS, *The Microcosmography of Trier ms. 1041*, *Isis*, 22 (1934-1935), p. 106-135. La liste des chapitres de l'ouvrage se trouve dans P.L. 209, 869-872. Guillaume fait une prédiction astrologique pour 1178, d'après des observations faites à Reims.

(40) Il s'agit d'une continuation de la chronique de Sigebert de Gembloux rédigée dans le monastère d'Anchin : *Continuatio Aquicinctina*, MGH. SS., éd. BETHMANN, p. 422. Le fait est rapporté parmi les événements de l'année 1184 : Kalendis maii signum circa horam sextam in sole apparuit, nam eius pars inferior tota est obscurata, in medio vero quasi trabem suboscuram habebat ; reliqua autem pars tota erat pallida, ita ut omnes videntes eumdem colorem in vultu preferrent, quod signum multos perterruit, quia quidam magister Odo hoc futurum predixerat, qui de futuri eventi periculo litteras ad archiepiscopum Remensem direxerat. Sur cette chronique cf. P. KATH, *Sigeberti Continuatio Aquicinctina, eine Quellenkritische Untersuchung, Bulletin de la Commission royale d'histoire de l'Académie Royale de Belgique*, 83 (1914), p. 1-122. L'anecdote concernant la lettre de maître Eudes à Guillaume aux Blanches Mains a été citée par J. Luchaire, *La société française sous Philippe Auguste*, Paris, 1909, p. 24, malheureusement sans référence. Nous sommes redevables à M. J. Baldwin de l'indication de ce passage de Luchaire, qui nous a permis de mieux situer notre auteur.

(41) Nous n'avons trouvé aucune indication permettant de retrouver un exemplaire du *Libellus* ni dans *A History of Magic and experimental science*, I et II, ni dans *A Catalogue of incipits of Mediaeval scientific writings in Latin*, 2e éd., 1963.

l'apologie de ce « novus astrologus », car il en reproduit de longs passages. Il y a tout lieu de croire, étant donné sa méthode habituelle, que les citations sont fidèles ; elles ont surtout souffert des distractions du copiste. Hélinand les entrecoupe de réflexions réprobatrices, et consacre un certain nombre de chapitres à une réfutation en règle de tous les arguments du naturaliste à l'aide des autorités des Pères, en particulier de saint Augustin, et des raisons des philosophes et des médecins.

Les autorités bibliques et patristiques, ainsi que les opinions des auteurs profanes ne font pas défaut à Eudes de Champagne ; il doit beaucoup à Raymond, cité comme « nescio quem sapientem », ce qui porte à croire qu'il avait entre les mains un exemplaire anonyme du *Liber cursuum planetarum,* mais il en ajoute suffisamment pour donner une bonne impression de sa culture et de la variété de sa bibliothèque.

Il reproduit à peu près littéralement la solution proposée par Raymond pour expliquer le sort différent d'Esaü et de Jacob ; c'est par ce passage que débute la série d'extraits, au chapitre 8 du livre VI de la Chronique [42] : il suffit de supposer qu'au moment de la naissance d'Esaü, le dixième degré du Cancer était ascendant, là se trouvait Mars, et Saturne occupait le dixième degré du Bélier ; puis, après un intervalle d'un ou deux degrés, Jacob est venu au jour, alors que le douzième degré du Cancer était ascendant, avec Mercure, et que la Lune se trouvait dans le douzième degré de la Vierge. Dans le premier cas, les signes sont défavorables ; il n'est pas surprenant que le pauvre Esaü n'ait pas eu de chance dans la vie ; c'est le contraire en ce qui concerne Jacob. Les planètes, ajoute Eudes, après Raymond, ne produisent pas le bien ou le mal ; elles se bornent à prédire par leurs signes ce qui est prévu ou réglé par Dieu [43].

Hélinand n'a pas grand peine à réfuter l'astuce des astrologues, en les suivant sur leur propre terrain, car il sait que les degrés correspondent à plusieurs minutes ; or, la Sainte Ecriture précise que Jacob est venu au monde immédiatement après son frère, puisqu'il tenait son talon.

La première partie du *Libellus* d'Eudes [44], si nous pouvons

(42) *Ms. cit.*, p. 83 ; réponse d'Hélinand, c. 9-14, p. 83-85, d'après Augustin, Cité de Dieu, avec quelques réflexions de l' « actor ».

(43) La distinction des astres causes et des astres signes, qui est un des points de discussion depuis l'antiquité a été notamment exposée par Plotin, *Enn.* II, 3 ; cf. D. AMAND, *op. cit.*, p. 157 sqq. Le traité de Plotin sur les astres est cité par Macrobe, *In Somn. Scip.* I, 19, sous le titre : « Sic faciunt astra », et c'est avec cette brève donnée que Hélinand construit le chapitre final de sa réfutation (c. 51, p. 104). Dans le chapitre 15 (p. 87), il déclare nettement que cette distinction affirmée par les « quasi religiosi astrologi » ne le satisfait pas ; si le « signe » est nécessaire, cela détruit le libre arbitre ; s'il est contingent, il ne « signifie » rien de certain, et l'art de l' « inspector » ne sert à rien.

(44) Cette partie occupe les chap. 16 à 30, ms. cit. p. 87-93. Hélinand cite de longs passages, mais les entrecoupe de ses réflexions ; il numérote les « rationes » de l'adversaire pour les réfuter. Le titre du ch. 16 indique le contenu de cette section : Quod rationes Odonis de astronomia naturali nichil valent ad probandam superstitionem matheseos.

nous fier à l'ordre indiqué par son contradicteur, traite de l'influence des astres. C'est sur ce point que sa position est la plus forte, car il rattache l'astrologie à l'astronomie naturelle, science autorisée et recommandable. Hélinand lui-même est quelque peu en peine pour distinguer la science de la superstition, et ses coups de boutoir contre les doctes exposés de l'adversaire sont assez désordonnés.

La définition donnée par Eudes du mode d'action des corps célestes est remarquable. Il semble que la source principale de sa cosmologie soit l'*Introductorium maius* d'Albumasar, dont la théorie au sujet de l'influence des astres dans la nature est résumée et commentée [45]. Le rôle des astres, d'après Eudes, est de faire descendre les formes dans la matière élémentaire, pour produire des êtres concrets composés, appelés *elementata,* terme qui apparaît chez les naturalistes dans le second quart du XIIe siècle [46]. Il est employé par Jean de Séville dans sa traduction d'Albumasar, et par Guillaume de Conches, et il est adopté par divers auteurs, notamment Bernard Silvestre [46] et Jean de Salisbury [47]. Eudes expose la formation des êtres en fonction de l'astrologie d'une manière plus radicale, nous semble-t-il, que la plupart de ses contemporains : Le soleil et la lune, en participation étroite avec les autres planètes lorsqu'elles sont dans l'ascension droite d'une image située dans le zodiaque transfèrent la nature et les propriétés de cette image dans le monde inférieur grâce à la force de leurs rayons ; ils produisent les êtres naturels à l'image du modèle intellectuel ou céleste, agissant comme ministres et serviteurs du suprême organisateur et ouvrier ; tout ce qu'ils pressentent devoir être transformé en être concret, ils l'exécutent, avec la permission du Créateur ; ce sont les instruments de la puissance divine [48].

Les « images situées dans le zodiaque » doivent désigner les constellations qui accompagnent chacun des signes, divisés en trois « facies » comprenant dix degrés ; les figurations qui leur sont attribuées dans le livre VI de l'*Introductorium maius* d'Albumasar offrent de grandes ressources à l'imagination des astrologues [49]. Il semble que dans l'esprit d'Eudes, ces images jouent le rôle d'archétypes des êtres sensibles, si l'on se rapporte à ses

(45) Au ch. 24, Eudes cite et commente le l. I, Diff. 4 de l'*Introductorium maius* d'Albumasar, d'après la traduction de Jean de Séville ; ms. lat. 16204, p. 13-15 ; cf. des passages de Diff. III, 3, et Diff. IV, 4, publiés par R. Lemay, *op. cit.*, p. 371-373. Eudes interprète assez librement son auteur.

(46) Cf. Th. SILVERSTEIN, *Elementatum, its appearance among the XII th century cosmogonists, Mediaeval Studies*, 16 (1954), p. 156-162.

(47) *De mundi universitate*, éd. BARACH-WROBEL, 1876, p. 30.

(48) *Metalogicon*, éd. WEBB, 1929, p. 214.

(48) Sol et luna, ceteris assidue planetis comparticipantes, quotienscumque fuerunt in directo alicuius ymaginis in circulo signorum existentis, suorum vehementia radiorum naturam et proprietatem illius ymaginis ad hec inferiora deferunt, et ad illius intellectualis sive celestis (ymaginis) effigiem naturalia in terris producentes tanquam summi dispositoris artificis suo quidem ministerii famulatu, quicquid in sui beneplacito conditoris elementandum esse presenserunt, per Dei potentiam potenter ex elementis elementant, C. 16, *ms. cit.*, p. 87.

(49) Cf. BOUCHÉ-LECLERCQ, *Astrologie grecque*, 1899, p. 110 sqq et 215 sqq. sur les *Paranatellonta* d'Albumasar, cf. F. BOLL, *Sphaera*, p. 413-419.

termes : « ad illius intellectualis sive celestis (imaginis) effigiem ». Ce naturaliste unit plus ou moins consciemment une théorie d'émanation platonicienne avec la doctrine aristotélicienne de l'action du soleil sur la génération. Le fait qu'Eudes non seulement assigne un rôle actif mais reconnaît une âme intelligente au Soleil, à la Lune et aux autres planètes, capables de pressentir le « beneplacitum » du Créateur le rapproche encore de Raymond de Marseille, qui considérait les astres comme doués d'intelligence et de raison [50]. Ceci provoque non sans motif l'indignation d'Hélinand : Si les planètes ont des âmes intelligentes, ce sont alors, dit-il, des anges ou des démons. Si l'on prétend que les planètes sont de bons anges, comment peuvent-elles être parfois mauvaises ? Notre adversaire va prétendre que c'est en tant que signes, et non par leur action. Comment une planète pourrait-elle à la fois être un bon ange et un signe néfaste ? C'est complètement absurde [51].

Le rôle des planètes, d'après les astrologues, et en particulier Albumasar, n'est pas de donner l'être aux éléments premiers ni aux espèces ; il consiste surtout dans une infusion des qualités propres qui distinguent les individus : sexe, beauté ou laideur, tempérament et caractère [52]. Les sept astres règnent successivement sur la formation de l'embryon humain [53]. Eudes expose longuement la théorie de la correspondance des périodes de la vie embryonnaire et des influences planétaires, qui remonte à l'antiquité, sous une forme qui paraît avoir été élaborée par des astrologues arabes [54]. Ils placent au huitième mois un retour à l'influence de Saturne, planète dangereuse, qui débilite l'embryon de telle manière qu'il ne peut survivre s'il vient au jour à ce moment, et au neuvième mois un retour de l'influence de Jupiter, qui assure une naissance heureuse. Eudes se réfère à un certain « Alexander physicus » [55], que nous sommes en peine d'identifier, car on ne trouve un tel exposé ni chez Alexandre de Tralles, ni chez Alexandre d'Aphro-

(50) Raymond de Marseille, *Liber cursuum planetarum*, ms. lat. 14704, f. 115. Quemadmodum igitur homo animam habens ratione utitur, sic astra animam habentia ratione utuntur ; nam et moventur per se, quod non fecerent nisi animam haberent, et ratione utuntur, sui cursus certam legem servantia, quod non fecerent, si ratione carerent... Les astrologues sont naturellement portés à admettre l'animation des astres ; Raymond ne fait pas allusion aux discussions au sujet des théories d'Origène ; il s'appuie sur l'autorité d'un verset biblique, Eccle. I, 6 : Salomon... cum de sole mentionem fecisset, illico subsequenter addidit « lustrans universa in circuitu per gratiam spiritus et in circulos suos regreditur ». Hec tamen tametsi ad allegoricum pertineant misterium, nichilominus historialiter intelliguntur.

(51) C. 16, *ms. cit.* p. 87

(52) C. 24, *ms. cit.* p. 89 ; commentaire d'Albumasar, *Introd.* I, 4. « Quicquid naturaliter efficitur in elementatis, ut ait Albumasar, aut ex elementis, causa scilicet materiali, aut ex speciebus, causa scilicet formali, aut ex motu superiorum, causa scilicet efficienti, perficitur. »

(53) C. 17, *ms. cit.* p. 87-88 : Quod constellatio non mutat sexum contra Alexandrum.

(54) Cf. Bouché-Leclerq, *Astrol. grecque*, p. 508-510.

(55) « Nichil ergo eum (Odonem) ad hoc adiuvat auctoritas Alexandri phisici quam ad probandum planetarum effectum in sublunaribus, non verbis auctoris sed sui ipsius ponit hoc modo : Dicit igitur Alexander quoniam VII planete virtutem habent et operis efficaciam in compositione embrionis... »

dise. Il correspond, par contre, aux enseignements d'Alcabitius [56], d'Omar [57], et du traité *De natura humana* attribué à Constantin l'Africain [58]. Hélinand a-t-il mal interprété le nom d'Alcabitius, ou Eudes a-t-il utilisé une source inconnue ? La description donnée par l'astrologue champenois est en tous cas plus développée que celles des trois auteurs que nous avons cités.

Deux assertions d'« Alexandre » paraissent particulièrement damnables à Hélinand. La première est l'influence de Vénus sur la détermination du sexe, qui est en contradiction avec l'enseignement de saint Augustin. La seconde est le rôle attribué au Soleil qui « crée le cœur et le foie, et insuffle l'âme, sur l'ordre de Dieu ». Malgré la mention finale, une telle opinion revient à reconnaître à l'astre un pouvoir et des fonctions qui sont l'apanage exclusif du seul Créateur. A ce propos, Hélinand évoque à son tour l'ombre dangereuse de Priscillien et de ses disciples, d'après le *Commonitorium* d'Orose, et montre que les théories de l'astrologue moderne sont analogues à l'hérésie condamnée : considérer le soleil et la lune comme les maîtres du développement des êtres vivants équivaut à relier les parties du corps humain au zodiaque [59].

Aux opinions d'Alexandre au sujet des planètes et de l'embryon, et à celle d'Albumasar au sujet de l'influence des astres sur les qualités des « elementata », s'ajoute celle de « Mercurius in Asclepiade » sur la « natura elementans ». Hélinand consacre le chapitre 26 à la réfuter [60] en citant quelques extraits, ce qui nous permet de constater qu'Eudes a utilisé un texte « hermétique » beaucoup plus récent que l'*Asclepius*. Les citations reproduisent littéralement deux passages du *De universitate mundi* de Bernard Silvestre [61], qui paraît surtout en cet endroit tributaire d'Albumasar [62]; le rôle assigné à « Oyarses » ou « Pantomorphon » par Bernard au cours de son ouvrage unit les données de l'*Asclepius* à la doctrine de l'astrologue arabe. Cette confusion est un témoignage

(56) Alcabitius (Al Qabisi), *Isagoge*, sive *liber introductorius de iudiciis astrorum*, éd. Venise, 1521, f. 12 v. ; vérifié sur ms. lat. 16198, f. 192 v.

(57) Omar Al Ferghani at Tabari, *De nativitatibus*, l. III, éd. Bâle, 1551 (Julii Firmici Materni Astronomicon. Claudii Ptolemaei Quadripartitum.. Omar De Nativitatibus), p. 114 ; vérifié sur le ms. lat. 14704, f. 207.

(58) *De natura humana*, éd. dans *Opera Albucasis*, Bâle 1541, p. 320-321 C'est à Constantin que se réfère Vincent de Beauvais, *Spec. Nat.* XVI, 49. Cette théorie se trouve dans le *De VI rerum principiis ;* cf. éd. Th. SILVERSTEIN, *Liber Hermetis Mercurii Triplicis de VI rerum principiis, Arch. hist. doctr. litt. M. A.*, 22 (1955), p. 266.

(59) C. 18. *ms. cit.* p. 88 : « Quod Alexandri et Odonis sententia heresim Priscilliani sapit ». Hélinand reproduit (sans le nommer) le passage du *Commonitorium* d'Orose où est citée la lettre de Priscillien (éd. SCHEPSS, p. 153).

(60) *Ms. cit.*, p. 91 : Improbatio sententie Mercurii de natura elementante

(61) Ed. BARACH-WROBEL, p. 30.

(62) R. LEMAY, *op. cit.*, p. 258 sqq., estime que le *De universitate* s'inspire du *De essentiis* d'Hermann de Carinthie. Mais l'emploi du vocabulaire de la version de Jean de Séville fait croire qu'il a dû étudier directement aussi le texte d'Albumasar. Au sujet de l'interprétation astrologique du *De universitate*, cf. Th. SILVERSTEIN, *The fabulous cosmogony of Bernardus Silvestris, Modern Philology*, 46 (1948), p. 92-116.

assez curieux du succès de l'ouvrage de Bernard dans le milieu des naturalistes.

Hélinand concède à son adversaire que les rayons des astres peuvent avoir quelque action sur le monde terrestre, car le mouvement du Soleil est la cause des saisons, et la pleine lune amène l'humidité [63] ; il admet aussi que ces phénomènes agissent sur la santé, selon l'aphorisme hippocratique : « mutatio temporum generat morbos » [64]. L'on peut estimer que le ciel et les mouvements des astres ont un effet sur les variations des éléments, non croire que les éléments leur soient entièrement soumis. Pourquoi les luminaires ont-ils été créés au firmament le quatrième jour ? Pour éclairer, non pour pour donner aux éléments des propriétés que ceux-ci possédaient déjà. « Mercurius » a donc tort d'enseigner que la « natura elementans » est le ciel, et les astres qui circulent dans le zodiaque, parce qu'ils provoquent dans les éléments leur action innée, car si l'eau est froide et humide, cela ne vient ni du ciel ni des astres errants. La « natura elementans » ne peut être que Dieu. Pour le même motif, Hélinand refuse d'adhérer sans restriction à la doctrine de la puissance universelle du soleil sur la génération et la corruption [65], de même qu'au pouvoir des phases de la lune ; il leur accorde tout au plus une action sur les plantes. L'homme, ainsi qu'il est écrit dans la Genèse, n'a été formé que par Dieu ; il en est de même des animaux. Après avoir cité l'Ecriture, Hélinand complète sa réfutation en revenant à un lieu commun carnéadien au sujet des variétés de couleurs des hommes et des animaux, pour lesquelles la fatalité astrale ne fournit aucune explication valable.

L'exégèse du verset : « sint in signa et tempora » telle que l'entendent les astrologues étant repoussée, Hélinand doit encore infirmer une autorité dont Eudes cherche à se prévaloir pour trouver dans la Bible de glorieux ancêtres [66]. Dans les Antiquités judaïques, Flavius Josephe dit qu'Abraham aurait enseigné aux Egyptiens l'arithmétique et l'astronomie, et qu'en raison des sciences utiles et glorieuses qu'ils étudiaient avec zèle, c'est-à-dire l'astronomie et la géométrie, Dieu a accordé aux pieux patriarches une très longue vie [67]. C'est en effet, commente Eudes, grâce aux

(63) C. 26 : Non negamus tamen afflatus sidereos in sublunaribus aliquantulum operari, ut solem per quartam circuli tempus variare... Dans ce chapitre, et le suivant, Eudes et Hélinand se réfèrent, sans le nommer, à Albumasar, *Introd.* I, diff. 2. Une partie du texte se retrouve dans Vincent de Beauvais, *Spec. natur.*, XXXII, 38.

(64) Aphorismes, 3e partie, début.

(65) C. 28, *ms. cit.*, p. 91.

(66) C. 29 et 30, *ms. cit.*, p. 92.

(67) Cf. *Flavii Josephi Antiquitates judaicae*. The latin Josephus, éd. F. Blatt, Aarhus-Copenhague, 1956, p. 145 et 143. Hélinand ne met au compte d'Eudes que la citation concernant les patriarches, mais lui-même dans sa réponse cite le texte concernant Abraham. D'autre part, dans le chapitre 31, Eudes cite en faveur de son art les *Recognitiones* pseudo-clémentines, avec l'assertion que Abraham « arte esset astrologus » ; cf. *Recognitiones*, I, 32 (P. G. 1, 1226). Eudes indique cependant que les *Recognitiones* sont considérées comme apocryphes.

sciences du *quadrivium,* l'astronomie et ses suivantes « pedissequae » que nous pénétrons les secrets de la plus haute philosophie. En y appliquant la meilleure partie de notre esprit à l'aide des sens, nous sommes conduits aux certitudes de l'intelligence. Celui auquel cette science, appelée par Josèphe « glorieuse utilité ». fait défaut n'est pas capable de philosopher. La superbe du savant, qui caractérise Raymond de Marseille et Gérard de Crémone ne fait pas, on le voit, défaut à Eudes. La réponse d'Hélinand est assez typique de l'attitude d'une partie des milieux monastiques à l'égard de la philosophie naturelle, qui n'est pas la « vraie philosophie ». La vraie philosophie, c'est l'amour de la Sagesse, c'est-à-dire du Christ, Puissance et Sagesse de Dieu. Loin de nous d'interpréter avec une telle perversité la vocation d'Abraham, appelé à « philosopher en Dieu », non à se livrer à de vaines curiosités.

La vaine et coupable curiosité par excellence, c'est bien l'astrologie divinatrice dont Eudes entreprend l'apologie dans la deuxième partie de son traité [68]. Hélinand lui a fait la part belle, car il reproduit dans un long chapitre, une série d'arguments qu'il a numéroté en marge de 1 à 17, afin de pouvoir répondre plus aisément point par point. Sauf le titre péjoratif : « False probationes Odonis quibus probare nititur per astronomiam posse prenosci secreta Dei », et quelques mots d'introduction sévère au sujet des prétentions de « iste novus astrologus » à prévoir les mœurs et les actes des hommes au moyen de leurs constellations, le chroniqueur énumère sans interruption les « raisons » et les « autorités » alléguées par celui-ci ; nous pouvons croire qu'il a bien conservé les termes mêmes de l'auteur, tout en abrégeant ou en transposant probablement certains extraits.

Nous retrouvons dans cette partie plusieurs passages inspirés par Raymond de Marseille. C'est à Raymond qu'Eudes a emprunté les réponses aux arguments carnéadiens exposés par Grégoire le Grand, ainsi que l'interprétation de l'épisode des Mages, avec l'allusion aux Priscillianistes. De Raymond vient aussi une exégèse hardie de la vision du Prophète Isaïe pour déterminer quel est le champ d'investigation ouvert aux astrologues : Les Chérubins voilent la face et les pieds du Seigneur, ne laissant voir que le milieu. Ceci signifie que l'intellect humain ne peut connaître ce qui existait en Dieu avant la création du monde, ni ce qui sera après le jugement dernier. La raison peut, par contre, comprendre ce qui existe dans le temps et scruter les effets des causes supérieures sur les inférieures, ainsi que les événements qui se produisent entre la création et la fin du monde [69].

Une autre interprétation allégorique en faveur des recherches qui sont le but de l'astrologie a été puisée par Eudes dans la cor-

(68) C. 31, *ms. cit.*, p. 93-96.

(69) Raymond de Marseille, *Liber cursuum*, ms. lat. 14704, f. 110 ; Chronique, *ms. cit.*, p. 93. Les deux auteurs parlent des Chérubins, bien qu'il s'agisse sans aucun doute de la vision d'Isaïe, VI, 1-2 ; le texte de la Chronique porte « apud Iezechielem ».

respondance de saint Jérôme. Celui-ci explique à Fabiola la signification spirituelle des vêtements et des ornements du grand prêtre : Il est beau, dit Jérôme, de voir appeler « rationale » ce qui est placé au milieu, car tout est plein de « raison », et les choses terrestres sont liées aux célestes. La « ratio » des choses de la terre, des temps, de la chaleur, du froid, vient du mouvement ordonné du ciel. Nous pouvons connaître cet ordre grâce à Dieu, qui nous communique sa sagesse, et nous donne la science du monde qu'il a créé [70].

Qu'est-ce, commente Eudes, que la science du monde créé, sinon la connaissance de l'astronomie ? C'est elle qui permet l'investigation précise et subtile des quantités, des mouvements et des effets des mouvements des corps supérieurs ; c'est elle qui ouvre le livre des dispositions célestes à ceux qui étudient dignement, et à eux seuls ; elle qui montre la leçon (*pagina*) de la divine Providence, qui contient tout ; elle qui révèle l'état des choses et leur développement, car tout est immédiatement placé sous le regard de Dieu [71].

La science des astrologues est donc un don de la Providence, dont il est légitime d'user. Avec moins d'éloquence que Raymond, mais autant de conviction, Eudes célèbre les obéissantes créatures célestes dont il sait lire les indications. Il est hors de doute, dit-il, que Dieu a créé et établi toutes choses, et qu'il l'a fait dans sa bonté. Or, il a voulu montrer aux êtres doués de raison, par l'intermédiaire des planètes, certains événements futurs, prévus ou prédestinés par lui, avant qu'ils n'arrivent. Les planètes sont simplement les signes de la prévision et de la prédestination divines. Il est dit allégoriquement : Soleil et Lune, louez le Seigneur ; pour bien entendre ce verset, l'homme qui contemple le soleil et la lune suivant de manière admirable le cours que Dieu leur a prescrit, doit louer, non les astres, mais, à travers eux, le Créateur [72].

Après cette noble profession de foi, Eudes peut, sans hésiter, répudier toute compromission avec les méchants astrologues de jadis, qui ont souillé un art excellent en soi par des abus damnables au temps des adorateurs des astres [73]. Ce sont de tels abus qu'a condamné le bienheureux Augustin, condamnation rappelée par le Décret [74], mais qui n'a plus d'objet maintenant. Notre astrologue moderne est ainsi à l'aise pour faire montre de ses talents dans

(70) *Epistola* 64, 18 (éd. LABOURT, III, p. 133-134).
(71) *Ms. cit.*, p. 93.
(72) *Ms. cit.*, p. 94 : Nemo quippe dubitare debet Deum quecumque sunt condidisse ; quippe benignus erat. Voluit ergo quod fecerat sic ordinare, ut quedam que de futuris previderat vel predestinaverat rationabilibus per planetas antequam fierent, ostenderet... Nichil enim aliud planete significant nisi quod Deus previderit aut predestinaverit, et iccirco quamvis allegorice dictum sit : Benedicite, sol et luna (Dan. III, 62) tamen sic intelligendum est ut videns homo et considerans solem et lunam, quam mirabiliter suas vices et quod eis a Deo iniunctum est exequuntur, non ea, sed in eis Creatorem laudant.
(73) *Ms. cit.*, p. 94.
(74) *Decr. Grat.* IIa Pars c. XXVI Q. II. c. 8 et 9.

l'art d'interroger les astres d'après la configuration céleste ; il termine son traité par un exposé des méthodes qui permettent d'établir l'horoscope et de répondre simultanément à de nombreuses questions [75] que notre impéritie nous empêche d'apprécier à sa juste valeur, et par une anecdote propre à impressionner le vénérable archevêque, si toutefois il était candidat à un poste d'astrologue ordinaire auprès de l'oncle de Philippe-Auguste. Elle vaut, en tous cas, d'être rapportée [76] :

On me demanda un jour, à Jaffa, quel serait le destin d'un bateau neuf qui n'avait encore jamais navigué. Je m'installai aussitôt sur le pont arrière, et je mesurai la hauteur du soleil, qui se trouvait dans la dernière face des Poissons. Le Bélier était ascendant ; la Lune se trouvait dans la Balance, et Mars, seigneur de l'ascendant, se trouvait dans le Cancer avec Saturne. Je constatai que la Lune se trouvait sous un aspect de sinistre présage, car elle était dans le tétragone de Mars, qui désignait la mort, étant seigneur du domicile de la mort, et de Saturne, qui, par nature signifie mort et destruction — à moins d'être le seigneur de l'ascendant et favorable parce qu'il est placé dans son lieu d'élection. Je me mis à trembler de tous mes membres, et je dis que sans aucun doute le bateau allait faire naufrage. Après trois jours, ce navire prit la mer, et, comme je l'avais dit, fit naufrage. Mes compagnons et moi, qui devions naviguer sur ce bateau, restâmes sur place, selon mon avis, et nous eûmes ainsi la vie sauve.

Cette histoire, que nous n'osons qualifier de marseillaise, car elle a une fin tragique, exige quelques explications techniques. Nous les emprunterons à M. E. Garin, qui a donné de savants commentaires sur les théories astrologiques dans son édition des *Disputationes adversus astrologiam divinatricem* de Pic de la Mirandole [77], et les a éclairés en reproduisant des schemata contenus dans l'*Opus maius* de Roger Bacon. Les « maisons » astrologiques sont obtenues en partageant l'écliptique par douze points. Les quatre points principaux sont déterminés par l'intersection de l'écliptique avec l'horizon et le méridien céleste. Ce sont l'ascendant, point d'intersection avec l'horizon oriental ; le *medium caelum,* intersection avec le méridien supérieur ; l'*occasus,* intersection avec le méridien occidental ; l'*imum caelum,* intersection avec le méridien inférieur. Les douze maisons correspondent aux signes du zodiaque ; chacun d'entre eux est divisé en trois « facies » ; on obtient ainsi les 36 décans. Les observations des astrologues portent sur les mouvements apparents des planètes par rapport à ces « maisons ». Chaque planète a deux « maisons »

(75) *Ms. cit.*, p. 95 : Item, si quis uno momento diversas faciat questiones astrologum sub uno sompniant horoscopo non posse respondere. Nos autem, factis ita questionibus, secure respondentes...

(76) *Ms. cit.*, p. 95.

(77) Cf. G. Pico della Mirandola, *Disputationes adversus astrologiam divinatricem,* L. I-XI a cura di E. Garin, Florence, 1946 et 1952, I, p. 649-650, 652-653.

dans laquelle elle est « seigneur » (*dominus*), à l'exception du soleil et de la lune, qui n'ont chacun qu'un signe attitré. En outre, les signes zodiacaux sont groupés conformément à leur « sexe » et considérés selon l'aspect trigone ou tétragone, ce dernier étant de mauvais augure. Dans le cas envisagé par notre astrologue, aucune planète n'est dans sa demeure propre. Mars, qui est le « dominus » de l'ascendant, c'est-à-dire du Bélier, d'après la description, se trouve dans le domicile du Cancer, avec Saturne, dont les domiciles d'élection sont le Capricorne et le Verseau. Quant à la lune, dont le domicile d'élection est le Cancer, elle est située dans la Balance, qui est opposée au Bélier, donc à l'*occasus*. L'aspect du ciel est néfaste au moment de l'observation, mais un profane est tenté de se demander pourquoi ce moment arbitrairement choisi est considéré comme valable par l'homme de l'art.

L'anecdote permet de risquer quelques hypothèses au sujet de l'époque du voyage d'Eudes en Terre Sainte, et en conséquence d'indiquer les dates probables de composition du « libellus ». Le port de Jaffa est tombé entre les mains de Saladin en 1187, a été repris par Richard Cœur de Lion en septembre 1191, et, sauf au moment d'un bref retour offensif de Saladin en juillet 1192, est resté en la possession du royaume franc jusqu'en 1197 [78]. Si le traité est distinct de la lettre dont parle le chroniqueur d'Anchin en 1184-1185, il est possible que l'astrologue se soit rendu en Orient à l'occasion de la troisième croisade, peut-être dans la suite du comte de Champagne Henri II, qui, après avoir combattu aux côtés de Richard, épousa la veuve de Conrad de Montferrat et gouverna le royaume de Jérusalem de 1192 à 1197 [79]. En tous cas, le « libellus » peut être situé dans les vingt dernières années du XII<sup>e</sup> siècle, et le ton d'Hélinand montre bien qu'il invective un contemporain.

Le cistercien ne s'est pas laissé impressionner par l'histoire du naufrage, et il se gausse sans ménagements des prétentions de l'obervateur des astres. Il lui paraît plus sensé d'examiner l'état du navire et de choisir un temps favorable à la navigation que d'interroger la configuration céleste. La catastrophe a dû être provoquée par l'impéritie du pilote, qui n'a pas su éviter les écueils [80].

La réfutation de l'astrologie « superstitieuse », poursuivie méthodiquement par Hélinand, car à chacun des arguments numérotés correspond un chapitre de « contra » s'appuie surtout sur saint Augustin, mais ne dédaigne pas les opinions des philosophes, et fait appel au bon sens. Hélinand a le sentiment que les théories de l'astrologue moderne ne diffèrent pas beaucoup, malgré ses protestations, de celles des « mathematici » de jadis, et que les

(78) Cf. *A history of the Crusades*, I, éd. K. M. Setton, I M. W Baldwin (1955), p. 615 ; II, éd. R. L. Wolff, H. W. Hazard (1962), p. 73, 75-78, 83-85.
(79) Cf. *ibid.*, II, 53-55, 78-81, 523-530.
(80) C. 50, *ms. cit.*, p. 102.

objections sceptiques sont valables dans son cas, y compris ce qui concerne l'histoire du navire.

Ce qui distingue nettement, malgré tout, Raymond et Eudes des astrologues de l'antiquité est leur volonté d'intégrer leur art, à titre de science exacte, dans l'ensemble des connaissances et de l'enseignement, et leur souci de légitimer leur rôle en invoquant des exemples bibliques, patriarches et Mages, et en se fondant sur des textes scripturaires. D'après les extraits cités, la bonne foi d'Eudes ne paraît pas douteuse. Il n'est pas étonnant néanmoins que le cistercien se montre sévère à l'égard de son exégèse tendancieuse, et de la désinvolture avec laquelle il interprète dans son sens les auteurs sacrés. Hélinand a conscience de défendre la foi et la saine raison contre un dangereux personnage qui tente d'introduire au cœur même de la cité chrétienne une pseudo-science réprouvée, en s'efforçant de démontrer qu'un astrologue peut à la fois être catholique et devin [81].

La longue digression de la chronique nous montre nettement l'opposition d'une partie des naturalistes et de la théologie traditionnelle à la fin du XIIe siècle. L'attitude d'Eudes de Champagne, qui ne doit pas être un cas unique, fait présager celle des *scolares* de la naissante Université de Paris auxquels un goût excessif des nouveautés scientifiques attirera de sévères monitions en 1210 et 1215, et c'est à ce titre que l'astrologue moderne mérite, nous semble-t-il, de sortir de l'ombre [82].

(81) C. 51, *ms. cit.*, p. 103 : huc usque sufficiat errores astrologorum auctoritatibus sanctorum patrum et phylosophorum rationibus confutasse ; ad quod faciendum maxime incitatus sum zelo catholice fidei propter libellum Odonis astrologi moderni, qui probare nititur astrologum posse esse et catholicum et divinum.

(82) Les historiens ne pourront manquer de s'apercevoir que l'existence du Libellus d'Eudes, qui s'ajoute à la Microcosmographie de Guillaume de Reims éclaire d'un nouveau jour la personnalité de Guillaume aux Blanches Mains, comme protecteur des naturalistes, et peut-être amateur d'astrologie.

*Addenda.* Note 18. Cf. B. VOLLMANN, *Studien zum Priszillianismus. Die Forschung, die Quellen, der XV. Brief Papst Leo des Grossen.* St. Ottilien, Eos Verlag, 1965. (Kirchengeschichtliche Quellen und Studien, VII). Réédition de la lettre XV. de Léon le Grand, p. 122-138.
Note 58. Le traité *De natura humana* n'est pas mentionné dans la liste des œuvres ou traductions de Constantin dressée par Pierre le Diacre (P. L. 173, 1034-1035) mais il est très probable qu'il appartient au *Corpus* des traductions de Constantin et de ses élèves, d'après la tradition manuscrite.

# PHILOSOPHIE ARABE OU PHILOSOPHIE MUSULMANE ? PLAN POUR UNE BIBLIOGRAPHIE DE PHILOSOPHIE MÉDIÉVALE EN TERRE D'ISLAM

par

Georges C. ANAWATI, O. P.

Il y a quelques mois a paru chez Gallimard, à Paris, dans une collection destinée au grand public, le premier volume d'une *Histoire de la philosophie islamique* [1] dû à M. Henry Corbin, directeur d'études à l'Ecole des Hautes Etudes (Sorbonne) et directeur du département d'Iranologie de l'Institut franco-iranien (Téhéran). Depuis l'ouvrage de T. J. de Boer qui porte à peu près le même titre et qui a paru depuis plus d'un demi-siècle, c'est la première fois qu'un éminent spécialiste comme M. Corbin [2], offre au public cultivé une pareille histoire. Ce qui ajoute à l'intérêt de l'ouvrage, c'est la conception toute nouvelle qui a présidé à son élaboration et qui ne laisse pas de poser pour les historiens de la pensée musulmane un certain nombre de problèmes. Travaillant depuis longtemps nous-même à l'établissement d'une bibliographie raisonnée de ce secteur de la philosophie médiévale et ayant eu à plusieurs reprises l'occasion d'en discuter avec des collègues arabisants ou médiévistes, nous pensons être agréable à notre cher Maître, le P. Chenu, qui nous a si fortement encouragé au seuil de nos études médiévales, en lui présentant, en hommage fraternel, quelques réflexions sur ce problème.

Avant d'exposer le plan suivi par M. Corbin et celui que nous voudrions nous-même adopter, il nous faut rappeler rapidement le « status quaestionis » de façon à situer exactement le sens de l'essai de M. Corbin et faire ressortir la difficulté que présente pour un historien de la philosophie musulmane (ou arabe) l'établissement d'une bibliographie sur ce sujet.

Acquis à la nouvelle foi prêchée par Mohammad au VIIe siècle et devenus de ce fait « musulmans », les Arabes se répandirent rapidement en Syrie puis en Iran et jusqu'aux Indes et, à l'ouest,

(1) Collection « Idées », N.R.F. Paris 1964, 384 pages, avec la collaboration de Seyyed Hossein Nasr et Osman Yahya.

(2) Sur la personnalité et l'œuvre de M. Corbin cf. notre article *Gnose et philosophie,* paru dans *Cahiers de civilisation médiévale,* VIe année, N° 2, avril-juin 1963, p. 159-173.

en Afrique du Nord et en Espagne. La langue du Coran et des premiers musulmans était l'arabe. Cette langue demeura non seulement la langue religieuse par excellence, mais aussi la langue d'échange et de culture pour les divers pays de l'immense empire musulman, même quand des pays de vieille civilisation comme l'Iran par exemple se convertirent à l'Islam. Les grands penseurs qui embrassèrent la nouvelle foi continuèrent à se servir de la langue du Coran pour exprimer leurs idées et diffuser leurs doctrines. A Bagdad, l'héritage grec fut traduit, souvent à travers le syriaque, en arabe. Les grand noms de la pensée philosophique musulmane : al-Kindi, al-Farabi, al-Ghazali, Averroès ont écrit la majeure partie de leur œuvre, sinon toute, en arabe.

Il faut cependant noter que même après la décadence de la pensée musulmane en Occident (pratiquement après la mort d'Averroès en 1198), une activité philosophique remarquable, due à des penseurs shi<sup>c</sup>ites de l'Iran continua à s'exprimer en langue persane jusqu'au XVII<sup>e</sup> siècle. Le grand mérite de M. Corbin est de nous les avoir fait connaître.

Par ailleurs, il y eut au sein même de l'empire musulman des penseurs chrétiens qui ont écrit en syriaque ou en arabe et des penseurs juifs qui écrivirent en hébreu ou en arabe. De sorte que nous sommes en présence : 1° d'œuvres écrites en arabe, en hébreu, en syriaque ou en persan ; 2° par des auteurs qui sont soit des chrétiens, soit des juifs, soit des musulmans.

Mais, et c'est le point important qu'il ne faut pas perdre de vue quand on examine le problème de la philosophie arabe ou musulmane, les seules œuvres des auteurs musulmans qui furent connues en Occident chrétien par des traductions latines ont été écrites originellement en arabe. De sorte que pour tout le moyen âge chrétien, auteurs arabes et auteurs musulmans sont absolument synonymes. C'est ainsi, pour ne citer qu'un exemple, que S. Thomas dira : « Unde etiam et apud Arabes prima operatio intellectus vocatur imaginatio, secunda autem vocatur fides ut patet ex verbis Commentatoris in III De Anima » [3]. Pour les scolastiques occidentaux, Averroès, Avicenne, Algazel, al-Kindi sont des « Arabes », c'est-à-dire des musulmans, et philosophie arabe est synonyme de philosophie musulmane.

Cet usage s'est conservé au cours des temps chez les auteurs occidentaux qui se sont occupés d'histoire de la philosophie médiévale. Pour ne pas remonter plus haut que le XIX<sup>e</sup> siècle, nous

(3) *De Veritate*, q. 14, a.l.c., cf. également *De spiritualibus creaturis*, a. 9 ad 6 : « Has enim duas operationes intellectus Aristoteles assignat in III *de Anima*, unam scilicet quam vocat intelligentiam indivisibilium, qua videlicet intellectus apprehendit quod quid est alicuius rei, et hanc Arabes vocant formationem vel imaginationem per intellectum. Aliam vero ponit, scilicet cognitionem et divisionem intellectuum, quam Arabes vocant credulitatem vel fidem. » Cf. sur ces textes les remarques du P. Chenu, *Notes de lexicographie philosophique médiévale. Un vestige du stoïcisme*, R.S.P.T., 27<sup>e</sup> année (1938), p. 63-68. Le P. C. Vansteenkiste, O. P., a recueilli tous les textes de S. Thomas où les Arabes sont cités : *Autori Arabi e Giudei nell'opera di San Tommaso*, in *Angelicum*, 37 (1960), fasc. 3-4, p. 336-401.

voyons, par exemple, un Schmölders parler, en 1842, des *Ecoles philosophiques chez les Arabes* [4], voulant par là désigner les musulmans puisqu'il mentionne les écoles théologiques musulmanes, les mo'tazilites, etc. La même tradition se poursuit depuis l'ouvrage classique de Munk, paru en 1851, jusqu'aux plus récents ouvrages en la matière, ceux de M. Gilson par exemple. Munk intitule en effet son livre : *Mélanges de philosophie juive et arabe* et il en expose l'objet de la manière suivante : « Un ouvrage spécial et complet sur la philosophie arabe est encore à faire [5]. Je n'ai point la prétention de remplir cette lacune par les esquisses que je publie ici d'après les documents les plus authentiques. J'ai voulu seulement tracer à grands traits le tableau du mouvement des études philosophiques chez les Arabes, indiquant d'une manière concise et substantielle ce que chacun des philosophes arabes, tout en professant le péripatétisme, y a apporté du sien, et donner sur la vie de ces philosophes des renseignements exacts et authentiques, pour remplacer les fables qui ont été débitées par Léon l'Africain et reproduites par Brucker et par ses successeurs. »

Le plan suivi par lui est très simple : après une courte introduction historique sur la naissance des études philosophiques et théologiques chez les Arabes, Munk étudie successivement al-Kindi, al-Farabi, Ibn Sina, Ghazali, Ibn Bajja (Avempace), Ibn Tufayl (Abubacer) et Ibn Rushd (Averroès) et donne à la fin une « esquisse de la philosophie chez les juifs ».

L'ouvrage de Munk inspirera pendant de longues années les historiens occidentaux de la philosophie médiévale. C'est ainsi que de Wulf, dans son *Histoire de la philosophie médiévale* [6], consacre le cinquième et dernier chapitre du tome premier à la « philosophie byzantine, arabe et juive ». La philosophie arabe est caractérisée par lui de cette manière : « La philosophie arabe, qui remplit trois siècles et demi et se développa successivement dans les milieux d'Orient et dans les royaumes d'Espagne, est le produit complexe d'une civilisation à base religieuse et mystique, où des facteurs très divers viennent entremêler leur action. Outre l'influence de l'Islamisme et des conceptions universellement répandues en Orient sur le rôle d'un Dieu-Lumière, principe de toutes choses, on doit, pour l'expliquer, tenir compte de théories persanes et à partir de 850, de la doctrine indienne du Nirvana. C'est vers ce même temps que joue le facteur hellénistique : la philosophie grecque vient cimenter dans ses cadres systématiques, tous ces matériaux de provenance et d'esprit divers » [7].

(4) August Schmölders, *Essai sur les écoles philosophiques chez les Arabes*, Paris, 1842, cf. également du même auteur, *Documenta philosophiae Arabum*, Bonnae, 1836.

(5) Munk mentionne ici le livre de Schmölders cité dans la note précédente (*Essai*...) mais dit « qu'il ne répond qu'imparfaitement aux exigences de la critique (...) et par là il n'inspire pas toujours la confiance nécessaire ». p. 337, note 2.

(6) Louvain-Paris, 6ᵉ édition 1934, p. 295-313.

(7) p. 297-298.

M. Gilson, lui, ne pense même pas nécessaire de donner une définition de la philosophie arabe tant la chose lui paraît, semble-t-il, aller de soi. Il entre directement dans le sujet au chapitre sixième de son livre *La philosophie au moyen âge* [8], qu'il consacre aux « Philosophies orientales ». La première section concerne la « Philosophie arabe ». Il emploie constamment l'expression « philosophes arabes » ou « philosophie arabe » mais aussi, équivalemment, « philosophie musulmane » [9] : « Le premier nom célèbre de la philosophie musulmane est celui d'al-Kindi ». Détail piquant : al-Kindi est précisément le plus arabe des penseurs musulmans... Au paragraphe suivant Al-Farabi est mentionné comme le « deuxième grand nom de la philosophie arabe » [10]. M. Gilson étudie successivement : al-Kindi, al-Farabi. Avicenne, al-Ghazali, Avempace, enfin Averroès. L'influence de la philosophie arabe en Occident est étudiée au chapitre suivant : « L'influence gréco-arabe au XIIIe siècle et la fondation des universités ». Dans l'édition américaine de son ouvrage, la même division est maintenue ; des paragraphes ont été typographiquement introduits et le texte a été remanié, s'enrichissant d'ici ou là de précieux compléments concernant la philosophie arabe.

L'*Histoire de la philosophie* [11], de Bréhier, consacre, elle aussi, un chapitre à la « Philosophie en Orient » avec les neuf paragraphes suivants : I. Les théologiens musulmans. II. L'influence d'Aristote et du néo-platonisme. III. Al-Kindi. IV. Al-Farabi. V. Avicenne. VI. Al-Ghazali. VII. Les Arabes en Espagne. Averroès. VIII. La philosophie juive jusqu'au XIIe siècle. IX. La philosophie byzantine. Au cours de son exposé, Bréhier parle une fois des « philosophes arabes » [12].

Utilisant une remarque de Halphen dans son livre intitulé *Les Barbares* [13], Bréhier écrit au début du chapitre consacré à la philosophie en Orient : « Les historiens nous apprennent combien peu nombreux étaient les Arabes d'origine dans ces vastes territoires, qu'ils occupaient militairement, mais en gardant les cadres administratifs et sociaux des pays conquis ; dans la dislocation qui partagea l'empire en souverainetés indépendantes, les califes de Bagdad par exemple, mirent à leur service toute l'organisation financière et politique des anciens souverains persans. On observe, semble-t-il, un fait analogue dans le domaine intellectuel : convertis à l'islamisme et écrivant en arabe, les philosophes arabes, dont la plupart sont d'origine non pas sémitique mais aryenne, trouvent leurs thèmes de méditation soit dans les œuvres grecques, que les chrétiens nestoriens qui peuplent l'Asie-Mineure et la Perse tra-

(8) 3e édition, 1947, p. 344-367.
(9) *Ibid.*, p. 346.
(10) *Ibid.*, p. 347.
(11) Tome premier, *L'Antiquité et le Moyen Age, III. Moyen Age et Renaissance*, Paris, Alcan, 1928, ch. IV, p. 609-632.
(12) *Ibid.*, p. 614.
(13) Livre I, ch. X et XI, Paris, Alcan, 1926.

duisent dès le VI<sup>e</sup> siècle en syriaque et en arabe, soit dans les traditions mazdéennes vivantes en Perse et auxquelles se mélange intimement la pensée de l'Inde (mysticisme des soufis) ».

C'est en demeurant dans cette ligne d'une philosophie arabe faisant face à la pensée philosophique médiévale de l'Occident et envisagée surtout dans la perspective de celle-ci, que le P. de Menasce a élaboré sa bibliographie de la Philosophie arabe [14]. Destinée avant tout à être une initiation pour des étudiants de philosophie qui ne connaissent pas les langues orientales, cette bibliographie ne contient que les œuvres en langues européennes ou les œuvres arabes traduites en langues européennes. Le P. de Menasce définit ainsi la Philosophie arabe, — ce qui lui permet de délimiter soigneusement son sujet : « Sous le nom de philosophie arabe, j'entends, ici,les travaux écrits en arabe ou en persan par des philosophes du monde de l'Islam, à l'exclusion des penseurs chrétiens ou juifs, même quand ceux-ci ont utilisé la langue arabe » [15]. Ce point précisé, la matière est répartie selon les grandes divisions suivantes :

1° ISLAMICA :

A. Religion. B. Bibliographie. C. Encyclopédie. D. Histoire de la littérature. E. Revues.

2. EXPOSÉS D'ENSEMBLE :

A. Bibliographie. B. Manuels. C. Glossaires.

3° L'HÉRITAGE DE L'ANTIQUITÉ :

A. Les traducteurs. B. Les transmetteurs. C. Les Ecoles philosophiques. D. Les sciences naturelles.

4° TRANSMISSION ET INFLUENCE :

A. Les juifs. B. Les chrétiens.

5° PROBLÈMES PARTICULIERS :

A. Métaphysique. B. Logique. C. Théorie de la connaissance et psychologie. D. L'éthique.

6° LE NÉO-PLATONISME ARABE :

A. La théologie d'Aristote. B. Al-Razi (Razes Medicus). C. Nasir-i-Khosrow. D. Les Frères de la Pureté. E. Avencebrol (Ibn Gabirol).

(14) *Arabische Philosophie* dans la collection *Bibliographische Einführungen in das Studium der Philosophie*, Berne, A. Francke, 1948, 49 p.

(15) « Unter « Arabische Philosophie » verstehe ich hier die arabisch oder persisch verfassten Werke der Philosophen aus der Welt des Islams, unter Ausschluss der christlichen oder jüdischen Denker, auch wenn sich dieselben der arabischen Sprache bedient haben », p. 4.

7° AL-KINDI.

8° AL-FARABI.

9° AVEMPACE.

10° AL-GHAZALI.

11° AVICENNE.

12° IBN TUFAYL.

13° AVERROÈS.

14° AUTRES AUTEURS :

A. Ibn Masarra. B. Ibn Miskawayh. C. Shahrastani. D. Fakhr al-Din Razi. E. Ibn Sab$^{c}$in. F. Tusi. G. Shirazi.

Pour chaque auteur, le P. de M. donne son nom au complet, les dates de naissance et de mort, puis une bibliographie, les éditions critiques des textes originaux, les traductions médiévales quand elles existent, les traductions modernes, enfin la « littérature » sur le sujet.

Ouvrage sérieux comme on le voit, qui a rendu et qui rendra les plus grands services aux débutants désireux de s'initier à la philosophie arabe. Mais on voit aussi que les limites que s'est assignées l'auteur ne permettent pas de considérer sa bibliographie complète. Il faut à partir d'elle en établir une plus exhaustive.

Avant d'examiner comment on peut réaliser une telle entreprise, voyons la seconde ligne d'approche de la philosophie « arabe » considérée cette fois-ci comme une « philosophie musulmane », ou une « philosophie islamique », ou une « philosophie de l'Islam », ou enfin une « philosophie en Islam ». En effet, à l'encontre d'une présentation des faits dans le cadre des catégories précédentes, on a vu apparaître à partir surtout du début du siècle une réaction en faveur d'une appellation plus *objective* (et d'un traitement en conséquence), tenant compte, non d'un caractère pratique mais accidentel comme celui de la langue, mais du milieu où cette philosophie a pris naissance et s'est développée, et de l'esprit qui l'a animée.

Un des premiers auteurs à utiliser en quelque sorte officiellement l'appellation de « Philosophie musulmane » et qui a essayé de justifier sa position est Léon Gauthier. Il l'a fait dans sa leçon d'ouverture d'un cours public sur « le Roman philosophique d'Ibn Thofayl », le 16 novembre 1899, inaugurant ainsi la chaire de philosophie musulmane à l'Université d'Alger [16]. Au cours de sa leçon, après s'être rallié en grande partie à certaines idées de Renan sur

(16) *La philosophie musulmane*, Paris, Leroux, 1900, 94 pages.

le sémitisme [17], L. Gauthier s'expliqua sur le sens qu'il accordait au terme de « philosophes » appliqué aux auteurs musulmans. Dans l'histoire de la pensée musulmane, faisait-il remarquer, on réserve le nom de *philosophes* à une école de penseurs nettement définie : ce sont les disciples d'Aristote, les partisans de la philosophie hellénistique. Il signalait qu'en parlant de ces péripatéticiens il les appellera tantôt « *philosophes arabes* », tantôt « philosophes musulmans ». Mais à côté de ces philosophes disciples des penseurs grecs, il y a des théologiens, les *mutakallimun* soit dissidents soit orthodoxes. Comment trouver une dénomination qui convienne à la fois aux trois catégories de ces penseurs ? « Nous ne pouvons faire mieux, répond le conférencier, que de nous conformer à la terminologie courante. On est à peu près d'accord aujourd'hui pour préférer l'expression générale de *philosophie musulmane*. Car si ces penseurs ne sont pas tous musulmans d'une orthodoxie incontestable, si, d'autre part, ils ne sont pas, en majorité, des *falasifa*, des *philosophes* au sens étroit du mot, du moins le théâtre de leurs luttes est toujours le monde musulman, et tous les hauts problèmes qu'ils agitent ont un caractère philosophique indéniable. Nous appellerons donc ce grand mouvement intellectuel et moral, considéré dans son ensemble, du nom de *philosophie musulmane,* mais nous ne nous ferons pas faute, à l'occasion, d'employer aussi, dans le même sens, l'expression de *philosophie arabe,* puisque ce fut la langue arabe qui servit de véhicule à tout ce mouvement de sentiments et d'idées. Quand il sera nécessaire de distinguer et d'opposer, nous emploierons les termes de *philosophes proprement dits, péripatéticiens arabes, philosophes hellénisants,* et ceux de *théologiens,* de *motakallémin dissidents, motakallémin orthodoxes.* Dans tous les autres cas nous donnerons aux uns et aux autres le nom de *philosophes musulmans* ou de *philosophes arabes.* Les distinctions que nous venons d'établir suffisent je pense à rendre inoffensives ces impropriétés d'expression et ces ambiguïtés inévitables » [18].

Vers la même époque, en 1901, parut pour la première fois une Histoire de la philosophie en Islam : *Geschichte der Philoso-*

(17) « Ce n'est que par une très décevante équivoque que l'on applique le nom de *philosophie arabe* à un ensemble de travaux entrepris, par réaction contre l'arabisme, dans les parties de l'empire musulman les plus éloignées de la péninsule, Samarkand, Bokhara, Cordoue, Maroc. Cette philosophie est *écrite en arabe,* parce que cet idiome était devenu la langue savante et sacrée de tous les pays musulmans ; voilà tout. Le véritable génie arabe, caractérisé par la poésie des Kasidas et l'éloquence du Coran, était absolument antipathique à la philosophie grecque... C'est lorsque l'esprit persan, représenté par la dynastie des Abbassides, l'emporte sur l'esprit arabe, que la philosophie grecque pénètre dans l'Islam. » *Averroès et l'averroïsme,* 3e *édition,* p. 90. Cité par Gauthier, *loc. cit.* p. 41. Le cheikh Mostafa ʿAbd El-Raziq, ancien Recteur de l'Azhar et professeur de philosophie musulmane à l'Université du Caire (mort en 1947) a consacré le premier chapitre de son *Tamhid li-ta'rikh l-falsafa l-islamiyya* (*Introduction à l'histoire de la philosophie musulmane*), Le Caire, 1944, à la discussion des opinions d'un certain nombre d'orientalistes concernant la philosophie arabe ou musulmane. La réfutation de Renan, manifestement exagérée, se trouve p. 11-15.

(18) *Loc. cit.*, p. 44-45.

*phie im Islam* [19] qui fut, deux ans après, traduite en anglais avec l'approbation de l'auteur et qui devint rapidement le « standard-book »sur le sujet. L'auteur, T. J. de Boer, plaçait la philosophie arabe dans un contexte islamique plus large, la situait dans le cadre général des sciences islamiques, voire de la littérature, de l'histoire et de la géographie. Voici d'ailleurs un résumé succinct de son contenu. Après avoir brossé, dans un premier chapitre, « la scène des événements », de Boer analyse dans le chapitre deuxième « la sagesse orientale », chez les Sémites, en Iran, enfin chez les Hindous, toujours dans leurs rapports avec le monde musulman. Puis c'est au tour de la « science grecque » d'être décrite avec soin : l'auteur montre comment les Syriaques étaient en contact avec les Byzantins, signale les caractéristiques des églises chrétiennes de l'époque (nestorienne et jacobite), l'activité intellectuelle à Edesse, Nisibe, Harran, Jundishapur, et la philosophie qui s'y enseignait puis les traductions en arabe, l'activité philosophique des traducteurs eux-mêmes (*Liber de Pomo, Théologie d'Aristote,* etc), la continuité du néo-platonisme, enfin le degré de connaissance que possédèrent les Arabes d'Aristote. C'est dans ce cadre excellemment tracé que l'auteur, dans une deuxième section, intitulée « la philosophie et les sciences arabes » étudie les différents aspects de la pensée musulmane : les sciences linguistiques, la jurisprudence, la théologie, le soufisme. Quittant le domaine propre de la pensée spéculative, l'auteur aborde au chapitre quatrième de cette seconde section la littérature et l'histoire chez certains auteurs où il croit relever certaines tendances philosophiques.

Une troisième section est consacrée à la philosophie pythagoricienne : philosophie de la nature, celle des Frères de la Pureté avec leur Encyclopédie populaire de 52 Epîtres.

C'est dans la quatrième section intitulée les philosophes aristotéliciens à tendance néo-platonicienne que nous retrouvons les noms connus : al-Kindi, al-Farabi, Avicenne, auxquels l'auteur ajoute Ibn Miskawayh et Ibn al-Haytham, astronome arabe connu au Moyen Age sous le nom d'Alhazen.

La cinquième section est consacrée surtout à Ghazali, considéré par l'auteur comme une des personnalités les plus extraordinaires de l'Islam. Après l'Orient, c'est le tour de l'Occident : la sixième section lui est consacrée pour étudier successivement Ibn Bajja (Avempace), Ibn Tufayl (Abubacer) et Ibn Roshd (Averroès). La conclusion qui nous conduit jusqu'au XV<sup>e</sup> siècle est consacrée à un auteur arabe célèbre considéré comme le père de la philosophie de l'histoire, Ibn Khaldun, avec, pour terminer, quelques pages, trop brèves, sur l'influence de la philosophie arabe en Europe.

(19) Stuttgart, 1901. La traduction anglaise, *The History of Philosophy in Islam,* London, 1903, est de Edward R. Jones. Le livre de de Boer a été également soigneusement traduit en arabe par M. Abu Rida, professeur à l'Université du Caire, qui y a joint de très nombreuses notes, souvent très longues, Le Caire, 3e édition, 1954, 328 pages.

Le livre de de Boer marque une date importante dans l'histoire de la philosophie musulmane. Même après un demi-siècle, les grandes lignes qu'il a tracées restent substantiellement exactes. Pour la première fois on plaçait les *falasifa* classiques dans un contexte réel et on analysait d'autres aspects de la pensée musulmane dans ses rapports avec la philosophie, en particulier le mouvement scientifique. On remarquera que l'auteur a pris soin de préciser qu'il s'agit d'une philosophie *en* Islam et non *de* l'Islam, évitant ainsi de s'engager dans le délicat et épineux problème de savoir s'il existe en fait une véritable philosophie de l'Islam et quelle serait-elle ? Mais en embrassant des sujets aussi éloignés de la philosophie au sens propre que l'histoire ou la littérature n'y avait-il pas à craindre une certaine confusion des « objets formels » et risquer de faire de l'histoire de la philosophie musulmane une histoire de la *civilisation musulmane* ?

Cette tendance encyclopédique « totalisante » qui frise le « pot-pourri » ou le « fourre-tout » va prendre un caractère quasi-tératologique chez un auteur comme Max Horten qui, par ailleurs, a consacré toute sa vie à l'étude de la philosophie musulmane. Engagé par B. Geyer à rédiger pour le *Grundriss der Geschichte der Philosophie,* d'Ueberweg-Heintze [20]. « la philosophie arabe dans le cadre de la philosophie médiévale », M. Horten sut écrire « ad sobrietatem » et traiter le sujet d'une manière quasi-classique tout en signalant l'influence des éléments orientaux dans l'élaboration de la philosophie musulmane. Rejetant comme inexactes les appellations « philosophie arabe » ou « philosophie chez les Arabes », Horten intitule sa section : « La philosophie dans le domaine culturel musulman » et traite pratiquement des *Falasifa* : al-Kindi, al-Farabi, Avicenne, Ghazali, Ibn Bajja (Avempace), Ibn Tufayl (Abubacer) et Averroès.

Mais quand il dispose de l'espace à loisir et qu'il a, si l'on peut dire, les coudées franches, il se livre à une tendance éclectique effrénée, ramassant dans un même livre pratiquement tous les aspects intellectuels, culturels et religieux de l'Islam [21]. L'ouvrage veut être une « Philosophie *de* l'Islam dans ses rapports avec la Weltanschauung de l'Orient occidental ». On pourrait dire presque sans paradoxe qu'on y trouve tout sauf de la philosophie au sens propre du terme. Aussi étrange que cela puisse paraître on n'y

(20) « Für die Darstellung der arabischen Philosophie in Rahmen der mittelalterlichen Philosophie habe ich dieses Mal einen Fachmann, Herrn Prof. Dr Max Horten in Bonn, herangezogen, wodurch die arabische Philosophie nicht bloss, wie bisher, einseitig vom abendländischen Standpunkte aus, sondern in ihrer eigenem Wesenart zur Geltung kommt. » (p. IX).

(21) Max Horten, *Die philosophie des Islam in ihren Beziehungen zu den philosophischen Weltanschauungen des westlichen Orients,* Verlag Ernst Reinhardt in Munchen 1924, 385 pages. L'avantage de Horten est qu'il connaissait avec l'arabe, la scolastique occidentale, ce qui lui a permis dans ses traduction allemandes de Fárabî, d'Avicenne et d'Averroès, d'établir d'utiles comparaisons. Sur l'œuvre de Horten cf. Pfanmüller, *Handbuch der Islam-Literatur,* Berlin-Leipzig, de Gruyter, 1923, p. 353-356, et la bibliographie du P. de Menasce, p. 11.

rencontre pas une section spéciale pour les *Falasifa*. Visiblement l'auteur a pris Philosophie au sens très large de Weltanschauung et il a voulu la considérer successivement chez les penseurs de métier, « la couche supérieure » comme il l'appelle, puis chez les penseurs moyens « la couche moyenne », enfin chez le menu peuple, « la couche inférieure ». On trouvera dans l'ouvrage lui-même une table des matières très détaillée et systématique à merveille. Nous en extrayons les grandes lignes suivantes :

A. Le système de la Weltanschauung islamique in genere.

I. L'image théorique du monde.
II. Les idées morales pratiques.
III. La tension interne de la culture musulmane.

B. Le système de la Weltanschauung in particulari.

*Première partie : la couche supérieure.*

Première section : la métaphysique.

Premier groupe : Les philosophes.
Les orientations de la philosophie in genere.

Ch. I : Le système grec.

Ch. II : La pensée irano-orientale ancienne (où se trouvent mentionnées la plupart des grandes sectes musulmanes aberrantes).

Ch. III : Le type spirituel hindou.

Deuxième groupe : Les théologiens.

Deuxième section : L'éthique.

Troisième section : La mystique.

*Deuxième partie : La couche moyenne.*

Première section : Les dilettantes philosophants.

Deuxième section : La philosophie dans la littérature d'adab et la magie.

*Troisième partie : La couche inférieure.*

Première section : Le système in genere.

Ch. I : Les représentations philosophiques.

Ch. II : Les représentations éthiques.

Deuxième section : Différentes représentations populaires du monde puisées aux sources.

L'auteur ajoute *in fine* deux appendices dont l'un est une introduction aux trois langues culturelles de l'Orient contemporain, à savoir l'arabe, le persan et le turc.

Le P. de Menasce, dans sa bibliographie, a eu bien raison de mettre en garde contre certaines interprétations de ce livre : « Eine Einführung der zu folgen nicht immer ratsam ist » [22].

C'est dans le contexte de ce « status quaestionis » qu'il faut comprendre le sens de l'enquête sur la philosophie musulmane que nous avons menée il y a quelques années (en 1958) en préparation au Congrès de Philosophie médiévale qui se tenait, pour la première fois, à Louvain [23]. Nous adressâmes à une cinquantaine de spécialistes, médiévistes, arabisants, ou les deux à la fois, un certain nombre de questions dont les deux premières étaient formulées comme suit :

1° La première question litigieuse qui se pose est celle de la délimitation de cette « philosophie » arabe. Et d'abord faut-il garder ce titre ? Si oui, faudra-t-il y inclure les auteurs chrétiens et juifs du moyen âge qui ont écrit en arabe ? Si on adopte l'expression « philosophie musulmane », il faudra semble-t-il, éliminer ces derniers ; mais alors ne sera-t-on pas obligé d'inclure des œuvres philosophiques écrites en persan (cf. travaux de Corbin) ?

2° Ensuite qu'entendre par « philosophie » musulmane ou arabe ? Faut-il la limiter strictement à la philosophie hellénistique d'expression arabe avec comme principaux représentants al-Kindì, al-Farabi, Avicenne, Averroès, etc..., ou l'étendre à la méthodologie du droit musulman (*usul al-fiqh*), à la théologie (*ᶜilm al-kalam*), voire à la mystique (*tasawwof*), du moins à celle qui est surtout philosophique ?

Nous avons donné ailleurs les diverses réponses à notre questionnaire [24]. Rappelons simplement ici les conclusions que nous en avons pu tirer en ce qui concerne l'appellation et la délimitation de cette philosophie. Pour l'un et l'autre cas, les avis furent très partagés. En ce qui concerne le premier point, les uns sont partisans de l'appellation « Philosophie arabe » : ce sont surtout les médiévistes occidentaux (R.P. Chenu : « Quoi qu'il en soit *objectivement,* je pense que pratiquement, « Philosophie arabe » prévaut »), Mgr Van Steenberghen, MM. Gilson, Wilpert, mais aussi des arabisants (R.P. Kutsch, MM. Cerulli, Kraemer, Kritzeck) et des Arabes (Taha Hussein, Khodeiri). D'autres préfèrent « Philosophie musulmane » (MM. Madkour, Ahwani, Ali Asghar Hekmat, Tara Chand, Bausani, Tullio Gregory, Arberry, Von Grünebaum). M. Makdisi suggère d'adopter l'expression : « Philosophie arabo-musulmane ». Quant à M. Corbin sa réaction énergique et nette

(22) P. 11.
(23) Cf. le compte rendu détaillé de cette enquête dans notre article « *Philosophie médiévale en Terre d'Islam* », paru dans *MIDEO,* t. 5, 1958-59 p. 175-236.
(24) Cf. note précédente.

mérite d'être citée puisque, comme nous allons le voir dans un instant, il a mis en pratique sa position dans le livre qu'il vient de publier : « La dénomination n'est pas trop « étroite », elle est devenue mensongère. J'ai demandé ailleurs où l'on classerait alors les œuvres et la pensée de Nâsir Khosrow, Afzal Kashani, ᶜAziz Nasafi, etc.... Iraniens des XIe-XIIe siècles qui n'ont jamais écrit en persan ? Oui ou non veut-on tenir compte de ce fait ? Je ne puis admettre une réponse qui ne fait que délayer présomptueusement et misérablement du sous-Spengler (j'ai lu ça, je crois, dans *Studia Islamica*). C'est une imposture. »

« Le concept « arabe » a aujourd'hui un contenu politique, national, racial, parfaitement légitime. Mais au nom de cette légitimité même, on n'a plus le droit moral ni scientifique de lui donner un effet rétroactif, ou un sens qu'il n'a plus. Si on le fait, qu'on dise alors nettement *pourquoi ?* C'est parce que je refuse de lier un concept religieux à une race ou une nation, que je soutiens que la seule dénomination véridique et correspondant aux faits est celle de « philosophie en Islam » ou de « philosophie islamique » (en Terre d'Islam, je veux bien, mais ça fait un peu long et sentimental. Et puis l'on a besoin d'un adjectif). Je ne dis pas même « philosophie musulmane » : ce serait préjuger de la conviction personnelle du philosophe, aussi bien que du parti-pris de Ibn Taymiyya.

« Philosophie islamique » peut englober toute philosophie, toute spiritualité se rattachant au fait religieux « Islam ». Et si l'on veut y englober chrétiens et juifs, disons « philosophie en Islam ». C'est ce qu'avait fait de Boer jadis. »

Pour ce qui concerne la délimitation de cette philosophie, on peut classer les réponses en quatre groupes principaux. Pour le premier groupe, la Philosophie islamique doit se limiter à la *Falsafa,* i.e. à la philosophie d'inspiration hellénistique (R. P. Chenu, MM. Arberry, Ritter, Wilpert). Un deuxième groupe, tout en maintenant comme objet principal la *Falsafa,* voudrait cependant que l'on ne désintéressât pas des sciences religieuses de l'Islam (MM. Gardet, Rosenthal, R. P. de Menasce). Un troisième groupe opte résolument pour l'adoption du *kalam* comme faisant partie de la philosophie musulmane (MM. Guillaume, Hourani). Un quatrième groupe ajoute au *kalam* également la mystique (MM. Achena, Schacht, Van den Bergh). Un cinquième groupe va plus loin encore : la Philosophie musulmane comprendra outre la *Falsafa* et le *kalam*, la mystique et les sources du droit (*usul al-fiqh*) (MM. Bausani, Cerulli, de Gandillac, Khodeiri, Kritzeck, Tara Chand). Mlle d'Alverny et M. Madkour pensent qu'il faut y ajouter aussi les sciences, et M. Arnaldez la grammaire. M. Gilson, magnanime, veut des cadres aussi larges que possible de façon à pouvoir tout accueillir.

Quant à M. Corbin, il définit sa position de la manière suivante : « Est-ce que l'on se propose de créer une simple section

« arabe » des études de philosophie médiévale ? Dans ce cas l'intérêt en est très limité. Sinon, si l'on conçoit une entreprise de *philosophie islamique* dans un ensemble, ce sont les médiévistes qui deviennent les invités. Pourquoi exclure le *tasawwof* ? Pourquoi et comment exclure nos philosophes shicites depuis Mìr Damad nourris d'Avicenne, de Sohrawardî, d'Ibn cArabi et des hadìths shicites ? — Tout cela me semble bien arbitraire. Pense-t-on *falsafa* ou bien *al-hikma al-ilahìyya* ? Et pourquoi restreindre *falsafa* à une philosophie soi-disant rationaliste, alors que la conception de l'hellénisme chez tous nos « philosophes » est celle des « prophètes et sages » grecs, non pas des rationalistes. Tout cela ne me semble pas reposer sur des textes mais sur les catégories limitatives de certains orientalistes. Je crois qu'on peut étendre cette philosophie au *usul al-fiqh*, au *kalam* et même au *tasawwof*, à condition qu'il s'agisse d'un texte attestant une méthode de raisonnement logique. »

Fidèle à la position prise dans la précédente enquête et au terme d'une intense activité d'édition de textes et de réflexion philosophique, M. Corbin a publié avec la collaboration de deux de ses disciples le livre sur l'*Histoire de la philosophie islamique* que nous signalions au début de cet article. Il explique dans l'Avant-propos les raisons qui lui ont fait choisir ce titre et le plan qu'il a suivi. Nous nous réservons de revenir, une autre fois, sur le bien-fondé de certains principes de base qu'il serait trop long de discuter ici. Nous allons simplement donner le plan suivi et exposer celui que nous choisissons nous-même pour notre bibliographie.

M. Corbin opte vigoureusement, comme nous venons de le voir, pour la « Philosophie islamique ». « Sans préjuger des opinions ou de « l'orthodoxie » mettant en question la qualité « musulmane » de tel ou tel de nos philosophes, nous parlerons de « philosophie islamique », comme de la philosophie dont l'essor et les modalités sont liés essentiellement au fait religieux et spirituel *Islam,* et qui est là pour attester que l'Islam ne trouve son expression ni adéquate ni décisive, comme on l'a dit abusivement, dans le seul droit canonique (*fiqh*) » (p. 6).

Par ailleurs, il faut renoncer, selon M. Corbin toujours, à faire équivaloir le concept de philosophie envisagée ici à celui qui s'est élaboré au moyen âge par la scolastique médiévale qui a établi une distinction entre philosophie et théologie à la suite d'une « sécularisation » « dont l'idée ne pouvait venir en Islam, pour la première raison que l'Islam n'a pas connu le phénomène Eglise avec ses implications et ses conséquences... » Là où la recherche philosophique (*tahqiq*) fut chez elle en Islam, ce fut là où l'on réfléchit sur le fait fondamental de la prophétie et de la Révélation prophétique, avec les problèmes et la situation *herméneutiques* que ce fait fondamental implique. La philosophie prend alors la forme d'une « philosophie prophétique ». C'est pourquoi nous avons donné la place initiale, dans la présente étude, à la philosophie prophétique du shicisme sous ses deux formes principales, l'Imâmisme duodécimain et l'Ismaélisme. Les recherches récentes concernant l'un et l'autre n'ont encore été condensées en aucune étude de ce genre. Nous n'avons pas demandé nos informations aux « hérésiographes ». Nous sommes allés aux sources mêmes » (p. 8).

Etant donné qu' « en Islam tout particulièrement histoire de la philosophie et histoire de la spiritualité demeurent inséparables », M. Corbin traitera dans son *Histoire de la philosophie islamique* du « soufisme sous ses différents aspects, tant ceux de son expérience spirituelle que ceux de sa théosophie spéculative, laquelle a ses racines dans l'ésotérisme shicite » (p. 9). Comme on le voit, M. Corbin, vivement impressionné par ses recherches personnelles et subissant, sans s'en apercevoir, le charme irrésistible d'un Iran mystique tout secoué de ses fièvres zoroastriennes, envisage toute la pensée philosophique musulmane à la lumière du shicisme. Plus shicite que les shicites, il nous apporte en quelque sorte une révolution copernicienne dans le domaine jusqu'ici si calme de la philosophie musulmane. Nul doute qu'elle aura des conséquences heureuses, ne serait-ce que par la masse de documents nouveaux que M. Corbin et ses élèves mettent à jour avec une inlassable activité. Comme toute révolution elle suscitera des résistances mais aussi provoquera des enthousiasmes. Il en résultera, nous n'en doutons pas, de réels progrès dans notre connaissance de la philosophie islamique, et de ce point de vue nous ne pouvons qu'être reconnaissants à M. Corbin pour son audacieuse entreprise.

Bien entendu, M. Corbin renonce pour son exposé à la « périodisation de l'histoire » en trois périodes : antiquité, moyen âge, temps modernes. Un tel schéma ne pourrait être rapporté à la périodisation de l'histoire de la philosophie islamique que par un artifice verbal. Il faut trouver une division procédant de la structure même des choses. Aussi M. Corbin distingue-t-il les trois grandes périodes suivantes :

1° Une première période s'étend des origines jusqu'à la mort d'Averroès (595-1198). C'est l'objet de ce premier volume.

2° Une seconde période embrasse les trois siècles qui précédèrent la Renaissance safavide en Iran. « Elle est principalement marquée par ce qu'il convient d'appeler la « métaphysique du soufisme » : la croissance de l'éole d'Ibn cArabi et de l'école issue de Najm Kobra, la rejonction du soufisme d'une part avec le shicisme duodécimain, d'autre part, avec l'Ismaëlisme réformé, postérieurement à la ruine d'Almût par les Mongols (1256).

3° Enfin la troisième période est consacrée au « prodigieux essor de pensée et de penseurs » qui au XVI^e^ siècle, avec la Renaissance safavide s'affirme en Iran ». « Il y aura lieu d'analyser les raisons pour lesquelles le phénomène se produit précisément en Iran et en milieu schi$^{c}$ite. A leur lumière, comme celle d'autres écoles plus récemment écloses ailleurs en Islam, il y aura lieu de s'interroger sur le prochain avenir » (p. 11).

Voici comment se présente la table des matières du premier volume qui vient de paraître :

I. LES SOURCES DE LA MÉDITATION PHILOSOPHIQUE EN ISLAM.

1. L'exégèse spirituelle du Qorân.
2. Les traductions.

II. LE SHI$^{C}$ISME ET LA PHILOSOPHIE PROPHÉTIQUE.

Observations préliminaires :

A. Le shi$^{c}$isme duodécimain.

1. Périodes et sources.
2. L'ésotérisme.
3. La prophétologie.
4. L'imamologie.
5. La gnoséologie.
6. Hiérohistoire et métahistoire.
7. L'imâm caché et l'eschatologie.

B. L'ismaélisme.

Périodes et sources. Le proto-ismélisme.

I. L'Ismaélisme Fatimide.

1. La dialectique du *tawhîd*.
2. Le drame dans le Ciel et la naissance du temps.
3. Le temps cyclique : hiérohistoire et hiérarchies.
4. Imamologie et eschatologie.

II. L'ismaélisme réformé d'Alamut.

1. Périodes et sources.
2. Le concept de l'Imâm.
3. Imamologie et philosophie de la résurrection.
4. Ismélisme et soufisme.

III. LE KALAM SUNNITE.

1. Les Mo$^{c}$tazilites :

   A. Les origines.

   B. La doctrine.

2. **Abû'l Hasan al-Ashᶜari :**
   1. **Vie et œuvres d'Al-Ashᶜari.**
   2. **La doctrine d'Al-Ashᶜari.**

3. **L'Ashᶜarisme :**

   A. **Les vicissitudes de l'école ashᶜarite.**

   B. **L'atomisme.**

   C. **La raison et la foi.**

IV. Philosophie et sciences de la nature.

1. L'hermétisme.
2. Jâbir ibn Hayyân et l'alchimie.
3. L'encyclopédie des Ikhwân al-Safa.
4. Rhazès, médecin et philosophe.
5. La philosophie du langage.
6. Bîrûnî.
7. Khwârezmî.
8. Ibn al-Haytham.
9. Shâhmardân Râzi.

V. Les philosophes hellénisants.

Préambule :

1. Al-Kindî et ses élèves.
2. Al-Fârâbî.
3. Abûl-Hasan al-'Amiri.
4. Avicenne et l'avicennisme.
5. Ibn Maskûyeh. Ibn Fâtik. Ibn Hindu.
6. Abu l-Barakât al-Baghdâdi.
7. Abû Hamid Ghazâlî et la critique de la philosophie.

VI. Le soufisme.

1. Remarques préliminaires.
2. Abû Yazid Bastâmî.
3. Jonayd.
4. Hâkim Tirmidhî.
5. Hallâj.
6. Ahmad Ghazâlî et le « pur amour ».

VII. Sohrawardi et la philosophie de la lumière.

1. La restauration de la sagesse de l'ancienne Perse.
2. L'Orient des Lumières (*Ishrâq*).
3. La hiérarchie des univers.
4. L'exil occidental.

5. Les *Ishrâqîyûn*.

VIII. En Andalousie.

1. Ibn Masarra et l'école d'Alméria.
2. Ibn Hazm de Cordoue.
3. Ibn Bâjja (Avempace) de Saragosse.
4. Ibn al-Sid de Badajoz.
5. Ibn Tofayl de Cadix.
6. Averroès et l'averroïsme.

Transition.

Il nous reste, pour terminer, à exposer comment nous entendons nous-même le problème posé par l'enquête et quel plan nous pensons suivre pour notre bibliographie.

Ceux qui ont eu l'occasion de lire les réponses publiées à notre enquête ont pu se rendre compte que, théoriquement, le problème posé est insoluble : il n'y a pas de concept adéquat qui embrasse à la fois le point de vue linguistique et le point de vue religieux. En faveur de l'une ou l'autre expression choisie on peut invoquer de bonnes raisons sans qu'elles soient décisives. Il faut donc accepter un compromis qui respecte à la fois les objets formels, et, pourquoi ne pas le dire, les susceptibilités nationales ou religieuses. Il semble, en tenant compte de ces difficultés, que la formule trouvée jadis par de Boer soit pratiquement la moins sujette à caution : Philosophie *en Islam*. Nous-même, avec M. Gardet, en essayant de trouver une expression synthétique, « ouverte » à tous les aspects du problème, avions fini par nous arrêter à la formule : « Philosophie médiévale en Terre d'Islam », — et cela avant même de recevoir la réponse de M. Corbin. A partir de là les subdivisions s'établissent d'une façon aisée : soit à partir de la langue : philosophie d'expression arabe, persane, hébraïque, voire turque, et latine pour les versions médiévales quand elles existent ; soit à partir de la religion : philosophie chrétienne, musulmane, juive.

Quant à l'extension ou délimitation de cette philosophie, il est certain qu'une bibliographie qui envisagerait tous les aspects intellectuels de l'Islam, considéré à la fois comme religion et comme civilisation, serait la bienvenue. Mais c'est là une entreprise démesurée, et de toute façon, elle dépasse, pour le moment du moins, nos forces.

Par ailleurs, centrer toute la philosophie islamique sur le shicisme comme le fait M. Corbin peut, peut-être, donner une certaine cohérence extérieure à l'ensemble des faits, mais c'est au prix d'une hypothèse contestable et dont le moins qu'on puisse dire est qu'elle surprendra et indisposera inutilement nos amis sunnites. Ils représentent tout de même la majorité du monde musulman et sans entrer dans la discussion du problème d' « orthodoxie », il nous semble imprudent, scientifiquement parlant, de ne pas tenir compte, plus substantiellement, de leurs idées doctrinales.

De toute façon, nous préférons, en ce qui nous concerne, ne pas nous engager sur un terrain si peu sûr et rester sur un plan plus empirique et plus classique. Pour ce qui concerne la bibliographie, nous convenons qu'il est parfois difficile de tracer une ligne de démarcation nette entre *falsafa, kalàm* ou *mystique*. Mais cela n'empêche pas que chacune de ces disciplines possède au moins un noyau caractéristique propre, qui peut servir de base pour une bibliographie spécialisée. Que des auteurs « polyvalents » comme Ghazali soient à la fois philosophes, théologiens et mystiques, signifie simplement qu'il faudra les faire entrer dans chacune des bibliographies spécialisées, quitte à faire des renvois convenables. Nous sommes tout à fait de l'avis de M. Corbin, quand il dit : « Je crois qu'on peut étendre cette philosophie aux *osul al-fiqh,* au *kalam* et même au *tasawwof* à condition qu'il s'agisse d'un texte attestant une méthode de raisonnement logique. » *Optime dixit.*

Par ailleurs rien n'empêche d'établir, en appendice ou dans les index, des « thèmes » d'étude, des problèmes, par exemple l'atomisme, l'éternité du monde, la causalité, et alors à propos de ces thèmes renvoyer à toutes les sources qui en parlent même si elles proviennent de textes se rattachant par ailleurs à la mystique, au kalam ou aux sciences.

Ce que l'on demande à une bibliographie, c'est d'être un bon instrument de travail et de fournir rapidement le plus de renseignements possibles sur un auteur ou un thème déterminés. Nous voudrions que la bibliographie que nous préparons puisse rendre ce service. Nul doute que l'immense érudition dont font preuve M. Corbin et ses laborieux collaborateurs nous sera d'un secours inappréciable.

C'est en tenant compte de toutes ces considérations que nous soumettons à nos collègues cette « esquisse » du plan envisagé. Nous recevrons avec reconnaissance toute suggestion capable de l'améliorer.

A. Introduction.

B. Bibliographie.

I. Bibliographies spécialisées.
II. Encyclopédies. Dictionnaires.
III. Manuels de philosophie arabe ou musulmane.
IV. Manuels de philosophie générale contenant un chapitre sur la philosophie arabe ou musulmane.
V. Ouvrages de théologie musulmane ou d'islamologie.
VI. Glossaires. Lexiques.
VII. Revues.

B. SOURCES.

I. Sémitisme.
II. Donné religieux : Coran, hadith, etc...
III. Les grands centres :

1. Alexandrie.
2. Antioche.
3. Edesse.
4. Harran.
5. Jundishapur.
6. Damas.
7. Bagdad.
8. Autres centres.

IV. Traducteurs et traductions.
V. Philosophie chez les Syriaques.
VI. Sources grecques :

1. Avant Platon.
2. *Plato Arabus.*
3. Aristote.
4. Commentateurs.
5. Stoïcisme.
6. Hermétisme.

VII. Autres éléments :

1. Les écoles de grammaires.
2. Les écoles juridiques.
3. Eléments iraniens.
4. Eléments juifs.
5. Eléments indiens.

VIII. Divers.

D. PIONNIERS ET COURANTS.

I. Mu<sup></sup>ctazilites.
II. Al-Kindi, m. 870.
III. Jabir ibn Hayyan.
IV. Razes.
V. Sarakhsi, M. 899.
VI. Al-Farabi, m. 950.
VII. Yahya ibn ͨAdi, m. 973.
VIII. Miskawayh.
IX. Frères de la Pureté (Ikhwan al-safa').

E. Avicenne [25].

I. Les travaux bibliographiques.
II. Les fêtes du millénaire. Recueils. Collections.

A. Bagdad. B. Calcutta. C. Cambridge. D. Iran.
E. Le Caire. F. Paris, G. Turquie, H. autres pays.

III. Biographie. Contexte historique.

IV. Œuvres :

A. Généralités.
B. Le *Shifa'*.
C. Autres textes que le *Shifa'*.
D. Textes persans.
E. Les traductions.

V. Exposés d'ensemble.
VI. Logique.
VII. Psychologie.
VIII. Métaphysique.
IX. Morale.
X. Education.
XI. « Philosophie Orientale ».
XII. Avicenne et le shi<sup>c</sup>isme.
XIII. Mystique.
XIV. Prophétisme.
XV. Œuvre littéraire.
XVI. Arts. Musique.
XVII. Sciences :

A. Généralités. B. Biologie. C. Botanique.
D. Chimie. Alchimie. E. Géologie. F. Médecine.

XVIII. Vocabulaire. Lexique.
XIX. Influence d'Avicenne en Occident.
XX. Influence d'Avicenne en Orient.
XXI. Les études avicenniennes dans le monde.
XXII. Divers.

F. Après Avicenne.

I. Ma<sup>c</sup>sumi.
II. Bahmanyàr.
III. Juzajani.

(25) Nous avons développé ce paragraphe parce qu'il a été déjà publié pour les années 1951-1960, cf. *Chronique avicennienne, Revue Thomiste* 1960, n° 4, p. 614-634. Il est clair que pour chaque philosophe important une division similaire devrait être faite.

IV. Ibn Zayla'.
V. Moh. b. cA. al-Tabìb al-Basrî, m. 1044.
VI. Mobashshar ibn Fàtik.
VII. Al-Shayzari, m. 1093.
VIII. Al-Ghazali, m. 1111.
IX. Al-Shahrastanì, m. 1153.
X. Burhan al-Din abù l-Rashid b. A. al-Razi, m. 1187.
XI. Al-Suhrawardi, m. 1191.
XII. Fahr al-Din al-Razi.
XIII. Al-Kàshì, m. 1225.
XIV. Ibn 'Arabi, m. 1240.
XV. Al-Abharì, m. 1265.
XVI. Ibn Sabcin, m. 1270.
XVII. Al-Tusi, m. 1274.
XVIII. Al-Urmawi, m. 1283.
XIX. Burban al-Din al-Nasafi, m. 1288.
XX. Al-Samarkandi, vers 1291.
XXI. Al-Sahrazuri.
XXII. Al-Shirazi, m. 1640.
XXIII. Philosophie ismaélienne.
XXIV. Divers.

G. La philosophie en Occident musulman.

I. Ibn Masarra, m. 899 et le Ps.-Empédocle.
II. Avempace (Ibn Bajja), m. 1130.
III. Abu l-Salt.
IV. Ibn Tufayl, m. 1185.
V. Ibn Rushd (Averroès), m. 1198.
VI. Ibn Tumlus, m. 1223.
VII. Ibn Khaldun, d. 1406.

H. La philosophie juive (à traiter à part, cf. Vajda).

I. Philosophie arabe dans l'Occident chrétien au Moyen Age [26].

Le Caire, février 1965.

(26) Signalons à titre documentaire que M. I. Madkour a excellemment traité du problème de la philosophie musulmane dans un livre qui lui est consacré, paru au Caire sous le titre : *Fil-falsafa l-islamiyya Manhaj wa tatbıq* (*De la philosophie musulmane. Méthode et applications*), Le Caire, 1947, 267 pages.

De même les professeurs Osmane Amine et Fouad Ed-Ahwani, de l'Université du Caire, ont publié en anglais, le premier : *Moslem Philosophy*, consacré surtout à la pensée moderne, surtout celle de Mohamed cAbdoh, Le Caire, 1957, 194 pages ; le second, *Islamic Philosophy*, recueil des cours faits à Washington, University Saint-Louis, Le Caire, 1957, 174 pages.

Sur le fond du problème, d'un point de vue plus spéculatif, on lira avec fruit le pénétrant article de M. Louis Gardet, *Le problème de la « philosophie musulmane »*, paru dans les *Mélanges Gilson*, Paris, 1959, p. 261-284.

# LE GRAND TOURNANT DE LA FACULTÉ DE THÉOLOGIE DE LOUVAIN A LA VEILLE DE 1900

par

Roger Aubert

En janvier 1906, au moment où la crise moderniste approchait de son paroxysme, le Pape Pie X, recevant en audience le Recteur de l'Université de Louvain, le félicitait en ces termes : « *Laude digna est Universitas, quia recte incedit* ». Effectivement, on a souvent relevé le calme avec lequel le groupe des théologiens louvanistes affronta la tempête et le succès avec lequel il surmonta sans dommage la double crise du modernisme et de l'intégrisme. Et l'on a souvent, à juste titre d'ailleurs, cherché l'explication de cette réussite dans l'enseignement prudemment progressiste qui caractérisait dès lors les maîtres de l'*Alma Mater*, soucieux à la fois de respecter sans les majorer indûment les exigences de leur foi catholique et de se conformer avec conscience et rigueur, sans céder aux caprices des modes passagères, aux exigences de la méthode scientifique. C'est ce que reconnaissait déjà, au lendemain de l'encyclique *Pascendi*, le cardinal Mercier, qui avait lui-même prêché d'exemple durant près d'un quart de siècle, quand il s'adressait aux membres de la Faculté de Théologie :

> « Messieurs les Professeurs, parce que, mieux avisés que d'autres, vous avez pratiqué avec rigueur l'étude objective, l'étude sereine des faits, vous avez su tout à la fois préserver notre *Alma Mater* des écarts du modernisme et lui assurer les avantages des méthodes scientifiques modernes. Vous avez su donner un grand exemple à ceux qui ont abusivement identifié leur philosophie avec la science, et à ceux qui, trop timides, attendent au coin du feu que d'autres, plus courageux qu'eux, courent hardiment le risque de se brûler le bout des doigts pour leur apporter tout chauds les marrons à croquer. Pionniers de la science, gardez-vous de l'apriorisme des uns et de la — comment dirai-je ? — de la prudence trop humaine des autres » [2].

(1) Rapporté par Mgr Hebbelynck dans son éloge funèbre de Mgr Abbeloos, dans *Annuaire de l'Université de Louvain* [*AUCL*], 71 (1907), p. XXXIX.

(2) Discours du 8 décembre 1907, dans *AUCL*, 72 (1908), p. XXV-XXVI Sur la question de savoir dans quelle mesure ce fut effectivement la position adoptée par la Faculté de Théologie de Louvain qui protégea la Belgique du danger moderniste, voir les observations de J. Coppens, *Paulin Ladeuze, orientalist en exegeet*, Bruxelles, 1941, p. 77-78.

On serait tenté de penser que cette attitude, courageuse et dangereuse mais en définitive la seule raisonnable, à laquelle la Faculté ne devait pas cesser de demeurer fidèle par la suite, n'était que la continuation d'une tradition déjà longue, dont les maîtres des premières années du XX^e siècle n'avaient eu qu'à récolter les fruits. La réalité est toutefois assez différente. La remarquable adaptation des théologiens de Louvain aux problèmes soulevés par la critique rationaliste fut, pour l'essentiel, l'œuvre de quelques jeunes professeurs entrés en fonction durant la dernière décennie du XIX^e siècle. Jusqu'à ce moment, en effet, malgré quelques aspects positifs non négligeables, sur lesquels nous reviendrons plus loin, l'enseignement de la Faculté témoignait dans l'ensemble d'une grande timidité intellectuelle [3]. Rien de plus révélateur pour s'en rendre compte que de feuilleter la collection des petites thèses défendues à la fin de chaque année académique par les étudiants en théologie [4], thèses qu'ils devaient extraire des cours de leurs professeurs et qui sont donc à ce titre un écho assez fidèle de ceux-ci.

***

C'est en 1889 que fut nommé à la Faculté de Théologie le premier de ceux qui allaient la rénover en l'espace de quelques années, Albin van Hoonacker. Si on fait abstraction du droit canonique, qui constituait une section particulière dont nous ne nous occupons pas ici, l'enseigement de la théologie était à cette date réparti entre cinq professeurs.

La chaire de théologie fondamentale était occupée sans grand éclat par Ferdinand Ledoux [5], qui avait fait ses études au Collège Romain vers 1840 et qui était sur le point d'obtenir l'éméritat ; dans ses cours, d'orientation nettement apologétique, il faisait preuve de beaucoup d'érudition mais manquait d'originalité et, comme trop d'apologistes catholiques du XIX^e siècle, paraissait davantage au fait des objections anciennes contre l'Eglise et le Saint-Siège que des attaques de la science contemporaine contre la religion chrétienne.

Son collègue Antoine Dupont [6], un Hollandais qui devait occu-

(3) On trouvera un certain nombre d'indications dans la série d'articles sur *L'Enseignement de la théologie à l'Université de Louvain depuis sa restauration en 1834* publiés dans le fasc. 4 de 1932 (t. 9) des *Ephemerides theologicae Lovanienses* (p. 608 à 704) et reproduits dans le volume collectif : *Le V^e centenaire de la Faculté de Théologie de l'Université de Louvain, 1432-1932*, Bruges-Louvain, 1932 (p. 21 à 117). Je citerai d'après ce volume.

(4) *Universitas catholica Lovaniensis. S. Facultas theologica. Theses quas.*

(5) Sur Ferdinand Ledoux (1819-1894), professeur d'Ecriture Sainte au Grand Séminaire de Liège, puis professeur à Louvain de 1862 à 1891, dont la science théologique avait été très appréciée par le nonce Pecci lors de son séjour en Belgique, voir A. Hebbelynck, dans *AUCL*, 60 (1896), p. CV-CXIX, et *Université Catholique de Louvain. Bibliographie,* Louvain 1900, p. 62-63.

(6) Sur Antoine Dupont (1836-1917), Hollandais d'origine, professeur de philosophie au séminaire de Saint-Trond de 1864 à 1866, professeur de logique et de morale puis de métaphysique à la Faculté de Philosophie et Lettres de Louvain à partir de 1866, et de dogmatique spéciale à la Faculté de Théologie de 1874 à 1899, voir H. Jacobs, *De Roermondenaar Ant. Dupont, professor te Leuven,* dans *Publications de la Société historique et archéologique*

per la chaire de dogmatique spéciale jusqu'en 1899, était également de formation romaine. C'était avant tout, comme en témoignent ses publications, un philosophe, assez peu soucieux de resourcer la théologie au contact des Pères, comme l'avaient fait à Rome un Passaglia ou un Franzelin, mais ne manquant pas de vigueur dialectique. Succédant à un adepte du traditionnalisme mitigé et de l'ontologisme, ces systèmes qui avaient caractérisé l'Ecole de Louvain durant le second tiers du siècle, il avait rétabli le bon renom de la Faculté à Rome en orientant ses étudiants vers la grande scolastique médiévale. Mais il n'était guère estimé dans le milieu louvaniste, où on lui reprochait d'avoir polémiqué avec trop d'acrimonie contre ses collègues ontologistes et d'avoir condamné sans nuances, à la suite de Périn, les catholiques libéraux qui défendaient la légitimité de la constitution belge. C'étaient là deux indices qui dénotaient un esprit peu porté à quitter les chemins battus pour s'engager à la recherche de solutions neuves. Aussi un esprit ouvert, le chanoine Van Weddingen, qui déplorait la torpeur où s'enlisait l'Université vers 1880, n'avait-il pas hésité à écrire de lui et de ses collègues : « Ce sont des hommes qui parlent pour un autre siècle, sans aucune action sur celui-ci » [7]. Le jugement, en partie mérité, était cependant trop unilatéral. Sans doute on pouvait reprocher à sa *Théodicée* (1874) d'être « pleine d'erreurs historiques et scientifiques » [8], et un bon juge a reconnu que Dupont « ne rencontrait qu'occasionnellement les préoccupations et les exigences de la pensée philosophique et scientifique moderne » [9]. Mais il faut par ailleurs tenir compte de l'avis de Mercier, son ancien élève, qui le considérait comme « un des plus vigoureux initiateurs de la philosophie thomiste à l'Université de Louvain » [10], et aussi de l'impression favorable que produisirent les leçons de théologie spéculative de Dupont sur des étudiants de la valeur d'un Van Hoonacker ou d'un Ladeuze [11].

On ne pourrait en dire autant du professeur de théologie morale, Adolphe Van der Moeren [12]. Sa thèse de doctorat, sur la

*du Limbourg*, 90-91 (1954-1955), p. 227-248, article qui tourne au panégyrique et auquel on ajoutera les documents inédits cités par R. TAMBUYSER, dans *Revue philosophique de Louvain*, 56 (1958), p. 498-499, et les observations de J. COPPENS, *P. Ladeuze, orientalist en exegeet*, p. 12-14 ; voir aussi *Université Catholique de Louvain. Bibliographie*, Louvain, 1900, p. 79-80.

(7) Van Weddingen à Pieraerts, 1881, cité par A. SIMON, *Positions philosophiques du Cardinal Mercier*, Bruxelles, 1962, p. 21.

(8) *Ibid.*, p. 21.

(9) L. DE RAEYMAEKER, *Le Cardinal Mercier et l'Institut Supérieur de Philosophie de Louvain*, Louvain, 1952, p. 52.

(10) Mercier à Lemius, 31 décembre 1898, dans A. SIMON, *op. cit.*, p. 21. En théologie, par contre, Dupont était moliniste (cfr Pieraerts à Van Weddingen, février 1881, cité par R. TAMBUYSER, *art. cit.*, p. 498). C'était en fait un précurseur du néothomisme assez éclectique, dans le genre de Kleutgen.

(11) Le premier fit sa thèse de doctorat sous sa direction et le second fut sur le point d'en faire autant.

(12) Sur Adolphe-Bernard Van der Moeren (1836-1913), professeur de théologie morale au Grand Séminaire de Gand de 1864 à 1880 et à l'Université de Louvain de 1880 à 1898, voir : H. DE JONGH, dans *AUCL*, 78 (1914), p. L-LVIII ; A. JANSSEN, dans *Le V^e centenaire de la Faculté de Théologie*, p. 62-63 ; J. COPPENS, *P. Ladeuze...*, p. 12 ; *Université Catholique de Louvain. Bibliographie*, Louvain, 1900, p. 80-81.

procession du Saint-Esprit, avait été considérée comme un monument d'érudition patristique et son enseignement au séminaire de Gand avait été très goûté pour sa clarté en même temps que pour sa réaction contre le rigorisme. Mais à Louvain, où il suivait pour ses leçons la *IIa IIae* de S. Thomas « avec la plus grande fidélité, peut-être même avec une trop grande servilité » [13], il apparaissait comme un vulgarisateur et un casuiste, dont on se plaisait à reconnaître la sûreté de doctrine, plutôt que comme un maître qui fait progresser la science. Aussi les étudiants avaient-ils tendance à plaisanter à son sujet.

Le cas du professeur d'Ecriture Sainte, Mgr Thomas Lamy [14], est plus complexe. C'était un orientaliste de valeur, dont on a pu dire qu'il fut « un des hommes dont les travaux ont le plus contribué au siècle dernier à répandre en dehors de la Belgique le bon renom de l'Université de Louvain » [15]. Par sa thèse de doctorat, *De Syrorum fide et disciplina in re eucharistica* (1859), par ses éditions des œuvres complètes de S. Ephrem (4 vol., 1882-1902) et d'autres écrits de la littérature chrétienne en langue syriaque, insuffisamment critiques mais fort méritoires pour l'époque, par l'impulsion enfin qu'il donna pendant plus de quarante ans aux études d'orientalisme à la Faculté de Théologie, il doit être considéré comme l'un des fondateurs de l'Ecole patristique de Louvain, qui devait briller avec tant d'éclat entre les deux guerres, et le souci qu'il avait manifesté au début de sa carrière de rajeunir les études de théologie au contact de la philologie, l'avait même fait taxer de libéralisme doctrinal par certains esprits conservateurs [16]. Par contre, dans ce qui apparaissait alors comme sa tâche fondamentale, c'est-à-dire comme professeur d'exégèse de l'Ancien et du Nouveau Testament, il fut, en dépit de ses abondantes publications, beaucoup moins brillant. Il avait bien publié en 1866 une *Introductio in Scripturam Sacram* qui n'était pas sans valeur et fut rééditée jusqu'à six fois. Mais il n'était guère attiré par les questions de critique littéraire, qui prenaient alors tant d'impor-

(13) A. Janssen, *art. cit.*, p. 63.

(14) Sur Thomas Lamy (1827-1907), professeur d'exégèse à l'Université de Louvain de 1859 à 1900, d'abord à la *Schola minor*, puis également à la Faculté de Théologie depuis 1875, voir : P. Ladeuze, dans *AUCL*, 72 (1908), p. CXXXI-CLIX ; Id., dans *Annuaire de l'Académie Royale de Belgique*, 80 (1914), p. 539-567 ; J. Coppens, dans *Le V^e^ centenaire de la Faculté de Théologie*, p. 24-26 ; G. Ryckmans, *ibid*, p. 103-105 ; L. Henry, *Mgr Lamy, un théologien et un orientaliste*, dans *Echo religieux de Belgique*, 2 (1900), p. 400-408 ; *Université Catholique de Louvain. Bibliographie*, Louvain, 1900, p. 66-72, et *Supplément I* (1901), p. 8, II (1904), p. 11 sq., et III (1906), p. 11.

(15) J.-B. Chabot, dans *Manifestation J. Forget, J. de Becker, A. Van Hoonacker*, Louvain, 1928, p. 22.

(16) Dans le procès-verbal de la réunion des évêques belges à Malines en juillet 1873, après l'annonce que le professeur de dogmatique Lefebvre sera invité à donner sa démission à cause de ses doctrines ontologiques, on lit : « Un avis sérieux sera en même temps donné par Mgr de Namur à M. Lamy sur ses tendances au libéralisme » (A. Simon, *Réunions des évêques de Belgique, 1868-1883, Procès-verbaux*, Louvain-Paris, 1961, p. 74-75). Faut-il mettre ceci en relation avec une décision actée un peu plus bas : « M. Lamy réduira son cours d'introduction [à l'Ecriture Sainte] à une heure par semaine, employant les deux autres à l'explication des livres de la Sainte Ecriture » (*ibid.*, p. 75).

tance dans les travaux des exégètes non catholiques. En outre, par tournure d'esprit, il inclinait spontanément, dans l'interprétation des textes, vers les positions les plus traditionnelles. Mgr Coppens a fort bien caractérisé en quelques mots les limites du professeur d'Ecriture Sainte : « Mgr Lamy n'avait pas été dénué de science et de talent, mais il s'était en quelque sorte arrêté à la réfutation d'Ernest Renan. S'obstinant à se placer à un point de vue principalement polémique et apologétique, il avait perdu de vue la tâche essentielle d'un professeur d'Université : celle de défricher le terrain de sa spécialité, de suivre, sans arrêt et de très près, le mouvement général des études » [17]. L'énoncé de quelques petites thèses défendues par ses étudiants aux environs de 1890 est assez révélateur du niveau de l'enseignement scripturaire à Louvain au moment où Loisy renouvelait celui-ci à l'Institut Catholique de Paris et où le P. Lagrange et ses collaborateurs lançaient la *Revue biblique*. Il suffit d'en énumérer quelques-unes, sans commentaires :

Totum genus humanum, octo tantum exceptis personis, diluvii aquis periisse, tum ex ipsa narratione libri Geneseos, tum ex aliis Scripturae locis recte colligitur [18].

Quidquid sit de circumcisionis antiquitate et usu apud Aegyptios et Phoenices, Abrahamum ab illis hunc ritum non mutuatum esse, sed ipsi a Deo impositum accepisse, ex *Gen.* XVIII, certum est.

Ad efficaciam autem hujus ritus quod attinet, non obstante celebri controversia quae ad nos usque perdurat hac de re, putaverim gratiam collatam fuisse non ex virtute circumcisionis « sed ex virtute fidei passionis Christi, cujus signum erat circumcisio ; ita scilicet quod homo qui accipiebat circumcisionem, profitebatur fidem, adultus pro se, vel alius pro parvulis » (*IIIa P.*, q. 70, a. 4) [19].

Hisce Decalogi verbis : « Non facies tibi sculptile » (*Ex.*, XX, 4) prohibentur quaecumque falsorum deorum simulacra, non autem Angelorum et Sanctorum imagines, neque ars pictoris aut sculptoris [20].

Tamquam probabilem cum Emin. Card. Gotti (*Theologia scholastico-dogmatica*, Venise, 1763) admittimus sententiam propugnantem homines saltem religiosos et pios carnibus tamquam cibo vulgari et communi usos non fuisse ante diluvium [21].

Ex verbis *Gen.* II, 7, propugnamus cum S. Thoma corpus hominis, nulla praemissa transformatione, e limo terrae immediate a Deo formatum fuisse [22].

Bien que moins désuètes, les thèses sur le Nouveau Testament sont souvent, elles aussi, énoncées dans une perspective qui projette dans l'interprétation des livres saints les préoccupations de la spéculation théologique ultérieure. En voici deux exemples :

(17) J. Coppens, dans *Annua nuntia lovaniensia*, 10 (1954-55), p. 200-201.
(18) *Theses quas*, n° 604 (J. Devos, 1888-89), thèse III.
(19) *Theses quas*, n° 611 (J. Cawet, 1889-90), thèses I et II.
(20) *Theses quas*, n° 636 (E. Nols, 1891-92), thèse III.
(21) *Theses quas*, n° 675 (J. E. De Wit, 1894-95), thèse I.
(22) *Theses quas*, n° 686 (Ch. Walravens, 1894-95), thèse I.

Joannis baptismus, quamvis superstitiosis Pharisaeorum ablutionibus multum praestaret, non habelat tamen eamdem vim cum baptismo Christi, nec proprie dictum sacramentum erat, sed tantum quoddam sacramentale disponens ad gratiam Christi [23].

Per septem spiritus Dei de quibus *Apoc.* I, 4, et IV, 5, Spiritum Sanctum munere septiformem intelligendum esse propugnamus [24].

A la lecture de ces énoncés, on ne peut que se rallier sans réserve au jugement de Mgr Lefort constatant qu'à Louvain, au moment où la crise moderniste était sur le point d'éclater, « l'exégèse biblique était aux mains d'un vieillard dont l'enseignement portait nettement la marque d'un conservatisme stéréotypé » [25].

La situation était heureusement meilleure pour la cinquième chaire, celle d'histoire ecclésiastique, sans être cependant pleinement satisfaisante. Le titulaire en était Bernard Jungmann [26], un allemand formé au Collège Romain, que Franzelin avait considéré comme son meilleur élève. Sa formation avait été exclusivement théologique, mais à une époque où les professeurs romains entendaient fonder leurs spéculations sur une solide base patristique [28]. On affirmait qu'il n'avait pas entièrement dit adieu à la dogmatique, espérant recueillir un jour la chaire de son collègue Dupont [29]. Lors de sa nomination en 1871, le Recteur Mgr Laforet avait émis plusieurs objections [30] :

« D'abord M. Jungmann n'est nullement préparé à enseigner l'histoire. Il y a huit à neuf ans qu'il enseigne la théologie dogmatique comme elle doit s'enseigner dans un séminaire, c'est-à-dire d'une façon un peu

(23) *Theses quas,* n° 604 (J. Devos, 1888-89), thèse I.

(24) *Theses quas,* n° 693 (J.-J. Feyen, 1895-96), thèse IV.

(25) L.-Ch. LEFORT, dans *Annuaire de l'Académie Royale de Belgique,* 120 (1954), p. 138.

(26) Sur Bernard Jungmann (1833-1895), répétiteur au Collège germanique de Rome en 1858-59, professeur de philosophie puis de dogmatique au séminaire de Bruges de 1861 à 1871, avant d'être appelé à l'Université de Louvain pour y enseigner l'histoire ecclésiastique, voir : J.-B. ABBELOOS, dans *AUCL,* 60 (1896), p. III-XX ; A. DUPONT, *ibid.,* p. XXI-XLI ; A. DE MEYER, dans *Le V^e^ centenaire de la Faculté de Théologie,* p. 93-95 ; *Université Catholique de Louvain. Bibliographie,* Louvain, 1900, p. 63-65.

(27) « Le P. Franzelin m'a témoigné que M. Jungmann est le plus fort élève qu'il ait jamais eu » (Mgr Faict à Mgr Dechamps, 9 septembre 1871, dans Archives de l'Archevêché de Malines, *Université de Louvain*).

28) Une trentaine d'années plus tard, après avoir fait une enquête à son sujet dans les milieux romains, J. Keane, le Recteur de la nouvelle Université Catholique de Washington, qui aurait voulu se l'attacher, écrivait : « He is recommanded as well fitted for (the chair of dogma) both as a thomist of great talent and as a historian who could give dogmatic teaching that concrete shape that I would wish all our teaching to have » (Keane à Pace, 11 janvier 1889, cité dans P. H. AHERN, *The Catholic University of America,* 1887-1896, Washington, 1948, p. 15). Malgré des sollicitations pressantes, Jungmann refusa l'invitation de Washington (cfr *ibid.,* p. 14-17 et spécialement sa lettre du 18 mars 1889 à Keane).

(29) Le même Kean e écrivait, le 8 février 1889, en invoquant l'autorité de Mgr C. Maes : « I have heard that dogma is his ultimate aim at Louvain, that he is only waiting at his present work till the chair of dogma is vacant » (*ibid.,* p. 15).

(30) Laforêt à Mgr Dechamps, 14 août 1871 (Archives de l'Archevêché de Malines, *Université de Louvain*).

élémentaire ; il n'a pu étudier sérieusement l'histoire. Or, quand l'esprit a contracté des habitudes scientifiques particulières, il est rare qu'il puisse se plier à des études d'un tout autre caractère. En second lieu, M. Jungmann est étranger ; pourquoi prendre des étrangers, quand on a sous la main des Belges plus capables ? Etant Allemand, il n'écrirait jamais en français, il en est absolument incapable après l'éducation qu'il a reçue ; or, il importe souverainement que le professeur d'histoire écrive aujourd'hui en français et réfute en cette langue une foule d'erreurs chaque jour proposée par les ennemis de l'Eglise [31]. Enfin, je sais de la façon la plus pertinente que M. Jungmann est un homme d'un caractère très difficile, tellement susceptible qu'il ne supporte point la contradiction. »

A l'expérience, ces craintes, grossies sans doute par des oppositions d'écoles [32], s'étaient révélées partiellement vaines et, au cours des vingt années qui avaient suivi, il avait, plus qu'aucun autre de ses collègues contribué à donner aux étudiants en théologie le goût des études positives et la conscience de la nécessité de se plier aux règles de la méthode historique même dans le domaine des sciences ecclésiastiques. Sans doute, au début de son enseignement il s'était borné à suivre un manuel, selon une méthode qui rappelait encore trop celle d'un grand séminaire. Mais après quelques années, il avait orienté son cours vers l'examen de certaines questions spéciales, s'intéressant surtout, en théologien qu'il était, aux luttes doctrinales qui ont agité l'Eglise et la papauté de l'antiquité chrétienne à la Révolution française et se préoccupant assez fréquemment de la portée apologétique des problèmes étudiés. On peut se faire une idée très exacte de ces leçons grâce aux cinq volumes de *Dissertationes selectae in historiam ecclesiasticam* qu'il publia de 1880 à 1887. Le chanoine De Meyer en a apprécié comme suit les qualités et les limites [33] : « Ces dissertations révèlent sans doute encore chez leur auteur une conception trop dogmatique de l'histoire ; mais comparées aux travaux analogues de son prédécesseur, elles marquent un progrès considérable. Jungmann s'y montre fort bien au courant des controverses de son temps et il expose loyalement tous les arguments de ses adversaires ; de plus, il met à profit toute l'érudition que lui apportent les nouveaux instruments de travail et s'engage résolument dans l'étude des sources ; pour la plupart des problèmes exposés dans ces cinq volumes, il réexamine pour ainsi dire tout le dossier. Son exposé,

(31) Quelques jours auparavant déjà, dans une lettre du 7 août à l'archevêque, il écrivait : « Il nous faut pour ce cours [d'histoire ecclésiastique], *aujourd'hui le plus important de tous*, un homme distingué et *capable d'écrire en français*. Il est temps de relever cette chaire de l'infériorité où elle a végété ».

(32) Mgr Laforêt appartenait au groupe des ontologistes louvanistes, tandis que Jungmann, formé à Rome dans une atmosphère scolastique, avait appuyé avec ardeur l'opposition menée contre ce groupe par son évêque, Mgr Malou. Dans la lettre citée à la note 30, le Recteur écrivait du reste : « Il est de notoriété publique qu'il ne perd aucune occasion de dénigrer l'Université et particulièrement la Faculté de Théologie au sein de laquelle on voudrait l'introduire ».

(33) A. De Meyer, dans *Le Ve centenaire de la Faculté de Théologie*, p. 93-94.

émaillé de nombreuses citations, est fort clair quoique trop abstrait ». Par contre, au dire de Mgr Abbeloos, son enseignement oral était bien plus vif : « Il exposait avec une richesse d'érudition, une puissance de dialectique et une vivacité de coloris qui ravissaient son auditoire » [34]. Jungmann avait eu un autre mérite encore : c'est à son initiative, semble-t-il, que fut créée en 1879, en marge de la chaire d'histoire ecclésiastique, une chaire de patrologie, dont il devint le premier titulaire. Ce nouveau cours, qui existait depuis longtemps déjà dans les Facultés de Théologie à l'étranger, comblait une lacune sensible à une époque où la science protestante et rationaliste s'intéressait de plus en plus à ce domaine si important pour l'histoire des dogmes.

Ce n'est par contre qu'à la fin de 1890, incité par le nouveau recteur Abbeloos, que Jungmann inaugurera un « Cours pratique d'histoire ecclésiastique », sur le modèle des « séminaires » qui avaient tant contribué à renouveler l'enseignement supérieur dans les pays germaniques. Ces exercices pratiques, qu'il devait diriger avec compétence [35], constituaient la première brèche dans un système d'enseignement de type purement « magistral », qu'un survivant de cette époque évoquait en ces termes : « L'enseignement des maîtres, à la Faculté de Théologie, ne sortait guère des cadres traditionnels et des manuels classiques... Le rôle des élèves était purement réceptif : ils avaient simplement à assimiler de leur mieux la doctrine tombée du haut de la chaire professorale ; acquérir, par-delà l'esprit d'imitation, le sens de l'initiative et de la création, était une préoccupation qu'on n'éveillait guère en eux » [36]. Il faut en effet se souvenir qu'avant 1914, les étudiants ne devaient pas rédiger de dissertations pour l'obtention du grade de licencié, qui correspondait à l'actuel doctorat. Seuls y étaient tenus les très rares candidats — à peine un par an en moyenne — qui briguaient le doctorat (l'actuelle maîtrise). Sans doute y avait-il les défenses de thèse, lors des sabbatines hebdomadaires et en fin d'année à l'occasion du baccalauréat et de la licence, mais il ne faut pas se faire trop d'illusions : si elles constituaient pour l'un ou l'autre sujet d'élite une incitation à un travail plus personnel [37], il s'agis-

(34) A. Abbeloos, dans *AUCL*, 60 (1896), p. XIV.

(35) On peut se rendre compte de la qualité du travail accompli à ce cours pratique par les trois volumes où en furent publiés les résultats : *Etude critique de l'opuscule de Aleatoribus* (1891) ; *Une lettre perdue de S. Paul et le de Aleatoribus* (1893) ; *Jansénius évêque d'Ypres, ses derniers moments, sa soumission au Saint-Siège* (1895). Ils reçurent un accueil très favorable dans le monde savant, catholique et non catholique. Mgr Abbeloos évoquait notamment à la mort de Jungmann les éloges de J.-B. De Rossi : « Telle était l'estime de ce savant pour la « brillante école » de Louvain qu'à la séance du 26 avril 1891 de l'Académie d'archéologie chrétienne à laquelle il fait allusion dans sa lettre, il proposa cette institution comme un exemple à suivre par les établissements catholiques de haute culture intellectuelle » (dans *AUCL*, 60 (1896), p. XVIII).

(36) L. Th. Lefort dans *Annuaire de l'Académie Royale de Belgique*, 120 (1954), p. 122.

(37) Ce fut, semble-t-il, le cas pour le jeune Mercier. Mgr L. de Raeymaeker signale que « au cours de ses études de théologie à Louvain, Mercier fut chargé par son professeur Dupont de faire une réfutation du positivisme. Il s'en

sait le plus souvent d'exercices de virtuosité dialectique, ne sortant pratiquement pas des cadres du cours du professeur.

A s'en tenir à ces constatations, on pourrait résumer la situation à la Faculté de Théologie de Louvain vers la fin des années 80 en ces quelques mots : théologie fondamentale et dogmatique spéciale très classiques, au sens péjoratif du terme ; morale médiocre ; exégèse nettement retardataire ; histoire ecclésiastique plus ouverte aux méthodes critiques modernes mais trop dominée encore par les préoccupations dogmatiques et apologétiques. Il serait faux toutefois de ne pas ajouter à ce tableau plutôt sombre deux correctifs importants qui expliquent non seulement le rayonnement qu'avait dès cette époque la Faculté à l'étranger, mais aussi que des maîtres de la valeur d'un Van Hoonacker ou d'un Chabot, par exemple, aient pu se former dans ce milieu à première vue assez terne.

En premier lieu, la place importante tenue dans le programme des étudiants de la Faculté de Théologie, au titre de sciences auxiliaires, par les langues orientales [38]. Il y avait là une vieille tradition louvaniste, qui avait été dès la restauration de l'Université remise en honneur par Mgr Beelen [39]. Ce dernier n'avait pas seulement enseigné l'hébreu, l'araméen et l'arabe en marge de son cours d'Ecriture sainte, mais il fut également un initiateur dans le domaine du syriaque. Lors de sa retraite en 1875, les cours d'hébreu et de syriaque avaient été repris par Mgr Lamy, dont nous avons dit que la partie la plus valable de son œuvre fut accomplie dans ce domaine ; et, après dix ans d'interruption, l'enseignement de l'arabe fut repris en 1885 par Jacques Forget, qui allait rapidement s'avérer un maître en la matière [40]. Or, la part faite ainsi à l'orientalisme dans la formation des jeunes théologiens, qui constituait une particularité de la Faculté louvaniste, devait avoir à un double titre une influence bénéfique sur le renouveau théologique dans un sens plus conforme aux exigences scientifiques modernes. D'abord, comme l'a judicieusement noté Alfred Cauchie, la fréquentation des cours de langue orientale compensait quelque peu les inconvénients qu'avait, pour la formation des étudiants au travail personnel, la formule de l'enseignement magistral en honneur pour tous les grands cours : « Par le fait même que cet ensei-

acquitta brillamment et son maître l'engagea à pousser plus avant son travail. Ce fut l'occasion d'étudier les écrits de J. Kleutgen et ensuite les œuvres de S. Thomas lui-même »(*Le Cardinal Mercier et l'Institut Supérieur de Philosophie*, p. 53) ; voir également A. Simon, *Positions philosophiques du Cardinal Mercier*, p. 15 et note 3, à propos d'un petit travail sur Renan.

(38) Voir G. Ryckmans, *Les langues orientales*, dans *Le V^e^ centenaire de la Faculté de Théologie*, p. 101-117 (cfr aussi *ibid*, p. 147-148).

(39) Sur Jean Théodore Beelen (1807-1884), professeur d'Ecriture Sainte et de langues orientales à Louvain de 1836 à 1875, voir : E. Lamy, dans *AUCL*, 49 (1885), p. CVI-CLIV ; A. Roersch, dans *Histoire de la Belgique contemporaine* sous la direction de J. De Harvengt, t. II, Bruxelles, 1930, p. 198-205 ; G. Ryckmans, dans *Le V^e centenaire de la Faculté de Théologie de Louvain*, p. 101-103 ; J. Coppens, *ibid.*, p. 22-24.

(40) Voir plus bas, note 126.

gnement comportait l'étude des sources et qu'il s'adressait à quelques auditeurs choisis, il avait pris forcément une tournure moins solennelle, plus pratique, et des rapports plus aisés et plus fréquents s'étaient établis entre élèves et professeurs »[41]. D'autre part à une époque où l'utilité des langues orientales pour l'étude de la théologie positive était à peine soupçonnée, elle ouvrait aux meilleurs étudiants des perspectives originales de recherche, dont les résultats se traduisirent dans l'une ou l'autre des dissertations doctorales de ce temps[42] et, de façon plus modeste mais non négligeable, dans un certain nombre de petites thèses où la tradition orientale était invoquée à l'appui de telle position théologique.

Si l'orientalisme put prendre à Louvain un essor qui devait en faire un des principaux centres européens, c'est qu'il était cultivé non seulement à la Faculté de Théologie, mais également à la Faculté de Philosophie et Lettres. Nous touchons ici un second élément favorable qui devait profiter au renouveau théologique louvaniste. On peut en effet appliquer à la Faculté de Théologie ce que le vieux-catholique von Schulte, peu suspect de parler trop favorablement des institutions ecclésiastiques, écrivait à propos du droit canonique : « Le clergé belge possède en l'Université Catholique de Louvain un établissement d'instruction comme n'en possède aucun pays hors de l'Allemagne et de l'Autriche. Ici, on a conservé le contact de jadis entre les différentes Facultés et rendu possible de cette manière une formation complète des canonistes dans les sciences auxiliaires du droit canonique. Bien que direction et fin de l'Ecole de Louvain soient absolument cléricales, on ne saurait contester que les publications canoniques de cette Ecole dépassent les travaux des Universités non allemandes »[43]. C'est un grand avantage en effet pour un théologien qui se veut ouvert au monde de son temps de ne pas travailler en vase clos mais de pouvoir trouver autour de lui, dans son propre milieu d'étude, toutes les sciences auxiliaires utiles, non seulement l'archéologie chrétienne ou l'histoire des religions, mais également la paléographie ou la philologie grecque et latine, ou encore, dans une autre direction, les différentes branches de la philosophie et de la sociologie étudiées pour elles-mêmes et pas seulement en fonction des sciences sacrées. Et pour ceux qui voulaient bien saisir l'occasion, l'avantage était grand également, à une époque où bien des difficultés étaient soulevées contre le dogme chrétien au nom des sciences naturelles, de pouvoir profiter par exemple de la compétence des professeurs de géologie, de biologie ou d'antropologie, pour se rendre compte de la complexité du problème de l'évolution,

(41) Dans *Mélanges Charles Moeller*, t. II, Louvain, 1914, p. XVIII.

(42) J.-B. Abbeloos, *De vita et scriptis S. Jacobi Batnarum Sarugi in Mesopotamia episcopi* (1867) ; J. Forget, *De vita et scriptis Aphraatis, sapientis Persae* (1882). J.-B. Chabot, *De sancti Isaaci Ninivitae vita, scriptis et doctrina* (1892). Cette dernière thèse fut en partie élaborée à Paris (cfr. G. Ryckmans, *Centenaire de J.-B. Chabot*, dans *Annua nuntia lovaniensia*, 16 (1958-62) p. 129-135).

(43) J. V. von Schulte, *Die Geschichte der Quellen und Literatur des kanonischen Rechts*, t. III,, Stuttgart, 1880, p. 295.

qui tenait une telle place à l'époque dans la controverse religieuse et que maints théologiens croyaient, avec une superbe naïveté, pouvoir aisément écarter par quelques syllogismes renforcés par l'une ou l'autre citation de Saint Thomas ou de Suarez.

En dépit de ses faiblesses et de ses retards, la Faculté de Théologie de Louvain disposait donc de sérieux atouts également. Les circonstances allaient lui permettre d'en tirer en quelques années le maximum d'avantages.

***

Les circonstances, c'est d'abord l'atmosphère nouvelle qui règne dans l'Eglise à l'égard du travail scientifique depuis le début du pontificat de Léon XIII, entre autres le bouillonnement intellectuel que connaît alors l'élite du clergé français et qui se traduit notamment par la réunion périodique des congrès catholiques internationaux : Paris 1888 et 1891, Bruxelles 1894, Fribourg 1897. La chose est trop connue pour qu'il soit nécessaire d'insister [44], mais il est fort important de ne jamais perdre de vue cet élément comme toile de fond à tout ce qui va être dit par la suite. D'autant plus que le Pape, qui avait appris à connaître l'Université de Louvain lors de sa nonciature en Belgique, encourage positivement le développement de cette institution, dont il aperçoit fort bien l'importance internationale pour le catholicisme [45]. Dans une lettre adressée le 15 juillet 1888 à l'archevêque de Malines, il exprimait le désir que se développent à Louvain des recherches spéciales et personnelles en matière d'histoire, de science et de philosophie, par la création de nouvelles chaires qui seraient groupées dans un Institut spécial de philosophie [46].

Les circonstances, ce sont en second lieu — et sur ce point il

(44) Pour une première orientation, voir : F. MOURRET, *Les directives politiques, intellectuelles et sociales de Léon XIII*, Paris, 1920, chapitre XI ; H. I. MARROU, *Philologie et histoire dans la période du pontificat de Léon XIII*, dans *Aspetti della cultura cattolica nell'età di Leone XIII*, Rome, 1961, p. 71-106 ; J. COLLINS, *Leo XIII and the philosofical approach to modernity*, dans *Leo XIII and the Modern World*, New York, 1961, p. 181-209. En ce qui concerne plus spécialement la France, voir LECANUET, *La vie de l'Eglise sous Léon XIII*, Paris, 1930, chapitres VI et XI.

(45) C'est constamment que le Pape revient sur ce thème aux environs de 1890. Recevant l'archevêque de Malines au début de 1888, il lui déclare : « Il faut que l'Université Catholique soit la première en tout et qu'elle progresse sans arrêt » (cfr *AUCL*, 53 (1889), p. XXIV). Il revient sur le même thème en s'adressant aux évêques de Tournai et de Namur, au nouveau recteur, à des pèlerins belges (cfr L. DE RAEYMAEKER, *Le Cardinal Mercier et l'Institut Supérieur de Philosophie*, p. 65-66 en note). Le 29 décembre 1890. à l'issue d'une audience, le ministre de Belgique auprès du Saint-Siège écrit : « Sa Sainteté m'a entretenu ensuite de l'Université de Louvain, à laquelle il s'intéresse particulièrement et dont il veut faire le premier établissement de ce genre dans le monde. La nouvelle Faculté qui a été créée [il s'agit de l'Institut Supérieur de Philosophie, à la tête duquel Mgr Mercier avait été placé] est appelée à rehausser l'éclat de cette institution et il espère qu'il en sortira des savants illustres et des hommes éminents qui accroîtront dans tout l'univers la renommée et l'influence de notre patrie » (Archives du Ministère des Affaires Etrangères de Bruxelles, *Saint-Siège*, vol. XVIII).

(46) Voir plus bas, p. 87-88.

nous faut insister davantage — les transformations profondes qui renouvellent en quelques années l'Université de Louvain toute entière, sous l'égide d'un Recteur très ouvert aux besoins et aux tendances intellectuelles de son temps, stimulé par quelques professeurs particulièrement dynamiques. « Le Louvain de 1899, lit-on à cette date dans le *Tablet* sous la plume d'un témoin de cette transformation [47], est en avance d'un siècle sur le Louvain de 1874 », l'auteur de cette constatation relevant particulièrement à l'appui de ses dires « un esprit de sérieuses recherches scientifiques et le souci de s'approprier tout ce qu'il y a de mieux dans les méthodes modernes en matière de biologie, de philosophie ou d'histoire ».

C'est en 1887 que Mgr Pieraerts, qui avait été un Recteur assez terne, fut remplacé à la tête de l'Université par Mgr Abbeloos [48]. C'était à la fois un orientaliste distingué, disciple de Mgr Lamy [49], et un excellent administrateur, mais surtout un esprit vif et primesautier, qui se rendait compte de la nécessité pour la pensée catholique de s'ouvrir davantage aux méthodes positives modernes, tant dans le domaine des sciences historiques que dans celui des sciences naturelles [50], et qui allait vite prendre conscience de l'urgence qu'il y avait d'adapter l'Université de Louvain à une évolution en cours dans toute l'Europe depuis le milieu du siècle, à savoir la transformation des universités d'institutions supérieures d'enseignement professionnel en centres de recherches scientifiques. Faisant le bilan de ses douze ans de rectorat, c'est sur ce point que son successeur mettra à juste titre l'accent : « Le développement de l'esprit scientifique, n'est-ce pas la pensée maîtresse qui inspira à Mgr Abbeloos toutes les initiatives dont l'Université lui est redevable : l'impulsion donnée à l'étude des langues orientales et des diverses branches de l'histoire, la réorganisation des musées et des laboratoires, la création de nouveaux Instituts et les encouragements de toute nature prodigués aux maîtres comme aux élèves en vue de stimuler les travaux originaux et personnels » [51]. Dès le début, Abbeloos lui-même avait fait à ce sujet une déclaration de principe fort nette :

(47) L. C. Casartelli, dans *The Tablet* de 1899, cité par Mgr de Groutars dans *AUCL*, 64 (1900), p. XXXVII-XXXVIII.

(48) Sur Jean-Baptiste Abbeloos (1836-1906), docteur de Louvain en 1867, professeur au Grand Séminaire de Malines de 1867 à 1876, curé de Duffel de 1876 à 1883, vicaire général de Malines de 1883 à 1887, après avoir été proposé pour l'épiscopat, Recteur de l'Université de Louvain de 1887 à 1898, voir : A. Hebbelynck, dans *AUCL*, 71 (1907), p. XXXIX-XLVII ; A. Cauchie, art. *Abbeloos*, dans *Dictionnaire d'histoire et de géographie ecclésiastiques*, t. I, col. 37-39 ; *Manifestation en l'honneur de Mgr Abbeloos*, Louvain, 1895.

(49) Voir G. Ryckmans, dans *Le V^e^ centenaire de la Faculté de Théologie*, p. 108-109.

(50) Ce qui explique le jugement trop sévère porté contre lui par Mercier, qui ne l'aimait pas : « un vrai sceptique en fait de philosophie et de dogmatique traditionnelle » (lettre au P. Lemius, 24 février 1899, citée par A. Simon, *Positions philosophiques du Cardinal Mercier*, p. 21). Mgr L. de Raeymaeker écrit avec plus de nuance : « malheureusement, il n'éprouvait pas pour la philosophie la profonde admiration qu'il ressentait pour la philologie orientale et pour les sciences positives » (*op. cit.*, p. 65).

(51) A. Hebbelynck, Discours de rentrée du 19 octobre 1898, dans *AUCL*, 63 (1899), p. LVIII.

« Rien n'est plus vain qu'une érudition de pure mémoire. A ce formalisme inerte qui marqua toujours les époques de décadence, il importe de substituer l'assimilation personnelle des matières qui vous sont enseignées, la connaissance des sources, les procédés intuitifs qui sont à bon droit si hautement appréciés aujourd'hui. Toute science est un organisme vivant : il faut entrer en communication avec lui dans un travail de chaque jour. Assiduité aux laboratoires établis pour les divers domaines des sciences de la nature ; lecture directe des grands philosophes, des écrivains classiques, des apologistes, des Pères et des docteurs, par-delà les manuels, nécessaires mais insuffisants d'eux-mêmes ; exploration des documents originaux ; discussion des textes ; débats publics au sein des nombreuses sociétés qui fleurissent à l'Université ; connaissance des travaux récents ; pratique de la méthode sévère de la critique ; et en tout cela, comme le demande l'illustre pontife Léon XIII dans son encyclique sur les études historiques, en tout cela nul parti pris, rien que la loyale enquête de la vérité : voilà les traits principaux de l'esprit scientifique que vous devez vous efforcer d'acquérir et qu'engendre seul le travail bien conduit. »

Mgr Abbeloos n'était d'ailleurs pas le premier à agiter ces idées à Louvain. Si quelques années suffirent pour que, sous sa direction, la vénérable institution commençât à faire peau neuve, c'est que, selon l'expression de Mgr Ladeuze, au moment de sa nomination « un vent de renouveau scientifique soufflait sur l'Université » [53].

Cela avait commencé avec le biologue J.-B. Carnoy [54], nommé en 1876 à la Faculté des Sciences pour y inaugurer le cours de microscopie pratique. Esprit perspicace, organisateur patient et animateur sachant susciter l'enthousiasme autour de lui, il avait compris dès le temps de ses études le grand défaut de l'enseignement scientifique en Belgique à cette époque et allait s'appliquer sans relâche, durant les vingt années de sa carrière académique prématurément interrompue, à faire de l'Université avant tout un groupement d'hommes occupant les avant-postes de la science et une école où l'on forme de futurs savants. Savant lui-même de renommée internationale, le chanoine Carnoy était devenu dans son domaine propre un fondateur d'école, épaulé par son collègue de la Faculté de Médecine Gustave Verriest [55] ; mais, ce qui nous intéresse davantage ici, son action réformatrice s'était, grâce à sa

(52) Discours de rentrée du 12 octobre 1887, dans *AUCL*, 52 (1888), p. CVI-CVII.

(53) P. LADEUZE, dans *AUCL*, 84-2 (1936-39), p. CXXIX.

(54) Sur Jean-Baptiste Carnoy (1836-1899), professeur de biologie générale, créateur du laboratoire de cytologie et fondateur en 1884 de la revue *La cellule*, voir les éloges funèbres prononcés par J.-B. ABBELOOS et par le doyen G. GILSON dans *AUCL*, 64 (1900), p. LXII-LXXIII et LXXIV-CIX, ainsi que le discours de V. GRÉGOIRE, *ibid*, 66 (1902), p. LXXXV-XCIII.

(55) Sur Gustave Verriest (1843-1918), professeur depuis 1876 à l'Université de Louvain, où il occupa la chaire de clinique interne, voir A. LEMAIRE, dans *AUCL*, 1915-19, p. 501-510.

personnalité saisissante et attachante [56], peu à peu étendue à toute l'Université. Il poussait inlassablement le nouveau Recteur à développer les laboratoires, à créer de nouveaux cours adaptés à l'évolution des sciences et à envoyer les futurs professeurs achever d'abord leur formation dans les universités allemandes. Il savait aussi, « par son exemple, par ses conseils et au besoin par ses bourrades » [57], stimuler ses collègues des autres Facultés à introduire eux aussi des cours pratiques qui initieraient les étudiants au travail personnel. Il avait pris l'habitude de tenir table ouverte après le déjeuner et nombreux étaient les membres du corps professoral, lequel à cette époque ne dépassait guère les proportions d'une grande famille, à se retrouver régulièrement chez lui, à l'heure du café, pour l'entendre exposer ses plans et ses idées. Or, ayant terminé brillamment ses études de philosophie et de théologie au séminaire de Tournai, il en avait non seulement sur les sciences naturelles, mais également sur les sciences humaines. Il se rencontrait du reste dans ce dernier domaine avec d'autres collègues également préoccupés de faire de chaque Faculté un foyer d'activité scientifique. Sans parler de la Faculté de Droit, où V. Brants organise à partir de 1885 la « Conférence d'économie sociale » [58], il faut surtout mentionner à la Faculté de Philosophie et Lettres

(56) Voici deux évocations de la plume de deux de ses principaux disciples : « Carnoy n'a pas seulement enseigné et divulgué la science, il lui a conquis des adeptes enthousiastes. Il a groupé autour de lui de jeunes et ardents travailleurs. En un mot, il a été, et ce fut l'œuvre de sa vie, un fondateur d'école. Grande et noble destinée, mais tâche bien ardue et inaccessible aux natures communes. Il y faut apporter, pour réussir, les qualités supérieures et les généreuses vertus qui font l'apôtre, je veux dire : un enthousiasme ardent pour un idéal élevé et bienfaisant ; ensuite, cette faculté spéciale du prosélytisme qui fait passer en d'autres âmes le feu sacré de cet enthousiasme ; enfin cette générosité de dévouement et d'abnégation qui ne compte aucun sacrifice, n'épargne aucune fatigue pour parvenir au but rêvé » (V. Grégoire, dans *AUCL*, 66 (1902), p. LXXXIX).

« Ce qui frappait d'abord celui qui pour la première fois venait lui parler de choses sérieuses c'était sa simplicité, son calme, son sang-froid. Il savait écouter et fixer intensément son attention, faculté plus rare qu'on ne le croit. A peine avait-il parlé que se révélait son esprit rapide, clairvoyant, compréhensif, qui saisissait d'un regard une question, une situation, et en voyait toutes les attaches. Son grand bon sens, son esprit pratique et judicieux avaient à leur service une rapidité de décision peu commune et bien précieuse. Aussi, pour tous ses amis était-il l'homme de bon conseil. Mais pour le consulter, il fallait voir grand et noble. Le contraire l'irritait vite et alors, avec un éclair dans le regard, il disait vivement sa pensée » (G. Gilson, dans *AUCL*, 64 (1900), p. CIV).

(57) A. Cauchie, dans *Mélanges Charles Moeller*, t. II, Louvain, 1914, p. XIX. Cfr V. Grégoire, dans *AUCL*, 66 (1902), p. XC : « Ces moyens attachants et délicats, Carnoy en renforçait l'efficacité par une certaine façon d'exciter au travail, de secouer la torpeur, de vaincre les hésitations, à laquelle nul ne résistait ».

(58) Sur Victor Brants (1856-1917), successeur de Charles Périn dans la chaire d'économie politique en 1881, voir Ch. Terlinden, dans *AUCL*, 1915-19, p. 436-450. Dans son séminaire d'économie sociale, il forma de nombreux élèves à la méthode de Le Play, les introduisant dans les réalités sociales par des voyages, des visites et des recherches personnelles (cf *Victor Brants, professeur à l'Université Catholique de Louvain*, Louvain, 1897). La création de ce cours pratique allait être peu après complétée par l'érection en 1892 d'une Ecole des sciences sociales et politiques (cfr V. Brants, *La Faculté de Droit de l'Université de Louvain à travers cinq siècles*, Louvain, 1906, p. 201-203).

le groupe des orientalistes autour de Mgr de Harlez et les initiatives audacieuses de Désiré Mercier, le fondateur de l'Institut supérieur de philosophie.

Le rôle joué par Mercier dans le mouvement néo-thomiste est trop connu pour qu'il soit nécessaire d'insister [59]. Depuis qu'à la demande de Léon XIII il avait inauguré en 1882 le « Cours de haute philosophie de Saint Thomas », qui avait immédiatements rencontré un éclatant succès même auprès des étudiants laïques, Mercier avait posé les jalons en vue d'élargir le projet primitif et d'organiser à Louvain, en collaboration avec ses premiers élèves, un véritable Centre d'études philosophiques. Au printemps de 1887, il avait obtenu l'accord du Pape sur la création d'un Institut Supérieur de Philosophie à créer en marge de la Faculté de Philosophie et Lettres et, malgré diverses oppositions au sein même de l'Université, celui-ci fut érigé à la fin de 1889 et Mercier, récemment élevé à la prélature, fut désigné comme son premier président.

Ce qui caractérisait la nouvelle organisation, c'était d'être un Institut *supérieur*. Il ne s'agit pas d'y donner un enseignement élémentaire, qu'on peut trouver dans les cours de candidature de l'Université ou dans les séminaires et maisons d'études religieuses. Il ne suffit même pas de rééditer et de répandre les textes de S. Thomas, mais il faut repenser les problèmes et les solutions thomistes en les confrontant avec les préoccupations modernes, en les complétant ou même en les modifiant pour les adapter aux conditions actuelles de la vie de l'esprit. Dès lors, le programme prévoit pour chacune des branches de la philosophie des « cours approfondis de questions spéciales » : ceux-ci étaient destinés à développer d'une façon minutieuse des points importants de doctrine ou d'histoire, mais également à servir de leçon pouvant offrir aux élèves une application modèle des méthodes scientifiques. Par ailleurs, puisqu'on vise à initier les élèves à la recherche personnelle, on exige, même au niveau de la licence, que les étudiants fournissent la preuve qu'ils sont aptes à manier les méthodes scientifiques : de là, l'accent mis sur la « dissertation », de là aussi le rêve de Mercier, à une époque où l'équipement scientifique de l'Université était encore des plus modestes, de doter son Institut de laboratoires et de bibliothèques propres, qui permettraient aux professeurs et aux élèves de garder un contact réel et efficace avec les recherches spécialisées. Si Mercier s'est efforcé d'obtenir pour son Institut, au sein de l'Université, une certaine indépendance administrative et financière, c'est pour être à même

(59) Voir L. de Raeymaeker, *Le Cardinal Mercier et l'Institut Supérieur de Philosophie de Louvain*, à compléter sur quelques points, pour les débuts, par R. Tambuyser, *L'érection de la chaire de philosophie thomiste à l'Université de Louvain, 1880-1882*, dans *Revue philosophique de Louvain*, 56 (1958), p. 479-509. Voir aussi R. Aubert, *Aspects divers du néothomisme sous le pontificat de Léon XIII*, dans *Aspetti della cultura cattolica nell'età di Leone XIII*, Rome, 1961, p. 42-60.

de réaliser ce plan grandiose sans trop d'encombres [60]. C'est dans la même perspective de recherches originales que, dès 1888, il avait fondé la Société Philosophique de Louvain, où chaque mois des professeurs de l'Institut, des étudiants des dernières années et d'anciens étudiants se retrouvaient pour discuter certains problèmes. En 1894, la fondation de la *Revue néoscolastique* allait compléter ce programme en favorisant davantage encore le rayonnement de l'Ecole de Louvain.

Au cours des mêmes années, Mgr de Harlez [61], orientaliste de réputation mondiale, accomplissait dans son domaine une œuvre moins spectaculaire mais très féconde elle aussi. Il devait être durant toute sa carrière académique « une réaction vivante contre le professionalisme » [62] dont souffrait tout l'enseignement universitaire belge à l'époque. Obligé par une santé précaire à se borner à la direction de quelques disciples de choix, son influence fut néanmoins profonde dans les milieux scientifiques de la Belgique et de l'étranger, et pour commencer à Louvain, où il donna un nouvel essor aux études d'orientalisme, leur fournit un organe spécial en fondant en 1882 le *Muséon,* et groupa autour de lui une école de valeur dans le domaine, nouveau alors surtout en milieu catholique, de l'histoire des religions.

Longtemps, face aux théories rationnalistes sur le développement de la religion à travers les âges, les catholiques, décontenancés, s'en étaient tenus aux « réfutations » où l'on s'attachait à expliquer par des raisonnements à priori pourquoi les ressemblances entre les religions païennes et le christianisme étaient sans intérêt aux yeux du théologien. Cette façon de réagir, qui fermait les yeux devant les faits, avait eu pour conséquence de laisser aux non-croyants le monopole presque exclusif de la science comparée des religions. Ce n'est que lentement que les chrétiens se mirent résolument à l'étude historique des faits avec le désir d'en dégager des conclusions objectives. Charles de Harlez, qui joignait à l'érudition une solide faculté de synthèse, incarna à Louvain cette « école de travail positif » [63], dont les représentants les plus

(60) L'ampleur même de ces plans explique pour une part l'opposition du Recteur Abbeloos (voir aussi, plus haut, la note 50, ainsi que R. Aubert, *art. cit.*, p. 45-46). Il craignait que cet Institut Supérieur de Philosophie ne devint un « Etat dans l'Etat », d'autant plus qu'il était froissé de voir Mercier traiter de pareilles questions directement avec le Pape, par-dessus sa tête. Il faut bien reconnaître que Mercier, comme souvent les hommes d'initiative, allait de l'avant à travers tout, en ne voyant que son propre point de vue, et peu soucieux des nécessités administratives de l'institution dans laquelle il se trouvait intégré.

(61) Sur Charles de Harlez de Deulin (1832-1899), professeur à l'Université de Louvain depuis 1867, voir : A. Hebbelynck, dans *AUCL,* 64 (1900), p. XI-XXI, et J. de Groutars, *ibid,* p. XXI-XXXVIII. Il s'était acquis une renommée internationale par sa traduction commentée de l'*Avesta* (1875) et par ses nombreuses publications (ses articles sont répartis dans 17 revues savantes ; cfr *Université Catholique de Louvain. Bibliographie,* Louvain, 1900, p. 230-237).

(62) L.-Th. Lefort, dans *Le Muséon,* 44 (1931), p. II.

(63) Voir A. Carnoy, dans *AUCL,* 1915-19, p. 455.

actifs furent, outre son élève de prédilection le chanoine Colinet [64], le R. P. Van den Gheyn, L. de la Vallée Poussin, et les anglais L. C. Casartelli, E. J. Dillon et W. Bang.

Lorsqu'en 1888 Léon XIII demanda aux évêques belges d'ériger à Louvain un Institut Supérieur de Philosophie, Mgr de Harlez, et surtout Colinet, qui devant toute idée neuve réagissait toujours d'une façon très personnelle, déclenchèrent un mouvement en vue d'élargir le projet pontifical et de l'étendre à un domaine qui leur paraissait, d'accord avec le Recteur, plus important que les spéculations philosophiques pour défendre les positions catholiques face aux systèmes positivistes du temps. A leur avis, il fallait plutôt créer une sorte d'Ecole des hautes études sur le modèle parisien, où, à côté d'une section de philosophie, il y aurait également une section de philologie orientale et de linguistique ; le caractère proprement scientifique de cette seconde section ne pouvant être mis en doute par personne, elle ferait profiter de son prestige, aux yeux du public incroyant, la section de philosophie à laquelle elle se trouverait jointe [65]. Mgr Mercier, tout en se rendant bien compte que ce projet dépassait l'idée du Pape, s'en accommoda et obtint l'agrément de Rome. A la rentrée de 1890, Mgr Abbeloos annonçait la création de deux sections d' « Etudes supérieures libres » : l'une, de philosophie, intitulée « Ecole Saint Thomas d'Aquin », avec Mercier pour président ; l'autre, de philologie orientale et de linguistique, avec de Harlez comme président et Colinet comme secrétaire. Ces deux sections d'Etudes supérieures libres figurèrent au programme des cours jusqu'en 1894, lorsque Léon XIII donna à l'Institut Supérieur de Philosophie sa constitution définitive. A ce moment, les cours de langue et de littérature orientales furent à nouveau, comme par le passé, rattachés les uns au programme de la Faculté de Philosophie et Lettres et les autres à celui de la Faculté de Théologie, mais la tentative avortée avait eu du moins l'avantage d'attirer une fois de plus l'attention sur la nécessité de dépasser, dans le domaine des sciences humaines également, l'enseignement magistral pour le compléter par une initiation plus pratique à la recherche ; elle avait en outre été l'occasion de créer trois nouveaux cours dont profiteraient les études d'exégèse et de patrologie : l'assyrien, l'égyptien et le copte [66].

***

(64) Sur Philémon Colinet (1853-1917), professeur à la Faculté de Philosophie et Lettres depuis 1886, linguiste et dialectologue de valeur, esprit indépendant et original, de tempérament combatif et passionné (on l'avait surnommé : « le membre opposant »), voir A. Carnoy, dans *AUCL*, 1915-19, p. 453-483.

(65) Sur ce projet, voir P. Ladeuze, dans *AUCL*, 84-2 (1936-39), p. CXXIX-CXXX.

(66) Le premier, confié en 1890 à Van Hoonacker ; les deux autres, inaugurés par A. Hebbelynck respectivement en 1891 et 1892.

Au milieu de ce bouillonnement qui orientait peu à peu l'Université de Louvain dans des voies plus modernes, que devenait la Faculté de Théologie ? Mgr Abbeloos, qui y avait reçu sa formation, était loin de s'en désintéresser. Dès le début de son rectorat, il avait même envisagé un projet de réforme assez radical. Estimant qu'il n'était pas possible que les étudiants approfondissent toutes les matières enseignées à la Faculté, il aurait voulu introduire une division en sections, permettant de se spécialiser dans un domaine : dogmatique, morale, exégèse ou études historiques, mais il s'était heurté au « conservatisme traditionnel des Facultés » [67].

En attendant, une première initiative, d'apparence modeste mais qui devait s'avérer extrêmement féconde, fut prise en 1889. Devant l'importance croissante que prenait la question biblique dans les préoccupations des catholiques, et l'insuffisance de l'enseignement de Mgr Lamy sous ce rapport, les évêques de Belgique acceptèrent de créer un nouveau cours intitulé *Histoire critique de l'Ancien Testament,* qui fut confié à l'abbé Van Hoonacker [68]. Ayant conquis à Louvain le grade de docteur en théologie en 1886, celui-ci avait été chargé par son évêque d'y parfaire sa connaissance de l'hébreu et autres langues sémitiques. En 1888, un professeur libre-penseur en vue de Bruxelles, Edmond Picard, ayant entrepris une campagne de presse contre la transcendance de la doctrine des prophètes d'Israël, Mgr Abbeloos demanda à Van Hoonacker d'y apporter une réponse catholique pertinente et celui-ci le fit avec un tel talent qu'il apparut comme le titulaire tout désigné pour la nouvelle chaire. Jusqu'en 1900, année où Mgr Lamy obtint l'éméritat, ce dernier continua à commenter comme auparavant les textes de l'Ancien Testament, tandis que Van Hoonacker, s'occupait des problèmes de critique littéraire et historique ; à partir de cette date, le cours de celui-ci devint par convention tacite le cours d'Ecriture Sainte de l'Ancien Testament, le nouveau titulaire de la chaire d'exégèse se cantonnant exclusivement dans le Nouveau Testament [69].

Très libre d'esprit mais moins imprudent que Loisy — il estimait avec son bon sens de flamand que, selon ses propres termes, il était « inutile de se casser la tête contre le plafond » [70] —, Van Hoonacker avait très vite compris que, s'il était possible de justifier

(67) C'est ce qu'il avait expliqué à Mgr Keane, premier Recteur de l'Université Catholique de Washington (cfr P.-H. Ahern, *The Catholic University of America, 1887-1896,* Washington, 1948, p. 36-37).

(68) Sur Albin Van Hoonacker (1857-1933), professeur de 1889 à 1927, voir J. Coppens, *Le chanoine A. Van Hoonacker. Son enseignement, son œuvre et sa méthode exégétique,* Paris - Gembloux, 1935 ; on trouvera sa bibliographie aux pages XII-XX de cet ouvrage ; voir aussi H. Poels, dans *Manifestation en l'honneur de J. Forget, J. de Becker, A. Van Hoonacker,* Louvain, 1928, p. 48-57.

(69) Cfr J. Coppens dans *Le V^e^ centenaire de la Faculté de Théologie,* p. 27. C'est en 1921 seulement, quand le chanoine Tobac fut nommé professeur d'Exégèse du Nouveau Testament, que le cours de Van Hoonacker apparut explicitement dans le programme sous l'intitulé : Ecriture Sainte de l'Ancien Testament.

(70) L.-Th. Lefort, dans *Annuaire de l'Académie Royale de Belgique,* 120 (1954), p. 138.

scientifiquement les points fondamentaux de la tradition chrétienne relative à l'histoire profane et religieuse du peuple hébreu, il n'en était pas moins indispensable de modifier la « ligne de front » traditionnelle dans les controverses qui opposaient exégètes catholiques et indépendants. Avec le calme que lui donnait une confiance inébranlable dans l'avenir de la science catholique, il entreprit courageusement, un an avant la fondation de l'Ecole biblique de Jérusalem, d'appliquer aux livres saints les principes de la critique historique, en insistant sur la nécessité de tenir compte, pour les interpréter à bon escient, des citations implicites, de la conception orientale de l'histoire ou du principe du langage convenu, c'est-à-dire adapté aux traditions populaires et aux circonstances historiques du milieu.

Durant ses premières années de professorat, il se concentra sur le problème du Pentateuque, qui était alors au centre des controverses bibliques, et sur l'histoire de la restauration du judaïsme après l'exil, problème intimement lié au premier. Une vingtaine d'articles et de volumes furent couronnés au bout de dix ans par son monumental ouvrage sur *Le sacerdoce lévitique dans la Loi et dans l'histoire* (1899), « qui fit connaître dans tous les milieux scientifiques le professeur de Louvain parvenu au plein épanouissement de ses talents » [71]. Ces études solides démontraient, à l'encontre des théories répandues par Wellhausen et Kuenen, l'origine mosaïque des principales institutions des Hébreux tout en faisant preuve de beaucoup de réserve quant aux problèmes d'authenticité littéraire. C'est dans la perspective de ces recherches qu'il orienta son premier disciple, le jeune Hollandais Poels [72], dont la dissertation sur l'histoire du sanctuaire de l'arche d'Alliance, publiée en 1897, marque une date notable dans l'histoire de la Faculté, à la fois par son orientation prudemment mais résolument progressiste [73], que le P. Lagrange devait saluer comme « la méthode

(71) J. Coppens, *op. cit.*, p. 5.

(72) Sur Henri Poels (1868-1948), qui occupa la chaire d'exégèse de l'Ancien Testament à l'Université Catholique de Washington de 1904 à 1910, avant de s'orienter vers les œuvres sociales aux Pays-Bas à la suite des difficultés qui lui furent suscitées à l'époque de l'intégrisme, voir J. Colsen, *Poels*, Ruremonde-Maaseik, 1955, spécialement le chapitre IV (*Leuven, 1891-1897*).

(73) Quelques passages de l'Avant-propos sont révélateurs de la nouvelle mentalité qui allait vite devenir une caractéristique de l'Ecole de Louvain : « Errant qui sentiunt auctores incredulos omnes in suis studiis exegeticis mala duci fide atque odio persequi veritatem christianam... Caveant, quaeso, lectores, ne serium examen negligentes, temerarium de thesibus incredulorum ferant judicium » (p. IX-X). « In hac nostra dissertatione nonnulla forsum occurunt ab eorum sententia discrepantia qui auctores veteres omnes questiones scripturisticas plene solvisse autumnant. Memores sint scientiam non aridum esse truncum ramis viridis foliisque carentem, sed similem esse florenti arbori quae ex vegeta ac foecunda vita novos semper ac uberes profert fructus » (p. X). L'auteur insistait ensuite sur la liberté qu'il faut reconnaître à l'exégète catholique lorsqu'il s'agit « de rebus mere historicis ac scientificis », où la foi n'est pas en jeu, mais seulement des traditions plus ou moins vénérables.

catholique de l'avenir » [74], et par sa forme même : pour la première fois, une thèse de doctorat en théologie de Louvain était publiée non plus en latin mais en français [75], c'est-à-dire dans une langue susceptible de retenir l'attention du monde savant.

Les analyses de critique littéraire ou textuelle, dans lesquelles excellait le chanoine Van Hoonacker, n'étaient cependant pour lui « que des travaux d'approche en vue de l'exégèse proprement dite des textes, son domaine de prédilection » [76]. Lorsqu'après le départ de Mgr Lamy, il put s'y appliquer entièrement sans avoir à craindre d'empiéter sur le domaine d'un collègue, il orienta ses travaux vers un autre champ d'études, d'ailleurs moins périlleux, la littérature prophétique. Il devait en sortir en 1906 un monumental commentaire sur *Les douze petits prophètes* dans la collection des *Etudes bibliques,* un peu lourd quant à la forme, un peu déficient parfois quant à l'information bibliographique, mais d'une acribie critique, d'une perspicacité et d'une ingéniosité surprenantes, abondant en vues originales tout en demeurant fidèle dans les grandes lignes aux directives de l'exégèse traditionnelle. « C'est par ce commentaire que A. Van Hoonacker a attiré sur l'enseignement de Louvain l'attention du monde catholique et c'est par lui que son influence continue à s'exercer, écrivait en 1932 son élève et successeur le professeur Coppens. Il n'est pas un auteur, catholique ou protestant, qui aborde l'explication des douze petits prophètes sans s'enquérir au préalable de l'avis du judicieux savant exégète de Louvain » [77].

Ajoutons enfin qu'adversaire de la science faite pour prôner celle qui se fait, Van Hoonacker réagit immédiatement contre un mode d'enseignement qui se bornait à transvaser la science encyclopédique du professeur dans l'esprit des étudiants. Renvoyant pour de nombreux points aux encyclopédies, aux revues et aux monographies existantes, « il se consacrait à ce qui lui paraissait la tâche principale d'un professeur d'Université : ouvrir les horizons, fournir par quelques exemples bien choisis la méthode et

(74) « Soucieux de défendre contre les exagérations de l'école grafienne le fond de l'histoire d'Israël, il a compris qu'on ne pouvait plus considérer les documents bibliques comme sortis d'un seul jet de la plume d'un contemporain : et c'est en se plaçant sur le terrain littéraire de ses adversaires qu'il combat leurs conclusions historiques. Ayant souvent avancé que cette méthode était la méthode catholique de l'avenir, je ne puis blâmer l'auteur de l'avoir suivie » (dans *Revue biblique,* 6 (1897), p. 630). Dans ce compte rendu élogieux, le P. Lagrange faisait par ailleurs des réserves sérieuses sur le fond de la thèse en relevant l'une des faiblesses de l'Ecole de Van Hoonacker : l'étude purement littéraire des textes, sans contact avec le terrain (« Que M. Poels vienne en Palestine : avec l'excellente préparation théorique qu'il possède, tout lui sera lumière ; les expédients qu'il a découvert sur le papier lui paraîtront moins faciles à concilier avec le sol — et ce n'est pas le sol qui cédera », p. 632).

(75) Quand on parcourt la liste des thèses de maîtrise (l'ancien doctorat), la chose n'apparaît pas. En effet, signe d'une période de transition, la dissertation de Poels, entièrement rédigée en français, portait encore un titre latin (*De historia sanctuarii arcae foederis*) et les quelques pages d'introduction (*Proemium*) étaient également en cette langue.

(76) J. Coppens, *op. cit.*, p. 105.

(77) *Le Ve centenaire de la Faculté de Théologie,* p. 32.

les instruments de travail, surtout aiguiser la réflexion et le sens critique » [78].

Six ans après le chanoine Van Hoonacker, un autre professeur allait être introduit à la Faculté de Théologie, dont l'influence serait encore plus décisive dans le renouvellement des méthodes et de l'esprit qui y prévalaient jusqu'alors.

Pour le Recteur Abbeloos, c'était sur le terrain de l'histoire plus que sur celui de la philosophie que devait se livrer, en cette fin du XIXe siècle, la bataille décisive pour la défense du catholicisme face aux objections de l'érudition protestante et rationaliste. Aussi, frappé de la place que tenaient les séminaires dans l'enseignement universitaire d'Allemagne, d'où venaient les principales attaques contre les positions catholiques, c'est lui qui, dès 1890, avait invité Jungmann à ajouter à son cours d'histoire ecclésiastique des exercices pratiques où l'on appliquerait les principes de la critique à des questions particulières [79]. C'est également à son intervention que Jungmann renonça la même année à son cours de patrologie et que celui-ci fut confié à un spécialiste des langues orientales, Adolphe Hebbelynck [80], tradition qui ne devait

(78) J. COPPENS, *op. cit.*, p. 116.

(79) Cfr *AUCL*, 60 (1896), p. XVII. Sur ce cours pratique, auquel il a déjà été fait allusion plus haut (p. 80), voir A. GAUCHIE, *Le séminaire historique*, Louvain, 1905, p. 30-34. Les exercices, qui portaient sur la critique des sources, étaient obligatoires pour tous les étudiants en droit canonique, mais les autres étudiants de la Faculté de Théologie pouvaient y participer librement.

(80) Sur Adolphe Hebbelynck (1859-1939), docteur en théologie de Louvain en 1887 avec une dissertation sur le livre de Daniel, professeur pendant trois ans au Grand Séminaire de Gand, puis nommé en 1890 à la Faculté de Théologie et à la section de philologie orientale de l'Ecole d'Etudes Supérieures Libres, Recteur de l'Université de 1898 à 1909, attaché enfin à la section des manuscrits coptes de la Bibliothèque Vaticane jusqu'à sa mort, homme timide et pacifique, d'une remarquable distinction, voir : P. LADEUZE, dans *AUCL*, 84-2 (1936-39), p. CXXVIII-CXLIV) ; L.-Th. LEFORT, dans *Le Muséon*, 52 (1939), p. 378-407 ; J. COPPENS, dans *Annua nuntia lovaniensia*, 4 (1940), p. 61-64 ; J. VERGOTE, dans *Chronique d'Egypte*, 14 (1939), p. 324-330 ; F. DE RUYT, dans *Revue générale*, 1939, vol. II, p. 379-386. Il sera encore question de lui plus bas, p. 107. Le grand mérite d'Hebbelynck fut d'être l'introducteur en Belgique des études égyptologiques et coptes.

Mgr Ladeuze rapporte en ces termes les circonstances de la nomination d'Hebbelynck : « C'est la création de cette Ecole d'Etudes Supérieures Libres qui fut l'occasion du rappel à Louvain, après une absence de trois années, du jeune professeur du Grand Séminaire de Gand et qui décida l'orientation de sa carrière scientifique. On voulut lui confier, dans cette Ecole, la direction des études d'égyptologie.

« Etudiant en théologie à l'Université, Adolphe Hebbelynck doit déjà être entré en relation avec de Harlez, grâce sans doute à son ami Colinet... Quoi qu'il en soit de ses premières relations avec le grand éraniste, on voit Hebbelynck, dans les correspondances qui nous sont restées, mêlé en 1889-1890 aux démarches tentées pour obtenir la fondation à Louvain d'une Ecole d'Etudes Supérieures Libres avec une Section de Philologie orientale et de linguistique. Et au programme des cours de notre Université pour l'exercice 1890-1891, où pour la première fois figure cette section, il y apparaît chargé de l'explication de textes coptes à donner au second semestre.

« A l'instigation de Mgr de Harlez, Mgr Abbeloos, qui avait gardé une prédilection pour le premier des docteurs en théologie promus par lui, était venu lui-même au Séminaire de Gand solliciter son concours. Pour lui assurer une situation professorale suffisante, il lui offrait la chaire de Patrologie,

plus être abandonnée par la suite [81]. Mais, admirateur de l'œuvre d'assainissement qu'accomplissait alors Duchesne en France, il désirait davantage et souhaitait voir l'enseignement de l'histoire de l'Eglise s'orienter dans une perspective plus moderne, nettement dégagée des perspectives théologiques et apologétiques qui avaient prévalu jusqu'alors à Louvain [82]. Lors du décès inopiné de Jungmann en janvier 1895, il se rallia volontiers à la suggestion du chanoine Carnoy d'en charger un jeune professeur de la Faculté de Philosophie et Lettres, codiocésain de ce dernier, Alfred Cauchie [83].

Celui-ci n'était pas du sérail, et certains de ses nouveaux collègues devaient le lui faire assez longtemps sentir. C'était un docteur en sciences historiques, élève de Charles Moeller [84], lequel avait en 1885, à l'imitation de Godefroid Kurth à Liège, inauguré à Louvain un cours pratique d'histoire à la Faculté de Philosophie et Lettres [85]. Après un long séjour de recherches aux Archives Vaticanes en vue de mettre au point sa thèse sur *La querelle des investitures dans les diocèses de Liège et Cambrai* (1890), Cauchie était devenu assistant de son ancien maître et s'était vu chargé de la

dont M. Jungmann consentait à se décharger, et la présidence du Collège Marie-Thérèse, où il avait exercé les fonctions de sous-régent de 1884 à 1887, et que Mgr Lamy devait abandonner. Quand en août 1890, Mgr Keane, le premier Recteur de l'Université Catholique de Washington, offrit sa chaire d'Ecriture Sainte à l'abbé Hebbelynck, le sort de celui-ci était fixé. Il avait été nommé, en juillet, professeur à la Faculté de Théologie de Louvain. Mais il fut bien entendu que, pendant l'année 1890-1891, le nouveau professeur ferait fort peu de leçons et qu'il passerait la plus grande partie de son temps à Paris pour se perfectionner, sous la direction de Maspero et de Revillout, dans la connaissance des langues et des littératures égyptiennes. L'enseignement d'Adolphe Hebbelynck à l'Université ne commença pour de bon qu'en octobre 1891 » (*art. cit.*, p. CXXX-CXXXI).

(81) A. Hebbelynck fut remplacé en 1898 par P. Ladeuze et à celui-ci succéda en 1909 J. Lebon. Le titulaire actuel est M. le chanoine Albert Van Roey.

(82) Voir notamment ses réflexions sur l'histoire dans l'éloge funèbre de Jungmann, dans AUCL, 60 (1896), p. XI-XII. Entre autres : « Loin de s'attacher à prouver que l'histoire s'est toujours bien passée, le savant catholique peut hardiment travailler à déterminer comment l'histoire s'est passée » ; ou encore, après avoir rappelé l'adage cicéronien *ne quid falsi dicere audeat, ne quid veri non audeat :* « Voilà la vraie voie à suivre par les catholiques... Sans doute, certaines conceptions personnelles pourront par là se trouver dérangées ; mais, comme l'a dit en style pittoresque M. l'abbé Duchesne, en histoire les textes sont chez eux, les faits s'imposent, et se font faire place même en bousculant un peu les théories. Ajoutons que la vérité et l'Eglise ne peuvent que gagner à laisser l'apriorisme à certains historiens hostiles à notre foi ».

(83) Sur Alfred Cauchie (1860-1922), assistant puis professeur à la Faculté de Philosophie et Lettres depuis 1890, devenu en 1919 le directeur de l'Institut historique belge de Rome, dont il avait été le principal initiateur au début de sa carrière, voir : A. VAN DER ESSEN, *Alfred Cauchie. L'initiateur, le savant, l'homme,* dans *Revue d'histoire ecclésiastique,* 18 (1922), p. 213-239 ; A. DE MEYER, dans *Le Ve centenaire de la Faculté de Théologie,* p. 95-98.

(84) Sur Charles Moeller (1838-1922), professeur d'histoire à la Faculté de Philosophie et Lettres de 1863 à 1914, voir A. VAN DER ESSEN, dans *AUCL,* 1920-26, p. CLXXIX-CLXXXV, et A. CAUCHIE, *Un demi-siècle d'enseignement historique à l'Université de Louvain,* dans *Mélanges Moeller,* t. II, Louvain, 1914, p. VI-XXXVI.

(85) Sous le nom de « Conférence d'histoire ». Sur la fondation de ce séminaire, voir les souvenirs de CAUCHIE cités à la note précédente.

section moderne des Exercices pratiques d'histoire puis, en 1893, des Institutions du Moyen Age et de la Critique historique appliquée à une période de l'histoire, tandis qu'à l'Institut Supérieur de Philosophie, Mgr Mercier le chargeait des cours d'Heuristique et Critique historique, d'Histoire des idées du Moyen Age et d'Histoire de l'Eglise.

Tout en conservant son enseignement à la Faculté de Philosophie et Lettres, Cauchie reprit dès le début de 1895 les leçons d'Histoire de l'Eglise de Jungmann et, à la rentrée académique d'octobre, il y ajouta un cours d'Introduction à l'histoire ecclésiastique, obligatoire pour tous les élèves de la Faculté de Théologie, destiné à initier ceux-ci, avec exemples à l'appui, aux principes de la méthode historique appliquée à l'histoire religieuse. Le nouveau cours formait un cycle de quatre ans, au cours duquel le professeur traitait successivement des sciences auxiliaires, de l'heuristique, de la critique et de la reconstitution historique. L'année suivante, Cauchie développa le cours pratique en ajoutant aux exercices pratiques sur les sources, destinés avant tout aux canonistes, des « conférences historiques » qui s'adressaient spécialement aux étudiants en théologie et étaient consacrées à ce que Cauchie appelait l'étude méthodique des auteurs.

« Ces conférences, expliquait-il [86], visent principalement à parfaire la formation historique des élèves pour lesquels l'histoire n'est qu'une branche auxiliaire. Les cours théoriques leur donnent des idées générales des faits et des institutions ; le cours d'introduction à l'histoire ecclésiastique leur enseigne les principes de la méthode ; les discussions des auteurs en classe et les exemples allégués au cours d'introduction les familiarisent dans une certaine mesure avec l'étude des modèles. Il est utile cependant que cette étude soit l'objet de leur attention spéciale : il leur importe, en effet, d'apprendre à juger de la valeur des ouvrages qu'ils auront plus tard à utiliser, à s'habituer à lire les travaux des maîtres avec fruit. De plus, par cette étude raisonnée des ouvrages historiques, les membres des conférences historiques, non seulement apprennent à se rendre compte de leur valeur, mais assimilent insensiblement les procédés du travail personnel. Cela est si vrai que beaucoup sont passés d'eux-mêmes de la lecture des auteurs à l'étude directe des sources. »

Il faut encore ajouter que, lors de la nomination de Cauchie à la Faculté de Théologie en 1895, Moeller avait repris la direction effective de la section moderne de la Conférence d'histoire à la Faculté de Philosophie et Lettres, tandis que Cauchie lui-même, qui y conservait le cours d'Institutions du moyen âge, ajouta à ce dernier un cours pratique, où l'on étudiait en commun les sources médiévales et quelques travaux marquants. Or, la fréquentation de ce cours pratique, obligatoire pour tous ceux qui se préparaient au doctorat en histoire, était conseillée également aux étudiants

(86) A. Cauchie, *Le séminaire historique*, p. 39-40.

en théologie et en droit canonique qui voulaient parfaire leur formation historique, tandis que par contre les étudiants en histoire de la Faculté de Philosophie et Lettres étaient invités de leur côté à participer aux exercices des canonistes et à la conférence d'histoire des théologiens, ce qui avait le grand avantage de multiplier les contacts et d'élargir les horizons.

De la sorte, Cauchie se trouvait à la tête d'un ensemble important de cours théoriques et pratiques, répartis entre deux Facultés. Avec son talent exceptionnel d'organisateur, il décida de grouper tous les cours pratiques en un organisme unique à trois sections, le « séminaire historique », qui, à partir de 1899, put disposer d'un local spécial avec une bibliothèque spécialisée [87]. Jusqu'à la fin de sa carrière universitaire, ce séminaire devait constituer le centre des préoccupations de Cauchie. Son successeur, le chanoine De Meyer, nous a laissé un écho direct de la façon dont le nouveau professeur avait conçu sa tâche [88] :

« Ayant avant tout pour but de former les étudiants au travail personnel, d'en faire des historiens qui, à leur tour contribueraient par leurs recherches au progrès de la science, il concentrait presque tous ses efforts sur les travaux pratiques et ne concevait pour ainsi dire qu'en fonction de ceux-ci ses cours théoriques. C'est ainsi que, dans ces derniers, il ne s'attachait à aucun manuel et se contentait de retracer, à larges traits, une vue d'ensemble sur la situation religieuse d'un pays à une époque déterminée ; il signalait les questions déjà résolues et les problèmes à réexaminer ; il indiquait la bibliographie du sujet et montrait bien souvent les livres eux-mêmes, qu'apportait son inséparable et très dévoué secrétaire, M. Isidore Versluys. Au cours pratique, Cauchie étalait sa verve et son esprit primesautier en faisant la critique des travaux présentés. Si ses remarques inspiraient une crainte respectueuse aux débutants, elles stimulaient par contre les anciens, qui avaient déjà éprouvé son grand dévouement. Tous ceux qui ont publié sous sa direction se rappelleront avec reconnaissance les immenses services qu'il leur a rendus avec une patience et une abnégation admirables » [89].

(87) Son fonctionnement a été décrit en détails par Cauchie lui-même dans sa brochure : *Université Catholique de Louvain. Le séminaire historique,* Louvain, 1905. A cette date, il n'y avait que dix ans que Cauchie était entré à la Faculté de Théologie et déjà la réputation de son séminaire avait largement dépassé les frontières de la Belgique. Mgr Battifol n'hésitait pas à le déclarer « comparable à l'Ecole des hautes études philologiques et historiques de la Sorbonne » (dans *Bulletin de littérature ecclésiastique,* 3 (1901), p. 67) et Mgr Ehrhard écrivait à propos des rapports publiés annuellement sur les divers cours pratiques de l'Université de Louvain : « Der anregendste Bericht ist unstreitig derjenige des Prof. Cauchie, des Leiters des kirchenhistorischen Seminars an der katolischen Universität Löwen. Kam dieses auch am spätesten an die Reihe, so hat es doch jetzt schon sehr schöne Erfolge zu verzeichen... Ich empfehle die Lectüre dieser Festschrift allen jenen, die sich über den inneren Organismus von wissenschaftlichen Seminarien orientieren wollen, besonders jeune welche speciell wissenschaftliche-theologischen Seminarien misstrauisch gegenüberstehen ». (dans *Allgemeines Litteraturblatt,* 10 (1901), p. 205).

(88) Dans *Le V<sup>e</sup> centenaire de la Faculté de Théologie,* p. 96.

(89) Sur cette patience et cette abnégation, il convient de citer le témoignage d'un autre disciple, L. van der Essen : « A nos yeux, le professeur De Meyer était avant tout le continuateur d'un esprit que son grand devancier, le chanoine Alfred Cauchie, son maître et le nôtre, avait insufflé à l'enseigne-

S'il faut en croire la tradition orale, le chanoine Carnoy, au moment de l'introduction de Cauchie à la Faculté de Théologie, l'aurait invité plaisamment à aller « casser quelques carreaux pour faire circuler un courant d'air frais » dans la vénérable institution. Le conseil n'était pas tombé dans l'oreille d'un sourd. « Il est certain, reconnaît un autre de ses disciples de prédilection [90], que le Tournaisien à l'humeur caustique qu'était Alfred Cauchie ne manqua point, au cours de sa carrière mouvementée, de bousculer certaines personnes et certaines institutions qu'une tradition conservatrice avait jusque là entourées d'une fausse vénération. Sans doute, en ouvrant parfois un peu brusquement les fenêtres, il infligea des rhumes de cerveau à des gens qui supportaient mal le contact d'un subit courant d'air ; sans doute encore, on le vit quelquefois « franchir le Rubicon », au grand ennui des autorités académiques qui craignaient l'émotion provoquée par cette opération stratégique chez des personnes ou des collectivités avec lesquelles l'Université Catholique de Louvain devait normalement entretenir de bons rapports. » Et lors de la réaction intégriste, il ne manqua pas de flaireurs d'hérésie pour considérer comme un homme dangereux pour la foi cet honnête savant qui initiait les jeunes théologiens à l'esprit critique et au sens du relatif. Mais ces petites chicanes ne tournèrent jamais au tragique, car il fut toujours soutenu par ses supérieurs, qui connaissaient la profondeur de sa foi et savaient de quelle valeur sûre était l'antidote qu'avec ses collègues d'Ecriture Sainte et de patrologie il fournissait à ceux qu'auraient pu ébranler les sirènes du modernisme. Cauchie eut du reste la satisfaction, au moment même où la crise approchait de son paroxysme, quelques mois avant l'encyclique *Pascendi*, de recevoir de Rome, lors de la manifestation organisée en son honneur en 1906, le télégramme suivant :

« Le Saint Père, appréciant les services que le séminaire historique rend à l'Eglise et à la Belgique catholique, vous félicite pour l'œuvre de zèle accomplie pendant dix ans et, en vous souhaitant de pouvoir la poursuivre encore pendant de longues années, il vous bénit de cœur, ainsi que vos élèves, les anciens membres du séminaire et les collaborateurs d'une œuvre si éminemment utile à la science et à la religion » [91].

ment de l'histoire à l'Université Catholique de Louvain. Cet esprit excluait toute réclame tapageuse ; préconisait le travail personnel obscur mais tenace de tous les jours ; n'avait que critiques pour celui dont l'intérêt se disperse sans jamais s'attacher avec passion à un sujet réellement important ; ne tolérait guère qu'on s'attaquât aux personnes au lieu de s'en tenir à critiquer leurs idées ; recommandait de dire la vérité, sans peur et sans reproche, parce que l'Eglise n'a pas besoin de mensonges ; recommandait de ne pas oublier que le professeur doit guider ses disciples et savoir sacrifier à leur formation son goût pour la production strictement personnelle ; affirmait que le nombre des enfants spirituels engendrés au cours d'une longue carrière dépassait en honneur et en efficacité l'accumulation d'un grand nombre de numéros de bibliographie personnelle alignés par un savant réfugié dans sa tour d'ivoire et stérile, sans postérité » (*Le professeur Albert De Meyer*, dans *Revue d'histoire ecclésiastique*, 48 (1953), p. 5-6).

(90) L. VAN DER ESSEN, dans *Revue d'histoire ecclésiastique*, 18 (1922), p. 234.

(91) Cité *ibidem*.

C'est avec une légitime fierté que, songeant sans doute à la consigne de Carnoy, Cauchie pouvait écrire, en ce dixième anniversaire de la réorganisation du séminaire historique : « Les résultats de cette organisation ont été féconds. Depuis la fondation et le développement de ces cours pratiques, l'activité et l'esprit de travail personnel des élèves se sont puissamment manifestés : à la Faculté de Théologie notamment circule un sève nouvelle de vie scientifique » [92]. On peut aisément s'en rendre compte en parcourant dans les *Annuaires de l'Université Catholique de Louvain* les rapports annuels des travaux du séminaire d'histoire ecclésiastique et en constatant le nombre de publications originales et de valeur durable qui en sont sortis. Il faut tenir compte notamment de ce qu'à partir de 1896, alors que les professeurs de théologie fondamentale, de dogmatique et de morale hésitaient encore à s'engager dans les voies nouvelles de la théologie historique et positive, l'influence du séminaire historique se fit sentir dans la plupart des dissertations publiées en vue du doctorat en théologie, même lorsqu'elles n'étaient pas élaborées directement sous la direction du professeur d'Histoire de l'Eglise [93].

C'est en bonne partie pour entretenir et solliciter de manière permanente l'ardeur scientifique des anciens membres du séminaire historique que Cauchie décida en 1900 de fonder avec l'appui de quelques collègues la *Revue d'histoire ecclésiastique* [94], qui fut au début presque exclusivement alimentée par ses jeunes collègues, formés par lui, et par ses anciens élèves, et dont il avait longuement mûri l'idée et l'orientation. Ici surtout, je crois préférable de céder la parole à un contemporain de ses débuts [95] :

(92) *Le séminaire historique,* p. 53.

(93) Notamment celle, publiée officiellement sous le patronage de J. Forget, de A. Michiels sur *L'origine de l'épiscopat* (1900), ainsi que celle de C. Van Crombrugghe, *De soteriologiae christianae primis fontibus. Examen historico-theologicum,* dirigée par M. De Baets, sans parler du cas de P. Ladeuze, sur lequel nous allons revenir plus loin.

(94) Voici en quels termes le professeur Ladeuze, cofondateur, présentait l'entreprise au cardinal archevêque de Malines dans une lettre du 7 mars 1900 : « Eminence, Nous nous sommes réunis à quelques professeurs de l'Alma Mater pour fonder à Louvain une *Revue d'histoire ecclésiastique* et nous venons solliciter la bénédiction de Votre Eminence pour notre entreprise. Les raisons qui nous ont déterminés sont exposées dans le prospectus joint à cette lettre. Nul doute que dans l'état actuel de la controverse, les études historiques n'aient une importance capitale au point de vue catholique. *Cum hostilia tela,* dit Léon XIII dans sa lettre du 18 août 1883, *potissimum ab historia peti soleant...* Tandis que les écoles protestantes et rationalistes d'Allemagne et d'Angleterre ont, en cette matière, de nombreux organes, nous avons voulu que l'Université Catholique ait aussi le sien. Nous avons voulu spécialement entretenir le goût des études scientifiques chez les anciens élèves de notre Faculté de Théologie. Si nous savions activer et réunir les forces intellectuelles, disséminées et trop souvent inactives dans le clergé belge, nous serions forts vis-à-vis de nos ennemis et nous croirions avoir bien servi la cause de la foi et de l'Eglise. Aussi avons-nous la ferme confiance que Votre Eminence accueillera favorablement notre modeste Revue, qu'Elle la recommandera à ses prêtres et qu'Elle nous encouragera de sa bénédiction au moment où nous entreprenons ce surcroît de besogne... » (Archives de l'Archevêché de Malines, *Université de Louvain*).

(95) L. van der Essen, dans *Revue d'histoire ecclésiastique,* 48 (1953), p. 14-15.

« Grâce au talent d'organisation de ses premiers directeurs, la Revue se classa d'emblée parmi les organes indispensables de la science historique. On l'apprécia tout de suite, non pas tant à cause des articles y publiés, qui, pour être souvent excellents, n'avaient cependant rien d'exceptionnels, mais en raison des comptes rendus, de la chronique et de la bibliographie. Ah ! ces premiers comptes rendus de la *Revue d'histoire ecclésiastique,* comme ils étaient différents de ceux qu'on pouvait lire ailleurs, avec leur résumé consciencieux et objectif du contenu de l'ouvrage, l'examen des opérations critiques de l'auteur, la mesure de son interprétation des faits et une appréciation équitable, exacte et sévère de la valeur du livre ou du travail... Quant à la bibliographie de la Revue, elle conquit d'emblée le public international des historiens par son caractère complet, son classement intelligent et de nature à faciliter les recherches, la perfection technique de ses mentions bibliographiques, l'absence d'erreurs d'impression pour les titres rédigés dans un nombre considérable de langues étrangères. »

Dans la fondation de la *Revue d'histoire ecclésiastique,* il faut associer tout particulièrement au nom du chanoine Cauchie celui d'un professeur qui venait à peine d'entrer à la Faculté de Théologie, l'abbé Ladeuze [96], et qui allait constituer avec Cauchie et Van Hoonacker le troisième membre de la « trinité » à laquelle la Faculté louvaniste est redevable de son renouveau à la veille de la crise moderniste.

Ayant brillamment terminé ses études de théologie au séminaire de Tournai, il était venu les poursuivre à Louvain en 1893. Lorsque le moment vint de choisir un sujet de dissertation doctorale, il pensa d'abord à un travail de théologie spéculative, dans la ligne de Billot, sur la causalité des sacrements, sous la direction du métaphysicien Dupont. Mais son codiocésain Carnoy — encore lui ! — poussa les hauts cris en lui prédisant qu'il allait « s'enterrer vivant » et l'engagea à s'orienter plutôt vers le domaine brûlant de l'antiquité chrétienne, où la cause catholique avait besoin de défenseurs de valeur. C'est ainsi que Ladeuze entreprit sous la direction d'Hebbelynck, qui souhaitait voir réfuter les attaques du savant français Amélineau contre la moralité des anciens moines, — et avec l'aide précieuse de Cauchie pour le classement cri-

(96) Sur Paulin Ladeuze (1870-1940), professeur à la Faculté de Théologie depuis 1898, nommé en 1909 Recteur de l'Université de Louvain, au développement matériel et scientifique de laquelle il présida pendant trente ans avec une maîtrise exceptionnelle, évêque titulaire de Tibériade depuis 1928, voir J. Coppens, *Paulin Ladeuze, orientalist en exegeet* (Mededelingen van de Kon. Vlaamse Akademie van Belgie, III-1), Bruxelles, 1941 (on trouvera sa bibliographie aux p. 87-95) ; Id., dans *Annua nuntia lovaniensia,* 10 (1954-55), p. 197-215 ; L. Cerfaux, dans *AUCL,* 85 (1940-41), p. XXXIX-XLVI ; H. van Waeyenberg, *ibid.*, p. XLVII-LXVI ; M. Th. Lefort, dans *Annuaire de l'Académie Royale de Belgique,* 120 (1954), p. 119-153. Au jugement de ce dernier, il fut « l'homme qui, après le cardinal Mercier, apparaît comme la plus haute et la plus séduisante personnalité scientifique ayant illustré le clergé belge pendant le demi-siècle qui vient de s'écouler » (p. 120).

tique des documents [97] — son *Etude sur le cénobitisme pakhomien pendant le IVe siècle et la première moitié du Ve* (1898), travail qui demeure encore fondamental aujourd'hui, bien que dépassé à certains points de vue par la découverte de nouveaux documents, et qui témoignait de la finesse critique et de la maîtrise du jeune docteur. Celui-ci fut aussitôt chargé après sa soutenance de remplacer son maître Hebbelynck, promu au rectorat en cette même année 1898, pour les cours de patrologie et de langue et littérature coptes. Deux ans plus tard, lors de la retraite de Mgr Lamy, au moment même où il fondait avec Cauchie la *Revue d'histoire ecclésiastique,* il fut nommé à la chaise d'exégèse et, comme il a été dit plus haut, décida de se limiter au Nouveau Testament, abandonnant l'Ancien à Van Hoonacker et, dès ce moment, il concentra la plus grosse part de ses efforts à continuer pour les livres du Nouveau Testement l'œuvre entreprise par ce dernier depuis une dizaine d'années pour ceux de l'Ancien, c'est-à-dire de rétablir, après la longue période de stagnation de Mgr Lamy, le contact des études néo-testamentaires avec les résultats de la critique biblique moderne.

Le professeur Ladeuze n'en négligea pas pour autant complètement la patrologie. S'il publia relativement peu en ce domaine [98], il s'appliqua, avec son remarquable talent didactique, à renouveler l'allure du cours. Ses prédécesseurs s'étaient bornés à suivre un bon manuel [99] en y ajoutant de-ci de-là quelques développements ou excursus, mais il entendait épargner à ses étudiants les tâtonnements pénibles auxquels il s'était trouvé exposé lors de la préparation de sa thèse, faute d'une initiation suffisante à la dissection scientifique des documents. Il devait plus tard exposer dans l'un de ses discours rectoraux comment il concevait, au niveau universitaire, les cours magistraux.

« Les leçons théoriques peuvent se faire de diverses façons. Il en est qui s'adressent avant tout à la mémoire ; mais il en est qui apprennent à penser. Si le meilleur moyen de connaître un itinéraire est de le suivre, c'en est un aussi que de l'entendre exposer nettement par qui l'a suivi. Et c'est un cours pratique à sa façon que celui où le maître refait devant ses élèves le travail par lequel lui-même a découvert la vérité, ou du moins leur fournit constamment les moyens de légitimer aux yeux de leur intelligence la science qu'il leur livre toute faite » [100].

(97) Il évoquait plaisamment les vicissitudes de sa thèse doctorale et son option décisive pour les secteurs historiques de la théologie en ces termes : « Je fus séduit par Billot, arraché au charme de Billot par Carnoy, noyé dans Amelineau par Hebbelynck, repêché par Carnoy et définitivement sauvé par Cauchie » (pour les détails, voir J. Coppens, *op. cit.*, p. 16-20).

(98) Sur la partie patristique de son œuvre, voir J. Coppens, *op. cit.*, p. 25-29, et L. Th. Lefort, *art. cit.*, p. 133-136. On notera que c'est Ladeuze qui suscita et orienta la vocation scientifique de ce dernier, qui devait illustrer si brillamment l'école des coptisants de Louvain.

(99) Les *Institutiones patrologicae* de Fessler, dont Jungmann avait donné en 1890-92 une édition améliorée, qui avait été bien accueillie.

(100) Discours du 18 octobre 1910, dans *AUCL*, 75 (1911), p. XVIII.

Cette façon de concevoir les cours allait de plus en plus caractériser l'Ecole de Louvain. On trouve un autre indice de l'esprit nouveau que le jeune professeur introduisit à la Faculté de Théologie dans la demande qu'il adressa au début de son enseignement à l'épiscopat belge d'être dispensé de devoir donner en latin un cours ainsi conçu :

« Le corps épiscopal de Belgique a décidé naguère que le cours d'Histoire ecclésiastique, à la Faculté de Théologie, se donnerait en français. Les raisons qui ont motivé cette mesure existent également pour le cours de Patrologie.

« Je désirerais certes que le latin fût encore la langue universelle : cela nous éviterait bien des difficultés et des déboires. Mais le fait est que plus personne, même parmi les catholiques, n'écrit en latin sur les matières patrologiques. Morin, Battifol, Lejay, en France, écrivent en français. Funck, Bardenhewer, Nirschl, en Allemagne, écrivent en allemand. Inutile de dire que chez les protestants et les rationalistes, plus un n'emploie le latin. Voilà le fait, nous pouvons le regretter, mais le fait est là ! Et le fait étant tel, nous paraissons être d'un autre âge, vis-à-vis de nos adversaires, quand nous nous obstinons à les combattre dans une langue qu'ils ne veulent plus entendre ; et nos travaux courent fort risque d'être jetés aux vieux papiers, avant même d'avoir été lus.

« D'ailleurs tout le monde écrivant sur ces matières en langue vulgaire, le vocabulaire scientifique s'est formé dans les langues vulgaires et n'existe plus en latin » [101].

Les leçons d'exégèse du Nouveau Testament furent conçues de la même façon que celles de patrologie : même information bien à jour, même clarté, même précision, même rigueur dans les conclusions, nous dit un témoin [102], qui ajoute : « Ici aussi, le maître s'était livré à une minutieuse préparation et l'itinéraire qu'il venait exposer devant ses élèves, il l'avait d'abord parcouru lui-même ». Mais si en patrologie le jeune professeur, pressé par la besogne, dut se borner surtout à de bons états des questions soumis à une appréciation critique personnelle, en exégèse il n'hésita pas à s'engager dans des voies plus originales et parfois audacieuses, avec un bel optimisme, peut-être au début un peu inconscient des orages qui montaient à l'horizon. Sans doute, à

(101) Lettre du 23 juillet 1899 (Archives de l'Archevêché de Malines, *Université de Louvain*). Détail à noter, à la fin de sa lettre, le professeur Ladeuze ajoute : « Une pareille demande n'aurait pas eu de chance d'être accueillie par Mgr Hebbelynck parce qu'elle n'est pas selon les vues de certains professeurs ». Une certaine évolution était toutefois en cours à ce point de vue depuis quelques années. Depuis 1890, dans la liste des *Theses quas* annuelles, la thèse se rapportant à l'Histoire critique de l'Ancien Testament était libellée en français. Et depuis 1896 les thèses d'Histoire ecclésiastique l'étaient également alors que du temps de Jungmann le latin était de rigueur. On a vu d'autre part plus haut que Poels, tout en conservant le titre et le prologue en latin, avait publié pour la première fois en 1897, une dissertation doctorale en français. L'année suivante, la dissertation de Ladeuze marquait un nouveau pas en avant : cette fois le latin avait complètement disparu.

(102) L. Th. Lefort, dans *Annuaire de l'Académie Royale de Belgique*, 120 (1954), p. 139-140.

l'exemple de son collègue et maître Van Hoonacker, il évita toujours soigneusement de soulever des problèmes qui impliquaient une option philosophique — ce qui constituait un avantage tactique par rapport aux modernistes, mais laissait par ailleurs non résolus de véritables problèmes ; sans doute aussi, conservateur au fond en terrien qu'il était, et surtout bien convaincu que le bibliste a le double devoir professionnel d'être théologien en même temps qu'historien, se montra-t-il toujours d'une grande prudence en toutes les questions qui touchaient au dogme. Mais il était par ailleurs tout aussi convaincu — et il ne cessait de le rappeler dans ses cours et ses comptes rendus — que la part qui revient à l'homme dans la rédaction des écrits bibliques peut et doit être soumise, aussi bien que la littérature chrétienne des premiers siècles, à une étude systématique s'appuyant sur les principes de la critique littéraire et historique qui sont communs aux croyants et aux incroyants.

Cette façon d'envisager le travail de l'exégèse, qui effrayait déjà beaucoup d'esprits timides ou routiniers quand il s'agissait de l'Ancien Testament, était plus courageuse encore appliquée au Nouveau, surtout si l'on songe que les années d'enseignement du professeur Ladeuze coïncident avec les condamnations répétées et de plus en plus sévères qui frappèrent Alfred Loisy et constituaient un grave avertissement pour l'ensemble de l'exégèse progressiste. La position que Ladeuze avait résolument adoptée l'amena parfois à anticiper certaines vues méthodologiques de l'Ecole de la *Formgeschichte,* en faisant par exemple intervenir le culte comme facteur de l'évolution littéraire. Elle l'amena à prendre sur l'origine du *Magnificat* une position qui devait soulever quelques remous [103] ou à affirmer, à propos des rapports entre le quatrième évangile et l'apôtre Saint Jean que ces relations, tout en étant réelles, « étaient moins étroites qu'entre un auteur et un livre » [104]. Il paraît que Van Hoonacker lui-même, inquiet de certaines audaces de son ancien élève, aurait dit un jour : « Paulin est jeune. Il éprouve pour les théories allemandes l'engouement de nos collègues wallons fiers de pouvoir lire les ouvrages d'Outre-Rhin ». A quoi Mgr Coppens ajoute le commentaire suivant, probablement assez juste : « Sans doute ne faut-il pas imputer au seul tempérament wallon, plus ardent et bouillant, l'empressement de Ladeuze à courir aux nouveautés. Il y avait, croyons-nous, le désir légitime de dépasser les professeurs Lamy et Forget, deux collègues érudits qui faisaient trop figure d'esprits peureux et attardés » [105].

(103) *De l'origine du Magnificat et de son attribution dans le troisième évangile à Marie ou à Elisabeth,* dans *Revue d'histoire ecclésiastique,* 4 (1903, p. 623-644). Voir sur cette affaire J. Coppens, *op. cit.*, p. 31-38, et quelques précisions complémentaires dans *Annua nuntia lovaniensia,* 10 (1954-55), p. 202-203.

(104) Cfr J. Coppens, *op. cit.*, p. 38-40 et 106-108.

(105) Dans *Annua nuntia lovaniensia,* 10 (1954-55), p. 202.

Mais si la critique littéraire du professeur Ladeuze était résolument progressiste, il savait aussi, à la différence des modernistes, « sous la végétation littéraire, chercher et retrouver la bonne terre de la tradition historique : sa critique aboutissait à une apologétique, dont le fondement était, justement, cette tradition fidèlement conservée dans ses affirmations essentielles » [106]. Ses conférences sur *Les controverses récentes sur la genèse du dogme eucharistique* (1906) et sur *La résurrection du Christ devant la critique contemporaine* (1907) en fournissent la meilleure preuve.

On juge l'arbre à ses fruits. Il suffit de parcourir les *Theses quas* d'après 1900 pour y percevoir l'écho de cet enseignement largement ouvert aux questions modernes et fécond en vues nouvelles. Et les dissertations doctorales consacrées au Nouveau Testament qui parurent au cours de ces années, sont un autre signe évident du changement radical d'atmosphère depuis le départ de Mgr Lamy : celle d'Honoré Coppieters, en 1902, sur la tradition textuelle des *Actes des apôtres*, où le jeune docteur se mesurait avec des maîtres de la critique tels que Zahn, Harnack et Jülicher, et qui fut pour la Faculté de Louvain un succès ; celle d'Edouard Tobac, en 1908, sur la justification dans les épîtres pauliniennes, qui représentait « la plus notable concession faite depuis la Réforme par un exégète catholique à l'interprétation protestante de la terminologie paulinienne » [107]. Le premier, nommé professeur d'exégèse à la *Schola minor* de l'Université, devait une nouvelle fois attirer l'attention sur Louvain en publiant en 1908 une synopse du Nouveau Testament où, sous l'influence de Ladeuze, il prenait une position en flèche, assez neuve en milieu catholique [108].

En quelques années, l'esprit et les méthodes de l'enseignement de l'exégèse, de la patrologie et de l'histoire ecclésiastique s'étaient profondément transformés et modernisés, ce qui allait permettre à la Faculté, maîtres et étudiants, d'aborder sans émoi la tourmente moderniste. Que devenaient les trois autres chaires ? Les modifications d'orientation y furent moins sensibles, bien que, là aussi, une amélioration certaine se soit produite aux alentours de 1900.

Nous pouvons passer rapidement sur la théologie morale, qui n'était pas à l'époque au centre des préoccupations. C'est en 1898 que le titulaire, A. Van der Moeren, s'étant retiré, la chaire fut confiée au chanoine Dignant [109], qui avait déjà attiré sur lui par ses publications l'attention des moralistes. Ses cours marquèrent un double progrès, quant à la forme et quant au fond, par rapport

(106) L. Cerfaux, dans *AUCL*, 85 (1940-41), p. XLV.
(107) J. Coppens, dans *Annua nuntia lovaniensia*, 10 (1954-55), p. 205. Sur la portée et l'originalité de ces deux thèses, voir, du même auteur *Son Excellence Mgr Coppieters*, dans *AUCL*, 87-3 (1944-48), p. 5 sq., aux p. 13-16, et *Le Ve centenaire de la Faculté de Théologie*, p. 42-45.
(108) H. Coppieters et A. Camerlynck, *Evangeliorum secundum Matthaeum, Marcum et Lucam synopsis juxta Vulgatam editionem*, Bruges, 1908 (2e éd. remaniée, 1910). Sur les difficultés auquelles cet ouvrage se heurta dans le camp traditionaliste, voir J. Coppens, dans *AUCL*, 87-3 (1944-48), p. 16-21.

à ceux de son prédécesseur. D'une part, au lieu de se borner à suivre l'un ou l'autre traité classique, il préféra développer et approfondir de manière personnelle quelques *quaestiones selectae*, ce qui convenait évidemment davantage à un cours de niveau universitaire ; d'autre part, se dégageant de la casuistique, il préféra se concentrer sur les principes, mettant en relief les fondements des préceptes et des vérités d'ordre moral, les justifiant et les éclairant à l'aide de la philosophie, les confrontant avec les systèmes modernes et les défendant contre les attaques des adversaires. Toutefois, sa fidélité à la méthode scolastique (en dépit de quelques incursions dans le domaine de l'histoire, par exemple à propos des origines de la discipline pénitentielle) eut pour conséquence que « au début de son enseignement à Louvain, les cours de M. Dignant n'eurent pas le succès qu'on en avait attendu : la vogue était alors à la théologie positive et la faveur des étudiants n'allait pas à la spéculation et aux considérations métaphysiques » [110]. Le successeur de celui-ci, qui fut obligé de se retirer prématurément pour raisons de santé en 1909, Henri de Jongh [111], devait davantage mettre à l'avant-plan de ses cours l'exposé historique de la morale.

La chaire de dogmatique spéciale ne fut guère touchée, elle non plus, par l'engouement pour la théologie historique, mais elle fut occupée depuis le départ de Dupont en 1899 jusqu'à la guerre de 1914 par deux titulaires qui ne manquaient ni de vigueur intellectuelle ni d'ouverture à l'égard des problèmes de leur temps. Le premier, M. de Baets [112], était un professeur brillant et éloquent mais également un penseur original. Il s'était, au début de sa carrière, passionné pour la question sociale et pour la conciliation entre les théories de Lombroso et les données traditionnelles de la morale spiritualiste. Aussi avait-on d'abord pensé à lui comme successeur de Van der Moeren dans la chaire de morale, mais il déclina la proposition « parce que, disait-il, il se sentait peu de goût pour manier cet instrument de précision qui s'appelle la balance probabiliste » [113]. Il accepta par contre volontiers la succession de Dupont, tout en conservant son cours de métaphysique

(109) Sur Oscar Dignant (1861-1936), formé à l'Université grégorienne, nommé professeur de morale au Grand Séminaire de Bruges en 1890, professeur à Louvain de 1898 à 1909, retiré ensuite à Bruges pour raison de santé comme chanoine titulaire, voir A. Janssen, dans *AUCL*, 84-2 (1936-39), p. XXXVI-XL.

(110) *Art. cit.*, p. XXXVIII.

(111) Sur Henri de Jongh (1875-1915), licencié en théologie de Louvain, professeur de morale au Grand Séminaire de Malines en 1906 puis à la *Schola minor* de l'Université en 1907, avant de reprendre au début de 1910 la chaire d'O. Dignant, mort prématurément en 1915, voir A. Janssen, dans *AUCL*, 1915-1915-19, p. 375-382.

(112) Sur Maurice De Baets (1863-1931), ancien étudiant de la Grégorienne, secrétaire de l'évêque de Gand en 1890, nommé en 1896 professeur à la Faculté de Philosophie et Lettres, professeur à la Faculté de Théologie de 1898 à 1906, rappelé ensuite à Gand comme président du Grand Séminaire, puis vicaire général, voir F. Claeys-Bouuaert, dans *AUCL*, 1930-33, p. CXII-CXX, et J. Coppens, dans *Ephemerides theologicae lovanienses*, 9 (1932), p. 208-209.

(113) F. Claeys-Bouuaert, *art. cit.*, p. CXV.

générale à la Faculté de Philosophie et Lettres. Elève de Billot à Rome et attaché aux principes thomistes, il s'était trouvé en opposition violente avec Mercier sur la façon de concevoir l'organisation de l'Institut Supérieur de Philosophie, car il ne pouvait concevoir d'autre système d'enseignement que celui qu'il avait vu fonctionner à Rome [114]. Toutefois conservateur sur ce point et n'ayant guère contribué à introduire à la Faculté de Théologie des méthodes d'initiation à la recherche scientifique personnelle, il ne reculait pas devant les vues neuves, ni dans ses cours ni dans ses publications [115], et il eut par là le mérite d'éveiller ses élèves à la réflexion critique et de leur apprendre à s'abstenir de ce qui est la mort de l'esprit universitaire : *jurare in verba magistri.*

Il fut remplacé en 1906 par un autre ancien de la Grégorienne, l'abbé Laminne [116]. Considéré comme un des élèves de prédilection du cardinal Mazzella, il était en réaction à la fois contre le néothomisme défendu par Mercier à l'Institut Supérieur de Philosophie [117] et contre l'orientation progressiste en théologie positive de plusieurs de ses nouveaux collègues de la Faculté de Théologie [118]. Ce n'était pourtant pas un esprit réactionnaire. Non seulement il fallait un certain courage intellectuel pour continuer à prendre en philosophie le contre-pied des thèses thomistes, qui avaient désormais les préférences romaines, mais en outre, bien informé dans le domaine des sciences naturelles, il préférait en théologie, plutôt que d'approfondir l'aspect philosophique des mystères, les envisager du point de vue de leurs contacts avec les données des sciences positives, et cette préoccupation donnait à ses cours un caractère d'actualité qui intéressait à cette époque où l'apologétique catho-

(114) Voir sur ce point L. DE RAEYMAEKER, *Le cardinal Mercier et l'Institut Supérieur de Philosophie,* p. 132-134, 136, 140-147.

(115) « De Baets n'aimait guère s'embarrasser des théories proposées par les théologiens antérieurs. Il ne craignait pas de s'engager dans des voies peu frayées et, avec son esprit particulièrement vif et subtil, se plaisait à découvrir et à exposer les parcelles de vérité qu'elles pouvaient contenir. A cet égard sa théorie toute personnelle sur la causalité sacrementelle est significative » (F. CLAEYS-BOUUAERT, *art. cit.* p. CXVII).

(116) Sur Jacques Laminne (1864-1924), professeur puis directeur du Petit Séminaire de Saint-Trond, professeur à l'Université de Louvain de 1904 à 1914, devenu ensuite vicaire général et auxiliaire de l'évêque de Liège, voir : J. BITTREMIEUX, dans *AUCL,* 1920-26, p. X-XVI ; J. COPPENS, dans *Ephemerides theologicae lovanienses,* 23 (1947), p. 334-336.

(117) On l'a parfois considéré comme un suarézien, mais Mgr Coppens précise bien ce qu'il faut entendre par là : « Le chanoine Laminne, à ce que rapportent ses anciens élèves, ne se réclamait pas de Suarez, mais esprit éclectique, il prenait volontiers le contre-pied des thèses thomistes classiques et rejoignait ainsi, à l'occasion, certaines positions de Suarez » (*art. cit.* p. 334, n. 17).

(118) D'après le témoignage de dom Lambert Beauduin, qui l'avait connu de très près. Il faut toutefois ramener cette opposition à ses justes proportions. Dans une lettre à P. Halflants du 26 avril 1905, à propos d'attaques dont l'Ecole de Louvain était l'objet de la part d'un jésuite hyper-conservateur, il écrivait : « Remarquez qu'à Louvain nous ne sommes pas réactionnaires et que, autant nous sommes décidés à combattre énergiquement tout ce qui est contraire à la foi, autant nous entendons défendre les opinions qui ont des bases scientifiques solides contre des argumentations ou des hostilités qui n'ont rien de scientifique ni de théologique » (cité par J. COPPENS, *P. Ladeuze orientalist en exegeet,* p. 64).

lique considérait comme l'une de ses tâches essentielles la défense des dogmes contre les objections du scientisme. En particulier, Laminne était un partisan convaincu du transformisme et s'efforçait de concilier l'idée d'évolution avec le dogme de la création [119]. Cette position, qui n'était pas courante parmi les théologiens catholiques du temps, n'alla pas sans lui susciter quelques ennuis, d'abord de la part de son évêque, le très conservateur Mgr Rutten [120], puis de la part du Saint-Office [121].

L'enseignement de la dogmatique spéciale se trouvait complété depuis 1904 par un cours d'Histoire de la théologie au moyen âge professé par le chanoine Becker [122]. L'intitulé du cours évoque l'orientation de plus en plus historique de la Faculté louvaniste, mais il ne doit pas faire illusion. Jamais professeur de théologie n'eut moins le sens de la théologie positive et de la méthode historique que le professeur Becker [123]. C'était un métaphysicien de grande classe, qui, tout déconcertant qu'il fut par ses originalités, a exercé une profonde influence sur des générations d'étudiants auxquels il apprenait à réfléchir avec rigueur et profondeur. Chargé de la chaire d'histoire de la théologie médiévale créée à son intention pour des raisons très contingentes [124], il conçut son cours en philosophe qui avait repensé de façon très personnelle les principes fondamentaux de S. Thomas, s'appliquant surtout à développer les grandes thèses où ce dernier en faisait l'application au donné révélé, et doublant cet exposé d'une critique impitoyable

(119) Dans son cours sur le traité *De Deo creante,* dans divers articles à tendance apologétique (*Que nous enseigne le premier chapitre de la Genèse ?* dans *Revue Apologétique,* 5 (1903-04), p. 321-342 ; *L'idée d'évolution chez S. Augustin,* dans *Revue des Sciences Philosophiques et Théologiques,* 2 (1908), p. 506-521 ; *Evolution et causalité,* dans *Revue des Questions scientifiques,* 24 (1913), p. 67-90) et surtout dans son œuvre maîtresse : *La philosophie de l'Inconnaissable, la théorie de l'Evolution, étude critique des « Premiers principes » de H. Spencer* (1907).

(120) Un dossier de correspondance à ce sujet datant des années 1907-08 est conservé par le Dr J. Rubens de Tongres. Laminne était cependant fort prudent. Comme il l'expliquait dans une lettre de mai 1907 : « Dans mon travail, j'adopte la théorie transformiste, mais avec la restriction de l'intervention nécessaire du Créateur pour expliquer l'origine de l'univers, de la vie, de la sensibilité et de la raison ».

(121) D'après le témoignage de dom Lambert Beauduin.

(122) Sur Léon Becker (1867-1925), ancien élève de Billot et de Mattiussi à la Grégorienne, chargé en 1898 des cours de dogmatique à la *Schola minor* (qu'il dut abandonner en 1904) et de théodicée à l'Institut Supérieur de Philosophie, titulaire de 1904 à 1914 à la *Schola major* du cours d'Histoire de la théologie médiévale et de 1919 à 1923 de celui sur le *de Deo uno et trino,* voir : N. Balthazar, dans *Revue néo-scolastique de philosophie,* 26 (1925), p. 333-356 ; P. Ladeuze, dans *AUCL,* 1920-26, p. CCLXVII-CCLXIX ; J. Bittremieux, dans *Ephemerides theologicae lovanienses,* 2 (1925), p. 648-649. Voir également : *Un projet de lettre au Saint-Office, par S. Em. le cardinal Goossens,* dans *Annua nuntia lovaniensia,* 10 (1954-55), p. 216-219.

(123) Un de ses nombreux aphorismes : « Je ne lis jamais les écrits des adversaires. A quoi bon, puisqu'ils n'ont pas la vérité ! ».

(124) Son cours de dogmatique à la *Schola minor* ayant été dénoncé au Saint-Office, les évêques de Belgique jugèrent que les obscurités de son enseignement le rendaient peu apte à donner ces leçons d'initiation à la théologie et, en compensation, ils le chargèrent à la *Schola major* d'un cours spécialisé qui, à côté des nombreux cours à orientation positive, attirerait l'attention des étudiants sur les systèmes scolastiques.

des autres systèmes. Du point de vue de l'érudition historique, le profit était mince pour les étudiants, mais ceux d'entre eux qui avaient l'esprit spéculatif entrevoyaient les richesses de cette pensée puissante, bien que souvent obscure dans son expression, et ils se sentaient attirés à pousser plus loin cette initiation en allant suivre spontanément son cours de théodicée à l'Institut Supérieur de Philosophie. Bien que marginale en apparence, l'influence de Becker à la Faculté de Théologie fut donc réelle et enrichissante, à côté du courant dominant à orientation essentiellement historique.

Les responsables de la chaire de théologie fondamentale au cours de ces années n'eurent malheureusement ni l'envergure des « trois grands » des branches positives, ni l'originalité des professeurs de dogmatique spéciale. Lorsque, en 1891, l'éméritat fut accordé au professeur Ledoux, qui avait dans ses attributions les traités si importants *De vera religione, De Ecclesia et Romano Pontifice* et *De locis theologicis,* son enseignement fut partagé durant quelques années entre les deux orientalistes Hebbelynck [125] et Forget [126], puis, à partir de 1897, ce dernier devint seul titulaire du cours [127] et il devait le rester jusqu'en 1921. C'étaient tous deux des érudits de valeur dans le domaine de l'orientalisme, mais qui avaient hérité de la prudence de leur maître Mgr Lamy et que leur tempérament intellectuel ne portait d'ailleurs guère à se risquer en dehors des voies battues.

Hebbelynck fut assurément un maître consciencieux, visant à ce que sa fidélité aux directives de l'Eglise allât de pair avec la rigueur scientifique qui s'imposait de plus en plus dans l'ambiance louvaniste mais, au témoignage de son ancien élève Ladeuze, il « ne sortit pas des cadres classiques alors établis, si ce n'est pour donner de temps en temps une note ou un excursus sur l'une ou l'autre question actuelle du genre de celle qu'il avait traitée dans la *Revue Catholique* » [128].

(125) Sur celui-ci, voir *supra,* note 80.

(126) Sur Jacques Forget (1852-1933), élève de Mgr Lamy, docteur en théologie de Louvain en 1882 avec une thèse sur la vie et les œuvres d'Aphraate, professeur d'arabe depuis 1885, chargé en 1888 de la présidence de l'éphémère Collège africain (destiné à former des prêtres se destinant aux missions du Congo), chargé pendant quelques années de certains cours à l'Institut Supérieur de Philosophie, professeur à la Faculté de Théologie de 1891 à 1921, voir : J. Bittremieux, dans *Ephemerides theologicae lovanienses,* 10 (1933), p. 593-596 (repris dans *AUCL,* 1934-36, p. XLVII-L) ; et J.-B. Chabot, dans *Manifestation organisée en honneur de J. Forget, J. de Becker, A. Van Hoonacker,* Louvain 1928, p. 22-29. Considéré comme le premier des arabisants belges et directeur de la section arabe du *Corpus scriptorum christianorum orientalium,* il y publia de 1905 à 1926 une excellente édition en quatre gros volumes du *Synaxarium Alexandrinum.*

(127) En 1891, une partie du cours fut donnée par J. Forget, qui avait été chargé l'année précédente de l' « Exposé scientifique du dogme catholique » à l'Institut Supérieur de Philosophie ; de 1892 à 1894 la chaire de théologie fondamentale fut occupée par Hebbelynck, en 1894-95 par Forget ; en 1895-96 par les deux professeurs ; en 1896-97 par Hebbelynck seul.

(128) Dans *AUCL,* 84-2 (1936-39), p. CXXXII, l'article auquel il est fait ici allusion était une étude d'histoire des religions à l'occasion d'un ouvrage de Goblet d'Alviella (*La religion du passé et la religion de l'avenir,* dans *Revue catholique,* 31 (1884), p. 340-349).

Moins pusillanime [129] et d'esprit plus pénétrant, Forget ne se montra cependant guère plus original, alors que les méthodes apologétiques et parfois même le fond des graves problèmes auxquels il était chargé d'initier ses étudiants étaient remis en question tant à l'intérieur qu'au-delà des limites de l'orthodoxie catholique par les ouvrages explosifs de Blondel, Harnack, Sabatier, Loisy, Le Roy, Tyrrell et tant d'autres. D'un conservatisme excessif quant à la forme, allant jusqu'à ramener en formes syllogistiques les éléments historiques de ses exposés [130], il l'était aussi quant au fond, ainsi que l'a reconnu son collègue Bittremieux, que personne ne soupçonnera d'avoir été un esprit aventureux : « Professeur de théologie fondamentale, il était avant tout homme d'Eglise, soucieux de garder ses prescriptions, de défendre ses droits, de réfuter ses adversaires. Il lui arrivait même de s'illusionner sur les difficultés de sa tâche d'apologiste, son amour de l'Eglise lui voilait parfois les difficultés et réduisait l'importance qu'il aurait dû attribuer aux théories rationnalistes » [131]. Incarnant à la Faculté la sagesse et la discipline inflexible, gardien vigilant de la tradition dans les petites comme dans les grandes choses, très soucieux du respect intégral de la *regula fidei,* le chanoine Forget contribua sans doute à certains moments, par ses coups de barre et ses coups de frein, à éviter que certains ne se laissent griser par l'attrait de la nouveauté et n'avancent dans les chemins dangereux qu'après en avoir éprouvé soigneusement le sol à chaque pas [131].

Ces précautions n'étaient certes pas inutiles à une époque où, devant le retard pitoyable dont pâtissait l'enseignement de la théologie dans une grande partie de l'Eglise, les impatiences des esprits les plus ouverts bouillonnaient souvent dangereusement et où la

(129) Il ne faudrait toutefois pas exagérer la timidité très réelle d'Hebbelynck. Mgr Ladeuze a rappelé qu'au cours de la crise moderniste, qui se situa durant son rectorat, s'il ne prit pas une part active au travail positif qu'accomplit alors la Faculté, du moins « malgré la retenue et la timidité qui lui étaient naturelles, il n'eut pas non plus la « prudence trop humaine » signalée par le cardinal Mercier. Théologien lui-même, il surveilla de près, mais laissa faire et favorisa. A ce titre, on peut insérer dans sa couronne les lauriers de ses professeurs » (dans *AUCL,* 84-2 (1936-39), p.CCXXXVI).

(130) Cfr J. Coppens, *P. Ladeuze, orientalist en exegeet,* p. 13.

(131) *Ephemerides theologicae lovanienses,* 10 (1933), p. 596.

(132) Mgr Lebon m'a plus d'une fois raconté avec quelle insistance Forget l'avait mis en garde contre l'orientation que prenaient les conclusions de sa dissertation doctorale sur Sévère d'Antioche, qui aboutissait à montrer que ce dernier, présenté traditionnellement comme un hérétique formel, n'était en définitive coupable que de « monophysisme » verbal. Il faut d'ailleurs ajouter qu'après avoir crié « casse-cou », Forget ne s'opposa pas à ce que le jeune *doctorandus,* dûment averti de reconsidérer soigneusement son argumentation, défendit ensuite ce qui lui paraissait la vérité. On sait que la thèse de J. Lebon sur *Le monophysisme sévérien* (1909) — révolutionnaire grâce à l'utilisation des documents orientaux — fut l'un des grands succès de l'Ecole de Louvain dans les années d'avant-guerre (cfr G. Bardy dans *Annua nuntia lovaniensia,* 5 (1948), p. 57-59).

Un autre exemple de ce que la prudence de Forget n'excluait pas une certaine ouverture du moment que les thèses avancées paraissaient solidement établies, est fourni par l'ouvrage de dom L. Sanders, *Etudes sur S. Jérôme* (Paris, 1903), qui effraya les parangons de la stricte orthodoxie et qui avait cependant paru sous les auspices du professeur de théologie fondamentale (cfr J. Coppens, *P. Ladeuze, orientalist en exegeet,* p. 62-64).

limite n'apparaissait plus toujours clairement entre progressisme et hétérodoxie. On doit toutefois regretter qu'en une période si cruciale, les cours de théologie fondamentale n'aient pas été repensés avec la même lucidité que ceux qui traitaient de l'Ecriture Sainte, des écrits des Pères et de l'histoire de l'Eglise. Si, en communauté d'esprit avec l'Ecole biblique de Jérusalem et avec les meilleurs spécialistes catholiques de l'antiquité chrétienne en Allemagne et en France, Louvain a apporté durant les premières années du XX^e^ siècle une importante contribution à la réponse catholique qu'exigeaient les questions posées par Wellhausen, Harnack, Loisy ou Turmel [133], on ne peut en dire autant pour les problèmes non moins importants dans leur ordre soulevés par Blondel, Le Roy ou Tyrrell. Peut-être en aurait-il été autrement si des contacts plus étroits avaient existé entre la Faculté de Théologie et l'Institut Supérieur de Philosophie, mais pour des raisons de personne — la forte personnalité de Mercier et ses initiatives parfois envahissantes ne plaisaient pas à tout le monde — et pour des raisons de principe — l'idée chère à Mgr Abbeloos que le vrai terrain de la défense catholique à l'époque était celui de l'histoire —, les relations étaient alors très froides et parfois même assez tendues entre les deux centres d'études. Quoi qu'il en soit du reste des motifs, le fait est indéniable : dès les premières années du siècle, l'orientation qui devait prévaloir à la Faculté durant les décennies suivantes était déjà fixée avec ses remarquables réussites et ses regrettables lacunes.

On ne risque guère de se tromper en conjecturant que l'animateur, au cours de l'entre deux guerres, des études au Saulchoir, établi à cette époque en Belgique aux environs de Tournai, sut en faire son profit, pour s'inspirer des premières et chercher à combler les secondes, réussissant à faire de la maison d'étude des Dominicains de la province de Paris l'un des hauts lieux de la pensée catholique où devait s'élaborer, conjointement avec quelques autres centres, la théologie de Vatican II. Mais ce n'est pas le lieu ici d'aborder cette autre page, combien captivante, de l'histoire de la théologie contemporaine. Qu'il me suffise d'avoir en terminant évoqué la figure de celui auquel ces quelques pages ont voulu rendre un modeste témoignage d'admiration.

(133) On pourrait encore ajouter — mais cela dépasse déjà les limites chronologiques de cet article — qu'en 1909 fut créé à la faculté un cycle de conférences sur l'histoire des religions, confié au chanoine C. Van Crombrugghe. Sur celui-ci (1876-1940), voir J. Coppens, dans *AUCL*, 85 (1940-41), p. CIV-CIX.

# INSPIRATION DE LA TRADITION ET INSPIRATION DE L'ECRITURE

par

Pierre BENOIT, O. P.

Cette Note, offerte en hommage à un maître vénéré, ne prétend pas traiter pour lui-même le problème aujourd'hui si débattu des rapports entre l'Ecriture et la Tradition. Elle voudrait seulement éclairer un de ses aspects qui est souvent laissé dans l'ombre, pour ne pas dire méconnu, et dont l'absence entraîne dans la position du problème un déséquilibre qui en compromet la solution. Je veux parler de l' « inspiration » divine de la Tradition apostolique *, tout aussi réelle que celle de l'Ecriture, et pourtant trop négligée dans les exposés modernes de ce sujet théologique.

Les traités et manuels qui étudient l'Inspiration n'envisagent en somme que l'inspiration *scripturaire*. C'est elle qui occupe tout le champ de l'attention. L'Ecriture jouit ainsi d'un monopole qui semble laisser la Tradition à la porte du charisme inspirateur, comme une parente pauvre fatalement sous-estimée. Ceux-là même qui se soucient de revaloriser la Tradition aux côtés de l'Ecriture sont de ce fait embarrassés. Ne lit-on pas sous la plume d'un théologien notoire : « Etiam Traditio revelationis fons prostat una simul cum S. Scriptura, quamvis non sit inspirata » [1] ?

Avant d'apprécier le mal-fondé de cette attitude et ses conséquences fâcheuses, il peut être intéressant d'en rechercher l'explication historique. Pour cela il faut remonter d'abord à la crise de

* Bien que je croie m'en expliquer assez clairement au cours de cet article, des méprises fréquemment rencontrées chez des auditeurs ou des lecteurs me font penser qu'un avertissement préalable ne sera pas superflu. Il doit être bien entendu que cet article traite essentiellement de la Tradition *apostolique*, c'est-à-dire de la période créatrice et « constitutive » où la Révélation en progrès et non encore close s'est exprimée de façon à la fois orale, vécue et écrite. C'est pour cette Tradition *apostolique* que je revendique une inspiration propre, distincte de l'inspiration scripturaire, analogue à celle-ci et non moins digne d'intérêt. Même si l'épithète « apostolique » n'est pas toujours exprimée, la majuscule T devrait suffire à marquer qu'il ne s'agit pas des traditions ecclésiastiques postérieures. Je parlerai aussi de celles-ci, mais en notant les différences, et je ne revendiquerai pour elles qu'une inspiration d'une espèce différente, qu'on pourrait dire « ecclésiale » et que beaucoup de modernes préfèrent appeler « assistance ».

(1) P. PARENTE, *Theologia fundamentalis* [2], p. 229, cité par J. DUPONT, dans la *Nouv. Rev. Théol.*, tome 85, 1963, p. 459, note 62.

la Réforme. Les Réformateurs, en effet, ont rejeté la Tradition pour ne garder que l'Ecriture. Ils ne voyaient en celle-là que parole humaine : seule celle-ci contenait la Parole de Dieu. L'Eglise a réagi comme il se devait, en maintenant l'autorité divine de la Tradition. Le Concile de Trente a solennellement déclaré [2] : *hanc veritatem et disciplinam* (la doctrine et la règle de vie promulguées par le Christ et par ses apôtres) *contineri in libris scriptis et sine scripto traditionibus, quae ab ipsius Christi ore ab Apostolis acceptae, aut ab ipsis Apostolis Spiritu Sancto dictante, quasi per manus traditae, ad nos usque pervenerunt.* Dans ce texte, la garantie de l'action du Saint Esprit est affirmée des *sine scripto traditiones* aussi bien que des *libri scripti.* La suite du texte n'est pas moins formelle : l'Eglise y déclare recevoir *pari pietatis affectu ac reverentia,* non seulement tous les livres de l'Ancien et du Nouveau Testament qui ont le même Dieu pour auteur, mais aussi *traditiones ipsas, tum ad fidem, tum ad mores pertinentes, tamquam vel oretenus a Christo, vel a Spiritu Sancto dictatas, et continua successione in Ecclesia catholica conservatas.* On ne pouvait plus clairement ranger la Tradition apostolique sous le même charisme inspirateur que la Sainte Ecriture [3].

Cependant le temps n'était pas encore venu pour le Magistère de définir la nature même de l'inspiration. On en affirmait le fait, pour la Tradition comme pour l'Ecriture ainsi que nous venons de l'entendre, mais on n'en analysait pas encore les composantes théologiques ou, si l'on ose dire, le mécanisme. Ceci devait se faire seulement à partir du XIXe siècle finissant, et selon une problématique imposée par les erreurs qu'il s'agissait alors de combattre : le protestantisme rationaliste attaquait maintenant l'inspiration de l'Ecriture elle-même ; l'Eglise répondait en réaffirmant sa foi en l'inspiration *scripturaire* et en s'attachant à la définir. L'inspiration de la Tradition restait hors du champ de vision ; elle n'était pas niée, mais elle n'allait pas bénéficier du nouvel effort d'élaboration théologique.

Quand le Concile du Vatican I se prononce sur la Révélation, il reprend d'abord les termes du Concile de Trente, mais pour passer ensuite à une première analyse de l'inspiration qui ne met en cause que les « *libri sacri et canonici* » [4]. Cette analyse ira en se précisant avec les encycliques « Providentissimus » [5] et « Spi-

(2) *Enchiridion Biblicum,* 3e éd., Rome, 1956, § 57.
(3) Lors des discussions préparatoires du Décret, on voit le groupe du cardinal de Sainte-Croix décider : « Post sacros Libros statim recipi traditiones, cum istae ab illis non differant nisi tantum quod illi scripti sunt, hae non, sed *ab eodem Spiritu et illos et istas descendisse* » (cf. A. MICHEL, art. « Tradition », dans le *Dict. de Théol. Cath.,* XV, col. 1312). A ceux qui s'inquiétaient du « pari pietatis affectu » accordé à la Tradition comme à l'Ecriture, il fut répondu : « nam si Scripturarum et Traditionum auctoritatem inspicere voluerimus, *utriusque unum et eumdem auctorem, nempe Spiritum Sanctum, esse reperiemus* » (cf. Ch. PESCH, *De Inspiratione Sacrae Scripturae,* Fribourg Br., 1906, p. 267).
(4) *Ench. Bibl.* [3] § 77.
(5) *Ibid.* § 125.

ritus Paraclitus »[6], sans qu'un effort analogue soit tenté au sujet de la Tradition. Lorsque, dans plusieurs de ses décrets[7], la Commission Biblique fera appel à la *constans Ecclesiae traditio,* ce sera sans distinguer la tradition ecclésiastique de la Tradition apostolique, et dans des textes qui ne donnaient pas lieu à une justification théologique de l'autorité ainsi invoquée. Enfin la récente Constitution « De Revelatione » promulguée par le Concile du Vatican II, qui remet en valeur de façon si forte et si heureuse le rôle de la Tradition aux côtés de l'Ecriture, ne va pourtant pas jusqu'à affirmer expressément une « inspiration » de celle-là comme de celle-ci[8].

Ce silence relatif des actes du Magistère sur l'inspiration de la Tradition n'équivaut certes pas à un rejet. Un peu comme il en va pour l'inspiration des Septante[9], c'est une prétérition plutôt qu'une négation. Elle se comprend assez par l'histoire de la problématique. L'Eglise se prononce en des situations concrètes, pour défendre et affirmer sa foi là où elle est en jeu. L'inspiration de la Tradition n'ayant pas été mise en cause dans les débats récents avec des adversaires qui n'en acceptent plus le fait, l'Eglise n'a pas eu à s'expliquer sur elle. Il reste que cette éclipse momentanée d'une donnée traditionnelle est dommageable et entraîne, même chez les théologiens catholiques, un appauvrissement qui les para-

(6) *Ibid.* § 448.

(7) *Ibid.* §§ 181, 187, 337, 388, 395, 398, 406, 412-415, 416.

(8) Assurément on trouve en plus d'un endroit de ce document les fondements doctrinaux d'une inspiration de la Tradition orale. La révélation s'est faite « gestis verbisque » (n° 2, cf. n° 14). Les Apôtres dans leur prédication orale, leurs exemples et leurs institutions, ont transmis ce qu'ils avaient reçu de la bouche du Christ, « sive a Spiritu Sancto suggerente didicerant » (n° 7).

Mais la notion et le terme précis d'« inspiration » sont encore réservés au charisme particulier de l'inspiration scripturaire. Ainsi les Apôtres et leurs disciples (viri apostolici) « sub inspiratione eiusdem Spiritus Sancti, nuntium salutis scriptis mandaverunt » (n° 7) ; plus net encore : « Quae enim Apostoli ex mandato Christi praedicaverunt, postea divino afflante Spiritu, in scriptis, ipsi et apostolici viri nobis tradiderunt... » (n° 18). Dans la phrase « Praedicatio apostolica, quae in inspiratis libris speciali modo exprimitur » (n° 8), le terme technique d'« inspiratio » paraît réservé aux livres saints. Ce terme (ou son équivalent « afflatus ») semble évité à propos de la Tradition : « S. Scriptura est locutio Dei quatenus divino afflante Spiritu scripto consignatur ; Sacra autem Traditio verbum Dei, a Christo Domino et a Spiritu Sancto Apostolis concreditum, successoribus eorum integre transmittit, ut illud, praelucente Spiritu veritatis, praeconio suo fideliter servent, exponant atque diffundant » (n° 9). Il est vrai qu'il s'agit ici à la fois de la Tradition apostolique et de la tradition ecclésiastique, non distinguées l'une de l'autre. De même lorsqu'il est dit que le Magistère garde le dépôt de la foi : « docens nonnisi quod traditum est, quatenus illud, ex divino mandato et Spiritu Sancto assistente, sancte custodit et fideliter exponit » (n° 10).

Le ch. III, qui traite proprement de l'« inspiration », n'envisage que celle de l'Ecriture. De même au ch. VI, n° 21, Ecriture et Tradition sont reçues simultanément comme règle suprême de la foi, mais des Ecritures seules il est dit qu'elles sont « a Deo inspiratae et semel pro semper litteris consignatae, grâce à quoi « verbum ipsius Dei immutabiliter imperti(u)nt ».

(9) Cf. P. Benoit, *La Septante est-elle inspirée ?* paru dans *Vom Wort des Lebens, Festschrift für Max Meinertz,* Münster, 1951, p. 41-49, repris dans *Exégèse et Théologie,* Paris, 1961, vol. I, p. 3-12 ; Id., *L'inspiration des Septante d'après les Pères,* dans *L'homme devant Dieu, Mélanges H. de Lubac,* Paris, 1963, p. 169-187.

lyse dans leur effort pour revaloriser la Tradition et la situer par rapport à l'Ecriture.

*
* *

Cette lacune de la théologie actuelle est d'autant plus regrettable qu'elle va à l'encontre du donné biblique. Ici la situation est inverse : dans l'Ancien Testament, l'action de l'Esprit Saint n'est jamais mise en relation avec la rédaction des Livres saints, tandis qu'elle apparaît souvent à la source de la Parole vivante, vécue et dite avant d'être écrite [10]. Sans doute l'ordre de mettre par écrit cette Parole et les faits où elle s'incarne est-il plus d'une fois mentionné dans la Bible [11] ; mais jamais cette fixation par écrit n'est présentée comme un effet de l'Esprit Saint. Celui-ci prend possession des personnages de l'histoire sainte pour les faire agir et parler, deux manifestations d'une Parole concrète et efficace qui révèle Dieu en suscitant et commentant les démarches du salut.

C'est l'Esprit qui dirige les Pasteurs du peuple que sont Moïse et ses Anciens (*Nomb.* 11,17 et 25 ; *Is.* 63,11-13), Josué (*Nomb.* 27,18 ; *Deut.* 34,9), Saül (*1 Sam.* 10,6.10 ; 11,6 ; 16,14), David (*1 Sam.* 16,13) et jusqu'aux humbles héros Gédéon (*Jug.* 6,34), Jephté (*Jug.* 11,29) ou Samson (*Jug.* 14,6.19 ; 15,14).

Et c'est encore l'Esprit qui fait parler les Prophètes. Ici, à vrai dire, on assiste dans l'Ancien Testament à une évolution qui est elle-même bien instructive [12], reflet et conséquence d'une évolution dans la notion même de l'Esprit et de son inspiration. Tant que cet Esprit est resté conçu comme une force quelque peu irrationnelle, s'emparant de l'homme pour le pousser à des actions étranges et à des paroles suspectes telles que celles des anciens *nebiim* [13], les vrais prophètes ont tenu à s'en désolidariser [14] : jouant sur le terme de *ruah* (souffle), ils n'y voyaient volontiers que du « vent » (*Jér.* 5, 13) et préféraient, pour leur compte, se réclamer de la Parole dont ils se savaient dépositaires [15]. Mais lorsque plus tard, surtout après l'Exil, la notion de l'Esprit est allée en s'affinant et se spiritualisant, jusqu'à devenir aux côtés de la Parole une manifestation personnelle du dynamisme créateur

(10) Je reprends ici, en le précisant et le complétant, ce que j'ai déjà proposé dans *Les analogies de l'inspiration* (*Sacra Pagina,* Biblioth. Ephem. Theol. Lov. XII-XIII, Paris-Gembloux, 1959, vol. I, p. 86-99) aux p. 91 ss, et dans *Révélation et Inspiration* (*RB,* 1963, p. 321-370) aux p. 344-347.

(11) Voir ce qui est dit de Moïse (*Ex.* 17,14 ; 24,4 ; 34,27 ; *Deut.* 31,24-26), Josué (*Jos.* 24,26), Samuel (*1 Sam.* 10,25), Isaïe (*Is.* 30,8 ; 34,16), Jérémie (*Jér.* 30,2 ; 36), Habacuc (*Hab.* 2,2), Ezéchiel (*Ez.* 2,8-3,4), Daniel (*Dan.* 12,4), le Voyant de l'Apocalypse johannique (*Apoc.* 1,19 ; 10,9).

(12) Cf. S. MOWINCKEL, *The « Spirit » and the « Word » in the Pre-exilic Reforming Prophets,* dans *Journ. of Bibl. Lit.,* LIII, 1934, p. 199-227.

(13) Cf. *1 Sam.* 10,10-3 ; 19,20-24 ; *1 Rois* 22,5-28.

(14) Cf. *Mich.* 2,11 ; 3,5-8 sans la glose en 8a ; *Is.* 28,7 ; *Jér.* 14,13-16 ; 23,9-40 ; *Ez.* 13 ; *Zach.* 13,2-6.

(15) Cf. *Amos* 7,15-16 ; *Is.* 6,8 ; *Jér.* 1,4.11.13 ; 5,14 ;42,4-7 ; *Hab.* 2,1-2, etc..., et les slogans de leurs prophéties : « Ainsi parle Yahweh... », « Oracle de Yahweh... ».

et recréateur de Dieu [16], alors la théologie vétérotestamentaire s'en est emparée pour en faire une des caractéristiques du vrai prophète. Dans des textes exiliques et postexiliques et dans des passages où la critique reconnaît justement des surcharges de cette époque, l'Esprit de Yahweh devient, avec la Parole, le don prophétique par excellence. Il fond sur Ezéchiel et le fait parler (*Ez.* 11,5) ; il met les paroles de Yahweh dans la bouche du prophète du Trito-Isaïe (*Is.* 59,21 ; cf. 61,1) ; déjà il a fortifié le prophète Michée (glose en *Mi.* 3,8) et s'est exprimé par David, en mettant la Parole de Yahweh sur sa langue (*2 Sam.* 23,2, composition de l'école sacerdotale, vers le vᵉ s.). Le ministère des prophètes du passé s'est fait par lui (glose en *Zach.* 7,12) ; cf. *Néh.* 9,30), et à l'époque eschatologique il fera prophétiser tout le monde en Israël (*Joël* 3, 1-2).

Au moment où se développe ainsi la théologie de l'Esprit prophétique, l'expérience même du prophétisme est déjà quelque peu passée [17]. Sans doute a-t-elle encore des survivances durant quelque temps après l'Exil, parfois même de grande envergure (deuxième et troisième parties du livre d'Isaïe, deuxième partie de Zacharie), mais qui souvent ne portent plus que sur des messages d'intérêt limité (Aggée, Zacharie 1-8, Malachie, Joël), et où l'on sent une génération d'épigones s'inspirant des « prophètes d'antan » (*Zach.* 7,7.12). Le genre se fait plus compliqué, plus intellectuel, inaugurant avec Ezéchiel un mouvement qui mènera à l'apocalyptique de Daniel et des apocryphes plus ou moins contemporains (Jubilés, Hénoch, etc...).

En fait, on est entré avec l'Exil dans l'époque du « livre ». Les écoles de scribes et de prêtres reprennent les collections déjà anciennes (dites « yahwiste » et « élohiste ») ou plus récentes (école « deutéronomiste ») et leur en ajoutent de nouvelles (code sacerdotal), sans parler des collections d'oracles prophétiques, pré- ou postexiliques, et des écrits de sagesse, anciens (une partie des Psaumes, Prov. 10-29) ou plus récents (Job, Prov. 1-9, Qohelet, Ecclésiastique, Sagesse de Salomon). Dans les mains des clercs travaillant autour du Temple se constitue ainsi peu à peu un recueil de « saints livres » à qui est reconnue une valeur canonique et qui deviennent l'héritage sacré du peuple [18]. C'est sur ce bagage d'« Ecritures » que va s'exercer de plus en plus l'activité des docteurs, et de ce fait l'inspiration d'abord orale des anciens messagers de Dieu va se transposer en l'inspiration scripturaire des livres qui contien-

(16) Ceci apparaît d'abord à propos du renouveau eschatologique : l'Esprit en est la caractéristique (*Ez.* 11,9 ; 36,26-27) ; 39,29 ; comp. *Jér.* 31,31-34 qui traite le même thème sans encore mentionner l'esprit). En *Ez.*, 37,4-10, l'Esprit est associé à la Parole dans la récréation du peuple élu. Voir encore, après l'Exil, *Aggée* 2,5 ; *Is.* 28,6 ; 32,15. Parallèlement s'élabore la notion de l'Esprit dans la création, ainsi dans le Deutéro-Isaïe (*Is.* 40,7.13 ; 42,5 ; eschatologique en 44,3). Elle s'affirme plus nettement et s'associe à la Parole dans des textes qui se situent entre 500 et 300 (*Gen.* 1,1-3 ; *Ps.* 33,6 ; 147,18 ; *Judith* 16-14).

(17) Cf. *Ps.* 74,9 ; *Lam.* 2,9 ; *Dan.* 3,38 ; *1 Mac.* 4,46 ; 9,27 ; 14,41 ; voir encore *Am.* 8,11-12 ; *Is.* 3,2 ; *Ez.* 7,26.

(18) *1 Mac.* 3,48 ; 12,9 ; *2 Mac.* 2,13 ; 8,23 ; Prologue de l'*Ecclésiastique*, 7-10, 24-25.

nent leurs oracles. L'Esprit qui a fait agir et parler Moïse, David, les prophètes a dû présider à la mise par écrit qui a transmis à la postérité le souvenir de leurs actions et de leurs paroles.

Telle est la foi qui s'exprime de plus en plus clairement dans la Synagogue [19]. On y parle couramment des « saints livres », des « saintes Ecritures », qui sont d'origine divine et « souillent les mains » par leur caractère sacré. En les citant on déclare équivalemment que « Dieu dit » ou que « l'Ecriture dit ». On les attribue explicitement à l'inspiration de l'Esprit Saint, qui s'exprimera en grec, chez Josèphe et Philon, par le terme ἐπίπνοια. Les excès mêmes de certaines spéculations ne font qu'illustrer cette conviction profonde : ainsi lorsque les Rabbins imaginent la Torah écrite par avance au ciel par Dieu lui-même, jusqu'en ses moindres détails.

Cette exaltation des Ecritures sacrées ne fait pourtant jamais oublier leur origine « prophétique ». C'est pourquoi les différents livres de la Bible sont rattachés aux noms de grands prophètes, Moïse, Josué, Samuel, David, Jérémie, et c'est pourquoi aussi on établit entre eux une hiérarchie selon qu'ils procèdent du premier et plus grand d'entre eux, Moïse, ou des autres prophètes, ou enfin des simples Hagiographes [20].

Ce sens de la Parole vivante, vraie source de la Révélation dont dérivent les Ecritures, se manifeste particulièrement dans la croyance rabbinique à une Tradition orale qui remonte elle aussi à Moïse, à qui elle fut confiée par Dieu au Sinaï en même temps que la révélation écrite [21]. Cette Tradition orale ne semble pas avoir été rattachée explicitement à l'Esprit Saint, mais on lui reconnaissait la même autorité divine qu'aux Ecritures. Les pharisiens ont pu abuser de cette doctrine, et se heurter sur ce point à l'opposition des sadducéens ; leur croyance, qui est devenu normative dans le judaïsme, n'en témoigne pas moins d'un sens authentique de la révélation, conçue comme un enseignement vivant dont l'Ecriture n'est que la fixation condensée.

***

L'Eglise naissante a reçu de la Synagogue cette foi, ses conceptions et jusqu'à ses formules. D'une part, Jésus et après lui les premiers chrétiens invoquent « l'Ecriture » [22] ou « les Ecritures » [23],

(19) Sur ce qui va suivre, on trouvera des références utiles chez J.-B. Frey, *La révélation d'après les conceptions juives au temps de Jésus-Christ* (*RB*, 1916, p. 472-510, notamment aux p. 493 ss) ; J. Bonsirven, *Le judaïsme palestinien au temps de Jésus-Christ*, Paris, 1934, vol. I, p. 257-263.

(20) Cf. Ch. Pesch, *De Inspiratione Sacrae Scripturae*, Fribourg Br., 1906, p. 15, 18, 25 ; J.-B. Frey, *op. cit.*, p. 499.

(21) Cf. G. F. Moore, *Judaism in the First Centuries of the Christian Era*, Cambridge (U.S.A.), 1927, vol. I, p. 254 ; J.-B. Frey, *op. cit.*, p. 482 s. ; J. Bonsirven, *op. cit.*, p. 270 s.

(22) *Mc* 12,10 ; *Lc* 4,21 ; *Jn* 2,22 ; *Act.* 8,32 ; *Rom.* 4,3.

(23) *Mt.* 22,29 ; *Lc* 24,27 ; *Jn* 5,39 ; *Act.* 17,11 ; *Rom.* 15,4 ; 2 *Pi.* 3,16.

c'est-à-dire la Loi de Moïse, les Prophètes et les Psaumes [24], comme une autorité divine qui ne peut être abolie [25], mais au contraire doit être accomplie [26]. D'autre part, l'origine orale, et donc l'inspiration prophétique, de ces « oracles » [27], de cette « Parole de Dieu » [28], n'est jamais perdue de vue. A côté des formules « il est écrit » [29], « selon qu'il est écrit » [30], on rencontre aussi « l'Ecriture dit » [31], « Dieu a dit » [32]« il (elle) dit » [33], « selon qu'il a dit » [34], ou même « Moïse dit » [35], « David dit » [36], « Isaïe dit » [37]. Car c'est l'Esprit Saint qui a parlé par la bouche de David [38] ou d'Isaïe [39]. Dieu a parlé à Moïse [40] et s'est exprimé par la bouche des Prophètes [41] dans les « Ecritures saintes » [42].

Ce double aspect de l'évolution théologique : inspiration scripturaire remplaçant l'inspiration prophétique, et pourtant la supposant, est bien illustré par les deux textes du N. T. qui s'expriment le plus formellement sur le sujet. En *2 Tim.* 3,16, l'Ecriture, « toute Ecriture » (πᾶσα γραφή), est bel et bien en possession du charisme d'inspiration : elle est « inspirée de Dieu » (θεόπνευστος). Mais *2 Pierre* 1,20-21 justifie son autorité en la rattachant au charisme de prophétie : « aucune *prophétie d'Ecriture* (πᾶσα προφητεία γραφῆς) n'est objet d'explication privée ; en effet, ce n'est pas d'une volonté humaine qu'est jamais venue une *prophétie,* mais c'est portés par l'Esprit Saint que des hommes ont *parlé* de la part de Dieu ».

Ce n'est pas que le christianisme naissant ait adopté la Tradition orale telle que la concevaient les rabbins pharisiens. Jésus, au contraire, a dénoncé son origine trop humaine (*Mt.* 15,1-9 ; cf. *Act.* 6,14). Paul le fera à son tour (*Col.* 2,8). Aussi bien une nouvelle Tradition était-elle en train de prendre naissance au sein du christianisme, utilisant les formes du judaïsme mais remplie d'un contenu tout nouveau.

A l'exemple des rabbins (cf. *Gal.* 1,14), Paul « transmet » ce

(24) *Lc* 24,44.
(25) *Jn* 10,35 ; cf. *Mt.* 5,17 s. ; *Lc* 16,17 ; *Rom.* 9,6 ; *Jc.* 4,5.
(26) *Mt.* 26,54 ; *Lc* 24,44 ; *Jn* 13,18 ; *Act.* 1,16 ; *Jc.* 2,23.
(27) *Act.* 7,38 λόγια ζῶντα ; cf. *Rom.* 3,2 ; *Héb.* 5,12.
(28) *Mc* 7,13 ; *Jn* 10,35.
(29) *Mt.* 4,4 ; *Mc* 11,17 ; *Lc* 7,27 ; *Jn* 2,17 ; *Act.* 23,5 ; *1 Cor.* 1,19.
(30) *Mt.* 26,24 ; *Mc* 1,2 ; *Lc* 2,23 ; *Jn* 12,14 ; *Act.* 7,42 ; *Rom.* 1,17 ; *1 Pi.* 1,16.
(31) *Rom.* 4,3 ; *Gal.* 4,30 ; cf. *Jn* 7,38.
(32) *Mt.* 22,31 ; *2 Cor.* 6,16.
(33) *Rom.* 15,10 ; *2 Cor.* 6,2.
(34) *Héb.* 4,3 ; cf. *Lc* 2,24 ; *Rom.* 4,18.
(35) *Rom.* 10,19.
(36) *Lc* 20,42 ; *Rom.* 11,9.
(37) *Jn* 1,23 ; *Rom.* 10,16.20.
(38) *Act.* 1,16 ; cf. 4,25 ; *Mt.* 22,43.
(39) *Act* 28,25.
(40) *Jn* 9,29 ; *Act.* 7,44 ; *Rom.* 9,15 ; cf. *Mc* 12,26.
(41) *Lc* 1,70 ; *Act.* 3,18 ; *Héb.* 1,1.
(42) *Rom.* 1,2.

qu'il a « reçu » (*1 Cor.* 11,23 ; 15,3 ; cf. *2 Thess.* 3,6) [43] ; et il est permis de penser que l'enseignement des apôtres, et déjà de Jésus, a volontairement adopté les formes stéréotypées et mémorisées dont usaient les écoles rabbiniques pour garantir la fidélité de la transmission [44].

Mais l'origine et le contenu de cette Tradition sont nouveaux.

Elle vient du Christ lui-même, qui a enseigné ses disciples de son vivant, et continue après sa résurrection à les instruire et diriger par son Esprit. Après d'autres, Luc recueille avec soin « ce qu'ont transmis ceux qui furent dès le début témoins oculaires et serviteurs de la Parole » (*Lc* 1,2). Quand Paul proteste n'avoir pas reçu son Evangile d'un homme mais par révélation de Jésus Christ (*Gal.* 1,12), il ne songe pas seulement aux communications directes qu'il a pu recevoir, ainsi sur le chemin de Damas (*Gal.* 1,15-16), mais aussi à l'enseignement traditionnel qu'il a reçu du Christ par l'intermédiaire de la communauté [45] : on le voit bien quand il récite, comme reçus du Seigneur, des morceaux de catéchèse qui relèvent manifestement, par leur teneur araméenne et leurs affinités littéraires [46], d'une Tradition déjà fixée dans la première Eglise (*1 Cor.* 11,23-25 sur l'institution de l'Eucharistie ; 15,1-7 sur la Résurrection et les apparitions).

Quant au contenu de ce que l'on « transmet » ainsi pour être « reçu » des fidèles, c'est « l'Evangile », oral avant d'être écrit (*Gal.* 1,9), la « Parole » non des hommes mais de Dieu (*1 Thess.* 2,13), la « règle de doctrine » (*Rom.* 6,17), « la foi transmise aux saints une fois pour toutes » (*Jude* 3), « le saint commandement » (*2 Pi.* 2,21), ou encore des « décrets » portés par les chefs de l'Eglise (*Act.* 16,4), en somme une manière de croire (*1 Thess.* 2,13) et de se conduire (*1 Thess.* 4,1 ; *Phil.* 4,9), qui n'est autre en définitive que Jésus lui-même, Christ ou Seigneur (*Col.* 2,6-7).

Cette Tradition peut se transmettre « de vive voix ou par lettre » (*2 Thess.* 2,15) ; même écrite, elle ne prétend pas se fixer et s'enfermer dans un recueil de livres qui auraient le monopole de l'enseignement garanti. Elle reste avant tout la Parole vivante [47], que l'on « dit » [48], « annonce » [49], « proclame » [50], « évangélise » [51],

(43) « Recevoir » (παραλαμβάνειν) et « transmettre » (παραδιδόναι), *1 Cor.* 15,3, cf. *Mc* 7,4.5.8.9.13, sont des termes techniques qui reprennent les verbes hébreux *qibbel* et *masar* (racines d'où sont dérivées « Qabbale » et « Massore »).

(44) Sur cette manière d'expliquer la genèse de la tradition évangélique, voir en particulier les travaux récents de l'Ecole de N. T. d'Upsala : entre autres H. Riesenfeld, *The Gospel Tradition and its Beginning. A Study in the Limits of « Formgeschichte »*, London, 1957 ; B. Gerhardsson, *Memory and Manuscript. Oral Tradition and Written Tranmission in Rabbinic Judaism and Early Christianity*, Upsala, 1961 ; Id., *Tradition and Transmission in Early Christianity*, Lund, 1964.

(45) Cf. O. Cullmann, *La Tradition*, Neuchâtel, 1953, p. 12 ss.

(46) Cf. J. Jeremias, *Die Abendmahlsworte Jesu*, 3e éd., Göttingen, 1960, p. 95 ss.

(47) *Héb.* 4,12 ; cf. *Act.* 7,38.

(48) *Act.* 4,29 ; 8,25, etc. ; *Phil.* 1,14 ; *Héb.* 13,7.

(49) *Act.* 13,5 ; 15,36 ; 17,13.

(50) *2 Tim.* 4,2.

(51) *Act.* 8,4 ; 15,35.

« enseigne » [52], « atteste » [53], qu'il faut « entendre » [54] en l' « accueillant » [55] avec foi [56]. Elle est comme une force divine personnifiée, qui « court » [57] et ne peut s'enchaîner [58], « se propage » [59], « retentit » [60], « grandit » [61], « fructifie » [62], « habite » [63] et « agit » chez les fidèles [64], en qui elle est comme le germe d'une nouvelle naissance [65].

La vie même des chrétiens la fait retentir (*1 Thess.* 1,8 ; cf. *Phil.* 2,16) ; mais sa propagation est assurée surtout par des spécialistes, ces charismatiques que Paul appelle « apôtres », « prophètes », « docteurs », « évangélistes » (*1 Cor.* 12,28 ; *Eph.* 4,11), et qui ont mission d'enseigner, d'exhorter (*Rom.* 12,6-7) ; ou ces « presbytres... qui peinent à la Parole et à l'enseignement » (*1 Tim.* 5,17), ces chefs de communautés qui disent la Parole de Dieu (*Héb.* 13,7). Tous ces « serviteurs de la Parole » (*Lc* 1,2) n'exercent pas leur ministère en écrivant ; ils parlent d'abord et ils agissent, de toutes sortes de manières, construisant peu à peu cette Tradition vivante qui informe la foi et les mœurs des chrétiens. Prédication de conquête par le kérygme, instruction des convertis par la catéchèse, exhortation et redressement des mœurs par la parénèse, enseignement élémentaire des commençants et plus poussé des parfaits [66], institutions du culte et de la vie morale ou sociale, etc..., autant de formes variées d'une Tradition orale qui façonne la conscience vivante du nouveau peuple élu.

Or tout cela se fait sous la direction de l'Esprit Saint, qui est l'Esprit du Christ. Quand Jésus a « donné la Parole » à ses apôtres (*Jn* 17,14) et les a envoyés non pas écrire mais prêcher [67], il leur a en même temps, et pour cela même, promis la lumière et la force de l'Esprit Saint [68]. Aussi Paul, quand il enseigne, a-t-il conscience de posséder l'Esprit du Christ [69] ; et selon *1 Pi.* 1,12, ceux qui prêchent l'Evangile le font par « l'Esprit Saint envoyé du ciel ». Les charismatiques, dont nous avons vu le rôle actif dans la transmission de la Tradition vivante, ont reçu leurs dons divers du même Esprit : c'est l'Esprit qui donne à l'un une « parole de sagesse », à l'autre une « parole de science » (*1 Cor.* 12,4.8). De leur

(52) *Act.* 15,35 ; 18,11 ; *Tit.* 1,9.
(53) *Apoc.* 1,2.
(54) *Mt.* 13,19 ; etc. ; *Act.* 15,7 ; 19,10 ; *Eph.* 1,13 ; *Col.* 1,5.
(55) *Act.* 2,41 ; 8,14 ; 11,1 ; 17,11 ; *1 Thess.* 1,6 ; 2,13 ; *Jc.* 1,21.
(56) *Act.* 4,4 ; 15,7 ; *Eph.* 1,13.
(57) *2 Thess.* 3,1.
(58) *2 Tim.* 2,9.
(59) *Act.* 13,49.
(60) *1 Thess.* 1,8.
(61) *Act.* 6,7 ; 12,24 ; 19,20 ; *Col.* 1,6.
(62) *Col.* 1,6.
(63) *Col.* 3,16 ; cf. *1 Jn* 1,10 ; 2,14.
(64) *1 Thess.* 2,13.
(65) *Jc.* 1,18.21 ; *1 Pi.* 1,23 ; cf. *1 Jn* 3,9.
(66) *Héb.* 5,11-6,3 ; cf. *1 Cor.* 2,6 ; 3,1-3 ; *Phil.* 3,15-16.
(67) *Jn* 17,18-20 ; *Mt.* 28, 19-20 ; *Mc* 16,15 ; *Lc* 24,47.
(68) *Jn* 14,16.26 ; 15,26 ; 16,7-13 ; 20,21-22 ; *Lc* 24,49 ; *Act.* 1,8-9 ; cf. *Mc* 13,11 ; *Lc* 12,12.
(69) *1 Cor.* 2,10-16 ; cf. *Rom.* 9,1 ; 15,18-19 ; *1 Cor.* 2,4 ; 7,40 ; *1 Thess.* 1,5.

côté, les presbytres-épiscopes qui sont responsables de la doctrine de leur communauté (*1 Tim.* 3,2 ; *Tit.* 1,9) ont été « constitués intendants par le Saint Esprit pour paître l'Eglise de Dieu » (*Act.* 20,28). C'est par l'Esprit Saint qu'ils garderont intact le « dépôt » de la foi, ainsi que Paul l'écrit à Timothée : « Prends pour norme les saines paroles que tu as entendues de moi, dans la foi et l'amour du Christ Jésus. Garde le bon dépôt avec l'aide de l'Esprit Saint qui habite en nous » (*2 Tim.* 1,13-14).

Ainsi, comme déjà dans l'Ancien Testament, la Parole s'exprime d'abord par une Tradition orale qui a sa source dans l'Esprit de Jésus et qu'il faut donc dire « inspirée », d'une inspiration « apostolique » qui correspond à l'inspiration « prophétique » de jadis.

Les écrits viendront, bénéficiant des formes littéraires élaborées par la Tradition orale et recueillant l'essentiel de l'enseignement ainsi constitué. Paul, Pierre, Jean, Jacques fixeront dans des épîtres de circonstance ou systématiques les éléments principaux de leur prédication. Les souvenirs de la vie de Jésus, racontés d'abord de façon souple et fragmentaire, par des « évangélistes » (*Act.* 21,8 ; *2 Cor.* 8,18), iront en s'agglomérant, se fixant, jusqu'à former les rédactions des « Evangiles » écrits. Mais il faudra un certain recul pour que ces écrits, prenant peu à peu la place des voix apostoliques qui s'éteignent, se voient assimilés aux « autres Ecritures » reçues de l'ancienne économie (*2 Pi.* 3,16) et finissent, vers le milieu du IIe siècle, par se constituer en un « canon » fermé et d'autorité normative.

C'est alors que les écrits du « Nouveau Testament » prendront rang aux côtés de ceux de l'Ancien, parmi les « Ecritures », la foi chrétienne y trouvant l'expression arrêtée et autorisée, garantie par l'Esprit Saint, des enseignements de l'époque apostolique. Et c'est alors que la notion d' « inspiration » s'établira dans le vocabulaire chrétien avec cette coloration principalement « scripturaire » qu'elle avait revêtue dans le judaïsme. Le passage de l'inspiration prophétique à l'inspiration scripturaire s'était accompli, nous l'avons vu, à l'époque livresque du judaïsme finissant. Héritant de cette élaboration théologique, et de sa formulation grecque par l'intermédiaire de Josèphe et de Philon, la théologie chrétienne sera engagée dès le début dans une conception surtout scripturaire de l'inspiration. L'Eglise gardera certes le sens très vif de la Tradition orale qui précède, enveloppe, et prolonge le Livre, et la placera tout entière sous la mouvance de l'Esprit Saint ; mais elle ne lui appliquera guère le terme technique d' « inspiration », réservé par ses origines historiques au cas particulier de l'Ecriture. Il y a là une restriction contingente du vocabulaire théologique dont il faut bien prendre conscience, car elle a entraîné par la suite une difficulté à exprimer, et donc à maintenir, l'autorité pneumatique de la Tradition.

***

L'attitude des Pères, et de la tradition théologique qu'ils inaugurent, est bien conforme à ce point de départ [70]. D'une part, surtout pour les premiers Pères, l' « Ecriture » continue à désigner de préférence l'Ancien Testament, tandis que les enseignements reçus du Christ par les Apôtres sont désignés comme la « Tradition (παράδοσις) du Christ », la « Tradition des Apôtres », la « Tradition apostolique », « l'enseignement transmis du Christ », « la parole transmise dès le début », la « doctrine des Apôtres », la « prédication des Apôtres », etc..., expressions qui recouvrent suivant les contextes, tantôt les livres écrits, tantôt les traditions orales, sans distinction dans l'autorité de ces deux modes de transmission. D'autre part, la notion précise d' « inspiration » n'est guère employée par les Pères à ce propos. La raison en est dans l'acception « scripturaire » de cette notion qu'ils ont reçue du judaïsme et du christianisme primitif. Une autre raison est aussi que les besoins de la polémique contre des novateurs hérétiques les amenaient à insister davantage sur la solidité historique et humaine de la Tradition, à savoir cette succession continue des Apôtres à leurs disciples et aux évêques qui garantit la fidélité de la transmission. Leur effort principal est de montrer que les doctrines et coutumes reçues dans l'Eglise remontent au Christ par cette chaîne d'une transmission sûre. Mais c'est bien par l'Esprit que le Christ agit dans l'Eglise, et s'ils n'emploient pas le terme technique d' « inspiration », ils n'en affirment pas moins à maintes reprises une action de l'Esprit dans la Tradition qui revient pratiquement au même.

Clément de Rome (*I ad Cor.*, xlii, 3) écrit que les Apôtres « ayant reçu les instructions du Seigneur Jésus Christ et pleinement convaincus par sa résurrection, affermis dans la Parole de Dieu, s'en allèrent *avec l'assurance de l'Esprit Saint* annoncer la Bonne Nouvelle du Royaume de Dieu près de venir ».

Irénée dit des Apôtres (*Démonstr.* 41 ; « Sources Chrétiennes » 62, p. 96) : « Cet Esprit-Saint qu'ils avaient reçu du Seigneur, c'est en le partageant et en le distribuant aux croyants qu'ils instituèrent et fondèrent cette Eglise. »

Tertullien (*De Praescript.* xxviii ; *PL*, ii, 47 A ; trad. de Labriolle) demande à ses adversaires si l'Esprit Saint a pu permettre « que parfois les Eglises comprissent différemment, crussent différemment *la doctrine que Lui-même* (*ipse*, c'est-à-dire l'Esprit Saint) *prêchait par les Apôtres ?* »

Epiphane (*Adv. Haer.* iii, 1, haer. 75 n° 9 ; *PG*, xlii, 516 A), opposant aux nouveautés d'Aerius « la Tradition que l'Eglise a reçue des Pères », commente *Prov.* 1,8 en disant que « le Père, ce qui revient à dire le Dieu Monogène et l'Esprit Saint, a enseigné

(70) Pour tout ce qui suit, voir entre autres l'art. de A. Michel, *Tradition*, dans le *Dict. Théol. Cath.*, XV, Paris, 1946, aux p. 1256 ss, où l'on trouvera groupées et organisées de nombreuses références aux textes patristiques.

par écrit et sans écrit, et notre Mère l'Eglise possède des lois établies chez elles, indissolubles, ne pouvant être abolies ».

Jean Chrysostome, dans le prologue au Commentaire de S. Matthieu (*in Mt.* hom. 1,1 ; *PG,* lvii, 13-15), affirme fortement la supériorité de la Parole orale sur la Parole écrite. Les livres sont un pis-aller concédé à notre faiblesse. Dieu a parlé directement, sans écriture, à Noé, Abraham, Job, Moïse ; c'est quand le peuple entier des Hébreux fut tombé dans l'abîme du mal, que Dieu dut avoir recours aux lettres et aux tables (de la Loi) qui ravivent le souvenir. De même Jésus n'a rien transmis par écrit aux Apôtres ; il leur a plutôt promis la grâce de son Esprit qui leur rappellerait toutes choses (*Jn* 14,26). Les Apôtres ne sont pas descendus du Sinaï chrétien (la Pentecôte) en portant des tables de pierre ; « mais *portant l'Esprit Saint dans leur cœur* (ἐν τῇ διανοίᾳ), ils circulaient en tout lieu, faisant jaillir comme un trésor, la source de doctrines et de grâces et de tous les biens ; ils étaient devenus par la grâce *des livres* et des lois *vivants.* »

Jean Damascène, qui insiste tant par ailleurs sur la tradition non écrite de même autorité que la tradition écrite [71], énumère (*De fide orthod.* iv, 17 ; *PG,* xciv, 1176 B) ceux qui *ont parlé par l'Esprit Saint,* en mettant sur le même pied la Loi et les Prophètes, les évangélistes et les apôtres, *les pasteurs et les docteurs.*

Ces quelques textes peuvent suffire [72] pour montrer que, si les Pères ne traitent pas explicitement la Tradition orale d' « inspirée » et ne lui appliquent pas le terme de θεόπνευστος pratiquement réservé aux Ecritures, ils n'en ont pas moins la forte conviction que l'Esprit Saint a présidé à la création de la Tradition dans ses origines apostoliques. Il est vrai qu'ils le montrent aussi à l'œuvre dans la transmission de cette Tradition au cours des siècles ultérieurs. Car ils ne distinguent pas nettement entre ces deux phases, apostolique puis ecclésiale, de la Tradition ; à leurs yeux elles se continuent étroitement : c'est le même Esprit qui a constitué le dépôt de la foi et qui ensuite le garde et le féconde. Il y a là une ambivalence qui recouvre une perception profonde mais qui n'est pas sans ambiguïté.

*
* *

Ainsi croyons-nous découvrir, tant chez les Pères que chez les théologiens ultérieurs — dont l'examen dépasserait les limites de cet essai —, deux imprécisions qu'une théologie plus poussée de l'inspiration devrait essayer d'éclairer : 1° La Tradition orale de l'époque apostolique ne peut-elle pas revendiquer une « inspiration » authentique, aussi authentique que celle de l'Ecriture,

(71) Cf. *De fide orthod.*, IV, 12 ; *PG,* XCIV, 1136 B ; *De Imaginibus,* oratio I, 23 ; *PG,* XCIV, 1256 B, où il cite Basile, *De Spiritu Sancto,* c. 27.

(72) On en trouvera bien d'autres chez Y. M.-J. Congar, *La Tradition et les traditions.* I, *Essai historique,* Paris, 1960 ; et voir dans le vol. II, *Essai théologique,* Paris, 1963, la synthèse des p. 101-108 sur « Le Saint Esprit, Sujet transcendant de la Tradition ».

et étroitement conjointe à elle, encore que distincte dans son effet ? 2° Comment distinguer cette inspiration de la Tradition orale apostolique qui contribue à constituer le donné de la foi, de celle qui dans l'Eglise conserve et explicite ce donné ?

La réponse à la première question est suggérée par tout le début de cet article. Il nous est apparu que dans la Bible, Ancien et Nouveau Testament, l' « inspiration », sinon quant au mot non encore élaboré, du moins quant à la chose, fait parler et agir autant qu'elle fait écrire, ou mieux qu'elle fait d'abord et surtout parler et agir, l'écriture ne venant qu'ensuite pour conserver aux siècles futurs l'essentiel de la Parole dans son expression orale et ses réalisations concrètes. Il y a dans ce donné biblique de quoi renouveler une notion théologique que la réflexion des docteurs, dans le judaïsme et dans l'Eglise, a rendu trop étroite et exclusive. Il n'y a pas d'inspiration que « scripturaire », il y a aussi, et avant elle, une inspiration « oratoire » et même une inspiration « pastorale » [73]. L'admettre, comme paraît bien l'exiger le donné biblique, c'est acquérir le moyen de fonder théologiquement l'autorité divine de la Tradition apostolique et la mettre sur un pied d'égalité avec l'Ecriture [74]. Réserver à l'Ecriture le privilège de l'inspiration comme un charisme spécial, expose presque fatalement à ne reconnaître à la Tradition qu'un rang secondaire : d'une part, la Lettre écrite, qui est la règle absolue, l'expression parfaite, l'*ipsum verbum Dei* ; d'autre part, à côté d'elle, la parole non écrite, qui fait quelque peu figure d'accompagnement, de commentaire moins sûr et dont on pourrait à la rigueur se passer. Or c'est le contraire qui est vrai. La Parole passe avant l'Ecriture, et celle-ci ne vaut que par celle-là. Car cette Parole est celle que l'Esprit Saint a prononcée dans l'Eglise et qui, même lorsqu'elle n'a pas pris une forme écrite, est une Parole inspirée. Pour l'historien et l'exégète, elle est moins palpable que le texte [75] ; mais pour le théologien elle n'est pas moins perceptible par la foi ; et elle retentit à ses oreilles par la voix autorisée de l'Eglise.

Ceci nous amène à la deuxième question. Comment distinguer la Tradition apostolique, d'autorité divine, et les traditions ultérieures, d'autorité ecclésiale ? Ou, selon une autre formulation qui évoque un aspect différent du problème : comment discerner le pur jaillissement créateur de la Tradition apostolique, de la présentation qu'en offre ensuite l'Eglise au cours des siècles ?

Je ne veux toucher à ce problème si complexe et si débattu que du point de vue particulier qui est l'objet de cet article. En termes d'inspiration, on pourrait dire, me semble-t-il : 1° que

(73) Ces épithètes ne prétendent pas être parfaites. J'avais parlé d'abord d'inspiration « dramatique » (*Sacra Pagina*, p. 94) ; je préfère aujourd'hui « pastorale » (*RB*, 1963, p. 347, note 49).

(74) Nous avons vu comment le Concile de Trente s'est exprimé sur ce point avec une netteté qu'il conviendrait de mieux exploiter.

(75) C'est là ce qui fait difficulté, en exposant au danger de mêler de la parole humaine à la Parole divine. Ainsi s'explique en grande partie la méfiance du Protestantisme à l'égard de la Tradition.

dans l'un et l'autre cas la Tradition est inspirée ; mais 2° que l'inspiration n'est pas de même sorte dans les deux cas.

Qu'il y ait une inspiration dans l'Eglise, c'est là une doctrine ancienne et traditionnelle qui a été énoncée à maintes et claires reprises jusqu'au moyen âge [76]. Aujourd'hui elle paraît surprenante ou gênante, au moins dans son vocabulaire, parce qu'on s'est accoutumé à restreindre l'inspiration à son aspect « scripturaire ». Mais nous réclamons précisément contre cette restriction injustifiée et plaidons pour un élargissement du terme qui lui rende sa totale ampleur, quitte à bien qualifier ses divers aspects.

L'inspiration dans l'Eglise n'est en effet qu'analogue, et non identique, à l'inspiration qui a constitué le donné révélé. On pourrait formuler cela par une terminologie diversifiée en distinguant l'inspiration « ecclésiale » de l'inspiration « biblique », celle-ci étant elle-même répartie, comme nous l'avons proposé, en « pastorale », « oratoire » et « scripturaire ». Ce qui distinguera formellement l'inspiration ecclésiale de l'inspiration biblique, c'est que celle-là ne s'accompagne plus de révélation active comme l'a fait celle-ci. A l'époque biblique, que reflètent l'Ancien et le Nouveau Testament, l'inspiration a consisté pour l'Esprit de Dieu à faire agir, parler, écrire, des hommes, pour leur communiquer par sa Parole une Révélation qu'il a inaugurée en des temps lointains, perfectionnée durant de longs siècles, parachevée par le Fils et ses disciples de l'époque apostolique. Ensuite l'Esprit Saint demeure dans l'Eglise, à qui le Christ l'a donnée ; il l'inspire jusqu'à la fin des siècles, mais cette motion inspiratrice n'apporte plus de révélation substantiellement nouvelle. Elle assure la préservation, l'explicitation, le développement légitime du donné de foi reçu une fois pour toutes ; elle ne crée plus de Tradition nouvelle d'autorité divine, ni d'Ecriture canonique.

Ces déterminations laissent certes aux théologiens la tâche, combien ardue, de préciser en quoi consistent cette explicitation et ce développement, ou encore de discerner dans la Tradition ce qui remonte à l'époque apostolique et ce qui ne peut s'en réclamer. Elles peuvent du moins aider cette recherche théologique en lui offrant un cadre mieux adapté dans une notion de l' « inspiration » plus souple et plus ample que celle qui est ordinairement reçue.

Cet élargissement et ce « ressourcement » de la notion d'inspiration, recouvrant la Tradition aussi bien que l'Ecriture, et d'une certaine manière l'Eglise, semble en effet de nature à dissiper certaines équivoques. On ne devra plus dire, par exemple, pour sauver la possession sûre de l'enseignement apostolique, qu'il est tout entier renfermé dans le Nouveau Testament, écrit par les Apô-

(76) Cf. G. Bardy, *L'inspiration des Pères de l'Eglise*, dans les *Rech. Sc. Rel.*, XL, 1951-2 (Mélanges Lebreton), II, p. 7-26 ; Y. M.-J. Congar, *La Tradition et les traditions*, II, p. 102, 108 s., etc...

tres [77]. Car les Apôtres ont parlé avant d'écrire, et le plus souvent sans écrire. Ils n'ont certes pas transmis de bouche à oreille je ne sais quelle doctrine ésotérique réservée pour les siècles futurs — ce qui serait une conception bien sotte de la Tradition [78] —, mais ils ont laissé à l'Eglise un enseignement vivant, une expérience personnelle du Christ, des institutions concrètes, un sens de la foi qui nourrit sa perception du mystère divin et fournit la meilleure et authentique manière de comprendre l'Ecriture.

On ne concevra pas davantage l'Eglise comme un Magistère venant *après* les Apôtres, recevant d'eux le Livre, et n'en étant que l'exégète spécialement autorisée [79]. Car c'est elle qui la première a reçu du Christ le don de l'Esprit, qui la première a formulé de vive voix, puis par écrit, le message du Seigneur, qui l'a intégré dans un mode de vivre, et qui dès lors administre la Parole avec l'autorité qu'une mère a sur son enfant [80]. Mère qui est aussi servante. De même que Marie eut sur Jésus l'autorité d'une mère et fut en même temps la servante du Seigneur que l'Esprit avait conçu en son sein, de même l'Eglise a l'autorité d'une mère sur la Parole orale, écrite et vécue qui est sortie de son sein, et elle en est la servante, parce que cette Parole a été engendrée en elle par l'Esprit Saint.

*
* *

En résumé, nous avons cru observer dans l'évolution de la pensée et du vocabulaire théologiques touchant la notion de l'inspiration deux moments qui ont déterminé son élaboration particulièrement « scripturaire » :

1° dans le judaïsme des scribes, pour qui les Ecritures avaient remplacé la Parole éteinte du prophétisme ; d'où un usage livresque du terme d' « inspiration » qui est passé dans le christianisme ;

2° dans les discussions modernes à partir du Concile du Vatican I, où l'attention centrée sur le problème de l'Ecriture a amené le Magistère et les théologiens à élaborer en fonction d'elle seule une notion de plus en plus précise de l'inspiration.

Mais nous avons constaté d'autre part :

1° déjà dans le judaïsme, et surtout dans l'Eglise, une

(77) Cf. O. Cullmann, *La Tradition,* Neuchâtel, 1953, notamment au ch. II. Voir mon compte rendu de cet ouvrage, dans la *RB,* 1955, p. 258-264, repris dans *Exégèse et Théologie,* Paris, 1961, vol. II, p. 309-317, où je propose déjà sous une autre forme plusieurs des idées reprises dans cet article.

(78) Pas davantage il n'est question de vouloir canoniser, au nom de l'inspiration de la Tradition, des écrits non canoniques tels que la Didachè, Clément de Rome, Barnabé, etc..., ainsi que l'a compris curieusement et à tort un auditeur de mes exposés.

(79) Cf. O. Cullmann, *La Tradition,* notamment au ch. III.

(80) Ceci a été bien mis en valeur par K. Rahner, *Ueber die Schriftinspiration,* Freiburg, Herder, 1958 : cf. mon compte rendu dans la *Revue biblique,* LXVII, 1960, p. 277-278, et les réflexions de Y. M.-J. Congar dans la *Rev. des Sc. Phil. et Théol.,* XLV, 1961, p. 32-42.

conscience très vive de l'Esprit dirigeant la Tradition et y faisant entendre et pratiquer la Parole de Dieu, sans écrit aussi bien que par écrit ;

2° et surtout dans l'Ancien Testament, une pensée et un vocabulaire qui mettent l'influence de l'Esprit en relation avec les gestes et la parole vivante bien plus qu'avec la rédaction écrite.

Cet état de choses, mieux perçu aujourd'hui, nous semble inviter la théologie à revaloriser cette conscience traditionnelle et ce donné biblique, en élargissant une notion d' « inspiration » que les circonstances ont rendue trop étroite, et en la rendant capable d'exprimer dans toute son ampleur la motion pneumatique qui a fait agir les interprètes sacrés de la Révélation par les gestes et par la parole autant que par la plume.

La Tradition apostolique ne serait pas la dernière à profiter de cet élargissement, car reconnue comme « inspirée » au même titre que l'Ecriture, elle recevrait une meilleure justification théologique de cette autorité égale à laquelle elle a droit.

# AUTORITÉ DE L'ÉCRITURE, AUTORITÉ DE L'ÉGLISE A PROPOS D'UN TEXTE DE SAINT AUGUSTIN

par

Pierre-Thomas Camelot, o. p.

On cite souvent une phrase lapidaire de saint Augustin sur les rapports entre l'Evangile et l'Eglise : « Pour moi, je ne croirais pas à l'Evangile, si l'autorité de l'Eglise catholique ne m'y poussait » (*C. Epist. fund.* 5, 6 ; P. L. 42, 176). Il serait facile d'interpréter ce texte avec une intention polémique, en reprochant à Augustin de mettre l'autorité de l'Eglise au-dessus de celle de l'Ecriture, ou en lui prêtant une sorte de cercle vicieux, comme si après avoir établi à partir de l'Evangile l'autorité de l'Eglise, il s'appuyait sur celle-ci pour croire à l'Evangile. Ce n'est pas dans une intention polémique ou apologétique que nous voulons revenir sur ce texte dans cette note que nous dédions au P. Chenu dans un sentiment de fidèle et fervente reconnaissance, en rappelant qu'il a lui-même étudié de façon très éclairante le rôle des *auctoritates* dans la théologie médiévale [1], et en pensant aussi que ces brèves réflexions ne sont pas tout à fait étrangères à la question des rapports entre Ecriture et tradition, telle qu'elle a été soulevée lors de la première session du Concile.

« Ego vero Evangelio non crederem, nisi me catholicae Ecclesiæ commoveret auctoritas ». Prenons garde qu'il s'agit ici d'une formule jetée en passant, dans un bref traité polémique contre les manichéens : il y aurait méprise à la détacher de son contexte pour en faire un principe absolu et définitif sur les rapports entre l'*auctoritas Ecclesiae catholicae* (nous serions tentés de dire le Magistère) et l'Ecriture. Il faut la situer dans son contexte immédiat, mais aussi et d'abord dans l'ensemble de la pensée et de l'expérience d'Augustin.

Il n'est pas nécessaire d'aligner beaucoup de textes et de références pour rappeler qu'Augustin, comme tous les Pères évidemment, reconnaît une *eminentissima auctoritas* (*De Civ. Dei*, XI, 3 ; P. L. 41, 318), une *sublimior auctoritas* à l'Ecriture que Dieu a

1. M. D. Chenu. « *Authentica* » *et* « *Magistralia* ». *Deux lieux théologiques aux XIIe-XIIIe siècles. Divus Thomas* (Pl) 28 (1925), pp. 257-285.
*Id. Introduction à l'étude de saint Thomas d'Aquin*. Paris, 1950, pp. 106-117 : L'autorité au moyen âge.

étendue au-dessus de nous comme un « firmament » (*Conf.* XIII, 15, 16 ; éd. Labriolle, II, p. 378) [2]. La *divinarum eloquiorum auctoritas* (*De anima et ejus orig.* I, 14, 20 ; P. L. 44, 486), *canonicarum auctoritas certissima scripturarum* (*C. Cresc. Don.* I, 32, 38, P. L. 43, 465), est pour Augustin chose incontestée : on ne peut aborder l'Ecriture qu'avec cette piété qui nous fait croire aux Livres saints et nous en remettre à leur autorité (*Doctr. christ.* II, 10 ; P. L. 34, 39) [3]. Augustin semble avoir été particulièrement sensible au fait que cette autorité est reconnue universellement, « in omnibus fere gentibus », « per omnes iam terras » (*Conf.* VI, 5, 7. 8 ; *ib.* I, pp. 124-125). Dieu a voulu que les Ecritures « fussent utiles à toutes les nations, et par le monde entier l'emporter par le prestige de leur autorité (*tanto auctoritatis culmine*) sur toutes les doctrines de mensonge et d'orgueil » (*Conf.* XII, 26, 36 ; *ib.* II, p. 356) [4].

Mais si l'Ecriture s'impose à tous par sa grâce propre, — sa simplicité, sa « sainte humilité » qui la rend accessible à qui veut la lire, et sa sublimité qui découvre à une intelligence plus pénétrante la profondeur de ses mystères, *sacramentorum altitudinem* (*Conf.* VI, 5, 8 ; *ib.* II, p. 125), — son autorité nous est garantie aussi par une autre autorité qui lui est extérieure, l'autorité de l'Eglise, de la *Catholica,* qui en garde le dépôt, nous la transmet et nous la présente.

C'est ici qu'il faut évoquer l'itinéraire personnel d'Augustin : il n'est pas allé de l'Ecriture à l'Eglise, mais bien de l'Eglise à l'Ecriture. Il faut revenir au témoignage des *Confessions,* et rappeler comment c'est la prédication de saint Ambroise qui a ouvert l'esprit d'Augustin à cet *intellectus profundior,* à la *sacramentorum altitudo,* qui le délivrent des objections manichéennes et lui révèlent la *venerabilis et sacrosancta fide digna auctoritas* des Ecritures (*Conf.*,

2. Cette image est empruntée, grâce au jeu d'une allégorie assez subtile, au *Ps.* 103, 2 : Dieu étend le ciel comme une peau, — et à *Isaïe* 34, 4 : les cieux seront pliés comme un livre. La Bible, et Augustin doit penser au *codex* de parchemin sur lequel elle est écrite, est ce « firmament » (cf. *Gen.* 1, 7-8) étendu au-dessus de nos têtes. Cf. encore *En. in Ps.* 103, *Serm.* 1, 8 ; P.L. 37, 1341 : « Figurate autem si aliquid tectum loqui volumus, et pulsare ad clausum, invenimus extendisse Deum caelum sicut pellem, ut intelligamus caelum sanctam Scripturam. *Hanc auctoritatem primo posuit Deus in Ecclesia sua ;* inde coepit exsequi cetera...

3. Cf. « Solis canonicis (Scripturis) debeo sine ulla recusatione consensum » (*De nat. et gr.* 61, 71 ; P.L. 44, 282). Par ces mots, Augustin entend récuser les témoignages d'auteurs catholiques, Lactance, Hilaire, Ambroise, Jérôme, que Pélage invoquait en sa faveur : seule l'autorité des Ecritures canoniques est absolument irrécusable ! — Sur l'autorité de l'Ecriture, citons seulement ces textes, pris un peu au hasard dans la *Cité de Dieu* : « Nostris Litteris summa auctoritate celsissimis, fideque dignissimis » (*Civ. Dei,* I, 24 ; P.L. 41, 37). « Scriptura ...divina excellens auctoritate, ...eminentissimae auctoritatis » (XI, 1, 3 ; P.L. 41, 317, 318).

4. Augustin repreud la même formule dans une lettre à S. Jérôme : « Sanctam Scripturam, in summo et caelesti *auctoritatis culmine* collocatam, de veritate ejus certus et securus legam » (*Ep.* 82, 2, 4 ; P.L. 33, 277). On retrouvera le *culmen auctoritatis* à propos de l'Eglise ; ci-dessous, p. 130.

Sur l'autorité universellement reconnue de l'Ecriture, cf. encore par exemple : (Sancta Scriptura) « mirabilem auctoritatem non inmerito habet in orbe terrarum atque in omnibus gentibus, quas sibi esse credituras inter cetera vera quae dixit, vera divinitate praedixit » (*Civ. Dei,* XII, 9, 2 ; P.L. 41, 357 ; cf. *ib.* 10, 2 ; 359).

*ib.*). Si, comme l'a montré P. Courcelle avec un détail qui emporte la conviction [5], l'exégèse spirituelle de saint Ambroise a initié Augustin à un « néo-platonisme chrétien » ou à un « christianisme plotinien » qui va le préparer à reconnaître dans les livres de certains *Platonici* le Verbe de saint Jean (*Conf.* VII, 9, 13. 14 ; *ib.*, II, pp. 158-159), il ne faut pas perdre de vue que cette exégèse était celle d'un évêque prêchant chaque dimanche à son peuple en lui expliquant la parole de vérité (cf. *Conf.* VI, 3, 4 ; *ib.* I, p. 121), c'était la doctrine de la *Catholica,* l'Eglise unique, corps du Fils unique de Dieu, dans laquelle, petit enfant, on lui avait inculqué le nom du Christ (*ib.* 4, 5 ; p. 122. Cf. V, 14, 24, 25 ; pp. 113-114). Bref, Augustin n'a compris l'Ecriture et n'en a reconnu l'autorité que quand il l'a lue ou entendu lire dans l'Eglise : « Ipsi Evangelio catholicis praedicantibus credidi » (*C. Epist. fund.* 5, 6 ; P. L. 42, 176). Il faut entendre et apprendre l'Evangile dans l'Eglise [6].

D'autre part, sont Ecritures authentiques, qui seules ont l'*auctoritas* [7], celles qui sont conservées dans le monde entier par le ministère des apôtres, et qui sont transmises par les Eglises apostoliques, autrement dit par la continuité de la succession apostolique et épiscopale, et par l'autorité de la majorité des Eglises apostoliques. On se contentera de rappeler ici le texte classique du *De Doctrina christiana* sur le canon des Ecritures : « In canonicis autem Scripturis, Ecclesiarum catholicarum quamplurium auctoritatem sequatur ; inter quas sane illae sunt quae apostolicas sedes habere et epistolas accipere meruerunt » (II, 9, 12 ; P. L. 34, 40) [8].

5. P. Courcelle, *Recherches sur les Confessions de saint Augustin,* Paris, 1950, pp. 93-138.

6. Cf. *De Doctr. Christ.*, prol., 5 ; P. L. 34, 17 : « ...neque tentemus eum cui credidimus, ne talibus inimici versutiis et perversitate decepti, ad ipsum quoque audiendum Evangelium atque discendum nolimus ire in ecclesias, aut codicem legere, aut legentem praedicantemque hominem audire ; et exspectemus rapi usque in tertium caelum... (cf. 2 *Cor.* 12, 2-4) ...aut ibi videre Dominum Jesum Christum, et ab illo potius quam ab hominibus audire Evangelium ». On aura remarqué les mots très forts par lesquels Augustin nous met en garde contre une lecture purement « spirituelle » (ou charismatique) et subjective de l'Ecriture, telle que la revendiquent ces chrétiens qui prétendent pouvoir connaître l'Ecriture sainte sans un guide humain (*ib.*, début du §). Ce qu'Augustin dit là de la nécessité d'une culture exégétique et de l'étude des langues (grecque et hébraïque), vaut *a fortiori* de l'autorité de l'Eglise.

On retrouve ici presque les mots de S. Irénée : « ...Omnis sermo ei constabit, si et Scripturas diligenter legerit apud eos qui in Ecclesia sunt presbyteri, apud quos est apostolica doctrina » (*Adv. Haer.* IV, 32, 1 ; Harvey, II, 255 ; cf. 33, 7 ; 262-263).

7. « Que ' auctoritas ' soit pris d'abord dans son sens juridique ou dans le sens large de dignité, il signifie d'abord la qualité en vertu de laquelle un homme — magistrat, écrivain, témoin, prêtre — est digne de crédit, de considération, de créance. Par métonymie, l' ' auctoritas ' désigne ensuite la personne même possédant cette qualité ; puis bientôt, par transposition du sujet humain à son acte extérieur, l'écrit, la pièce, où s'exprime l'avis ou la volonté de ce sujet : cet instrument revêt une autorité, ou, ce qui est la même chose, est considéré comme authentique » (M. D. Chenu, *Introduction...*, p. 110, utilisant le matériel et le classement du *Thesaurus linguae latinae, s. v.*). La qualité en vertu de laquelle l'Ecriture est souverainement digne de créance, c'est son origine divine, garantie elle-même par la succession apostolique dans l'Eglise.

8. Sur ce texte, v. p. ex. P. Batiffol, *Le Catholicisme de saint Augustin,* Paris, 1920, I, pp. 23-24.

Ainsi, l'autorité de l'Ecriture se prouve historiquement : la canonicité d'un livre est garantie par l'autorité de l'Eglise, garantie elle-même, historiquement, par la continuité de la succession apostolique et épiscopale. L'*auctoritas Ecclesiae catholicae,* ici invoquée, est celle de l'ensemble de la *Catholica,* et tout spécialement des églises apostoliques. Leur *auctoritas* est fondée sur leur origine apostolique [9] : c'est en ces églises qu'ont été conservées la tradition et l'enseignement des apôtres, elles ont donc droit et autorité pour garder et confirmer le canon des Livres Saints, comme elles gardent et confirment la foi qu'elles ont reçue des apôtres : elles ont droit et autorité pour interpréter l'Ecriture, comme elles ont droit et autorité pour conserver et proposer la *regula fidei.*

On peut rappeler ici la finale du *Contra Faustum* : comme il l'a fait tout au long de l'ouvrage, Augustin repousse les apocryphes manichéens ; si les manichéens veulent se référer à l'Ecriture, que ce soit aux Ecritures canoniques, conservées et transmises dans la tradition de l'Eglise :

« Breviter vos admoneo, qui illo tam nefando et exsecrabili errore tenemini, ut si auctoritatem Scripturarum omnibus praeferendam sequi vultis, eam sequimini quae ab ipsius praesentiae Christi temporibus per dispensationes Apostolorum, et certas ab eorum sedibus successiones episcoporum, usque ad haec tempora toto orbe terrarum custodita, commendata, clarificata pervenit » (*C. Faustum Man.*, XXXIII, 9 ; P. L. 42, 517-518) [10].

On retiendra donc, — et ceci peut déjà éclairer notre texte, — que cette *auctoritas catholica, auctoritas stabilissima fundatissimae Ecclesiae,* est celle des « Sièges apostoliques », et par là n'est pas autre que celle du Christ lui-même. Ainsi s'exprime Augustin répondant à Dioscore : « Totum culmen auctoritatis lumenque rationis in illo uno salutari nomine (Christi) atque in una ejus Ecclesia, recreando atque reformando humano genere constitutum est » (*Ep.* 118, 32 ; P. L. 33, 448). C'est là déjà laisser entrevoir que l'*auctoritas* de l'Eglise n'est pas extérieure ni étrangère à celle de l'Evangile : l'une et l'autre remontent au Christ lui-même.

***

La polémique antimanichéenne du *Contra Faustum* nous ramène à la phrase qui nous occupe, et à son contexte immédiat. Elle est tirée en effet du petit traité intitulé *Contra epistulam Manichaei quam vocant Fundamenti,* réfutation d'une lettre de Mani que ses

9. (Ecclesia) « quae usque ad confessionem generis humani ab *apostolica sede per successiones episcoporum ... culmen auctoritatis* obtinuit » (*De util. cred.* 17, 35 ; P. L. 42, 91). L'*apostolica sedes* est ici toute Eglise qui peut revendiquer une origine apostolique. Cf. encore *Ep.* 118, 5, 32, citée ci-dessous.

10. On retrouve le même thème tout au long de l'ouvrage, p. ex. XI, 5 ; XIII, 5 ; XXXVIII, 2, 4 ; XXXII, 21 ; P. L. 42, 249, 284, 485-486, 510. « Custodita, commendata, clarificata ». On aura remarqué que ces mots expriment au mieux, près de seize siècles avant la Constitution *Dei Filius,* le rôle de l'Eglise et de son magistère à l'égard du dépôt révélé, et singulièrement de l'Ecriture : le garder, le présenter avec autorité (*commendare*), l'interpréter.

disciples considéraient comme « fondamentale », et qui semble avoir été répandue en Afrique du Nord [11]. Ce traité est de 397, le *Contra Faustum* de 397-400.

Mani se prétend apôtre de Jésus-Christ, et alors qu'il promettait la *science* de la vérité, voilà qu'il exige de ses adeptes la *foi.* « Peut-être, dit Augustin au disciple du soi-disant apôtre, peut-être vas-tu me lire l'Evangile, et essayer d'y trouver de quoi me faire admettre la personne de Mani ? Mais si tu rencontrais un homme qui ne croit pas encore à l'Evangile, que ferais-tu s'il te dit : Je ne crois pas ? Pour moi, continue-t-il, je ne croirais pas à l'Evangile, si l'autorité de l'Eglise catholique ne m'y poussait. Si j'ai cru à ceux qui me disaient : Crois à l'Evangile, pourquoi ne leur obéirais-je pas quand ils me disent : Ne crois pas aux manichéens ? » (*C. Epist. Fund.* 5, 6 ; P. L. 42, 176).

Tu te réclames de l'Evangile, mais si ton adversaire n'y croit pas, quel critère, quel point d'appui auras-tu pour t'assurer de l'Evangile ? Mais moi, catholique, j'ai ce point d'appui : l'autorité de l'Eglise. Et Augustin continue, en enfermant son adversaire dans un dilemme serré :

« Choisis ce que tu veux. Si tu dis : ne crois pas aux catholiques, tu as tort de chercher au nom de l'Evangile à me contraindre à croire à Mani, puisque c'est quand les catholiques me le prêchaient que j'ai cru à l'Evangile lui-même. Si tu me dis : Tu as eu raison de croire aux catholiques qui louaient l'Evangile, mais tu as eu tort de les croire quand ils critiquent Mani, me crois-tu sot au point d'aller, sans aucune raison, croire ce que tu veux, ne pas croire ce que tu ne veux pas que je croie ? J'agis avec beaucoup plus de rectitude et de prudence si, ayant cru une fois aux catholiques, je ne passe pas à ton parti, à moins que tu ne m'ordonnes de ne pas *croire,* mais que tu me fasses *savoir* avec une évidence entière et absolue. Aussi, si tu dois m'apporter des raisons, laisse-là l'Evangile. Si tu te tiens à l'Evangile, moi je m'en tiendrai à ceux sur l'ordre desquels j'ai cru à l'Evangile, et sur leur ordre, je refuserai absolument de te croire. Si par hasard tu trouves dans l'Evangile manifestement prouvé que Mani était apôtre, tu ébranleras pour moi l'autorité des catholiques, qui m'ordonnent de ne pas te croire ; mais une fois cette autorité ébranlée, je ne pourrai plus croire à l'Evangile, puisque c'est par eux que j'y avais cru. Ainsi tout ce que tu pourras en tirer n'aura pour moi aucune valeur. Aussi si je ne trouve dans l'Evangile rien d'évident sur la qualité d'apôtre de Mani, je croirai les catholiques plutôt que toi. Si au contraire tu y lis quelque témoignage évident en faveur de Mani, je ne croirai ni eux, ni toi ; ni eux, puisqu'ils m'ont menti à ton sujet ; ni toi, puisque tu m'allègues l'Ecriture à laquelle j'avais cru à cause d'eux, qui m'ont menti. Mais loin de moi que je ne croie pas à l'Evangile ! Et si je crois à l'Evangile, je ne vois pas comment je pourrais aussi te croire » (*ib.*).

11. Sur cette lettre, v. H.-Ch. PUECH, *Le manichéisme, son fondateur, sa doctrine,* Paris, 1949, p. 149 et n. 262.

Le problème ici posé, et résolu en ces termes un peu subtils, est un problème très précis, auquel Augustin répond par un argument *ad hominem,* pris de son expérience personnelle. Le manichéen prétend tirer à lui l'Evangile, pour y trouver la justification de sa doctrine. Mais pourquoi croyons-nous à l'Evangile ? Augustin, on l'a vu, a cru à l'Evangile quand l'Eglise le lui a présenté, par la prédication de saint Ambroise : « Ipsi Evangelio catholicis praedicantibus credidi ». Si nous croyons à l'Eglise catholique quand elle nous présente l'Evangile, pourquoi ne la croirions-nous pas quand elle nous dit : Ne croyez pas les manichéens ? Refuser de croire ici l'Eglise, c'est refuser aussi de croire l'Evangile auquel prétendent se référer les hérétiques. De quelque côté qu'ils se tournent, ils n'ont aucun titre à réclamer notre foi [12].

Il ne s'agit donc pas ici du problème des rapports entre Eglise et Ecriture, et de l'autorité respective de l'une et de l'autre, ni par conséquent du problème d'un magistère supérieur à l'Ecriture qui donnerait à celle-ci son autorité. Il est celui que nous avons évoqué au début de cette note, de la lecture et de l'intelligence de l'Ecriture dans l'Eglise. Quand Augustin parle ici de l'autorité de l'Eglise catholique, il n'a donc pas dans l'esprit un magistère qui serait au-dessus de l'Ecriture elle-même, mais l'autorité de fait de la *Catholica,* de l'unanimité des Eglises apostoliques, dans lesquelles sont conservées fidèlement et authentiquement interprétées les Ecritures. Ce n'est pas l'autorité de l'Eglise qui fait pour Augustin l'autorité de l'Evangile ; mais elle le lui présente authentiquement parce qu'elle-même, par la succession ininterrompue des évêques et des apôtres, se rattache à l'Evangile, et qu'elle en dépend. Citons encore ces mots du *Contra Faustum,* qui sont l'exacte contre-partie de ceux que nous avons cités plus haut :

« Pourquoi ne pas te soumettre à l'autorité de l'Evangile, si bien fondée, si bien établie, répandue avec tant de gloire, et qui se présente à nous par une succession indiscutable depuis le temps des apôtres jusqu'au nôtre ? » (*C. Faust.*, XXXII, 19, P. L. 42, 509).

Le même thème reviendra plus tard dans la controverse donatiste. Dans la question baptismale, il faut suivre *canonicarum auctoritatem certissimam Scripturarum.* Mais si, comme ce fut le cas du temps de saint Cyprien, il y a, chez les évêques, *salva unitate,* diversité d'opinions, il faut s'en tenir à ce qu'a décidé l'*Universa Catholica quae toto orbe diffunditur* (*C. Cresc.*, I, 32, 38 ; P. L. 43, 465). Et la suite, qui répond très précisément à notre problème :

« Bien que sur cette question (du baptême) on ne puisse apporter un témoignage pris aux Ecritures canoniques, cependant même ici nous tenons la vérité de ces Ecritures quand nous faisons ce qu'a décidé l'Eglise universelle, que nous garantit (*commendat*) l'Ecriture elle-même. Puisque la Sainte Ecriture ne peut se tromper, quiconque craint de se tromper dans une question aussi obs-

12. Cf. P. Batiffol, *op. cit.*, pp. 26-27.

cure, qu'il consulte sur ce point l'Eglise, que l'Ecriture démontre sans aucune ambiguïté...» (33, 39 ; 466).

On ne peut trouver le sens authentique de l'Ecriture que dans la tradition de l'Eglise universelle [13].

13. Cf. Y. M.-J. CONGAR. *La Tradition et les Traditions*. I. Essai historique, Paris, 1960, p. 67 et n. 27. — II. Essai théologique, Paris, 1963, p. 150 et nn. 77-79.

# LE MOMENT « ÉCONOMIQUE » ET LE MOMENT « ONTOLOGIQUE » DANS LA SACRA DOCTRINA (RÉVÉLATION, THÉOLOGIE, SOMME THÉOLOGIQUE)

par

YVES MARIE-JOSEPH CONGAR, O. P.

Précisons d'abord le sens des termes employés dans le titre qu'on vient de lire et dans l'étude qu'il annonce.

S. Thomas appelle « Sacra Doctrina » l'enseignement venant de la Révélation gratuite et surnaturelle de Dieu en vue de notre salut [1]. L'expression englobe la Révélation, dont la Sainte Ecriture est le témoignage inspiré, et tout l'exposé ecclésiastique de cet enseignement : magistère ordinaire et extraordinaire (conciles), prédication, théologie de forme scientifique, y compris sa fonction d'illustration et de défense. La *Sacra Doctrina* est inclusive par rapport aux vérités connues par la raison, comme l'Eglise et la grâce sont inclusives par rapport au monde.

*Ontologie.* Le mot a été créé par A. Calovius en 1613, une époque où l'on a créé beaucoup de mots en « logie ». Ch. Wolff l'a vulgarisé en distinguant, de la métaphysique comme discipline spécifique, une métaphysique générale qu'il appelait « ontologie ». Laissant à son auteur cette construction discutable, et dépassant aussi le sens purement étymologique de « discours sur l'être », nous entendons ici par ontologie ce qui concerne la nature d'une réalité en elle-même : le *ce que* d'une réalité [2].

(1) Voir *Bull. Thom.*, oct. 1938, p. 490-506 ; art. *Théologie*, in DTC, XV, 379 s. ; Préface à G. F. VAN ACKEREN, *Sacra Doctrina. The Subject of the First Question of the Sum. theol. of St Thomas Aquinas*, Rome, 1952 ; *Tradition et « Sacra Doctrina » chez S. Thomas d'A.*, in *Eglise et Tradition*. Le Puy et Lyon, 1963, p. 157-194 (texte allemand in *Kirche u. Ueberlieferung*. Festgabe J. R. Geiselmann. Freiburg, 1960, p. 170-210) ; Et. MÉNARD, *La Tradition, Révélation, Ecriture, Eglise selon S. Thomas d'A.* (*Studia*, 18). Paris, 1964. Comp. *infra*, n. 103 (R. Gagnebet).

(2) Comp. P. TILLICH : « Que veut-on dire quand on dit que quelque chose *est ?* Pour désigner cette recherche, j'emploie volontiers le terme d' « ontologie » qui dérive de *logos* (« la parole ») et de *on* (« être »). L'ontologie c'est donc la parole de l'être, la parole qui s'empare de l'être, dévoile sa nature, l'amène à divulguer son secret à la lumière de la connaissance. L'ontologie est le centre de toute philosophie. Elle est, comme Aristote l'a dit, la « philosophie première » ou, comme on l'a malheureusement aussi nommée, la métaphysique, ce qui suit les livres de physique dans la collection des livres aristo-

*Ontologique* est l'adjectif correspondant ; il désigne *ce qu'*est une réalité en elle-même, interprété en termes d'être. Notons que certains l'emploient au sens de : réel, objectif, qui s'est vraiment réalisé ou produit (existence effective ou objective).

« *Ontique* » relève, originairement, du vocabulaire heideggerien où il s'oppose à l'ontologique existential. Nous l'employons pour désigner une ontologie de *choses,* distinguée de la nature propre de l'existence personnelle et des rapports (inter) personnels.

*Economie* désigne l'ordre historique de ce que Dieu a opéré pour notre salut. Souvent, nous nous référerons à la distinction des Pères grecs entre la « théologie », qui concerne le mystère nécessaire de Dieu en lui-même, celui des trois Personnes, et l' « économie », qui concerne le mystère libre de la Révélation et du salut, consommé dans celui de l'Incarnation rédemptrice.

*Economique* est l'adjectif correspondant. On parlera de « Révélation économique » au sens de dévoilement du mystère de Dieu et de son propos de grâce comme liée à l'Economie, dans et par l'Economie, dans le cadre et les limites de ce qui intéresse notre salut. Ceci par distinction d'avec une révélation absolue du mystère de Dieu en lui-même, indépendamment de ce qui en est engagé dans ce qu'il opère pour notre salut [3].

*Fonctionnel* signifie : relatif à..., par opposition à *absolu* et *en soi.* Une révélation ou une théologie « fonctionnelle » sont une révélation ou une théologie conditionnées, mesurées par leur rapport à notre salut, en opposition à une révélation ou une théologie de la réalité en soi.

*Système, systématique* désigneront éventuellement l'organisation rationnelle selon l'*ordo disciplinae* [4].

## I

Nous avons assisté, depuis une soixantaine d'années surtout, à une mise en question, voire à une mise en accusation de la théologie scolastique, principalement de celle de S. Thomas d'Aquin, au nom de l'originalité et de l'authenticité de la Révélation biblique et chrétienne. Les questions et accusations formulées naguère par Harnack dans un climat de libéralisme, par le Père Lucien Laberthonnière en liaison avec sa propre philosophie de l'esprit

téliciens. Cette expression a été et demeure malheureuse, car elle suggère l'illusion que l'ontologie décrit les réalités transempiriques, un monde derrière ce monde qui n'existerait que dans l'imagination spéculative. » (*Religion biblique et Ontologie,* in *Rev. Hist. Phil. rel.,* 39, (1959), p. 215.)

(3) Ainsi O. CULLMANN, *Christologie du N. T.,* Neuchâtel et Paris, 1958, p. 11, n. 1.

(4) Comp. G. MARTELET, art. cité *infra* (n. 103), in *Gott in Welt,* t. II, p. 9, n. 25.

humain et de la connaissance [5], sont aujourd'hui reprises, de telle manière qu'elles s'imposent à notre attention, à partir de trois grands faits qui marquent la situation intellectuelle et spirituelle de notre temps : le ressourcement biblique, la philosophie d'inspiration existentielle et personnaliste, le dialogue œcuménique et l'inévitable affrontement avec la Réforme.

1. *Le ressourcement biblique* nous a fait découvrir ou redécouvrir le fait que la Révélation, et le christianisme lui-même, sont essentiellement une histoire. Le sens même de l'Histoire et de la dimension historique peut être considéré comme une acquisition moderne, si l'on entend par là, au-delà d'une connaissance matérielle des faits du passé et de leur chronologie, la conviction que toute réalité terrestre concrète doit être comprise comme située, non seulement entre un avant et un après, mais entre un commencement et un avenir. Ainsi l'aspect historique des choses est-il devenu un principe de leur intelligibilité : la connaissance des genèses, des séquences et des enchaînements, est devenue une voie de la compréhension des réalités. Chrétiennement parlant, il ne s'agit plus d'être sauvé du temps et de la temporalité, comme c'était le cas pour S. Augustin ou dans une vision platonicienne des choses, il ne s'agit pas même d'un salut opéré *dans le cadre* du temps : il s'agit du temps comme salut, ou du salut comme histoire. Le salut et la Révélation — les deux ont d'étroits rapports mais ne se superposent pas exactement — ont des conditions d'existence historiques. La Révélation s'est déroulée, non seulement dans une suite historique de paroles, mais par le moyen d'une suite de faits historiques. Le salut s'est opéré, et continue à s'appliquer, par des faits d'histoire dont l'ensemble forme précisément ce qu'on appelle l'Histoire (révélée ou connue) du Salut.

La Révélation est toute finalisée par le salut. Elle a été faite selon ce que requiert notre salut et dans la trame des actes qui, dans l'Histoire du Salut, sont constitutifs du Peuple de Dieu. Ce que Dieu nous a communiqué de lui-même et de son dessein, il ne nous l'a pas communiqué dans une vision directe de lui-même, comme il le fera dans la condition eschatologique et céleste, mais d'une façon mesurée par l'utilité du salut sur la base de la foi, et dans la trame même des événements par lesquels il s'est constitué un Peuple qui fût à lui. C'est ce qu'on entend en disant que la Révélation est « économique ». On dit également « fonctionnelle », entendant par là que Dieu s'y est révélé, au moins immédiatement, non dans son en soi, mais selon ce qu'il fait, veut être et est pour nous. Nous voudrions prendre conscience de ce fait en évoquant quatre articles majeurs de la Révélation :

a) *Ego sum qui sum,* Ex. 3, 14. On sait quel rôle cette « métaphysique de l'Exode » (Et. Gilson) a joué dans la pensée chrétienne.

(5) *Le réalisme chrétien et l'idéalisme grec.* Paris, 1904,

S. Thomas d'Aquin avait bien le droit d'y voir la formule révélée répondant à ce que l'effort suprême de la raison lui permettait de conclure touchant la nature de Dieu, *Ipsum esse subsistens,* Dieu qui EST l'Acte absolu, qui EST, dans la simplicité d'un pur acte, tous les attributs qu'on peut affirmer en lui... Sans le moindre doute, cette métaphysique est contenue dans l'énoncé révélé, dont la formule célèbre est une traduction valable. Elle a l'appui de la Septante. On s'accorde pourtant généralement aujourd'hui pour reconnaître qu'une préoccupation ontologique est étrangère à l'A. T. juif [6]. D'autres traductions sont possibles, et peut-être même sont-elles plus fondées encore, soit dans la lettre du texte, soit dans le contexte général des Ecritures de l'Ancien Testament. On pourrait traduire l'*eyeh asher eyeh* de l'hébreu : « je suis qui je suis » [7]. Dieu ne donnerait pas son nom : à Moïse, qui le lui a demandé, il répondrait en réservant totalement le mystère de ce qu'Il est. D'autre part, certains, considérant que le verbe est au mode causatif, pensent qu'il faut tenir compte de ce fait et traduisent : « Je suis (je serai) celui qui fait être » [8]. On reviendrait ainsi, d'une certaine façon, à « la métaphysique de l'Exode », mais l'accent serait moins mis sur ce qu'est Dieu en lui-même, et davantage sur son action au bénéfice du monde et de l'homme ; l'en soi perdrait au bénéfice du fonctionnel.

Cependant, une quatrième traduction est possible, qui recueille nos préférences. Le verbe qu'on traduit par « je suis » est en effet au futur, exactement comme deux versets plus haut (v. 12), où personne n'hésite à traduire : « Je serai avec toi ». On devrait donc écrire : « Je serai qui (ou : ce que) je serai ». Enoncé un peu étrange. Est-ce là une réponse ? Moïse a interrogé : Si l'on me demande Ton nom, que répondrai-je ? — Mon nom ? Je ne le donne pas dans une formule. Mon nom, c'est moi-même. Qui suis-je ? Vous le verrez à mes actes. Je serai celui qui vous fera sortir d'Egypte et traverser la mer ; je serai celui qui vous mènera au Sinaï, qui vous y donnera la Loi, y conclura alliance avec vous, celui qui

(6) Ce qui ne veut pas dire qu'il n'y ait pas d'ontologie dans la Bible : affirmation que E. Käsemann, à la Conférence de Foi et Constitution, à Montréal (juillet 1963) croyait pouvoir tirer du fait qu'ici, précisément, la Bible ne dit pas : *Dieu est,* mais : *Il sera.* La conséquence ne suit pas. On doit simplement conclure que, selon la Bible, Dieu a *son* ontologie propre, *cette ontologie* d'Ex 3,14 (Je serai qui je serai) et d'Ap. 1,4 (« Je suis, j'étais, je viens »).

(7) Ainsi, parmi les catholiques, A. M. Dubarle, *La signification du nom de Jahweh,* in RSPT, 34 (1951), p. 3-21, approuvé par G. Lambert, *Que signifie le nom de YHWH ?* in *Nouv. Rev. theol.,* 74 (1952), p. 897-915. Voir aussi C.R.A. Cunliffe, *The Divine Name of Yahweh,* in *Scripture,* 6 (1954), p. 112-115 ; M. Allard, *Note sur la formule 'Ehyeh aser ehyeh,* in *Rech. Sc. rel.,* 45 (1957), p. 79-86 ; A. M. Besnard, *op. cit. infra* (n. 10), p. 32 s. Historique et classement des interprétations dans M. Reisel, *The Mysterious Name of YHWH.* Assen, 1957 ; R. R. Mayer, *Der Gottesname Jahwe im Lichte der neuesten Forschung,* in *Bibl. Zeitsch.,* 2 (1958), pp. 35-53.

(8) A. Barrois, *Manuel d'Archéologie biblique,* t. II, Paris, 1953, p. 404. E. Dhorme, *Le nom du Dieu d'Israël,* in *Rev. Hist. Religions,* 141 (janv. 1952), p. 5-18) nie ce sens causatif. Il admet le sens : « il existe ». Comp. L. Koehler, *Theologie des A. T.,* 3e éd., Tubingue, 1953, p. 25 (Celui qui est, qui vit).

fera de vous un peuple, Mon peuple ; je serai celui qui vous nourrira au désert, qui vous fera entrer dans la terre que je vous ai promise. Je serai celui qui habitera dans le Temple, qui vous parlera par les prophètes ; je serai celui qui vous donnera des ministres de Ma volonté ; je serai celui qui viendra sans cesse vers vous... De fait, au terme de la Révélation biblique, l'Apocalypse donne au Seigneur, qui va y opérer son suprême « dévoilement » pour cette terre, ce titre composé qu'il faut considérer comme représentant une seul nom : « Il est, Il était et Il vient » (1, 4, 8 ; 4, 8 ; comp. 11, 17 ; 16, 5). Ce nom répond à celui de l'Exode. Ici et là, Dieu se désigne comme le sujet souverain de l'Histoire Sainte, dont la « nature » se dévoile dans et par ce qu'il fait pour nous. L'énoncé le plus métaphysique, peut-être, le plus ontologique, de la Révélation, renverrait à l'Economie comme au seul lieu où l'on pourrait le comprendre [9].

A cette interprétation se ramène celle des très nombreux biblistes qui, s'appuyant sur le rapprochement entre le verset 14 et le verset 12, insistent moins sur la valeur de futur et davantage sur l'idée d'être *là, avec* et *pour* Son peuple : Je suis celui qui est là, constamment présent près de vous, le Dieu de l'alliance [10].

*b*) S'agissant de la Bible juive, un bibliste israélite a écrit : « La Bible n'est pas une théologie pour l'homme, elle est une anthropologie pour Dieu » [11]. Nous pourrons dans la suite de cette étude, apprécier la vérité de ce jugement. Acceptons-le, pour le moment, au moins pour l'Ancien Testament. Il y est parlé moins de Dieu en lui-même que de ce qu'il veut que nous soyons pour lui et, en vue de cela même, de ce qu'il veut être et de ce qu'il est pour nous. Cette « anthropologie » est bien une anthropologie *pour Dieu,* une anthropologie relationnelle. On nous dit *ce que* l'homme est et devient selon le rapport où il est avec Dieu. On ne nous dit guère *ce qu'*il est en lui-même, du moins au plan où se situerait une anthropologie scientifique, voire philosophique, ou bien la sociologie moderne, ni quelles sont les facultés de l'homme, ni de quoi il se compose. On le dit, mais du point de vue de Dieu et donc à ce niveau où l'homme est ce qu'il est en raison d'une certaine relation avec Dieu, précisée, ici, en termes d' « être à l'image ». Si l'on demande à la Bible une anthropologie, une psychologie, de type scientifique, on est déçu, car on s'aperçoit bientôt qu'il n'y

(9) Dans ce sens, M. Reisel, *Observations on 'Ehyeh ašer Ehyeh* (*Ex. III,* 14), *H W'H'* (*D.S.D., VIII,* 13) *and sm hmpwrs.* Athènes, 1957 (cf *Eph. Theol. Lovan.*, 1958, p. 553) ; M. Allard, art. cité n. 7.

(10) Voir par exemple W. Eichrodt, *Theologie des A. T.*, t. I, Leipzig, 1933, p. 93 ; Martin Buber, *Königtum Gottes.* 3e éd. Heidelberg, 1956, p. 69 ; id., *Moïse,* trad. A. Kohn, Paris, 1957, p. 59 s. ; E. Jacob, *Théologie de l'A. T.*, Neuchâtel et Paris, 1956, p. 40-52 ; R. Abba, *The Divine Name Yahveh,* in *Journal of Biblical Literature,* 80 (1961), 320-328 ; G. von Rad, *Théologie de l'A. T.* Trad. E. de Peyer, t. I, Genève, 1963, p. 160, et, au fond, A. M. Besnard, *Le mystère du Nom* (*Lectio divina,* 35), Paris, 1962, p. 32 s., 189 s.

(11) Abraham Heschel, cité par A. Lacocque, in *Rev. Hist. Philos. rel.*, 40 (1960), p. 2. L'original est un peu différent : *Man is not alone.* New-York, 1951, p. 129.

en a pas une bien cohérente ou bien élaborée. Mais si on lui demande une anthropologie dans la ligne relationnelle ou dans celle des rapports interpersonnels, surtout une anthropologie de ce que devient l'homme selon la double et unique relation qu'il réalise avec Dieu et avec ses frères, on est comblé : on atteint d'emblée le plus profond de ce que la psychologie des profondeurs et l'ontologie intersubjective contemporaines ont retrouvé, de leur côté et à leur manière. L'anthropologie biblique est donc également « économique ».

Le Dieu biblique ne va pas sans l'homme ni sans un monde. La Bible commence par une explication des commencements du monde et de l'homme. Elle comporte une cosmologie aussi bien qu'une anthropologie [12]. Mais de nouveau et plus que jamais une cosmologie de type, non point scientifique et ontologique, mais économique. De tous côtés, aujourd'hui, on nous dit que le récit de la création (Gn 1-3) n'est, dans la Bible, que le premier chapitre de l'histoire du salut ou de la sotériologie, toute dominées par le Christ [13]. Le monde est posé comme créé pour être racheté et ramené à Dieu dans la gloire des fils de Dieu. Dans le Nouveau Testament également, il est toujours considéré dans son rapport au dessein de Dieu, à partir de la prédestination des hommes *in Christo*, jamais dans sa pure dimension naturelle, sociale ou cosmique [14]. Donc, une fois de plus, cosmologie « économique ».

*c*) On sait que la révélation suprême et propre du N. T. concerne le dévoilement du mystère intime du Dieu Vivant qui est Père, Fils et Saint-Esprit. Entrerions-nous, avec le Nouveau Testament, dans une révélation et une connaissance de Dieu *en soi*, indépendamment de son engagement dans l'Economie ? Il est certain que, si la Foi était, dans l'Ancien Testament, essentiellement une confiance et une obéissance, elle ajoute à ces valeurs, dans le Nouveau Testament, un aspect très positif de *connaissance* [15]. S. Thomas dit bien que la révélation de la Trinité est propre à l'alliance de

(12) Voir *Le thème de Dieu-Créateur et les explications de l'Hexaméron dans la tradition chrétienne*, in *L'homme devant Dieu*. Mél. H. de Lubac, t. I (*Théologie*, 56), Paris, 1964, p. 189-222.

(13) Remarque très souvent faite : E. ESCOULA, *Le Verbe sauveur et illuminateur chez S. Irénée*, in *Nouv. Rev. théol.*, 66 (1939), p. 551-556 ; G. LAMBERT, *La création dans la Bible, ibid.*, 1953, p. 252-282 ; A. GELIN, *Le monothéisme d'Israël*, in *Lum. et Vie*, n° 29 (1956), p. 585-602 (p. 598) ; E. JACOB, *op. cit.* ; G. VON RAD, *Das erste Buch Mose* (*Neues Göttinger Bibelwerk*, 11/4), 5e éd. Göttingen, 1958, p. 15 s. ; J. DANIÉLOU, *Le mystère de l'Histoire*, Paris, 1953, p. 134-35, 137 ; W. VISCHER, *Le « kérygme » de l'A. T.*, in *Etudes théol. et relig.*, 30 (1955), p. 24-28 ; ID., *Quand et pourquoi Dieu a-t-il révélé à Israël qu'il est le Dieu créateur ?* in *Foi et Vie*, mai-août 1959, p. 3-17 ; E. BEAUCAMP, *La Bible et le sens religieux de l'univers* (*Lectio divina*, 23), Paris, 1959 ; P. BIARD, *La Puissance de Dieu*, Paris, 1960, ch. II ; J. COMBLIN, *Théologie de la Paix*. Paris, 1960, p. 114-145, etc...

(14) Cf Ep. 12-10 ; Col. 1,15-20 ; R. VÖLKI, *Christ und Welt nach dem N. T.* Wurtzbourg, 1961.

(15) Cf I. ALFARO, *Fides in terminologia biblica*, in *Gregor.*, 42 (1961), p. 463-505 ; P. GRELOT, *Sens chrétien de l'A. T.*, Tournai, 1962, p. 142-145 ; R. LATOURELLE, *Théologie de la Révélation* (*Studia*, 15), Paris, 1963, p. 39.

grâce. Déjà cependant J. B. Hirscher soulignait le caractère économique de cette révélation chrétienne de la Trinité [16] : idée reprise de nos jours par plus d'un auteur catholique [17]. Il est certain que cette révélation est toute suspendue au fait de Jésus-Christ, elle n'intervient pas sous la forme que prendront les dogmes de Nicée et de Chalcédoine, mais par référence à l'œuvre salutaire accomplie par le Christ, qui vient du Père et envoie ou prie le Père d'envoyer l'Esprit. Le mystère des trois Personnes nous est dévoilé comme contenu dans celui de l'Incarnation, elle-même portée à notre connaissance dans l'affirmation de ce que Dieu a fait pour nous.

*d*) S'agit-il de la christologie ? Les exégètes catholiques reconnaissent le caractère *économique* de la révélation du Logos [18]. Certains énoncés johanniques faits, semble-t-il, en termes d'ontologie, et assez généralement interprétés, en effet, au moins depuis les hérésies trinitaires et christologiques, dans le sens ontologique, semblent devoir s'entendre et pouvoir mieux se comprendre, dans la perspective de l'histoire du salut qui est celle du Nouveau Testament. Ainsi un énoncé comme « Le Père est plus grand que moi » [19] ou, à l'inverse, « Le Père et moi nous sommes un » [20]. Même les fameuses formules du Christ, en S. Jean, *Egô eimi,* « Je suis », qui pourraient sembler relever d'affirmations d'ontologie, introduisent en réalité des attributions sotériologiques ou économiques [21]. Il est vrai que la vérité de telles attributions suppose une situation tout à fait privilégiée, voire unique et transcendante, du Christ au point de vue de sa relation avec Dieu, mais ceci ne doit pas faire méconnaître leur moment économique. Il en va de même pour un titre aussi important que celui de « Fils de Dieu » et de l'usage que fait le Nouveau Testament du Psaume 2,7, « [Yahvé] m'a dit : Tu es mon fils, moi, aujourd'hui, je t'ai engendré » [22]. On a interprété ce texte, soit de la génération éternelle, dont l'*aujourd'hui* indique l'actua-

(16) *Ueber das Verhältnis des Evangeliums zur theologischen Scholastik der Neuzeit im kathol. Deutschland.* 1823, cité par J. HESSEN, *Griechische oder biblische Theologie ? Das Problem der Hellenisierung des Christentums in neuer Beleuchtung,* Leipzig, 1956, p. 167.

(17) H. RAHNER, *Eine Theologie der Verkündigung,* 2e éd., Freiburg, 1939, p. 56, avec invocation de S. THOMAS, IIa IIæ, q. 2, a. 8 c. ; Divo BARSOTTI, *Vie mystique et mystère liturgique,* Paris, 1954, p. 273 s. ; Ch. DE MORÉ PONTGIBAUD, *Du fini à l'Infini* (*Théologie,* 26), Paris, 1957, chap. V. et VI.

(18) Voir J. DUPONT, *Essais sur la christologie de S. Jean,* Bruges, 1951, p. 58 ; M. E. BOISMARD, *Le prologue de S. Jean* (*Lectio divina,* 11), Paris, 1953, p. 122.

(19) Jn 14,28. Cf R. SCHNACKENBURG, *Zur dogmatischen Auswertung des N. T.,* in *Exegese und Dogmatik,* hrsg v. H. VORGRIMMLER, Mayence, 1962, p. 122-123 (cf R. MARLÉ, *Le problème théologique de l'Herméneutique,* Paris, 1963, p. 134).

(20) Jn 10,30. J. HESSEN, *op. cit.* (n. 16), p. 152, l'entend dans la perspective active. Il en rapproche Jn 14,8, puis 2 Co. 5,19 et Col. 2,9 : unité d'opération. Le Père est dans le Fils et agit en lui.

(21) Cf A. FEUILLET, *Thèmes bibliques dans le chap. VI de S. Jean,* in *Nouv. Rev. théol.,* 82, 1960, p. 924-925.

(22) Cf Ac. 13,33 ; Hb. 1,5 ; 5,5 ; comp. la théophanie lors du baptême de Jésus : Mt 3,17 ; Mc 1,11 ; Lc 3,22.

lité supratemporelle, soit de l'Incarnation temporelle [23]. On ne peut pas exclure la génération du Fils au sens du concile de Nicée, des textes du Nouveau Testament qui appliquent à Jésus le titre de Fils de Dieu. On ne peut non plus méconnaître leur sens fonctionnel et messianique. Dans le Nouveau Testament, la qualité de « Fils de Dieu » recouvre autre chose qu'une réalité ontologique statique ; elle implique l'acquisition de la *condition* divine, laquelle suit la résurrection et la glorification, c'est-à-dire des moments de l'Economie [24]. Il n'y a d'ailleurs rien là que la théologie la plus classique ne puisse assumer.

Sur la base des quatre articles qui viennent d'être évoqués au simple titre d'échantillons représentatifs, on peut conclure que la Révélation telle que les Saintes Ecritures en sont le témoignage ou le mémorial, n'est pas un ensemble de propositions dogmatiques portant sur l'en soi de Dieu, du Christ, du monde et de l'homme, mais qu'elle nous dévoile le mystère de Dieu dans son action en vue de notre salut, c'est-à-dire visant à nous unir à Soi malgré le péché. Ceci est généralement reconnu aujourd'hui, non seulement par les protestants, qui insistent sur ce point [25], mais par les catholiques [26].

(23) Ainsi S. THOMAS, *In Hebr.* c. 1, lec. 1 (éd. CAI, Marietti, n° 15) et lec. 3 (nos 49-50) ; *In Mat.* c. 3 (éd. CAI, n° 302) ; Ia, q. 27, a. 2 sed c.

(24) Voir J. DUPONT, « *Filius meus es tu* », *l'interprétation du Ps. II,7 dans le N. T.*, in *Rech. Sc. rel.*, 35 (1948), p. 522-543 ; P. MICHALON, *L'Eglise Corps mystique du Christ glorieux*, in *Nouv. Rev. théol.*, juill. 1952, p. 673-687 ; M. E. BOISMARD, *Constitué Fils de Dieu* (*Rom.* 1,4), in *Rev. biblique*, 60 (1953), p. 5-17.

(25) O. CULLMANN écrit : « Toute théologie chrétienne est, dans son essence intime, une histoire biblique ». « C'est sur une ligne droite tracée au sein du temps ordinaire que Dieu se révèle et c'est de là qu'il dirige, non seulement l'histoire dans son ensemble, mais encore tous les événements de la nature : il n'y a pas de place ici pour des spéculations sur Dieu qui se voudraient indépendantes du temps et de l'histoire. » *Christ et le temps*, Neuchâtel et Paris, 1947, p. 16 et 17.

(26) Par exemple Dom J. DUPONT écrit : « Disant que le Père a la vie en lui et qu'il a donné au Fils d'avoir pareillement la vie en lui, Jésus ne fait pas une révélation sur les relations intra-trinitaires ni sur l'origine du Fils par rapport au Père » (*Essais sur la Christologie de S. Jean*, Bruges, 1951, p. 196) ; K. RAHNER, *Marie, Mère du Seigneur*, Paris, 1960, p. 69 : « L'essentiel de l'enseignement du N. T. n'est pas une ontologie des propriétés de Dieu, ce n'est pas une théorie, mais la relation de l'histoire des expériences qu'ont été pour les hommes les rapports entretenus par Dieu avec lui » ; J. RATZINGER, *Christozentrik in der Verkündigung*, in *Trier. Theol. Zeitsch.*, 70 (1961), p. 10, « Die Verkündigung hat es nicht mit ontologischen Aussagen zu tun, sondern ihr Zentrum ist die Botschaft von der Heilsgeschichte Gottes mit dem Menschen » ; P. GRELOT, *op. cit.* (n. 15), p. 425 : « Dieu, dans sa révélation surnaturelle, ne nous enseigne rien qui ne concerne notre salut » ; P. BENOIT, C.-R. de Cullmann (*Christol.*) in *Rev. Bibl.*, 65 (1958), p. 274 : « Leur (les écrits du N. T.) point de vue est fonctionnel, et non ontologique. Ils ne spéculent pas sur l'être de Dieu en lui-même et sur les rapports de nature ou de substance qui unissent le Fils au Père ; ils perçoivent la personne de Jésus dans son rôle de révélateur et de rédempteur, qui le suppose à la fois identique à Dieu et distinct de lui. C'est une problématique différente de celle qui commandera les discussions patristiques et scolastiques. Cullmann revient souvent sur cette observation capitale et on ne peut que lui donner raison. La théologie spéculative poursuit sur son plan conceptuel d'inspiration gréco-latine une recherche qui est légitime ; mais elle doit garder conscience de la différence des points de vue, sous peine d'exploiter l'Ecriture de façon injustifiée, voire de ne pas l'exploiter dans ce qu'elle a de plus vital. »

Nous même avons proposé de voir, dans ce caractère de la Révélation, l'explication d'un fait qui embarrasse, plus qu'il ne les avantage, ceux qui voudraient lire les Saintes Ecritures comme une métaphysique révélée. Ce fait est que la Révélation ait été si largement faite en images. Une interprétation de tendance très ontologique voit dans un tel emploi d'images plutôt un obstacle à la visée intellectuelle de la connaissance : même saint Thomas sent les choses ainsi [27]. Quel peut être le statut épistémologique d'une révélation si largement faite en images ? On explique bien qu'il y a là un procédé pédagogique adapté à notre condition charnelle. C'est vrai, mais n'y a-t-il rien d'autre à dire ? On note que les métaphores exploitent une forme d'analogie qu'on qualifie d'impropre parce qu'elle ne s'applique pas, directement, à une similitude dans l'être, mais seulement à une similitude d'*effets* [28]. Les énoncés en image — Je suis ton rocher ; Je suis la vigne ; Le Christ est chef de son corps... — se prêtent donc très précisément à exprimer, moins l'être intime de Dieu, son *en soi*, que ce qu'il fait et veut être pour nous : une vérité économique et fonctionnelle qui, évidemment, suppose bien quelque chose au niveau de l'ontologie...

2. *Le climat actuel de réflexion sur les rapports interpersonnels*. Si la Sainte Ecriture parle de Dieu dans la relation qu'il suscite entre les hommes ou le monde et lui, et de l'homme dans le rapport d'alliance où l'acte accompli par Dieu à son bénéfice lui propose de se situer, il est normal que le climat biblique soit profondément personnaliste. La foi, qui est le cœur de la relation dont parlent les Ecritures, est l'ouverture d'une personne à une autre personne dans la confiance : elle fait exister l'une pour l'autre les deux personnes qu'elle réunit. Ce sens personnaliste de la foi, reconnu et honoré par la tradition théologique, se trouve aujourd'hui exalté. Il y a eu les philosophes du personnalisme : la personne vue comme catégorie suprême (Renouvier) ; S. Thomas, lui, pensait qu'elle représente la forme la plus haute de l'être [29], mais il la situait ainsi dans la série des choses, au point de vue ontologique, tout en l'élevant au-dessus de toutes les choses de la nature, par la liberté. Kierkegaard a critiqué toute considération des choses en général, il a affirmé les différences qualitatives, les ruptures, qui caractérisent l'existence personnelle ; il a revendiqué l'originalité du christianisme, non comme *Lehre*, mais comme décision

(27) Cf. Ia q. 1, a. 9. Mais S. Thomas n'aurait pas suivi S. PIERRE DAMIEN, qui attribuait au péché la nécessité de recourir à des comparaisons corporelles : *Opusc.* XIII, 9 (P.L., 144, 305 A.).

(28) Cf. Ia, q. 1, a. 10, ad 3 ; M. T. L. PENIDO, *Le rôle de l'analogie en théologie dogmatique* (*Bibl. thomiste*, 15), Paris, 1931, p. 42 s., 99 s., 107 ; notre *La Foi et la Théologie*, Paris, 1962, p. 30-33.

(29) *C. Gent.* IV, 11, mis en valeur sous cet aspect par J. B. METZ, *Christliche Anthropozentrik. Ueber die Denkform des Thomas v. Aquin*, Munich, 1962, p. 52 s. Comparer infra, n. 151.

personnelle. On a redécouvert sa philosophie au moment où s'imposaient à l'attention le courant phénoménologique issu de Max Scheler et l'analyse existentielle de Martin Heidegger : celle-ci est de visée et de portée proprement métaphysique, mais la saisie de l'être à laquelle elle s'efforce passe par l'analyse du *Dasein*, de l'existence de l'homme dans le monde.

Ces courants d'idées ont formé le climat dans lequel des penseurs religieux ont développé l'aspect interpersonnel du rapport religieux de la Foi éveillée par la Parole de Dieu. Les catégories « je » et « tu » proposées par Martin Buber [30] ont été souvent utilisées pour définir la foi comme rapport personnel. Chez les protestants, Emil Brunner montre la Parole et l'appel qu'elle comporte, suscitant, créant la personne comme faculté de décision, de réponse, et constituée par le rapport ainsi posé [31]. Telle est aussi la ligne suivie par M. Roger Mehl [32] et, à son plan, par M. Georges Gusdorf. Parmi les théologiens catholiques, l'interprétation personnaliste porte ses fruits, soit dans l'étude de la psychologie de la Foi, de l'amour, de l'expérience religieuse (M. Nédoncelle ; M. Zundel ; J. Mouroux ; R. Guardini ; A. Dondeyne), soit dans la théologie des sacrements et, en général, de l'Eglise, comme lieu de la rencontre entre l'homme et Dieu dans le Christ (E. Schillebeeckx ; J. Semmelroth, *Rencontre de Dieu.* Paris, Tours, 1964).

On arrive ainsi à distinguer et même à opposer deux ordres de l'appréhension de la réalité : selon une ontologie ontique, qui répond à leur aspect de *choses,* et selon une ontologie personnelle ou intersubjective, qui seule rend compte de ce qui est propre aux *personnes.* Chez les penseurs catholiques en particulier, la distinction est faite sans que le niveau personnel ou intersubjectif soit affirmé comme exclusif du niveau ontologique général, proportionnellement commun à tout ce qui est, à tout ce qui relève d'affirmations en termes d'être. En effet, tout le réel relève de l'idée d'être : c'est ce qui a autorisé S. Thomas, par exemple, à proposer une interprétation métaphysique de la liberté elle-même et de l'amour, cette dernière étudiée naguère par le P. H.-D. Simonin. Mais parfois, les deux ordres ou niveaux sont posés et opposés de telle manière qu'on soit mis en demeure de choisir l'un à l'exclusion de l'autre lorsqu'il s'agit de penser et d'exprimer les réalités chrétiennes. C'est ce que nous voyons par exemple chez un H. Scholz estimant qu'il y a incompatibilité entre la preuve de l'existence de Dieu comme Premier Moteur, telle que S. Thomas la propose,

(30) Voir *Ich und Du,* 1923, trad. frse *Je et Tu,* Paris, Aubier, 1938 ; *Die Schriften über das dialogischen Prinzip,* Heidelberg, 1954 ; *La vie en dialogue,* Paris, 1959.

(31) *Wahrheit als Begegnung,* Berlin, 1938, position qui a donné l'ecclésiologie de *Das Missverständnis der Kirche.* Zurich, 1951 (reprise dans *Dogmatik,* t. III. *Die Lehre v. d. Kirche, vom Glauben u. v. d. Vollendung,* Zurich, 1960). On peut voir B. Langemeyer, *Der dialektische Personalismus in der evangelischen u. kathol. Theologie der Gegenwart,* Paderborn, 1963.

(32) Voir par exemple *La Rencontre d'autrui. Remarques sur le problème de la communication.* Neuchâtel et Paris, 1955.

et l'affirmation chrétienne de Dieu comme *Agapè*[33]. Ou bien chez un J. Hessen voyant une opposition analogue entre une notion de la foi insistant sur l'aspect intellectuel, notion dont il pense trouver la formule chez S. Thomas d'Aquin («credere est actus intellectus secundum quod movetur a voluntate ad assentiendum » : IIª IIæ, 4, 2), et une notion « personnaliste » de la foi comme rencontre entre deux personnes[34]. J. Hessen, comme jadis le P. Laberthonnière dont il retrouve certains thèmes, mais surtout comme E. Brunner dont il cite volontiers les textes, oppose la connaissance d'une réalité, éventuellement d'une autre personne appréhendée comme un *objet,* à la connaissance qu'on en a quand on la *rencontre* comme un *sujet,* il oppose le fait de parler de Dieu à la seconde personne, *Tu es,* et celui de parler de Dieu à la troisième personne : *Dieu est.* Dieu ne s'objective pas, il se dévoile comme notre partenaire actif[35]. La Révélation de Dieu ne se pose pas devant nous comme un objet, elle est l'acte d'un sujet et le début du don qu'il nous fait de soi. Il ne faut pas parler de Dieu en cédant à l'esprit grec, en termes de *Sosein,* par une recherche de *ce qu'*il est, mais, comme la Bible, en termes de *Dasein,* par affirmations d'existence et d'initiatives personnelles[36]. Le Nouveau Testament connaît un Dieu actif, un Dieu « économique », pas de Dieu métaphysique. C'est le virus de l'esprit grec qui a porté les théologiens à passer d'un Dieu *pour nous* à un Dieu *en soi*[37].

3. *L'affrontement inévitable avec la Réforme.* Hessen aime citer, avec une entière approbation, des auteurs protestants. Il est vrai que plusieurs des idées que nous avons rencontrées se retrouvent au cœur de la Réforme. Ce n'est pas en vain que celle-ci a voulu être, radicalement, une critique de la Scolastique médiévale. D'autre part, il ne semble pas douteux que le commerce assez intense que les catholiques entretiennent avec la pensée protestante ait contribué à susciter les questions dont nous voulons nous occuper ici.

Luther a commencé par une critique de la Scolastique. Sa

(33) *Eros und Caritas,* Halle, 1929, p. 62 s.
(34) *Op. cit.* (n. 16), p. 133 s.
(35) Notons à ce propos l'utile remarque du P. S. Pinkaers, *Le rôle de la fin dans l'action morale selon S. Thomas,* in RSPT, 45 (1961), p. 393-421 : « Dans la langue de S. Thomas, le mot « objet » et l'adjectif « objectif » qu'on en fait dériver, ne s'opposent pas à « personne » et à « personnel » comme dans le langage moderne courant. La personne peut elle-même être nommée objet par S. Thomas sans aucunement déchoir de sa dignité propre ; on veut simplement dire par là qu'une personne se présente à une faculté humaine comme un principe d'actualisation. La volonté, qui est la faculté humaine personnelle au premier chef, dont l'acte propre est l'amour, ne pourra justement trouver son objet adéquat que dans une autre personne, aimée d'amitié : et quand S. Thomas affirmera que Dieu est la fin ultime authentique de l'homme et le seul objet adéquat à son désir naturel, il ne le considérera pas, quoi qu'on en puisse penser, comme une grande Idée ou un énorme bloc d'être, mais comme une Personne, comme une Trinité de Personnes, le Dieu de la Révélation » (p. 416).
(36) J. Hessen, *op. cit.* (n. 16), p. 85 s., 100 s.
(37) *Ibid.,* p. 147-148.

*Disputatio contra theologiam scolasticam,* 1517, est aussi révélatrice de ses mobiles intellectuels et spirituels que son commentaire de l'Epitre aux Romains. Un an plus tard, dans la Dispute de Heidelberg, Luther opposait une *theologia crucis* seule valable, à une *theologia gloriae* [38]. La *theologia gloriae* est celle que recherche et procure la raison naturelle. Celle-ci pose des questions de *quid,* de *quomodo,* elle prétend définir les choses et les connaître selon *ce qu'*elles sont en soi. Or ce n'est pas de cela que parle, ce n'est pas à cela que s'intéresse la Parole de Dieu : elle fait connaître Dieu comme Dieu - qui - justifie, Dieu sauveur en Jésus-Christ, et l'homme comme pécheur pardonné en Jésus-Christ : c'est cela la *theologia crucis.* Dans son commentaire sur l'Epître aux Romains, Luther opposait, dans un texte saisissant, la façon de « philosopher » de l'Ecriture et celle des métaphysiciens :

> Aliter Apostolus de rebus philosophatur et sapit quam philosophi et metaphysici. Quia philosophi oculum ita in praesentiam rerum immergunt, ut solum quidditates et qualitates eorum speculentur. Apostolus autem oculos nostros revocat ab intuitu rerum praesentium, ab essentia et accidentibus earum et dirigit in eas secundum quod futurae sunt. Non enim dicit « essentia » vel « operatio » creaturae, seu « passio » et « motus », sed novo et miro vocabulo, et theologico, dicit, « exspectatio creaturae », ut eo ipso, cum animus audit creaturam exspectare, non ipsam creaturam amplius, sed quid creatura exspectat, intendat et quaerat... [39]

La Parole de Dieu, en vérité, c'est Jésus-Christ : il n'y en a point d'autre. Dieu ne nous est accessible et connaissable que dans le Christ [40]. Et le Christ lui-même est « Christ » en ce qu'il est et a fait *pour nous* et que nous nous approprions réellement par la foi [41]. D'où les textes célèbres de Luther :

(38) Disput. Heidelb., th. 21 : éd. Weimar, I, p. 354 et 362 ; C. Stange, *Die ältesten ethischen Disputationen Luthers,* Leipzig, 1932, p. 54 et 69 ; cf W. von Loewenich, *Luthers Theologia crucis,* Munich, 1929 ; K. E. Skydsgaard, *Metafysik og Tro,* Copenhague, 1937, p. 31, « La theologia crucis au sens de Luther est celle qui vit uniquement de la foi et connaît Dieu uniquement comme le Dieu qui justifie, et l'homme en tant que pécheur. Cette théologie rejette toute sorte d'explication métaphysique de l'homme et de l'existence comme base et condition d'une pensée chrétienne ». On le voit, tout repose sur une certaine conception de la foi, comme référée seulement à la justification. Le P. Olivier, A. A., achève un travail sur la *th. crucis* de la Dispute de Heidelberg. Th. Preiss (*La vie en Christ,* Neuchâtel-Paris, 1951, p. 86 n.) cite ce mot de Luther : « Tu ama Deum de creaturis, non vult ut eum amas in maiestate ».

(39) Luther, *Vorlesung über den Römerbrief,* 1515-1516, éd. Ficker, t. II, p. 198-99 ; éd. Weimar, t. LVI, p. 371-372.

(40) Luther au colloque de Marbourg sur la présence eucharistique, Weimar, XXX/3, p. 132, l. 23 s. ; E. Vogelsang, *Die Anfänge von Luthers Christologie...,* Berlin-Leipzig, 1929, p. 160 s.

(41) Selon Luther, la foi n'est pas donnée pour qu'on *connaisse* Jésus-Christ et sa mort — le démon connaît cela aussi bien que nous —, elle est le moyen par lequel nous nous approprions la justice de Jésus-Christ en prenant *pour nous* Jésus-Christ et sa mort. Luther se réfère souvent à S. Bernard, *Sermo in festo Annuntiationis,* 1, 3 (P.L., 183, 383) : cf Scheel, *Dokumente zu Luthers Entwicklung,* nn. 532, 826 ; voir aussi A. N. Bertrand, *Protestantisme,* 4e éd., p. 142 ; E. Brunner, *op. cit.* (n. 31), 1951, p. 116 s. ; Skydsgaard, cité *supra,* n. 38 ; *infra,* n. 44.

Christ a deux natures. En quoi est-ce que cela me regarde ? S'il porte ce nom de Christ, magnifique et consolant, c'est à cause du ministère et de la tâche qu'il a pris sur lui : c'est cela qui lui donne son nom. Qu'il soit par nature homme et Dieu, cela, c'est pour lui-même. Mais qu'il ait consacré son ministère, mais qu'il ait épanché son amour pour devenir mon Sauveur et mon Rédempteur, c'est où je trouve ma consolation et mon bien (...). Croire au Christ, cela ne veut pas dire que Christ est une personne qui est homme et Dieu, ce qui ne sert de rien à personne ; cela signifie que cette personne est Christ, c'est-à-dire que, pour nous il est sorti de Dieu et venu dans le monde : c'est de cet office qu'il tient son nom [42].

Discamus tantum hoc verbum « Me, pro me », ut possimus certa fide concipere et non dubitare, « pro me » [43].

Aureis litteris haec verba sunt scribenda : Nostrum, Nos, Nobis. Qui haec non credit, non est christianus [44].

A ces textes fait écho celui de Mélanchton, cent fois cité, mais qui sent la formule d'école et n'a plus l'accent des lignes de Luther. « Hoc est Christum cognoscere, beneficia ejus cognoscere » [45].

Ces textes expriment, à leur plan, le fond même de la protestation de la Réforme contre le catholicisme médiéval. A-t-elle raison, a-t-elle tort ? La Réforme a eu et a encore conscience de s'opposer au catholicisme comme une conception dramatique de l'acte souverain du Dieu Sauveur, qu'on s'approprie dans la foi, s'opposerait à une conception sapientielle où la foi met en face de Dieu comme devant un objet connaissable par une activité où la raison s'unit à cette foi et s'harmonise avec elle. Nous pensons, bien sûr, que ce serait trahir le catholicisme que de le réduire à cela. C'est pourtant contre cela que la Réforme a pris position de protestation. K. Barth a résumé cette position en disant : Dieu n'est jamais *objet,* mais toujours *sujet.* Et non seulement il l'est, mais il veut être reconnu comme tel. Parler de lui « ontologique-

(42) *Predigten über das* 2. *Buch Moses.* Allegoria des 12. Kapitels : éd. Weimar, XVI, 217. Nombreux textes de même sens (cf ELERT, *Morphologie des Luthertum,* t. I, Munich, 1931, p. 61), par exemple celui-ci, du Comm. sur les Galates : « Nous ne devons pas nous représenter le Christ comme une personne privée innocente — ainsi que les scolastiques, Jérôme et d'autres l'ont fait —, personne qui en elle-même serait sainte et juste. Il est vrai que Jésus-Christ est une personne très pure, mais il ne faut pas s'arrêter là : tu n'as pas encore compris le Christ, même si tu sais qu'il et Dieu et homme. Mais tu le comprendras véritablement si tu crois que cette personne très pure et très innocente t'a été donnée par le Père pour être Pontife et Sauveur, ou plutôt pour être ton esclave qui, se dépouillant de son innocence et de sa sainteté, revêt ta personne pécheresse, porte ton péché, ta mort et ta malédiction, devient pour toi victime et maudit, afin de te délivrer de la malédiction de la Loi » (Weimar, LX/1, p. 448). On comparera E. BRUNNER, *Dogmatik,* t. I (analysée par G. RABEAU, *Rev. Sc. rel.,* 1948, p. 309 s.).

(43) Comm. sur l'Ep. aux Galates, 1535 : Weimar, XL/1, p. 299, l. 9.

(44) Weimar, XXXI/2, p. 432, l. 17.

(45) *Loci,* éd. C.R., t. XXI, p. 85 ; comp. *Apologia Confessionis Augustanae,* IV (*Die Bekenntnisschriften d. evang.-luther. Kirche,* 2e éd., 1952, Göttingen p. 181). Une fois de plus, on pourrait évoquer un texte de S. BERNARD : « Quid est ergo Deus ? Quo ad universum spectat, finis ? Quo ad electionem, salus ; quod in se est, ipse novit. » (*De Consider.,* V, 11,24 : P.L., 182, 802 B).

ment » entraînerait à le traiter comme un objet sur lequel on pût avoir prise, ou comme une chose de notre monde matériel, quantitatif et spatial. On risquerait même de le réduire à du statique, alors qu'il est Acte [46]. Le christianisme lui-même ne peut donc pas être conçu comme un *donné* du type d'un monde de quiddités ou de choses, même surnaturelles et posées par Dieu, qu'une humanité blessée et affaiblie, mais encore valide, pourrait manipuler [47]. Il est toujours à voir comme le rapport dramatique et paradoxal créé par l'acte et le don de Dieu entre *mon* salut, qui est Jésus-Christ, et moi pécheur, à qui la Foi, opérée en moi par Dieu, approprie ce salut.

La Réforme veut éviter de poser même des dons qui ne se réduiraient pas à une relation créée par Dieu comme Acte et Evénement. D'où son « antisubstantialisme » qui est un refus du statique, du général et de l'ontologique sous cette forme [48]. Il faut toujours garder au salut son caractère d'événement suscité par l'acte actuel et gracieux de Dieu. Les théologiens protestants les plus radicaux cherchent à concevoir tout *don* de Dieu comme un pur *acte* de Dieu, sans constitution d'une réalité nouvelle stable au niveau de l'ontologie [49].

C'est à ces positions que se rattache la phobie protestante de la « mystique », où l'on voit un danger de sortir de la pure relation actuelle de la foi, en faveur d'une possession et d'une union de type ontologique. Le chanoine J. Mouroux a justement relié cette attitude à une conception toute fonctionnelle de la Révélation [50].

On ne peut évidemment pas ranger sous une même accolade des penseurs aussi différents, parfois même opposés entre eux, que, par exemple, A. Ritschl, R. Bultmann, K. Barth, O. Cullmann, ce dernier n'étant nullement un systématicien, mais un pur exégète

(46) Cf G. Stammler, *Ontologie in der Theologie ?* in *Kerygma u. Dogma*, 4 (1958), p. 143-175. La position de l'auteur n'est finalement pas négative. Cf *Infra*.

(47) Cf Fr. Hübner, *Die Prinzipien der römischen Lehre von der Kirche*, in *Viva vox Evangelii.* Festgabe f. H. Meiser, Munich, 1951, p. 348-65.

(48) Quelques références significatives : R. Mehl, *Ecclesia quoad substantiam*, in *Rev. Hist. Philos. rel.*, 1956, p. 317-328, surtout p. 323-324 ; J. Hessen, *op. cit.*, p. 105. Applications, par exemple, aux rapports entre l'Eglise et la Mission (cf M. J. Le Guillou, *Mission et Unité*, Paris, 1960, t. I,, p. 92 s.), à la façon de concevoir la présence eucharistique du Christ (cf N. Egender, in *Irénikon*, 1959, p. 165-177).

(49) Sur l'opposition entre Protestantisme et Catholicisme comme entre « personnel » et « ontique », cf J. Hessen, *Platonismus und Prophetismus...*, Munich, 1939, p. 178 s. ; U. Mann, *Ethisches u. Ontologisches in Luthers Theologie*, in *Kerygma u. Dogma*, 3 (1957), p. 171-207 ; Th. Sartory, *Die ökumenische Bewegung und die Einheit der Kirche*. Meitingen, 1955, p. 194 s. ; H. Thielicke, in *Irénikon*, 1961, p. 252 ; notre *La Tradition et les traditions*. I. *Essai historique*, Paris, 1961, p. 78.

(50) *Le mystère du temps. Approche théologique* (*Théologie*, 50), Paris, 1962, p. 248, n. 5 : « En réalité les oppositions « chrétiennes » à la mystique impliquent comme arrière-fond un très grave présupposé doctrinal. Elles supposent que le N. T. ne comporte, concernant Dieu et le Christ, qu'une « théologie fonctionnelle » et que, par suite, la participation aux biens du Royaume n'est elle-même que « fonctionnelle » et non pas ontologique et existentielle... ».

qui, cependant, se prononce parfois dans des matières proprement théologiques. On constate cependant chez ces théologiens une commune répugnance à concevoir la Révélation comme une notification de vérités sur Dieu ou de vérités dites par Dieu : la Révélation est un acte de Dieu qui vient vers l'homme ou l'interpelle : elle est une rencontre personnelle [51]. On a pu, à cet égard, caractériser l'effort de Bultmann comme une tentation pour libérer la théologie de la problématique sujet-objet, de la « bonne vieille philosophie de l'homme naturel », pour présenter les rapports entre l'homme et Dieu, non selon le type de l'objectivité rationnelle et scientifique, mais selon celui de l'objectivité de la rencontre existentielle [52]. On retrouve évidemment chez Bultmann, l'affirmation que les Evangiles nous disent ce que Jésus est *pour nous,* non ce qu'il est *en lui-même* [53]. Mais cette affirmation, qui pourrait être simplement une constatation et qu'en un sens nous pourrions admettre, est systématisée dans une ligne existentielle centrée sur l'homme, et finalement on peut se demander si l'on ne parle pas de la Révélation dans des termes qui conviendraient plutôt à l'acte de foi ? A la limite, on se passerait d'un apport objectif intelligible comme tel, il n'y aurait que le pur fait de la rencontre, éprouvé comme tel par l'homme. C'est effectivement ce que nous lisions chez un converti de Bultmann, A. Malet : le kérygme serait un pur *que,* sans aucun *ce que* [54]. Répétons notre question : ne confond-on pas la condition de la Révélation et celle de la foi, n'applique-t-on pas à la Révélation et à son contenu ce qui est vrai de la foi, acte personnel ?

Au terme de cette première section, qui nous a introduits dans une certaine situation intellectuelle contemporaine, nous pouvons faire un bilan des questions que nous avons rencontrées :

1. « L'objet de la Bible », écrit O. Cullmann, « n'est pas le problème de Dieu envisagé indépendamment de son action à l'égard de la création. L'opposition n'est pas au fond entre « agir » et « être » : car Dieu « est » aussi en agissant. En réalité la distinction qui m'importe est entre l' « être » du Dieu qui se communique au monde et l' « être » de Dieu en soi, c'est-à-dire en dehors de sa relation avec le monde. Le but de la Bible est de nous parler du premier (...) » [55].

(51) Voir R. Latourelle, *op. cit.* (n. 15), p. 224 s., 401.
(52) R. Refoulé, *La vague bultmannienne,* in RSPT, 48 (1964), p. 253-254.
(53) Voir R. Bultmann, *Der Begriff der Offenbarung im N. T.*, Tubingue, 1929, p. 40 s. ; *Das Evangelium des Johannes,* 1941 ; *Theologie des N. T.*, 1948 ; *Das christologische Bekenntnis des Oekumenischen Rates,* in *Glauben u. Verstehen,* t. II, Tubingue, 1951-52, p. 246 (trad. frse dans *L'interprétation du N. T.*, Paris, 1955, p. 205 s.), etc...
(54) *Le problème des concepts et du langage* et *L'avenir de l'interprétation scripturaire,* in *Foi et Vie,* respectivement mars-avril 1959, p. 25-37, et janv.-fév. 1960, p. 22-43 ; *Recherches d'une théologie,* in *Le Semeur,* déc. 1958 ; *Mythos et logos. La pensée de R. Bultmann,* Genève, 1963.
(55) Dans *Choisir* (Genève), nos 9-10, juil.-août 1960, p. 20.

Peut-on se risquer à tenter une théologie de Dieu ou du Christ *en lui-même* ?

2. Le peut-on sans introduire une philosophie, une ontologie rationnelle ? Mais peut-on, tout simplement, penser et même articuler une affirmation quelconque sans employer des moyens de représentation objective et parler en termes d'être ? On l'admet, on note que, du côté protestant, Barth aussi bien que Tillich a pensé sa théologie dans les termes de *son* ontologie [56]. Il est vrai qu'il y a ontologie et ontologie, conception de l'être et conception de l'être. G. Stammler, dans une étude que nous avons déjà citée (supra, n. 46), distingue et caractérise quatre types d'ontologie, et nous ne reconnaissons l'être analogique tel que S. Thomas et les thomistes contemporains le présentent, dans aucun de ces quatre types. La vraie notion thomiste de l'analogie, ainsi que le statut de son usage en théologie, semblent ignorés des théologiens protestants qui les critiquent et les rejettent. Mais sans doute avons-nous les uns et les autres, des points de départ différents : il est purement christologique chez Barth, avec un refus de considérer l'œuvre du *Verbe* dans la création du monde et l'illumination des intelligences, indépendamment de la révélation du *Christ*. Nous ne traiterons pas ici pour elle-même la question de l'utilisation analogique et critique de nos connaissances rationnelles en théologie chrétienne.

3. Peut-on construire une vue d'ensemble ordonnée et, en ce sens, un système, selon la perspective de l'en soi, ou doit-on demeurer dans le cadre de l'Economie et d'énoncés fonctionnels ? Comment apprécier, à cet égard, l'effort des Pères, de la Scolastique et singulièrement de S. Thomas d'Aquin dans la *Somme ?* Il ne s'agit plus ici seulement de passer éventuellement, pour tel ou tel article, de ce que Dieu et le Christ sont *pour nous* à des affirmations touchant leur être *en soi,* mais de construire la matière d'une Révélation économique selon un ordre ontologique, non économique. Est-ce possible ? Est-ce sain ?

## II

Le passage du fonctionnel à l'ontologique, du *pour nous* à l'*en soi,* est nécessaire. L'Ecriture ignore ou dépasse l'opposition des deux, et certains de ses énoncés fonctionnels débouchent dans

(56) Cf H. Baintker, *Ontologie und Theologie* (rapport au Theologentag protestant allemand de 1960) in *Theolog. Literaturzeitung,* 85 (1960), col. 863-866 ; G. Rödding, *Das Seinsproblem in der Schöpfungslehre Karl Barths,* in *Kerygma u. Dogma,* 10 (1964), p. 1-47. Barth lui-même reconnaît que nul ne peut éviter d'user d'une certaine philosophie : *Kirchliche Dogmatik,* 1/2, Zurich, 4e *éd.,* 1948, p. 813 s. ; *Rudolf Bultmann. Ein Versuch ihn zu verstehen,* Zurich, 1953, p. 45. Pour P. Tillich, voir sa *Systematische Theologie,* t. I, 1956, et II, 1958.

l'ontologique. Même si elle ne nous parle de Dieu que pour nous amener à nous situer exactement à son égard, elle attribue à Dieu des qualificatifs qui le concernent en lui-même : Dieu est éternel, invisible ou spirituel, immortel, heureux, bon, sage, etc... [57]. Or, il est bien vrai que de tels énoncés sont, dans les Ecritures inspirées de la Révélation, autrement riches de contenu qu'ils ne peuvent l'être dans la plus haute recherche métaphysique [58]. Il est vrai que, dans l'Ecriture, ils doivent cette richesse surtout au fait qu'ils interviennent dans des témoignages rapportant l'action salutaire de Dieu. De tels énoncés, tout en les dépassant en contenu et en assurance, n'en coïncident pas moins avec ceux d'une « théologie naturelle » si légèrement décriée et si injustement méprisée du côté protestant et quelquefois même par certains catholiques.

On a, ces derniers temps, donné une attention particulière aux formules doxologiques, relativement fréquentes dans les Saintes Ecritures [59]. Il est vrai que souvent ces formules partent des *magnalia* de Dieu pour les lui rapporter en louange, mais, faisant cela, elles le qualifient en lui-même. Elles rapportent ces actions à leur sujet transcendant qui est ainsi atteint en ce qu'il est. Les noms donnés à Dieu dans l'invocation et la louange révèlent à la Foi quelque chose de ce qu'il est [60]. Une des premières formes de « théologie » a été aussi l'attention donnée aux noms par lesquels Dieu ou le Christ ont été appelés [61] et qui, au-delà d'une simple désignation du sujet de l'action, qualifient ce sujet, le font connaître. Au fond, séparer l'être et les actions, et davantage encore les opposer, n'aurait pas plus de sens dans la perspective biblique qu'en

(57) La liste pourrait être complétée. Références pour le N. T. dans L. Malevez, *Nouveau Testament et Théologie fonctionnelle*, in *Rech. Sc. relig.*, 48 (1960), p. 258-290 ; p. 279.

(58) Voir K. Rahner, *Theos*, in *Ecrits théologiques*, t. I, Paris, 1959, p. 13-111, surtout p. 61-69.

(59) Voir E. Stauffer, *Die Theologie des N. T.*, 3e éd., Stuttgart, 1947, p. 212-234 ; H. Schlier, *Die Verkündigung im Gottesdienst der Kirche*, dans *Die Zeit der Kirche*, 1956, p. 244-264, trad. frse dans *Le temps de l'Eglise*, Tournai-Paris, 1961, p. 249-268 ; R. Schneider, *Die Tradierung der ntlen Heilswahrheiten in den Anaphoren der alten Kirche*, in *Una Sancta*, avril 1957, p. 29-36 ; Ed. Schlink. *Die Struktur der dogmatischen Aussage als oekumenisches Problem*, in *Kerygma u. Dogma*, 3 (1957), p. 251-306 ; id., *Wandlungen in protestantischer Verständnis der Ostkirche*, in *Oekumen. Rundschau*, nov. 1957, p. 153-170 (trad. dans *Ecumenical Review*, juil. 1958, p. 22-69) ; id., *La christologie de Chalcédoine dans le dialogue œcuménique*, in *Verbum caro*, n° 45 (1958), p. 23-30 (ces études de Schlink ont été réunies dans le recueil *Der kommende Christus und die kirchlichen Traditionen*, Göttingen, 1961). Voir ausi notre étude citée *supra*, n. 12. Sur la théologie trinitaire des textes doxologiques de S. Paul, cf Y. Trémel, *Remarques sur l'expression de la foi trinitaire dans l'Eglise apostolique*, in *Lumière et Vie*, n° 29 (1956), p. 41-66.

(60) Voir A. M. Besnard, *op. cit.* (n. 10), p. 78 : « Le nom apparaît ainsi... le substitut noétique de la personnalité divine elle-même. A ce titre le nom de Yahvé remplit à l'égard de la foi une fonction de révélation ».

(61) Ainsi fait S. Hippolyte pour l'Eglise, Méliton de Sardes et Origène pour le Christ, Grégoire le thaumaturge (*Exposition de la Foi*) pour Dieu... S. Thomas lui-même a écrit : « Desistemus a perscrutatione divinorum secundum rationem nostram, et inhaereamus sacrae Scripturae, in qua traduntur nobis nomina divina, per quae manifestantur nobis dona Dei et donorum principium » : *In Dion. De divinis Nominibus*, c. I, lect. 2 (éd. Pera, p. 16, n° 45).

perspective philosophique. Dieu est actif et il se dévoile dans son action, « son existence est l'exposé vivant de son essence » [62]. Si, comme le dit O. Cullmann, « l'être du Logos est essentiellement son action » [63], pourquoi n'y aurait-il pas un passage noétique possible de l'action à l'être ?

Or il semble incontestable que certains énoncés faits, comme en passant, dans un contexte fonctionnel, engagent des affirmations d'être. Comment dire que Dieu a envoyé son Fils, puis l'esprit de son Fils (Ga. 4, 4 et 6), comment dire que le Christ est la puissance de Dieu (1 Co. 1,24) sans être amené à la vérité de son être ? C'est vrai, S. Paul parle du Christ existant en condition de Dieu (Phil 2,6) dans le cadre du mouvement total de l'Economie, mais cette condition l'égalait à Dieu : quel sens cela pourrait-il avoir si quelque chose d'ontologique ne répondait à l'économique ? De même « par qui tout existe et par qui nous sommes » (1 Co. 8,6 ; comp. Col. 1,16), et tant de formules johanniques : « Le Verbe était auprès de Dieu », il était Dieu, « Monogène » (1,18), existant avant Abraham (8,56), un avec le Père, dans le Père (10,30 et 38), énoncé que les auditeurs juifs de Jésus ont compris comme une affirmation d'égalité avec Dieu (5,18 ; 19,7), etc, etc. Le contexte est bien celui de la communication salutaire de Dieu. Il reste, et M. Cullmann l'admet, que cette communication est fondée dans l'être de Dieu et que l'Ecriture donne des indications sur cet être, même si elles ne sont pas exploitées en concepts de forme métaphysique. M. O. Cullmann reconnaît qu'action et être se correspondent et que, de l'œuvre, on peut aller à la personne : on ne peut pas davantage parler de l'œuvre en faisant abstraction de la personne qu'on ne peut parler de celle-ci en la séparant de l'œuvre [64]. M. Cullmann admet que certaines précisions qu'il appelle « philosophiques » [65], aient pu devenir nécessaires du fait des hérésies, et

(62) H. Urs von Balthasar, dans *Dieu vivant*, n° 12, p. 18 (il s'agit du Christ). Le problème d'une opposition entre *acte* et *être* se trouve au fond de la recherche, extrêmement abstruse, de Dietrich Bonhoeffer (*Akt und Sein. Transzendental-philosophie u. Ontologie in der systematischen Theologie.* Thèse de 1931 rééditée dans la *Theolog. Bücherei*, n° 5, Munich, 1956). L'opposition nous semble posée au départ de façon bien discutable (par ex. « Akt soll seinsfremd als die reine Intentionalität gedacht werden », p. 9). Si je le comprends bien, B. pense trouver la solution dans la réalité concrète de l'Eglise où, dans le Christ, les personnes réalisent un être pour les autres, avec les autres. Dans ce réalisme chrétien d'une authentique relation aux autres, qui est en même temps accomplissement des personnes, on retrouverait une ontologie authentique, active et concrète, où être et acte se réconcilieraient.

(63) *Christologie du N. T.*, p. 230.

(64) *Christologie*, p. 285 ; art. de *Choisir*, n$^{os}$ 9-10 (juil.-août 1960), p. 21 : « Bien sûr, le Verbe révèle le Père, parce qu'il est dans le sein du Père et non vice versa. Mais il n'en reste pas moins que le Nouveau Testament ne nous décrit pas l'être de celui qui est « dans le sein du Père » par une explication de sa nature, mais par l'initiation du Fils dans la connaissance intégrale du Père en vue de son plan du salut. C'est dire qu'il affirme l'être divin et la personnalité divine du Verbe sans les expliquer autrement que par la fonction divine tout à fait unique *dans laquelle ils se manifestent* et que des titres tels que « Verbe », « Kyrios », etc..., expriment. »

(65) Cf *Christologie*, p. 255, n. 6 et 286 ; art. de *Choisir*, p. 20, 2$^{e}$ col. L'expression nous semble inadéquate. Elle pourrait laisser entendre que les

même qu'il était légitime de les apporter indépendamment de ces hérésies [66]. Cependant il insiste, non seulement sur la nécessité de garder toute spéculation de ce genre en étroit contact avec les énoncés purement économiques ou fonctionnels du Nouveau Testament, mais sur le fait que ces problèmes d'ontologie sont *étrangers* au Nouveau Testament lui-même, pris dans son cadre propre. « C'est seulement à la limite extrême que nous voyons tout au plus surgir » [67], dans l'Ecriture, le problème de l'en soi du Christ et de Dieu.

Comme exégète, M. Cullmann s'arrête là. On ne le lui reprocherait pas, encore que d'autres exégètes iraient plus loin en récusant plus résolument toute coupure entre le fonctionnel et l'ontologique [68]. Mais les études de l'exégète ont mené M. Cullmann à des conclusions proprement théologiques, sinon dogmatiques. Lui-même [69] rattache à ses positions sur la question Ecriture-Tradition son refus « de poser aux textes du Nouveau Testament les questions qui s'imposent lorsqu'on part des dogmes ultérieurs ». C'est toute la question du développement qui se trouve engagée ici. Mais cette question suppose elle-même des préalables au niveau d'une théologie des rapports entre la nature et la grâce, la raison naturelle et les apports de la foi. C'est ce que le très cher et regretté Père Chifflot, animateur de l'entreprise de la « Bible de Jérusalem », notait à propos de *Christ et le temps* et de l'arrêt marqué par M. Cullmann devant la notion d'éternité de Dieu. Il distinguait deux attitudes possibles : « s'arrêter devant le mystère » ou « prendre conscience du mystère » [70]. Et il écrivait :

S'arrêter devant le mystère c'est, l'ayant rencontré, l'accepter dans les termes mêmes où il s'est affirmé : ici, juxtaposer l'insertion de Dieu

affirmations d'ontologie sont étrangères à la Parole de Dieu ou à la Révélation elle-même, et relèvent d'une spéculation toute humaine, non de l'*intellectus fidei*.

(66) Cf *Christologie*, p. 11, p. 234, n. 1 ; art. de *Choisir*, p. 22, n° 5.

(67) *Choisir*, p. 20, 2e col.

(68) Ainsi Th. De Kruijf, *Der Sohn des lebendigen Gottes. Ein Beitrag zur Christologie des Matthäusevangeliums*, Rome, 1962 (cf RSPT, 1964, p. 319), à propos, non seulement de Mat 16,16, mais de Mat 28,19. S. Thomas d'Aquin prenait évidemment Jn 20,28 au sens théologique fort ; il écrit candidement « statim factus est Thomas bonus theologus » (*In Joan.* c. 20, lec. 6). Comp. J. Giblet, *La sainte Trinité selon l'évangile de S. Jean*, in *Lumière et Vie*, n° 29 (1956), p. 95-126 : « Pourquoi s'accrocher à cette fameuse distinction entre « être » et « agir », entre « théologie métaphysique » et « théologie fonctionnelle » ? Une telle distinction relève d'une mentalité étrangère à la tradition biblique et à S. Jean. Pour lui, les deux aspects sont atteints conjointement et saisis ensemble : la puissance salvifique du Christ vient de ce qu'il est le Fils de Dieu fait homme et agissant au sein de l'humanité » (p. 97) ; D. Mollat, *La divinité du Christ d'après S. Jean*, in *Jésus, le Fils de Dieu*, dans *Lum. et Vie*, n° 9 (1953), p. 123-128 ; J. Giblet, *Jésus et « le Père » dans le IVe Evangile*, in *L'Evangile de Jean* (*Rech. bibl.*, 3), Louvain, 1958, p. 113-130 ; F. M. Braun, *Jean le Théologien*, t. II, Paris, 1964, p. 110-112 ; C. J. Pinto de Oliveira, *Le verbe didonai comme expression des rapports du Père et du Fils dans le IVe Evangile*, in *Rev. Sc. phil. théol.* 49 (1965), p. 81-104.

(69) *Choisir*, p. 22-23, 6.

(70) Th. G. Chifflot, *Le Christ et le temps. Réflexions sur un livre récent*, in *La Maison-Dieu*, n° 13 (1948/1), p. 26-49 (p. 44 s.), reprod. dans *Approches d'une Théologie de l'Histoire*, Paris, 1960.

dans notre temps et le règne de Dieu sur ce temps ; et refuser à la pensée tout progrès dans sa connaissance : ici, toute spéculation sur la durée propre de Dieu. Prendre conscience du mystère, c'est non pas certes l'expliquer, non pas certes le ramener aux catégories d'une philosophie, mais, l'ayant accepté par la foi, le regarder pour l'exprimer. *Fides quaerens intellectum.* Ici, ce regard croit devoir chercher dans la durée même *de Dieu* le secret de son intervention dans *notre* durée.

(...) Il s'agit au fond de savoir si la sotériologie, essentielle à la foi, si l'adhésion au salut qui vient de Dieu exclut, autorise ou exige un acte de connaissance tourné vers Dieu lui-même ; en d'autres termes si l'oikonomia exclut, autorise ou exige, une theologia. Nous reconnaissons, certes, le danger d'une théologie qui croirait pouvoir trouver le moyen de connaître Dieu ailleurs que dans l'économie concrète de sa Révélation. La crainte de cette « theologia gloriae » est le commencement d'une théologie fidèle. Mais nous croyons aussi que Dieu se révèle en intervenant dans notre histoire pour en faire l'histoire du salut, et qu'il n'est pas de *vraie* « theologia crucis » qui ne soit, au plein sens du mot, « théologie » [71].

De même, on l'a dit très justement, que « l'homme ne serait pas historien s'il était purement historique, de même qu'il ne serait pas économiste s'il était purement économique » (J. Lacroix), de même faut-il dépasser le temps pour fonder le temps lui-même : la souveraineté de Dieu sur le temps — affirmation biblique de type économique — suppose une qualité supra et extratemporelle de la durée propre à Dieu, que nous appelons « éternité » : affirmation de type ontologique. Les réflexions du chanoine J. Mouroux (*Le mystère du Temps. Approche théologique.* Paris, 1962) conjuguent en ce sens les lumières de la raison philosophique et celles de la Révélation. Ainsi encore est-on amené, s'agissant des faits salutaires accomplis par le Christ une fois dans l'histoire, à fonder leur valeur fonctionnelle et le fait même qu'ils *me* concernent, qu'ils commandent le présent et l'avenir, dans une christologie qui pose, au sujet du Christ, certaines affirmations ontologiques [72].

Il était fatal, il était normal que, dans le temps de l'Eglise, la foi donnée une fois pour toutes aux saints (Jude 3) se formulât plus explicitement. Cela devait se faire par deux voies, toutes deux appelées par l'existence même et par la mission de l'Eglise : la voie de la réflexion des esprits les plus exigeants, en liaison avec leur culture humaine et en recherche d'une unité dans le domaine du vrai : c'était chercher à « prendre conscience du mystère » pleinement ; la voie d'une défense et illustration de la croyance transmise depuis les Apôtres contre des interprétations et des for-

(71) *Maison-Dieu,* p. 44-46.

(72) Renvoyons encore au P. Chifflot, *S. Thomas et l'Histoire* (*Vie intell.,* juill. 1951), reprod. dans *Approches...,* p. 73-104 (cf p. 83 s.).

mulations qui en mettaient en péril le sens et le contenu [73], il était normal, parce que c'est la loi de l'esprit tel que Dieu l'a fait et qu'il l'appelle à croire, qu'on interprétât en termes d'être les énoncés scripturaires. On ne peut éviter les questions d'être, parce qu'on ne peut éviter de penser *ce que* sont les réalités au sujet desquelles la Parole de Dieu pose certaines affirmations. Paul Tillich a justement rappelé cette nécessité, à l'usage de ses collègues protestants [74].

La première voie, on peut le noter, avait été suivie déjà par les premiers disciples, mais sans qu'ils usassent de moyens rationnels techniques d'élaboration. Les Ecritures du Nouveau Testament ont incorporé une part de ce travail d'interprétation et d'approfondissement, quant à leur sens, des simples faits et dits de l'histoire primitive [75]. Dès la seconde génération après les Apôtres, les penseurs chrétiens sont partis, précisément, des formules économiques de l'Ecriture insuffisamment expliquées au plan ontologique, mais ils ont été amenés ainsi à une expression insatisfaisante des affirmations d'être enveloppées ou engagées dans ces formules. Chez S. Justin, par exemple, la génération du Verbe, affirmée par l'Ecriture, semble identifiée à l'acte par lequel Dieu émet un Verbe *pour créer* [76]. Tertullien voit dans le Fils et l'Esprit des *gradus* d'une substance unique, répondant à la volonté créatrice et salvifique de Dieu et au déroulement dynamique du plan divin [77]. Origène, formulant sa théologie trinitaire à partir des missions économiques, arrive à une conception assez subordinatienne du mystère [78]. On sait quelles difficultés les théologies anténicéennes de la Trinité ont causé à Petau. Il est bien vrai que c'est l'usage de concepts ou d'inspirations philosophiques platoniciens, stoïciens et philoniens, qui a occasionné ces déviations et amené de grands esprits à concevoir le Logos comme un intermédiaire entre le Père

(73) Voir notre art. *Théologie,* in DTC, XV, col. 346 s. ; A. GRILLMEIER, *Vom Symbolum zur Summa...* in *Kirche und Ueberlieferung,* hrsg v. J. BETZ u. H. FRIES, Freiburg, 1960, p. 119-169 (trad. frse, *Du Symbolum à la Summa,* in *Eglise et Tradition,* Le Puy et Lyon, 1963, p. 105-156 : nous citerons cette trad.).

(74) *Biblical Religion and the search for Ultimate Reality.* Univ. of Chicago Press, 1955 : trad. frse, *Religion biblique et Ontologie,* in *Rev. Hist. Phil. rel.,* 39 (1959), p. 209-234 et 338-360 et en cahier, PUF, 1960.

(75) Cf F. MUSSNER, *Der historische Jesus u. der Christus des Glaubens,* in *Bibl. Zeitsch.,* 1 (1957), p. 224-252 ; B. RIGAUX, *L'historicité de Jésus devant l'exégèse récente,* in *Rev. biblique,* 65 (1958), p. 481-522 ; R. SCHNACKENBURG, *Jesusforschung u. Christusglaube,* in *Catholica,* 13 (1959), p. 1-17 ; P. ALTHAUS, *Das sogenannte Kerygma u. der historische Jesus,* Gütersloh, 1958 ; A. GRILLMEIER, in *Scholastik,* 33 (1958), p. 532 et ét. citée n. 73, p. 108. Dans cette réflexion sur le contenu de la foi primitive, on a été des actes à l'être : cf par ex. L. LEGRAND, *L'arrière-plan néotestamentaire de Lc I, 35,* in *Rev. biblique,* 1963, p. 161-192.

(76) Cf G. AEBY, *Les Missions divines de S. Justin à Origène,* Fribourg, 1958, p. 14.

(77) Voir K. WÖLFI, *Das Heilswirken Gottes durch den Sohn nach Tertullian* (*Anal. Gregor.,* 112), Rome, 1960 ; W. BENDER, *Die Lehre über den Hl. Geist bei Tertullian* (*Münch. Theol. Studien,* II Syst. Abt., 18), Munich, 1961.

(78) Cf GRILLMEIER, cité n. 73 : p. 113 s.

transcendant et la création ou la révélation [79] : les Pères ne cessent de dénoncer l'usage intempérant des philosophes à la racine des grandes hérésies [80]. Or il y allait de la vérité de l'affirmation essentielle de la divinité du Christ, laquelle n'est pas seulement affirmée ou supposée par des assertions formelles de l'Ecriture, mais exigée par la pleine vérité de l'œuvre qu'il a faite à notre bénéfice. C'est pour sauver cette vérité contre la Gnose que S. Irénée posait la double affirmation qui inspire sa théologie touchant la vérité de notre union divinisante avec Dieu, fondée dans la pleine vérité de la divinité du Christ, et la vérité de notre union avec Jésus-Christ, garantie par l'authenticité de la succession apostolique de doctrine et de ministère. Il y allait aussi bien de la souveraineté et de la liberté de Dieu, que ne pouvait finalement pas sauvegarder la notion d'un Logos qui, pour exister comme tel, devait agir, démiurge de création et médiateur de révélation [81].

Ces questions et difficultés de théologie trinitaire se sont répercutées en christologie. La révélation économique montrait, soit entre le Christ comme « Fils » et Dieu le Père, soit entre l'homme Jésus et le Fils de Dieu qu'il disait être, une unité d'activités. Il fallait bien, pour harmoniser cette donnée essentielle et l'affirmation des distinctions nécessaires, penser correctement unité et distinction. Nestorius se contentait d'une union vague d'activités, semblable à celle que Porphyre reconnaissait entre des êtres incorporels [82]. On ne pouvait penser correctement les affirmations économiques sur l'activité par laquelle le Christ nous a sauvés, qu'en poussant la réflexion jusqu'au niveau de l'en soi. Le dernier avatar manifestant l'insuffisance de formules uniquement fonctionnelles en cette matière devait apparaître au VIe siècle avec le monothélisme.

On sait comment, dans les grandes querelles trinitaires et christologiques des IVe et Ve siècles, les Pères ont fondé une affirmation correcte touchant l'en soi de Dieu, sur la vérité de l'Economie prise synthétiquement. Elle se résume, en effet, dans la formule incessamment répétée sous cette forme ou sous des formes ana-

(79) Voir R. ARNOU, art. *Platonisme des Pères*, in DTC, XII, col. 2307, 2319-20 et surtout 2322.

(80) EUSÈBE le note, *H. E.*, V, 28,13. Voir, outre R. ARNOU, *loc. cit.*, J. DE GHELLINCK, *Un aspect de l'opposition entre Hellénisme et Christianisme. L'attitude vis-à-vis de la dialectique dans les débats trinitaires*, in *Patristique et Moyen Age*, t. III, Bruxelles-Paris, 1948, p. 245-310 ; G. BARDY, *« Philosophie » et « Philosophe » dans le vocabulaire chrétien des premiers siècles*, in *Rev. Asc. Myst.*, 25 (1949), p. 97-108 ; P. HADOT, *La Philosophie comme hérésie trinitaire*, in *Rev. Hist. Philos. relig.*, 37 (1957), p. 236-251.

(81) Cette logique pourrait être illustrée par quelques formules d'O. Cullmann discutées par L. MALEVEZ, *art. cité* (n. 57), p. 265, et dans la note des pp. 267-268. Pour la dernière considération, comp. S. THOMAS, Ia, q. 32, a. 1, ad 3, « cognitio divinarum personarum necessaria nobis fuit... ad recte sentiendum de creatione rerum » : que Dieu crée par son Verbe, cela nous apprend que Dieu ne produit pas les choses par nécessité de nature ; qu'il y ait en lui procession d'amour, cela nous apprend qu'il crée par amour de sa bonté...

(82) Cf R. ARNOU, *Nestorianisme et Néoplatonisme. L'unité du Christ et l'union des « intelligibles »*, in *Gregor.*, 17 (1936), p. 116-131.

logues : Il est devenu ce que nous sommes afin de nous faire ce qu'il est [83] : formule qui, dans les querelles christologiques, a été complétée par cette autre, un peu plus technique mais où s'unissent également Economie et ontologie : Ce qui n'est pas assumé n'est pas sauvé... [84]. Dieu est comme sorti de son en soi, sans le quitter pour autant, il est entré dans notre monde et notre histoire (Economie) pour nous rendre participants de *sa* vie, de *sa* joie, de *son* immortalité, de *sa* gloire. Mais cette visée économique, l'engagement, la manifestation et les opérations fonctionnelles qu'elle suppose, exige, pour être vraie, la pleine vérité de l'en soi du Christ et de Dieu, pour autant que nous puissions en parler à partir de la Révélation. S. Athanase, S. Hilaire, S. Cyrille d'Alexandrie, ne se lassent pas d'argumenter à partir de l' « Economie » pour la vérité de la « théologie » : Si le Christ n'est pas vrai Dieu et vrai homme, nous ne sommes pas divinisés... Le Christ ne *fait* ce qu'il fait pour nous que s'il *est* ce qu'il est en lui-même. C'est parce que le Christ est Dieu que son humanité est rédemptrice et sanctificatrice [85].

(83) S. IRÉNÉE, *A. H.*, III, 10,2 et 19,1 (P. G., 7, 874 et 939 ; éd. SAGNARD, *Sources chr.*, 34, Paris, 1952, p. 166-67 et 332-33) ; IV, 20,4 et V praef. (P.G., 7, 1034 et 1120 B) ; S. ATHANASE, *Orat. I c. Arianos*, 39, *Orat. II*, 70, *Orat. III*, 34 (P. G., 26, 92, 296, 397) ; *Ep. I ad Serap.* (26, 585) ; *Ep. de Synodis* (26, 784) ; *Ad Adelphum*, 4 (26, 1077) ; *De Inc. Verbi*, 54 (25, 192 B) ; AMPHILOQUE D'ICONIUM, *Oratio in Christi Natalem*, 4 (P. G., 39, 41 A) ; S. GRÉGOIRE DE NAZIANZE, *Ep.* 101 ad Cledonium (P. G., 37, 181) ; *Orat.* II, 22 et XL, 45 (35, 432 et 36, 424) ; S. GRÉGOIRE DE NYSSE, *Disc. catéch.*, 25, 27 et 37 (45, 65 D, 69 et 97 B) ; S. JEAN CHRYSOSTOME, *In Joan*, I, 14 (P. G., 59, 79) ; S. AMBROISE, *In Luc* V, n. 46 (P. L., 15, 1648) ; S. AUGUSTIN, *Epist.* 140, 4, 10 et 187, 20 (P. L., 33, 541 et 839-40) ; *Sermo* 125, 5 ; 127, 9 ; 166, 4 ; 184, 3 ; 186, 2 ; 192, 1 ; 194, 3 (P. L., 38, 680 ; 710 ; 909 ; 999 ; 1012 ; 1016) ; *De Civ. Dei*, IX, 15,2 (41, 269) ; XXI, 15 (729) ; *En. in Ps.* 34,21 (36, 507) ; Ps. Augustin, inter op. Aug. *sermo* 128,1 (P. L., 39, 1997 ; cité par S. THOMAS, IIIa, q. 1, a. 2) ; S. FULGENCE, *De Incarn.* (*Bibl. Max Vet. Patrum*, IX, 310) ; S. LÉON, *Sermo* 23,4 et 25,2 (trad. R. DOLLE, *Sources chr.*, 22. Paris, 1947, p. 94 et 155) ; THÉOPHYLACTE, *Enarr. in Ev. Joan.*, c. 1 (P. G., 123, 1156) ; S. MAXIME LE CONFESSEUR, cf. J. LOOSEN, *Logos und Pneuma in begnadeten Menschen nach Maximus Confessor*, Munster, 1941 ; M. J. LE GUILLOU, *Le Christ et l'Eglise*, Paris, 1963, p. 93 ; S. SYMÉON LE NOUVEAU THÉOLOGIEN, *Hymne* XLVI (trad. frse in *Vie spirit.*, 27 (1931), p. 208) ; S. JEAN DE DAMAS, cf K. BORNHÄUSER, *Die Vergottungslehre des Athanasius u. Johannes Damascenus*, 1903 ; LE GUILLOU, *op. cit.*, p. 96-97. Sur le sens de cette théologie, cf *infra*, n. 87.

(84) Les principaux témoignages sont cités par E. MERSCH, *Le Corps mystique du Christ. Etudes de théol. histor.* (2e *éd.*, DDB, 1936), voir Tables, s. v. Argument sotériologique. Citons : S. IRÉNÉE, *A.H.*, III, 18,7 et 19,1 et 3 ; V, 1,1-3 (P. G., 7, 937, 938-41, 1121 s.) ; S. ATHANASE, *Orat. II c. Arianos*, 70 (P.G., 26, 296) ; *Epist. ad Epictetum*, 7 (col. 1060) ; *De Incarn. Verbi*, 7 (25, 109) et 54 (192) ; S. CYRILLE DE JÉR., *Catech.* 4,9 (P. G., 33, 465) ; MARIUS VICTORINUS, *Adv. Arian*, 3,3 (P.L., 8, 1101) ; S. BASILE, *Epist.* 261,2 (P.G., 32, 969) ; S. GRÉGOIRE DE NAZ., *Epist.* 101 (P.G., 37, 181) ; *Orat.* XL, 45 (36, 424) ; S. GRÉGOIRE DE NYSSE, *Grande Catéch.*, 77 (P. G., 45, 69) ; *Antirrheticus adv. Apollin.*, 16 et 17 (45, 1153 et 1156) ; S. AMBROISE, *Epist.* 48,5 (P.L., 16, 1153) ; S. AUGUSTIN, *In Ioann. Ev.* tr. XXIII, 6 (P.L., 35, 1585) ; S. CYRILLE D'ALEX., *In Ioann.* VII-VIII (P.G., 74, 89) ; *Adv. Nestor.*, I, 1 (76, 20) ; S. FULGENCE, *Epist.* 17,3,5 (P.L., 65, 454) ; *Ad Trasimundum*, III, 21 (65, 284, au sujet de la tristesse et de la peur).

(85) Cf A. SPINDELER, *Cur Verbum caro factum ?...* Paderborn, 1930, qui se tient étroitement au point de vue du motif de l'Incarnation. Voir par exemple S. CYRILLE AL., *De recta fide ad reginas*, VII (P. G., 76, 1208) : si le Christ n'était pas Dieu, à qui servirait sa mort ? Texte où l'on mesure bien la différence d'avec le point de vue de Luther.

Démarche étrangère au Nouveau Testament, dit O. Cullmann [86]. Peut-être pas : S. Paul ne fonde-t-il pas *notre* caractère filial dans celui, tout à fait éminent et singulier, du Christ (Cf. Ga 4, 4 s. ; Rm 8.14 s.) ? Cette théologie patristique n'est-elle pas une traduction des notions de « Fils de l'Homme » dans les Synoptiques et de Second Adam ou Adam céleste dans S. Paul ? [87] Fait-elle autre chose que rattacher le plein *rôle* sotériologique du Christ à ce qu'il est ? L'argument des Pères, en tout cas, était de soi valable. Il le demeure en face des tentations modernes de s'en tenir aux affirmations économiques de l'Ecriture et de récuser tout dépassement dans le sens d'affirmations ontologiques *in divinis*. Si, d'un côté, en effet, la venue et la révélation de Jésus-Christ posent nécessairement la question de sa relation au Père [88], on a montré, d'un autre côté, comment Jésus ne peut, au plan de l'Economie salutaire, réaliser le plan de Dieu sur le monde que parce qu'il *est* Fils de Dieu, Verbe incarné, vrai Dieu et vrai homme, selon le dogme de Chalcédoine [89].

Les Pères ont appliqué un raisonnement analogue pour fonder l'affirmation de la divinité du Saint-Esprit [90]. S'il s'agit du dogme trinitaire, il est bien certain que les Pères l'ont pensé à partir de l'Economie, c'est-à-dire des Missions divines. Sans cesse ils reprennent l'enchaînement : du Père (et au Père) par le Fils dans le Saint-Esprit [91], formule qui, notons-le en passant, a retrouvé une large place dans la constitution dogmatique *De Ecclesia* de Vatican II. Mais déjà les champions de la Foi de Nicée et d'Ephèse, S. Athanase et S. Cyrille d'Alexandrie, passaient du plan économique au plan ontologique pour interpréter l'ordre que les Saintes

(86) *Christologie*, p. 12. L. Cerfaux note que, malgré quelques approches de S. Paul dans le sens de l'adage patristique, il reste cette différence que Paul n'a pas une théologie de l'Incarnation comme telle, mais de la Rédemption par la mort et la résurrection du Christ : *Le Christ dans la théol. de S. Paul*, Paris, 1951, p. 130 s.

(87) Voir à ce sujet L. Bouyer, *La notion christologique du Fils de l'Homme a-t-elle disparu dans la patristique grecque ?* in *Mél. bibliques A. Robert*, Paris, 1957, p. 519-530.

(88) Cf G. Ph. Widmer, *Gloire au Père, au Fils, au Saint-Esprit. Essai sur le dogme trinitaire*, Neuchâchel et Paris, 1963 ; F. M. Braun, cité *supra*, n. 68.

(89) Voir J. Daniélou, *Essai sur le mystère de l'Histoire*, Paris, 1953, P. 182 s. ; id. *Christologie et Eschatologie*, in *Das Konzil von Chalkedon. Gesch. u. Gegenwart*, t. III, Wurtzbourg, 1954, p. 269-281. Comp. Ch. Journet, *Primauté de Pierre dans la perspective catholique et la perspective protestante*, Paris, 1953, p. 46 ; G. Martelet, ét. citée *infra* (n. 103), p. 22-23 ; E. M. Boismard, l. cit. *supra*, n. 18.

(90) Cf Möhler, *Die Einheit*. Ed. Vierneisel, Mayence, 1925, p. 182 s. ; S. Athanase, *Ire lettre à Sérapion*, 22 s. (P.G., 26,584 s.) ; S. Augustin, *Epist.* 238,21 (P.L., 33,1046) ; S. Cyrille Al., cf N. Charlier, *La doctrine sur le Saint-Esprit dans le « Thesaurus » de S. Cyr d'Al.*, in *Studia Patrist.*, II, p. 187 s. Pour l'ensemble, P. Galtier, *Le Saint-Esprit en nous d'après les Pères grecs* (*Anal. Gregor.*, 25), Rome, 1946.

(91) Cf. Ephés. 1,18 (Kittel, *Th. Wb. z. N. T.*, I, p. 133 s.) ; S. Justin, *I Apol.*, LXI, 3 et LXVI, 4 ; S. Irénée, *Epideixis*, 7 (*Sources chr.*, 42, p. 41) ; S. Athanase, *Ad Serap.* I, 28 (*Sources chr.*, p. 134) ; S. Cyrille Al., *In Ioan. Ev.*, Lib. X, c. 1 (P. G., 74,333 D et s., 336 A) ; Lib. XI, c. 10 (541 D) ; *In Ep. 1 ad Cor.* (sur 12,3-4 P. G., 74,885 A). Voir J. A. Jungmann, *Die Stellung Christi im liturgischen Gebet*, Munster, 1925, p. 178-182 ; *Gewordene Liturgie*, p. 193-194 ; J. Pascher, *Eucharistia*, Munster-Munich, 1947, p. 135-161, 243-254.

Ecritures mettent entre les Personnes divines [92]. Le passage semble légitime. Si on ne l'avait pas fait, il n'y aurait pas eu de dogme de Nicée.

La méditation de S. Augustin a poursuivi dans cette ligne en ce qui concerne la relation éternelle ou ontologique entre la Personne du Saint-Esprit et celles du Père et du Fils. Après lui, après S. Anselme, saint Thomas d'Aquin interprète au plan de l'ontologie un texte économique tel que Jean 16,14 : « Il me glorifiera, car c'est de mon bien qu'il prendra » [93]. On sait que la théologie grecque n'a pas procédé aux mêmes élaborations, malgré l'exemple, cité plus haut, de ses grands docteurs. Les Orthodoxes reprochent aux démarches des théologiens latins d'être rationnelles, de répondre à un désir, auxquel eux-mêmes professent vouloir résister, de construire intellectuellement un mystère qui devrait demeurer enveloppé d'un voile de respectueuse inconnaissance. Mais les exégètes occidentaux, dans leur ensemble, admettent que l'élaboration qui se formule dans le Filioque répond bien aux insinuations ou aux indications scripturaires [94].

## III

La nécessité de répondre aux hérétiques, la poussée normale du désir de pénétrer, autant qu'il est possible, dans la connaissance du mystère, le besoin enfin d'harmoniser tout ce que l'esprit tient de vérité : tout cela a provoqué le développement d'une théologie (cf. supra, n. 73). Les convenances de l'enseignement ont poussé à chercher une systématisation, c'est à dire un ordre satisfaisant de

(92) ATHANASE s'appuie sur ce que l'Ecriture dit de l'action de l'Esprit pour dire : « Il possède le même ordre et la même nature à l'égard du Fils que le Fils à l'égard du Père » (*Ad Serap.* 1,20 ; P. G., 26,580 B) ; « L'Esprit est uni au Fils comme le Fils l'est au Père » (*id. op.*, III, 4, col. 632 A). S. CYRILLE argumente de l'opération de renouvellement de l'image divine en nous, pour montrer que les trois Personnes sont également divines (*De SS. Trinitate*, dial III : P.G., 75,808 B suiv. ; dial. VII, col. 1089 A) ; « L'Esprit procède substantiellement des deux, c'est-à-dire du Père par le Fils » (*De adoratione in spir. et ver.*, lib. I : P. G., 68,148 A). Et cf GRILLMEIER, ét. citée (n. 73), p. 113 s.

(93) Ia, q. 36, a. 2, ad 1.

(94) Voir le colloque de janvier 1950 entre théologiens Orthodoxes et catholiques sur la question du *Filioque*, in *Russie et Chrétienté*, 1950, n° 3/4, p. 123-244. Citons ici ce résumé du dialogue (p. 220) : « J. Meyendorff : Cependant, les Pères ne parlent des relations éternelles que dans la mesure où elles intéressent notre salut. — L. Bouyer : D'accord. Mais ces relations éternelles, si elles n'apparaissent qu'à l'occasion de notre salut, sont cependant éternelles. Tout ce qui dans le N.T. nous est révélé sur Dieu est donné dans une révélation sotériologique mais a une portée ontologique — c'est pour cela que l'arianisme a été rejeté ; les ariens étaient prêts à admettre que pour nous le Christ, dans le domaine du salut, était comme s'il était Dieu, mais pour eux cela n'engageait pas son rapport ontologique à Dieu. On ne peut admettre une liaison entre plan sotériologique et plan ontologique pour la Deuxième Personne, si on ne l'admet pas pour la Troisième Personne. Ce sont les Cappadociens qui établissent la distinction entre les deux plans, théologie trinitaire *in se* et théologie trinitaire sotériologique, mais ils ne les séparent pas. La séparation est moderne, elle est venue du protestantisme libéral. »

l'ensemble de la matière de cette théologie. Les questions que nous avons posées à la fin de la première section de cette étude se sont posées d'une manière nouvelle et plus urgente quand le travail et l'enseignement théologiques ont reçu un statut scolaire, puis universitaire, ce qui a provoqué le fait de la « Scolastique ». La troisième des questions que nous avons posées s'est présentée alors, sinon purement et simplement pour la première fois dans l'histoire de la pensée chrétienne, du moins pour la première fois avec cette urgence : quel ordre systématique allait-on suivre pour un exposé, qui fût pédagogiquement valable, de l'ensemble de la doctrine ? L'utilité scolaire s'ajoutait à la recherche d'intelligibilité pour porter les maîtres à élaborer un plan sytématique.

Nous ne retracerons pas en détail l'histoire des solutions proposées. Cette histoire a été assez bien esquissée déjà, en particulier par le P. Chenu lui-même [95].

L'option de principe à prendre était bien formulée par Hugues de Saint-Victor lorsqu'il distinguait l'*ordo temporis,* que suit l'histoire, et l'*ordo cognitionis* que suit l'*allegoria* [96]. En réalité, aucune œuvre de la Scolatisque ne suit l'un des deux ordres à l'exclusion de l'autre. Le classement des écrits a donc quelque chose de relatif. On distingue assez communément : *a*) les œuvres qui suivent un ordre historique ; *b*) celles qui suivent un ordre idéologique ; *c*) celles qui essaient de combiner les deux.

*a*) Le XIIe siècle n'héritait pas seulement de la grande tradition biblique catholique, il avait des raisons propres pour s'intéresser à l'Economie du Salut. La discussion entre juifs et chrétiens était alors fort active et il en résultait, tout comme de la lecture très intense de S. Augustin, un intérêt pour les différences entre économie ancienne et économie nouvelle. Le schème augustinien « ante legem, sub lege, sub gratia » se retrouve alors un peu partout. Aussi voyons-nous l'école d'Anselme de Laon (*Sententiae divinae Paginae, Sententiae Anselmi*) adopter un ordre historique d'exposition : Dieu en soi, Dieu et la création des anges et des hommes, le péché originel, les remèdes au péché dans le *status legis naturae* et dans celui de l'ancienne alliance ; le Christ dans l'Incarnation, la Rédemption et les moyens de salut (sacrements de l'initiation). Ordre historique très reconstruit par comparaison avec ce que serait une théologie fonctionnelle suivant exactement la Révélation économique... On connaît le programme suivi par Hugues de Saint-Victor : de la création à l'Incarnation ; de l'Incarnation à l'eschatologie. C'est bien un ordre historique, mais c'est aussi un ordre d'intelligibilité : les « opera restaurationis » se comprennent mieux si

(95) Voir M. D. CHENU, *Conscience de l'histoire et théologie au* XIIe *siècle,* in *Arch. Hist. Doctr. litt. MA,* 21 (1954), p. 107-133 : *La Théologie au* XIIe *siècle,* Paris, 1957, p. 342 s., M. GRABMANN, *Geschichte d. Scholastischen Methode,* 2 vol, Freiburg, 1900 et 1911 ; Z. ALSZEGHY, *Einteilung des Textes in mittelalterlichen Summen,* in *Gregor.,* 27 (1946), p. 25-62 (p. 51 s.) ; H. CLOÈS, *La systématisation théologique pendant la seconde moitié du* XIIe *siècle,* in *Eph. Theol. Lovan.,* 34 (1958), p. 277-329 ; A. M. LANDGRAF, *Zum Werden der Theologie des 12. Jahrhunderts,* in *Zeitsch. f. kath. Theol.,* 79 (1957), p. 417-433 (p. 424 s.) ; A. GRILLMEIER cité n. 73.

(96) *Didascal.* VI, 6 (P. L., 176,505 C).

l'on connaît les « opera creationis ». De plus, à l'intérieur de chaque partie, on cherche un ordre logique : on parle de Dieu avant de parler de la création [97]. Pierre Lombard, Robert Pulleyn, suivent aussi un ordre historique, Pierre de Poitiers également (Trinité, chute, réparation par les vertus, Incarnation, sacrements), davantage encore Robert de Melun [98], et encore Prévostin.

*b*) Au fond, tous ces ouvrages étaient une étude du salut. C'est encore le cas chez Abélard et ceux qui l'ont suivi, mais selon une ligne beaucoup plus systématique, abstraite, et aussi d'une façon davantage centrée sur l'homme. Abélard (*Theologia Scholarium :* voir P.L., 128, 191 C) distribue la matière théologique selon la division bien connue : *fides, caritas, sacramentum* [99]. Au fond, c'est une analyse des structures du salut considéré dans son application aux personnes. On retrouve sa distribution des choses chez les disciples d'Abélard, chez l'auteur de l'*Epitome Theologiae Christianae,* dans les *Sententiae Floriacenses,* les *Sententiae Parisienses,* etc...

*c*) Bien des ouvrages s'efforcent de combiner ordre historique et ordre idéologique. C'est le cas de la *Summa Sententiarum,* qui ajoute un ordre historique à l'ordre abélardien de la *fides.* Les *Sententiae divinitatis* suivent l'ordre : Création, péché, Incarnation, sacrements, et terminent par Dieu et la Trinité. L'*Ysagoge in theologiam* unit à l'ordre historique un ordre logique de perfection croissante : homme (chute et salut), la nature angélique, la Divinité. Au fond, Hugues de Saint-Victor unissait également histoire et analyse spéculative. On sait enfin quelle solution avait prévalu pour les études de théologie : on ajoutait un commentaire scolastique des *Sentences* du Lombard à une explication de l'*Historia scolastica* de Pierre le Mangeur et à un commentaire biblique auquel on réservait la première heure du matin.

Au fond, aucun de ces ordres n'était purement historique ou économique, aucun ne suivait totalement les enchaînements ontologiques selon l'ordre de l'en soi tel que Dieu lui-même le voit. Mais au XIIIe siècle on devait s'éveiller à une telle ambition, disposant pour cela d'instruments intellectuels, en particulier dans l'analyse et la recherche des causes.

Il y aurait un grand intérêt à étudier historiquement l'introduction progressive et les applications de l'idée de *cause* dans la Première Scolastique. On trouverait à l'origine, principalement, Aristote, déjà connu dans son œuvre de logicien. Cependant, avant que son œuvre de physicien, de métaphysicien, de moraliste et de politique ne fût connue en Occident, son influence s'exerçait indirectement en Occident, par exemple à travers S. Jean de Damas, traduit partiellement avant 1145 par Cerbanus, puis entièrement, en

(97) *De sacramentis christianae fidei :* P.L., 176,174. Cf LANDGRAF, *art. cité,* p. 429 s.
(98) Voir M. GRABMANN, *op. cit.,* t. II, p. 333.
(99) La *fides* donne lieu à la subdivision en *circa divinitatem, circa beneficia.* Dans les *Sententiae Parisienses,* cette division est exprimée en ces termes : « quae pertinent ad theologiam, quae pertinent ad beneficia » : la christologie est ramenée à la « théologie »... : LANDGRAF, p. 427-28 ; GRILLMEIER, *art. cité,* p. 133, 136-38, 145, n. 102.

1153-54, par Burgundio de Pise. Pourtant, dans la Première Scolastique, l'usage technique de la philosophie de la causalité en théologie n'a été que partiel et occasionnel. Petit à petit, cette philosophie de la causalité est devenue l'un des grands instruments rationnels de l'élaboration théologique [100]. S. Thomas en use constamment. Il y voit le moyen d'exprimer le rapport entre le créé, tout le créé, et Dieu lui-même. Cela allait de soi mais, chez lui, cette idée est suivie avec une cohérence et une rigueur exceptionnelles. La *Sacra doctrina,* dit-il, parle *de Dieu* et, si elle parle aussi de réalités créées, elle ne considère celles-ci que dans le rapport qu'elles ont avec Dieu come leur cause efficiente et finale [101]. Après A. Hayen, P. E. Persson voit dans cette idée le principe même du plan de la *Somme.* Il s'agirait de manifester le rapport de tout à Dieu comme un rapport de causalité : Dieu cause efficiente (I$^a$ pars), Dieu cause finale (II$^a$ pars) [102]. En cela, ajoute Persson, S. Thomas aurait coulé la matière de la Révélation dans des catégories empruntées à la philosophie grecque ; il aurait demandé à la *ratio* le principe d'intelligibilité de la (matière de la) *Revelatio.* Mais Persson ne confond-il pas ici la perception intellectuelle (théologique) avec son instrument technique d'analyse et d'expression ? Ce rapport de dépendance causale absolue, où S. Thomas trouve son médium scientifique d'élaboration, n'est-il pas lui-même révélé ? En toute hypothèse, nous sommes ainsi amenés à nous interroger sur la nature exacte du projet théologique de S. Thomas tel qu'il l'a réalisé dans la *Somme.*

*
* *

D'excellentes études publiées depuis une trentaine d'années, parmi lesquelles plusieurs du P. Chenu lui-même, ont commencé de nous restituer une intelligence plus exacte et plus précise de la conception que S. Thomas a eue de la théologie ou, plus largement,

(100) Pierre Lombard applique le mot *causa* aux sacrements, pourtant il manque d'une philosophie de la causalité (J. Schupp, *Die Gnadenlehre des Petrus Lombardus,* Freiburg, 1932, p. 172), et Philippe le Chancelier résoudra précisément les difficultés de sa théorie du Saint-Esprit - charité en distinguant cause formelle et cause efficiente, distinction déjà apportée par Simon de Tournai (*ibid.*, p. 181, n. 64). L'application de la philosophie de la causalité aux sacrements, commencée par Pierre Lombard plus au niveau du mot qu'à celui de l'explication formelle, s'est lentement poursuivie, jusqu'à S. Thomas, qui l'a poussée jusqu'à un usage résolu de la notion de cause instrumentale (cf H. Dondaine, in *Rev. Thomiste,* 1951, p. 441-453) : notion qu'il a appliquée aussi, de façon conséquente, à l'humanité du Christ. Voir aussi M. D. Chenu, *La théol. au* XII$^e$ *s.*, p. 309 s., 314.

(101) Ia, q. 1, a. 7, ad 2 ; q. 2, prol.

(102) Pcr Erik Persson, *Le plan de la Somme théologique et le rapport « ratio-revelatio »*, in *Rev. philos. de Louvain,* 56 (1958), p. 545-572 (cf p 562 s.) : interprétation critiquée par G. Lafont, *op. cit.* n. suiv. ; cf aussi A. Patfoort, cité *ib.* (p. 516).

de la *Sacra doctrina* [103]. Beaucoup des études les plus récentes reflètent la préoccupation de mieux comprendre l'intention, le plan et le genre épistémologique de la *Somme théologique.*

On sait en effet, en gros, quelle option décidée S. Thomas a prise dans sa *Somme.* On sait quelles critiques le genre qu'il a adopté et suivi, continue de soulever. Le plan n'est pas historique ; en conséquence, le Christ n'y a pas une place qui permette de manifester le caractère essentiellement *chrétien* de la grâce et de toute l'éthique. L'étude de Dieu n'est pas entièrement trinitaire, comme elle l'est dans le Symbole et chez les Pères, mais elle débute, dit-on, par un traité de métaphysique. Du reste, tout est très philosophique : on cherche sans cesse à définir le *quid* des choses : ce faisant, on n'évite pas toujours une introduction discutable de catégories aristotéliciennes et l'usage d'une ontologie particulière. Enfin, s'il est vrai que S. Thomas s'efforce de retrouver les enchaînements en soi et l'architecture même de la Sagesse divine — à partir, certes, de la Révélation, mais par un effort rationnel à l'intérieur de la Foi —, ne verse-t-il pas dans une impossible ambition de « theologia gloriae » ?

Quel a été exactement le projet théologique de S. Thomas dans sa *Somme ?*

Il a été d'abord pédagogique : il suffit de lire le Prologue pour le savoir [104]. S. Thomas, qui a, toute sa vie, commenté les Saintes

(103) M. D. CHENU, *Position de la Théologie,* in RSPT, 24 (1935), p. 232-257 (reprod. in *La Parole de Dieu. I. La Foi dans l'intelligence,* Paris, 1964, p. 115-138) ; *Le plan de la Somme,* in *Rev. thomiste,* 1939, p. 95-108 (reprod. in *Introduction à l'étude de S. Thomas,* Paris, 1950, p. 255-276) ; *S. Thomas d'A. et la Théologie* (« Les Maîtres spirituels »), Paris, 1959 ; R. GAGNEBET, *La nature de la théologie spéculative,* in *Rev. thomiste,* 44 (1938), p. 1-39, 213-255, 645-674 ; *De natura theologiae eiusque methodo juxta S. Thomam.* 2 fasc., Rome, 1958 ; *La théologie de S. Thomas, science aristotélicienne de Dieu,* in *Acta Acad. Pont. S. Thomas Aq.,* 11 (1946), p. 203-228) ; Y. M.-J. CONGAR, cf *supra,* n. 1, ajouter *Le sens de l'* « *Economie* » *salutaire dans la* « *théologie* » *de S. Thomas d'A.* (*Somme théol.*), in *Festgabe J. Lortz,* Baden-Baden, 1957, t. II, p. 73-122 ; A. HAYEN, *S. Thomas et la vie de l'Eglise,* Louvain-Paris, 1952 ; *La structure de la Somme théologique et Jésus,* in *Sciences ecclésiast.,* 12 (1961), p. 59-82 ; R. GUINDON, *La théologie de S. Thomas dans le rayonnement du Prologue de S. Jean,* in *Rev. de l'Univ. d'Ottawa,* 29 (1959), p. 5-23 et 121-142 (n'envisage pas le plan de la Somme) ; P. E. PERSSON, *Sacra doctrina. En studie till förhallandet mellan* ratio *och* revelatio *i Thomas'av Aquino teologi,* Lund, 1957 ; *Le plan...* (*supra,* n. 102)) ; G. LAFONT, *Structures et méthode dans la Somme théologique de S. Thomas d'Aquin,* Paris, 1961 ; Th. A. AUDET, *Approches historiques de la Summa Theologiae,* in *Etudes Hist. litt. et doctr.,* 17 (1962), p. 7-29 (n'avons pu lire cet art.) ; M. J. LE GUILLOU, *Le Christ et l'Eglise. Théologie du Mystère,* Paris, 1963 ; A. PATFOORT, *L'unité de la Ia pars et le mouvement interne de la Somme théologique de S. Thomas d'A.,* in RSPT, 47 (1963), p. 513-544 ; G. MARTELET, *Theologie und Heilsökonomie in der Christologie der « Tertia Pars »,* in *Gott in Welt.* Festgabe K. Rahner, Freiburg, 1964, t. III, p. 3-42. Plusieurs autres études ont éclairé aussi la question : de Et. Gilson, L. B. Geiger, du P. C. Dumont (cf *infra,* n. 126), de U. Horst, H. Rondet, M. Seckler (cf n. 112).

(104) Commentaire historique par M. GRABMANN, *Einführung in die Summa theol. des hl. Thomas v. A.,* Freiburg, 1919 (trad. frse). On comparera le motif pédagogique de S. Thomas et celui de HUGUES DE SAINT-VICTOR, *Summa de sacramentis,* I, prol. : « Hanc enim quasi brevem quamdam summam omnium in unam seriem compegi, ut animus aliquid certum haberet, cui intentionem affigere et conformare valeret, ne per varia scripturarum volumina et lectionum divortia, sine ordine et directione raperetur « (P.L., 176,183).

Ecritures dans la première leçon matinale de chaque jour, a constaté qu'un enseignement purement biblique, suivant l'*Histoire*, amenait à ne traiter les questions doctrinales qu'occasionnellement, quand le texte appelait l'une ou l'autre, et que ces questions venaient ainsi sans suivre un ordre logique ou pédagogique convenable. Il n'a pas imaginé qu'il pût exister une forme de théologie « historique et concrète » dans la ligne chère au P. Féret : voir en ce volume même. Il a voulu faire une *Summa* où toute la matière de la *Sacra doctrina* fût exposée d'une manière qui en fît saisir les enchaînements logiques, et donc explicatifs, selon un *ordo disciplinae* qui corresponde, finalement, à l'*ordo rerum*.

Il a certainement, en ceci, poursuivi l'idéal aristotélicien de la science, qui cherche à trouver le « propter quid » des affirmations posées [105] en rattachant ce qui est second à ce qui est premier, comme des propriétés à une essence ou des effets à leur cause. C'était une option lourde d'implications quant à la nature même du travail théologique.

Le P. Le Guillou, dans une très importante contribution à l'intelligence du projet de S. Thomas, écrit : « Le propos théologique du Docteur commun nous apparaît désormais clairement dans sa visée essentielle : fonder la *Sacra Doctrina* sur la Révélation divine (c'est-à-dire sur l'acte par lequel Dieu se fait connaître à l'homme dans son Verbe pour le faire entrer dans sa gloire) et dégager *la Logique du Mystère,* ce que nous appellerions plus volontiers *les catégories structurantes de la Parole de Dieu* (...). Il essaie de faire ressortir les *catégories structurantes de la révélation divine et de l'expérience chrétienne...* » [106]. La *Somme* proposerait, en quelque sorte, une interprétation, au plan de l' « *existential* », des mystères et de l'existence chrétienne. C'est exact, mais outre que le mot « catégorie » n'est peut-être pas le plus heureux, ce n'est pas assez précis. En effet, cette définition du propos de S. Thomas pourrait s'appliquer très formellement au type de théologie historique exposé par le P. Féret. L'idée de « dégager les catégories structurantes de la révélation divine et de l'expérience chrétienne » pourrait même, à un autre plan, s'appliquer à une Philosophie de la Religion du type de celle de H. Duméry : ce serait tout autre chose. Le P. Le Guillou pense, et il croit avoir établi, que S. Thomas n'aurait fait, dans la *Somme,* que reprendre, au niveau d'une étude formelle et systématique, la matière même et le plan de la synthèse biblique, très christologique, que nous révèlent le « Principium » biblique, les prologues des *Sentences* et les pas-

(105) « Quaedam vero disputatio est magistralis in scholis, non ad removendum errorem, sed ad instruendum auditores ut inducantur ad intellectum veritatis quam intendit : et tunc oportet rationibus inniti investigantibus veritatis radicem, et facientibus scire quomodo sit verum quod dicitur : alioquin, si nudis auctoritatibus magister quaestionem determinet, certificabitur quidem auditor quod ita est, sed nihil scientiae vel intellectus acquiret et vacuus abscedet » *Quodl. IV,* 18.

(106) *Op. cit.* (n. 103), p. 281 et 286.

sages les plus caractéristiques des commentaires bibliques de notre maître. Mais ceci n'est pas prouvé. La *Somme* est autre chose, elle suit un autre plan, que les textes cités par le P. Le Guillou pp. 135-150, si intéressants et révélateurs que soient ces textes, si éloquents pour montrer S. Thomas dans la continuité de la tradition paulinienne et patristique. Le passage de ces textes et de la synthèse qu'ils expriment, à la *Somme*, est plus affirmé que vraiment prouvé.

Il demeure cependant — et ici nous sommes entièrement d'accord avec le P. Le Guillou — que les commentaires bibliques de S. Thomas (son enseignement ordinaire) et la synthèse christologique exprimée tant dans ces textes que dans divers prologues programmatiques, sont vraiment à la base de toute la pensée théologique de S. Thomas et de l'effort systématique même qu'il a poursuivi dans la *Somme*. Il demeure que la *Somme* ne prend tout son sens que si l'on voit en elle une élaboration technique originale du contenu qu'expriment les prologues et les commentaires bibliques étudiés par le P. Le Guillou, ainsi qu'il le dit lui-même (p. 150). Cependant, la différence reste considérable et il faut en rendre compte. La *Somme* n'est pas simplement un exposé des « catégories structurantes de la révélation divine et de l'expérience chrétienne ». Quelle conception de la théologie a-t-elle tenté de mettre en œuvre ?

Pas seulement un idéal pédagogique, mais un idéal de science ; pédagogique *parce que* scientifique. S. Thomas a essayé de refléter, dans une science humainement élaborée à partir de la Foi, la science que Dieu lui-même a des choses [107]. Cette science est causatrice : l'ordre d'explication répond à l'ordre des choses et il suit l'ordre des causalités. C'est pour cela qu'il est explicatif. Il ne s'agit évidemment pas de la science des choses du monde physique en tant que tel, parce que la Foi ne la communique pas, mais la science des choses mises en œuvre dans l'ordre du salut, ces choses elles-mêmes étant considérées dans leur structure formelle. Oui, même la fin et l'usage, les moyens et le mouvement qui permettent d'atteindre la fin, sont considérés selon leurs lois ou leur structure formelles. On étudie leur nature, on tâche d'expliquer leur enchaînement selon une hiérarchie de principe à conséquence ou application.

C'est possible sur la base de deux convictions qui sont les grands préalables en dehors desquels le projet de S. Thomas serait insensé : 1° la validité de la raison humaine qui participe à l'intelligence divine, car l'homme a été fait à l'image de Dieu, « Signatum est super nos lumen vultus tui, Domine » [108] ; 2° la nature de la foi comme germe de la Vision et participation surnaturelle à la connaissance que Dieu a de lui-même et que les Bienheureux

(107) Voir les études du P. R. Gagnebet et les nôtres, citées *supra*, nn. 1 et 103. On peut lire le prologue du Comm. sur les *Sent.*, lib. I et lib. II.

(108) Ps 4,7, cité par S. Thomas quand il parle du reflet de la Raison divine (loi éternelle) dans la raison humaine : Ia IIæ, q. 19, a. 4 c. ; q. 91, a. 2 c Notons ici que, quelle que soit la position théorique que l'on prenne, tout le monde, K. Barth autant que S. Thomas, use de sa raison avec confiance.

ont de Dieu dans la vision face à face. C'est sur ce second présupposé que nous insisterons ici en explicitant deux de ses implications : *a*) le caractère théologal de la Foi ; *b*) le caractère eschatologique de l'effort théologique.

*a*) Il faut réaliser toute la force, l'extraordinaire hardiesse, l'héroïsme en quelque sorte, de la tranquille affirmation de S. Thomas : le motif ou objet formel *quo* de la Foi n'est rien d'autre que la Vérité Première elle-même [109]. Nous ne croyons, non au plan des raisons qui peuvent nous permettre de croire, mais dans l'acte de Foi lui-même, pour aucun autre motif que la Vérité incréée, absolue et souveraine qui transplante en nous la semence fragile et sublime de sa propre connaissance par le double acte de sa Parole, dans la révélation publique faite par les prophètes, le Christ et les Apôtres au dehors, et, au dedans, d'une communication d'énergie ou de « lumière » surnaturelle : « Celui qui croit a le témoignage de Dieu en soi » (1 Jn 5,10). Tant du côté de l'énergie que du côté des objets, la Foi nous permet de connaître selon la connaissance que Dieu a de soi-même et de toutes choses en soi-même. Certes elle est, dans cette ligne, une connaissance extrêmement ténue : elle connaît en partie, de loin et dans des signes affectés d'obscurité : elle est pourtant le germe de la vision directe, elle participe à son caractère divin et divinisant, c'est-à-dire, encore une fois, à la connaissance de Dieu lui-même [110].

S. Thomas a poussé très loin l'idée d'une correspondance rigoureuse entre l'objet formel *quo* et l'objet formel *quod*, le motif et le contenu de la connaissance [111]. Si le motif formel de la Foi est la Vérité Première, c'est-à-dire la vérité dont Dieu est vrai lui-même, son objet ou son contenu sera l'objet ou le contenu de la connaissance de Dieu. Or Dieu se connaît d'abord lui-même ; il connaît les choses, lesquelles n'ont de réalité qu'en vertu de sa libre décision, à partir de lui-même, dans son Verbe, et en référence à lui-même. Ceci est décisif pour la notion de théologie chez S. Thomas, pour l'exercice qu'il en a fait dans la *Somme*, enfin pour la place de l'historique comme tel dans cette théologie. Le

(109) Cf *In III Sent.*, d. 24, a. 1, sol. 1 ; d. 25, q. 1 a. 1, qa 1, ad 4 ; *De Veritate*, q. 14, a. 1 obj. 6, a. 2 et 8 ; q. 18, a. 3 ; IIa IIæ, q. 1, a. 1 ; q. 5, a. 3 et a. 4 ad 1 ; q. 11, a. 1 ; *In Joan.*, c. 4, lect. 5, n. 2. Doctrine illustrée par le P. Chenu, *Pro fidei supernaturalitate illustranda*, in *Xenia Thomistica*, Rome, 1925, t. III, p. 297-307 et *La Parole de Dieu*. I. *La Foi dans l'intelligence*. Paris, 1964, passim.

(110) Cf. *In III Sent.*, d. 23, q. 2, a. 1, ad 4, « praelibatio futurae visionis » ; *De verit.*, q : 14, a. 2, sol. et ad 9 ; *Compend. theol.*, I, c 1 et 2 (« praelibatio quaedam illius cognitionis quae nos in futudo beatos facit ») ; *In Boet. de Trin.*, proem., « Deus... suam notitiam per fidem mentibus hominum infundens » ; q. 2, a. 2, « fit nobis in statu viae quaedam illius cognitionis participatio et assimilatio ad cognitionem divinam... », IIa IIæ, q. 2, a. 3 ; q. 4, a. 1 ; Ia IIæ q. 62, a. 1 et 3 ; *In Hebr.*, c. 11, lect. 1.

(111) Il ne suffit pas qu'une chose soit *dite par Dieu* pour qu'elle soit objet de la Foi théologale, du moins pour qu'elle le soit *per se et primario*. Il faut qu'elle soit relative à DIEU lui-même : De verit., q. 14, a. 8, ad 2 et notre article sur *La crédibilité des révélations privées*, in *Vie spir.*, Suppl. 1er oct. 1937, p. 29-48 (reprod. in *Sainte Eglise*, Paris, 1964, p. 375-392).

secret de la position de S. Thomas en théologie et du plan de la *Somme* n'est à chercher, pour le fond, ni dans son souci, d'ailleurs si réel et si efficace, d'ordre pédagogique, — ni dans son adhésion, d'ailleurs réelle, à la philosophie d'Aristote —, ni dans une victoire d'Aristote sur Jésus-Christ, dans l'invasion du christianisme par l'hellénisme —, ni dans un soi-disant manque de sens historique et d'intérêt pour les faits et les textes : ce que tout contredit dans son œuvre et dans sa vie [112] : nous verrons plus loin quelle place les données de l'Economie occupent dans la théologie de S. Thomas ; nous pouvons dès maintenant affirmer qu'il a assumé, d'une autre manière, il est vrai, autant de données d'Economie que les Pères ou les théologiens qui ont suivi un plan dit historique. Le secret de la position de S. Thomas en théologie se trouve dans sa notion de la Foi et dans son sens de Dieu comme Dieu Vivant. Nous voudrions le montrer en expliquant brièvement : 1° quelle place il reconnaît, dans sa théologie, aux faits historiques comme tels ; 2° sa notion de Dieu comme *sujet* de la théologie.

1° A qui ne connaîtrait S. Thomas que superficiellement et n'aurait jeté qu'un regard de touriste sur ses écrits systématiques, la place qu'il attribue aux faits de l'Histoire Sainte pourrait paraître scandaleusement insuffisante. Selon S. Thomas, en effet, l'histoire d'Abraham, d'Isaac et de Jacob, par exemple, rentre dans la *Sacra doctrina* seulement « in exemplum vitae, sicut in scientiis moralibus » [113] : les énoncés historiques de ce genre n'intéressent la Révélation que « per concomitantiam », « ad manifesta-

(112) Voir sur ce point : L. Baur, *Die Form der wissenschaftlichen Kritik bei Thomas v. A.* (*Beitr.*. Sppl. Bd. II : Festgabe M. Grabmann), Munster, 1935, p. 688-709 ; G. Geenen, *S. Thomas et les Pères*, in DTC, t. XV, col. 738-761 ; U. Horst, *Ueber die Frage einer heilsökonomischen Theologie bei Thomas v. A.*, in *Münchener Theol. Zeitsch.*, 11 (1961), p. 87-111 (cf p. 98-99) ; M. Seckler, *Das Heil in der Geschichte. Geschichtstheologisches Denken bei Thomas v. A.*, Munich, 1964, p. 21 s. Ce dernier ouvrage, dont on annonce une traduction aux Ed. du Cerf, est paru après la rédaction du présent article. Nous en avons pris connaissance avec un grand profit, sans pouvoir introduire ici plus que quelques allusions. L'A. traite un sujet différent du nôtre, et il le fait avec infiniment plus de profondeur et de précision. Il n'aborde pas la question du plan de la *Somme,* bien qu'il l'éclaire par tout ce qu'il établit, principalement sur ces trois points majeurs : 1° Fondement du grand schème *egressus-regressus* dans la philosophie de la causalité et surtout la correspondance entre la fin et l'efficience. 2° Fondement de l'historicité du monde et de l'agir humain, et fondement d'une valeur positive du Temps, dans le lien qui unit la production des choses à la vie interne du Dieu vivant : idée de « bewegte Ewigkeit ». 3° Insertion de l'Incarnation rédemptrice et de l'histoire *du salut* dans la même logique. Mais l'A. ne touche ni le problème « fonctionnel-ontologique », qui nous intéresse ici, ni la question de la place des faits particuliers comme tels dans la Foi et la *Sacra doctrina :* il ne cite pas les textes que nous invoquons ici à ce sujet. A plusieurs reprises l'A. passe de l'exégèse de S. Thomas en profondeur, à une réflexion personnelle, faite au contact d'auteurs contemporains, protestants et catholiques, réflexion qui dépasse évidemment les catégories et la pensée de S. Thomas lui-même.

(113) Ia, q. 1, a. 2, ad 2 ; comp. *In III sent.*, d. 24, a. 1, ad 2, les « gesta Patrum ».

tionem aliorum »[114]. De tels énoncés sont d'autant plus inquiétants qu'ils interviennent dans un article où S. Thomas reconnaît à la *Sacra doctrina* le caractère de « science ». L'idée aristotélicienne de science l'a-t-elle contaminé à ce point que, n'admettant de science que du général, elle exclurait de la *Sacra doctrina* les faits singuliers comme tels ?[115] Mais Aristote n'était pas ici la seule source des Scolastiques : S. Augustin considérait l'histoire de ce qui se passe dans le temps comme comportant moins d'intelligibilité que l'ordre des vérités intemporelles et éternelles[116].

Un article du *De Veritate* (q. 14, a. 8) nous met sur la voie de mieux comprendre. Il nous oriente, non vers la question du caractère scientifique de la théologie, mais vers celle de l'objet formel de la Foi, qui est, nous le savons, la Vérité Première. La théologie, science dans la Foi et qui procède de la Foi, suit et imite la connaissance *de Dieu*. Or Dieu connaît en premier lieu Soi-même. Il est même son seul objet essentiel de connaissance. Les créatures ne le sont que secondairement et par le biais du rapport qu'elles ont avec Dieu. Il suit de là que la Foi, et après elle la théologie, visent d'abord Dieu lui-même comme leur objet, et des créatures, essentiellement, en second lieu et dans leur rapport à Dieu[117]. Il faut même reconnaître qu'au point de vue *de Dieu*, la création, l'Incarnation et les différentes circonstances de l'Histoire du Salut ou de l'Economie sont des accidents, c'est-à-dire quelque chose de non essentiel mais de libre[118]. Et S. Thomas de dire : les articles de foi qui parlent des créatures et, dans ces articles, les circonstances que rapporte l'histoire (sainte) ne sont objets de la Foi « nisi secun-

(114) Ainsi, qu'Abraham ait eu deux fils (IIa IIæ, q. 1, a. 6, ad 1 ; q. 2, a. 5 c. ; comp. S. BONAVENTURE, *Coll. in Hexameron*, X, 4 ; *Opera*, éd. Quaracchi, V, 377 s.) ; que Samuel fût fils d'Elcana (Ia, q. 32,4) ; que David fût fils d'Esaïe (II a IIæ 2,5 c.) ; qu'un mort ressuscita à l'attouchement des ossements d'Elie (IIa IIæ 1,6, ad. 1) ; enfin « multa historica » (*III Sent.*, d. 12, q. 1, a. 2), « omnia quae in S. Scriptura continentur » (IIa IIæ 8,2).

(115) Pas de science du singulier, selon ARISTOTE, *Metaph.* A, 1, 981 a 17 s. ; K, 8, 1065 a. 4-6 ; *Anal. Post.* 1, 30, 87 b 22-25 ; S. THOMAS, Ia, q. 86, a. 1 et, pour la *sac. doctr.*, Ia, q. 1, a. 2 ad 2 et a. 7. « S'il est une discipline que la classification aristotélicienne exclut de son orbite, c'est bien l'histoire » (M. D. CHENU, *Introd. à l'ét.*, p. 260). Notons que S. Bonaventure (?)admet le même principe, mais il donne une réponse de compromis : cf G. H. TAVARD, St *Bonaventure's Disputed Question « De theologia »* in *Rech. Théol. anc. méd.*, 17 (1950), p. 187-236 (p. 213 : « In Scriptura particularia non accipiuntur particulariter, sed magis universaliter ; licet enim Abraham sit nomen personae, tamen persona Abraham figurat omnem virum perfectum... »).

(116) S. AUGUSTIN, *De vera relig.*, 50, 99 : « Et quae sit stabilis fides, sive historica et temporalis, sive spiritualis et aeterna, ad quam omnis interpretatio auctoritatis dirigenda est » (P. L., 34,166) ; *Lib. de div. Quaest. LXXXIII*, q. 48 : « Alia sunt quae semper creduntur et numquam intelliguntur, sicut est omnis historia temporalia et humana gesta percurrens » (40,31). Comp. J. RATZINGER, *Die Geschichtstheologie des hl. Bonaventura*, Munich, 1959, p. 79-80.

(117) « In his quae per fidem cognoscimus, nostra cognitio Veritati primae innititur. Unde oportet quod a prima veritate, quae est Deus, in ea quae ab ipso sunt procedamus, ad similitudinem cognitionis quam sancti in Verbo habebunt, ubi et Verbum et res plene cognoscent : cuius cognitionis nos participes faciet ipsum Verbum Dei Filius, qui hanc cognitionem in nobis per fidem initiavit... » Epilogue de *I. Sent.*

(118) *De veritate*, q. 14, a. 8, obj. 2.

dum quod eis aliquid Veritatis Primae adjungitur » (14,8, ad 1). La Passion elle-même ne tombe sous la Foi que dans la mesure où nous y croyons engagée la vertu divine [119] : autrement elle ne serait, comme dit R. Bultmann dans un tout autre contexte, que « la fin tragique d'un noble cœur ». De même pour la résurrection de la chair « et autres choses semblables »... (ad 6) : autrement, ce ne serait qu'un fait physique. Au fond, il faut que la crucifixion soit *de Dieu,* que la reviviscence d'une chair morte soit *de Dieu.* Il faut qu'il y ait, en tout cela, quelque chose d'éternel, une valeur de vérité *absolue.* De tels faits, en eux-mêmes contingents, ont quelque chose d'éternel et une vérité, si l'on peut dire, immobile, en tant qu'ils sont visés par la décision et la connaissance de Dieu (« science de vision ») et produits par sa vertu. Cela est nécessaire, selon S. Thomas, à l'objet de la Foi (sol., ad 13, ad 14).

Cette position du *De Veritate* est déconcertante pour l'historien, elle l'est même pour nous tous, qui voyons la Foi essentiellement liée à la communication historique de la Parole de Dieu dont les Ecritures sont le témoignage. Elle risque d'introduire un sérieux décalage entre les commentaires bibliques, qui suivent cette Economie, et la théologie faite selon une logique systématique. Mais c'est la position de S. Thomas, celle aussi d'autres grands Scolastiques et en particulier de son maître S. Albert [120]. Il faut essayer de la comprendre selon sa perspective propre.

Cette position se rattache à une vue dont S. Augustin surtout avait été le docteur, touchant la nature même de la Foi et *son unité* à travers les étapes de la « temporalis dispensatio » de la Révélation (le mot est de S. Augustin. *De vera relig.,* 7 : P.L., 34, 128). Les énoncés de la Foi avaient varié de forme, la Foi était restée la même. Les justes de l'Ancienne Disposition croyaient au Christ *à venir,* nous croyons au Christ *advenu :* eux et nous avaient vécu de *la même* Foi et, ainsi, appartenaient à *la même* Eglise, à laquelle appartiennent aussi ceux qui, dans la Patrie, *voient* simplement ce que les Patriarches ont cru et que nous-mêmes croyons [121]. Mais

(119) *In III Sent.,* d. 23, q. 2, a. 4, qa 2, ad 1 (cf infra, n. 122) ; d. 24, a. 1, q. 1, ad 3 ; *De ver.,* q. 14 a. 8, ad 1.

(120) Pour Albert, voir H. Fries, *Zum theologischen Beweis der Hochscholastik,* in *Schrift und Tradition.* Essen, 1962, p. 107-190, pages 134 s. Voir Albert, *In III Sent.,* d. 24, a. 1, sol. 3 ; a. 5, ad 2 et 3 ; d. 25. Ce propos éclairerait sans doute l'ecclésiologie des grands Scolastiques ou leur absence de traité séparé de l'Eglise. Albert écrit, à propos de l'article « Credo sanctam Ecclesiam » : « Quia omnis articulus fundatur in divina et aeterna veritate .. iste articulus sic resolvendus est ad proprium opus Spiritus Sancti, hoc est : Credo in Spiritum Sanctum, non tantum secundum se, sicut dicit praecedens articulus, sed etiam in eum credo secundum proprium opus ejus, quod est, quod sanctificat Ecclesiam... » (*De sacrificio missae,* II, 9, art. 9 : Borgnet, t. 38, p. 64-65). Ainsi, pour S. Thomas également, tout effet historique de l'Economie doit être ramené à la *théologie,* les missions temporelles de grâce, et la création elle-même, doivent être ramenées aux Processions éternelles intra-trinitaires.

(121) S. Augustin, *Epist.* 110,5-6 (P.L., 33,858) et nombreux autres textes ; Pierre Lombard, *Sent.,* lib. III, d. 25, c. 1 (éd. Quaracchi, p. 665) ; Albert le Grand, *In III Sent.,* d. 25 (Borgnet, t. 28, p. 473-481) ; S. Thomas, Ia IIæ, q. 103, a. 4 ; q. 107, a. 1, ad 1 ; IIa IIæ, q. 1, a. 2 et 7 ; q. 4, a. 6, ad 2 ; *De ver.,*

ceci engageait une épistémologie de la Foi que S. Thomas formule de la façon suivante :

Il faut distinguer, dans la Foi, ce qui lui donne son être absolu et spécifique, à savoir son objet formel, et sa matière ou objet matériel [122]. L'objet formel de la Foi est la Vérité Première : il est en lui-même simple et intemporel : croire, c'est d'abord et essentiellement adhérer à la Vérité Première par la vertu de la communication qu'elle nous fait d'elle-même. On ne croit donc pas à la parole créée de Dieu comme telle, celle qui se produit dans le temps et en porte les stigmates, on ne croit pas d'abord et essentiellement à la Révélation : on croit à *Dieu,* qui est, de soi, éternel et simple. Cette Foi s'explicite dans un certain contenu, dans des affirmations et des jugements (« aliquid complexum, per modum enuntiabilis »), en lesquels elle se diversifie. Elle se diversifie dans le temps, qui en affecte les énoncés (« Le Christ viendra », « Le Christ est venu »), elle se diversifie dans les différents articles ou dogmes qui se précisent au cours du temps : ceux du symbole,

q. 14, a. 12, « alias non esset una Ecclesia ». Et voir M. D. Chenu, *Contribution à l'histoire du traité de la foi. Comment. historique de IIa IIæ, q. 1, a. 2,* in *Mélanges thomistes.* Kain, 1923, p. 123-140 ; A. Darquennes, *La définition de l'Eglise d'après S. Thomas d'A.,* in *L'organisation corporative du Moyen Age à la fin de l'Ancien Régime.* Louvain, 1943, p. 1-53 ; Y. M.-J. Congar, *Ecclesia ab Abel,* in *Abhandlungen über Theologie u. Kirche.* Festgabe K. Adam. Dusseldorf, 1952, p. 79-108 ; R. Gagnebet, *De Theologia...,* t. II, p. 103 s.

(122) Pour cela et pour ce qui suit, cf : *In III Sent.,* d. 23, q. 2, a. 4, qa 2, ad 1 : « Fides non est de aliquo temporali sicut de objecto ; sed in quantum pertinet ad veritatem aeternam quae est objectum fidei, sic cadit sub fide, sicut fides credit passionem in quantum Deus est passus ».

Dist. 24, a. 1, qa 1, ad 1 : « Passio et alia hujusmodi quae continentur in symbolo se habent materialiter ad objectum fidei ».

Dist. 24, q. 1, a. 1, qa 2, ad 4 : « Tempus est determinatum de his quae accidentaliter se habent ad fidem, sicut etiam se habent accidentaliter ad praedicatum et subjectum, quae componit et dividit intellectus. Ea autem quae se habent accidentaliter ad fidem non sunt de necessitate salutis, nisi postquam determinata sint per praedicationem et doctrinam. »

De veritate, q. 14, a. 8, ad 2 : « Quamvis divino testimonio sit de omnibus credendum, tamen divinum testimonium, sicut et cognitio, primo et principaliter est de seipso, et consequenter de aliis. Jn 14,8, *Ego testimonium perhibeo de meipso.* Unde fides est principaliter de Deo, consequenter de aliis. »

*Ibid.,* ad 7 : « Omnia credibilia, ex hoc quod a Deo sunt testificata, oportet principaliter esse de veritate prima, et secundario de rebus creatis... »

*Ibid.,* ad 13 : « Quamvis prophetia pro materia habeat res creatas et temporales, tamen pro fine habet rem increatam ; ad hoc enim omnes prophetiae revelationes ordinantur, etiam illae quae de rebus creatis fiunt, ut Deus cognoscatur a nobis. Et ideo prophetia induit ad fidem sicut ad finem ; nec oportet quod sit idem prophetiae et fidei objectum vel materia, sed si aliquando sit de eodem fides et prophetia, non tamen secundum idem : sicut de passione Christi fuit prophetia antiquorum et fides ; sed prophetia quantum ad id quod erat in ea temporale, fides autem quantum ad id quod erat in ea aeternum. »

IIa IIæ q. 1, a. 1 c.

*Ibid.,* a. 6, ad 1 : « Quia fides principaliter est de his quae videnda speramus in patria... per se ad fidem pertinent illa quae directe nos ordinant ad vitam aeternam, sicut sunt tres Personae omnipotentis Dei, mysterium Incarnationis Christi et alia hujusmodi... Quaedam vero proponuntur in sacra Scriptura ut credenda, non quasi principaliter intenta, sed ad praedictorum manifestationem, sicut quod Abraham habuit duos filios... »

*Ibid.,* q. 4, a. 6, ad 1 : « Temporalia quae in fide proponuntur non pertinent ad objectum fidei nisi in ordine ad aliquid aeternum, quod est veritas prima ».

ceux des conciles et ceux qui ont pu s'ajouter depuis ou pourront s'ajouter encore.

A l'égard de telles précisions, les Médiévaux n'ont absolument ni les exigences ni l'intérêt que nous avons. Certes, on ne trouverait pas chez S. Thomas le relativisme qu'on rencontre chez un Herbert de Bosham, par exemple : cet ami de Thomas Becket ne va-t-il pas jusqu'à dire que si l'on croyait au Christ comme déjà venu alors qu'il ne le fût pas, cela n'aurait pas grande importance [123]. Ce n'est là pourtant, sous une forme paradoxale extrême, qu'une transcription de l'idée de « Eadem est fides antiquorum et modernorum » : car Herbert de Bosham suppose certainement le décret divin de l'Incarnation. Mais la liberté avec laquelle les Scolastiques parlent de l'implicite de la Foi relève des mêmes présupposés et de ce que nous venons d'expliquer [124]. Si, finalement, tout le dogme leur paraît contenu dans le « quia Deus est et inquirentibus se remunerator sit » d'Hebr. 11,6, c'est que l'essentiel de la Foi est acquis avec l'adhésion à Dieu, Vérité Première, et que le reste dépend d'explicitations temporelles qui sont accidentelles par rapport à cela. Ce reste appartient cependant à la Foi après qu'il a été explicité par un moyen dont Dieu garantit la valeur et qui, ainsi, se réduit à la Vérité Première elle-même : Ecrits des prophètes et des Apôtres, Magistère de l'Eglise, des conciles et du Pape... [125]

Ce n'est donc pas d'Aristote que S. Thomas tient sa position à l'égard des faits de l'Histoire Sainte comme tels, même s'il a parfois exprimé cette position en termes empruntés à l'épistémologie aristotélicienne. Pour lui, le temporel comme tel de l'objet de la Foi est accidentel à la Foi elle-même : les faits n'intéressent celle-ci qu'en raison du rapport qu'ils ont avec la Vérité Première : un rapport plus interne ou direct que le simple fait d'être « dit par Dieu » ; un rapport tel que la Vérité Première, Dieu, soit engagée (voir plusieurs des textes cités n. 122).

Ce que nous venons de dire intéresse la conception de la théologie ; peut-être cela pourrait-il éclairer quelque chose dans le plan de la *Somme*. Le P. A. Patfoort, cité *supra* n. 103, a apporté des arguments fort intéressants tendant à établir que S. Thomas aurait d'abord traité des structures antérieures à tout usage de la volonté libre par l'homme, ensuite des conditions dans lesquelles s'exerce cette liberté. Cette distinction ne recouvre pas celle entre le nécessaire et le contingent, car il existe des choses contingentes avant l'exercice de sa liberté par l'homme. Il y aurait cependant, au total, dans la *Somme*, un passage du nécessaire au libre, de

(123) Cf B. Smalley, *A Commentary on the Hebraica, by Herbert of Bosham*, in *Rech. Théol. anc. méd.*, 18 (1951), p. 29-65 (p. 62).

(124) Cf R. M. Schultes, *Fides implicita. Geschichte der Lehre von der fides implicita und explicita in der kathol. Theologie. I. Von Hugo v. St-Viktor zum Konzil v. Trient.* Ratisbonne, 1920. La théorie est née de l'idée augustinienne « eadem est fides antiquorum et modernorum » (p. 21).

(125) Voir les deux dernières études citées *supra*, n. 1, et *La Foi et la Théologie*. Paris, 1962, p. 45, n. 2.

l'Absolu en lui-même et dans son éternité à tout le domaine libre dans lequel il est engagé comme principe, modèle et fin. Ce schème de pensée ne rend évidemment pas compte du détail de l'architecture de la *Somme* ; il nous semble qu'il ne lui est pas étranger.

2) Pour apprécier la grandeur du projet théologique de S. Thomas, il faut aussi, en liaison avec ce qui précède, s'efforcer de comprendre sa thèse sur le *sujet* de la *Sacra doctrina* (I^a^, q. 1, a. 7). C'est là un des articles les plus hauts, mais, hélas, les plus oubliés, de l'épistémologie théologique du Docteur commun [126]. La théologie est un discours sur Dieu. Elle comporte un certain nombre de propositions portant sur une multitude de réalités : le monde, les anges, et leurs opérations, l'homme, ses actes bons et mauvais, ses vertus et ses vices, la grâce, la sanctification de l'homme, le Christ, sa Mère, les actes du Christ, ses opérations salutaires, les sacrements de l'Eglise, les réalités finales, etc. Sur tout cela, la théologie établit des propositions vraies qu'elle prouve à partir de la Révélation et dont elle recherche les enchaînements. C'est son *objet*. Mais S. Thomas dit que le *sujet* dont on parle vraiment est Dieu.

Le sujet d'une science est l'être dont on démontre des propriétés et que l'on apprend ainsi à connaître : « Subjectum de quo probantur proprietates et differentiae » [127]. S'il s'agit de Dieu nous ne pouvons pas, ici-bas, ne connaissant pas son essence, lui attribuer des propriétés que cette essence justifierait : cela n'aurait pas de sens puisqu'Il EST identiquement tout ce qu'on peut dire en vérité de lui. Nous ne l'atteignons ici-bas que comme le sujet d'attribution, inconnu en lui-même, des effets de grâce saisis dans la Foi et que la Révélation permet de lui attribuer [128]. De sorte que notre théologie de l'*en soi* de Dieu est entièrement dépendante de l'action de Dieu *ad extra,* c'est-à-dire de l'Economie. Pour S. Thomas comme pour Moïse dans la scène du buisson ardent, Dieu se révèle dans ce qu'il fait, on le connaît par ses actes, sans réduire ceux-ci aux *mirabilia* du Salut. Mais le discours théologique est vraiment un discours *sur Dieu*. Il s'agit de *Dieu* créant et gouvernant le monde, *Dieu* attirant les hommes, *Dieu* opérant leur divinisation, *Dieu* se révélant en Jésus-Christ, *Dieu* opérant dans les sacrements, *Dieu* faisant toutes choses nouvelles...

Ce Dieu est le Dieu vivant, l'Absolu, l'Immuable, l'Eternel, qui est Acte pur. C'est l'*Ipsum Esse subsistens* qui s'est révélé à Moïse comme « Je suis qui je suis », « Je serai qui je serai ». Vous verrez qui je suis à mes actes. De fait, on le connaît à ses actes. Mais de cette Générosité absolue d'être et d'acte, nous savons,

(126) Touché de façon éclairante par M. D. CHENU, *Le plan*... (cf n. 103) et par le P. C. DUMONT, *La réflexion sur la méthode théologique*, in *Nouv. Rev. théol.*, 83 (1961), p. 1034-1050 et 84 (1962), p. 17-35.
(127) ALBERT LE GRAND, *In I Sent.*, d. 1, a. 2, cité DUMONT, p. 1036.
(128) Cf *In Boet. de Trin.*, q. 2, a. 2, ad 2 ; Ia, q. 1, a. 7, ad 1 ; IIa IIæ, q. 2, a. 9, ad 3 ; DUMONT, *art. cité*, p. 32.

par l'Incarnation du Verbe, par la révélation de Jésus-Christ et la mission du Saint-Esprit, qu'il est Trois Personnes, Père, Fils et Saint-Esprit, et qu'il est engagé comme tel dans toutes ses actions *ad extra* et dans les effets de nature ou de grâce par lesquels nous le connaissons.

On a accusé S. Thomas. On a mis en cause son traité *De Deo uno* et la place de ce traité avant celui de la trinité des Personnes [129]. En réponse à cette critique on a justement fait remarquer, tout d'abord que l'ordre suivi peut se réclamer de celui de la Révélation, qui commence dans l'Ancien Testament, par un dévoilement de Dieu, non comme Personne mais comme l'Etre absolu, vivant et actif, et que le Christ lui-même s'est révélé comme Kyrios, non par référence immédiatement à la *Personne* du Père préalablement révélée comme telle, mais par référence à Yahvé-Seigneur [130]. On a ensuite mieux compris, grâce à de délicates études [131], à quel point et comment le Dieu dont parle S. Thomas et qui constitue le sujet de la *Sacra doctrina,* même sous sa forme scientifique, est le Dieu Père, Fils et Saint-Esprit. Il n'y a pas d'essence divine antérieure aux Personnes, sinon d'une antériorité purement logique. Il n'y a pas d'autre être en Dieu que celui qui est, communément, l'être des trois Personnes, selon les relations subsistantes et l'ordre des processions. Comme le note justement le P. Le Guillou, « saint Thomas donne au substantif *Dieu,* dans toute la première partie de la *Somme,* un sens concret. L'essence divine désigne non pas l'essence commune aux trois Personnes comme distincte des notions et des propriétés personnelles, mais *le tout du mystère trinitaire* » [132]. C'est pourquoi, s'agissant de la production des choses ou de la création, S. Thomas les fait dériver comme de leur cause des processions éternelles de la Sainte Trinité [133]. Et de même le retour des créatures spirituelles à Dieu [134]. Bref, c'est la Générosité intime de la Divinité, dont le Père

(129) K. Rahner, *Theos* (*supra,* n. 58) ; *Bemerkungen zum dogmatischen Traktat « De Trinitate »,* in *Schriften zur Theologie,* t. IV. Freiburg, 1960, p. 103-133. La théologie de S. Thomas est, croyons-nous, plus trinitaire que ne le dit le P. Martelet, *ét. citée* (n. 103), p. 8 s.

(130) Le P. Le Guillou (*op. cit.*, p. 191-192, n. 11) cite de nombreux textes de S. Thomas en ce sens : « Pater innotuerat in veteri Testamento, quamvis non in ratione Patris, sed ut Deus ».

(131) A. Malet, *Personne et amour dans la théologie trinitaire de S. Thomas d'A.*, Paris, 1956 ; E. Bailleux, *Le personalisme de S. Th. en théologie trinitaire,* in *Rev. thomiste,* 61 (1961), p. 25-42 ; *La création, œuvre de la Trinité selon S. Th.*, ibid., 1962, p. 27-50 ; *Le cycle des missions trinitaires d'après S. Th.*, ibid., 1963, p. 165-192 ; J. Loosen, *Ekklesiologische, christologische u. trinitätstheologische Elemente im Gnadenbegriff,* in *Theologie in Geschichte u. Gegenwart.* Festgabe M. Schmaus, Munich, 1957, p. 89-102 ; U. Horst, cité *supra* (n. 112), p. 109 s. ; C. Sträter, *Le point de départ du traité thomiste de la Trinité,* in *Sciences ecclés.*, 14 (1962), p. 71-87 ; J. M. R. Tillard, *L'Eucharistie, Pâque de l'Eglise* (*Unam Sanctam,* 44), Paris, 1964, p. 73-83 ; Le Guillou, *op. cit.*

(132) *Op. cit.*, p. 294 : plusieurs passages importants sur le sens du *De Deo uno* chez S. Thomas et ses commentateurs.

(133) Cf le Prol. *in Sent.* (Le Guillou, *p. cit.*, p. 143) ; *I Sent.*, d. 10, q. 1, a. 1 ; d. 13, q. 1, a. 1 ; *De Potentia* q. 2, a. 6 in c. 2 ; Ia, q. 45, a. 6 ; a. 1 ; *De ver.* d. 13, q. 1, a. 1 ; *De Potentia* q. 2, a. 6 in c. 2 ; Ia, q. 45, a. 6 ; faite des Personnes, mais la Trinité. Boèce avait vu cela : cf S. Thomas, *In Boet. de Tr.*, prol. Et voir E. Bailleux, *Rev. Thom.* 1961, p. 39 s. ; 1962, p. 28 s. ; M. Seckler, cité *supra* (n. 112), p. 82-87.

(134) *In I Sent.*, d. 14, q. 2, a. 2 ; IIIa, prol. et q. 1, a. 1. Sur le Dieu-Trinité et le *reditus* de l'homme, cf G. Lafont, *op. cit.* (n. 103), p. 283 s. ; M. Seckler, *op. cit.* (n. 112), p. 88 n. 31, 89 n. 35.

est le Principe [135], qui est la source secrète de la générosité divine *ad extra*. Dans une étude très fouillée parue après la rédaction du présent article (cf *supra*, n. 112), le Professeur M. Seckler montre que cette thèse, tranquillement affirmée par S. Thomas, constitue le fondement même de sa philosophie et de sa théologie de l'histoire. Le monde créationnel est déjà une participation à la bonté divine, il a son origine première dans la Générosité increée qui, en Dieu, produit la vie trinitaire. L'histoire se fonde dans la réalité du Dieu *vivant*. Le salut lui-même s'opère par une nouvelle participation à la Générosité increée de la vie trinitaire, par une venue, cette fois, de Dieu en Personne (mission du Verbe et mission de l'Esprit). A l'un et à l'autre plan, le créé est fondé comme réalité dynamique, historique, dans le fait que Dieu est, en lui-même, vivant, et que, dit Seckler, son éternité n'est pas statique, mais dynamique (« bewegte Ewigkeit »). Les faits, libres du côté de Dieu, donc contingents en soi, qui forment l'Economie (à commencer par la création) sont, pour S. Thomas, reliés au mystère nécessaire de Dieu, à l'être en soi du Dieu vivant, Père, Fils et Saint-Esprit. L'en soi le plus intime de Dieu est engagé dans le *pour nous*, qui en procède. S. Thomas honore le nexus profond mis par les Pères, interprètes de la Révélation, entre l' « Economie » et la « Théologie », déjà au niveau de la création. Evidemment aussi au niveau de la rédemption : toute l'œuvre de grâce procède des « missions divines » du Fils et du Saint-Esprit. Dans cet ordre, qui est celui de la création et de l'Eglise, S. Thomas a, d'une part, retrouvé dans sa plénitude, par-dessus S. Augustin, le rôle recréateur du Christ dans et par son humanité, rôle qui se prolonge dans l'Eglise et les sacrements [136] — et il a, d'autre part, couronné une ecclésiologie à fondement christologique par une pneumatologie qui scelle le mystère de l'Eglise du sceau même qui scelle le mystère trinitaire [137].

La meilleure voie à prendre pour apprécier la position de S. Thomas n'est donc pas de dire qu'il a manqué du sens des faits et de l'histoire — ce n'est pas exact : le thomisme, c'est le réalisme ! —, ce n'est pas de doser, apprécier, la part d'intemporel et la part d'historique. C'est de participer au sens que S. Thomas a eu de l'Absolu du Dieu vivant.

*b*) S. Thomas cite plusieurs fois, et comme venant d'Isidore, la définition suivante de l'*articulus fidei :* « Perceptio veritatis tendens in ipsam » [138]. La Foi est une communication de la connais-

(135) « Totius divinitatis vel, si melius dicitur, deitatis, principium Pater est » : Ia, q. 39, a. 5, ad 6 (S. AUGUSTIN, *De Trin.*, IV, 20, 29) ; et cf. *C. Gent.*, IV, 26 ; *De Potentia*, q. 9, a. 9 ; BAILLEUX, *Rev. thom.*, 1961, p. 27.

(136) Voir LE GUILLOU, *op. cit.*, p. 67-115 pour les Pères grecs, p. 124 pour S. Augustin, p. 221 s. pour la théologie thomiste de la grâce capitale. Mais S. Thomas n'a pas mis aussi bien en valeur le Christ *comme révélateur du Père*, en grande partie, semble-t-il, parce qu'il rapporte les réalités économiques, non à la qualité éternelle du Fils de Dieu, mais *à la nature humaine* du Christ : cf. G. MARTELET, *art. cité* (n. 103), p. 12-30.

(137) Voir E. VAUTHIER, *Le Saint-Esprit principe d'unité de l'Eglise d'après S. Th. d'A.*, in *Mél. de Sc. rel.*, 5 (1948), p. 175-196 ; 6 (1949), p. 57-80 ; Ch. JOURNET, *L'Eglise du Verbe incarné* (v. Tables) ; F. MALMBERG, *Ein Leib-ein Geist, Vom Mysterium der Kirche*, Freiburg, 1960, p. 199 s., 208 s.

(138) GUILLAUME D'AUXERRE est peut-être l'auteur de cette formule (*Summa aurea*, lib. III, tr. 3, c. 2, q. 1). S. THOMAS la cite, *In III Sent.*, d. 25, a. 1, a. 1, qa 1 obj. 4 sous le nom d'Isidore, et IIa IIæ, q. 1, a. 6, sed c. sans attribution.

sance que le Principe absolu ou Acte premier a de Soi-même et des choses, mais elle en est une communication infime, toute imparfaite et partielle, telle qu'il convient à notre situation d'itinérance. S. Thomas a eu un sentiment très vif de la condition de l'homme et du chrétien dans l'entre-deux temporel et terrestre, entre la Loi ou la Synagogue et le Royaume eschatologique [139]. Il a souligné, dans la Foi, un aspect de tension et de tendance insatisfaite vers une meilleure possession : au-delà des signes, une possession des réalités elles-mêmes. Ces réalités, en effet, la Foi les fait déjà exister pour nous, en nous, mais comme encore espérées : « argumentum non apparentium, substantia sperandarum rerum » [140].

Par-dessous cette tension eschatologique de la Foi, S. Thomas discerne, dans les profondeurs de la nature faite à l'image de Dieu, un mouvement qui le porte à chercher Dieu et à ne pouvoir trouver qu'en lui sa réalisation parfaite, même de nature. Cette idée se rattache, chez S. Thomas, à une perception profonde de la cohérence interne du réel, à la vue qu'il a de la correspondance des causes et du retour de l'être, par la finalité, au principe d'où il est issue : vue bien mise en lumière dans l'étude récente du Professeur M. Seckler (*op. cit.*, p. 49-59). On en trouve une application dans le fameux « désir naturel de voir Dieu », qui part du dynamisme même de l'esprit et dont l'extrinsécisme qui est la maladie du catholicisme moderne en matière de nature et grâce, a fait longtemps méconnaître le plein caractère de vœu de la nature. Il a, à sa manière, un caractère eschatologique puisque, sans pouvoir se le procurer lui-même, il vise notre glorieuse divinisation. Quand on étudie l'anthropologie théologique de S. Thomas, centrée sur la réalité de l'image de Dieu, on voit que notre docteur conçoit la réalisation de l'image de façon très dynamique : il la distribue sur la ligne d'un mouvement qui, au-delà des structures naturelles, va, sous le bénéfice d'une reprise du dynamisme premier par des dons surnaturels, jusqu'à la consommation de l'image dans la gloire [141]. On n'a pas assez étudié cette consommation eschatologique de l'homme, d'après S. Thomas : vision, charité et communion béatifique, liberté eschatologique, situation de nos corps glorifiés... On n'a pas non plus assez remarqué que cet enchaînement et même, plus précisément la séquence, familière à S. Thomas, loi - grâce - gloire, qui traduit une perfection croissante, n'est pas seulement, chez notre Docteur, l'objet d'une analyse statique : il

(139) Voir notre article de la *Festgabe J. Lortz*, cité *supra*, n. 103 et surtout Iᵃ IIæ, q. 103, a. 3.

(140) Hb 11,1 : voir le commentaire de S. Thomas sur ce verset et C. Spicq, *L'exégèse de Hebr. XI, 1 par S. Thomas*, in RSPT, 31 (1947), p. 229-236 ; comp. *supra*, n. 110. Sur cet aspect eschatologique de la Révélation et de la Foi, bonne pages, sans allusion à S. Thomas, dans R. Latourelle, *op. cit.* (n. 15), p. 454-463. S. Thomas cite 1 Co 13,12 sur la vue dans un miroir, Iᵃ IIæ q. 106, a. 4, ad 1.

(141) Outre les études formelles sur la théologie de l'image chez S. Thomas (S. de Beaurecueil, etc), voir G. Lafont, *op. cit.* (n. 103), p. 265 s., 272 s.

s'y exprime le mouvement même de toute l'histoire comme histoire divine [141].

L'activité théologique met en œuvre, ensemble, la Foi et la raison, nos puissances et notre mouvement naturels de connaissance, et cette participation à la connaissance de Dieu qu'est la Foi. Elle hérite de leur tendance semblable à s'achever eschatologiquement ; elle pourrait, à son niveau, se définir aussi comme « perceptio veritatis tendens in ipsam » : S. Thomas n'écrit-il pas, à son sujet : « Quaedam illius cognitionis (celle selon laquelle « ipsa divina secundum seipsa capiuntur ») participatio et assimilatio ad cognitionem divinam, in quantum per fidem nobis infusam inhaeremus ipsi Primae Veritati propter seipsam » [142]. Cette adhésion, dans une communication réelle mais si imparfaite, à la Vérité telle que Dieu la connaît ou plutôt telle qu'il l'est dans sa gloire, met évidemment dans la connaissance qui en découle une tendance à se trouver un jour adéquate à son objet.

On sait comment S. Thomas a exprimé techniquement ce caractère eschatologique de la théologie dans le cadre de sa définition de celle-ci comme science. Il a en effet répondu à l'objection soulevée contre ce caractère de science au nom de l'évidence de ses principes que doit présenter une science, en appliquant à la théologie la notion de science subalternée à une science supérieure : la théologie peut être science en tant qu'elle est subalternée et organiquement reliée, par la Foi, à la connaissance évidente que Dieu a de soi-même et que les bienheureux ont de lui. Avant le Père C. Dumont [143], le Père Chenu a, mieux que tout autre [144], montré comment la conjonction vivante (nous voulons dire : dans et par la vie religieuse du théologien) du travail théologique à la connaissance toute lumineuse que Dieu a de soi et des choses (du salut), à celle que les bienheureux ont dans le ciel, à celle qu'a suprêmement l'âme parfaite et sainte de Jésus-Christ [145], n'est pas, pour la science théologique, un ajout relevant du domaine de l'édification ou de la spiritualité personnelle, mais quelque chose d'intérieur et d'essentiel à la structure épistémologique du savoir théologique. Le P. C. Dumont a raison de noter par surcroît que S. Thomas a ainsi gardé et assumé le fond de l'idéal monastique de « désir du ciel » et d'une connaisance ordonnée à la contemplation de Dieu *in Patria* [146]. A cet égard, une certaine opposition entre « théologie monastique » et « théologie scolastique » ne vaudrait que partiellement pour ce qui est de S. Thomas, et c'est peut-être pour cela

(141 *a*) Voir M. Seckler, *op. cit.* (n. 112), p. 197 s.

(142) *In Boet. de Trin.*, q. 2, a. 2 et cf *supra*, n. 110.

(143) *Art. cité* (n. 126), 1962, p. 28 s.

(144) Voir ét. citées n. 103 ; *La théologie est-elle une science ?* Paris, 1957, p. 85 s.

(145) Sur ce dernier point, cf IIIa, q. 9, a. 2 ; *In Col.*, c. 2, lect. 1 (éd. Cai, n° 82) ; G. Lafont, *op. cit.*, p. 280 s.

(146) C. Dumont, art. cités (n. 126), p. 32 s. La théologie « scolastique » de S. Thomas (et ce serait encore plus vrai pour celle de S. Albert ou de S. Bonaventure) rejoint, sous cet aspect profond, la « théologie monastique » : fait confirmé et illustré par le livre de Dom. G. Lafont (*supra*, n. 103).

que les moines se trouvent finalement assez à l'aise à l'école du Docteur commun. Ajoutons que, très certainement, la théologie de S. Thomas a été priée : à qui fréquente longuement et intérieurement son œuvre, et qui en même temps s'efforce lui-même d'être théologien, il est évident que l'étude et la réflexion de Thomas d'Aquin se sont décantées et affermies dans la participation à la sainte liturgie et dans la prière. Il reste cependant que l'assomption, dans le travail théologique, de moyens aussi philosophiques, est étrangère à la tradition monastique et ne s'était pas rencontrée auparavant dans la Tradition tout court.

Le projet théologique de S. Thomas relevait, aux yeux de Luther, d'une impossible « theologia gloriae ». Ce n'est pas que S. Thomas sorte du domaine de l'obéissance de la Foi : sa théologie se développe dans la Foi autant que celle de Luther, mais S. Thomas et Luther n'ont pas la même notion de la Foi. Pour Luther, la Foi est purement « économique », elle est la puissance d'appréhension du salut. Pour S. Thomas, la Foi est cela, assurément, mais elle est aussi sapientielle, elle est une participation à la connaissance de Dieu et des Bienheureux : c'est une réalité eschatologique, non seulement à l'égard du jugement à venir, comme pour Luther, mais à l'égard de la vision à laquelle nous sommes destinés. S'il y a « theologia gloriae » c'est qu'il y a, dans la Foi, une réalité eschatologique. Déjà, si le Nouveau Testament apporte une certaine connaissance de Dieu *selon son être* intime, par la révélation de la Sainte Trinité, c'est qu'avec lui nous sommes entrés dans « les temps qui sont les derniers » (Hb 1, 2) : Dieu n'a pas seulement envoyé ses dons, il est venu, il s'est engagé lui-même. La Foi est encore et toujours confiance et obéissance, comme celle d'Abraham et des prophètes, mais elle comporte de plus un élément de connaissance de *ce qu*'est Dieu : un petit début, des « arrhes » de ce que sera la connaissance de Dieu quand il aura totalement dévoilé sa Face... [147]. Il y a là de quoi fonder la conviction de S. Thomas et son propos nettement sapientiel. Le P. Le Guillou a montré [148] par l'analyse de nombreux textes de S. Thomas, prologues et commentaires bibliques, que, pour S. Thomas, le principe de ce propos sapientiel est la Révélation de la Sagesse de Dieu faite dans le Verbe incarné, Jésus-Christ. Ce n'est pas par un effort scientifique humain inspiré d'Aristote, mais à l'école du Verbe incarné que S. Thomas a conçu et poursuivi ce projet de sagesse où s'intègrent les valeurs spéculatives et pratiques, la connaissance révélée de l'*en soi* et du *pour nous* : la *Sacra doctrina* est essentiellement un renseignement sur ce à quoi nous sommes appelés, sur notre béatitude, *substantia sperandarum rerum*, elle est une « praecognitio finis » [149].

(147) Cf *supra*, n. 15.
(148) *Op. cit.*, p. 135-155.
(149) Voir Ia, q. 1, a. 1 ; A. Patfoort, *art. cité* (n. 103), p. 528 s., 530 n. 31.

Ce n'est pas que la réalisation de S. Thomas soit parfaite, exempte d'inconvénients et de dangers. Les critiques qu'on adresse à la *Somme* ne sont pas toutes sans fondement.

S. Thomas a bien des éléments d'une philosophie, ou plutôt d'une théologie de l'histoire [150]. Quant à la matière traitée, la *Somme* est une théologie du salut autant que l'avaient été les synthèses du XII^e^ siècle dont nous avons dit un mot ; on a même pu parler à juste titre d'un caractère matériellement anthropocentrique de la synthèse de S. Thomas [151]. Il est assez probable que, si l'on faisait l'inventaire des éléments de l'histoire du salut assumés par S. Thomas, non dans ses commentaires bibliques mais dans la *Somme* elle-même, on retrouverait tous ceux de la tradition patristique. S. Thomas connaît l'historicité de la Révélation et il a une vue des temps de l'histoire du salut [152]. Pour lui, les temps se distribuent par référence à Jésus-Christ [153]. Sur les raisons pour lesquelles le Fils et Verbe de Dieu est venu à *ce* moment du temps, S. Thomas donne des raisons comparables à celles qu'apportent les Pères [154]. Il ne s'est pas contenté d'une étude purement « ontologique » de l'Incarnation rédemptrice : il connaît le thème des deux Adam [155] et développe tout au long ce qu'on peut appeler l'aspect fonctionnel du Christ : non seulement dans le cadre de l'idée d'instrument conjoint et libre, non seulement dans sa considération des *coassumpta* et de leur rapport aux *assumpta,* mais par l'étude détaillée des « acta et passa Chrisi in carne » ; une des originalités de sa christologie est la place faite aux mystères de

(150) Outre notre étude *Le sens...* (cf n. 103) et l'art. de U. HORST cité *supra* (n. 112), on peut voir H. RONDET, *S. Thomas a-t-il une philosophie de l'Histoire ?* in *Rech. Sc. rel.*, 51 (1963), p. 177-195, et M. SECKLER, cité n. 112. Le P. Rondet nous semble interroger S. Thomas dans un domaine où celui-ci n'a pas voulu s'engager, le domaine d'une théologie de l'histoire au sens où *nous* la concevrions. Il excuse S. Thomas d'être ici demeuré court. Mais ce n'est pas *cela* que S. Thomas a voulu donner... Le P. Martelet le reconnaît, tout en interrogeant lui aussi, S. Thomas, dans ce domaine (art. cité, p. 8-9).

(151) Voir J. B. METZ, *Christliche Anthropozentrik* (cf n. 29) ; J. Y. JOLIF, *Le sujet pratique selon S. Thomas d'A.*, in *S. Thomas d'Aquin aujourd'hui* (*Recherches de Philos.*, VI) Paris, 1963, p. 13-44 ; A. PATFOORT, cité *supra,* n. 103. Sur la *Somme* comme théologie du salut, cf Ia, q. 1, a. 1 ; IIIa prol. et q. 1, a. 2 ; *Comp. theol.*, proem. et début ; MARTELET, art. cité. Comp. *supra,* n. 29.

(152) Historicité de la Révélation : cf. LATOURELLE, *op. cit.* (n. 15), p. 169-171. Temps de l'histoire du salut : notre art. cité n. 103 ; LE GUILLOU, *op. cit.*, p. 182 s. ; IIa IIæ, q. 174, a. 6. Sur l'eschatologie, P. KÜNZLE, *Thomas v. A. und die moderne Eschatologie,* in *Freiburger Zeitsch f. Phil. u. Theol.*, 8 (1961), p. 109-120 (trad. fr. *La fin des temps est commencée,* in *Vie spirit.*, oct. 1962, p. 403-416). Sur la distribution en loi naturelle, loi mosaïque, loi nouvelle, cf notre article de la *Festgabe J. Lortz* et H. RONDET, *art. cité* (n. 150), p. 186-187. Sur l'Incarnation à la plénitude des temps, IIIa, q. 1, a. 5 ; *Com. in* 1 *Cor.*, c. 15, lect. 7 ; *in Gal.*, c. 4, lect. 2.

(153) Cf le commentaire d'Ephes., c. 3 (LE GUILLOU, *op. cit.*, p. 161 s.) ; Ia IIæ, q. 101, a. 2. L'A. T. préparation du Christ : Ia IIæ, q. 91, a. 5, ad 2 ; q. 107, a. 2 c. La résurrection du Christ commence les temps eschatologiques : IIIa, q. 53, a. 2 ; *In Hebr.*, c. 9, lec. 3.

(154) IIIa, q. 1, a. 5, sed c. et ad 2 ; *In Tit.* et *in Gal.* cités par LE GUILLOU, *op. cit.*, p. 213, n. 20. Sur les délais de l'Incarnation, IIa IIæ, q. 99, a. 6, ad 3 ; q. 106, a. 3 ; IIIa, q. 1, a. 5 et 6.

(155) IIIa, q. 4, a. 6. Cf G. LAFONT, *op. cit.*, p. 348-386 sur les *coassumpta,* p. 410 s. sur les *acta et passa Christi.*

la vie du Christ, à ceux de sa passion, de sa résurrection et de sa glorification[156]. S. Thomas a aussi une vue, asez élémentaire à vrai dire, des états successifs par lesquels est passée l'Eglise[157] ; s'il ne s'est pas attaché à une interprétation théologique de son histoire, c'est que c'eût été à ses yeux une entreprise trop purement humaine, non garantie par la Parole de Dieu. C'est aussi, on va le dire dans un instant, que son propos était autre. Une étude des réalités eschatologiques était évidemment prévue dans la *Somme* et se trouve dans le Supplément grâce, en très grande partie, à des emprunts faits au commentaire des Sentences[158]. On pourrait aisément compléter la rapide évocation que nous venons de faire des éléments d'histoire du salut incorporés par S. Thomas à sa synthèse pédagogique et systématique.

Mais ces éléments se trouvent-ils assumés et traités *modo historico ?* Ne sont-ils pas, sinon toujours, du moins souvent, étudiés plutôt dans leur structure formelle, et l'intelligibilité que S. Thomas cherche à dégager n'est-elle pas plus celle des essences que celle des faits historiques comme tels, c'est-à-dire compris dans leur condition et leur coordonnées temporelles ? Soit, par exemple, l'étude du fait prophétique. Le traité que S. Thomas lui consacre est sans doute le plus fouillé qui ait été écrit avant les études modernes sur l'inspiration, mais c'est une étude du charisme prophétique en sa nature, ses formes et ses relations avec la causalité divine : ce n'est pas une étude suivant l'économie. Le traité est situé dans une catégorisation des charismes faite à partir d'un texte de S. Paul, 1 Cor. 12, 4-6. Après avoir étudié les réalités spirituelles du rapport religieux qui sont communes à tous les chrétiens, S. Thomas se propose d'examiner celles qui ne sont pas universellement possédées : les *divisiones gratiarum* (de connaissance : c'est la prophétie ; de parole ; d'opération), *ministrationum* (les « vies » : contemplative et active), *operationum* (les offices et états) : cf IIa IIæ, q. 171, prol.

Le projet d'étudier des structures formelles, de reconstituer les enchaînements de principe à conséquence, de tenter, enfin, de dégager *la raison* pour laquelle les choses sont comme elles sont,

(156) Voir IIIa, q. 26-59 et les vol. correspondants (*La Vie de Jésus*, com. P. SYNAVE), dans la trad. frse, Ed. Rev. des Jeunes ; J. LÉCUYER, *La causalité efficiente des mystères du Christ selon S. Thomas*, in *Doctor Communis*, 1953, pp. 91-120.

(157) Cf notre étude de la *Festgabe J. Lortz* (n. 103). S. Thomas rejette comme relevant surtout de l'imagination la division johachimite de l'histoire en trois âges rapportés respectivement au Père, au Fils, au Saint-Esprit : à partir des effets de la Puissance divine, on n'atteint qu'une connaissance de Dieu en dehors de la Trinité des Personnes : Ia IIæ, q. 106, a. 4, ad 3. M. SECKLER (n. 112) explique le fait que S. Thomas n'ait pas développé une vue sur les âges de l'Eglise, en disant que ces *status* divers et successifs de l'Eglise ne répondent à aucune différence ontologique et profonde de *status :* à cet égard, il n'y a que les trois de loi, grâce et gloire.

(158) En très grande partie mais pas entièrement, il s'en faut de beaucoup. Une étude du *Supplément* menée avec une méthode historique rigoureuse, serait fort intéressante. Elle révélerait sans doute des aspects peu connus de certains courants intellectuels parmi les disciples mêmes de S. Thomas. On n'a jamais étudié *historiquement* le destin des thèmes *théologiques* thomistes parmi les disciples ou auditeurs immédiats de S. Thomas.

tout cela amène incontestablement S. Thomas à poser souvent des questions du type : « Quid sit ?... ». Certes, S. Thomas sait que la sagesse chrétienne ne consiste pas à connaître la nature des choses créées ou le cours des astres, mais Jésus-Christ et le mystère de son Incarnation salutaire [159]. Il reste que son propos théologique amène parfois S. Thomas à considérer ou rechercher davantage des précisions sur la nature ou l'ontologie des choses que la relation de ces réalités au terme collectif de l'histoire et leur place dans la trame dynamique de cette histoire. La critique de Luther citée *supra* (n. 39) a tout de même ici une valeur. D'autant plus qu'après S. Thomas, certains commentateurs et l'usage scolaire renchériront dans la ligne de problèmes d'ontologie relevant de l' « ontique » au sens de Heidegger.

Dans la même ligne d'une recherche du *quid* et de la *ratio* des réalités chrétiennes, dans le désir de définir autant que possible leur statut ontologique, on court aussi le danger de ramener ces réalités, qui viennent d'un libre propos de grâce, à des structures ou à des lois générales de la nature. Exemple : S. Thomas « explique » la perfection des Apôtres par le principe, physique autant que métaphysique, selon lequel, plus on est proche d'une source d'énergie, plus on reçoit de son influx [160]. De telles explications procèdent, chez S. Thomas, de l'idée que le monde créationnel est déjà une participation du Dieu vivant et qu'il nous livre ainsi comme une grammaire (le mot est de K. Rahner) que nous pouvons utiliser pour parler des réalités de l'ordre surnaturel du salut. Mais est-ce que cela explique vraiment quelque chose ? Et, s'il y a coïncidence entre cette « loi » et le cas des Apôtres, y a-t-il homogénéité ? L'assimilation des faits de l'ordre surnaturel, qui est le domaine de la liberté de la Grâce, aux structures naturelles est-elle si totale, qu'on puisse argumenter de celles-ci dans le domaine de celui-là ? Dans la Bible, ce sont les stériles qui enfantent et les cadets qui passent avant leurs aînés..., sans cesse arrive ce qu'on n'attendait pas. Nous sommes dans le domaine de la libre grâce de Dieu, où les convenances rationnelles ne valent éventuellement que *post factum*. Il est vrai que S. Thomas ne prétend pas déterminer ainsi le fait, mais, le connaissant par la Révélation ou la Tradition, essayer d'en rendre compte, d'en saisir l'intelligibilité. Est-ce la bonne voie ? C'est en tout cas une voie dangereuse pour qui n'aurait pas l'admirable sens de la transcendance et du mystère, l'humilité et la délicatesse de S. Thomas. On risquerait alors, oubliant les règles de l'analogie (« *simpliciter diversum,*

(159) Voir *Com. in Ephes.* (éd. Cai, Marietti, n° 25) ; *in* 1 *Cor.* (id. éd., n° 75) : Le Guillou, *op. cit.*, p. 152. Comp. *In III Sent.*, d. 35, q. 2, a. 3, sol. 2 : « Non est de necessitate salutis cognitio rerum quantum ad naturas et quidditates suas, sed solum cognitio earum quae quis debet facere vel vitare » (éd. Moos, n° 167) ; *Quodl. IV*, 3.

(160) IIa IIæ, q. 1, a. 7, ad 1 et 4. Mais S. Thomas donne d'autres raisons, et prises de l'Economie : cf A. Lemonnyer, *Les Apôtres comme docteurs de la Foi d'après S. Thomas*, in *Mélanges thomistes*. Kain, 1923, p. 153-173.

secundum quid unum » [161]), de faire, par exemple, des sacrements, un simple *cas* d'une causalité instrumentale générique, une mécanique religieuse, une simple « chose », et ainsi de suite.

Le projet théologique de S. Thomas a été porté par la qualité de sa contemplation. Pour lui, Dieu, le Dieu vivant, actif et libre, était vraiment le sujet de tout ce dont il parlait de façon si technique, si analytique, si ontologique. Il ne confondait pas les conclusions établies par le raisonnement, qui sont *l'objet* de la science théologique, et le *sujet* qu'on cherche à connaître en lui attribuant ces effets comme à leur principe et à leur fin : le Dieu *qui* crée, le Dieu *qui* prédestine, le Dieu *qui* s'incarne... : le Dieu de mon salut. Les mots qu'il a, au début de sa carrière, empruntés à S. Hilaire pour définir son intention, donnent vraiment la formule de son projet théologique : « Ego hoc vel praecipuum vitæ meae officium debere me Deo conscius sum, ut eum omnis sermo meus et sensus loquatur » [162]. C'était vrai pour S. Thomas, mais une position de crête aussi difficile à tenir recélait des dangers. « Le danger consistait en ce que la tendance inévitable à l'objectivation, qui est le fait de toute science, pouvait un jour ou l'autre dissocier la théologie de la réalité historique du salut, pour l'engager dans la pure spéculation sur les conclusions démontrées (...). Le théologien n'a pas toujours échappé à cette déviation d'un certain rationalisme, qui regarde le Seigneur du salut comme une entité supérieure dont on démontre les attributs, plutôt que comme la réalité vivante qui se révèle et atteint les cœurs dans le plus intime » [163].

« La Scolastique montée en graine » dont parlait le P. Clérissac n'a pas toujours évité ce danger. Pour une grande part, la levée réformatrice de Luther a voulu réagir contre cette décadence en rétablissant pleinement Dieu en sa qualité inaliénable de Sujet, et de Sujet souverainement actif.

***

## CONCLUSION

L'urgence est grande, aujourd'hui, de reconsidérer les rapports étroits qui doivent exister entre le moment économique et le moment ontologique dans la *Sacra doctrina*. Elle ne vient pas seulement de la conjoncture actuelle, dont nous avons évoqué quelques éléments au début de cet article, et en particulier des exigences du renouveau biblique : elle vient de la fin missionnaire de la *Sacra doctrina* prise au niveau de la révélation prophétique et apostolique comme au niveau de la prédication chrétienne. Il s'agit

(161) S. Thomas connaissait le ch. II du IVe concile de Latran, où on lit : « inter creatorem et creaturam non potest similitudo notari, quin inter eos maior sit dissimilitudo notanda » (DENZ., 432 ; 34 éd., 806 ; FRIEDBERG, II, col. 7) ; mais S. Thomas n'a pas commenté ce passage dans son opuscule sur la 2e Décrétale.

(162) *C. Gent.*, 1,2 = S. Hilaire, *De Trin.*, lib. I, n. 37 (P.L., 10,48).

(163) C. DUMONT, art. cité (n. 126), p. 1038.

d'un service du Peuple de Dieu à rassembler et alimenter. La science théologique elle-même ne peut demeurer étrangère à ce service, même si la connaissance et la contemplation gardent en elles-mêmes une valeur absolue, au-delà de toute utilité, même pastorale.

Or nous constatons qu'une coupure entre l'*en soi* et le *pour les hommes* est, à cet égard, catastrophique. Quand on cherche quels sont les points de blocage sur le chemin de la Foi et, aussi bien, pourquoi une certaine prédication suscite tant de critiques et d'insatisfaction, on voit que l'obstacle majeur est le manque de rapport perçu entre les affirmations portant sur l'en soi ou l'ontologie de Dieu, du Christ, de l'Eglise, des Sacrements, etc..., et l'homme, son projet de vie, son œuvre dans le monde, son espérance, l'histoire du cosmos enfin. La présentation d'une religion sans homme et sans cosmos a suscité la réponse d'un homme et d'un monde sans Dieu. Il faut absolument sortir de cette inacceptable séparation.

C'est pour cela que certains ont, dans les années qui ont suivi 1935, proposé de constituer une « théologie kérygmatique » [164]. Le propos, nourri de bien des considérations intéressantes et justes, serait inacceptable s'il revenait, désespérant d'elle, à exonérer la théologie tout court du devoir d'assumer tout le « pour nous » en le liant à l'en soi. Nous citions plus haut le mot d'Abraham Heschel, « la Bible n'est pas une théologie pour l'homme, elle est une anthropologie pour Dieu ». Ce mot va loin, mais il n'est qu'à demi exact. En vérité, la Bible est les deux. On doit même reconnaître, si « économique » soit la révélation qu'elle nous transmet, qu'elle n'est une anthropologie pour Dieu qu'en étant aussi, à quelque degré, une théologie pour l'homme.

La réflexion sur un siècle et demi d'histoire religieuse, sur les questions posées par le modernisme, sur la situation présente au point de vue de la proposition du message chrétien, enfin sur les problèmes évoqués au début de cette étude, nous a convaincu de ceci : une des choses les plus urgentes est de rénover notre notion de la Révélation dans un sens plus biblique et plus traditionnel que ne le sont les présentations excessivement conceptualistes et schématiques des manuels en usage jusqu'à hier ou avant-hier. Plusieurs études récemment publiées nous apportent de bonnes promesses. A la dernière en date, celle du P. R. Latourelle [165], pleine de choses très valables, il manque cependant un chapitre ou un paragraphe dont l'importance nous paraît tout à fait majeure. Il y a lieu de se demander : de quoi parle la Révélation, sur quoi porte-t-elle ? Il ne s'agirait pas ici de proposer une énumération de toute la matière révélée, mais de chercher un critère général en vertu de quoi quelque chose tombe sous la Révéla-

(164) Très grosse bibliographie. Indications dans notre *La Foi et la Théol.* Paris, 1962, p. 185 s. ; LATOURELLE, *op. cit.* (n. 15), p. 235-239.
(165) R. LATOURELLE, *op. cit.*, n. 15.

tion et, ultérieurement, sous la Foi. Il s'agirait de trouver ce qu'on appelle, dans le langage de l'Ecole, l'objet formel *quod* de la Révélation (de la Foi).

S. Thomas ne s'est pas posé la question exactement dans ces termes, mais il lui apporte une réponse bien conforme à l'inspiration formellement théologale et matériellement centrée sur le salut de l'homme, que nous avons reconnu à sa théologie. Il s'exprime à ce sujet principalement dans des questions touchant l'explication de la Foi en « articles ». Certaines vérités, dit-il [166], sont révélées, et conséquemment objets de la Foi, *primo et per se,* en raison de leur contenu, d'autres le sont *secundario, in ordine ad alia,* par concomitance, par rattachement aux précédents. Or — c'est cela qui nous intéresse — ce qui fait appartenir une proposition à la première catégorie, c'est, dit S. Thomas, le rapport qu'elle a avec notre fin surnaturelle : est *per se* objet de foi théologale, et donc de Révélation, « id per quod homo beatus efficitur », le renseignement sur ce que Dieu veut être suprêmement pour nous, c'est-à-dire la vérité du rapport religieux parfait. Cette formulation de S. Thomas n'est pas contraire à ce que nous avons dit plus haut avec référence à *De Veritate,* q. 14, a. 8. Il n'y a pas, ici, une affirmation toute théocentrique et là une affirmation anthropocentrée. En effet, selon un verset cher à S. Thomas, « la vie éternelle, c'est qu'ils te connaissent toi, le seul vrai Dieu, et celui que tu as envoyé, Jésus-Christ » [167]. Assumant cette idée biblique, S. Thomas précise le double contenu du renseignement sur notre béatitude spirituelle, objet de la *Sacra doctrina* (Iª, q. 1, a. 1) : c'est, dit-il, « quorum visione perfruemur in vita aeterna et per quae ducimur ad vitam aeternam ». Tels sont les deux grands *credenda* qui englobent tous les autres et qui représentent le prin-

(166) *In II Sent.*, d. 12, q. 1, a. 2 ; *III Sent.*, d. 24, q. 1, a. 1, qª 1 et ad 2 ; qª 2 ad 3 ; *De verit.*, q. 14, a. 8, rép. aux obj. ; Iª IIæ q. 106, a. 4, ad 2 ; IIª IIæ q. 1, a. 6, ad 1 ; a. 8 sol. ; q. 2, a. 5 et 7 ; *in Tit.*, c. 3, lect. 2 ; *Comp. theol.*, 1,2 et 185. Comp. *III Sent.*, d. 24, a. 3, qª 1, ad 3 ; Iª q., a. 1 : la Révélation = le renseignement sur la fin dernière de l'homme. On lira avec profit H. Bouessé, *Théologie et doxologie*, in *Année théol. augustin.*, 11 (1950), p. 193-212, 289-303.

(167) L'usage de ce verset est lié, tout comme celui d'Hebr. 11,6, à la question de la distinction et de l'organisation des *articuli fidei*, à celle de l'explicite ou de l'implicite de la Foi (sur quoi déjà *supra*, n. 121-124 et le texte correspondant). Références au texte de Jn 17,2 (comp. 14,6 : voir fin de la présente note) : *I Sent.*, épilogue ; *Comp. theol.*, I, c. 2 ; Iª IIæ, q. 3, a. 2, ad 1 ; *In Joan*, c. 17, lect. 1. Le P. L.-B. Gillon remarque (art. cité *infra* n. 176 : p. 281) que, dans Iª, où S. Thomas cite 9 fois le texte de Jn 17,2, il supprime invariablement la seconde partie du verset, *et quem misisti* (ce qui pourrait peut-être s'expliquer dans la perspective suggérée par le P. A. Patfoort cité *supra*, n. 103) ; par contre, en Iª IIæ, où il s'agit des *articuli*, il écrit : « duo nobis ibi videnda proponuntur ». Références au texte de Hb 11,6 : *III Sent.*, d. 25, q. 2, a. 2, qª 4, obj. 1 et ad. 1 ; IIª IIæ q. 2, a. 8, ad 1. Ainsi l'objet de la foi et de la théologie se distribue sur la Trinité et l'Incarnation, la « théologie » et « l'économie » des Péres Cappadociens : IIa IIæ, q. 1, a. 6, ad 1 ; q. 2, a. 7 et 8 ; *In Hebr.*, c. 11, lec. 1 ; *Compend. theol.*, dont c'est le plan même. Sur le Christ considéré comme Dieu (*veritas et vita*) et comme homme (*via*), idée de ligne très augustinienne, cf *Comp. theol.*, I, c. 2 ; IIª IIæ, q. 1, a. 8 ; q. 2, a. 7 ; IIIª prol. ; q. 9, a. 2 ; q. 14, a. 1, ad 4 ; *In Joan*, c. 14, lect. 2 ; Seckler, *op. cit.* (n. 112), p. 227.

cipe, le terme et le moyen entièrement théologaux du rapport d'alliance.

Il reste que le contenu de la Révélation et de la Foi se trouve défini d'une façon qui comporte une référence à l'homme. Nous avons déjà noté le caractère matériellement anthropocentrique de la synthèse formellement théocentrique de S. Thomas, et l'orientation très sotériologique de sa pensée (cf *supra,* n. 151). S'il est permis de quitter le vocabulaire de S. Thomas et de proposer le nôtre, nous dirons que le contenu de la Révélation, son objet formel *quod.* est la vérité du rapport religieux. De *ce que* sont Dieu, l'homme et le monde, il nous est dit juste ce qu'il faut pour assurer la vérité de ce rapport qui doit les unir. Le développement de l'*en soi* est référé au *pour nous* et mesuré par les exigences de sa pleine vérité.

Que conclure de là, que conclure de l'ensemble des questions que nous avons touchées, pour le programme d'une théologie ? Nous croyons pouvoir proposer une conclusion pratique en trois points où nous rejoignons les propos du P. K. Rahner [168].

1° On ne peut en rester, en dogmatique, à un simple *récit* commenté de l'histoire du salut en sa succession temporelle, bien qu'une théologie complète pourrait être proposée dans ce cadre et assumer ainsi l'intelligibilité propre à cette succession temporelle comme telle (idée du P. Féret). On ne le peut parce que : *a*) La révélation et la communication qui nous ont été faites *in Filio* relèvent de la situation eschatologique de l'Eglise : parce que les biens derniers de notre héritage nous ont été donnés, au moins en arrhes, quelque chose de l'*en soi* de Dieu nous a été dévoilé, bien qu'il ne l'ait été que dans sa liaison à ce qui est *pour nous.* — *b*) Tant le mouvement normal de la contemplation chrétienne, que la nécessité de répondre aux hérésies et d'en exclure même la racine, ont amené un certain développement, irréversible, d'une considération de l'*en soi* des mystères et des réalités chrétiennes : c'est dans l'authenticité de cet *en soi* qu'est fondé le « fonctionnel », c'est par elle qu'est assurée la vérité du *pour nous.* Ainsi le donné révélé, que la théologie s'efforce de construire et d'élaborer intellectuellement, comporte de l'essentiel en même temps que de l'existentiel (Rahner). — *c*) L'*ordo disciplinae,* qui rejoint foncièrement l'*ordo rerum* demande qu'on voie ce qui fonde et explique avant ce qui est exercice et application. C'est pourquoi même si le Christ est le centre et le point focal par rapport auquel tout le reste nous est communiqué, on ne fera pas de lui « le premier intelligible », ainsi que le P. E. Mersch l'avait proposé [169].

(168) Art. *Dogmatik* du *Lex. f. Theol. u. Kirche,* 2e éd., t. III, col. 449-451 ; art. *Formale u. Fundamentale Theologie,* ibid., IV, 205. Voir aussi, en tête des *Schriften zur Theologie,* t. I, Freiburg, 1954, p. 9-47, le plan de Dogmatique dessiné par l'auteur.

(169) Articles de *Nouv. Rev. théol.,* 61 (1934), p. 449-475 (*Le Christ mystique, centre de la théologie comme science*) et *Rech. Sc. rel.,* 26 (1936), p. 129-157 (*L'objet de la théologie et le « Christus totus »*), repris synthétiquement dans *La théologie du Corps mystique.* DDB, 1944, t. I, p. 56-115.

Même si nous venons à la connaissance du mystère intime de Dieu *par* Jésus-Christ, c'est par le mystère de Dieu que nous pouvons, soit (bien faiblement !) comprendre Jésus-Christ, soit recevoir les données élémentaires des propositions vraies à poser à son sujet : on ne peut, dit S. Thomas, croire pleinement le mystère de l'Incarnation sans la foi en la Sainte Trinité [170].

2° Il est urgent de développer la relation de l'*en soi* avec le *pour nous*. Ceci non par utilité pastorale seulement mais pour adhérer plus totalement à la Révélation. Les deux points de vue peuvent se féconder l'un l'autre. On peut parfois se demander lequel a été incitateur pour l'autre : l'appel apostolique, le renouveau de l'intelligence de la Bible se sont développés ensemble. Les deux veulent qu'on retrouve le lieu où se conjoignent une « anthropologie pour Dieu » et une « théologie pour l'homme ». Il faut montrer l'impact anthropologique et cosmologique de la théologie [171]. C'est ce que demandait déjà le premier concile du Vatican dans un texte qui formule une véritable charte de la théologie : « aliquam... mysteriorum intelligentiam... e mysteriorum ipsorum nexu inter se et *cum fine hominis ultimo* » [172]. C'est ce vers quoi Vatican II s'est de plus en plus senti attiré.

On pourrait évidemment réaliser ce programme en suivant l'ordre de l'Economie et en valorisant le « fonctionnel » de la Révélation. On le peut en suivant l'ordre classique. C'est un fait que plusieurs Dogmatiques contemporaines se rapprochent du plan du Symbole : « Le Mystère chrétien » en français (Desclée et Cie), « Mysterium salutis » en allemand (Benziger)... D'autres exposés synthétiques [173] sont basés précisément sur la rencontre et l'union entre Dieu et l'homme, et montrent comment, par le fait même, l'aspect ontologique et l'aspect existentiel - personnel s'appellent et s'unissent : ils sont conjoints dans la Révélation et dans la Dogmatique dont l'objet, comme le remarque K. Rahner (op. cit., col. 450) est à la fois essentiel et existentiel.

3° Rahner conclut que la Dogmatique doit à la fois s'attacher à la structure en soi de la réalité, par exemple commencer par Dieu, et savoir que tout cela ne peut être compris que si l'on a sans cesse regard à l'homme appelé par grâce à être le partenaire de Dieu. On

(170) IIa IIæ, q. 2, a. 8 ; comp. G. MARTELET, *art. cité*, p. 40. Le P. Mersch nous semblait bloquer l'*ordo inventionis* (*acquisitionis*, et, du côté de Dieu, *Revelationis*) où, en effet, nous ne connaissons le mystère intime de Dieu que par J. C., et l'*ordo judicii* (et *disciplinae*), selon lequel le mystère du Christ ne nous est, en quelque chose, compréhensible, qu'à partir du mystère de Dieu. Il faut avouer que S. Thomas a négligé le premier aspect, au moins dans la *Somme :* il n'y montre pas le Christ comme révélateur de Dieu, thème cependant biblique et traditionnel : sur ce point, MARTELET, p. 28-42.

(171) Que les œuvres les plus vivantes soient orientées en ce sens, on peut le soupçonner en relevant un certain nombre de titres de publications récentes. Signalons seulement *Gott in Welt* (Festgabe K. Rahner), *L'homme devant Dieu* (Mélanges H. de Lubac).

(172) Sess. III, cap. 4 : DENZ. 1796 (34e éd., n° 3016).

(173) Par exemple O. SEMMELROTH, *Rencontre de Dieu. Théologie pour laïcs*. Paris et Tours, 1964.

conservera donc l'ordre quasiment classique depuis S. Jean Damascène : Dieu, création, chute, Incarnation rédemptrice, grâce, sacrements, eschatologie [174]. Malgré le christocentrisme qui s'impose à toute la Dogmatique, on maintiendra la doctrine générale sur Dieu et sur la création avant le traité du Christ (comp *supra* n. 170). Inversement, dit Rahner, bien qu'on doive parler de la nature de l'homme et de sa situation existentielle surnaturelle dans la question de la création de l'homme et de son état originel, on ne pourra traiter pleinement et définitivement de l'homme qu'après avoir traité du Christ : ce que S. Thomas n'a malheureusement pas fait. La même chose vaudrait évidemment pour la morale, si étroitement liée à l'anthropologie. On n'a pas fini de commenter les rapports ou l'absence de rapports mis par S. Thomas entre la partie morale de la *Somme* et la christologie [175]. Nous pensons, comme le P. L.-B. Gillon [176], non seulement que l'on peut relever, dans la II<sup>a</sup> pars, bien des indications de rattachement au Christ, mais que, pour le fond, l'option prise par S. Thomas se justifie par une vue extrêmement vive de la destination surnaturelle de l'homme, dans la ligne de ce qui a été dit plus haut sur le caractère théologal de la Foi (espérance et charité) et sur *Dieu* comme sujet de la *Sacra doctrina.* S. Thomas a rattaché l'éthique au Dieu vivant, un et trine, par la notion d'image. Il s'agit pour l'homme d'être conforme à *Dieu,* d'être déifié. Ce n'est pas formellement par le Christ en son humanité que nous le sommes, c'est par une union et une réalisation de ressemblance avec Dieu. Le Christ est *voie.* Il est bien, instrumentalement, cause efficiente de la grâce salutaire, et il est pour nous modèle : cela exige qu'on intègre des éléments de christologie à l'éthique, cela ne permet pas qu'on intègre l'éthique à la christologie. Il faut bien, note de nouveau K. Rahner, ajouter aux traités classiques de nouvelles questions ou même de nouveaux traités : en quoi on ne fera, le plus souvent, que retrouver la plénitude de données traditionnelles appauvries par la suite dans la conscience théologique, et les réélaborer avec les ressources dont nous disposons aujourd'hui, en rapport avec les questions de notre monde. C'est à savoir :

*a*) Un traité sur l'Ancien Testament et son rôle comme temps particulier dans l'histoire du salut. S. Thomas a fait quelque chose en ce sens dans son traité de la Loi ancienne, mais la vision historique et biblique dont nous jouissons aujourd'hui permet une

(174) Remarquer que, dans cet *ordo,* on traite de la grâce après avoir parlé du Christ. Notons que certains thomistes ramènent la christologie avant le traité de la grâce, ainsi F. DIEKAMP - K. JUSSEN (10<sup>e</sup> éd., Munster, 1952, t. II, p. 176 s., 354 s., 419 s.) ; GARRIGOU-LAGRANGE, in DTC, t. XV, col. 823 s. Noter, avec G. LAFONT, *op. cit.*, p. 253 s., 449-458, que la grâce dont parle la *Somme* est réellement la grâce chrétienne.

(175) Outre A. HAYEN, *op. cit.* (n. 103) et *La structure de la Somme théol. et Jésus,* in *Sciences ecclés.*, 12 (1960), p. 59-82, A. PATFOORT, *art. cité* (n. 103), p. 533 s., 539 s., voir A. VAN KOL, *Christus'Plaats in S. Thomas'Moraalsysteem* (*Bijdragen-Bibl.*), 1947 ; *Bull. Théol. Anc. Méd.*, t. V, n° 1210, et t. VI, n° 811.

(176) *L'imitation du Christ et la morale de S. Thomas,* in *Angelicum,* 36 (1959), p. 263-286.

reprise merveilleusement riche, dans laquelle on pourrait assumer une grande partie de la substance d'une « théologie historique et concrète » de type formellement historique.

*b*) Une reprise du traité de la création et de l'antique tradition des *Hexamérons* [177] qui réponde aux acquisitions et aux problèmes actuels, et dans laquelle soit envisagée la présence du Christ aux hommes, pour leur salut, avant le début de la Révélation constitutive d'un Peuple de Dieu selon son dessein de grâce.

Le P. K. Rahner propose de placer, entre la christologie et l'anthropologie surnaturelle, un traité de l'Eglise, car, dit-il justement, celle-ci ne peut être étudiée en théologie fondamentale seulement, à partir du Christ comme envoyé et fondé à être le révélateur de Dieu : elle doit l'être comme mystère à partir d'une christologie totale. Cette christologie elle-même doit réassumer, non seulement les données cosmiques des Epîtres de la Captivité, mais une théologie des mystères de la vie et de la Pâque du Christ, comme S. Thomas l'avait déjà fait et selon ce que permettent aujourd'hui tant d'études de théologie biblique. Les nécessités pédagogiques ont leurs exigences ou leurs convenances. Peut-être ne faut-il pas gonfler à l'excès le traité de l'Eglise. On pourrait y faire rentrer presque tout, comme certains l'ont proposé au Concile... Il devrait assumer aujourd'hui un traité de la Mission, un traité de l'Œcuménisme ; celui des sacrements pourrait y prendre place ; en toute hypothèse, certaines parties touchent le baptême, la confirmation, l'Eucharistie, l'Ordre et le sacrement de la pénitence... L'ecclésiologie des Pères se trouvait largement dans un cadre de ce genre. Mgr Ch. Journet introduit même dans l'ecclésiologie une théologie mariale, et ce n'est ni sans bonnes raisons ni sans bénéfice. Mais nous souhaiterions, pour notre part, y introduire une anthropologie : l'humanité n'est-elle pas la « cause matérielle » de l'Eglise ? Le traité devrait aussi pouvoir bénéficier d'une théologie du Saint-Esprit préalablement faite mais rapidement reprise dans la perspective ecclésiologique. L'Eglise étant, comme dit S. Augustin, « le monde réconcilié » [178], rien d'étonnant à ce que l'ecclésiologie soit un traité carrefour, dans lequel doivent trouver place toutes les réalités qui constituent l'Alliance entre les hommes et Dieu.

*Août 1964.*

(177) Sur laquelle cf notre étude citée *supra*, n. 12.
(178) *Sermo* 96, 8 : P.L., 38, 588.

# LE VOCABULAIRE DES ACTIVITÉS INTELLECTUELLES, VOLONTAIRES ET SPIRITUELLES DANS L'ANTHROPOLOGIE DE S. MAXIME LE CONFESSEUR

par

Henri-Irénée DALMAIS, O. P.

Le P. Chenu n'a cessé, dans son enseignement comme dans sa recherche personnelle, de scruter le vocabulaire utilisé par les théologiens pour exprimer des réalités qu'aucune notion précise ne peut adéquatement connoter. Si certains auteurs se sont constitué une langue technique, le plus grand nombre demeure largement tributaire de leurs devanciers et des habitudes du milieu dans lequel ils se meuvent. N'est-ce pas en particulier le lot de toute langue d'école que de charrier les expressions des auteurs dont les ouvrages servent de base à l'enseignement ? A cet égard comme a bien d'autres on est en droit de parler d'une scolastique byzantine qui s'affirme à l'occasion des controverses christologiques du ve siècle. Maxime le Confesseur n'est en aucune manière un professeur ; bien plus, les écrits qui retiendront notre attention en ces pages ne sont pas des œuvres de controverse mais des ouvrages spirituels. Il nous est néanmoins apparu que le vocabulaire utilisé, notamment les couples de termes qui se laissent discerner, témoignent des habitudes de l'école. Il est d'autant plus remarquable de voir avec quelle liberté Maxime en use pour exprimer une synthèse personnelle, jaillie de la contemplation d'un théologien dont le regard spirituel scrute à la lumière des Ecritures comme de la Tradition des Pères et des conciles les mystères de la foi. Moine et maître spirituel, il s'intéresse avant tout à ce qui peut orienter le cheminement vers la déification, la communion à la vie divine, pour laquelle il sait que l'homme est fait et qui peut seule constituer sa béatitude. L'anthropologie dont il fait état est une anthropologie dynamique, l'histoire de l'échec et de la rédemption de l'homme.

Nous voudrions, au travers de quelques couples de termes qui visent à exprimer la complexité des structures qui sous-tendent l'activité spirituelle, tenter de faire saisir le caractère original de cette anthropologie, malgré la banalité scolaire des notions qu'elle met en œuvre.

Logos-Noûs :

Ce couple se trouve fréquemment intégré par Maxime dans la triade aristotélicienne et stoïcienne : *aïsthésis, logos, noûs* qui alterne dans son œuvre avec la triade platonicienne : *épithymia, thymos, logos*. Il ne nous paraît pas arbitraire, étant donné la manière dont il les utilise, de mettre en relief dans ces deux triades les termes : *aïsthésis* d'une part, *logos* de l'autre comme exprimant en chacune l'ensemble du domaine sensible ou spirituel.

Ainsi donc *logos* peut revêtir une double acception : par opposition aux puissances passibles de l'âme : *épithymia-thymos,* il désigne l'activité spirituelle en tant qu'elle est un reflet direct du *Logos* divin ; le terme *noûs* peut être employé aussi dans ce cas, mais en fait son emploi est moins fréquent, peut-être parce qu'il ne comporte pas comme *logos* une référence qui transcende toute détermination particulière. Car chacun de ces deux termes comporte aussi une signification restreinte qui permet de les opposer l'un à l'autre ; ils constituent un couple entre les éléments duquel nous pouvons reconnaître la même tension et la même exigence de dépassement qui se rencontrent souvent dans la langue de Maxime.

Un texte des *Questions à Thalassius* peut nous aider à préciser les activités caractéristiques qui expriment ces deux termes ; il s'agit de la subtile distinction qu'on peut établir entre chercher et scruter (ζήτησις-ἐρεύνησις) [1] : « Si l'on voulait encore entendre d'une autre manière chercher et scruter ; rechercher et pousser son enquête, on trouvera que chercher et rechercher se rapportent à l'intellect (νούς), scruter et pousser son enquête à la raison (λόγος). L'intellect en effet cherche naturellement et, par nature, la raison scrute. Car chercher, pour autant qu'on le peut définir, se dit d'un simple mouvement — accompagné de désir — de l'intellect vers quelqu'objet connaissable ; scruter, d'un simple jugement, — accompagné de quelque pensée — de la raison sur un objet connaissable. Rechercher (ἐκζήτησις) s'entend d'un mouvement selon la science (κατ'ἐπιστήμην) de l'intellect vers quelqu'objet connaissable, accompagné d'un certain désir ; pousser une enquête (ἐξερεύνησις) d'un jugement de la raison en acte vers quelqu'objet connaissable, accompagné d'une certaine pensée ». La suite du texte qui ne nous intéresse pas immédiatement fait application de ces définitions à la connaissance des réalités divines ; retenons-en seulement que ces deux types d'activité spirituelle ne se différencient pas par leur champ d'exercice ou par leur objet, mais par leur mode d'opération ; le *noûs* implique une immédiateté au moins relative de l'objet et un mouvement non discursif, même s'il est qualifié ; le *logos* au contraire dit nécessairement cheminement discursif, jugement (διάκρισις). Maxime s'est rarement expliqué aussi nettement que dans ces phrases énigmatiques sur la signification précise de termes qui réapparaissent à tout instant

1. *Quaest. Thalas.* (Q. T.), LIX (P. G. XC, 616 cd).

sous sa plume ; c'est à partir du contexte qu'il nous faut essayer de déterminer le champ d'application qu'il entendait leur donner.

Le *logos*, sous ses analogués divers, est essentiellement médiateur. A propos du chandelier qui se trouve entre les deux oliviers de la vision de Zacharie (IV, 2-3), Maxime suggère une série de médiations du *logos* qui ne peuvent toutes êtres attribuées, du moins directement, au *Logos* divin ; médiations entre l'âme et le corps, l'action et la contemplation, l'*habitus* et l'acte vertueux, la loi et les prophètes, l'Ancien et le Nouveau Testament, les Juifs et les Gentils, la loi naturelle et la loi spirituelle, la foi et la bonne conscience, le monde présent et le monde à venir, le visible et l'invisible. Cette énumération peut au premier abord sembler bien artificielle ; elle est pourtant intéressante à un double titre : d'abord en ce qu'elle nous indique les principaux types de réalité auxquels Maxime a appliqué sa réflexion ; et surtout en ce qu'elle met bien en valeur le caractère synthétique de sa pensée et son besoin de tout ramener à l'unité, en respectant la structure et la consistance de chaque élément, grâce à l'intervention de ce facteur infiniment souple que constitue une médiation de type intellectuel. Car c'est bien de cela qu'il s'agit, et c'est parce que l'alexandrinisme d'Origène lui fournit avec la notion de *logos* l'instrument de cette entreprise qu'il défend avec tant d'acharnement ce qu'il estime être l'authentique pensée d'Origène contre des interprètes maladroits. Or, l'homme participe à un titre privilégié du *logos*, il possède en lui une puissance d'unification de la multiplicité des réalités sensibles dont l'instrument est le jugement, c'est-à-dire précisément la faculté de comparer des éléments, apparemment différents, du réel et de déterminer les relations qu'ils entretiennent entre eux. Ce faisant le *logos* humain dégage les *logoi* des réalités sensibles, c'est-à-dire leur signification ontologique et finalement leur rapport au *Logos* divin, source et lieu de toute intelligibilité. Maxime ne s'arrête pas à décrire les processus psychologiques par lesquels s'accomplit cette opération, mais les allusions qu'il fait à son caractère discursif montrent qu'il ne s'en dissimule pas la complexité. Si tout être spirituel peut être appelé *logikos* en raison de la ressemblance particulière du *Logos* qu'il porte en lui, l'homme a un titre spécial à cette appelation parce qu'en lui, grâce au *logos* médiateur entre l'ordre sensible à partir duquel il procède et le monde spirituel auquel il appartient, s'opère l'union sans confusion des deux grands ordres du créé et le retour à leur Créateur, dans la connaissance et la louange, des *logoi* qu'il a semés dans sa création.

On ne s'étonnera pas que cette haute fonction dévolue au *logos* lui impose une rigoureuse ascèse. Maxime cependant n'est guère explicite à ce sujet. Bien qu'il maintienne qu'à la racine du mal il y a l'ignorance [2], il ne semble pas s'être interrogé sur les désordres des puissances spirituelles ; celles-ci sont à ses yeux foncièrement bonnes, c'est dans les puissances sensibles sujettes

2. Ibid. Prol. 277 a, 261 a.

à la passibilité que les forces spirituelles mauvaises elles-mêmes doivent se tapir. Le *logos* pour sa part est, par nature, orienté vers Dieu et on ne semble pas penser qu'il puisse s'en détourner foncièrement. Par le péché l'homme se ravale au rang des *alogoi,* des brutes, et le signe en est qu'il partage désormais leur condition charnelle et leur sort : il naît en conséquence d'un acte procréateur dont Maxime ne veut connaître que le caractère animal de sensualité, et se trouve condamné à la mort. Il n'y a rien dans une telle existence qui relève du *logos.* Pour pouvoir exercer ses activités propres celui-ci devra d'abord affirmer sa domination sur les puissances inférieures ; il lui faut se débarrasser des impulsions de l'*épithymia.* Alors il ne sent plus les traits de ceux qui l'attaquent, le *thymos* s'apaise et cesse d'aboyer et le *logos* libre de toute contrainte oriente tout l'élan de l'âme vers la liberté divine [3]. C'est ce *logos* triomphant qui est dans le même texte qualifié de μονοτατός [4], qualificatif divin qui ne saurait surprendre ; le *logos* n'est-il pas, à l'exclusion des puissances inférieures, l'organe du culte mystique que nous devons rendre à Dieu [5]. L'œuvre essentielle de l'ascèse est de permettre ce culte spirituel. Fidèle à la tradition évagrienne, et, d'abord, à l'enseignement des grands alexandrins, Maxime entend dans ce sens la lutte contre les préoccupations, les *logismoi,* prescrite par tous les maîtres de l'ascèse monastique pour assurer la pureté du cœur et le souvenir de Dieu [6]. Cette doctrine est si traditionnelle qu'il suffit à Maxime de la rappeler d'un mot, ou même de l'indiquer par une brève allusion. Ce qu'il y a d'original chez lui c'est d'intégrer cette doctrine dans une large synthèse dont la clé de voûte est l'Incarnation du *Logos,* seule capable de restaurer l'homme en la condition originelle de sa nature et de le libérer de la tyrannie des passions sensibles.

Le *noûs* ne risque pas de telles compromissions, il est pour toute la tradition grecque une puissance proprement divine à laquelle l'homme ne participe que faiblement. Pour Maxime, nous l'avons vu, le terme est assez mal déterminé. Quand il reste fidèle au vocabulaire d'Evagre, il lui arrive de distinguer en les opposant *noûs* et *psychê* [7]. Peut-être est-ce à la même influence qu'il faut attribuer le qualificatif de πνευματικός qui lui est parfois accolé. Mais l'activité propre du *noûs* est la *gnôsis* et pour Maxime, fidèle à la plus haute tradition chrétienne, la *gnôsis* est une activité surnaturelle, don gratuit de Dieu. On ne s'étonne pas en conséquence de l'identification entre θεωρία πνευρατιχή et θεωρία γνωστική que relève le P. Viller [8] qui ajoute : « son *gnostikos* (de Maxime) est tout près de celui de Clément d'Alexandrie » et souligne les archaïsmes d'un langage qui charrie bien des éléments anciens pro-

3. *In Orat. Domin.* P. G. XC, 888 ab.
4. Ibid., 888 cd, 896 b.
5. Ibid., 896 a.
6. Q. T., V, 280 a ; sur les *logismoi.* cf. LXV, 740 c, 741 a, c.
7. *Cent. de charit.* I, 33-34 ; III, 34-36 ; 99-99 (P. G. XC, 968 a, 1028 bc ; 1048 a). Cf. M. Viller : *Aux sources de la spiritualité de saint Maxime* (RAM, XI, 1930, p. 161, n. 14).
8. Viller, *op. cit.,* p. 164, n. 37.

venant de réminiscences d'érudit. Ce qui nous est dit de la *gnôsis* nous permet de reconnaître les activités du *noûs*. Les *Centuries sur la Théologie et l'Economie* reviennent avec tant d'insistance que le P. von Balthasar a pu les qualifier sans exagération de « centuries gnostiques ». Elles soulignent avant tout la libre initiative divine : l'homme, livré à ses seules forces, ne pourrait que sombrer dans l'illusion d'une gnose fallacieuse ; par contre la « gnose des contemplations divines » est source de biens multiples et ineffables [9], elle remplit le cœur de componction en lui faisant sentir la grandeur des bienfaits divins [10]. Malgré l'emploi d'un vocabulaire intellectualiste, il paraît bien que le *noûs* ne puisse pas être identifié à l'intelligence, même entendue au sens de faculté de connaissance intuitive ; nous croyons plutôt devoir souligner les nombreux rapprochements avec *pneuma* et voir dans *noûs* le lieu de l'illumination divine, supérieure à toute intelligibilité ; l'analyse subtile que Maxime fait quelque part de la νόησις [11] nous paraît aller dans ce sens.

## Gnômè-Proaïrésis.

L'étude de l'activité volontaire et des puissances qui la commandent a été entreprise par Maxime dans des conditions bien différentes de celles qui orientaient ses réflexions sur la vie de l'intelligence. Nous venons de voir combien, dans les expressions qui servent à la désigner, cette dernière paraît s'identifier à la vie spirituelle : phénomène commun à toute mentalité formée par l'hellénisme et dont notre langue conserve encore des traces nombreuses. Nous pensons avoir montré qu'il ne faudrait pas en conclure, comme on l'a fait trop souvent, à un pur intellectualisme ; l'étude des rapports entre *aïsthésis* et *gnôsis* par laquelle nous achèverons cette étude viendra confirmer, si besoin est, cette position. La place tenue par la théorie de la volonté dans l'œuvre de Maxime en est d'ailleurs un témoignage non équivoque.

L'importance grandissante prise par les développements de la controverse monothélite dans les préoccupations du Confesseur acentuent encore pour cette question la dualisme entre les œuvres de polémique théologique et celles dans lesquelles les problèmes de doctrine spirituelle gardent la prééminence. Les deux courants restent d'ailleurs bien distincts et nous pouvons nous borner ici à l'étude de cette dernière série, nous contentant de rappeler au départ les définitions précises que la controverse a conduit Maxime

9. *Capita theol. et oecon.* (C.G.), I, 18 (P. G. XC, 1089, c).
10. In Psalm. LIX (P. G. XC, 861 c).
11. *Ambig.* 1113 a - 1136 a.

à formuler dans ses opuscules. L'un d'eux, dédié au prêtre Marinos et qui remonte sans doute aux années 645-646 [12], constitue l'étude la plus complète et la plus claire que nous ait laissée Maxime des éléments divers de l'activité volontaire. Voici d'abord deux définitions générales de termes plus rarement utilisés dans les œuvres spirituelles. Le θέλημα φυσικόν ou θέλησις est la puissance de tendre vers ce qui est conforme à la nature ; elle comprend en elle toutes les propriétés qui conviennent par essence à la nature [13]. On peut dire aussi que c'est : « Une poussée de la raison et de la vie alors que la προαῖρεσις est une poussée délibérative vers ce qui dépend de nous » [14]. Il s'agit donc du vouloir foncier non encore déterminé par l'intervention de l'intelligence. La βούλησις est une poussée de l'imagination vers ce qui dépend de nous comme vers ce qui n'en dépend pas ; alors que la προαῖρεσις est une poussée délibérative vers ce qu'il est en notre pouvoir d'accomplir [15] ; on dira aussi que la βούλησις porte sur la fin, la προαῖρεσις sur les moyens [16]. Il y a bien ici un élément de représentation, mais le conseil n'a pas encore joué pour juger de la valeur de l'objet proposé et surtout de la possibilité de l'atteindre. Cernant de plus près ce qui n'a été jusqu'ici défini que négativement nous dirons que la προαῖρεσις est une poussée délibérative vers ce qu'il est en notre pouvoir d'accomplir ; activité complexe et composée de plusieurs éléments : l'impulsion (ὄρεξις) le conseil (βουλή) le jugement (κρίσις) sans s'identifier avec aucun d'eux [17]. Enfin, la γνώμη est nne poussée interne vers ce qui est en notre pouvoir ; on dira alors qu'elle est la source de la προαῖρεσις Mais on dira aussi qu'elle est une attitude à l'égard de ce sur quoi il est en notre pouvoir d'exercer la poussée délibérative (ὄρεξις βουλευτική). Cette poussée orientée par les jugements du conseil devient γνῶμη, et ensuite, ou pour mieux dire, en conséquence, vient la προαῖρεσις. La γνῶμη est donc à la προαῖρεσις comme la raison est à l'opération [18]. Cette dernière phrase nous donne l'enchaînement à peu près complet des éléments de l'acte volontaire tel que le conçoit Maxime qui, le premier, en a tenté une analyse serrée reprise ensuite par S. Jean Damascène [19] et affinée encore par S. Thomas [20]. Maxime se résume lui-même dans les termes suivants : « Quiconque possède une nature raisonnable possède, à titre de puissance naturelle, la poussée raisonnable qu'on appelle volonté (θέλησις) de l'âme intellectuelle ; il désire, il réfléchit et par réflexion délibère. On dit en effet que le conseil (βόυλησις) n'est pas seulement naturel mais qualifié, c'est-à-dire

12. Cf. Dom P. Sherwood : *Date-list of the works of S. Maximus* (*Stud. Anselm.* 30, Rome, 1952), p. 16-18.
13. *Ad Marinum*, P. G. XCI, 12 c.
14. Ibid., 13 a.
15. Ibid., 13 b.
16. Ibid., 13 d.
17. Ibid., 16 c.
18. Ibid., 17 c.
19. Cf. Th. Pègues : *La psychologie de l'acte humain chez saint Jean Damascène et les théologiens du XIII<sup></sup>e siècle occidental* (Rev. Thom. 1937, p. 636.
20. S. Th. I-II qu. 8-17. La structure et l'influence de l'analyse maximienne ont été étudiées par R. A. Gauthier, o. p. : *Saint Maxime le Confesseur et la psychologie de l'acte humain* (Recherches de théologie ancienne et médiévale 21, 1954, pp. 52-100).

qu'il est le vouloir d'un objet. Après avoir délibéré il s'enquiert (ζητεῖ) ; en s'enquerrant il consulte (σκέπτεται) ; après avoir consulté il délibère ; après avoir délibéré il juge ; après avoir jugé il décide (προαιρεῖται) ; après avoir décidé il passe à l'acte (ὁρμᾷ) ; après avoir agi il use ; après avoir usé il cesse son mouvement impulsif vers cet objet » [21].

Les œuvres spirituelles sont loin d'user toujours de ces termes avec la même précision ; il semble bien qu'au moins pour les plus anciennes, Maxime se contente de garder le vocabulaire de la source dont il s'inspire, sans beaucoup se soucier de la signification qu'il donne aux mêmes termes dans un contexte différent. C'est ainsi que dans un texte important des *Questions à Thalassius* [22] *gnômè* est employé au sens de 'volonté libre'. Peut-on dire qu'il ait été intentionnellement préféré à *proaïrésis* apparemment mieux en situation ? Il ne semble pas car dans un pasage parallèle [23] c'est ce dernier terme que nous rencontrons. Tout au plus pourrait-on dire que *gnômè* désignerait plutôt la puissance ellemême par opposition au *pathèton* dans lequel les Puissances spirituelles du mal sont venues se gîter pour lancer de là leurs attaques contre la *gnômè* qu'elles ne peuvent atteindre directement et exercer sur elle leur tyrannie. En acceptant cet esclavage elle enchaîne au mal la nature humaine toute entière [24]. Mais on nous dit dans le même contexte que, sous l'action des passions qui sont naturelles à l'homme — c'est-à-dire, semble-t-il en cédant aux impulsions du *pathèton* — elle se laisse corrompre et s'abandonne aux passions contraires à la nature [25]. On ajoute même que l'œuvre du Rédempteur consistera à effacer la sentence qui asservissait la volonté libre (γνῶμη) d'Adam aux passions voluptueuses. « Du fait de cette sentence l'homme avait sa libre volonté inclinée vers le plaisir et en proclamait par ses œuvres la domination alors même qu'il se taisait, puisque la crainte de la mort ne suffisait pas à le libérer du joug de la volupté » [26]. L'*Ambiguorum Liber* confirme cette doctrine : par son comportement contre nature la *gnômè* a soumis la nature entière de l'homme à la passibilité (παθητόν) [27].

C'est le *Commentaire du Pater* qui nous propose la théorie la plus élaborée de la *gnômè*. La note dominante est que la *gnômè* est un principe d'unité ; nous sommes ici au cœur de la pensée de Maxime et, malgré la brièveté des textes qui la concernent, cette doctrine ne nous paraît pas moins importante que celle du *logos*. Elles constituent les deux foyers autour desquels s'organise la synthèse toute entière : il appartient à l'homme, par la libre décision de sa *gnômè* qui est proprement la *proaïrésis* — mais répétons-le ces deux termes corrélatifs sont souvent employés l'un pour l'autre — d'affirmer et d'accomplir l'unité profonde qui relie tous les êtres entre eux et avec les *logoi* des êtres ; elle ne se réa-

21. *Ad Marinum*, 21 d - 24 a.
22. Q. T. XXI, 313 a - 316 b.
23. Q. T. XLII, 405 c - 408 b.
24. Q. T. XXI, 313 a.
25. Ibid., 313 b.
26. Ibid., 316 a.
27. P. G. XCI, 1144 a.

lise pas sans l'intervention de la gnômè, puissance proprement humaine que Maxime, lorsqu'il parle en toute rigueur, refuse de reconnaître au Christ lui-même, comme étant incompatible avec son hypostase divine [28]. Parce qu'il n'y a qu'une nature humaine il ne devrait y avoir aussi qu'une seule volonté. L'attrait des biens sensibles en suscitant l'amour égoïste est venu rompre cette harmonie et a introduit cette loi contraire à la nature qui pousse les hommes à s'entretuer [29]. C'est le suprême objet de l'œuvre rédemptrice du Christ et de la prière qu'il nous a apprise que d'unir la volonté de ceux qui prient au vouloir de celui qui concède la grâce, les rendant un par l'unité d'intention [30]. « La réconciliation de Dieu avec la nature ne peut se faire en effet qu'à la mesure de l'union de la volonté (γνῶμη) avec la raison (λόγος) de nature, car il n'est pas possible qu'une nature en dissension avec elle-même par la volonté soit l'objet de la divine et inexprimable condescendance. Et peut-être est-ce pour cela que Dieu a désiré que nous nous réconcilions d'abord les uns avec les autres, non pour apprendre de nous à se réconcilier les pécheurs et à accorder remise de nombreux et effroyables délits, mais pour nous purifier de nos passions et montrer que l'attitude de ceux à qui on pardonne s'accorde avec l'incitation de la grâce. Il a certes établi avec sagesse que, lorsque la volonté est unie avec la raison de nature, la libre décision (προαῖρεσις) de ceux qui se comportent ainsi conserve la paix avec Dieu ; puisqu'aussi bien on ne trouve rien de déraisonnable à considérer dans la raison de nature, qui est aussi loi naturelle et divine, pour autant qu'elle consent à la motion de la volonté qui opère en elle. Et s'il n'y a rien de déraisonnable dans la raison de nature, sans doute la volonté unie selon la raison de nature aura une activité qui s'accordera en tout avec Dieu [31]. Le fond de cette théorie de l'étroite relation de la *gnômè* au *logos* nous est donné un peu plus loin dans un texte capital qui contribue en outre à éclairer les rapports entre *gnômè* et *proaïrésis*. Il s'agit, une fois de plus, d'une méditation sur la faute d'Adam qui se renouvelle en tout pécheur. Dieu, respectueux de la liberté de l'homme « ne l'empêchera pas de se livrer librement aux passions de la chair, et il ne le délivre pas des conséquences dernières de pareille attitude, parce qu'en considérant la nature comme inférieure à des passions sans consistance il a méconnu pour leur service la raison de cette nature, alors qu'il eut fallu, en se soumettant à sa motion, savoir quelle est la loi de la nature, quelle est celle des passions que met en jeu une décision volontaire (γνωματιχῶς) et non la nature qu'elles tyrannisent, sauvegarder la première par les activités naturelles qui la conservent, rejeter l'autre loin du vouloir (γνῶμῇ) ; garder intacte par la raison la nature, qui d'elle-même est pure et sans souillure, à l'abri de la haine et des dissensions, faire par

28. Cf. H. Urs von Balthasar : *Liturgie cosmique* (Paris 1947), p. 201-202 avec référence à P. G. XCI, 21 d. et *Disput. cum Pyrrho*, P. G. XCI, 808-809.
29. *In Orat. Dom.*, P. G. XC, 893 c.
30. Ibid., 900 a. Cf. Q. T. II, 272 b.
31. Ibid., 901 cd.

contre de la volonté la compagne fidèle de la nature (rien ne doit l'entraîner de ce qui n'appartient pas à la raison de nature) ; rejeter en conséquence toute haine et toute dissension d'avec ceux que la nature a fait nos proches » [32]. Une volonté ainsi rectifiée selon les exigences profondes de la nature se laisse librement modeler par l'Esprit et rend ainsi possible la déification [33]. Il est bien évident qu'en tout ceci il s'agit de la volonté en acte. Nous avons vu comment, lorsqu'il en fait la théorie, Maxime situe la *gnômè* à la racine immédiate de la décision réalisatrice ; aussi ne s'étonne-t-on pas que, dans des textes moins précis, *proaïrésis* vienne parfois se substituer à *gnômè ;* ainsi quand il nous est dit que la grâce de l'adoption filiale est gardée et conservée par la libre décision (προαῖρεσις) de ceux qui sont nés ainsi [34]. De même quand on nous dit que c'est la *proaïrésis* qui nous obtient la conformité de la *thélésis* avec Dieu, nous sentons une nuance entre l'acte lui-même et la puissance en acte. Mais lorsque Maxime écrit qu'il faut, pour être vraiment sauvé « non seulement que le péché soit mis à mort dans la volonté (προαῖρεσις), mais que la volonté soit morte pour le péché ; et non seulement que la volonté ressuscite à la vertu, mais que la vertu ressuscite pour la volonté [35] », il semble bien que la faible tension que nous avons tenté de reconnaître entre *gnômè* et *proaïrésis* se résorbe dans une identité. La rareté du terme θέλησις par contre, souligne le primat que Maxime reconnaît aux actes ou à leur principe immédiat sur les puissances profondes mais encore indéterminées qui les sous-tendent.

AISTHÉSIS-GNÔSIS :

Pour achever la revue des principaux couples selon lesquels Maxime organise la psychologie, nous devons encore considérer brièvement celui que constituent les termes *aisthésis-gnôsis*. Nous les avons déjà rencontrés à diverses reprises, mais il n'est pas sans intérêt de considérer les rapports qu'ils entretiennent entre eux. Le terme d'ἀίσθησις est encore plus indéterminé, dans la langue de Maxime, que celui de προαῖρεσις. Le neutre ἀισθητόν servant à désigner l'objet, ἀίσθησις désignera à la fois la puissance, son organe et son acte. C'est en effet la particularité de la puissance sensible de disposer d'organes corporels. Reprenant et systématisant une idée d'Origène, Maxime établira une théorie des sens spirituels [36] ; mais d'ordinaire c'est bien à l'activité sensible qu'il pense et en général non sans quelque défaveur ou du moins quelque méfiance. Tradition d'une ascèse intellectueliste ? Peut-être, mais plus encore attitude raisonnée d'un théologien dont nous savons qu'il place l'attrait du plaisir sensible au point de départ de la déchéance

32. Ibid., 905 a.
33. Q. T. VI, 280 d - 281 ab.
34. *In Orat. Dom.* P. G. XC, 877 a, cf. 901 a ; Q. T. VI, 280 c.
35. Q. T. LIX, 613 a.
36. Amb. 1248 bc, Cf. K. RAHNER : *Le début d'une doctrine des cinq sens spirituels chez Origène* (RAM, XIII, 1932, p. 113-145).

présente de l'homme. Il se plaît à revenir sans cesse à ce cas éminent du péché d'Adam, plutôt que de méditer en psychologue sur sa double expérience d'homme et de maître spirituel. Malgré cette vision pessimiste, il ne condamne jamais l'expérience sensible ; il la sait naturelle à l'homme et finalement la confiance en la nature l'emporte chez lui sur les réticences de l'ascète. C'est en effet au sens qu'il appartient de faire connaître à l'âme la grandeur des *logoi* du monde visible [37]. Il n'est pas d'autre moyen pour l'homme d'accéder aux réalités spirituelles, et le don surnaturel de la gnose semble régulièrement réservé à ceux qui se seront d'abord appliqué à la *théoria physikè* dont nous verrons bientôt qu'elle suppose l'observation sensible. Mais cette opération du sens ne va pas sans danger. Dans une méditation sur la signification des arbres du Paradis, Maxime estime que l'interdiction de manger du fruit de l'arbre de science n'était que provisoire et pédagogique. Il fallait d'abord qu'en se nourrissant de l'arbre de vie, c'est-à-dire en s'appliquant à la seule contemplation des réalités divines auxquelles la gnose lui donnait accès, Adam devint assez vigoureux pour pouvoir sans danger se tourner vers la considération des réalités sensibles pour en dégager les *logoi* intelligibles [38]. Mais désormais l'homme doit nécessairement partir de ce sensible, puisqu'il s'est volontairement refusé à la gnose ; voie dangereuse pour un esprit qui ne domine plus les poussées élémentaires des puissances passionnelles ; d'où la nécessité de l'ascèse qui, par une diète rigoureuse, entreprend de guérir cet esprit malade. La règle fondamentale est de ne laisser l'esprit se remplir que d'images sans souillures [39] ; il faut pour y parvenir une attention de tous les instants, il faut réprimer la curiosité indiscrète qui détourne l'attention vers la multiplicité des apparences passagères sans commune mesure avec les réalités du Royaume de Dieu [40]. Travail pénible, mais grâce auquel l'esprit peut espérer obtenir la gnose qui lui fera oublier toutes ces peines. Interprétant les noms d'*Isaïe,* qui signifierait « sublimité de Dieu », et de son père *Amos*, « peuple qui peine », Maxime écrit : « La sublimité de Dieu c'est la gnose de la vérité qu'engendre le labeur de la contemplation des créatures ; ceux qui suent dans l'activité vertueuse (ἐπὶ τῇ πράξει τῶν ἀρετῶν) deviennent les pères du labeur. Par la gnose nous anéantissons complètement la puissance du mensonge qui s'oppose à la vérité et nous humilions et expulsons toute hauteur des esprits mauvais qui s'élèvent contre la gnose divine » [41]. Fruit de l'humilité donc, incompatible avec toute prétention orgueilleuse, Maxime y revient sans cesse et plus spécialement peut-être dans cette initiation à la véritable gnose que sont les *Centuries sur la Théologie et l'Economie :* « Ceux qui cherchent laborieusement la gnose et ne l'obtiennent pas, ou bien ne l'obtiennent pas en raison de leur incrédulité,

37. C. G. I, 14 (P. G. XC, 1088 c.
38. Q. T. Prol. 257 d ; cf. XXVI, 348 d ; LXIV, 696 a.
39. C. G. I, 13 ; 1088 a.
40. *In Orat. Dom.* P. G. XC, 893 cd.
41. Q. T. L, 468 d.

ou peut-être parce que s'exaltant sottement il s'opposeraient par envie à ceux qui possèdent la gnose, comme jadis le Peuple le fit contre Moïse. La Loi dit à bon droit à son sujet que certains, usant de violence, montèrent sur la montagne et que l'Amorrhéen qui habite cette montagne sortit et les tailla en pièces. Il est en effet nécessaire que ceux qui, par ostentation, simulent la vertu ne soient pas seulement écartés de la piété qu'ils adultèrent mais soient blessés par leur conscience ». En conséquence : « Que celui qui désire la gnose par ostentation et ne l'obtient pas n'envie pas son prochain et ne s'afflige pas ; mais qu'il fasse les préparatifs sur ses frontières, comme il est prescrit ; qu'en peinant d'abord en son corps par l'ascèse il prépare son âme à la gnose ». Par contre « Ceux qui se tournent en toute droiture vers les créatures avec piété et qui n'ont en l'esprit aucune sorte d'affection ostentatoire verront se présenter à eux les resplendissantes contemplations des créatures qui se laissent percevoir à eux avec la plus grande exactitude ; la Loi dit à leur sujet : Vous entrerez et posséderez en héritage des villes grandes et belles, des maisons remplies de toutes sortes de biens, maisons que vous n'avez pas construites, des citernes creusées que vous n'avez pas creusées, des vignes et des olivaies que vous n'avez pas plantées (Jos. XXIV, 13-14). Car celui qui ne vit pas pour soi mais pour Dieu se voit rempli de tous les charismes divins qui jusqu'alors n'apparaissaient pas en raison de la permanence du tumulte des passions » [42]. L'enchaînement de ces trois sentences est clair. La gnose est un don gratuit, on peut et même on doit s'y préparer, mais on ne saurait prétendre y parvenir par ses efforts. C'est que la gnose appartient à l'ordre transcendant des réalités divines ; le labeur de l'ascèse qui humilie l'homme et le façonne à la pratique des vertus est un plus sûr moyen d'y parvenir que les spéculations prétentieuses. Ce serait en effet une grave erreur que de considérer la gnose comme une activité intellectuelle ; elle transcende la distinction du pratique et du spéculatif, et nous verrons bientôt comment elle réalise le dépassement de la tension *praxis-théoria*. Une dernière sentence des *Centuries*, qui fait immédiatement suite à celles que nous avons citées est on ne peut plus explicite à ce sujet : « De même qu'*aisthésis* s'emploie sous une double acception, soit selon l'*habitus* qui subsiste en nous, même durant le sommeil alors que nous ne percevons aucun objet et qui - ne tendant pas à l'acte - est sans utilité, soit selon l'opération par laquelle nous percevons les sensibles ; ainsi la gnose est double : soit scientifique (ἐπιστημονική) qui recueille les raisons des créatures selon le seul *habitus* et qui, ne tendant pas à l'observation des commandements, est inutile, soit selon l'opération pratique (πρακτική), qui, par l'expérience, parvient à une saisie véritable des êtres » [43]. Retenons cette insistance mise sur l'expérience, le vécu ; c'est un des axes de la pensée de Maxime dont nous comprendrons mieux la signification en accordant quelque attention à l'étude du couple *praxis-théoria*.

42. C G. I, 19-21 (P. G. XC, 1089 b - 1092 b.
43. Ibid., I, 22 (1092 b).

PRAXIS-THÉORIA :

Sur les notions que recouvrent ces deux termes, Maxime n'innove pas. Thème et vocabulaire sont acquis dès les débuts de la tradition chrétienne alexandrine ; Clément y fait appel sans beaucoup préciser le sens qu'il y attache ; mais chez Origène nous trouvons une doctrine déjà parfaitement élaborée et qu'Evagre n'aura plus qu'à codifier, non sans la durcir. Par la suite, en Occident du moins et dans les derniers siècles du moyen âge, les notions subiront une véritable mutation et on risquerait le contresens en rendant les termes grecs par « *action* » et « *contemplation* » ; traduction verbale qui ne tiendrait pas compte de l'évolution sémantique. Tenons nous en ici à la signification que leur reconnaît Maxime.

A vrai dire, ici comme en tant d'autres matières, il s'agit moins chez lui de notions que de thèmes et le vocabulaire, apparemment technique et dès longtemps fixé, demanderait à être chaque fois entendu en fonction du contexte. Ceci vaut en particulier pour la notion si complexe de *théoria*. La *praxis* n'est guère envisagée qu'en relation avec elle ; c'est essentiellement l'ascèse sous toutes ses formes : labeur des observances corporelles dès longtemps acquises dans le monachisme, jeûnes, veilles, psalmodie, support des intempéries ; c'est surtout la pratique des vertus. Maxime en effet ne s'attarde guère à l'ascèse corporelle ; il en énumère à l'occasion les formes traditionnelles [44], mais sans jamais y insister et on chercherait vainement dans son œuvre des informations sur le régime de la vie monastique qu'il a menée. Les observances en effet n'ont pas d'importance en elles-mêmes ; elles constituent seulement des armes précieuses dans la lutte contre les *pathè*. Leur valeur tient toute entière en ce qu'elles mettent en action les diverses vertus et notamment celle de tempérance (ἐγχράτεια) sans laquelle il ne saurait être question de prétendre à la liberté spirituelle (ἀπάθεια) [45]. C'est donc principalement au sens de vie vertueuse, ou plus précisément de combat pour la vertu qu'il faut entendre le terme de *praxis*. Maxime maintient la doctrine de Clément et d'Origène et voit dans cette ascèse pénible qui arrache les ronces et les chardons des *pathè*, envahissant, depuis le premier péché, la terre de la nature humaine [46], la caractéristique de la première étape du chemin de la perfection. Mais, plus explicitement que ses prédécesseurs et avec une insistance que motivent sans doute les erreurs des *euchites*, il souligne l'inséparabilité de la *praxis* et de la *théoria* au travers de toutes les étapes de la vie spirituelle. C'est ce qu'enseigne l'exemple d'Ozias (II Par. XXVI, 5) qui cherchait le Seigneur aux jours de Zacharie, intelligent dans la crainte du Seigneur. Or Ozias s'interprète « force de Dieu » et Zacharie « souvenir de Dieu » ; « car l'esprit, aussi longtemps qu'il

44. *Quaest. et dub.* I ; (P. G. XC, 785 c).
45. C G. I, 32 (1096 a), 37 (1097 c).
46. Q. T. V, 277 c - 280 b.

garde vivant en lui le souvenir de Dieu, cherche le Seigneur par la contemplation ; non par elle seulement mais « dans la crainte du Seigneur », c'est-à-dire dans la pratique (πράξις) des commandements ; car celui qui cherche le Seigneur par la *théoria* en dehors de la *praxis* ne trouve pas le Seigneur car il ne cherche pas le Seigneur dans la crainte du Seigneur » [47]. La vision de Pierre à Joppé (Actes X, 11-15) nous permet de discerner les principaux éléments de cette ascèse spirituelle ; les différents animaux que l'apôtre reconnaît à l'intérieur de la nappe descendue du ciel peuvent en effet représenter les diverses affections de l'humaine nature : les serpents sont les diverses modes de concupiscence qui nous font coller à la terre ; les bêtes sauvages, la colère furieuse qui nous jette les uns contre les autres ; les oiseaux, l'orgueil dont les pensées superbes nous font tout considérer de haut.

En les tuant tous par le *logos* spirituel Pierre ramène vers le ciel les désirs du concupiscible, apaise les autres et les rappelle à la philanthropie et au souci d'autrui ; rend enfin les derniers à l'humilité et à l'amour de Dieu [48]. Si on se rappelle que Joppé s'interprète pour Maxime « observatoire » [49], on comprend que l'action purificatrice de l'ascèse s'accomplit sous le signe de la contemplation. Cette insistance est importante pour l'interprétation des lignes essentielles de son anthropologie. Il a définitivement rompu avec ce que le spiritualisme intellectualiste des alexandrins pouvait comporter d'ambigu. S'il peut garder leur vocabulaire sans autre inconvénient qu'un manque de clarté indéniable, c'est qu'à tout moment il corrige ce que les termes pourraient avoir d'excessif par un terme complémentaire. Nous avons rencontré cette méthode à chacune des étapes de notre recherche ; il n'est peut-être aucun cas où elle s'impose aussi nettement que dans l'exemple présent. La conception de la *praxis* dans l'œuvre de Maxime suppose qu'on garde toujours présent à l'esprit la *théoria* qui seule la finalise ; mais inversement il ne nous faudra jamais oublier que, jusque dans les formes les plus hautes qu'elle peut revêtir ici-bas, la *théoria* demeure inséparable de la *praxis* sans laquelle elle ne serait que vaine et orgueilleuse spéculation.

A nous en tenir au vocabulaire, *théoria* désigne de préférence la *théoria physikè,* considération religieuse des créatures pour en saisir les *logoi* et, par eux, acquérir quelque notion des attributs divins. Entendue ainsi la *théoria* est étroitement liée à l'ascèse. D'une part la considération des réalités sensibles ne peut, nous le savons, être abordée sans danger si les puissances affectives ne sont fermement tenues en main ; de l'autre cette considération non passionnelle est elle-même facteur de purification. Elle prépare la salle où le divin *Logos* fera sa Cène [50], elle détruit les épines des préoccupations temporelles (λογισμοί) que la considération des réa-

47. Q. T. XLVIII, 440 a.
48. Q. T. XXVII, 356 b - 357 a.
49. Combefis, note *in loc.*, conjecture que Maxime aurait confondu l'interprétation de Joppé avec celle de Sidon.
50. Q. T. III, 273 bc.

lités sensibles risque de faire pulluler et les chardons des soucis plus lancinants encore que suscitent la providence et le jugement des incorporels [51]. Cette dernière considération exprime en un vocabulaire évagrien une pensée qui n'est pas habituelle à Maxime. Celui-ci ne s'arrête guère aux deux dernières des cinq *théoriai* distinguées par Evagre. Comme le remarque le P. Viller [52], encore que souvent Maxime ait mentionné le jugement et la providence, il se borne plus d'une fois, comme Evagre, aux trois connaissances essentielles de la vie gnostique : par l'accomplissement des commandements, l'esprit se dépouille des passions ; par la connaissance spirituelle des choses visibles (δια τῆς τῶν ὁρατῶν πνευματικῆς θεωρίας), des pensées des choses où se mèle la passion (τά ἐμπαθῆ τῶν πραγμάτων νοήματα) ; par la connaissance des choses invisibles (διά τῆς τῶν ἀοράτων γνώσεως) de la connaissance des choses visibles ; de celles-ci enfin par la connaissance de la Sainte Trinité » (διά τῆς γνώσεως τῆς ἁγίας τριάδος). Ce texte n'a rien d'original, mais il nous informe commodément sur le vocabulaire habituel que Maxime reçoit d'Evagre ; il est en particulier à remarquer que le terme de *théologia* n'est pas seul employé par lui pour désigner la troisième et suprême forme de *théoria*. Mais la doctrine, telle qu'elle s'exprime notamment dans un texte très fouillé de l'*Ambiguorum liber* [53], est très originale par la fermeté de la structure anthropologique et logique qui la sous-tend. Sous une forme moins technique et au travers d'images bibliques c'est la même doctrine que propose la *Question LI* à *Thalassius* [54]. Entre la *théoria physikè* la *gnôsis pneumatikè* et la *théologia,* il y a différence d'ordre mais continuité d'exercice ; les dons les plus hauts de la *gnosis* que nous pouvons seulement implorer dans la prière mais non acquérir par nos seules forces, viennent d'un seul coup réaliser cette parfaite liberté spirituelle et cette domination des affections auxquelles les labeurs de l'ascèse s'étaient patiemment efforcés. Ainsi, sans franchir les bornes de sa nature, l'homme se trouve élevé à la condition des anges, ce qui est pour Maxime le signe de la réconciliation et du retour à l'unité du monde spirituel (λογικός) et l'ultime synthèse cosmologique au-delà de laquelle il n'y a plus que la *théosis* par laquelle l'homme entre en partage de la condition divine [55]. C'est vers elle que tend toute l'anthropologie de Maxime.

51. Q. T. V, 280 a.
52. M. Viller, *op. cit.*, p. 245.
53. Amb. 1133 a - 1137 d.
54. Q. T. LI, 476 b - 485 b.
55. C G. I, 98 (P. G. XC, 1124 b).

# LA PAROLE SANS ŒUVRE (Mt 12,36)

par

Louis-Marie DEWAILLY, O. P.

Il est des enfants au naturel vif et expansif qui se sont vus très tôt qualifiés de bavards, — que cette réputation les ait ou non accompagnés ensuite au long de la vie. S'ils ont été élevés dans un milieu chrétien, ils ont sans doute, dès leurs tendres années, entendu fondre sur eux la menace terrible de voir chacune de leurs paroles inutiles châtiée au suprême jugement. Sévérité qui s'est imprimée dans leur mémoire sans peut-être jamais métamorphoser leur caractère.

Ce n'est pas cependant à des bambins que s'adresse le Seigneur Jésus dans la phrase de Mt 12, 36 qui contient la fameuse menace. La gravité de cette mise en garde devrait faire réfléchir tout chrétien. Les deux mots ῥῆμα et ἀργόν sont assez rares chez Matthieu, leur rapprochement est unique dans toute la Bible. Cette expression insolite invite à une recherche qui peut-être fera mieux saisir la faute visée par Jésus.

Voici donc un point apparemment léger qui engage de hautes et larges réalités. Dédions cette recherche en vive gratitude au Père Chenu, qui jadis a ouvert nos esprits à la Parole, à la doctrine sacrée « élaboration de la Parole de Dieu, dans la foi, pour l'intelligence du croyant » [1], et dont la vie entière a manifesté une correspondance parfaite entre la personne et sa pensée, sa parole, son œuvre.

Quelques mots d'abord sur la place du v. 36 dans son contexte en notre Matthieu actuel. Il est difficile, comme souvent, d'apprécier cette situation avec certitude. Nous voyons aujourd'hui ce verset inséré dans un groupement qu'on ose à peine appeler un discours si on le compare à d'autres qui charpentent le premier évangile. Ne tentons pas de reconstituer ce petit discours tel que Jésus l'a prononcé : observons seulement ce qui fait douter de son homogénéité primitive.

La péricope 12, 22-37 est assez aisée à distinguer de celles qui l'entourent, Jésus Serviteur, 12, 15-21, et le signe de Jonas, 12,

1. M.-D. CHENU, *L'évêque dans l'Eglise du Christ,* Paris, 1963, p. 177 ; repris dans *La Parole de Dieu,* t. I : *La foi dans l'intelligence,* Paris, 1964, p. 291.

38-42. Il s'en faut toutefois que d'un bout à l'autre du passage les conditions synoptiques soient uniformes et que la pensée montre une continuité rigoureuse. Les interprètes lui donnent un titre général qui varie beaucoup, allant de la guérison du démoniaque aux blasphèmes contre le Fils de l'Homme, du péché contre le Saint-Esprit à « Jésus et Béelzébul », du plaidoyer de Jésus à « Royaume de Dieu et royaume de Satan » [2].

On peut, dans les grandes lignes, être d'accord sur la division interne de la péricope, telle que la recommande l'examen des parallèles.

1° En 12, 22-32 d'abord on distingue trois fragments :

*a*) 22-44 : la guérison, les réflexions de la foule puis des pharisiens ;

*b*) 25-30 : Jésus prend les devants et se défend de chasser les démons par Béelzébul ; conclusion sur l'homme fort ;

*c*) 31-32 : le péché contre l'Esprit.

De la guérison du possédé sourd-muet et des réflexions blessantes qu'elle a suscitées on passe naturellement à la réponse de Jésus [3], puis celle-ci entraîne, par-dessus le logion de l'homme fort, les déclarations concernant l'Esprit, appelées sans doute par la mention de l'Esprit-Saint au v. 28.

2° Le lien entre 22-32 et 33-37 est moins nécessitant. Presque tous s'accordent à traiter à part ce second bloc, qui met d'abord en lumière les rapports de la foi en Jésus et de la conduite, de l'état intérieur de l'homme et de ses actions, sous la forme imagée de l'arbre et de son fruit. Est-ce une conclusion du bloc précédent ou une unité nouvelle ? Le doublet de 33-35 offert par Mt. 7, 16-20 est un peu plus développé et semble mieux encadré, mieux introduit par le v. 15 et mieux continué dans les paroles suivantes, 21-23, puis dans la description imagée de 24-27. Parallèlement à Mt. 7, 16-27, on trouve Lc 6, 43-45 continué par 46 (= Mt. 7, 21 seul) et 47-49 (= Mt. 7, 24-27).

De toute façon ce petit bloc lui-même n'est pas très compact. La transition de 35 à 36 est une formule un peu passe-partout, susceptible de variantes : λέγω δὲ ὑμῖν [4]. Entre 36 et 37, l'hiatus est plus sensible jusque dans le style, puisque Jésus apostrophe soudain l'auditeur à la deuxième personne du singulier (cette phrase est peut-être un énoncé proverbial), et que cet auditeur ne semble plus être l'un des pharisiens de la race des vipères (12, 34). En tout cas la construction de 12,36, avec son « nominatif pendant » re-

2. Je simplifie la collecte des titres opérée chez une trentaine de commentateurs. Les Synopses ne s'accordent guère davantage, ni sur le découpage ni sur les titres. Qu'on compare par ex. Huck-Lietzmann (nn. 85-86 = vv. 22-24, 25-37), Aland (nn. 117-118 = 22-30, 31-37), Benoit-Boismard (nn. 116-119 = 22-23, 24-30, 31-32, 33-37).

3. Marc cependant ne raconte pas cette guérison, 3, 22-30. Le soupçon d'être possédé de Béelzébul et la riposte de Jésus sont par lui intercalés entre 21 en 31, qui se raccorderaient assez bien (Jésus recherché par sa famille).

4. Elle était usuelle dans les discussions rabbiniques. Sous la forme ἐγὼ δὲ λέγω ὑμῖν elle ne se trouve qu'en Mt. 5, 22, 28, 32, 39, 44, où le contraste est bien plus vigoureux qu'ici.

pris par un pronom dans la proposition suivante, est une tournure sémitique des plus normales [5].

La mise en place du v. 36 n'est donc très serrée ni avant ni après. S'il y a lieu de penser que toutes ces paroles de Jésus, 25-37, ont été assemblées par Matthieu, c'est autour de 36 que l'impression de raccord est la plus sensible. Il est fort probable que ces deux paroles propres à Matthieu ont été prononcées par Jésus en d'autres circonstances, et pas nécessairement ensemble. Il est d'ailleurs malaisé de déterminer comment elles se présentaient dans la source ou les sources de l'évangéliste. Mais il n'est pas du tout certain qu'elles se référaient au dialogue de 22-28 et qu'il faille les entendre comme son prolongement. Si l'évangéliste les introduit ici, ce doit être en raison d'une autre parenté qu'il percevait mieux que nous et qu'il nous faut tenter de retrouver. Le raccord littéraire demeurant incertain, attachons-nous à l'expression elle-même.

Le premier problème que pose l'expression ῥῆμα ἀργόν en 12, 36 est l'apparition inattendue du mot ῥῆμα. Ce mot surprend, n'étant pas fréquent chez Matthieu qui ne l'emploie ailleurs que quatre fois [6] ; il surprend d'autant plus que le contexte emploie à plusieurs reprises λαλεῖν (12, 34, deux fois ; 12, 36) aussi bien que λόγος (même verset 36 b, au sens de « compte à rendre » ; au sens habituel, 12, 32 ; 12, 37, deux fois). E. Repo entend là une résonance sémitique archaïsante en même temps qu'une intention de réalisme (*Sachbetontheit*) [7]. Il souligne en outre la tonalité défavorable du mot, qu'on perçoit parfois, avec le sens de grief, voire de blasphème, chez les LXX ou Josèphe, et ensuite dans quelques passages des Actes des Martyrs [8].

En grec profane, ῥῆμα signifie d'abord une parole prononcée, ce qui est dit [9]. Parfois il s'oppose à une action ou même à la vérité, mais pas toujours, loin de là [10]. D'autre part les logiciens et

5. F.-M. Abel, *Grammaire du grec biblique* [2], Paris, 1927, p. 359, cite Mc 6, 16 ; 13, 11 ; Jn 5, 11 ; 14, 13 ; Mt 12, 36 ; 2 Co. 12, 17 ; etc., et ajoute : « ces constructions dont les premières n'ont rien de contraire au grec se sont multipliées sous l'influence sémitique ».

6. Deux fois dans des citations de l'A. T. : Mt. 4, 4 (Dt 8, 13) ; 18, 16 (Dt 19, 15). Deux fois dans le récit de la Passion au sujet de propos tenus par Jésus : 26, 75 ; 27, 14.

7. *Der Begriff Rhema im biblisch-griechischen* : II. *Rhema im N. T.*, Helsinki, 1954, pp. 18-19, 185-186, 202. Ses jugements sont étayés par les analyses du tome I : *Rhema im A. T.*, Helsinki, 1951, surtout pp. 145-183. En II, pp. 18-19, il associe Mt 12, 36 à 5, 11, où la variante « palestino-césaréenne » ῥῆμα pourrait selon lui être originale. Ce dernier passage, comme Lc 7, 1, proviendrait de *Q*.

8. Références données *op. laud.*, II, pp. 183-186.

9. E. Repo, *op. laud.*, I, pp. 92-108 ; et la comparaison avec l'A. T. pp. 108-121. A. Debrunner, dans l'article λέγω du *TWNT*, IV, pp. 74-75. Le piquant de l'affaire est que la racine Fερ-, Fρη- ou *u*ερ-, *u*ρε- est la même qu'on retrouve dans *uerbum*, tandis que la vocalisation de *uerbum* est du même type que celle d'ἔργον (Ernout-Meillet, *Dict. Etym. de la langue latine* [3], Paris, 1951, p. 1278), mais cela ne joue aucun rôle dans le cas présent.

10. Opposé aux ἔργματα : Pindare, *Ném.*, 4, 6 ; à ἔργον : Thucydide, 5, 111 ; Sophocle, *Œd. à Col.*, 873 ; à τὸ ἀληθές : Platon, *Phédon*, 102 b.

grammairiens, après Platon et surtout Aristote [11], ont pris l'habitude, dans les « parties du discours » (λόγος), de désigner la catégorie des « verbes » par le mot ῥήματα, alors que les « noms », sujets de ces verbes, sont les ὀνόματα. Ce sens grammatical est même le sens dominant, presque exclusif, du mot à l'époque hellénistique, de sorte que ῥῆμα chez les LXX est un archaïsme conscient, qui recule peu à peu devant λόγος. Dans les évangiles, y compris Jean, et le reste du N. T., le mot semble amené surtout par des réminiscences du style traditionnel des premières communautés palestiniennes [12].

La rencontre de ῥῆμα et de λόγος dans le même v. 36 n'est donc rien de plus que celle d'un sémitisme normal et d'une expression courante dans les usages sociaux et commerciaux [13] ; quant à la nuance péjorative, elle dépend moins de l'emploi du mot que du sens de la phrase tout entière. Ce point de vocabulaire renforce ce que nous disions de la construction de la phrase, et nous pouvons admettre avec Repo que le verset provient d'une source palestinienne propre à Matthieu, celle dont proviendraient aussi, par exemple, Mt. 10, 5-6 ; 15, 24 [14].

Second problème : cette parole est qualifiée d'ἀργός. Que signifie cet adjectif ?

La plupart des traducteurs éprouvent ici une difficulté et, après avoir opté, puisqu'il le faut, pour une traduction, y ajoutent en note des synonymes ou explications. Beaucoup dépendent d'ailleurs, apparemment, de traditions nationales de lecture et de prédication : ainsi les français disent volontiers « parole vaine », ou « oiseuse » (cette seconde expression descend en droite ligne du *verbum otiosum* de la Vulgate, et nous la retrouverons en terminant), les anglais tournent autour de *idle*, les allemands de *unnütz*.

Les nuances des commentaires ou des notes tendent à réintégrer dans la traduction adoptée les significations complémentaires. Les uns insisteront alors sur l'inutilité : parole légère (et donc, a fortiori, seront condamnées les paroles plus coupables), parole sans profit, sans résultat, d'où l'on passe à la parole nuisible ; d'autres sur le vide : parole sans fondement, sans contenu, ou irréfléchie (et donc traduisant spontanément la vraie nature de l'hom-

11. Platon, *Crat.*, 426 e ; *Soph.*, 262 a ; *Théét.*, 206 d ; mais la présence dans une même phrase d'ὄνομα et ῥῆμα n'a pas toujours ce sens chez Platon. Aristote lui donne une tournure plus ferme, *Peri Herm.*, 3, 16 b 10 ss., *Poétique*, 20, 1456 b 20 ss.

12. Luc est responsable de nombreux emplois de ῥῆμα : on connaît sa tendance au septuagintisme. — C'est également par un sémitisme inspiré de l'A. T. que s'expliquerait la possibilité théorique pour ῥῆμα de signifier chose plutôt que parole, de même que par ex. Mt. 18, 16 ; Lc 1, 37 ; 2, 15 (auquel cas ῥῆμα ἀργόν signifierait à peu près réalité infructueuse) : mais le contexte suggère très vivement une parole parlée.

13. C'est l'avis d'A. Debrunner rendant compte de Repo, *Theol. Literaturz.*, 80 (1955), p. 538.

14. E. Repo, *op. laud.*, II, p. 19.

me), ou encore sans fondement objectif, ce qui rejoint la calomnie [15].

La Bible suédoise dit «parole vaine», afin de désigner une parole sans efficacité. Dans aucune version nordique ou autre je ne vois l'équivalent de cet adjectif *fafäng,* dont le sens étymologique est « qui réalise peu, qui effectue peu », et dont la présence ici est d'autant plus intéressante que c'est le seul cas dans le N. T. où ἀργός soit resté ainsi traduit depuis le XVI<sup>e</sup> siècle [16].

Les origines du mot ἀργός peuvent nous aider à faire la lumière sur ces différentes traductions et à peser la part de vérité qu'elles contiennent.

Ces origines sont limpides, et l'étymologie qui saute aux yeux nous renseigne adéquatement sur la valeur fondamentale du mot. 'Αργός résulte d'un ἀ- privatif préposé à la racine Ϝεργ- : il se rencontre en grec ancien, chez Homère, Hésiode, Théognis, sous la forme ἀεργός, puis, sous la forme contractée, il reste d'un usage fréquent et continu, en deux sens que l'on nomme (sans jeu de mots !) l'un « actif », rapporté à des hommes inactifs (que cette inactivité soit ou non blâmable et blâmée) ou à des choses improductives, et l'autre « passif », rapporté à des choses non travaillées, brutes, inachevées. Les écrivains classiques lui donnent ces deux sens, et il les garde en cheminant à travers les temps hellénistiques, jusqu'à Plutarque, Jamblique et bien d'autres. Plusieurs de ses emplois pourraient être rapprochés de notre passage : un esprit paresseux, des passions, une langue [17]. Le parallèle le plus proche serait la maxime de Pythagore citée par Stobée : « Qu'il te soit préférable de jeter sans motif une pierre qu'une parole sans œuvre » [18]. Il y a même chez les sophistes un argument célèbre sous le nom d'ἀργὸς λόγος, qui sous la forme d'une alternative fata-

15. Je ne cite que quelques traductions francaises répandues. Bible de Segond : « toute parole vaine » ; M. GOGUEL, *Bible du Centenaire,* Paris, 1929, p. 36 : « toute parole vaine » ; D. BUZY, *Bible Pirot,* t. 9, Paris, 1935, p. 162 : « toute parole oiseuse » ; P. BENOIT, fascicule BJ[1], Paris, 1950, p. 85 ; « toute calomnie » ; *id.*[3], 1961 : « toute parole sans fondement » ; E. OSTY, *Le Nouveau Testament,* Paris, 1955 : « toute vaine parole » ; et le dernier, P. BONNARD, *L'Evangile selon saint Matthieu,* Neuchâtel-Paris, 1963, p. 180 : « toute déclaration méchante ».

16. Ce point a été étudié à part : *Vart fafängt ord* (*Matth.* 12, 36) *i svenska bibelöversättningarna,* dans *Lumen* (Copenhague), 8 (avril 1965), pp. 93-99.

17. Un esprit, διάνοια : Platon, *Rép.*, V, 458 a ; des passions, ἐπιθυμίαι : *ibid.*, IX, 572 e - 573 a ; une langue, Sophocle, *Phil.*, 97-99 ; un passe-temps, διατριβή : Aristophane, *Gren.* 1498.

18. *Anthol.*, III, 34, 1 : Αἱρετώτερόν σοι ἔστω λίθον εἰκῇ βάλλειν ἢ λόγον ἀργόν (éd. O. Hense, III, 684).

liste accule les hommes à s'abstenir de toute initiative [19], mais je ne le mentionne que pour l'écarter, car il n'est pas question dans l'évangile de logique fallacieuse ni même de raisonnement en général.

Les Septante connaissent aussi l'adjectif, mais l'emploient peu. Au sens actif, Si. 37, 11 (ne pas consulter le paresseux sur un travail) ; Si. 15, 15 (les idoles impuissantes à marcher). Au sens passif, le seul emploi du mot qui réponde à un texte hébreu, mais sans équivalence mot à mot, est 3 R. 6, 7, relatif à des pierres brutes dans la construction du Temple [20]. Même sens rapporté au fer brut, Si. 38, 28, et aux œuvres de la Sagesse que Dieu ne laisse pas stériles et sans effet, Sa. 14, 5 : le rapprochement avec ἔργα donne une assonance expressive.

Le N. T. l'emploie sept fois en dehors de notre passage. Cinq fois il s'agit de personnes : les ouvriers attendant l'embauche, Mt. 20, 3 (chômeurs), 6 (désœuvrés) ; les jeunes veuves sans occupation, 1 Tim. 5, 13 (bis) ; les Crétois qu'Epiménide traitait de « ventres paresseux », Tit. 1, 12 [21]. Dans deux autres cas le sens est nettement religieux. En 2 P. 1, 8 les chrétiens qui vivent dans certaines dispositions, énumérées aux vv. 5-7 et dont la première est la foi, ne seront « ni sans activité ni sans fruit pour la connaissance du Christ ». En Jac. 2, 20 c'est aussi la foi sans les œuvres qui est ἀργός. Comme en Sa. 14, 5 le rapprochement d'ἀργός et ἔργον est vigoureux (ἔ πίστις χωρὶς τῶν ἤργων ἀργή ἐστιν, à éclairer encore par le συνήργει du v. 22). et ἀργή se trouve sensiblement synonyme de νεκρά, 2, 17, 26. On ne trouve pas le sens passif dans le N. T. [22]. « Sans œuvre » n'est donc pas seulement le sens étymologique mais aussi le sens normal et habituel d'ἀργός.

Ce mot n'étant pas sorti tel quel des lèvres de Jésus, on aimerait pouvoir s'assurer de celui qu'il a prononcé. Cherchons dans le monde juif des correspondants possibles.

Dans le judaïsme d'expression grecque, l'adjectif n'est nullement inconnu. Philon l'emploie une douzaine de fois. Par exemple

19. Chrysippe, éd. von Arnim, 1903, II, 278, 19 ; repris par Plutarque, *de fato,* 11 (éd. Bernardakis, III, 483), et par Cicéron, *de fato,* 12, 28 : « Nec nos impediet illa ignava ratio quae dicitur ; appellatur enim quidam a philosophis ἀργὸς λόγος, cui si pareamus nihil omnino agamus in vita. Sic enim interrogant : ' Si fatum tibi est ex hoc morbo convalescere, sive tu medicum adhibueris, sive non adhibueris, convalesces ; item si tibi fatum est ex hoc morbo non convalescere, sive tu medicum adhibueris, sive non adhibueris, non convalesces ; et alterutrum fatum est ; medicum ergo adhibere nihil attinet '. Recte genus hoc interrogationis ignavum atque iners nominatum est, quod eadem ratione omnis e vita tollitur actio ».

20. λίθοις ἀκροτόμοις ἀργοῖς, où le dernier mot répond à *massa*ᶜ du T. M. : « pierres de carrière », R. de Vaux, fasc. BJ 2, Paris, 1958, p. 46 ; « pierres intactes depuis l'extraction », E. Dhorme, La Bible, Paris, 1956, I, p. 1048.

21. Le sens n'est péjoratif que dans les trois derniers cas. Le dernier est traduit par C. Spicq, *Les Epîtres Pastorales,* Paris, 1947, p. 243 : « panses fainéantes ».

22. Il faut signaler aussi le verbe ἀργεῖν, intransitif (hapax N. T.), 2 P. 3, 10 : les faux docteurs dont le jugement ne chôme pas. — Et, pour mémoire, la conjecture de Bradshaw sur la fin difficile de 2 P. 3, 10 : εργα αργα ευρεθησεται.

au sujet de l'âme[23], de la vie[24], ou encore de la matière[25], et, acception typiquement juive, de la terre laissée en friche au cours de l'année sabbatique[26]. Josèphe lui aussi y recourt de temps à autre. Il l'applique à des hommes restés cinquante jours sans rien faire[27], aux soldats de Titus peu pressés d'escalader l'Antonia[28], à l'échanson d'Hérode chargé d'une mission délicate[29]. Comme Philon il parle de la terre sans culture pendant l'année sabbatique[30], et de plus il applique l'adjectif à l'année sabbatique elle-même[31] ou au jour du sabbat[32]. Tout cela maintient le sens général d'ἀργός, sans rien qui éclaire directement le ῥῆμα.

Le judaïsme hébreu ou araméen nous mène dans une direction différente. Dans son Nouveau Testament hébreu, F. Delitzsch a rendu πᾶν ῥῆμα ἀργόν par *kol-millah bᵉtélah*[33]. Sur quoi s'appuie-t-il ?

Dans l'A. T. massorétique un seul texte offre le verbe *btl* traduit par ἀργεῖν. C'est Qo. 12, 3 où *ûbatᵉlû* (LXX καὶ ἤργησαν) est traduit par R. Pautrel « où les femmes cessent de moudre »[34], par A. Guillaumont « où cesseront celles qui moulent »[35]. Mais l'araméen biblique présente plusieurs exemples du même verbe, parlant cinq fois coup sur coup de travaux interrompus. Esd. 4, 24 : *bᵉtélat,* LXX ἤργησεν (τὸ ἔργον οἴκου τοῦ θεοῦ) ; *wahawat batᵉla* LXX καὶ ἦν ἀργῶν. Esd. 4, 21, 23 ; 5, 5 ; 6, 8 emploient d'autres formes du verbe, rendues par des formes de καταργεῖν. Les variations des traducteurs modernes ici n'affectent pas le sens.

La même racine a prospéré dans les deux terrains, plus prompte et plus riche en araméen qu'en hébreu, du moins si l'on

23. *de opif. mundi* 21, 65 (Cohn-Wendland I, 21, 17) ; *Leg. alleg.*, I, 12 (CW I, 69, 10). Les deux textes et leurs contextes comparent la ψυχή de l'homme à celle d'autres créatures.

24. οὐ μὴν ἀργὸν καὶ ἀγενῆ, *de conf. ling.*, 11, 43 (CW II, 237, 21) ; ἀργῷ καὶ ἀβροδιαίτῳ βίῳ σχολάζειν, *de spec. leg.*, II, 11, 101 (CW V, 110, 23).

25. *de vita Mosis* II, 15, 136 (CW IV, 232, 2) ; *de spec. leg.*, I, 2 (CW V, 5, 14) ; *in Flaccum* 18, 148 (CW VI, 147, 17).

26. *de spec. leg.*, II, 10, 86 (CW V, 107, 13) ; 10, 88 (108, 6). Le sens tient ici de l'actif et du passif : la terre laissée en repos par l'homme ne produit rien.

27. ἀργὰ... τὰ πλήθη, *BJ* II, 10, 5 (S. Naber, V, 175).

28. ἀργοὺς καθεζόμενους μετὰ τοιούτων ὅπλων, *BJ* VI, 1, 5 (VI, 80).

29. Chargé par Mariamme de présenter le philtre à Hérode, il doit, si le roi ne marque aucune émotion, laisser aller l'affaire, τὸν λόγον ἀργὸν ἐᾶν, et ainsi il ne courra aucun danger : *AJ* XV, 8, 4 (III, 349).

30. *AJ* XII, 9, 5 (III, 132).

31. τὸ ἀργὸν ἔτος, *BJ* I, 2, 4 (V, 13). Cf. le même verbe dit des Juifs dans le même contexte, *AJ* XIII, 8, 1 (III, 349).

32. τῆς ἀργῆς ἑβδομάδος, *BJ* II. 19. 2 (V, 225) : ὡς ἀργὴ πάντων αὐτοῖς ἐστιν ἡ τῆς ἑβδομάδος περίοδος, BJ IV, 2, 3 (V, 324).

33. Il emploie le même adjectif en Mt 20, 3, 6 et 2 P 1, 8. A. Resch, *Die Logia Jesu...*, Leipzig, 1898, p. 156, traduisait ρ. ἀ, par *kol-gidduf,* blasphème ou insulte, et réservait *btl,* p. 106, aux chômeurs de Mt 20, 3, 6.

34. *L'Ecclésiaste,* fasc. BJ[8], Paris, 1958, p. 38.

35. *La Bible* (Pléiade), t. II, Paris, 1959, p. 1530.

pense à l'hébreu du temps de Jésus. Strack-Billerbeck ou A. Schlatter [36] renvoient en effet à un certain nombre de parallèles talmudiques qui usent de ce verbe *btl*, mais là encore d'autres mots interviennent dans les parallèles voisins. Les dictionnaires d'hébreu postbiblique ou d'araméen indiquent de nombreuses formes du verbe, et Podechard par exemple y voit, en Qo. 12, 3, un aramaïsme [37].

Le mot *btl* a une valeur plus forte que l'ἀργός grec. Plus que l'inaction ou l'inefficacité de fait, il évoque un certain état de l'être, et son sens, appliqué à une parole, serait plutôt parole « inexistante », parole de néant et par là même essentiellement trompeuse. Ce n'est pas qu'une pensée se déguise ou qu'on cache une vérité, et que cela mérite un blâme, mais la réalité elle-même a disparu sous l'apparence. Le mensonge affleure ici dans l'irréalité.

Si l'on reste sur le terrain biblique l'équivalence entre ἀργός et *btl* n'est guère plus que vraisemblable. Dans les LXX le seul cas d'ἀργός, en 3 R. 6, 7, n'a dans l'hébreu, nous le disions, aucun répondant littéral. Le verbe ἀργεῖν répond trois fois à *btl*, une fois dans l'hébreu, Qo. 12, 3, deux fois dans l'araméen, Esd. 4, 24 (bis) ; mais en trois autres endroits il se trouve privé de correspondant hébreu, Si. 30,30 (33, 28) ; 2 Ma. 5, 25 (les Juifs sont ἀργοῦντες le jour du sabbat) ; Esd. [= III Esd.] 2, 26. Quant au substantif ἀργία (ou ἀργεία), présent six fois (et absent du N. T.), il ne traduit jamais *btl* [38].

36. STRACK-BILLERBECK, *Kommentar zum N. T. aus Talmud und Midrasch*, I, Munich, 1922, 639-640 ; A. SCHLATTER, *Der Evangelist Matthäus*, Stuttgart, 1948, pp. 411-412. Le premier de ces textes est relatif à Am. 4, 13 (« Car c'est lui qui a formé les montagnes et créé le vent, c'est lui qui révèle à l'homme ses desseins ») : « Même la parole où il n'y a pas de péché sera inscrite au compte de l'homme sur son tableau (céleste) », Talm. Jér., *Hagiga*, 2, 77a, 22.

37. *L'Ecclésiaste*, Paris, 1912, p. 457 : ce verbe « se rencontre en néohébreu, araméen biblique, araméen, éthiopien et assyrien : c'est un aramaïsme ». Il aurait pu y ajouter le syriaque : la peshitta emploie en Mt 12, 36 une forme de ce verbe, qui a produit en syriaque une souche nombreuse (le même verbe revient en Mt 20, 3, 6 ; Tit. 1, 12 ; cf. 1 Cor. 15, 17 ; 2 Pt 2, 3, etc.). Le lectionnaire syro-palestinien traduit également Mt. 12, 36 à l'aide du verbe *btl :* F. SCHULTESS, *Lexicon syropalaestinum*, Berlin, 1903, p. 24. — On doit probablement rattacher à la même racine le βατταλογεῖν (ou βαττολογεῖν) de Mt 6, 7, par haplographie d'un hypothétique βατταλολογεῖν, BLASS-DEBRUNNER, *Gramm. des neut. gr.* [11], n. 40, p. 29, plutôt qu'à une altération de βατταρίζειν, comme l'admettait G. DELLING, *TWNT*, I, pp. 597-598. Voir déjà J. H. MOULTON, *A Grammar of N. T. Greek*, II. Edimbourg, 1929, p. 272 ; et Th. ZAHN, Das *Evangelium des Matthäus* [3], Leipzig, 1910, p. 269, n. 62.

38. Avec Ex. 21, 19 (dont le texte est discuté : « chômage », E. Dhorme, I, 236 ; « résidence forcée », B. Couroyer, fasc. BJ [2], 103), seuls Is. 1, 14 et Qo. 10, 18 ont une correspondance en hébreu : or ce sont trois mots différents dont aucun n'est *btl*. Y joindre, dans le grec seul, Si. 30, 37 (33, 29) et Sa. 13, 13, avec 4 R. 2, 24 (add. de A).

Un peu plus tard, à Qumrân, *btl* ne figure pas dans les textes dépouillés jusqu'à présent par la concordance de K. G. Kuhn. Les pensées voisines nous laissent sur le terrain mouvant des synonymes [39].

Nous pourrions relever dans les LXX d'autres synonymes grecs, κενός par exemple ou μάταιος, dont certains emplois sont tout proches de notre ῥῆμα ἀργόν : ce serait la parole vide ou la parole vaine, au sens le plus fort du mot. Mais chacun de ces deux mots répond à une douzaine de mots hébreux dont aucun n'est *btl*.

L'équivalence d'ἀργός et de *btl* en Mt. 12, 36 est donc vraisemblable, elle n'est pas certaine. On n'ose être sûr que le seul substrat sémitique possible dans la bouche du Seigneur soit ce mot qui évoque avec tant d'énergie le néant des paroles étrangères à la réalité.

A tout prendre néanmoins, il n'y a pas là de quoi nous désoler. Gardons notre expression grecque telle qu'elle sonne. Son analyse nous fournit elle aussi une substance biblique authentique et savoureuse. Précisément, le ῥῆμα ἀργόν tranche le lien de nature entre la parole, λόγος, et l'acte, ἔργον [40]. En cela même, par un autre aspect, il rejoint la parole vaine et inexistante du *btl* sémitique. S'il recèle une malice spécifique, c'est là qu'elle réside.

On entend partout répéter de nos jours que selon la Bible la parole, à la différence du λόγος hellénistique, est efficace et opérante, qu'elle ne se distingue pas réellement de l'action, qu'elle-même est action tout aussi bien que l'action est parole. Et c'est vrai. Mais prenons garde, logiciens incorrigibles, de ne pas substituer à notre logique « occidentale » et « grecque » une autre logique tout aussi raisonnante opérant sur un matériel de provenance sémitique, ou plutôt de laisser notre démarche logique se poursuivre identique sur un autre territoire. Dans l'anthropologie biblique la parole et l'action ne sont pas deux « notions » qui se rejoignent et se recouvrent, ce sont deux aspects d'une seule réalité, deux phénomènes observés et saisis dans une unité globale qui est la

39. Par ex. *Pesher d'Habaquq* (IQpHab) X, 9-12, joue sur quatre mots voisins, traduits ainsi par H. Gaster, *The Scriptures of the Dead Sea Sect,* Londres, 1957, p. 240 : wrongdoing, naught, falsehood, vanity, falsehood, in vain ; par A. Dupont-Sommer, *Les écrits esséniens découverts près de la Mer Morte,* Paris, 1959, p. 278 : mensonge, vanité, tromperie, vanité, tromperie, néant ; par J. Carmignac, *Les textes de Qumrân,* II, Paris, 1963, pp. 110-112 : mensonge, futilité, tromperie, futilité, tromperie, à vide. Le *Document de Damas* X, 18 : Le jour du sabbat on évitera DBR NBL WRQ : ribald or empty talk, Gaster, p. 86 ; une parole insensée ou vaine, Dupont-Sommer, p. 167 ; une parole grossière ou méprisante, Carmignac, II, p. 190. Ce dernier ajoute : « l'adjectif suivant (RQ) est à rapprocher du *raqa* de Matthieu 5, 22 : non pas seulement insensé, mais pécheur public », p. 191, n. 18. *Règle de la Communauté* (IQS) X, 24 : « Je ferai cesser de mon cœur les paroles vaines », RQIM, Dupont-Sommer, p. 115 ; « Je repousserai la frivolité loin de mes lèvres », P. Guilbert, dans J. Carmignac et P. Guilbert, *op. cit.,* I, Paris, 1961, p. 74.

40. Quelques indications chez G. Bertram, *TWNT,* IV, pp. 647-648. Le lien, ou l'opposition, ont été perçus aussi dans le monde grec, soit d'une façon spontanée, soit par la réflexion des philosophes. J'en ai classé quelques exemples dans *Course et gloire de la parole,* dans *Revue Biblique* 71 (1964), pp. 28-29, avec les notes.

source de tous deux. La personne vivante de l'homme est présente tout entière en tout ce qui l'exprime.

De cette personne c'est le cœur qui est le centre [41], et c'est de son cœur que découlent aussi bien ses paroles que ses actes, ses gestes et comportements de toute sorte. Les secrets en sont si profonds, si inaccessibles, que Dieu seul les regarde et les pénètre [42]. Au cœur montent les pensées, les souvenirs, les désirs (Jr. 3, 16 ; Ac. 7, 23 ; etc.) Et le cœur s'extériorise par la bouche ou les lèvres. Il y déverse son trop-plein (Mt. 12, 34 ; Lc 5, 45) et révèle ainsi qu'il est pur ou impur (Mt. 15, 11 ; Mc 7, 15, 23), mais il ne s'exprime pas seulement par des paroles, et l'énumération des évangiles inclut aussi des péchés d'action, dont certains impliquent des actes répétés (Mt. 15, 19 ; Mc 7, 21-22). Le lien entre la parole et l'acte est donc perçu dans l'expérience concrète de ce jaillissement commun. Ce n'est pas proprement la parole qui produit l'acte, c'est l'acte qui procède avec elle de l'intime de l'être. La parole fait corps avec la pensée et l'action en vertu de l'unité personnelle qui leur donne leur consistance. Quand il s'agit de Dieu, la parole est toute-puissante parce qu'elle est munie de la toute-puissance de celui qui la prononce. Il est clair qu'une telle conception de l'efficacité de la parole divine ou humaine ne laisse la moindre place à aucune espèce de magie.

Si la Bible mentionne côte à côte le λόγος et l'ἔργον, c'est d'ordinaire pour mettre en relief leur consonance. Celle-ci, lorsque Dieu lui-même est en cause, ne saurait être mise en doute, et c'est probablement pour cela qu'elle n'est pas souvent explicitée [43]. Mais elle l'est volontiers à propos de l'homme. Qu'on relise entre autres Lc 24, 19 ; Act. 7, 22 ; 2 Th. 2, 17 ; Rm. 15, 18 ; 2 Co. 10, 10-11 ; Col 3, 17. Inversement, les deux mots voisinent parfois pour souligner une inconséquence, une rupture, avec ce qu'elle a d'anormal et donc de regrettable. On connaît bien 1 Jn 3, 18 ; « Petits enfants, n'aimons pas en mots ni de langue (λόγῳ... τῇ γλώσσῃ) mais en acte, en vérité (ἐν ἔργῳ καὶ ἀληθείᾳ) ». Les « bonnes » paroles accordées à ceux qui sont dans le besoin ne remplacent pas le secours effectif (Jac. 2, 15-17 ; cf. 4, 17). Et Tit. 1, 16 oppose la profession de

41. Le cœur « contient les éléments constitutifs de ce que nous appelons la personne », A. GUILLAUMONT, *Le sens des noms du cœur dans l'Antiquité*, dans *Le cœur* (Etudes Carmélitaines, Paris, 1950), p. 48. « Das Innerste des Menschen... Sitz der seelischen bzw geistlichen Kräfte und Fähigkeiten », F. BAUMGÄRTEL, *TWNT*, III, pp. 609-610 ; « Bezeichnung des Ich als eines wollenden, planenden, trachtenden... L'intérieur opposé à l'extérieur, le moi proprement dit distingué de ce qui apparaît », R. BULTMANN, *Theologie des Neuen Testaments* [3], Tübingen, 1958, pp. 221-222.

42. Textes très nombreux. Entre autres Is. 16, 7 ; Jr. 11, 20 ; Pr. 15, 11 ; Ps. 7, 10 ; Ac. 1, 23 ; 1 Th. 2, 4 ; 1 Co. 14, 25.

43. Nb. 23, 19 ; Is. 55, 11 ; Jr. 1, 12 ; Ps. 33, 4 (et le doublet 148, 5 LXX). Cf. Joël 2, 11. Dans Is 60, 12 le verbe « j'ai parlé » est absent du TM. — Association de vouloir et faire : Ps. 115, 3 (et 135, 6).

foi au reniement pratique d'une conduite (τοῖς ἔργοις) qui n'en est pas inspirée [44].

Pour le chrétien, en effet, la contradiction n'est jamais plus éclatante et plus dommageable que lorsqu'elle met en question sa foi au Seigneur Jésus. On se rappelle la déclaration, inspirée de Dt. 30,14, où saint Paul (Rm. 10, 8-10) pose en équivalence parfaite le cœur du croyant et sa bouche, la conviction intime de sa foi et la confession de cette foi devant les hommes [45]. Rien n'est d'ailleurs plus propice à la diffusion de la foi. Timothée sera un exemple par la parole, ἐν λόγῳ, et la conduite, ἐν ἀναστροφῇ (1 Tim. 4, 12) ; les exhortations de Tite seront renforcées par l'exemple de ses bonnes actions, τύπος καλῶν ἔργων (Tit. 2, 7) ; de même les épouses dont les maris ne sont pas chrétiens pourront les gagner sans discours, ἄνευ λόγου, par le moyen de leur conduite (1 P. 3, 1).

Sans quitter le premier évangile, nous y trouvons la même pensée exprimée par le contraste entre *dire* et *faire*. « Ce n'est pas celui qui dit, πᾶς ὁ λέγων, Seigneur, Seigneur, qui entrera dans le royaume des cieux, mais celui qui fait, ὁ ποιῶν, la volonté de mon Père qui est dans les cieux » (Mt. 7, 21) [46]. La parabole des deux fils, propre à Matthieu (21, 28-31), présente un dialogue où intervient quatre fois εἶπεν, puis celui qui a obéi est loué d'avoir fait, ἐποίησεν, la volonté de son père [47]. On se rappelle surtout le grave reproche de Jésus, au début de l'apostrophe aux pharisiens qui en est le développement (23, 3) : « Ce qu'ils vous disent, εἴπωσιν, faites-le et gardez-le, ποιήσατε καὶ τηρεῖτε, mais n'agissez pas suivant leurs œuvres, κατὰ δὲ τὰ ἔργα αὐτῶν μὴ ποιεῖτε, car ils disent et ne font pas, λέγουσιν γὰρ καὶ οὐ ποιοῦσιν ». Ils interprètent correctement la loi de Moïse et pourtant n'y conforment pas leur vie. En fait, nous le savons d'autre part, les reproches de Jésus n'atteignent pas tous les Pharisiens, et on lit chez eux, pour condamner

44. L'opposition d'ἀρνεῖσθαι à ὁμολογεῖν (Mt. 10, 32-33 ; Lc 12, 8-9 ; 1 Jn 2, 22-23) est donc ici spécifiée par le contraste entre paroles et conduite. En 2 Tim. 3, 5 la négation affecte la puissance de la piété malgré des dehors conservés ; cf. 1 Tim. 5, 8, 12.

45. « La parole, ῥῆμα, est près de toi, dans ta bouche et dans ton cœur, c'est-à-dire la parole de la foi, celle que nous prêchons. Car si tu confesses, de ta bouche, que Jésus est Seigneur, et que tu crois dans ton cœur que Dieu l'a ressuscité des morts, tu seras sauvé. Car c'est le cœur qui croit, pour la justice, et la bouche qui confesse, pour le salut ». Et plus loin, 10, 17 : « La foi naît d'une écoute, ἐξ ἀκοῆς, et l'écoute est par la parole du Christ, διὰ ῥήματος Χριστοῦ ».

46. Noter le parallèle Lc 6, 46 : « Pourquoi m'appelez-vous, καλεῖτε, Seigneur, Seigneur, et ne faites-vous pas ce que je dis (οὐ ποιεῖτε ἃ λέγω) ? » Et se rappeler He. 10, 5-9, citant Ps 40, 8-9 : εἶπον... ποιῆσαι τὸ θέλημά σου.

47. Quoi qu'on pense de sa conclusion, 31 b - 32, et donc de sa véritable « pointe ».

l'hypocrisie, des énoncés proches de celui-là [48]. Du moins nous saisissons sous une forme aiguë, dans le réquisitoire consigné par les évangiles, à quel point est intolérable le contraste entre des paroles et des actions qui devraient procéder ensemble du cœur. Nous touchons là l'esprit le plus pur du Judaïsme, sa structure essentielle appuyée sur la seule Torâ. La Loi est parole de Dieu, mais pas comme un « dogme », ni comme un « code », elle est une direction, une instruction impérative, par où Dieu éduque son peuple élu dans la foi et les attitudes qui en naissent [49]. Sans méconnaître ce que Dieu y enseigne sur lui-même et ses voies, on peut dire que la Loi poursuit une fin pratique : apprendre à l'homme à écouter (le même verbe veut dire entendre et obéir), à « faire » et à « garder » la loi, à « marcher » en la suivant. Ces verbes s'entrecroisent sans cesse dans le Pentateuque, chez les Prophètes et les Sages, pour décrire les effets de la connaissance de Dieu en Israël.

Le contraste entre dire et faire se complète donc par un autre où s'opposent entendre et faire (Mt. 7, 24 ; Lc 6, 47 ; surtout Jac. 1, 22-25 ; 2, 14-16), entendre et garder (Lc 11, 28 ;Jn 12, 47 ; 1 Jn 2, 3, 7 ; etc.). Paul, l'ancien pharisien devenu chrétien, réunit les deux quand, s'adressant non pas au pharisien faux juste, mais au « Juif » instruit de la loi comme volonté de Dieu (Rm. 2, 18) et qui se flatte de guider les ignorants (2,20), il lui reproche de ne pas s'enseigner lui-même (2, 21). Ce ne sont pas les docteurs de la Loi ni ses auditeurs comme tels qui seront justifiés, mais ses « faiseurs », ceux qui la pratiquent, οἱ ποίηται (2, 13) [50].

De toute façon parole et action procèdent ensemble du fond de l'être, du cœur rectifié par Dieu. Deux images, dans le contexte des évangiles, enrichissent cette vue. L'une est matérielle en apparence et par là d'autant plus frappante. On ne saurait extraire d'un coffre, θησαυρός, autre chose que ce qu'il contient (Mt. 12, 35 ; Lc 6, 45). Rappelons-nous au surplus le rapprochement autorisé entre le coffre-trésor et le cœur (Mt. 6, 21 ; Lc 12, 34). La seconde, plus développée (Mt. 7, 16-18 ; 12, 33 ; Lc 6, 43-44), nous parle peut-être davantage, parce qu'elle fait appel à un dynamisme biologique. C'est l'image de l'arbre et de son fruit, présente dès l'A. T. (Si. 27,

48. Les historiens s'efforcent volontiers de rendre justice aux meilleures tendances du pharisaïsme, tout en soulignant le danger inhérent à un besoin de pratiquer la perfection et de l'enseigner. Après des ouvrages comme celui de R. T. HERFORD, *The Pharisees*, Londres, 1924 (trad. fr. *Les Pharisiens*, Paris, 1928), voir par ex. W. BEILNER, *Christus und die Pharisäer*, Vienne, 1959. On trouvera là de beaux textes qu'on joindra à ceux de Strack-Billerbeck et Schlatter (cités n. 36), aux sentences groupées par H. ODEBERG, *Fariseism och kristendom* [2], Lund, 1945, pp. 60-61, par E. FLEG, *Anthologie juive* [2], Paris, 1951, pp. 180-181, ou par J. KLAUSNER, *Jésus de Nazareth*, Paris, 1933, pp. 312-319, 527 (la traduction allemande de ce dernier, *Jesus von Nazareth* [2], Berlin, 1934, p. 509, ajoute curieusement une négation au texte de la Tosephta, *Yebamoth*, 8 4, éd. Zuckermandel, p. 250). En dernier lieu, A. MICHEL -- J. LE MOYNE, *Pharisiens*, SDB, VII, fasc. 40, col. 1092-1094.

49. J'emprunte deux formules modernes à A. NEHER, *Moïse et la tradition juive*, Paris, 1956 : La Tora est « le thème-clé d'une pensée ou d'un programme, l'ordonnatrice d'une conscience ou d'une vie », p. 17 ; « la clé de toute vocation humaine », p. 95.

50. Dans Rm. 2, 1-3, c'est κρίνειν qui est mis en contraste répété avec πράσσειν. Et dès 1 Th. 1, 3 ; 2 Th. 1, 11, Paul a loué l'ἔργον de la foi.

6, rapportée précisément au cœur ; 37, 22-23 ; Pr. 11, 30) [51]. L'arbre bon donne de bons fruits et ne peut en donner de mauvais (Mt. 7, 16-20 ; 12, 33 ; Lc 6, 43-44 ; cf. Mt. 3, 10 ; 18, 1 ; 19, 1 ; etc.) [52]. Il y a là une sorte de déterminisme naturel qui fait penser à l'ordre donné par Dieu à tout vivant de prospérer « selon son espèce » (Gn. 1, 22-25). Ce que l'homme est par l'intention profonde de son cœur, c'est cela qui sort de lui, cela et rien d'autre.

L'image de l'arbre, Jacques l'emploie quand il parle des péchés de la langue. « Est-il possible, mes frères, que le figuier fasse des olives, ou une vigne des figues ? » Puis il ajoute l'image de la source, qui elle aussi nous paraît si naturelle : « Est-ce que la source par la même ouverture produit le doux et l'amer ?... Une source saline non plus ne peut faire d'eau douce » (Jac. 3, 11-12). Ainsi, continue-t-il, enchaînant les paroles et les actes, la sagesse et l'expérience se prouvent par la bonne conduite, les œuvres, ἔργα, de la douceur et de la sagesse (3, 13).

Quant au désaccord entre le dedans et le dehors, il s'exprime parfois par une simple négation. La parole peut rester infructueuse, ἄκαρπος (Mt. 3, 22 ; Mc 4, 19) ; ceux qui excellent dans les belles œuvres, καλὰ ἔργα, ne le seront pas (Tit. 3, 14), ni ceux qui possèdent les vertus dont la première est la foi (2 P. 1, 5-8 : οὐκ ἀργοὺς οὐδὲ ἀκάρπους) ; mais les œuvres des ténèbres le sont (Ep. 5, 11), et aussi les maîtres d'erreur (Jud. 12 : δένδρα ἄκαρπα) [53]. Parfois le blâme prend une forme positive : le fruit est mauvais (πονηρός, Mt. 7, 18 ; σαπρός, Mt. 7, 17 ; 12, 33 ; Lc 6, 43 ; ou bien nous retrouvons deux adjectifs déjà cités, courants dans le N. T. comme dans les LXX, dotés d'une valeur voisine de celle d'ἀργός, deux adjectifs qui, avec des nuances, évoquent l'absence de contenu, de substance, d'efficacité : vide et vain, κενός et μάταιος, qui se disent parfois de paroles ou d'actes [54]. Retrouver ici ces deux mots

51. Appliquée à Israël, c'est l'image de la vigne qui donne du verjus, Is. 5, 2-7 ; Jr. 2, 21 ; Dt. 32, 32-33 ; cf. Si. 24, 17. Souvent d'ailleurs la métaphore s'affaiblit et désigne le résultat d'une action sans qu'on pense à un arbre : dans le N. T. Mt. 3, 8-10 ; Lc 13, 67 ; etc. Il existe quelques parallèles païens, surtout chez les Stoïciens. En voici un de Sénèque, *Ep.* 87, 25 (éd. O. Hense, 343, 3-6) : « Non nascitur itaque ex malo bonum, non magis quam ficus ex olea ; ad semen nata respondent, bona degenerare non possunt ; quemadmodum ex turpi honestum non nascitur, ita ne ex malo quidem bonum ».

52. On retrouve l'image à propos de Jésus vigne véritable, Jn 15, 2-8. S. Paul également parle des actions du chrétien comme de bons fruits, Rm. 6, 21-22 ; 7, 4-5 ; Ga. 5, 22-23 ; Ph. 1, 11 ; Ep. 5, 9 ; Col. 1, 10. H. Riesenfeld, *Le langage parabolique dans les épîtres de saint Paul,* dans *Littérature et Théologie pauliniennes,* Paris-Bruges, 1960, pp. 47-59, pense que Paul « doit avoir perçu que la communauté romaine connaissait non seulement le logion, mais aussi son explication dans la parénèse », p. 54.

53. Cf. 1 Co. 14, 14 : « Si je prie en langue, mon esprit prie, mais mon entendement est sans fruit ».

54. Κενός, à propos de paroles en général, Ex. 5, 19 ; Is. 59, 4 (avec μάταιος) ; Job 15, 3 A ; Sa. 1, 11 ; à propos de la parole de Dieu, qui ne l'est pas, Dt. 32, 47 ; Is. 55, 11 (Luc., Sym., Th.) ; d'une vision, Hab. 2, 3. Les deux adjectifs sont encore associés Os. 12, 2 ; Job 20, 18. Pour le N. T. voir A. Oepke, *TWNT,* III, p. 660 (et *Course et gloire...,* cité n. 40, pp. 30-33) ; A. Bauernfeind, *TWNT,* IV, pp. 525-530. En Jac. 2, 20 ce n'est sans doute pas par hasard que le principe de la foi ἀργή sans les œuvres est rappelé à l'ἄνθρωπε κενέ, lequel n'est pas seulement l'insensé à tête légère, mais l'homme vide et dépourvu.

mentionnés à propos de *btl* nous avertit une fois de plus de l'indécision des frontières. Ajoutons enfin, à la limite des parentés, ἀχρεῖος, sans utilité, dit deux fois de serviteurs, Mt. 25, 30 ; Lc 17, 10, et l'adverbe εἰκῇ, au hasard, pour rien [55].

Toutes ces connexions nous permettent de revenir au ῥῆμα ἀργόν dans le contexte actuel de Mt. 12, 33-37. Le rapprochement des deux mots accentue la contradiction entre deux choses naturellement unies, l'œuvre et la parole, et, si on l'entend ainsi, le v. 36 est bien introduit par 33-35 sur l'arbre et le trésor. Avec le v. 37 le lien est satisfaisant aussi. La métaphore des fruits prend souvent une couleur eschatologique, quand l'A. T. parle de récolte ou de moisson. Un jour vient — c'est le Jour — où l'on cueille les fruits et où l'homme récolte ce qu'il a semé (voir par ex. Mt. 13, 30, 39 : Ga. 6, 7-9 ; Ap. 14, 15). Le jugement s'explicite d'ordinaire dans la pensée que chacun sera jugé selon ses actes, ἔργα, qu'on voie la responsabilité engagée dans celle d'un groupe ou affirmée dans son autonomie personnelle [56]. Ne soyons pas surpris qu'ici le Seigneur annonce la « justification » ultime de chacun selon ses paroles [57]. Les deux aspects se rejoignent, car la liaison établie entre 36 et 37 lie les paroles aux actions ou plutôt montre les unes nées avec les autres d'un cœur droit et tourné vers Dieu. L'homme n'est jamais jugé seulement sur ce qu'il a dit ou fait, mais sur ce qu'est son cœur tel que Dieu le sonde. Ainsi les impies seront-ils jugés à la fois sur leurs œuvres et sur leurs paroles, deux manières de prouver que leur cœur est dressé contre Dieu (Jud. 15). Et l'adolescent heureux de sa jeunesse, qu'il place en Dieu les voies de son cœur et les désirs de ses yeux, car l'Ecclésiaste l'avertit : « sache que sur tout cela Dieu te fera venir en jugement » (Qo. 11, 9).

De la sorte, la composition de 12, 33-37 est cohérente, quelle que soit la provenance de chacun de ses éléments. En revanche le lien qui rattache ce petit bloc avec celui qui le précède est moins étroit. Il a été question de pharisiens au début de l'épisode, en 12, 24, et, n'était le rappel de l'« engeance de vipères » en 12, 34, on ne pense plus guère à eux. Le raccord a dû se faire plutôt grâce à l'idée de jugement, impliquée dans la rémission du péché contre le Saint-Esprit, 31-32, et qui reparaît en 36-37. Mais dans la discussion qui chez Matthieu suit le miracle, c'est un élément second. Il

55. Nous l'avons rencontré chez Pythagore (cité ci-dessus, n. 18). Chez Paul, avec des nuances d'un cas à l'autre : 1 Co. 15, 2 ; Ga. 3, 4 ; 4, 11 ; Col. 2, 18. En Mt. 5, 22 la masse des témoins l'ajoute pour parler d'une colère *injustifiée* contre le frère.

56. A côté de Dt. 7, 10 ; 24, 16 (cf. 2 R. 14, 16 ; Jr. 31, 29-30 ; Ez. 18), voir Ps. 28, 4 (31, 24) : 62, 13 ; Job 34, 11 ; Pr. 24, 12 ; Si. 11, 26 ; 16, 14 ; Mt. 16, 27 ; 25, 31-46 ; 2 Th. 1, 4-7 ; Rm. 2, 6 ; 1 Co. 3, 8 ; 4, 5 ; 2 Co. 5, 10 ; 2 Tim. 4, 8, 14 ; 1 P. 1, 17 ; Ap. 2, 23 ; 14, 13 ; 20, 12 ; 22, 12.

57. C'est le seul passage du N. T. où δικαιοῦν ait ce sens. A. Descamps, *Les justes et la justice dans les évangiles...*, Louvain-Gembloux, 1950, p. 275 : « Il ne s'agit ni de condamnation, ni de justification du pécheur, mais de l'acte par lequel Dieu reconnaît les mérites d'un juste ».

ne semble donc pas nécessaire de lier 36-37 aux récriminations des pharisiens et d'expliquer le ῥῆμα ἀργόν, comme s'il qualifiait leur calomnie.

Nous pouvons rester sur notre terrain. Le ῥῆμα ἀργόν, la parole sans l'œuvre (la parole « désœuvrée », pourrait-on dire), n'est ni parole méchante ni parole irréfléchie, ni médisance ni propos d'écervelé. Ce qui est condamnable en elle, ce n'est pas qu'on parle pour dénigrer, ou pour « ne rien dire », mais qu'on parle sans rien dire et sans rien faire parce qu'on ne s'y met pas tout entier. L'abbé Viteau le disait bien au début d'une étude dont je n'accepte pas les conclusions, c'est « toute parole qui est sans un fait, sans un événement, sans une réalité, qui y corresponde et qui la soutienne. C'est une parole avec rien dedans et rien dessous » [58]. Parole creuse, parole « en l'air », si l'on veut, mais à condition de donner à ces mots le sens profond qui justifie l'avertissement du Seigneur, le sens où le *btl* sémitique est éclairé par la dissociation de la parole et de l'acte.

G. Delling [59] voit dans Mt. 12, 36 le seul cas d'ἀργός auquel il attribue le sens « moral », parce qu'ἀργός y est manifestement égal à πονηρός du v. 34, tandis qu'il classe ensuite 2 P. 1, 8 et Jac. 2, 20 dans le sens « religieux ». On peut se demander si πονηρός aussi bien qu'ἀργός n'ont pas également une valeur religieuse sous-jacente à la valeur « morale », laquelle traduit une attitude en face de Dieu et ne peut survenir de l'extérieur. Nous sommes ici au cœur de l'anthropologie religieuse des deux Testaments. Cette totalité rayonnante du cœur et du regard que la Bible louait tant sous le nom de simplicité, ce rapport absolu de l'homme avec Dieu, c'est bien plus qu'une norme de conduite, sauf si cette norme découle immédiatement de la liberté créée par le regard de Dieu au fond du cœur. Si la parole ne s'accompagne pas d'œuvre qui avec elle réponde à l'intégrité du cœur, elle sera condamnée au jour du jugement [60].

Quand on passe de l'étude de Mt. 12, 36 à celle de l'usage qu'en a fait la tradition chrétienne, on n'échappe pas à l'impression de descendre d'un étage. Ce serait toute une autre recherche que de suivre notre verset chez les Grecs ou chez les Latins, pour ne rien dire des Orientaux. N'en disons que quelques mots.

L'abbé Viteau a mené fort loin son enquête chez les Pères Grecs. Des nombreuses références qu'il a groupées [61] il ressort que le texte a été compris très tôt et persévéramment dans un sens moral, qu'on l'a appliqué à une parole inutile, inopportune, et blâ-

58. J. VITEAU, *La « parole oiseuse ». Sur saint Matthieu XII,* 36. dans *La Vie Spirituelle,* Supplément, 28 (1-7-31), pp. 10-28.
59. *TWNT,* I, p. 452.
60. AUG., *de Trin.,* IX, 9, 14 (PL. 42, 968), rattachant toute bonne action comme tout péché à un *partus verbi,* cite Mt. 12, 37 et glose ainsi *ex ore tuo :* « os volens intelligi non hoc visibile sed interius invisible cogitationis et cordis » (la bouche de la pensée et du cœur).
61. *Art. cit.,* pp. 24-28.

mable parce que sans profit. On ne peut en conclure que ce soit le sens originel de la parole du Seigneur. Cette orientation parénétique, si naturelle et louable qu'elle soit, amenuise le blâme de Jésus. Le signe en est qu'on se voit contraint ensuite de gloser : « à plus forte raison » les paroles nuisibles, les actes mauvais, etc. seront-ils jugés sévèrement. Mais la littérature ascétique, en particulier chez les moines, a marché dans cette direction, en s'appuyant sur ce seul texte sans doublet ni parallèle. L'adjectif ἀργός et sa famille s'y sont perpétués avec les sens anciens, tandis qu'ἀργολογία devenait le nom propre du bavardage [62]. La situation s'est prolongée jusqu'au grec moderne.

Chez les Latins, Cyprien et quelques témoins de la vieille latine ont traduit *verbum vacuum* [63]. Mais la Vulgate a imposé *otiosum* [64], à la suite de quoi toute la tradition occidentale elle aussi s'est cantonnée dans la parole superflue ou indiscrète, soit quand elle commentait l'évangile, soit quand elle s'y référait librement [65]. Lagrange trouvait la traduction *vacuum* « moins bonne, car ἀργός est celui qui ne travaille pas, qui n'aboutit pas » [66]. En réalité, *vacuum* n'est pas mauvais s'il suggère le néant trompeur qui prive la parole de substance et l'empêche de passer à l'acte. En gardant ce mot on aurait pu éviter la restriction moralisante du sens à la parole « inutile ».

En français, la Vulgate a donné naissance à la parole *oiseuse*. Si l'adjectif a été vivant dans l'ancien français, convenons qu'il ne l'est plus guère. Il est curieux en tout cas de constater que chez Littré les deux seuls exemples où le mot soit rapporté à des paro-

62. Déjà S. Basile, *Reg. fus. tr.*, 51 et 53 (PG. 31, 1041 A et 1044 A) ; *Reg. br. tr.*, 23 (1097-1100). Je cite quelques textes, un peu au hasard : *Apopht. Patrum*, Cassien, 6 (PG. 65, 245 B) ; Ps.-Astérius d'Amasée, *Hom.* 17, in Ps. 5 (PG 40, 426) ; Antiochus de S. Sabas, *Hom.* 333, περὶ ἀργολογίας (PG 89, 1540-1541) ; Dorothée de Gaza, *Instr.* 4 (53-54), (PG. 88, 1165 B, 1168 B) ; *Instr.* 15, 164 (1792 D) ; Syméon le Nouveau Théologien, *Centurie* I, 64 (S. Chr. 51, p. 57). Selon Diadoque de Photicé, *Centuries*, 20, πίστις ἄεργος καὶ ἔργον ἄπιστον seront condamnées de même (S. Chr., 55, p. 95) ; mais plus loin, *Cent.* 96, sont blâmés les ἀργά τινα καὶ ἄκαιρα ὁμιλοῦντας, « se livrer à des propos oisifs ou intempestifs » (*ibid.*, p. 158).

63. Cypr., *Ad Quirinum* (Testim.) III, 13 (PL. 3, 742 ; Hartel 126, 17). Cf. H. Von Soden, *Das lateinische N. T. in Afrika sur Zeit Cyprians*, Leipzig, 1909, pp. 331, 390. Deux réminiscences de Tert., *de pat.*, 8, 5 (PL. 1, 1263) : « omnis vani et supervacui dicti reatum » ; *de spect.*, 17, 5 (PL. 1, 650) ; « scurrilitatem et omne vanum verbum ».

64. La Vulgate n'a *otiosus* que huit fois dans toute la Bible : Pr. 31, 27 ; Qo 2, 21 ; et ailleurs correspondant à ἀργός : Qo 12,3 ; Mt 12, 36 ; 20, 3, 6 ; Tim 5, 13 (bis).

65. Quelques références ici encore. Le verset semble cité beaucoup moins par S. Augustin que par S. Jérôme. C dernier, par ex., *Tract. in Ps.* 81 (Morin, 75 ; Corpus Chr., 78-2, 83, l. 28) ; *in Ps.* 140, 2 (M. 209 ; C. C., 302, ll. 37-40) ; Greg. M., *Reg. Past.*, 3, 14 (PL. 77, 74) ; Defensor, chap. 79 [78] (PL. 88, 712-713), treize sentences *de verba ociosa* (*sic*). — Au terme du moyen âge, Luther, médiéval en ce point comme en bien d'autres, suit la même direction, du moins dans les œuvres que contiennent les premiers tomes de Weimar.

66. *Evangile selon saint Matthieu*, p. 247. Lui-même, *ibid.*, traduisait : « toute parole oisive ».

les se réfèrent tous deux au verset de Matthieu. L'un est du XIIIe s., l'autre du XVIIe [67].

Parallèlement à cette restriction de sens, on pourrait étudier ce qu'est devenu dans la pensée chrétienne le rapport de la parole et de l'action entre elles et avec le cœur. Ce rapport ne pouvait disparaître, mais il n'a vécu qu'en d'autres cantons. Il joue le plus connu de ses rôles dans la distinction des sources de péchés, cristallisée par le Confiteor [68], mais il n'est pas moins intéressant quand il concerne la confession de foi comme « acte extérieur » de la foi, ou la vie chrétienne se déployant en toute sincérité comme un exercice de cette foi [69]. On y fait appel encore à propos de la réception de l'eucharistie, pas seulement *ore* mais *mente* ou *corde* [70], mais ici la perspective est renversée, allant du dehors au dedans où se réalise l'effet du sacrement. Je ne sais si en tout cela l'arrière-plan biblique des notions est présent à l'esprit, et je n'y aperçois, en tout cas, aucune référence à notre verset.

S'il fallait résumer notre pensée sur ces deux mots de Mt. 12, 36, nous en trouverions l'essentiel dans un verset de la Didachè, au livret des Deux voies, qui en est l'élément le plus ancien : « Tu ne seras double ni en pensée ni en parole, car la duplicité de parole est un piège mortel. Ta parole ne sera pas menteuse, elle ne sera pas vide, mais emplie d'effet (2, 4-5) [71]. Cette parole inactive, inefficace, que le cœur ne nourrit pas au point de l'entraîner jusqu'aux œuvres, c'est elle qui sera examinée au jour du jugement, et, en elle, c'est notre cœur qui sera jugé.

*Lund, janvier 1965.*

67. Brunetto LATINI, *Trésor*, p. 358 : « Garde que tes paroles ne soient oiseuses, car il nos conviendra rendre raison de tout mot oiseux » ; BOURDALOUE, *Pour le dim. de la Septuag.* : « Si en conséquence de ces principes une parole oiseuse doit être condamnée, que sera-ce d'une vie tout entière où Dieu ne trouvera rien que d'inutile ? ».

68. La liste a comporté bien des variantes, jusqu'à devenir parfois un véritable catalogue : en voir des spécimens chez J. A. JUNGMANN, *Missarum Sollemnia*[4], 1958, I, p. 392, n. 29 ; tr. fr., II, p. 52, n. 29.

69. Deux textes de la liturgie quotidienne : « ... semper ad tuam justitiam faciendam nostra procedant eloquia, dirigantur cogitationes et opera » (oraison de Prime) ; « Os, lingua, mens, sensus, vigor confessionem personent » (hymne de Tierce). Le Concile Vatican II recommande aux fils de l'Eglise de répondre à la grâce *cogitatione, verbo et opere* (Const. Lumen Gentium, cap. II, 14).

70. Voir par ex. J. A. JUNGMANN, *op. cit.*, II, p. 498, n. 8 ; tr. fr., III, p. 536, n. 8 ; B. BOTTE - C. MOHRMANN, *L'Ordinaire de la messe* (Etudes liturgiques, 2), Paris-Louvain, 1953, pp. 90-91.

71. Οὐκ ἔσῃ διγνώμων οὐδὲ δίγλωσσος παγὶς θανάτου ἡ διγλωσσία. Οὐκ ἔσται ὁ λόγος σου ψευδής, οὐ κενός, ἀλλὰ μεμεστωμένος πράξει. A rapprocher d'IGNACE, *Eph.*, 15, 2 : Ἀμεινόν ἐστι σιωπᾶν καὶ εἶναι ἢ λαλοῦντα μὴ εἶναι. Καλὸν τὸ διδάσκειν ἐὰν ὁ λέγων ποιεῖ. « Mieux vaut se taire et être que parler sans être. Il est bon d'enseigner, si celui qui parle agit » (trad. Camelot ; S. Chr.[3], p. 85) ; et de JUSTIN, *Dial.*, 3, 3, où s'opposent le φιλόλογρς et le φιλεργός-φιλαλήθης : « C'est donc la parole que tu aimes, et nullement l'action ou la vérité ? et tu ne tâches pas d'être un homme agissant plutôt qu'un sophiste ? » A propos de ce dernier texte G. J. M. BARTELINK déclare : « Λόγος et ἐργον constituent une opposition extrêmement fréquente », p. 33 : *Jeux de mots autour de* Λόγος, *de ses composés et dérivés, chez les auteurs chrétiens*, dans *Mélanges offerts à Mlle Christine Mohrmann*, Utrecht-Anvers, 1963, pp. 23-37.

# L'ÉTUDE DANS LA LÉGISLATION RELIGIEUSE DE SAINT DOMINIQUE

par

André DUVAL, O. P.

*Religio quae primo habuit studium cum religione.*

HUMBERT DE ROMANS [1].

Les historiens qui, jusqu'à maintenant, ont étudié les institutions scolaires de l'Ordre des frères prêcheurs pour en souligner l'originalité et l'influence, les ont principalement considérées dans leur impressionnant déploiement au cours du XIIIe siècle, plutôt que dans leur toute première origine [2]. Et à bon droit, — car les textes ne manquaient pas pour leur suggérer une heureuse homogénéité entre l'essor intellectuel de l'Ordre et les choix réfléchis de son fondateur. N'est-il pas possible, cependant, de vérifier de plus près cette continuité ? Les récents travaux de M.-H. Vicaire, V. Koudelka et A.-H. Thomas sur la naissance de l'Ordre permettent désormais, en effet, d'établir avec assez de rigueur ce qui, dans la législation relative à l'étude, remonte à saint Dominique lui-même, antérieurement à des développements dont on sait qu'ils furent très rapides. On voudrait ici, sur cette base, considérer la portée religieuse de ces déterminations juridiques, et manifester du fait même que l'étude assidue et technique de la vérité sacrée constitue une des composantes fondamentales de la *vita apostolica,* telle qu'a voulu la rénover le fondateur des Prêcheurs.

Moines et chanoines n'ont pas attendu saint Dominique pour

1. *Expositio super Constitutiones fratrum praedicatorum,* dans J.J. BERTHIER, *B. Humberti de Romanis opera de vita regulari,* Rome, 1889, vol. II, p. 28.

2. C. DOUAIS, *Essai sur l'organisation des études dans l'Ordre des Prêcheurs au* XIIIe *et au* XIVe *siècles* (1216-1342), Paris-Toulouse, 1854 ; P. MANDONNET, *La crise scolaire au début du* XIIIe *siècle et la fondation de l'Ordre des Frères Prêcheurs,* dans *Revue d'histoire ecclésiastique,* XV (1914), pp. 34-49, repris dans P. MANDONNET et M.H. VICAIRE, *Saint Dominique. L'idée. l'homme, l'œuvre,* Paris, 1937, T. II, pp. 83-100 ; H.-M. FÉRET, *Vie intellectuelle et vie scolaire dans l'Ordre des Prêcheurs,* dans *Archives d'histoire dominicaine, I* (1947), pp. 5-37.

faire place, parfois même très largement, à l'étude sacrée [3], — de même qu'avant lui ils ont donné à l'Eglise d'assez nombreux prédicateurs. Au niveau de la *doctrina*, comme à celui de la *prædicatio*, la fondation dominicaine se préparait, se cherchait depuis longtemps ; elle apparaît, au XIIIe siècle, comme l'aboutissement — dans une institution soigneusement élaborée — de tendances, d'initiatives, d'expériences échelonnées sur plus d'un siècle et demi. Tout au long du XIIe siècle, l'essor de quelques écoles de théologie, à l'ombre des cathédrales, pour les clercs séculiers, n'avait pas été sans stimuler en certains cas la transformation progressive de la *lectio divina* des religieux en une recherche plus méthodique, sous des maîtres qualifiés et selon une certaine progression ; mais cet essor scolaire avait aussi invité les habitants des cloîtres à définir avec une nouvelle vigueur, même dans le domaine du savoir, le sens exact de leur rupture avec le monde et de leur recherche exclusive de Dieu. L'opposition entre *claustrum* et *schola*, entre l'enseignement direct du Christ et celui des Maîtres en théologie, est un thème familier aux auteurs spirituels, bien avant saint Dominique... « *O beata schola*, écrit Pierre de Celles (+ 1183), heureuse école que celle où le Christ lui-même enseigne nos cœurs par sa parole, où sans études et sans cours, *sine studio et lectione*, nous assimilons le secret de l'éternelle béatitude. Pas besoin d'acheter de livres, pas de maître à rétribuer, pas de réunions pour les disputes, pas de sophismes à démêler. Voici les *quaestiones* tranchées de façon définitive (*determinatio*), voici profondément saisies raisons et argumentations [4]... »

Cette opposition n'a-t-elle pas toujours été étrangère à la mentalité du fondateur de *l'Ordo prædicatorum*, dont une des originalités a été précisément de réaliser la fusion entre *schola* et *claustrum ?*

Les témoignages seront assez nombreux, dix ou quinze ans après la mort du saint, sur l'importance de l'étude, *studium*, dans sa vie personnelle et ses initiatives. Mais tout témoin, quel que soit son propos d'objectivité, n'est-il pas prisonnier de son présent dans ses affirmations sur le passé ? Le rapide développement scolaire de l'Ordre dans ses quinze premières années n'a-t-il pas porté les frères à considérer comme nées de volontés réfléchies de saint Dominique des réalisations dues en fait au simple jeu des circonstances ou, au mieux, à la logique interne de la vie ?

Il convient donc de s'en rapporter d'abord, aussi exclusivement que possible, aux textes du fondateur, qu'il s'agisse des bulles

3. Pour les moines, parmi les nombreux travaux de Dom Jean LECLERCQ, cf. *L'amour des lettres et le désir de Dieu*, Paris, 1957 ; *Les études dans les monastères du Xe au XIIe siècle*, dans *Los Monjes y los estudios*, Abadia de Poblet, 1963, pp. 105-117 ; *Aux sources de la spiritualité occidentale*, Paris, 1964, pp. 130-139 (sur les études à Cluny). Voir aussi A. DIMIER, *Les premiers cisterciens étaient-ils ennemis des études ?*, dans *Los Monjes y los estudios*, supr. cit., pp. 119-146. — Pour les chanoines, cf. J. C. DICKINSON, *The origins of the Austin Canons and their introduction into England*, Londres, 1950, pp. 186-192.
Quant au développement des écoles au XIIe s., voir Ph. DELHAYE, *L'organisation scolaire au XIIe siècle*, dans *Traditio*, V (1947), pp. 211-268.

4. Epitre 73, P. L., T. 202, col. 520.

obtenues par lui à la chancellerie pontificale, ou de la législation élaborée sous son contrôle. Peut-être la véracité et la portée des témoignages s'en trouveront-elles finalement renforcées.

## I

### L'ÉTUDE DANS LA VISÉE DE SAINT DOMINIQUE, D'APRÈS LES ACTES DE CHANCELLERIE

A chacun de ses séjours à Rome, Dominique fréquente assidûment les bureaux de la chancellerie où il compte au moins un ami, Guillaume, futur cardinal de Sabine. Il ne peut disperser ses frères à travers le monde sans les munir de pièces officielles qui définiront et garantiront leur *propositum*. La nouveauté de celui-ci est telle que les formulaires usuels de la chancellerie ne peuvent être utilisés ; il faut en inventer de nouveaux. Aussi Dominique suit-il de près la rédaction de ces documents, à tel point que certains énoncés décisifs de la législation de 1220 ne seront que la reprise, sous une forme plus sobre, de vues déjà exprimées dans le style solennel de ces lettres pontificales.

Déjà amorcée par le P. Vicaire [5], l'analyse de cette stratégie a été poursuivie de manière systématique par le P. Koudelka, dont les travaux, tout en affermissant singulièrement les bases documentaires de l'histoire des origines dominicaines, aident à mieux pénétrer la psychologie et les intentions du fondateur [6]. Nous nous contentons donc de relever ici ce qui, dans les Bulles obtenues par saint Dominique, révèle sa visée sur l'étude.

1° Le 19 janvier 1217, Honorius III signe une lettre invitant maîtres et étudiants de Paris à se rendre à Toulouse pour y travailler sur ce terrain ravagé par l'hérésie où œuvrent déjà quelques serviteurs de Dieu [7]... Qui a fait écrire cette lettre ? — « Dominicus », révèle l'étude diplomatique de l'original [8]. *L'ordo canonicus* établi à Saint-Romain de Toulouse vient à peine d'être confirmé [9], le nom de *Fratres prædicatores* n'a même pas encore été homologué par l'autorité pontificale (il ne le sera que trois jours plus tard [10]), que

5. M.-H. VICAIRE, *Histoire de saint Dominique*, Paris, 1957, T. II, pp. 372-382.

6. Vl.-J. KOUDELKA, *Notes sur le Cartulaire de S. Dominique*, dans *Archivum fratrum praedicatorum*, 28 (1958), pp. 92-114 ; 33 (1963), pp. 89-120 ; 34 (1964), pp. 5-44.

7. « Olim in partibus Tolosanis », original aux Archives nationales, édité par DENIFLE-CHATELAIN, *Chartularium universitatis parisiensis, T. I*, Paris, 1889, pp. 83-84, et par M.-H. LAURENT, dans *Monumenta Ordinis F. Praedicatorum historica*, T. XV, Paris, 1933, pp. 88-89, n° 76.

8. Cf. Vl.-J. KOUDELKA, *Archivum fratrum praedicatorum*, 33 (1963), pp. 98-102.

9. Bulle « Religiosam vitam » du 22 décembre 1216, dans LAURENT, *op. cit.*, pp. 84-87, n° 74. A cette édition, défectueuse, il faut préférer celle des *Analecta sacri ordinis praedicatorum*, 12 (1915-1916), pp. 262-264.

10. Bulle « Gratiarum omnium largitori » du 21 janvier 1217, dans LAURENT, *op. cit.*, pp. 90-91, n° 77. Sur l'adresse de cette lettre « priori et fratribus sancti Romani, predicatoribus in partibus Tolosanis », cf. Vl-J. KOUDELKA, *Archivum fratrum praedicatorum*, 28 (1958), pp. 92-100.

déjà le chef de mission cherche à renforcer ses effectifs. A qui fait-il appel ? aux spécialistes de l'étude, aux *magistri* et *scolares* de Paris, pour leur proposer d'aller ailleurs travailler aux intérêts de Dieu par l'enseignement, la prédication et l'exhortation, « qui causam Dei agentes ex animo lectioni, prædicationi et exhortationi vigilanter insistant... ». Ne voir dans la *lectio* ici évoquée que la simple recherche intellectuelle personnelle, ne serait-ce pas atténuer le sens d'une énumération dont les deux autres termes désignent sans conteste des activités publiques ? N'est-ce pas une activité scolaire, la « leçon » — c'est-à-dire le cours, donné ou suivi — qui est ici visée ?

Ni Dominique, ni les frères qui l'apportèrent avec eux à Paris en septembre 1217, ne firent jamais usage de ce document, qui resta aux archives de Saint-Jacques ; mais cette pièce est extrêmement révélatrice des intentions premières de l'ancien chanoine d'Osma, sur le genre d'activités et de qualification qu'il souhaite pour ses collaborateurs dans son entreprise de prédication.

2° En février-mars 1220, l'*Ordo prædicatorum* n'est plus simplement un projet ou un germe, mais un groupe humain suffisamment nombreux pour qu'il devienne urgent d'en définir juridiquement les structures. A quelques semaines du premier Chapitre général, qui sera vraiment une assemblée constituante, saint Dominique fait préparer et obtient à la chancellerie romaine des lettres dans lesquelles le Pape, avec l'emphase littéraire qui convient, exprime et du fait même garantit les éléments fondamentaux de l'institution nouvelle.

Aux maîtres et étudiants de l'Université de Paris, Honorius III recommande les frères prêcheurs « in sacra pagina studentes apud Parisius... qui salutem hominum sitientes ad hoc aurire gestiunt aquam in gaudio de fontibus Salvatoris, ut eam dividant in plateis non solum ad refectionem sitientium animarum, verum etiam ad mentium infirmantium antidotum salutare [11]... » On pourrait penser peut-être que seule la situation de fait des prêcheurs parisiens motive les belles cadences du document, où le verset d'Isaïe 12, 3 « haurietis aquas in gaudio de fontibus Salvatoris » sert à désigner l'activité théologique, comme dans le solennel appel adressé trois mois plus tôt aux responsables des écoles parisiennes [12]. Mais non. De même que l'appel de novembre est lancé en différents points de la chrétienté et pas seulement à Paris, de même c'est pour tous

11. Bulle « Gratum gerimus et acceptum... » du 27 février 1220, original aux Archives nationales, édité par DENIFLE-CHATELAIN, *op. cit.*, p. 95, et M.-H. LAURENT, *op. cit.*, pp. 126-127, n° 107.

12. Lettre « Super speculam Domini... » du 22 novembre 1219, pour une meilleure exécution du 11e canon du récent concile de Latran : Le Pape se lamente que « vix est qui frangat panem parvulis, aut propinet sitientibus aquam sapientie salutaris eo quod modica est in terra scientia Domini ». L'intervention du Pape, devant l'excessif empressement pour les « scientie lucrative » qui pourtant ne livrent que de l'eau de citerne, est de rappeler et déterminer les conditions qui permettront un plus grand zèle pour l'étude de la théologie, ut « valeant currere in odorem flagrantis gratie Ihesu Christi, ad auriendum aquas vivas in gaudio de fontibus Salvatoris... »
DENIFLE-CHATELAIN, *op. cit.*, p. 90 ; M.-H LAURENT, *op. cit.*, p. 116, n° 98. Pour les différentes expéditions de la Bulle, cf. P. PRESSUTTI, *Regesta Honorii Papae III*, Rome, 1888, n° 2267.

les prêcheurs, où qu'ils soient, que l'étude assidue de la sacra pagina est une composante caractéristique du *propositum* religieux. A Madrid et à Ségovie aussi bien qu'à Paris, les collaborateurs de saint Dominique sont présentés comme des hommes « qui propter sitim quam habent salutis hominum, auriunt, in gaudio et letitia, aquas de fontibus Salvatoris, ut eas dividant in plateis non solum ad satietatem animarum que sitim habent, sed etiam in salutare remedium et medicinam contra venenum egrotantium animorum [13] ». L'unité profonde entre la recherche du salut des âmes, la prédication et l'étude de la vérité sacrée qu'énoncera bientôt le prologue des Constitutions [14] est déjà exprimée ici, selon le même équilibre.

En attirant l'attention sur ces premières formulations de la pensée de saint Dominique relativement à l'étude, le P. Koudelka les interprète avec une subtilité qui n'est peut-être pas tout à fait heureuse : « On perçoit dans la distinction entre *anima, mens* et *animus* les deux aspects de la vérité : la morale qui dirige l'action et l'intellectuelle qui éclaire la connaissance. L'apostolat dominicain s'en inspire dans son aspect, pareillement double : souci de la connaissance vraie et véritable, et souci d'une vie conforme à la vérité [15] ». Le « non solum... sed etiam » ne désigne-t-il pas plus simplement la double fonction de la prédication dominicaine dont témoignent également les documents de chancellerie, nourrir la foi des croyants, convaincre et ramener les hérétiques [16] ? L'étude répond à ce double objectif.

3° *Prædicatio, sacræ lectiones,* sans la moindre exigence de « beneficium » ou de rétribution, mais pour le seul *lucrum animarum,* tels sont encore les éléments caractéristiques de l'*Ordo prædicatorum* que le Chancelier de l'Empire Conrad de Scharfenberg déclare prendre sous sa protection et dont il souhaite l'établissement dans sa ville épiscopale de Metz, le 22 avril 1221 [17].

13. Bulle « Gratum et acceptum » du 20 mars 1220 adressée « universo populo majoricensi ». M.-H. Laurent, *op. cit.*, pp. 127-128, n° 108 : nouvelle expédition le 23 mars 1220 « universo populo segoviensi », *ibidem,* p. 128, n° 109.

14. Cf infra, texte n° 2.

15. *Archivum fratrum praedicatorum,* 34 (1964), p. 33.

16. Si la lutte contre l'hérésie, assignée comme but à l'activité des prêcheurs dans les lettres obtenues le 19 et le 21 janvier 1217 (M.-H. Laurent, *op. cit.*, pp. 88-89, 90, n° 76 et 77), n'est plus évoquée dans les bulles « Si personas religiosas » (11 février 1218, cf. *ibidem.* p. 98, n° 84) et « Dilecti filii » (8 déc. 1219, cf. *ibidem,* p. 123, n° 103) où il s'agit principalement du « fructus animarum » parmi les croyants, — elle reparaît au premier plan en mai 1220 dans le formulaire « Quoniam abundavit iniquitas » (6 mai 1220, cf. *ibidem,* pp. 130-131, n° 112). Rien d'étonnant alors que des documents de février 1220 unissent les deux points de vue.

17. Texte dans M.-H. Laurent, *op. cit.*, pp. 156-157, n° 136. Conrad rappelle comment sous la conduite du Saint-Esprit le « zelus animarum » a suscité et fait confirmer par le Pape un « Ordo predicatorum » que lui-même prend sous sa protection « cum nihil de sua predicatione, vel in ea, nisi lucrum tantummodo requirat animarum ». L'établissement de cet Ordre à Metz serait très utile « plurimum profutura » « non tantum laicis in predicacionibus,, sed et clericis in sacris lectionibus ». Aussi, « exemplo domini Papae... et multorum archiepiscoporum ac episcoporum » souhaite-t-il que ces frères s'établissent à Metz « secundum ordinis sui formam ».

Sur les circonstances du voyage de Conrad en Italie et la rédaction de cette charte, cfr. M.-H. Vicaire, *Histoire de saint Dominique,* t. II, p. 268.

Si précis dans ses considérants, cet acte est le fruit du récent voyage effectué par l'évêque en Italie, pour le sacre de Frédéric II à Rome (novembre 1220). Que le solliciteur ait été Dominique, le cardinal Ugolin ou le Pape lui-même, le chef de la chancellerie impériale semble bien se référer, dans la charte qu'il signe, aux pièces que la chancellerie pontificale a établies à plusieurs reprises pour recommander à de « nombreux archevêques et évêques » ces nouveaux religieux « totaliter ad prædicationem deputati », en insistant tantôt sur leur désintéressement absolu[18], tantôt sur leur étude assidue de la théologie[19]. Mais Conrad dit ici sans phrases ce que les lettres pontificales enveloppent dans leurs amples formules. Il n'est plus question d'eaux vives puisées à la source du Sauveur et répandues, etc... mais de *sacræ lectiones*... L'expression vise une réalité précise. L'étude de la théologie, chez les Frères prêcheurs, est autre chose qu'une occupation — même très recommandable — du loisir personnel, elle se réalise autour d'activités scolaires ; elle est comme telle un élément organisateur de leur vie.

L'explicitation provient soit de ce que Conrad a pu voir lui-même de la vie des frères à Sainte-Sabine ou à Bologne, — mais ce grand personnage a-t-il eu le temps d'une visite même sommaire ? et comment inférer du fait au droit ?, — soit de ce qui lui a été dit de l'Ordre par ceux qui le connaissent du plus près (Curie), voire de l'intérieur (saint Dominique).

Mais, à cette date (hiver 1220-1221), l'Ordre possède déjà des Constitutions originales, élaborées par son premier chapitre général en mai 1220. Ne faut-il pas nous attendre à y trouver, nettement formulée, cette institutionnalisation de l'étude que semblent bien supposer les documents de chancellerie ?

## II

### LES TEXTES SUR L'ÉTUDE DANS LES PREMIÈRES « INSTITUTIONS » DE L'ORDRE

Un manuscrit du XIVe siècle provenant du couvent dominicain de Rodez et conservé aux Archives de l'Ordre[20] a transcrit, à l'intention des historiens futurs, le texte des « Constitutiones prime ordinis fratrum predicatorum, que erant tempore magistri Jordanis beati Dominici immediate successoris... » En fait, ce document transmet — non d'ailleurs sans quelques fautes de transcription — des éléments appartenant à des étapes assez distinctes dans l'élaboration du premier corpus législatif dominicain. Ebauché par

18. Cf. « Si personas religiosas » et « Dilecti filii » ; bulles du 13 février 1218, 15 nov. et 8 déc. 1219. PRESSUTTI, *op. cit.*, n° 1255, 2255, 2288 ; M.-H. LAURENT, *op. cit.*, n° 87, 97, 103.

19. Cf. « Gratum gerimus et acceptum », 27 février 1220, — « Gratum et acceptum », 20, 23, 24 mars 1220. PRESSUTTI, *op. cit.*, n° 2344, 2371 ; M.-H. LAURENT, *op. cit.*, n° 107, 108, 109, 110.

20. Cf. D. PLANZER, *De codice Ruthenensi miscellaneo in tabulario ordinis Praedicatorum asservato,* dans *Archivum fratrum praedicatorum*, 5 (1935), pp. 5-123.

H. Denifle qui édita le texte en 1885 [21], le discernement de ces différentes couches rédactionnelles fut repris presque simultanément en 1937-1938 par deux chercheurs œuvrant indépendamment l'un de l'autre, le Dr H.-C. Scheeben [22] et le P. Vicaire [23]. L'édition critique du « texte de Rodez » sur laquelle s'achève la thèse minutieuse que le P. A.-H. Thomas [24] vient de consacrer aux premières constitutions dominicaines, comporte évidemment pour chaque fragment, outre les éventuelles références aux sources, un essai de détermination des dates. C'est sur la base de ces travaux que nous présentons maintenant l'ensemble des textes touchant de près ou de loin à l'étude que l'on peut relever dans la législation dominicaine de 1220, au lendemain du premier chapitre général de l'Ordre voulu et présidé par saint Dominique.

Incipiunt consuetudines fratrum predicatorum [25]

1 *Incipit prologus.*

*Quoniam ex precepto regule iubemur habere cor unum et animam unam in domino, iustum est, ut qui sub una regula et unius professionis voto vivimus, uniformes in observantia canonice religionis inveniamur, quatinus unitatem que interius servanda est in cordibus foveat et representet uniformitas exterius servata in moribus. Quod profecto eo competentius et plenius poterit observari et memoriter retineri, si ea que agenda sunt, scripto fuerint commendata, si omnibus qualiter sit viven-*

21. H. Denifle, *Die Constitutionen des Prediger-Ordens vom Jahre 1228*, dans *Archiv für Litteratur-und Kirchengeschichte des Mittelalters*, I, Berlin, 1885, pp. 165-227. — Une nouvelle édition du texte fut ensuite donnée par le P. Pie Mothon, dans *Analecta S. Ordinis Fratrum Praedicatorum*, 1896, pp. 621-648. Ce texte Mothon a été réimprimé, avec quelques fautes supplémentaires, en 1962 (couvent dominicain de Fiesole).

22. H. C. Scheeben, *Die Konstitutionen des Predigerordens unter Jordan von Sachsen* (Quellen und Forschungen zur Geschichte des Dominikanerordens in Deutschland, 38). Cologne, 1939.

23. P. Mandonnet, *Saint Dominique. L'idée, l'homme et l'œuvre*. Augmenté de notes et d'études critiques par M.-H. Vicaire et R. Ladner. Paris, 1938. La recherche du P. Vicaire sur « la législation des Prêcheurs » y occupe les pages 203-240, 273-292 du tome II. — Dans la suite de notre travail, nous citerons : Mandonnet-Vicaire.

Le P. Vicaire est revenu deux fois encore sur ce même problème, dans *Saint Dominique de Caleruega d'après les documents du* XIIIe *siècle*, Paris, 1955, pp. 113-121 et 139-184 ; dans *Histoire de saint Dominique*, Paris, 1957, II, pp. 214-232, 365-371.

24. A. H. Thomas, *De oudste Constituties van de Dominicanen. Voorgeschiedenis, Tekst, Bronnen, Ontstaan en Ontwikkeling* (1215-1237). (Bibliothèque de la Revue d'histoire ecclésiastique, 42). Louvain, 1965. L'ouvrage comporte un résumé en français, d'une dizaine de pages. Nous remercions le P. Pierre-M. Gils qui a bien voulu nous aider dans quelques recours au texte flamand.

25. Les titres sont les titres primitifs restitués et non ceux, postérieurs, du texte de Rodez. Cf. Mandonnet-Vicaire, II, p. 275.

— Etrangers au texte, les numéros en marge visent seulement à en faciliter la présentation et le commentaire.

— Les références entre crochets sont données pour chaque fragment distinct. Si donc deux ou trois numéros se suivent sans références, c'est qu'ils se suivent réellement, sans interruption, dans le texte de 1220.

— Les mots en italiques correspondent aux passages littéralement empruntés aux *Institutiones praemonstratensium* éditées par Dom Martène, *De antiquis Ecclesiae ritibus*, Anvers, 1764, t. III, appendix, pp. 321-336.

*dum scriptura teste innotescat,* sed *mutare, vel addere vel minuere nulli quicquam propria voluntate liceat, ne si minima negligimus, paulatim defluamus.*

2 Ad hec tamen in conventu suo prelatus dispensandi cum fratribus habeat potestatem, cum sibi aliquando videbitur expedire, in hiis precipue, que studium, vel predicationem, vel animarum fructum videbuntur impedire, cum ordo noster specialiter ob predicationem et animarum salutem ab initio noscatur institutus fuisse, et studium nostrum ad hoc principaliter ardenterque summo opere debeat intendere, ut proximorum animabus possimus utiles esse.

3 *Ea propter ut unitati et paci totius ordinis provideamus : librum istum, quem librum consuetudinum* appellamus, *diligenter conscripsimus, in quo* duas *distinctiones notavimus. Prima distinctio continet, qualiter se habeant* fratres in suo monasterio *in die, qualiter in nocte, qualiter novicii,* qualiter *infirmi,* qualiter *minuti,* et *de silentio* et *de culpis.*

4 *Secunda distinctio,* de capitulo generali et studio et predicatione.
[Prologus, lignes 1-34 ; THOMAS, 311-312.]

5 [...] *finitis matutinis,* tenetur capitulum, vel aliquando post Primam, aliquando etiam intermittitur, ne studium impediatur, secundum quod videbitur prelato.
[Dist. I, cap. 1, lignes 39-42 ; THOMAS, 314.]

6 [...] Hore omnes in ecclesia breviter et succincte taliter dicantur, ne fratres devotionem amittant et eorum studium minime impediatur.
[Dist. I, cap. 4, lignes 4-6 ; THOMAS, 316.]

7 [...] *in toto* autem *adventu* [... etc...] *quadragesimali utimur cibo,* nisi cum aliquo propter laborem dispensetur [...]
[Dist. I, cap. 6, lignes 2, 8-9 ; THOMAS, 317.]

8 [...] Quod diligenter debeant [novitii] custodire libros et vestes et etiam res alias monasterii.

9 Qualiter intenti debeant esse in studio, ut de die, de nocte, in domo, in itinere legant aliquid vel meditentur, et quicquid poterunt retinere cordetenus, nitantur. Qualiter ferventes in predicatione esse debeant in tempore opportuno.
[Dist. I, cap. 13, lignes 31-36 ; THOMAS, 323-4.]

10 *Hec sunt leviores culpe.*
[...] *Si vestes suas* et libros *loco statuto honeste et ordinate* non disposuerit vel negligenter tractaverit.

26. Dans le Codex de Rodez, le titre de la 2e distinction comporte « de provinciali capitulo et generali... ». Ce titre ne peut être de 1220, tout ce qui concerne l'organisation des Provinces devant être considéré comme postérieur, cf. VICAIRE, *Histoire de saint Dominique,* t. II, p. 368 ; THOMAS, *op. cit.,* p. 263, note 27.

11 [...] Si in studio ad lectiones dormierit.

12 Si libros interdictos legerit.

13 Si legentes vel audientes inquietaverit.
[Dist. I, cap. 21, lignes 14-16, 24, 24-25, 25 ; THOMAS, 332 ; cf. MARTÈNE, 332.]

14 *Media culpa est* [...] *Si quis eorum qui officiis deputati sunt in aliquo circa officium suum negligens fuerit repertus, ut sunt priores in conventu custodiendo,* magistri in docendo, studentes in studendo, scriptores in scribendo, *cantores* [...], procuratores [...] *vestiarius* [...] *infirmorum custos* [...] et ceteris in officiis suis.

15 [...] Si temporibus statutis non cum aliis lectiones auditurus affuerit.
[Dist. I, cap. 21, lignes 50-57, 60-61 ; THOMAS, 133 ; cf. MARTÈNE, 332.]

16 Secunda distinctio.
De generali capitulo [27].
[...] Post hec visitatores presentes verbo, absentes scripto, referre debent de hiis quos visitaverint fratribus, si in pace continui, in studio assidui, in predicatione ferventes, que de eis fama, quis fructus, si in victu et in aliis secundum tenorem institutionum ordo servetur.
[Dist. II, cap. 18, lignes 1-6 ; THOMAS, 354-355 ; MANDONNET-VICAIRE, II, 287-288.]

17 Post hec qui idonei ad predicandum ab aliquibus estimantur, capitulo vel diffinitoribus presententur, et illi qui de licentia et mandato sui prioris nec de licentia majoris prelati, vel capituli, predicationis officium receperint. Quibus omnibus diligenter seorsum examinatis ab idoneis personis ob hoc et ob alias capituli questiones institutis, et fratribus, cum quibus conversati sunt, studiose inquisitis de gratia predicationis, quam eis Deus contulerit, et studio, et religione, et caritatis fervore, proposito et intentione, et hiis de eis testimonium perhibentibus, consensu et consilio maioris prelati approbabunt quicquid ipsi utilius judicabunt, utrum videlicet ipsi fratres adhuc debeant in studio morari, vel cum fratribus provectioribus in predicatione exercitari vel idonei sint et utiles per se predicationis officium exercere.
[Dist. II, cap. 20, lignes 1-15 ; THOMAS, 356 ; MANDONNET-VICAIRE, II, 288.]

18 Si qua vero dissensio inter fratres nostri ordinis, quod absit, emerserit de libris vel de aliis rebus, cum preponenda sint spiritualia temporalibus, non inde agatur in capitulo, sed fratres eligantur qui in hos periti fuerint, et post refectionem in loco

27. Titre restitué, avec Vicaire. Cf. supra, texte 4.

competenti extra capitulum, discussa veritate, litem dirimant et inter fratres pacem restituant.

19 De solutione et terminatione questionum, de correctione fratrum, de modo penitentiarum et de predicatoribus et eorum sociis ob predicandum et studendum mittendis, et quando et ubi et per quantum tempus moraturis, prelatus major cum aliis qui ad hoc instituti sunt tractabit. Et quicquid inde donante spiritu sancto ordinaverint, capitulum universaliter et unanimiter et devote suscipiat.
[Dist. II, cap. 21, lignes 10-15, 16-22 ; THOMAS, 357 ; MANDONNET-VICAIRE, II, 288-289.]

20 [...] Conventus citra numerum duodenarium [28] et sine priore et doctore non mittatur.
[Dist. II, cap. 23, lignes 2-3 ; THOMAS, 358 ; MANDONNET-VICAIRE, II, 289.]

21 De studio.
Quoniam circa studentes diligens est adhibenda cautela, aliquem fratrem specialem habeant, sine cuius licentia non scribant quaternos, nec audiant lectiones, et que circa eos in studio corrigenda viderit corrigat.

22 Et si vires excedant, prelato proponat.

23 In libris gentilium et philosophorum non studeant, etsi ad horam inspiciant.

24 Seculares scientias non addiscant, nec etiam artes quas liberales vocant [29], sed tantum libros theologicos tam iuvenes quam alii legant.

25 Circa eos qui student taliter dispensetur a prelato, ne propter officium vel aliud de facili a studio retrahentur vel impediantur.

26 Et secundum quod magistro studencium videbitur, locus proprius statuatur, in quo post disputationes vel vesperas, vel etiam alio tempore, si vacaverint, ad dubitationes vel questiones proponendas ipso presente conveniant, et uno querente vel proponente alii taceant, ne loquentem impediant. Et si aliquis inhoneste vel confuse vel clamose vel proterve querens vel opponens vel respondens offenderit, statim ab illo, qui tunc inter eos preest, corripiatur.

27 Celle non omnibus studentibus sed quibus magistro eorum expedire videbitur assignentur.

28 Quod si aliquis infructuosus inveniatur in studio, cella eius detur alteri, et ipso in aliis officiis occupetur.

29 In cellis legere, scribere, orare, dormire, et etiam de nocte vigilare possint qui voluerint propter studium.

28. Nous retranchons ici du texte de Rodez « et sine licentia generalis capituli » que le P. Vicaire pense être postérieur. Cf. MANDONNET-VICAIRE, II, 289. Le P. Thomas maintient cette incise comme de 1220 ; mais elle n'a pas le même appui que le reste de la phrase sur le texte cistercien cité par Thomas, p. 196.

29. Le codex de Rodez comporte ici « nisi aliquando circa aliquos magister ordinis vel capitulum generale voluerit aliter dispensare ». Cette incise est certainement postérieure à 1220, bien que le P. Thomas ne le suggère pas.

[Dist. II, cap. 28-29 ; THOMAS, 361-362 ; MANDONNET-VICAIRE II, 290.]

30 De predicatione [27].
[...] Euntes vero ad iam dictum predicationis officium exercendum vel alias itinerantes, aurum, argentum, pecunium et munera, excepto victu et vestitu et necessariis indumentis et libris, nec accipient nec portabunt.

31 Omnes qui ad officium predicationis vel studium sunt deputati, nullam habent curam seu administrationem temporalium, ut expedicius et melius iniunctum ministerium sibi spiritualium valeant adimplere...
[Dist. II, cap. 31, lignes 15-18, 19-22 ; THOMAS, 364 ; MANDONNET-VICAIRE, II, 291.]

D'autres fragments sur les études peuvent se lire dans le Codex de Rodez. Ils n'ont pas été retenus ici, car ils représentent sans aucun doute des additions postérieures à saint Dominique. Le P. Vicaire et le P. Thomas l'ont suffisamment établi. Mais comment l'ensemble des fragments transcrits ci-dessus remonte-t-il vraiment au fondateur ? C'est ce qu'il convient de vérifier.

De la distinctio II du texte de Rodez, le P. Vicaire a dégagé un noyau primitif, « de generali capitulo, de studio et predicatione » (texte 4), dans lequel, selon un style plus descriptif et spirituel que strictement juridique, le chapitre général de 1220 a défini le type propre d'activité et de gouvernement de l'Ordre, une sorte de « charte de prédication » analogue à ce que fut aux origines de Cîteaux la Carta caritatis. La datation par le P. Thomas de chacun des éléments de cet ensemble confirme cette manière de voir, à cette nuance près — mais sans portée pour notre propos immédiat — qu'il faudrait faire remonter à 1216, ce qui est dit du comportement sur les routes du prédicateur évangélique [30].

Il n'y a pas lieu de reprendre ici ces argumentations convergentes qui permettent de situer nos textes 16 à 31 dans ce noyau primitif de 1220. Ajoutons cependant quelques brèves remarques :

Les *textes 21 à 29* organisent l'école conventuelle de théologie. Il est normal de trouver des dispositions de ce type dans la législation élaborée en mai 1220 ; une telle organisation est en effet supposée par la mention des « sacræ lectiones » dans la charte du 22 avril 1221, présentée plus haut.

Les *textes 17, 19, 20, 31* font allusion à une réglementation précise du « studium » et sont donc, sur ce point, solidaires de 21-29.

Les *textes 16, 18 et 30* appartiennent au même ensemble rédactionnel sur le chapitre général et la prédication que les textes 17, 19 et 31.

C'est en référence à ces textes 16-31, de 1220, plus ou moins

30. Cf. MANDONNET-VICAIRE, II, pp. 273-292 ; A. H. THOMAS, passim. Nous revenons plus loin, cf. note 75, sur la date de ce qu'il appelle le *Speculum predicatorum*.

31. *Histoire de saint Dominique*, t. II, p. 370.

relatifs à l'école conventuelle, qu'il faut examiner les textes du Prologus (texte 2) et de la Dist. I (textes 5 à 15) où l'étude est évoquée.

Le *texte 2* ne peut être que contemporain de la « charte de prédication ». Le Prologus de 1216 est ainsi modifié en 1220 pour énoncer comment l'ensemble des observances déterminées dans la Distinction I doit être compris en fonction de la fin et des activités originales de l'Ordre (cf. Vicaire, Thomas). Bien plus, c'est l'originalité même de l'Ordre, telle qu'elle vient d'être exprimée en diverses bulles pontificales, qui est ici formulée (cf. V. Koudelka).

La Distinction I du Codex de Rodez, on le sait, dérive d'une rédaction effectuée dès 1216 à partir des Statuts de Prémontré, mais soumise ensuite à diverses corrections ou additions. Les textes relatifs à l'étude relevés dans cette Distinction I appartiennent-ils à la version première, donc à 1216, ou aux remaniements ultérieurs ?

Le *texte 9,* selon A.-H. Thomas, serait de 1216. Il semble cependant préférable de le dater de 1220, non seulement en raison de sa parenté de style avec la « charte de prédication » de la Dist. II, comme l'a justement remarqué le P. Vicaire, mais en raison aussi de sa situation à la fin de la section « de novitiis ». Les premières lignes de ce chapitre sont en effet empruntées aux Institutiones de Prémontré, dans la longue dist. II « de officiis » dont saint Dominique et ses compagnons n'ont d'ailleurs retenu rien d'autre. Jugées insuffisantes, ces lignes furent complétées par quelques propositions, d'inspiration plus ou moins traditionnelle, sur les valeurs religieuses dans lesquelles le novice doit être « instruit » [32] : l'humilité de l'âme et du comportement, la pureté du cœur, l'esprit de vie commune, le renoncement à la volonté propre, l'obéissance volontaire. On ajoute ensuite, comme en vrac, différents détails concernant la tenue extérieure. Le « qualiter intenti... in studio..., ferventes in predicatione... » relève de nouveau des inspirations plus fondamentales et aurait eu normalement sa place avant toutes ces prescriptions très secondaires, aussitôt donc après la recommandation sur l'obéissance, s'il avait appartenu à la rédaction première. Sa place en fin de section suggère donc qu'il fut ajouté postérieurement.

Les *textes 5, 6, 7* font partie, selon Vicaire, de ces éléments de 1216 qui auraient dû normalement être révisés en 1220 du fait de l'introduction dans le Prologue du principe de la dispense (texte 2). « Cette loi générale rend caduques les indications particulières de dispense qu'on peut lire aux Chapitres 1, 4, 6, 11 » [33] de la 1re Distinction, ce qui inclut en effet les éléments de nos textes 5, 6 et 7.

Mais ces trois textes ne sont pas à mettre sur le même plan.

En 7 il s'agit en effet de dispense individuelle, relevant de la discrétion du prélat, comme la rédaction de 1216 en offre d'autres

32. Sur « instruere » dans le vocabulaire de l'éducation religieuse, cf. J. Leclercq, dans *Los monjes y los estudios* (cité *supra* note 3), pp. 112-113.
33. *Histoire de saint Dominique,* t. II, p. 371.

exemples. Ce passage est évidemment de 1216, rédigé à partir des statuts de Prémontré, dont les chap. V, VI et VIII, dans la Dist. I, traitent si abondamment de l'organisation du « labor », c'est-à-dire du travail manuel quotidien. On attendrait plutôt ici, en contexte dominicain, un « propter studium » si 5 et 6 devaient être considérés eux aussi comme de 1216.

Mais, en 5 et 6, ce n'est plus de dispense individuelle qu'il est question. La nécessité de temps pour l'étude est énoncée ici comme un principe général dont il y a à tenir compte dans l'agencement des horaires conventuels, et donc dans l'équilibre de vie de tout le groupe. Aussi 5 et 6 procèdent-ils de la même inspiration que 2 et en élargissent l'application.

A.-H. Thomas maintient en 1216 le « ne studium impediatur » de 5, tandis qu'il retarde celui de 6 jusqu'à 1220 au moins. Mais n'y a-t-il pas solidarité d'inspiration et solidarité littéraire entre 2,5 et 6 ? En chaque cas on se préoccupe de ce qui pourrait « studium impedire ».

On rapprochera également le « taliter » de 6 du « taliter » de 25, qui est de 1220, et où se retrouve également — toujours à propos du « studium » — le verbe « impedire ».

Les *textes 11, 13, 14 et 15,* que Thomas date de 1216, énoncent des « coulpes » qui se réfèrent évidemment à l'organisation scolaire établie par la Distinction II. Ils ne sauraient donc être antérieurs à 1220. Peut-être même pourrait-on se demander s'ils ne sont pas plus tardifs encore, puisque aussi bien le texte de la Distinction I, tel qu'il se présente dans le Codex de Rodez, comporte un certain nombre d'additions postérieures à 1221, comme par exemple tout ce qui fait allusion aux attributions du prieur provincial ?

Mais, dans la mesure où leur dernière mise au point par saint Dominique se situerait à l'hiver 1220-1221, les chapitres « de levioribus culpis » et « de culpis mediis » des Statuts des Moniales de Saint-Sixte invitent à ne pas retarder au-delà de mai 1220 le catalogue correspondant dans les Constitutions des Frères. En effet, si la rédaction des coulpes des moniales dépend en grande partie de la rédaction de Prémontré, elle en dépend à travers la rédaction des Consuetudines fratrum [34]. Et précisément, la 14ᵉ culpa levior de Saint-Sixte — « si operantes inquietaverit vel ipsa decidiose opus suum fecerit » [35] — qui n'a pas de correspondant dans les coulpes de Prémontré, n'est-elle pas une transposition de notre texte 13, peut-être même aussi du texte 11 ? —

Le *texte 12* (1216, selon Thomas) énonce une coulpe qui suppose en quelque manière une prescription sur les lectures ; il peut ainsi être mis en rapport avec 23 et 24. Il pourrait bien ainsi ne pas être antérieur à 1220.

Les *textes 8 et 10* se correspondent. Le P. Thomas les date de

34. Cf. Vicaire, *ibidem*, pp. 392-395.
35. *Institutiones sororum Sancti Sixti de Urbe,* dans A. Simon, *l'Ordre des Pénitentes de Ste Marie-Madeleine en Allemagne au* XIIIᵉ *siècle,* Fribourg, 1918, p. 147.

1216 ; on le suivrait volontiers devant l'insistance avec laquelle Jourdain de Saxe souligne l'importance des livres pour saint Dominique, soit lors de la première prédication « à l'apostolique » en 1206 [36], soit à propos du premier acte de l'évêque Foulques à l'égard des frères de Toulouse en 1215 [37]. Mais la dépendance de 10 par rapport aux Institutions de Prémontré n'est pas telle qu'elle impose immédiatement cette conclusion. Ce texte a en effet été rédigé en deux fois. Deux coulpes distinctes de Prémontré, l'une sur le moment et la manière de changer de vêtements, l'autre sur leur bon entretien, furent d'abord réunies en une seule [38]. Puis, les livres étant considérés comme aussi précieux que les vêtements, on ajouta « et libros ». Cette addition se fit-elle en 1216 ou en 1220 ?

Elle semble bien, en tout cas, aller de pair avec l'insertion de 8 dans le chapitre sur la formation des novices. Ici encore, on peut se demander : 1216 ou 1220 ? La position du texte en fin de section, immédiatement avant 9, n'empêcherait pas de dire « 1220 », — mais le mot « monasterium » ne nous rapproche-t-il pas du vocabulaire des Institutions de Prémontré, donc de 1216 ? A considérer les trois autres emplois de « monasterium » en dépendance directe de Prémontré [39], on pencherait en effet pour 1216. Mais ne faut-il pas tenir compte également de l'utilisation, assez subtile, de ce même mot au Prologue (texte 3), là où on lisait dans Prémontré « qualiter se habeat conventus » [40] ?

36. Sur le conseil et l'exemple de l'évêque d'Osma, les abbés cisterciens renvoient escorte et bagages « retentis secum dumtaxat libris ad horas, ad studium atque ad disputationem... necessariis ». *Libellus de initiis ordinis*, n° 22, dans *Monumenta ordinis fratrum praedicatorum historica*, t. XVI, p. 37.

37. A Dominique et à ses frères, l'évêque cède la sixième partie des dîmes du diocèse de Toulouse (cfr M.-H. Laurent, *op. cit.*, p. 66, n° 60) « cuius emolumenti subsidio suis ad libros atque ad sustentationem necessariis providerent ». *Libellus...*, n° 39, édition citée, p. 45.

En dehors des précisions du concile de Paris, 1212, sur les possibilités de prêt de livres par des religieux à l'extérieur du monastère (cf. Mansi, XXII, 832), ces textes 8 et 10 semblent bien être les premiers du genre dans les règlements de vie religieuse. Cf. K.W. Humphreys, *The Book Provisions of the Mediaeval Friars*, Amsterdam, 1964. Voir aussi A. Walz, *Vom Buchwesen im Predigerorden biz zum Jahre 1280*, dans *Aus der Geisteswelt des Mittelalters*, I (Festchr. M. Grabmann). Münster, 1935, pp. 111-127 ; S. Axters, *Boekenbezit en boekengebruik bij de Dominikanen in de dertiende eeuw*, dans *Studia mediaevalia in honorem... R. J. Martin*, Bruges, 1948, pp. 475-497.

Ces travaux ne s'arrêtent pas spécialement à nos textes 8 et 10.

L'importance attachée aux livres apparaît également dans la rédaction du texte 18. A. H. Thomas montre (p. 195) comment ce texte dépend directement, dans ses formules même, de la législation cistercienne sur la manière de régler les dissensions entre les frères ; mais le cas précis des livres comme objet de litige est typiquement dominicain.

38. « si vestes suas tempore et loco statuto honeste et ordinate non mutaverit... si quid vestimenti sui pejoraverit, vel perdiderit... ». Martène, *op. cit.*, p. 332.

39. Dans le texte de Rodez, Dist. I, cap. 21, lignes 5, 45 ; cap. 23, ligne 45. Cf. Thomas, pp. 331, 333, 336. Ces trois passages sont empruntés littéralement à Prémontré.

40. *Prologue de Prémontré : Prima distinctio continet qualiter se habeat*
Rédaction dominicaine : Prima distinctio continet qualiter se habeant,

*conventus in die, qualiter in nocte, qualiter in aestate,*
fratres in monasterio in die, qualiter in nocte,

*qualiter in hieme, qualiter se habeant novitii et directi in via,*
qualiter novitii

*infirmi et minuti......*
qualiter infirmi, qualiter minuti......

La substitution de « fratres in suo monasterio » à « conventus » est particulièrement significative. Dans le vocabulaire des statuts de Prémontré, « monasterium » désigne un lieu, des bâtiments, une enceinte : « conventus », fréquemment employé, signifie toujours le groupe humain, le rassemblement des religieux, la communauté. A Prémontré, toute la vie du groupe, du « conventus », se situe dans le « monasterium » ou dans ses dépendances agricoles immédiates. Au contraire, on n'a pas décrit intégralement la vie de la communauté dominicaine lorsqu'on a défini ses observances monastiques. Ce « conventus » est avant tout un « conventus » de prédicateurs ; aussi se garde-t-on soigneusement de réserver ce mot à la seule Distinction I, qui ne connaît que du régime de vie des frères à la maison. Cette modification, où perce le souci de respecter l'équilibre exact du propositum original de l'Ordo prædicatorum, n'est-elle pas à dater aussi de 1220 ?

Du même coup, l'emploi de « monasterium » dans le texte 8 n'est plus une raison décisive pour le dater d'avant 1220.

Ces diverses remarques manifestent la cohérence de l'ensemble des textes retenus ci-dessus et soulignent l'importance du travail opéré par les capitulaires de mai 1220. Après avoir rédigé la charte fondamentale de l'Ordre réglant son mode de gouvernement et ses activités selon la ligne même où, depuis plusieurs mois, les avaient déjà énoncées les documents pontificaux provoqués par saint Dominique, ils procédèrent à une révision minutieuse des dispositions adoptées en 1216, afin que toute l'observance elle-même — conformément aux nouvelles affirmations du Prologue — fût réellement réglée par l'étude et la prédication, pour un plus grand « fructus animarum ».

## III

### L'ÉTUDE, PARTIE INTÉGRANTE DE LA VIE RELIGIEUSE DOMINICAINE

Au cours de son premier chapitre général, tenu à Bologne au mois de mai 1220, l'Ordre des Frères prêcheurs s'est donc donné des *Institutiones* — c'est le terme alors employé — spécialement adaptées au service original que son fondateur et la Papauté, « duce Spiritu sancto inspiranto et disponente » [41] ont voulu pour lui dans l'Eglise.

Les mots ou expressions par lesquels dès le Prologue sont évoquées les grandes valeurs incluses dans le *propositum* des Prêcheurs témoignent à la fois du caractère traditionnel et de la nouveauté de leur *religio* [42] : *cor unum et anima una, observantia canonicæ religionis, studium, prædicatio, salus animarum.*

41. Charte de Conrad de Scharfenberg, du 22 avril 1221, présentée supra p. 225-6.

42. Les expressions employées dans les documents de chancellerie relèvent bien en effet du vocabulaire de la vie religieuse : « religiose proposuerunt... » (lettre de l'évêque de Toulouse, avril 1215, dans M.-H. LAURENT, *op. cit.*, p. 66, n° 60), — « arctior religio » (Honorius III, 7 févr. 1217, *ibidem*, p. 92, n° 79, cf. aussi concile du Latran, 1215, canon 13, *ibidem*, p. 74), — « ministerium et religionem », « propositum » (Honorius III, 11 février 1218, *ibidem*, p. 98, n° 84), — « propositum » (Honorius III, 8 déc. 1219, *ibidem*, p. 123, n° 103).

Le *studium* [43] ne se situe pas au même niveau que la prédication ou le salut des âmes, qui sont conjointement ce pour quoi tout le reste est mis en œuvre ; et cependant, au même titre que la prédication ou l'intérêt des âmes, parce qu'elle est ou doit être immédiatement ordonnée à celui-ci, l'étude réclame une certaine souplesse dans l'*observantia canonicæ religionis* (textes 1 et 2).

Le rapport entre étude et observances est en réalité plus subtil. Si l'étude est une exigence permanente dont l'observance interne au monastère doit tenir compte, en revanche elle doit être considérée elle-même comme un élément proprement dit de cette observance.

1° L'étude est une valeur à laquelle doivent se subordonner certains éléments traditionnels de la vie claustrale :

Le principe de la dispense affirmé au Prologue (texte 2) ne vise pas uniquement des cas particuliers. C'est bien tout le style de l'*observantia canonicæ religionis* qui se trouve affecté par cette préoccupation de favoriser l'étude, ou du moins ne pas lui faire obstacle, *impedire :* l'office divin qui sera bref et sobre (texte 6) ; — le contrôle de la *vita regularis* elle-même, puisque le chapitre des coulpes, qui en est en quelque sorte le balancier, ne sera plus rigoureusement quotidien (texte 5) ; — la *vita communis* enfin, qui devra triompher d'inégalités plus sensibles encore que celles dont parle la Règle de saint Augustin, s'assouplir par une compréhension plus large de la diversité et de la hiérarchie des tâches. Les *officia* relatifs à l'étude jouissent en effet d'un caractère prioritaire et exclusif (textes 28, 31) ; les dispenses de l'observance commune sont plus facilement accordées à ceux qui étudient (texte 25), et l'inégalité s'étend jusqu'au confort et aux conditions matérielles d'existence, par la concession de cellules individuelles aux meilleurs des *studentes* (textes 27, 28 et 29).

2° Mais, à son tour, l'étude doit être considérée comme un élément de l'*observantia canonicæ religionis* :

Elle est une de ces valeurs premières dont doivent se préoccuper ceux qui ont ex officio le devoir de former à la vie religieuse ou d'en contrôler la régularité. Tout autant que de la paix des communautés, les visiteurs doivent s'enquérir de l'assiduité des frères à l'étude (texte 16) ; le zèle incessant pour l'étude, comme d'ailleurs la ferveur pour la prédication quand le temps en sera venu, au même titre que l'humilité du cœur et l'obéissance volontaire, figure au programme de l'éducation religieuse ou *instructio* des novices (texte 9) [44] ; et ceux-ci, dès leur première initiation au

43. Le substantif *studium* est toujours employé dans les textes de 1220 au sens précis d'*étude* et non au sens de « zèle, effort ». Il est concentré sur l'étude de la théologie. Sur les divers emplois du mot dans le vocabulaire monastique, cf. J. Leclercq, dans *Los monjes y los estudios,* (cité supra, note 2), pp. 106-110.

44. En 1220, *instructio* (1 fois), *instruere* (2 fois) ne se trouvent employés que dans ce chapitre sur la formation des novices ; ces mots du vocabulaire le plus classique de la formation religieuse (cf. Dom J. Leclercq, cité supra note 32) gouvernent ici presque tous les énoncés.

*vivere sine proprio,* apprennent que les livres, instruments indispensables du travail intellectuel, doivent être l'objet d'un soin particulier (textes 8 et 10). Un novice dominicain ne se forme pas comme un moine ou un chanoine régulier. Bon nombre des exercices quotidiens du noviciat peuvent se ressembler, mais la visée est toute autre. Le frère prêcheur n'est pas bon religieux s'il n'est pas homme d'étude.

Si le chapitre des coulpes, régulateur de la discipline claustrale, n'est plus strictement quotidien comme à Prémontré, pour laisser plus de temps à l'étude (texte 5), en revanche il doit connaître de tout un ensemble nouveau d'observances inconnu à Prémontré : les exercices scolaires. Dans la mesure en effet où l'étude gravite autour de cours, d'exercices, etc..., les divers éléments de cette organisation rentrent comme tels dans les pratiques de la vie régulière et sont l'objet de coulpes, donc d'accusations et proclamations, de pénitences corrélatives, au même titre par exemple que l'assiduité ou la tenue à la célébration chorale (textes 11, 12, 13, 14, 15 ; cf. aussi 21, 26).

3° Mais finalement l'*observantia* toute entière prend ainsi un sens nouveau :

Si elle règle la vie des frères tant qu'ils sont à la maison, *in monasterio* (cf. texte 3), elle les prépare aussi à en sortir, puisque telle est leur vocation. Le *conventus fratrum prædicatorum* n'existe vraiment en effet que lorsque quelques-uns de ses membres au moins exercent au dehors, comme leur œuvre de pénitence religieuse propre [45], ce ministère de la prédication *ad quod deputati sunt* [46]. Conçue et équilibrée pour faciliter l'étude, l'observance poursuit ainsi son efficacité et ses exigences au-delà de l'enceinte du claustrum, — car, au dehors comme au dedans, en voyage aussi bien qu'à la maison, de nuit comme de jour, le frère prêcheur doit demeurer incessamment un homme de méditation et d'étude (texte 9).

Ceci suppose bien entendu que cette vie studieuse demeure sous l'animation immédiate de la fin propre de l'Ordre : « Notre étude doit tendre par principe, *principaliter,* avec ardeur, *ardenterque,* de toutes nos forces, *summo opere,* à nous rendre capables d'être utiles au prochain » (texte 2).

## IV

### L'ORGANISATION DE L'ÉTUDE

S'il faut tenir compte de l'étude non seulement dans le jeu des dispenses individuelles (texte 2), mais encore dans l'aménagement des horaires (texte 3) et le style même de la célébration liturgique

45. Cf. Bulles d'Honorius III du 21 janvier 1217 (M.-H. LAURENT, *op. cit.,* p. 90, n° 77) et du 12 décembre 1219 (*ibidem,* p. 122, n° 103).

46. Bulle « Si personas religiosas » 13 février 1218 (M.-H. LAURENT, *op. cit.,* p. 104, n° 87 ; sur la date, cf. *Archivum fratrum praedicatorum,* 34, 1964, p. 12), bulle plusieurs fois reprise dans les mois suivants.

(texte 6), ce n'est pas uniquement pour permettre à chaque frère en particulier de donner plus de temps à la *lectio divina,* mais bel et bien parce qu'il s'agit d'une valeur collective, d'une part importante des activités communes de ce *conventus* religieux qui ne se conçoit pas plus sans professeur de théologie que sans supérieur (texte 20). Un établissement de Prêcheurs n'est pas simplement une école de théologie, mais il en comporte nécessairement une.

On peut en décrire le fonctionnement, tel que le prévoit la section *de studio* des *Institutiones* de 1220 :

1° *Les « studentes ».* Si l'étude est pour tout frère prêcheur une obligation fondamentale, on ne saurait cependant déduire des seuls textes de 1220 qu'elle s'impose à tous sous sa forme scolaire. Qu'un enseignement de théologie doive être assuré dans tout couvent (texte 20) ne signifie pas nécessairement que tous les religieux soient obligés de le suivre. Est-ce de tous les religieux que le visiteur doit contrôler l'assiduité à l'étude (texte 16) ou simplement de ceux que les *Institutiones* nomment les *studentes* ?

En raison des conditions spéciales de vie matérielle (texte 27, 29) et des dispenses spéciales dont ils bénéficient (textes 25, 31), mais aussi de la surveillance particulière dont ils sont l'objet (textes 21, 26, 27), les *studentes* forment bien une catégorie distincte. Ainsi l'étude, obligation générale, se concrétise pour certains dans un *officium* propre ; on est *studens,* tandis que d'autres sont prédicateurs, visiteurs, responsables du temporel, etc...

Faut-il identifier ces *studentes* avec les jeunes profès ? Aucun texte n'y oblige. Si un minimum d'études est requis pour commencer à prêcher (texte 17) et bien sûr pour enseigner, rien n'est précisé d'un rapport nécessaire entre études et ordination sacerdotale.

2° *Le corps enseignant* comprend au minimum deux personnes, dont les tâches sont complémentaires. L'enseignement proprement dit revient au *doctor* (texte 20) ; c'est lui qui « lit » les textes et dirige les disputes. Quant au *magister studentium* (textes 21, 22, 26, 27), son rôle est à la fois d'éducation et de surveilance religieuse, de répétiteur, de guide personnel des études, de pédagogue. Ainsi, si pendant le noviciat le père maître doit inclure l'étude dans les valeurs auxquelles il initie les frères, quand ensuite ceux-ci sont engagés dans le travail scolaire un seul responsable les guide dans cette activité et contrôle leur vie religieuse. La visée de saint Dominique est très unifiée.

On a vu une préfiguration de ce *magister studentium* dans le *vitæ probabilis frater* que certaines constitutions de chanoines réguliers, telles celles de Marbach, préposaient à l'éducation et à l'instruction, en vue du sacerdoce, des *pueri* élevés dans l'enceinte du cloître [47]. L'analogie n'est pas discutable ; elle demeure cependant

47. Cf. AMORT, *Vetus disciplina canonicorum regularium et saecularium...* Venise, 1747, I, p. 391. Le rapprochement a été fait par H. DENIFLE, *op. cit.*, (supra, note 21), p. 185, note 2. — La même fonction est prévue dans les statuts de Sainte-Marie au Port, de Ravenne, dus à Pierre de Honestis. Cf. MIGNE, P. L., t. 163, col. 729.

lointaine car il ne s'agit pas ici de *pueri* qui en sont aux rudiments et à la grammaire, mais d'adultes qui s'adonnent à la théologie. Pour trouver l'origine du *magister studentium*, sans doute faut-il moins regarder du côté des cloîtres que du côté des écoles cathédrales ou capitulaires, dont le responsable ou *scholasticus* s'appelle aussi parfois *magister scholarum* ou *magister scholaris* [48]. C'est de l'organisation de ces écoles que se sont inspirés les frères du Chapitre de 1220, familiers des usages de Paris (Jourdain de Saxe) ou de Bologne.

3° *Les activités de la vie scolaire* sont de trois types.

Les étudiants assistent aux *lectiones* du *doctor* ; c'est l'acte principal de la vie scolaire (textes 11, 13, 15, 21). *Lectio* est évidemment à prendre ici dans son sens technique, celui de l'explication d'un texte. Cette explication s'écoute ; — le verbe *audire* exprime si bien l'activité principale des *studentes* (textes 11, 15, 21) que les Chapitres généraux suivants, sous Jourdain de Saxe, diront *audire theologiam* pour désigner les années d'études [49].

La *disputatio*, qui dans les écoles est le complément normal de l'enseignement magistral, a sa place aussi dans l'école conventuelle ; elle semble avoir lieu le soir (texte 26).

Chaque jour enfin les étudiants se réunissent autour du maître des études pour une sorte de répétition, qui se fait par mode de questions, de difficultés mises en commun, d'exercices d'argumentation (texte 26). Les allusions à des excès possibles de vivacité dans l'objection ou la réplique indiquent le réalisme de ce travail d'assimilation collective, exercé sous contrôle compétent.

Quant au labeur d'assimilation personnelle, pour lequel l'assistance du maître des étudiants est encore prévue (textes 21, 22), il s'exerce par des lectures, la rédaction de notes, la prière (texte 29). Chaque étudiant recopie des textes ou des notes sur des pièces de parchemin pliées en quatre, six ou huit parties, et qui constitueront son bagage théologique personnel, ses « cahiers » (texte 21)[50].

4° Peut-on déjà déceler — quoi qu'il en soit de l'expression, évidemment beaucoup plus tardive — les éléments d'une *ratio studiorum ?*

Certaines des orientations données par les *Institutiones* de 1220 seront vite dépassées ; mais d'autres posent déjà le principe des développements ultérieurs.

*a*) la formation préalable.

C'est à un chapitre général ultérieur qu'il faut attribuer l'exigence, consignée dans le texte de Rodez, d'un examen préalable de

48. Cf. P. Delhaye, *op. cit.*, (supra, note 2), pp. 247-248.

49. « Nullus fiat publicus doctor, nisi per quatuor annos ad minus theologiam *audiverit* ». Texte de Rodez, Dist. II, cap. 30, lignes 2-3 ; Thomas, p. 363. — « Statuimus ut nullus fiat predicator generalis, antequam theologiam *audierit* per tres annos ». — « Ad exercitium vero predicationis, postquam prius per annum *audierint*, possunt admitti, qui tales sunt de quorum predicatione scandalum non timetur ». Dist. II, cap. 31, lignes 2-3, 4-6 ; Thomas, p. 363.

50. Cf. M.-H. Vicaire, *Histoire de saint Dominique*, T. II, p. 224, note 75.

la *scientia* des postulants en même temps que de leurs mœurs[51]. Mais en prohibant absolument, même pour les *juvenes*, l'étude des arts libéraux (texte 24), la législation de 1220 révèle du fait même que tout candidat à la vie de frère prêcheur doit avoir déjà acquis le minimum de formation grammaticale et littéraire pour faire de la théologie.

*b*) un seul objet d'études, la théologie (texte 24).

La prohibition des auteurs profanes, « païens et philosophes » (texte 23) n'est pas une innovation. On se conforme à la loi ecclésiastique commune formulée par Gratien, lui-même écho d'une longue tradition. L'interdiction des « philosophes » se situe dans la même ligne que celle des « païens » et n'est pas à mettre en rapport avec la fièvre pro-aristotélicienne qui commence à se manifester, spécialement à Paris[52]. Les *scientiæ sæculares* prohibées en plus des arts libéraux, ne peuvent être que le droit civil et la médecine, ces eaux de citernes auxquelles il faut préférer les eaux vives dont le Sauveur est la source et dont les âmes ont soif, comme le rappelait Honorius III quelques mois avant la rédaction des *Institutiones* de 1220[53].

Aucune indication positive n'est encore donnée sur les textes à expliquer, la nature des livres mis à la disposition des frères. Au point de départ où nous sommes, il ne peut s'agir que de la Sainte Ecriture. Saint Dominique lui-même expliquait saint Matthieu et saint Paul[54], Jourdain de Saxe à Paris commente saint Luc[55]. D'ici peu d'années, la description par un chapitre général du bagage minimum en livres d'un étudiant envoyé d'un couvent à un autre[56] sera le signe du rapide développement de cette vie scolaire.

*c*) un « cursus » scolaire très diversifié.

Rien qui ressemble à un programme progressif, obligatoire pour tous. Les études varient en intensité, en durée, en qualité, d'un individu à l'autre, selon divers critères :

— selon les dispositions intellectuelles d'un chacun. Tout le monde n'est pas *studens*, et celui qui ne profite pas des conditions qui lui sont ménagées pour faciliter son travail sera employé à

51. « In quolibet autem conventu eligantur tres ydonei de communi consilio capituli, qui recipiendos in moribus et scientia diligenter examinent et examinationem priori et capitulo referant, eorum iudicio an recipi debeant relinquentes ». Dist. I, cap. 14, lignes 24-27 ; THOMAS, p. 325.

52. Cf. G.G. MEERSSEMAN, « *In libris gentilium non studeant* », dans *Italia medioevale e umanistica*, I, 1958, pp. 1-13.

53. « Super speculam Domini », 22 novembre 1219. Cf. supra p. 224.

54. Cf. Procès de Bologne pour la canonisation de Dominique, n° 29, déposition du fr. Jean d'Espagne. *Monumenta ord. fr. praed. historica*, t. XVI, Rome, 1935, pp. 147.

55. Cf. *Vitae fratrum*, Pars 3a, cap. 4. *Monumenta ord. fr. praed. historica*, I, Louvain, 1896, p. 102.

56. « Statuimus autem ut quelibet provincia fratribus suis missis ad studium ad minus in tribus libris theologie providere teneatur, et fratres missi ad studium in historiis et sententiis et textu et glossis precipue studeant et intendant ». Il s'agit de l'Histoire scolastique de Pierre le Mangeur et des Sentences de Pierre Lombard. Cette détermination, qui a pris place dans le texte de Rodez, Dist. II, cap. 28, lignes 12-16 (THOMAS, p. 361), ne doit pas être postérieure à 1228.

d'autres offices (texte 28). A l'intérieur de l'organisation scolaire, en face des cours professés par les *Doctores*, il appartient au maître des étudiants de décider pour chacun des frères en particulier quelles leçons il suivra, s'il doit ou non rédiger des « cahiers », etc... (texte 21).

— selon le but poursuivi. On veut former des prédicateurs. Les études se prolongent plus ou moins selon que l'étudiant atteint ou non le niveau de formation que désirent les supérieurs (texte 17). Il n'est pas encore dit en 1220 qu'un temps plus long sera requis pour celui dont on veut faire un professeur, mais cela ne va-t-il pas de soi ?

— selon les lieux. Si tout couvent de l'Ordre compte obligatoirement un Docteur (texte 16), tous ces professeurs ne sauraient être de même valeur, — et l'ambiance intellectuelle varie d'une ville à l'autre. La concentration de certains étudiants et de certains professeurs en certains couvents pour une meilleure qualité des études apparaît comme une des données premières de la législation scolaire dominicaine (texte 19). Voici posé dès 1220 le principe de cette intense circulation estudiantine qui sera une des caractéristiques de l'Ordre au XIII^e^ siècle.

*d*) l'ébauche d'un système d'examens.

Il y a en effet une certaine *inquisitio* sur les conditions *de studio* du candidat à l'office de prédicateur, que *studium* désigne ici son niveau de science ou simplement son application au travail intellectuel ; cette *inquisitio* est suivie d'un *judicium* au terme duquel le candidat est ou bien investi d'une certaine responsabilité de prédication ou au contraire invité à poursuivre encore ses études, *in studio morari* (texte 17).

5° *Une direction générale des études.* L'importance du *studium* dans l'*Ordo prædicatorum* apparaît au fait que d'emblée ce domaine déborde l'autorité du prieur conventuel.

A la tête de son *conventus*, le prieur n'a pas à l'égard des *studentes* la même autorité, la même liberté de manœuvre qu'à l'égard des autres frères. Les *Institutiones* elles-mêmes lui font un devoir de les dispenser plus facilement que d'autres et de leur épargner les charges pouvant les distraire des études (textes 25, 31). Bien plus, il ne traite pas directement avec eux, mais plutôt par l'intermédiaire du *magister studentium* (texte 22). C'est à ce dernier qu'il revient finalement de décider dans un couvent si un frère peut continuer de bénéficier de facilités pour l'étude ou s'il peut être plus avantageusement occupé à d'autres emplois, donc rentrer sous la coupe plus directe du prieur (textes 27, 28).

Mais, en ce domaine, l'autorité du *magister studentium* aussi bien que celle du prieur est limitée par celle du chapitre général et du *prælatus major* — l'allure archaïque de cette désignation reflétant bien le caractère tout à fait primitif de la législation ici étudiée (textes 17, 19). C'est à cette instance supérieure que se décident l'achèvement ou la prolongation des études pour l'exercice effectif de la prédication (texte 17), le moment, le lieu et la durée des « envois » de frères de couvent à couvent, *ob studendum* (texte 19).

Bientôt cette législation évoluera quand la division de l'Ordre en provinces introduira un important relais d'autorité entre les couvents et le chapitre général ; mais ici encore un principe fondamental est déjà établi : si l'étude est une obligation personnelle pour tout membre de l'Ordre (texte 9) et si tout *conventus* est scolairement organisé (texte 20), cette organisation fait partie d'un ensemble, et son fonctionnement relève d'une politique générale des études dont la direction effective appartient à une autre autorité que l'autorité conventuelle. Le chapitre général, à qui les Institutions de 1220 réservent cette responsabilité du monde scolaire dominicain, la partagera bientôt avec les chapitres provinciaux, — il ne l'abandonnera pas de tout le moyen âge.

6° *Les conditions matérielles de l'étude* sont également prévues et commandent l'agencement des bâtiments du *claustrum* conventuel. Parmi les *officina* réguliers, il faut prévoir désormais salles de cours et salles de réunion des étudiants (texte 26), et aménager en cellules individuelles (textes 27,29) une partie du *dormitorium* commun. La *cella* des Pères du désert, réintroduite en Occident dans le vocabulaire des ermites, prend ici un nouveau sens.

La nécessité d'une bibliothèque n'a pas à être affirmée puisqu'elle existe déjà normalement dans toute construction monastique ou canoniale de ce temps. Pour garnir cette bibliothèque, tout couvent a normalement ses équipes de copistes (texte 14). L'importance des livres est soulignée, qu'il s'agisse de livres de l'usage commun ou de livres laissés à l'usage personnel des frères (textes 8, 10). Que le livre « ad usum » soit déjà une réalité au temps de saint Dominique, il suffit pour s'en convaincre de voir comment le premier chapitre général prévoit la liquidation des contestations et conflits pouvant naître à leur propos (texte 18). Une législation abondante et compliquée est ici en germe.

## V

### ÉTUDE ET « VITA APOSTOLICA »

Ainsi documents diplomatiques et textes législatifs se répondent. Ils invitent, en outre, à accueillir avec toute leur force les affirmations de Jourdain de Saxe ou des témoins au procès de canonisation sur les manifestations du zèle de saint Dominique pour l'étude. La convergence de ces trois sources d'information permet de discerner par quelles étapes le fondateur des frères prêcheurs est arrivé à inclure la pratique assidue de la théologie dans sa conception de la *vita apostolica,* et à pousser cette perception jusqu'à ses extrêmes conséquences.

Quelques lignes suffiront pour marquer les jalons de ce processus, dont l'analyse détaillée requerrait presque un nouveau récit de toute la vie du « bienheureux Père » [57].

Après avoir été étudiant aux écoles de Palencia, Dominique a fait profession religieuse comme chanoine régulier d'Osma, au moment où le retour du Chapitre à la pratique réelle de la vie commune signifiait le désir d'une meilleure conformité à la *vita apostolica*.

La participation avec son évêque à la mission cistercienne auprès des hérétiques du midi de la France, en 1206, l'engage bientôt dans une imitation plus complète de la vie des apôtres, les consignes données en Mt X, 9 devenant la norme de sa vie de prédicateur. Occasionnelle et temporaire pour les cisterciens, cette option est pour lui définitive. Les conditions extérieures de pauvreté dans lesquelles elle s'exerce ne vont pas jusqu'à l'abandon des livres [58]. Ceux-ci apparaissent comme strictement nécessaires à une prédication qui comporte des controverses techniques avec les champions de l'hérésie. L'étude est ainsi intérieurement présente à la première prédication apostolique de Dominique. Ne la voit-il pas bientôt sous forme de *schola* dans le *propositum* de vie évangélique que ses adversaires d'hier, les compagnons vaudois de Durand de Huesca, font approuver par Innocent III en 1208, lorsqu'ils se réconcilient avec l'Eglise romaine [59] ?

Prédication, pauvreté itinérante, étude, Dominique entreprend d'intégrer tout cela dans une forme de vie religieuse lorsque, au printemps de 1215, il reçoit les vœux de Pierre Seila et de quelques autres frères. Ce sont ces mêmes compagnons qu'il initie aux mœurs religieuses selon le meilleur de la tradition monastique en leur découvrant l'itinéraire progressif vers l'humilité du cœur [60], et qu'il entraîne bientôt aux leçons de maître Alexandre Stavensby [61], tandis que les dispositions financières prises par l'évêque de Toulouse permettent au petit groupe de se procurer les livres indispensables à la réalisation de son *propositum* de prédication apostolique [62].

En 1216, au retour du concile du Latran, voici venu le moment

57. Aussi bornons-nous nos références aux textes appuyant nos affirmations concernant saint Dominique et l'étude.

58. Cf. supra, note 36.

59. Propositum des Pauvres catholiques, IV : « Cum autem ex magna parte clerici simus et pene omnes litterati, lectioni, exhortationi, doctrinae et disputationi contra omnes errorum sectas decrevimus desudare. Disputationes tamen a doctioribus fratribus in fide Catholica comprobatis et instructis in lege Domini dispensentur, ut adversarii Catholicae et Apostolicae fidei confundantur. Per honestiores autem et instructiores in lege Domini et in sanctorum Patrum sententiis, verbum Domini censuimus *proponendum in schola nostra fratribus et amicis.....* »

J.-B. Pierron, *Die katholischen Armen*, Fribourg en Br., 1911, p. 173.

60. « ex tunc omnes, qui cum ipso erant, ceperunt magis ac magis ad humilitatem descendere et religiosorum se moribus conformare ». Jourdain de Saxe, *Libellus de initiis ordinis*, n° 38. *Monumenta ord. fr. praed. historica*, XVI, p. 45.

61. Information rapportée par Humbert de Romans, cf. *ibidem*, p. 400 et dont la solidité est suffisamment vérifiée. Cf. W. Hinnebusch, *The early english Friars Preachers*, Rome, 1951, pp. 443-445 ; M.-H. Vicaire, *Histoire de saint Dominique*, t. I, p. 349-350.

62. Cf. supra, note 37.

des premières formulations juridiques. Les frères ne sont qu'une poignée, leur expérience ne dure que depuis quelques mois, et peut-être leurs ambitions ne s'étendent-elles pas au-delà des horizons du Languedoc ; ils se contentent du minimum. On fait choix de la règle de saint Augustin, et on se rallie au plus austère des styles d'observance canoniale alors en cours, celui de Prémontré, dont les statuts servent à rédiger les premières *Consuetudines*. Peut-être le mot *studium* ne figure-t-il pas encore une seule fois dans cette première législation [63], peut-être le souci particulier de la bonne conservation des livres n'y est-il pas encore inscrit [64] ? mais un parti décisif se prend dès ce moment, par l'abandon du travail manuel si en honneur cependant dans les conceptions courantes de la *vita apostolica* [65]. Les édifices que l'on construit auprès de l'église Saint-Romain comporteront spécialement non des granges ou des ateliers, mais des cellules, *ad studendum* [66].

En janvier 1217, Dominique est à Rome depuis quelques semaines. Le 22 décembre précédent il a obtenu pour sa communauté de Saint-Romain la bulle classique de confirmation des fondations canoniales, mais il poursuit ses négociations à la chancellerie pontificale pour faire sanctionner de quelque manière l'originalité de son entreprise, dont il ressent de plus en plus l'urgence. Pour ébranler les appuis encore puissants de l'hérésie dans la région de Toulouse, ses frères sont encore trop peu nombreux et trop peu préparés ; ne faut-il pas leur procurer quelque renfort ? — Dix ans plus tôt, Innocent III pour cela se tournait vers les habitants des monastères ; Dominique, lui, veut s'adresser au monde scolaire parisien ; c'est aux professionnels de la théologie que, sur sa demande, le Pape fera appel [67]... Le document n'est pas utilisé, et la démarche n'a pas lieu, qui finalement n'eût été qu'un palliatif occasionnel. Car les horizons s'élargissent et Dominique, comme sous une mission reçue des apôtres Pierre et Paul, pense à faire œuvrer *per totum mundum* ceux que désormais le Saint-Siège nomme « frères prêcheurs » [68]. Lorsque, le 15 août 1217, inébranlable dans sa résolution intérieurement mûrie, il disperse ses seize frères, il en envoie quelques-uns à Paris, « pour étudier » [69].

63. Cf. *supra*, p. 222-3, pour la date des textes 5 et 6.

64. Cf. *supra*, p. 223-4, pour la date des textes 8 et 10.

65. Cf. *supra*, p. 222-3, à propos du texte 7. — Sur le lien entre l'*opus manuum* et l'imitation des apôtres, cf. M.-H. Vicaire, *Histoire de saint Dominique*, t. I, p. 350, note 105.

66. Jourdain de Saxe, *Libellus*... n° 44, *Monumenta ord. fr. praed. historica*, XVI, p. 46-47.

67. Bulle « Olim in partibus Tolosanis » du 19 janvier 1217. Cf. *supra*, p. 223-4.

68. Cf. la vision des Dx Apôtres à S. Pierre de Rome, rapportée par Constantin d'Orvieto, dans *Monumenta ord. fr. praed. historica*, XVI, p. 231-232. Cf. V. Koudelka, *Archivum fratrum praedicatorum*, 33, 1963, pp. 101-105.

69. « ut studerent, et predicarent et conventum facerent », dit frère Jean d'Espagne, qui fut un des frères ainsi envoyés à Paris, — déposition au procès de canonisation de Bologne, n° 26 ; *Monumenta ord. fr. praed. historica*, XVI, p. 143-144. Jean d'Espagne insiste ici sur la résistance de l'entourage de saint Dominique devant la hardiesse de cette dispersion, « nolite contradicere, ego scio bene quid facio », répond le saint. Jourdain de Saxe se fait également l'écho (*Libellus*..., n° 47, *ibidem*, p. 48) de la grosse impression faite sur les frères par cette décision grave prise « invocato spiritu sancto ».

« Pour étudier, prêcher et constituer un *conventus* ». Mais est-ce compatible ? A Paris, les habitants des *claustra* n'ont pas le droit d'en sortir pour fréquenter les *scholæ* [70] ! Qu'à cela ne tienne, un maître de Paris viendra donner ses leçons dans l'enceinte même de cette maison de Saint-Jacques qu'il leur a lui-même donnée. La générosité et le dévouement de Jean de Barastre ont permis aux premiers fils de saint Dominique non seulement de prendre pied à Paris, mais d'y expérimenter un statut original de vie religieuse. Un *collegium pauperum Christi* [71], incluant la *schola theologiæ* non seulement dans l'enceinte du *claustrum,* mais aussi dans son *observantia,* tels sont les *fratres ordinis Predicatorum in sacra Pagina studentes Parisius* [72].

Des essais analogues se font ailleurs, à Bologne notamment. Et, au premier chapitre général, en mai 1220, ces faits deviennent le droit : l'étude sera un élément organique de l'*Ordo prædicatorum.*

La nouveauté de ces dispositions, bien que préparée de loin, n'est pas contestable [73]. Mais, — le fait est bien attesté par les témoins du procès de canonisation, — le travail du chapitre général de 1220 fut vraiment œuvre collective [74]. Une question se pose alors. Dominique s'est-il engagé sur l'étude aussi personnellement

Ainsi sommes nous invités à voir encore l'intervention quasi directe de saint Dominique dans la rédaction du texte de 1220 sur le rôle du *prelatus major* et des définiteurs du chapitre général dans la dispersion des frères « ob predicandum et studendum » (cf. texte 19) : « quidquid inde donante spiritu sancto ordinaverint, capitulum universaliter et unanimiter et devote suscipiat. Nullus murmuret, nullus reclamet, nullus contradicat ». Dist. II, cap. 21. lignes 20-23 ; THOMAS, p. 357 ; MANDONNET-VICAIRE, II, 289. Le rapprochement fait par le P. Thomas (p. 195) avec la législation cistercienne souligne encore l'originalité de cette allusion à l'Esprit-Saint.

70. Statuts diocésains de Robert de Courson, 1213 : « Prohibemus etiam, ne quis, postquam intrat claustrum causa religionis, exeat causa eundi ad scholas, sed in claustro, si voluerit, addiscat... » MANSI, XXII, 238.

Cf. VICAIRE, *Histoire de saint Dominique,* t. II, pp. 233-234, note 112.

71. L'expression est de Jourdain de Saxe, *Libellus...* n° 72 ; *Monumenta...* XVI, p. 59.

72. Lettre « Gratum gerimus et acceptum » d'Honorius III à l'Université de Paris, 27 février 1220 ; M.-H. LAURENT, *op. cit.,* n° 107, p. 126.

73. Une enquête menée à travers les coutumiers de chanoines réguliers répertoriés par C. DEREINE (*Scriptorium,* 5, 1951, pp. 107-113 ; 13, 1959, pp. 244-246) ne fournit que des analogies lointaines. Il y est parfois question de *scholae* pour la formation grammaticale et littéraire initiale des *pueri, juvenes, novitii minores,* — mais non d'écoles proprement dites de théologie intégrées à l'*observantia.* L'analogie la plus forte est bien celle que nous avons relevée dans le *propositum* des pauvres catholiques, en 1208. (Cf. *supra,* note 59). En dépit de sa recherche minutieuse des divers rapprochements possibles, le P. Thomas n'apporte pas davantage de textes antécédents.

74. Cf. M.-H. VICAIRE, *Histoire de saint Dominique,* t. II, pp. 205-207. Le P. Vicaire suggère que le principal rédacteur des textes de 1220 pourrait être Jourdain de Saxe (*ibidem,* pp. 227-228). La parenté de vocabulaire et de style entre la « charte de prédication » de 1220 et le « Libellus de initiis ordinis » est en effet très impressionnante. Mais, après le P. Koudelka, nous avons souligné aussi la parenté sinon de cette charte de 1220 du moins du texte n° 2 du Prologue, avec les documents diplomatiques dont la rédaction fut suivie de si près par Dominique dans les bureaux de la chancellerie romaine... La rédaction du libellus de Jourdain de Saxe est d'ailleurs postérieure de plus de dix ans à la législation de 1220. Mais, premier responsable comme successeur de saint Dominique de l'explication, du commentaire et de l'application de ces textes fondamentaux, Jourdain les a tellement fréquentés que les formules — qu'elles fussent originellement de lui ou non — revenaient spontanément sous sa plume lorsque plus tard, il écrivit pour les frères sa narration si remarquablement précise des origines de l'Ordre.

que sur d'autres points ? A-t-il pris ici les initiatives, ou s'est-il contenté de suivre ?

C'est à lui avant tout que l'on doit la renonciation totale aux revenus, l'adoption comme devise de l'Ordre de la sentence chère à Etienne de Muret, « ne parler qu'avec Dieu ou que de Dieu » [75] ; — mais l'organisation de l'étude ?

Si forte ait été l'autorité du fondateur, ses points de vue n'ont cependant pas toujours rencontré l'adhésion des frères. Il se heurta même à une opposition catégorique lorsqu'il proposa de confier exclusivement aux frères convers la responsabilité du temporel, « ut fratres fortius intenderent studio et predicationibus », nous dit Jean d'Espagne [76], témoin de la première heure de l'attrait exercé sur saint Dominique par les écoles parisiennes. Ainsi sommes-nous invités à voir l'influence personnelle du fondateur derrière les insistances de la législation de 1220 pour préserver des soucis administratifs les frères plus spécialement consacrés à l'étude (cf. textes 18, 25, 31). Attentif à ces dispositions, comment Dominique aurait-il négligé les autres ?

Loin que l'organisation scolaire de l'Ordre ait été imposée à Dominique par les premiers frères, ne seraient-ce pas plutôt ceux-ci qui, sur ce point comme sur d'autres, auraient hésité à le suivre dans ses audaces ?

75. Cf. M.-H. Vicaire, *Histoire de saint Dominique*, t. II, p. 227, note 83, qui sur ce point rapporte des témoignages précis au procès de canonisation à Bologne. Rappelons ici le beau texte sur le comportement du prédicateur évangélique, où se trouve cette devise :

«...Hii qui apti sunt, cum in predicationem exire debuerint, eis socii dabuntur a priore, secundum quod moribus eorum et honestati iudicaverit expedire. Qui, recepta benedictione, exeuntes, ubique tanquam viri, qui suam et aliorum salutem procurare desiderant, honeste et religiose se habeant sicut viri evangelici, sui sequentes vestigia Salvatoris, cum Deo vel de Deo secum vel proximis loquendo, vitabunt suspiciosi comitatus familiaritatem » Dist. II, cap. 31, lignes 7-14 ; Thomas, p. 363 ; Mandonnet-Vicaire, II. p. 291.

Le P. Thomas, qui intitule joliment ce passage *Speculum praedicatorum* par analogie avec le bref *Speculum novitiorum* que représente Dist. I, cap. 13, estime qu'il appartient aux parties les plus anciennes des Constitutions, en raison du caractère concret de son style et des réminiscences littéraires qu'il contient. Il le date donc de 1216 (*op. cit.*, p. 254-255).

Cette argumentation nous semble très discutable. Par son style, ce passage s'apparente davantage aux autres éléments de ce que le P. Vicaire appelle la« charte de prédication » rédigée en 1220, et notamment à la section sur la célébration du chapitre général.

Les réminiscences littéraires proposées par le P. Thomas (p. 363) sont certainement à prendre en considération, à savoir la Ia Petr. II, 21 « ut sequamini vestigia eius », et le *Propositum* de Bernard Prim « suspectum mulierum consortium prorsus evitent » (P. L., t. 216, col. 293). Mais comment le P. Thomas n'a-t-il pas repéré la parenté du « cum Deo vel de Deo » avec la sentence de S. Etienne de Muret, fondateur de Grandmont, telle que nous l'a transmise son collaborateur et successeur Hugues de Lacerta († 1157) dans le *Liber sententiarum :* « Bonus homo debet semper loqui de Deo vel cum Deo ; nam in oratione sua cum Deo, cum proximo loquitur de Deo ». (P. L., t. 204, col. 1102) En dépit de cette dépendance littéraire, mais qui s'explique aisément puisque saint Dominique aimait répéter cette devise, le témoignage des frères de Bologne est suffisamment formel pour nous inviter à dater ce texte de 1220, car c'est bien aux interventions de saint Dominique au chapitre de cette année que leurs dépositions veulent faire allusion.

76. Procès de canonisation de Bologne, n° 26 ; *Monumenta ord. fr. praed. historica*, XVI, p. 144. Cf. M.-H. Vicaire, *Histoire de saint Dominique*, t. II, p. 220-221. Voir aussi la déposition du fr. Rodolphe, Procès n° 32 ; *op.. cit.*, p. 150-151.

La sainteté canonisée d'un Albert le Grand et d'un Thomas d'Aquin sanctionne l'authenticité religieuse des initiatives les plus neuves de ce réalisateur intégral de la *vita apostolica* que fut, au dire de Grégoire IX [77], le fondateur des Prêcheurs.

Celui-ci cependant prévoyait-il à quels dangers il ouvrait la porte ? L'usage nécessaire des livres constituerait bientôt la plus grave menace au « *vivere sine proprio* »..., et la dispense tournerait vite au privilège, bientôt désiré comme tel pour échapper à l'observance... !

Mais le risque valait la peine d'être couru. Aussi bien, l'homme qui, tout en assumant de manière très réfléchie une discipline pénitentielle passablement élaborée, entendait bien que sa législation n'obligeât pas sous peine de péché, ignorait-il cette idée d'une consécration religieuse développant sereinement ses conséquences méritoires par la seule fidélité à des normes extérieures de vie tracées une fois pour toutes. Les valeurs d'observance, d'étude et de prédication ne peuvent s'équilibrer et s'harmoniser que par l'incessante réactualisation du *propositum fondamental* : « ubique tanquam viri qui suam et aliorum salutem procurare desiderant, honeste et religiose se habeant sicut viri evangelici, sui sequentes vestigia Salvatoris... » [78]. Le dominicain qui ne se livre pas assidûment à l'étude est infidèle à sa profession ; mais aussi bien quand il étudie que quand il prêche, il doit avant tout vivre, à la suite du Christ, en homme de l'Evangile.

77. « virum totius apostolice regule sectatorem »... propos rapporté par Jourdain de Saxe, *Libellus*... n° 125 ; *Monumenta... hist.*, XVI, p. 85.

78. *Institutiones* de 1220, *de predicatione*. MANDONNET-VICAIRE, II, 291 (= Dist. II, cap. 31 ; THOMAS, p. 363).

# L'ÉTUDE DE SAINT THOMAS DANS LA FORMATION INTELLECTUELLE DES FRÈRES PRÊCHEURS AUX LENDEMAINS DU CONCILE

par

Henri-Marie FÉRET, O. P.

La question à laquelle ces pages proposent une réponse fut effectivement posée à leur auteur en vue d'éventuels aménagements institutionnels dans l'Ordre des Prêcheurs. Elles n'offrent sans doute pas d'autre intérêt que d'être le témoignage de quelqu'un qui, après avoir enseigné près d'un quart de siècle dans les Facultés de l'Ordre ou au dehors, a été ensuite amené, par certains événements auxquels n'était pas étrangère une certaine conception de la théologie, à exercer un ministère principalement intellectuel dans des milieux assez variés. Elles n'apportent sans doute rien de très original, condamnées qu'elles étaient à demeurer dans des généralités. Puissent-elles du moins n'être pas trop indignes d'être offertes en hommage respectueux et amical à l'auteur de l'*Introduction à l'étude de Saint-Thomas d'Aquin* [1].

Voici comment le problème avait été posé :

« Il faudrait un court mémoire comportant d'une part les objections majeures que l'on fait à saint Thomas aujourd'hui (au Concile et ailleurs), et d'autre part un essai de définition de notre position, à nous dominicains, dans la conjoncture actuelle.

« Par rapport à Maître Thomas nous avons des obligations que n'a pas la moyenne des évêques ou la moyenne des professeurs de séminaire. Ces obligations correspondent à une tâche propre dans l'Eglise.

« Mais, dans la conjoncture apostolique du moment, notre tâche doit être formulée à nouveau. »

1. M.-D. CHENU. *Introduction à l'étude de saint Thomas d'Aquin*. Montréal, Inst. d'Et. méd. ; P., Vrin, 1950. Sur la littérature suscitée par ce beau livre de méthode, cf. *Bull. thom.* (= B.T.), 1950, pp.1368 ss. Que l'on n'oublie pas non plus, du même auteur, le *Saint Thomas d'Aquin et la théologie* (Maîtres spirituels, 17). P., Les Edit. du Seuil, 1959, traduct. allemande : *Thomas von Aquin in Selbstzeugnissen und Bilddokumenten*, Reinbek bei Hamburg, Rowolt, 1960.

## I. — ASPECTS DIVERS ET GRAVITÉ DE CE PROBLÈME

Que ce problème soit réel et qu'il soit grave, aucun de ceux qui ont suivi depuis quelque trente ans le mouvement soit de la pensée de ce temps, soit des recherches de théologie ou d'action pastorale et missionnaire dans l'Eglise ne pourrait en douter. Les débats auxquels il a donné lieu au cours du Concile, notamment à propos des Décrets *De institutione sacerdotali* (n° 16) et *De educatione christiana* (n° 9) et de la Constitution Pastorale *De Ecclesia in mundo hujus temporis* (en laquelle, au chapitre de la culture, saint Thomas n'est pas cité, même à titre d'exemple), lui ont donné une existence en quelque sorte officielle, prélude certain de nouvelles rédactions canoniques sur ce point. Il convient de le regarder en face, à l'encontre de toute politique de l'autruche qui, sur ce point comme sur plusieurs autres aussi graves (originalité spécifique de l'Ordre, de ses ministères, de sa vie religieuse, etc...), ne pourra qu'accroître pour lui, pour ne rien dire ici des autres familles religieuses ni des institutions universitaires ecclésiastiques, l'actuel danger de décalage par rapport au mouvement général de la vie du monde et de l'Eglise.

Concrètement, ce problème se pose sur deux plans, à première vue différents, en vérité étroitement solidaires, celui de la formation intellectuelle et celui de la formation apostolique. Il donne lieu, nous semble-t-il, aux positions suivantes, dans l'Eglise et dans l'Ordre.

### 1° Dans l'Église.

#### A) *Au plan de la formation philosophique et théologique.*

Les principales positions semblent être présentement les suivantes :

1° Il y a les tenants de la valeur permanente, pour la formation des clercs, d'une synthèse thomiste considérée comme ayant atteint, pour l'essentiel de tous les problèmes philosophiques et théologiques, une perfection telle, qu'il n'y a pas lieu de la remettre notablement en question, ni en sa méthode, ni en ses conclusions. Elle constitue jusqu'à nouvel ordre la synthèse la plus parfaite du savoir philosophique et théologique chrétien. Aussi bien, estiment les tenants de cette première position, les approbations réitérées données par le magistère à la doctrine de saint Thomas l'ont en quelque sorte identifiée à la doctrine catholique, et il n'est donc même pas légitime de remettre en question cette nécessité d'instruire les jeunes clercs par le moyen de ce système thomiste.

De fait, il est facile de faire appel ici à l'autorité du magistère de l'Eglise. On citera par exemple la 13$^e$ proposition condamnée par le *Syllabus* de Pie IX (8 décembre 1864) : « La méthode et les principes d'après lesquels les anciens docteurs scolastiques ont cultivé la théologie ne conviennent plus aux nécessités de notre temps et au progrès des sciences »[2]. On rappellera l'encyclique *Æterni Patris* de Léon XIII (4 août 1879) et son insistance sur la « philosophie chrétienne » étudiée dans l'esprit de saint Thomas qui « *inter scholasticos Doctores omnium princeps et magister longe eminet* »[3] ; le *motu proprio* de Pie X *Doctoris Angelici,* du 29 juin 1914, qui donna lieu à l'élaboration des 24 thèses de la philosophie thomiste approuvées et promulguées par la Congrégation des Etudes le 7 mars 1916[4] ; l'encyclique *Studiorum ducem* (29 juin 1923) de Pie XI, confirmant et expliquant le canon 1366, § 2, du C.I.C. selon lequel « les professeurs doivent absolument (*omnino*) pratiquer les études de philosophie rationnelle et de théologie, ainsi que la formation des étudiants en ces matières, selon la manière (*rationem*), la doctrine et les principes de saint Thomas, et s'y tenir saintement »[5] ; l'encyclique *Humani Generis* de Pie XII (12 août 1950), confirmant de nouveau le canon 1366, § 2, du C.I.C., et déplorant que l'on cherche la solution des problèmes nouveaux à partir d'une autre *philosophie* que celle de saint Thomas[6] ; l'Instruction de la Congrégation des Etudes sur la méthode de l'enseignement de la philosophie dans les établissements catholiques[7], etc... De toutes ces prises de positions du magistère que l'on peut invoquer en faveur de l'autorité de saint Thomas dans la formation théologique et même philosophique des clercs, le dernier en date est de S.S. Paul VI à la veille de l'ouverture de la IVe session du Concile[8]. De ces textes du magistère on n'a mentionné ici que les principaux. On en trouverait nombre d'autres, pour la seule période allant de Léon XIII à 1938, dans le fort volume publié à cette date par l'imprimerie vaticane[9].

A nous tenir cependant au plan de l'observation des faits, nous ne nous arrêterons pas ici à la question de savoir si cette doctrine thomiste, ainsi constamment recommandée, n'est pas puisée la plupart du temps non dans les œuvres mêmes de saint Thomas, mais dans les manuels « *ad mentem divi Thomæ* ». Pas davantage nous ne pouvons examiner ici si, sur des questions parfois capitales, elle ne trahit pas la pensée vivante du docteur dont elle se réclame, la rendant à proportion inapte à tout dialogue avec les problématiques philosophiques ou théologiques nées après lui. Tenant notre analyse à ce niveau de l'observation des faits, nous croyons pouvoir dire que, présentement, en dehors de l'Ordre

2. Denz.-Sch., 2913.
3. Denz-Sch., 3139. Sur la littérature publiée à l'occasion du 75e anniversaire d'*Aeterni Patris,* cf. B. T. 1956, pp. 1014 ss.
4. Denz.-Sch., 3601-3624.
5. Denz.-Sch., 3665-3667. Sur l'abondante littérature suscitée par *Studiorum ducem,* dont le plus dense commentaire fut celui de L. LAVAUD. *Saint Thomas, guide des études.* P., Téqui, 1925 ; VII-278 pp., voir B. T. 1925, pp. 323-324 ; pp. 357-359.
6. Denz.-Sch., 3894. Voir l'énumération des nombreux commentaires « thomistes » d'*Humani generis* dans le B. T. 1956, pp. 1014 ss.
7. *Osserv. rom.,* 23 août 1958 ; cf. *Doc. Cath.,* 1959, 399-403.
8. Discours du 10 sept. 1965 sur l'œuvre de saint Thomas et sur ses rapports avec la philosophie contemporaine. *Osserv. rom.,* 13-14 sept. 1965.
9. *Enchiridion clericorum. Documenta Ecclesiae sacrorum alumnis instituendis.* Roma, Tipogr. vatic., 1938 ; LVII-920 pp.

des Prêcheurs sur lequel nous reviendrons, cette position de ferme fidélité à saint Thomas n'est le fait dans l'Eglise, en France notamment, que d'une minorité de jour en jour plus restreinte de professeurs de séminaires ou de Facultés. Observons aussi que cette minorité elle-même appartient, non pas toujours, certes, mais le plus habituellement, au courant de pensée dit intégriste. Ce courant trouve encore d'ailleurs de solides appuis soit en certains dicastères romains tels que le Saint-Office ou la Congrégation des Séminaires et Universités, soit en certaines publications comme, par exemple, la revue l'*Ordre Français* qui nous tombait récemment sous la main. Mais il représente de moins en moins l'orientation philosophique et théologique de la très grande majorité des clercs, voire — le Concile l'a manifesté plus d'une fois dans l'*aula* ou au dehors — des évêques responsables de l'Eglise.

Ce premier ensemble de constatations montre déjà combien réel et combien grave est le problème posé. Les « thomistes » sont-ils fondés à se croire dans l'Eglise une vocation de « petit reste » ?

2° A l'autre extrême, il y a la position de ceux pour qui, considéré comme synthèse doctrinale philosophique, voire théologique, le thomisme mérite certes aujourd'hui intérêt et considération, mais parmi plusieurs autres doctrines anciennes ou modernes. Les éloges séculaires décernés par le magistère à saint Thomas et à sa doctrine n'ont d'autre portée, estiment les tenants de cette position, que d'inviter à ce qu'on le considère comme le modèle des théologiens et des chercheurs soit en philosophie, soit surtout en théologie. Ils laissent toute liberté à l'égard du détail de ses conclusions, et plus encore à l'égard de son système comme tel. Imitons donc le docteur angélique, disent même ces philosophes ou ces théologiens, jusque dans l'indépendance dont lui-même, si souvent, fit preuve à l'égard des « autorités » les plus communément reçues de son temps. Ne nous croyons pas tenus de conserver en leur méthode ni en leurs conclusions sa théologie, ni à plus forte raison sa philosophie. Elaborons notre synthèse comme lui-même élabora la sienne, en fidélité à la seule vérité soit révélée soit rationnelle, mais aussi en entière liberté de nos recherches et de nos conclusions. Cette position, ne refusons pas de le voir, est de plus en plus celle des professeurs de théologie, à plus forte raison de philosophie, dans les maisons de formation des clercs, et l'on est en droit de penser, après l'expérience du Concile, qu'une majorité se trouverait parmi les évêques et les Pères pour l'approuver.

3° Entre ces deux positions extrêmes, le nombre de beaucoup le plus grand des professeurs de facultés ou de grands séminaires ou bien ignorent à peu près complètement saint Thomas (ne l'ayant guère approché, dans les cas les meilleurs, que par l'intermédiaire des manuels mentionnés plus haut), ou bien le considèrent comme l'auteur dont, méthode ou conclusions, on peut prendre ou laisser, ou bien même le dénoncent positivement comme le grand responsable du divorce qui existe présentement entre la pensée de l'Eglise et les grands courants de pensée du monde moderne. Cela aboutit en fait à ce qu'un grand nombre de cours sont élaborés par leurs auteurs sous forme de syncrétismes faits d'éléments plus ou moins hétérogènes, aussi variés par leurs provenances qu'inégalement valables, théologiquement parlant.

Au total, il est permis de penser que le niveau théologique moyen est, dans l'Eglise d'aujourd'hui, assez faible et inquiétant. De ce point de vue, la situation présente ne diffère d'ailleurs de celles qui l'ont précédée qu'en ce que, de façon plus générale, c'est la méthode scolastique elle-même qui est de plus en plus abandonnée comme méthode d'enseignement, et, a fortiori, comme méthode de pensée dans l'Eglise, sans qu'il soit sûr qu'on l'ait remplacée par une autre qui soit aussi rigoureuse et pédagogiquement aussi efficace. Encore une fois, pour l'instant, nous n'approuvons ni ne condamnons. Nous décrivons une situation de fait dont il nous semble difficilement contestable qu'elle soit telle.

### B) *Au plan de la formation pastorale et missionnaire.*

A ce plan, le discrédit ou, plus généralement, l'ignorance de la théologie comme science inséparablement spéculative et pratique, au sens où l'entendait saint Thomas, est si universellement répandue qu'on n'y retrouverait même plus l'équivalent des trois positions que l'on vient de discerner au plan de la formation intellectuelle. Ceux-là même qui reconnaissent en saint Thomas un maître à penser ne songeraient guère, pour la plupart, à demander à sa théologie les lumières requises pour la pastorale missionnaire d'aujourd'hui. Dans la pratique, l'opinion est générale qu'autre chose est la théologie, autre chose la pastorale. Au début surtout, n'a-t-on pas surabondamment affirmé que le Concile lui-même ne voulait pas être doctrinal, mais pastoral, sauf à ce que, très vite, on ait fait l'expérience que, pour être valables, les réponses aux questions pastorales postulaient les lumières de la théologie. Ce divorce encore très général entre la pastorale et la théologie est à lui seul, observons-le, un inquiétant témoignage de l'ignorance où l'on est de la vraie nature de la théologie selon saint Thomas. Jamais sans doute, dans le passé de l'Eglise, la coupure ne fut si profonde qu'aujourd'hui entre la théologie et la pastorale, ce qu'aucun théologien vraiment disciple de saint Thomas ne consentirait à approuver.

Or, aujourd'hui, dans l'Eglise, l'accent est mis en tout beaucoup plus sur les urgences de renouvellement pastoral et missionnaire que sur celle du renouvellement théologique. Il semble d'ailleurs que nous ayons atteint le niveau inférieur de cette courbe aux origines déjà anciennes, et que le Concile ait été l'occasion pour un très grand nombre de Pères de prendre conscience de ce que tout renouveau pastoral dans l'Eglise postule un renouveau théologique. Il est ainsi possible qu'en réalité nous ayons assisté, dans les discussions mêmes des textes conciliaires, aux prodromes d'un important renouveau des études théologiques dans l'Eglise. Il est clair cependant qu'à observer ces prodromes, ce renouveau ne se fait absolument pas pour l'instant par un retour à saint Thomas. Il se fait plutôt, si timidement que ce soit, par un retour ou un désir de retour aux sources mêmes de la Révélation. Nul vrai disciple de saint Thomas, certes, ne le regrettera. Mais, en un sens, cela même pose de façon encore plus aiguë le problème de la place de saint Thomas dans la formation tant apostolique que théologique des clercs qui seront demain les pasteurs responsables de l'Eglise. Le problème est posé de savoir si ce nécessaire retour à l'Ecriture doit entraîner la désaffection à l'endroit de la science théologique et à l'endroit de saint Thomas ?

C) *Conclusion : Saint Thomas, docteur commun de l'Eglise ?*

De cette rapide observation de ce que l'on perçoit présentement dans l'Eglise, la conclusion est donc que le thème de saint Thomas « docteur commun » peut être un thème d'encycliques ou de panégyriques, il n'est pas un thème exprimant une réalité. L'historien peut d'ailleurs ajouter qu'il en fut toujours ainsi depuis que ce thème fut lancé, c'est-à-dire, pratiquement, depuis St Pie V et l'âge de la Contre-Réforme dont ce pape dominicain fut, au lendemain du Concile de Trente, l'un des initiateurs les plus représentatifs. Il doit dire également qu'à la fin du XVIᵉ siècle le renouveau thomiste suscité par saint Pie V, dans la dépendance plus ou moins lointaine des inspirations d'un Pierre Crockaert, puis d'un Victoria ou même d'un Cajetan, n'avait nullement les mêmes caractères que le renouveau thomiste des XIXᵉ - XXᵉ siècles. Le même saint Pie V qui déclarait saint Thomas docteur de l'Eglise le 11 avril 1567, déclarait aussi docteurs, dans le même temps, les quatre « grands » d'Orient : saint Athanase, saint Basile, saint Grégoire de Nazianze et saint Jean Chrysostome. A très juste raison, Pastor voyait déjà dans cette simultanéité la canonisation des efforts qui se faisaient alors dans les écoles, en vue pour une part de répondre aux exigences de la controverse avec les Réformateurs, vers une théologie scolastique plus ouverte aux apports de la tradition et de l'histoire [10]. Quoi qu'il en soit de ces différences entre ces deux renouveaux scolastiques placés sous le signe de saint Thomas, il ne faut pas majorer leur portée réelle ni aux XVIᵉ-XVIIᵉ siècles, ni aux XIX-XXᵉ, dans l'ensemble de la vie de l'Eglise. Il semble donc qu'il soit grand temps, pour les lendemains du Concile, de prendre conscience de la très large part d'illusion qu'il y a à penser que saint Thomas ait vraiment

10. L. PASTOR. *Histoire des papes*, tr. fr., t. 17, pp. 157 ss. ; p. 158, n. 1. Voir aussi Polmann. *La controverse historique...* On sait que cet effort se prolongera tout au long du XVIIᵉ siècle et jusque dans la première partie du XVIIIᵉ, non seulement dans le travail des théologiens, mais bientôt aussi, par voie de conséquence, dans celui des grandes éditions patristiques. Aux XIXᵉ-XXᵉ siècles, au contraire, la séparation s'accentuera entre l'information dite positive et la pensée scolastique dite spéculative. De ce point de vue, l'écart est moins grand qu'on ne le penserait à première vue entre le renouveau thomiste de saint Pie V (initiateur de la *piana*, comme Léon XIII le fut de la *léonine*) et les paroles échangées entre le Prof. Skydsgaard et S. S. le Pape Paul VI, le 17 octobre 1963.

jamais été ou qu'il soit présentement, au niveau des faits sinon à celui des déclarations de principe, le docteur commun de l'Eglise. Par surcroît, en ce temps d'un Concile qui ne cesse de répéter, en un sens qui n'est peut-être pas d'ailleurs celui des propos ou des boutades de Jean XXIII sur ce point, qu'il veut être principalement pastoral et non pas doctrinal, cela aiderait à prendre aussi conscience de l'erreur, présentement quasi universelle, qui consiste à penser qu'on peut ainsi séparer ces deux aspects, pastoral et doctrinal, du ministère de la foi et de la Parole de Dieu dans l'Eglise. En vérité, le problème de la place de saint Thomas dans la formation des clercs n'est pas séparable des problèmes plus généraux de la place de la théologie dans cette formation, et de la conception même que l'on doit se faire de cette théologie. Mais avant d'en dire quelque chose, il nous faut considérer de plus près, toujours à ce plan des faits qui ne coïncide pas toujours avec celui des principes ou des illusions, ce qu'il en est présentement de l'étude de saint Thomas dans l'Ordre des Prêcheurs.

### 2° Dans l'Ordre des Prêcheurs.

Pour autant que l'on soit informé de la vie intellectuelle des *Studia* de l'Ordre, la situation est assez notablement différente de celle que l'on vient de décrire pour les autres institutions de formation cléricale dans l'Eglise. Aussi bien, en fut-il ainsi le plus souvent dans le passé.

#### A) *Au plan de la formation philosophique et théologique.*

Les *Studia* enseignent certainement saint Thomas. Mais, de nouveau, il ne semble pas douteux qu'il existe deux types assez différents de cet enseignement. Il importe d'en faire d'abord état pour préparer déjà ce que nous aurons à dire ensuite en réponse au problème posé.

1° Il y a un enseignement de saint Thomas qui présente sa doctrine, pour l'essentiel, en sa structure dialectique en quelque sorte intemporelle, telle qu'elle s'est fixée et transmise dans l'Ecole thomiste. De ce système thomiste, les historiens auraient souvent à dire qu'il dépend autant des controverses anti-scotistes ou anti-molinistes, ou anti-rationalistes, etc... que de saint Thomas lui-même, et qu'il est donc plus tributaire de l'histoire que ne le pensent les professeurs de ce premier type. Quoi qu'il en soit, on peut dire qu'en général ceux-ci sont dans l'Eglise, par leurs livres ou par leurs articles, les pourvoyeurs du thomisme qu'enseigne la minorité de professeurs étrangers à l'Ordre dont nous parlions plus haut. Les uns et les autres, c'est un fait, forment le gros des troupes et des états-majors intégristes.

Ce thomisme-là, nul ne peut le nier, a eu mauvaise presse auprès de la grande majorité des Pères du Concile, qui sont enclins à ne plus voir en lui qu'un trésor de famille anachroniquement entretenu par l'Ordre des Prêcheurs. Qu'il suffise d'évoquer la réaction de l'*aula* conciliaire lorsque le président d'une Congrégation générale, pour des raisons d'horaire faut-il d'ailleurs préciser, interrompit, aux applaudissements, hélas très significatifs, de l'Assemblée, une intervention tendant à identifier la foi chrétienne et la synthèse théologique et philosophique de saint Thomas. On pourrait citer d'autres faits conciliaires de même sens, dont il faut reconnaître objectivement qu'ils furent représentatifs de l'opinion présentement la plus générale des clercs dans l'Eglise. Si saint Thomas reste objet de respect, on peut dire que la désaffection à l'endroit du thomisme, dont très peu d'ailleurs seraient à même de dire s'il est ou non identifiable à la doctrine génuine de saint Thomas, est à peu près générale, y compris, de plus en plus, dans l'Ordre. On peut le regretter, certes : il serait vain de le nier, si du moins l'on veut répondre avec quelque réalisme au problème posé [11].

2° Il y a par contre dans l'Ordre un enseignement de saint Thomas qui présente sa doctrine, voire celle de tel ou tel de ses commentateurs, en les saisissant en leur genèse et en leur originalité historiques, au bénéfice même de la mise en lumière plus vive de leur structure interne. On pense et on dira plus loin que ce thomisme-là peut avoir encore de beaux jours devant lui et qu'il est irremplaçable jusqu'à nouvel ordre dans une formation de Frères Prêcheurs. Mais c'est un fait aussi que ce thomisme-là, dans l'Ordre comme dans l'Eglise, n'a guère connu jusqu'ici que suspicions et condamnations, comme celle, par exemple, en 1942, du petit livre du P. Chenu, *Le Saulchoir. Une école de théologie,* paru en 1937. Jusqu'à l'heure présente en tous cas, le moins que l'on puisse dire est que cette orientation n'est pas celle qui prévaut dans la plupart des *Studia* de l'Ordre, qu'ils soient ou non de titre pontifical. Ses adversaires, c'est-à-dire la majorité des responsables de la vie universitaire de l'Ordre, lui reprochent principalement d'introduire en doctrine le relativisme de l'histoire, pour lequel, en leur méthodologie théologique, ils n'ont que méfiance, au point qu'un des plus illustres représentants de cette théologie ait un jour loyalement avoué que l'Incarnation, cet « accident de l'histoire », le gênait en effet pour cette thèse, essentielle à ses yeux, que la théologie est la science du nécessaire et de l'universel. Et cependant, nous y reviendrons, seul ce thomisme attentif à l'histoire nous semble théologiquement légitime et pédagogiquement efficace, aujourd'hui

11. Comment ne pas penser au jugement de Péguy sur le thomisme de ceux qui, juste avant la guerre de 1914, travaillèrent à la mise à l'index de Bergson.

« Tout ce qui sera ôté à Bergson ira à Spencer et non pas à saint Thomas. Et une fois de plus saint Thomas n'aura rien. Et il n'aura personne. Et il sera comme il était et ce qu'il était il y a vingt-cinq ou trente ans, avant l'apparition de Bergson : un grand saint dans le passé, un grand docteur dans le passé, un grand théologien dans le passé. Respecté, révéré, vénéré. Sans prise dans le présent, sans entrée, sans cette morsure qui est un phénomène si singulier, sans ce mordant qui seul compte et que nous avons commencé d'étudier en nous servant précisément de l'appareil, de l'instrument bergsonien. (Un grand docteur considéré, célébré, consacré ; dénombré. Enterré). Essayé et comme épuisé ». (*Note conjointe sur M. Descartes et la philosophie cartésienne,* avril 1914 ; éd. de la Pléiade, 1957, p. 1482).

plus encore sans doute qu'en toute autre période antérieure de la vie de l'Ordre et de l'Eglise.

B) *Au plan de la formation pastorale et missionnaire.*

Le schéma mental que le thomisme présentement possédant dans l'Ordre développe dans la grande majorité de ses membres est à peu près le suivant. La formation thomiste, conçue comme essentiellement spéculative et scientifique (acquisition du « système » thomiste) donne des principes dont, une fois entrés dans le ministère, les Frères n'auront plus qu'à donner les applications pratiques dans le domaine accidentel, et donc extra-théologique, des faits auxquels leur ministère les affrontera. Pour ceux dont le ministère sera celui de l'enseignement philosophique ou théologique, la confrontation qu'ils auront à faire du thomisme avec d'autres doctrines devra aboutir soit à manifester les erreurs de celles-ci, soit à tirer de nouvelles conclusions ou applications de celui-là. Dès lors, deux types de réactions se constatent présentement chez les Frères à leur entrée dans le ministère, et caractérisent de fait, dans l'opinion la plus commune des gens du dehors, deux types de dominicains.

Il y a d'abord le dominicain qui, fidèle à son système thomiste, et peu préparé d'autre part à observer les réactions collectives ou individuelles en lesquelles il doit insérer concrètement la Parole de Dieu, se borne à apporter à ses auditoires les vues théologiques aussi intemporelles qu'abstraites qu'il a inégalement bien digérées lui-même mais qui sont à coup sûr, le plus souvent, indigestes pour ses auditeurs. Cette prédication-là, quelles que soient ses prétentions à être une « prédication doctrinale », n'a rien à voir à coup sûr avec le vrai ministère apostolique de la Parole de Dieu, qui est la fin propre de l'Ordre. Du même coup, elle compromet encore saint Thomas dans l'opinion commune de l'Eglise, voire de certains membres de l'Ordre. De cette déviation doctrinaire sont nées autrefois les aberrations de l'Inquisition si souvent confiée à l'Ordre pour cette raison même, les polémiques théologiques dont les plus anciens d'entre nous se souviennent encore (parfois avec remords !), et de nos jours les dénonciations occultes au Saint-Office. Ce Dominicain doctrinaire est déjà et sera de plus en plus odieux au monde d'aujourd'hui. Tout ce qui tend, dans notre formation, à en prolonger l'espèce, doit à coup sûr être sérieusement reconsidéré.

Mais il y a aussi le dominicain dit d'avant-garde qui, percevant, souvent non sans raisons, l'inadaptation de sa formation prétendument thomiste aux ministères requis par l'évangélisation du monde d'aujourd'hui, envoie promener par-dessus bord, avec ce pseudo-thomisme, l'authentique saint Thomas, voire la théologie elle-même et, du même coup, la spécificité du ministère de vérité confié à l'Ordre par l'Eglise. Souvent à leur insu, ces Prêcheurs qui professent s'être ainsi affranchis de saint Thomas suscitent alors, tout autant que leurs confrères doctrinaires, la déception, voire la méfiance de cette Eglise et d'un monde dont les sévérités présentes à l'endroit de l'Ordre témoignent à leur manière que l'on continue quand même d'attendre de lui le ministère spécifique d'une solide doctrine.

C) *Conclusion : urgence du problème pour l'Ordre.*

Au total, dominicains sacrifiant à toutes sortes d'activités inégalement missionnaires leur obligatoire ministère spécifique de la Parole de Dieu *tam verbo quam scripto multiplici*, ou dominicains doctrinaires qui imposent d'autorité un système dit thomiste, qu'ils jugent éternel, et qui ainsi ne répondent pas aux problèmes nouveaux que leur temps pose aux ministres de la Parole de Dieu, les uns et les autres semblent présentement témoigner de l'inadaptation soit de leur formation générale, soit de leur formation « thomiste » aux ministères de la Parole requis par les besoins du monde et qui sont la fin spécifique de l'Ordre.

Est-il faux ou tendancieux d'observer cependant que les Provinces qui se sont montrées apostoliquement les moins mal adaptées à ces requêtes du monde d'aujourd'hui en fait de vérité, ont été celles en lesquelles la formation thomiste prêtait au conditionnement historique de la doctrine de saint Thomas l'attention qu'exige une théologie authentiquement soucieuse de cette réalité vivante (donc historique) que l'on appelle la tradition ? La chose apparaît normale si l'on y réfléchit. A mieux voir concrètement les réactions vivantes de saint Thomas aux problèmes de son temps, on se prépare à avoir des réactions analogues devant les problèmes d'aujourd'hui. Mais, de nouveau, en l'apostolat qui s'inspirait ainsi de lui, comme en sa doctrine ainsi attentive à l'histoire, ne doit-on pas constater que c'est ce thomisme-là qui a connu les plus constantes suspicions et entraves dans les dernières décennies ?

On terminera ce diagnostic, dont en souhaite qu'il apparaisse trop sombre à ceux qui sont mieux à même que l'auteur d'observer l'ensemble de la situation qu'il décrit, en constatant enfin l'inquiétante raréfaction parmi nous, dans l'Ordre comme dans l'Eglise, de ces hommes que la tradition antérieure appelait des « sages », des hommes de « sagesse ». Pour saint Thomas et pour ses vrais disciples, la théologie doit normalement conduire ceux qui s'adonnent à son étude à cette sagesse qui est inséparablement spéculative, le théologien prolongeant ici sa science théologique en haute contemplation savourée, et pratique, l'apôtre prolongeant là par son jugement prudentiel et par sa parole les clartés mêmes de la Parole de Dieu au niveau le plus concret de la vie des hommes que ce ferment de la Parole doit pénétrer de vérité divine. Saint Thomas fut éminemment un sage tant par la hauteur de sa contemplation que par la pertinence et l'audace de ses interventions dans l'histoire de la pensée. A travers toute notre tradition, ses vrais disciples le furent à leur tour pour leur temps. Ses disciples d'aujourd'hui le deviennent-ils encore en nombre suffisant ? S'il n'en est pas ainsi, pourquoi ?

## II. — ÉLÉMENTS DE SOLUTION

Le problème de la place à accorder à saint Thomas dans la formation des clercs et plus particulièrement dans celle des Frères Prêcheurs n'est absolument pas séparable de deux autres problèmes plus généraux, celui de leur formation théologique en général et celui de leur formation religieuse.

Dans ce qui va suivre, on ne considérera que ce qui concerne les Frères Prêcheurs. D'importantes nuances seraient à établir s'il s'agissait des Facultés catholiques ou des grands séminaires diocésains. Mais ce n'est pas leur cas qui était en vue dans la question posée.

Parmi les genres littéraires dont usa le Concile, on adoptera celui des « propositions », bien qu'il n'ait guère eu de succès ! Nous voulons ainsi suggérer que la doctrine qui va être proposée ne nous semble guère discutable, et nous nous excusons même de rappeler plus d'une fois certaines vérités assez élémentaires. N'est-ce pas parfois nécessaire ?

### Condition préalable indispensable : assouplissement de la Ratio Studiorum et possibilités plus larges données aux Studia pour leur adaptation.

Dans la plupart des « propositions » qui vont suivre, on se placera au point de vue de la majorité des *Studia* de l'Ordre. Ceux-ci, en fait, appartiennent aux régions de la culture occidentale et à l'Eglise latine. Sur cette base commune, il faut déjà affirmer, comme condition préalable indispensable, que la diversité entre les pays latins, slaves, anglo-saxons, sud-américains, etc..., postule d'urgence plus de souplesse que n'en permet théoriquement une seule et unique *ratio studiorum* promulguée par Rome pour l'Ordre entier. A plus forte raison le problème posé, à savoir celui de l'étude de saint Thomas, devrait-il être considéré tout autrement qu'on va le faire ici s'il s'agissait de *Studia* organisés pour les Provinces de l'Inde ou de la Chine, de l'Afrique noire, des pays musulmans, ou tout simplement de l'Orient chrétien [12].

Pour de telles provinces, il est clair que seules seraient valables les premières des « propositions » qui vont suivre, celles qui expriment les principes fondamentaux de l'évangélisme de l'Ordre des Prêcheurs. Cet évangélisme, comme tout évangélisme authen-

12. Il serait légitime de transposer pour notre problème ce que le décret conciliaire sur les Eglises orientales demande aux instituts de rite latin exerçant leur ministère sur le territoire de ces Eglises : « Pour que leur apostolat soit plus efficace. il est vivement recommandé aux instituts religieux et aux associations de rite latin qui œuvrent dans les pays d'Orient ou auprès des fidèles orientaux de créer, autant qu'il est possible, des maisons ou même des provinces de rite oriental » (tr. fr. de la *Doc. Cath.*, 20 déc. 1964, 1651). N'oublions pas, notamment, qu'en Orient saint Jean Damascène a longtemps joué, dans les études cléricales, un rôle analogue à celui de saint Thomas en Occident. cf. E. Denissoff. *L'Eglise russe devant le thomisme*. P., Vrin, 1936.

tique, a valeur universelle. Les propositions suivantes, au contraire, y compris celles qui concernent l'étude de saint Thomas, seraient à reconsidérer très profondément pour de telles provinces, puisqu'elles se réfèrent à la situation particulière des *Studia* situés en majorité en des régions de culture occidentale.

Cette souplesse plus grande des réglementations centrales vaut pour tous nos *Studia*. Elle s'imposera au lendemain d'un Concile qui, d'ores et déjà, accorde une plus large autonomie aux assemblées épiscopales nationales ou régionales. Elle rejoindra mieux les inspirations de saint Dominique que la centralisation uniformisante des temps de la Contre-Réforme, dont les inspirations ont affaibli, en de si nombreux points, nos institutions originales.

En matière d'étude comme en toute autre matière essentielle à la vie et à l'institution dominicaine, une réglementation minutieuse imposée aux provinces et aux couvents de la base par les autorités centrales de l'Ordre est toujours mortelle à ces exigences fondamentales de l'évangélisme spécifiquement dominicain. Dans l'esprit institutionnel original de saint Dominique, le rôle des organismes centraux doit toujours être soit de très sobre et très souple législation, soit d'approbation, de contrôle ou de stimulation, les organismes de base se voyant reconnaître beaucoup plus d'initiative qu'ils n'en ont présentement. Ces principes devraient valoir au premier chef pour l'élaboration des programmes scolaires des divers *Studia,* comme pour l'évolution de leurs méthodes d'enseignement.

Qu'il soit donc entendu que la plupart des propositions qui vont suivre, sauf les premières, répondent à une problématique occidentale et latine, qui est présentement celle de la grande majorité de nos *Studia,* et que leur auteur serait le premier a les remettre en question s'il s'agissait d'un *Studium* destiné à des Frères Indiens, ou Chinois, ou Africains, etc...

### 1° Formation a la Sagesse.

Le but de la formation des Frères doit être d'en faire, selon les possibilités de la grâce de Dieu en eux, non pas seulement des spécialistes de ceci ou de cela, mais des hommes de la sagesse chrétienne. Or, la sagesse chrétienne, nous l'avons rappelé, est inséparablement spéculative et pratique. Elle est spéculative, ou mieux contemplative, c'est-à-dire qu'elle prend appui, dans une vocation de Prêcheur, sur l'étude ininterrompue de la science théologique, et qu'elle refuse aussi de se limiter à cet aspect scientifique du savoir théologique, étant soucieuse de le vivifier sans cesse d'une part dans la participation religieuse et théologale à la vie liturgique de l'Eglise, d'autre part dans la vie personnelle d'oraison qui prolonge normalement cette participation liturgique.

La sagesse est aussi nécessairement pratique, c'est-à-dire, pour un Prêcheur, principe de conversion personnelle et d'action apostolique. L'apostolat qu'elle inspire n'use pas du mode doctrinaire que l'on dénonçait plus haut. Pas davantage ne consent-il à cet abandon, que l'on refusait également, du souci théologique au cœur même de l'action. Bien plutôt donne-t-il à chaque instant, par le comportement général de la vie comme par la densité et l'adaptation de la Parole, le témoignage de ce que sont les exigences concrètes de la Parole de Dieu à chaque moment du déroulement du temps, qu'il s'agisse de conversion personnelle ou qu'il s'agisse du dessein de Dieu dans le monde. Si, de cette sagesse chrétienne, saint Thomas fut et reste pour nous le modèle incomparable, il est clair que ce fut au titre de sa sainteté autant que de sa science, l'une n'étant pas séparable de l'autre dans sa vocation spécifique de Frère Prêcheur. Il est donc clair également que son acquisition par ses disciples déborde le problème particulier de l'étude philosophique ou théologique d'un auteur, fût-il saint Thomas lui-même. Elle engage le tout de la formation des Frères.

### 2° Formation a la vie religieuse spécifique de l'Ordre.

Tout de même que la sagesse, qui est le but supérieur, n'est pas purement intellectuelle, mais requiert un incessant apport de vie d'oraison, de conversion morale et de service apostolique, ainsi la formation à la vie intellectuelle, dans l'Ordre, est-elle inséparable de la formation à la vie religieuse. C'est pourquoi, comme l'ont toujours demandé les Constitutions de l'Ordre, il importe que les *Studia* soient partie intégrante de *Conventus* qui ne se bornent pas à être des *studia,* mais soient pleinement et spécifiquement des couvents de Prêcheurs, comprenant par conséquent le rayonnement apostolique qui est la toute première caractéristique d'un couvent de Prêcheurs. La distinction entre couvents dits de ministère et de couvents dits d'étude n'a aucun fondement dans notre histoire ni dans notre droit avant les restaurations du XIX^e^ siècle. Elle est mortelle pour l'unité spirituelle d'une vie de Prêcheur vouée à la sagesse inséparablement théologique et apostolique. Il n'est pas accidentel, ni simplement « édifiant », que nos Constitutions aient toujours demandé, des origines à nos jours, que les *Studia provincialia* ou *generalia* soient placés dans des couvents intégralement réguliers, ce qui ne veut pas dire d'abord observant les observances régulières, mais comporte au premier chef l'animation apostolique d'un couvent spécifiquement consacré, comme institution, au service missionnaire de la vérité.

Pareillement, la grande vie liturgique et la vie régulière de type monastique qui forment, avec la vie studieuse, les trois moyens essentiels « *quæ apud nos nec tolli nec substantialiter mutari possunt* », sont indispensables à la formation des Frères comme, ensuite, à toute leur existence originale dans l'Eglise. Le fait que, pour la grande majorité des Frères cela devient présentement lettre morte, ne peut rien contre ces lois de nature dominicaine, et il faudra bien que de vigoureux redressements s'opèrent sur ces points essentiels, si nous ne voulons pas cesser d'être nous-mêmes.

En tout ce qui va suivre, et qui se limitera aux problèmes de formation intellectuelle qui sont l'objet propre de ces pages, on présupposera donc toujours ces deux premières exigences d'une aspiration foncière à la sagesse et d'une vie conventuelle spécifiquement dominicaine.

### 3° Primauté des Maitres de Sagesse.

En toute culture humaine, qu'elle soit littéraire, philosophique, scientifique, technique, artistique, etc..., ce qui compte avant tout, ce ne sont pas les programmes, ni les horaires , ni même les textes, ce sont les « patrons ». Dans les *Studia* de l'Ordre, ce qu'il faut avant tout ce sont des maîtres de sagesse dont l'enseignement, aussi rigoureusement scientifique qu'il se doit, agisse moins, finalement, pour la formation des Frères, par son contenu, si riche soit-il, que par le registre de sagesse théologique en lequel il est donné. Aucune équipe de purs spécialistes, si savants soient-ils chacun dans sa branche, ne pourra jamais avoir l'action en profondeur que seuls des sages peuvent exercer sur leurs disciples. Un *Studium* où il n'y aurait que des spécialistes pourrait certes former de nouveaux spécialistes, fût-ce en sacrifiant une proportion notable de Frères n'ayant pas la vocation de le devenir. Il courrait aussi le risque de former des Frères qui, au lieu de se réserver pour les embrassements de Rachel, préféreraient la fréquentation des servantes...

Traditionnellement, le maître de sagesse est, chez nous, le Maître en Théologie. Son titre n'est pas une récompense, c'est une désignation pour une fonction, et cette fonction, on l'a oublié dans l'âge moderne, est celle du théologien qui, commentant les Saintes Ecritures, en tire pour ses auditeurs, dans le vivifiant contact d'une recherche personnelle, les trésors de sagesse que la Parole de Dieu contient inépuisablement. Selon la pratique générale du temps de saint Thomas, à laquelle lui-même se réfère dans le prologue de la Somme, aux « lecteurs » et aux « bacheliers » de donner aux débutants les initiations nécessaires requises pour la formation intellectuelle des clercs, mais aux « maîtres » de les initier à la vraie sagesse théologique dans le contact direct avec la Parole de Dieu contenue dans les Saintes Ecritures. A quelque ministère, fût-il d'enseignement, qu'ils doivent être ultérieurement consacrés, rien ne peut remplacer, dans la formation des Prêcheurs, cet enseignement et, pourrait-on dire, cette contagion de vrais maîtres de sagesse théologique.

Mais, du même coup, nous voici déjà engagés dans des problèmes de programmes et de disciplines universitaires. Le statut de l'enseignement de saint Thomas dans l'Ordre dépend de toute évidence d'un ensemble d'options à faire en ce domaine.

### 4° Primauté d'un enseignement biblique de sagesse théologique.

On pense donc que le plus urgent présentement est qu'à travers tout le cycle de la formation intellectuelle des Frères étudiants, et assurant l'unité foncière d'orientation de ce cycle, soit constitué un enseignement biblique supérieur, confié à des maîtres capables de manifester, à même le texte des Saintes Ecritures, le développement du dessein de Dieu, ses axes majeurs, sa dépendance essentielle par rapport au mystère de Jésus, Messie et Fils du Dieu vivant, son déploiement eschatologique dans le mystère de l'Eglise, finalement sa valeur inépuisable de révélation ou d'explicitation du dessein et du mystère de Dieu.

Cet enseignement devrait tendre à être aussi solide exégétiquement que réaliste historiquement et profond théologiquement. Mais il serait différent de celui des cours indispensables d'exégèse, critique et historique, des livres de la Sainte Ecriture, ou d'histoire biblique, ou d'histoire ecclésiastique, ou de science théologique, etc... Il devrait initier, autant que faire se peut, à la sagesse théologique, ainsi que le faisait, au temps de saint Thomas, le « Maître en théologie ». Lorsque saint Thomas envisagea de remplacer les Sentences du Lombard par ce manuel pour débutants qu'était à ses yeux la *Somme Théologique* (voir le prologue), il n'envisageait certes pas que cet ouvrage puisse un jour supplanter la Sainte Ecriture comme texte de base de l'enseignement magistral de la théologie. Ainsi que l'a montré R. Guelluy pour Louvain, ce n'est qu'à la fin du XVIe siècle, au temps de Philippe II, que disparut la distinction entre l'enseignement *biblique* du Maître et celui des bacheliers « curseurs » ou « sententiaires », le Maître prenant pour base de son enseignement, à partir de 1596, la *Somme* de saint Thomas en lieu et place non seulement des *Sentences* du Lombard, mais même de la Bible [18].

Dans nos divers *Studia*, le bénéfice de ce cours magistral sur la Sainte Ecriture serait considérable :

*Primo :* donné durant tout le cycle tant philosophique que théologique des années de formation, il assurerait, conjointement avec la vie liturgique et la vie religieuse, l'orientation foncière de la vie des Frères vers la sagesse, but nécessaire et spécifique de leur vie de Prêcheurs, antérieurement à toute spécialisation intellectuelle ou apostolique.

*Secundo :* il donnerait à la majorité d'entre eux, qui n'est pas destinée à l'enseignement de type universitaire, les bases et la matière principale de leur futur ministère de la Parole de Dieu, alors que trop souvent la formation actuelle des Frères aboutit à en faire des prédicateurs d'une théologie spéculative plus ou moins bien digérée qui, en toute hypothèse, n'a pas, comme théologie, à être prêchée en lieu et place de la Parole de Dieu contenue dans les Saintes Ecritures.

*Tertio :* même pour les Pères destinés aux spécialisations des Etudes Supérieures, cet enseignement de sagesse inséparablement biblique et théologique serait le seul antidote capable de les préserver, autant que faire se peut par un enseignement, du danger spécifiquement dominicain de l'intellectualisme, qui consiste précisément à négliger Rachel, c'est-à-dire la sagesse surnaturelle, pour la fré-

18. R. GUELLUY. *L'évolution des méthodes théologiques à Louvain d'Erasme à Jansénius.* R. H. E., 1941, pp. 31-144.

quentation humainement plus féconde de ses servantes, c'est-à-dire des sciences et disciplines auxiliaires de la théologie.

Redisons-le : la restauration de ce cours magistral dans nos *Studia* dont il formerait en quelque sorte la clef de voûte, ne devrait entraîner ni la suppression des cours d'exégèse (critique textuelle, littéraire, historique, cours de théologie biblique, etc...), ni celle des cours de science théologique ou philosophique, tous plus nécessaires que jamais.

### 5° Disciplines « concrètes et historiques » et disciplines « abstraites et notionnelles ».

Paradoxalement, et contre toute vérité historique, saint Thomas d'Aquin, le disciple en philosophie du physicien Aristote et du savant Albert le Grand, le théologien le plus positif de son temps [14], est devenu, dans l'opinion commune que nous décrivions au début de ces pages, le prototype de la scolastique la plus notionnelle, la plus analytique, la plus purement dialectique. Son œuvre est traitée comme le modèle de l'esprit de système, alors que, d'un bout à l'autre de son élaboration, elle dépend d'abord d'un certain type de regard intellectuel concret sur le donné propre de chaque discipline, regard concret toujours présupposé, chez lui, au discernement, dans la réalité, des objets formels constitutifs de chaque discipline. Cela est vrai de sa philosophie, dont les analyses n'isolent jamais du réel concrètement existant les formalités qu'elles y discernent (une connaissance précise de la théorie de l'abstraction chez saint Thomas est ici capitale). Cela est vrai de sa théologie qui garde constamment, face aux plus hauts mystères, l'attention au donné révélé et donc, d'abord aux moyens que nous avons de le connaître [15]. Cela est vrai finalement de sa sagesse qui n'unifie toutes choses en leurs relations avec Dieu que parce que le contemplatif qu'il est tient finalement Dieu pour la seule réalité absolue, sans qu'il oublie jamais d'ailleurs, comme on le vit devant le crucifix de Naples, que l'on ne va concrètement à Dieu que par Jésus-Christ.

Cette dépendance radicale de la pensée philosophique et théologique de saint Thomas par rapport au donné concret est d'autant plus importante aujourd'hui qu'elle est aussi un trait commun des orientation majeures, tant scientifiques et philosophiques que théologiques, de la pensée de ce temps. En théologie notamment, il convient de souligner l'importance de l'accord exprimé, dans le dialogue du 17 octobre 1963, entre le Professeur Skydsgaard et S.S. Paul VI, sur l'opportunité d'un retour à la « théologie concrète et historique » fondée sur l'Ecriture et les Pères et prenant pour

14. A titre d'exemple, voir Ign. Backes. *Die Christologie des hl. Thomas von Aquin und die grieschichen Kirchenväter.* Paderborn, F. Schöningh, 1931.

15. Nous avons tenté autrefois de le manifester à propos de la controverse séculaire sur le motif de l'Incarnation dans *Creati in Christo Iesu. Essai de critique théologique. Rev. Sc. ph. th.*, 1941-1942, pp. 96-132. On y verra notamment l'importance de la théorie thomiste de l'abstraction dont nous parlons ici.

objet l'économie (concrète) du salut [16]. Déjà Jean XXIII avait insisté sur cette nécessité d'un retour de la théologie comme de la pastorale aux sources bibliques et patristiques de la foi [17]. Jamais sans doute comme aujourd'hui, l'attitude intellectuelle fondamentale de saint Thomas, qui est d'abord celle de la soumission au réel concret, n'a aussi bien répondu au mouvement profond des esprits, tant dans l'Eglise que dans le monde intellectuel.

Encore faut-il que l'on ne substitue pas au saint Thomas vivant de l'histoire un système purement notionnel et analytique, baptisé « thomisme ». Cela impose, et l'on y reviendra plus loin, que l'on reconsidère l'actuel agencement, dans l'établissement des programmes, entre les disciplines développant, chez les Frères, les facultés de connaissance du concret et les disciplines développant leurs facultés d'analyse formelle. Cela ne signifie certes pas que l'on mette en question la légitimité ni la nécessité de la théologie spéculative. On pense même qu'un vigoureux retour à la théologie concrète et historique dont parlaient le pape et le professeur Skydsgaard, entraînera inévitablement un nouvel essor de la théologie spéculative. L'un et l'autre renouveau ne feront alors que mieux retrouver par surcroît le génie propre de saint Thomas qui est de ne jamais perdre de vue la réalité concrète dont ses analyses philosophiques ou théologiques s'efforcent de discerner les aspects formels. A l'aborder ainsi lui-même, compte tenu des développements de la culture depuis sept siècles, notamment dans le domaine de la connaissance historique, on pourra renouer avec ce que sa pensée avait d'exceptionnellement vivant, précisément parce qu'en tout elle prenait le donné concret comme règle première du savoir.

Pour la théologie dont une règle essentielle est de scruter la révélation biblique dans la fidélité à la tradition vivante, cette méthode historique appliquée à saint Thomas lui-même est en outre le seul moyen de mettre en relief sa valeur propre de chaînon éminent de la tradition. En effet, il apparaît alors non plus comme on ne sait quel bloc intemporel, mais comme le représentant par excellence d'une époque qui, dans toute l'histoire de la pensée chrétienne en Occident, fut caractérisée, en fait de doctrine, par le plus grand courage intellectuel en même temps que par le plus sain réalisme.

### 6° Nécessité d'accorder une plus grande place aux disciplines positives, aptes a donner la connaissance concrète de l'Economie providentielle.

La distinction entre l'« économie » et la « théologie », comme leur interdépendance, sont essentielles en culture de foi. Toute nouvelle *Ratio studiorum* devrait avoir pour souci primordial de mieux assurer l'équilibre entre les disciplines plus positives, permettant d'acquérir la connaissance concrète de l'économie divine, et les

16. *Osserv. rom.*, 19 oct. 1963.
17. Discours de prise de possession de la basilique du Latran, 23 novembre 1958, *Doc. Cath.*, 21 décembre 1958.

disciplines plus spéculatives élaborant, à partir des révélations de cette économie, une théologie qui ne soit pas seulement une théodicée, mais qui soit au contraire de plus en plus spécifiquement chrétienne, c'est-à-dire dépendante de la révélation historique.

L'enseignement magistral dont il a été question plus haut se ferait certes à partir des textes de la Sainte Ecriture. Mais il se situerait le plus possible au niveau de la sagesse, tout en faisant nécessairement appel tantôt aux données les plus concrètes de l'économie, tantôt aux analyses les plus formelles de la théologie. Mais, l'orientation profonde de la formation au niveau de la foi étant assurée par cet enseignement, il semble qu'il faille envisager aussi, dans l'organisation de toute *Ratio studiorum,* un équilibre meilleur que précédemment entre les disciplines de connaissance du concret, indispensables pour la connaissance de l'économie divine, et les disciplines d'analyse notionnelle dont doit user aussi la théologie. C'est ici que les cours d'histoire de l'Eglise, de théologie patristique, d'histoire des institutions ecclésiastiques, notamment de la liturgie et du droit, reçoivent, en même temps que leur importance, leur véritable orientation. En rendant les Frères plus attentifs aux conditionnements historiques soit de la révélation elle-même, soit de son incessante explicitation dans l'histoire de l'Eglise et jusque dans sa vie pastorale présente, ils assureraient un meilleur équilibre entre la culture concrète des Frères et leur culture dialectique, et les préserverait de verser dans la mentalité doctrinaire dont on rend si souvent responsable, non sans raison, notre formation thomiste unilatéralement analytique et notionnelle.

Au plan des objets du savoir théologique, le bénéfice essentiel d'un tel équilibre serait de manifester comment Jésus, Messie et Fils du Dieu vivant, est l'objet central de toute l'*économie,* tandis que, comme l'enseigne saint Thomas par le plan même de sa Somme, c'est Dieu qui est et qui doit rester l'objet essentiel et central de la *théologie.* Il faut d'ailleurs ajouter aussitôt qu'à mieux respecter cet équilibre, la théologie elle-même apprendrait à ne jamais rejoindre le mystère de Dieu que par Jésus-Christ, par sa révélation, par le mystère de sa personne divine, donc, finalement, comme le Dieu trinitaire, et ainsi à mieux se différencier qu'elle ne le fait souvent d'une théodicée seulement métaphysique et rationnelle.

Au plan de la *Ratio Studiorum,* il faudrait donc envisager la création de chaires d'enseignement manifestant, dans l'histoire antérieure à Abraham, puis dans l'histoire biblique, Ancien et Nouveau Testament, enfin dans l'histoire vingt fois séculaire du christianisme dans le monde, les grandes étapes et les grandes valeurs de révélation de l'économie providentielle. Cet enseignement, donné au besoin par plusieurs professeurs différents, permettrait d'acquérir une vision spécifiquement chrétienne de l'histoire humaine. Il devrait couvrir, comme celui dont il est parlé plus haut, toute la durée des deux cycles de philosophie et de théologie, sauf, bien entendu, à ce qu'il soit coordonné avec les cours plus spécialisés d'histoire des dogmes, d'histoire des doctrines chrétiennes, d'histoire des institutions, comme aussi d'histoire des religions non chrétiennes, etc... Ces différents cours seraient à répartir à l'intérieur de l'un et de l'autre cycle en la meilleure connexion possible avec les matières principales, philosophiques ou théologiques, de chacun d'eux.

Après le dialogue du 17 octobre 1963 entre le pape Paul VI et le professeur Skydsgaard sur la théologie concrète et historique, dialogue dont on ne peut guère surestimer la portée et auquel il est de notoriété publique que le Saint-Père est décidé à donner d'importantes suites institutionnelles, il semble difficile de ne pas percevoir l'urgence qu'il y a pour l'Ordre à instituer un tel enseignement dans ses propres *Studia*.

### 7° Formation a la fréquentation des textes et, notamment, a la fréquentation des œuvres mêmes de saint Thomas.

Rien ne peut remplacer la fréquentation directe et sans cesse approfondie des textes de la Sainte Ecriture. Toutes proportions gardées, on doit en dire autant de la fréquentation directe des grands maîtres de la pensée philosophique et théologique. Dès le début de leurs études, il faut donc former les Frères à cette fréquentation directe des textes de base et la leur rendre peu à peu non seulement facile, mais personnellement nécessaire et en quelque sorte vitale. Ce goût personnel des textes, des grands textes devra en effet les accompagner toute leur vie s'ils veulent vraiment progresser dans la connaissance de la vérité, et rendre vivant et efficace le ministère qui leur en est confié.

Sans doute, chaque professeur, en sa spécialité, peut très légitimement s'efforcer de progresser par lui-même dans la connaissance de la vérité et non pas seulement en répétant ce qu'ont dit des devanciers, si éminents qu'ils aient été. Il ne doit pas consentir à ne faire que répéter ce qu'ont pu dire avant lui les maîtres qui l'ont précédé. L'Ordre doit susciter et protéger cette libre et légitime autonomie des chercheurs.

Mais autre chose est cette recherche personnelle des professeurs, autre chose l'enseignement qu'ils doivent donner à des étudiants en période de formation. Si l'initiation à la recherche personnelle ne doit pas être exclue de cette formation, il reste qu'elle doit, pour l'essentiel, se faire à partir de grands textes de base auxquels l'étudiant puisse lui-même se référer. Il est alors très important que ces textes ne soient pas seulement des manuels, fussent-ils composés « ad mentem » de tel ou tel grand maître, dont aucun manuel ne pourra jamais égaler la fécondité.

C'est ici que, dans l'Ordre, nous devons avoir et conserver, longtemps encore sans doute, la conscience de ce que nous devons, pour la plupart, à la fréquentation directe, pendant nos études, des textes de saint Thomas, maître jusqu'ici inégalé de la formation philosophique et théologique de futurs Frères Prêcheurs. Le déséquilibre que d'aucuns reprochent à saint Thomas dans notre formation, dans le sens d'une pensée théologique trop facilement abstraite et notionnelle, ne tient nullement à l'influence de sa propre pensée :

celle-ci, nous l'avons dit, est en tout domaine, même le plus spéculatif, la pensée la plus attentive qui soit au donné concret qui est à la base de toute science. Ce déséquilibre tient à la suppression, intervenue après saint Thomas et contraire tant à sa pratique personnelle qu'à sa doctrine méthodologique, de ce cours magistral procédant par mode de commentaire scripturaire dont nous avons parlé plus haut, et qui assurait et devrait encore assurer, dans la formation des Frères, ce meilleur équilibre dont nous sentons aujourd'hui l'urgent besoin entre la pensée concrète, attentive à l'économie, et la pensée spéculative procédant par voie d'analyses théologiques formelles. Mais, cet équilibre des matières d'enseignement étant mieux assuré, il n'est pas douteux que le contact prolongé avec les textes mêmes de saint Thomas fut et doit rester le bienfait irremplaçable, aux conditions que j'ai déjà dites et à celles que je dirai encore, de la formation intellectuelle proprement dominicaine. A supposer même (ce qui est peu probable) que, dans l'Ordre ou dans l'Eglise, les autorités responsables y consentent, il serait très dommageable pour le ministère propre de l'Ordre dans l'Eglise que, jusqu'à nouvel ordre, nous y renoncions.

Si les œuvres de saint Thomas, étudiées comme on le précisera plus loin, doivent ainsi devenir familières aux Frères au cours de leurs études, ce serait une autre erreur que d'en faire les seules qu'ils aient à fréquenter. En toute matière il faut ainsi tendre à les mettre en contact avec les textes mêmes des grands maîtres, soit en philosophie, soit en patristique, soit en théologie médiévale ou moderne. On s'attriste de penser que, finies leurs études scolaires, tant de Frères ne nourrissent plus leur travail que d'œuvres de vulgarisation, faute d'avoir acquis, en ce temps de leur formation, le goût et le maniement aisé des grands textes.

A cette fin, il semble qu'il doive être de plus en plus nécessaire, dans les années qui viennent, d'organiser dans nos *Studia* des cours d'initiation à la lecture des textes et, notamment, à la lecture de saint Thomas. Cela s'imposera d'autant plus qu'augmentera la proportion de ceux qui arriveront aux études philosophiques et théologiques de l'Ordre avec une culture plus scientifique ou technique que littéraire.

### 8° Sciences et Philosophie des Sciences.

Pas plus que, par exemple, une Faculté de Droit, nos *Studia provincialia* ou *generalia* ne peuvent envisager de donner à leurs étudiants une formation scientifique moderne analogue à celle que donnent à leurs étudiants les Facultés des Sciences. Cela n'est pas directement requis par la fin spécifique de l'Ordre ni donc de ces *Studia*.

Il semble cependant indispensable aujourd'hui de donner aux Frères, à ceux du moins dont la culture antérieure fut principalement littéraire ou juridique, plus d'initiation à la culture scientifique moderne que n'en ont eu leurs aînés. Cela pour deux raisons.

La première est que cette culture scientifique prend de plus en plus d'importance dans la formation, donc dans la psychologie des hommes de ce temps : il faut que les futurs prédicateurs de l'Evangile ne restent pas eux-mêmes étrangers à cette psychologie ni à cette culture.

La seconde raison est que, soit directement, soit par l'intermédiaire de saint Thomas, les Frères fréquentent beaucoup Aristote dans le cycle de leurs études de philosophie. Il importe donc qu'ils soient suffisamment avertis de la différence considérable entre la vision du monde que pouvait avoir Aristote et celle que donne la science moderne.

Il appartient à de plus compétents que nous de dire ce que pourraient être ces cours d'initiation à la science moderne. Aussi bien, ce problème pourrait-il bien n'être que provisoire : non pas seulement parce que, comme on l'a dit précédemment, nos Facultés de Philosophie ou de Théologie, aux programmes déjà chargés, ne peuvent pas se doubler encore des programmes empruntés aux Facultés des Sciences, mais, parce que, plus simplement, l'évolution générale de la culture moderne rendra sans doute de moins en moins profond le fossé qui, parmi nos postulants, sépare encore aujourd'hui la culture littéraire des uns et la culture scientifique des autres. Cette évolution générale fera très vite sentir ses effets parmi nous par le mouvement même de notre recrutement. Ajoutons aussi que la formation philosophique dont nous allons parler et qui, elle, sera toujours essentielle à la culture des Frères, devra, si elle est bien menée, leur apprendre à faire, entre les domaines respectifs des sciences et de la philosophie, les discernements essentiels d'objets et de méthodes qui, semble-t-il, s'imposent aujourd'hui plus que jamais.

### 9° Le cycle de Philosophie et l'étude des Œuvres philosophiques de saint Thomas.

Il semble que, l'unité et la continuité d'une formation accordant la primauté à la recherche d'une sagesse proprement théologique étant assurées par les enseignements dont il a été question plus haut, il demeure souhaitable de maintenir la distinction actuelle entre un cycle de Philosophie et un cycle de Théologie, pour ne rien dire ici des années ultérieures d'initiation pastorale ou de spécialisation.

Dans l'organisation du cycle de Philosophie, deux directives majeures semblent devoir être retenues.

La première est que, jusqu'à nouvel ordre, rien ne justifie l'abandon de l'étude des grands textes philosophiques de saint Thomas, c'est-à-dire, pour l'essentiel, de ses Commentaires d'Aristote. Il semble cependant que, plus que par le passé, on doive être attentif, dans l'utilisation de ces textes, *primo* à marquer ce qu'il y a de périmé dans les théories scientifiques que saint Thomas recevait du Stagirite (cf. plus haut), *secundo* à manifester qu'en réalité ce décalage scientifique n'est pas d'importance primordiale pour cette raison que, dans tous les secteurs de la recherche philosophique qui intéressent plus directement l'analyse théologique : logique et critériologie, psychologie, métaphysique, théodicée, saint Thomas a constamment tendu à opérer, dans ses Commentaires, la transposition, on dirait même la transmutation en une philosophie de l'être, de ce qui, chez Aristote, se présentait d'abord comme une science physique ou cosmologique. Que ces discernements et ces transpositions soient chose délicate tant pour le philosophe que pour l'historien des doctrines, nul n'en peut douter. Il semble cependant qu'ils soient fondés dans l'œuvre même de saint Thomas et caractéristiques de son génie philosophique. Il semble aussi qu'à les manifester à même les textes, il y ait grand profit pédagogique pour la formation philosophique des Frères et, ultérieurement, pour certains discernements de leur théologie [18]. L'enjeu d'une telle initiation, au niveau cette fois des conclusions, serait l'acquisition de cette philosophie de l'être dont, avec M. Gilson, on peut penser non seulement qu'elle est l'apport propre de saint Thomas dans l'histoire de la pensée philosophique, mais qu'aujourd'hui encore elle est la plus apte à apprendre aux esprits à entrer en dialogue avec les autres types, plus récents ou plus anciens, de la pensée philosophique. A ce titre aussi, pour les Frères, saint Thomas, étudié dans les perspectives inséparablement historique et philosophique que l'on vient de dire, reste présentement le meilleur maître à penser qu'on puisse leur souhaiter.

Encore faut-il que les Frères sachent en effet qu'il y a d'autres pensées philosophiques que celle-là. Il est donc important que, dans le cycle des années de philosophie, les cours de l'histoire de la Philosophie ancienne et moderne reçoivent plus d'importance qu'ils n'en reçoivent habituellement dans nos *Studia.* Il va également sans dire que les pensées des auteurs doivent être alors exposées en elles-mêmes et pour elles-mêmes, selon leurs principes et leur progression propres, et non pas seulement par fragments choisis en vue de manifester de façon plus ou moins honnête la supériorité de la philosophie de saint Thomas. Cet aspect de la culture philosophique des Frères est important non seulement pour les enrichissements réels qu'ils y trouveront, mais aussi pour leur formation au dialogue loyal dont le Concile enseigne avec insistance qu'il sera, dans l'Eglise de demain, un des modes nécessaires du ministère de la Parole de Dieu.

### 10° Le cycle de Théologie a l'École de saint Thomas.

Mais c'est surtout pour la formation théologique des Frères que, jusqu'à nouvel ordre, le texte de saint Thomas et, au premier

18. C'est un discernement de ce genre que nous proposions voici quelque vingt ans pour manifester l'appartenance de la transsubstantiation à l'ordre métaphysique de l'être et non à l'ordre physique des composantes matérielles du pain et du vin (*Peuple de Dieu et Pâque eucharistique*, dans *La Messe et sa catéchèse,* P., Les Ed. du Cerf, 1945, pp. 266-283, réédité en 1966 chez le même éditeur sous le titre *L'Eucharistie, Pâque de l'univers,* pp. 98-121), analyse que nous avons reprise dans un autre contexte en quelques pages de l'opuscule *Le dialogue entre l'Orient et l'Occident chrétien et l'attention au Saint-Esprit dans le renouveau liturgique.* Strasbourg, Vérité et Vie, 1964-1965, fiche 493 D e (pp. 20-26).

chef, la *Somme Théologique,* semblent irremplaçables. Au terme de leurs études tous les Frères doivent être familiarisés avec la *Somme,* et en avoir acquis, si l'on peut dire, le maniement naturel et sans problème. Encore faut-il que cet usage apprenne aussi à être vraiment théologique, c'est-à-dire qu'on y garde le souci primordial d'acquérir l'intelligence aussi pénétrante que possible non pas essentiellement de saint Thomas lui-même, mais, au-delà de lui, de la révélation contenue dans la tradition biblique et progressivement explicitée dans la tradition ecclésiastique des origines à nos jours. Il faut donc que cette étude se garde de substituer à la fidélité à cette tradition et à cette révélation divine l'attachement à un texte pratiquement considéré comme leur étant supérieur, ou comme ayant fixé définitivement, au XIIIe siècle, une synthèse de la foi valable immuablement jusqu'à la Parousie... Pour cela, il semble nécessaire pour chacun des grands traités de théologie dont se compose la *Somme,* de donner aux Frères des cours leur manifestant :

*Primo,* par mode de théologie biblique aussi proche que possible des textes sacrés, les enseignements de la révélation concernant l'objet de ce traité.

*Secundo,* quelques exemples de pensée patristique relative à ce même objet.

*Tertio,* l'originalité, historique et théologique inséparablement, des options fondamentales de saint Thomas concernant ce traité, ce qui suppose qu'au lieu de prendre le texte de la *Somme* comme s'il était unique, on le comprenne toujours, à l'aide de la méthode historique, par comparaison avec les textes antérieurs ou contemporains en lesquels soit d'autres grands scolastiques, soit saint Thomas lui-même (*Commentaire des Sentences, Questions disputées,* etc...) étudièrent le même objet. Cette méthode, qui manifeste ainsi en sa vivante progression la pensée de saint Thomas, est la seule qui permette de le tenir, comme il a voulu lui-même s'y tenir, dans la tradition vivante de l'Eglise, et non pas en marge ni, à plus forte raison, au-dessus de cette tradition. Pédagogiquement, cette méthode est par surcroît la seule qui soit efficace pour que les Frères, grâce à ce contact concret avec la pensée vivante du saint Thomas du XIIIe siècle, et non pas du thomisme intemporel, apprennent à devenir peu à peu à leur tour des théologiens de leur temps, comme il eut grâce et souci d'être lui-même théologien de son temps.

*Quarto,* il faut enfin que d'autres séries de cours, sur chacun des traités ainsi étudiés, manifestent les problèmes survenus dans l'Eglise depuis saint Thomas et les explicitations nouvelles de la Révélation auxquelles ils ont donné lieu soit de la part du magistère, soit au niveau de la recherche théologique.

Hors cette méthode, inséparablement historique et théologique, qui est la seule, encore une fois, à tenir saint Thomas au cœur et dans le fil de la tradition vivante, l'étude purement dialectique de la *Somme Théologique,* si pénétrante qu'on la suppose, ne pourra désormais, et de plus en plus, que rebuter légitimement les Frères en leur donnant le sentiment à la fois d'une substitution indue d'une théologie à la Parole de Dieu, et d'un archéologisme les rendant incapables de répondre aux questions que leur temps pose à la foi de l'Eglise.

Cela nous conduit à un problème particulier dont il convient de dire quelque chose. Ce problème se pose d'ailleurs aussi pour l'enseignement philosophique de notre Docteur. C'est celui de la manière dont il convient d'enseigner les textes de saint Thomas.

### 11° Comment enseigner les textes de saint Thomas.

Tant dans le cycle de théologie que dans celui de philosophie, les études des Frères sont de plus en plus menacées par la surcharge des programmes. Cela impose, soit dans l'élaboration, soit dans la mise en œuvre des *Ratio studiorum,* que les responsables de chaque discipline aient le souci de l'économie du temps, par conséquent de la concision.

On doit donc se demander si une certaine façon de commenter intégralement, jusqu'à la réponse aux derniers ad 3um ou ad 4um, le texte de saint Thomas répond à ces exigences. En combien de *Studia* traite-t-on le texte de l'Ecriture avec moins de minutie que le texte de la *Somme.* Certes, on l'a dit, il est indispensable que les Frères soient initiés à la lecture aisée du Docteur Angélique. Cela suppose, outre les cours d'initiation dont on a parlé plus haut, de fréquents recours, par chaque professeur de philosophie ou de théologie, au texte même de saint Thomas qui sert de base à son enseignement. Mais cela ne légitime pas le temps excessif que d'aucuns consacrent à la lecture intégrale et au commentaire littéral de la totalité du texte. Cette méthode risque même, le plus souvent, de noyer dans le détail les structures essentielles de la pensée de l'auteur ainsi commenté. Dans la progression analytique de la *Somme,* notamment, il ne faut pas oublier que l'unité de base n'est pas celle de chaque article, mais celle de chaque question, elle-même située dans le plan rigoureux indiqué par les prologues des groupes de questions ou des traités. Le rôle du professeur est d'abord de manifester ces structures. Qu'il dégage ensuite l'essentiel de chaque article en y adjoignant s'il le faut les nuances ajoutées par telles ou telles réponses aux objections, mais qu'il ne se fasse pas non plus scrupule de passer rapidement sur ceux de ces éléments qui n'offrent plus aujourd'hui qu'un intérêt historique secondaire.

A plus forte raison faut-il reconsidérer la légitimité des amplifications, parfois considérables, du texte même de saint Thomas, consacrées par certains professeurs au développement, polémique ou autre, des commentateurs thomistes dont le nombre n'a cessé de croître depuis sept siècles. Cette méthode est, à coup sûr, responsable, pour une large part, du discrédit en lequel sont tombés la scolastique et saint Thomas lui-même. De cette histoire de l'Ecole thomiste, que chaque commentateur de saint Thomas ne retienne aujourd'hui que ce qui s'est inséré vraiment dans la tradition vivante de l'Eglise, et non pas ce qui n'a jamais relevé que de controverses d'écoles. Il y a mieux à faire aujourd'hui que de ressusciter celles-ci en oubliant les urgentes requêtes de celle-là. En de nombreux cours de philosophie ou de théologie, de précieuses économies de temps pourraient être faites ainsi.

Dans ces perspectives, il est également souhaitable que soient reconsidérés certains décrets disciplinaires, aujourd'hui encore en vigueur, concernant l'obligation pour les professeurs de l'Ordre d'enseigner saint Thomas par mode de commentaire littéral de son texte et selon les normes de l'Ecole thomiste.

### 12° Peut-on rendre vie et efficacité, dans l'Eglise, a l'école thomiste ?

A poser cette question au niveau des faits que nous considérions au début de ces pages, on ne peut qu'être tenté d'y répondre par la négative. En dépit des tentatives diverses de renouveau scolastique et thomiste de Belgique (Cardinal Mercier), d'Allemagne, de France, du Canada ou d'ailleurs, en dépit même de la réussite et de l'influence d'œuvres comme celles du P. Sertillanges, de MM. Maritain, Gilson, et autres, on ne peut dire que la philosophie thomiste exerce dans le monde d'aujourd'hui une influence marquante. Le rayonnement de la théologie thomiste sur l'enseignement général de la théologie dans l'Eglise est peut-être encore moindre. En dehors de l'Ordre, ce rayonnement n'atteint que des cercles restreints sans grande action sur le mouvement général des esprits de ce temps.

De ces constatations de fait, il serait utile d'analyser les causes, soit en histoire, soit en doctrine. On pense alors que la conclusion de telles monographies manifesterait que la pire disgrâce qui ait été imposée à saint Thomas en théologie et en philosophie, a été précisément d'en faire un chef d'école à jamais immuable dont on n'aurait plus qu'à étudier et à approfondir d'âge en âge les textes, abstraction faite soit de leur contexte historique de naissance, soit des problèmes nouveaux posés par la vie du monde et de l'Eglise [19]. Tout le premier il aurait dénoncé là une double erreur de méthode, en rappelant fortement que, quelle que soit leur valeur, les « *auctoritates* » ne doivent jamais, ni en théologie, ni en philosophie, être substituées à la considération directe des objets du savoir, selon la méthode propre de chaque discipline. Si on a insisté dans ces pages sur la nécessité de n'ensei-

19. « Le danger qui menace en permanence le thomisme, c'est de ne pas se rendre compte qu'il est impossible de conserver sans créer ». Et. Gilson, *Vigile*, IV (1931), cahier I, p. 53 ss. — « Notre thomisme n'est pas une reconstitution du passé, mais une œuvre de vie qui accepte les lois de la vie : assimilation, progrès, risque, fécondité ». M.-J. Congar, B. T., 1933, p. 1080. Que de textes de même sens on pourrait citer, non seulement du P. Congar et de M. Gilson, mais du Père Sertillanges (en son dialogue notamment avec Bergson), du Père Chenu et de tous ceux pour qui le thomisme fut principe de présence aux problèmes du monde et non pas d'évasion.

gner la philosophie et la théologie de saint Thomas qu'en les replaçant dans leurs perspectives historiques, c'est d'abord, nous l'avons dit, parce que c'est le seul moyen, surtout pour la théologie, de leur rendre leur indispensable appartenance à la tradition vivante. Mais c'est aussi parce qu'on a la conviction qu'ainsi revivifiées par l'histoire, on leur permettrait de retrouver pour ce temps toute l'actualité qu'on les croit capables de retrouver.

Le premier devoir des Frères n'est donc pas d'être « thomistes ». Leur premier devoir est de faire de la bonne philosophie, et, plus encore, pour le grand nombre, de la bonne théologie. Que, pour ce faire, ils se mettent d'abord à l'école de saint Thomas, du saint Thomas vivant de l'histoire, est ce qu'ils peuvent faire de mieux jusqu'à nouvel ordre, nous en sommes personnellement plus convaincu que jamais. Encore faut-il que ce ne soit pas pour le répéter ensuite matériellement, mais pour s'approprier ses options philosophiques et théologiques les plus profondes, pour en vérifier les ressources d'intelligence dans les problèmes d'aujourd'hui, sans refuser au besoin de les remettre elles-mêmes en question si une meilleure connaissance des données de base de chaque discipline obligeait à le faire.

Où l'on voit que saint Thomas n'est, ni ne doit être pour nous, soit un système supra-temporel et immobile dont nous prétendrions qu'il a à jamais répondu à tout, soit, à l'extrême opposé, un simple modèle du travail philosophique et théologique que l'on admirerait sincèrement, mais que l'on estimerait périmé dans ses options philosophiques ou théologiques les plus profondes et les plus personnelles. Sa pensée vivante peut encore aujourd'hui se prolonger dans la nôtre pour de vastes et importants secteurs du savoir, à charge pour nous de la compléter ou de la nuancer, voire de nous en séparer chaque fois que l'exige de nous une connaissance du donné meilleure que celle qu'il put avoir de son temps.

Ainsi compris le rôle de saint Thomas dans la formation et dans la vie intellectuelle des Frères, deux perspectives d'avenir semblent s'ouvrir pour l'Ecole thomiste dans l'Eglise, et donc, plus particulièrement, pour l'Ordre des Prêcheurs.

La première est la plus importante. Elle se confond pratiquement pour nous avec le renouveau de la théologie elle-même. Comme on l'a manifesté par l'ordre même que l'on a suivi dans ces « propositions », le plus urgent présentement n'est pas d'intensifier l'étude de la philosophie et de la théologie de saint Thomas. Le plus urgent est de rendre à l'étude vraiment théologique et à la connaissance de sagesse de la Sainte Ecriture et de l'économie providentielle la primauté qu'elles n'auraient jamais dû perdre dans la formation, et plus généralement, dans la vie intellectuelle de la grande majorité des Frères ; ensuite d'assurer un meilleur équilibre entre les disciplines positives de connaissance concrète du donné et les disciplines d'analyse formelle de ce donné. Mais, cette double base étant assurée, on peut estimer qu'à prendre saint Thomas, de la façon que nous avons dite, pour maître à penser, nous contribuerons à des renouveaux de la philosophie et de la théologie en lesquels apparaîtra, comme par surcroît, l'efficacité pédagogique de ce docteur dans l'Eglise. En bref, il s'agit de bien voir que ce n'est pas en essayant de revivifier pour elle-même l'Ecole thomiste que nous servirons le mieux la philosophie ou la théologie. Tout au contraire, c'est en faisant de la bonne philosophie et de la bonne théologie à l'école du saint Thomas vivant de l'histoire, et dans une soumission aux objets aussi rigoureuse que la sienne s'efforça de l'être, que nous contribuerons par surcroît à revivifier une Ecole thomiste qui soit autre chose qu'un conservatoire étranger à la vie.

Pour une Ecole thomiste ainsi comprise, une seconde perspective de travail plus particulière s'offrirait alors. Le mythe d'un système thomiste définitivement parfait, infaillible et immuable étant écarté résolument au profit d'une vivante tradition de pensée philosophique et théologique prolongeant les options fondamentales du saint Thomas de l'histoire, le travail consisterait alors à discerner d'abord, aux lumières de la méthode historique d'une part, à celles de la connaissance que nous pouvons avoir aujourd'hui des données de base de la philosophie ou de la théologie d'autre part, les éléments caducs des enseignements de saint Thomas, par exemple dans sa physique aristotélicienne, ou dans telle preuve plus physique que métaphysique de sa théodicée, ou dans certains éléments de sa morale relevant d'incontestables résurgences de la Loi ancienne dans les chrétientés médiévales, ou dans certaines confusions des genres littéraires en ses commentaires bibliques, si riches d'autre part en pierres précieuses, etc... Le travail consisterait ensuite à élaborer, sur la base des principes les plus fondamentaux de sa pensée, les compléments parfois très importants à apporter à sa synthèse du savoir, par exemple en paléontologie ou en anthropologie, en psychologie des profondeurs ou en sociologie, en ecclésiologie ou en eschatologie, etc... L'école thomiste ainsi constituée par les recherches sans cesse renouvelées d'une tradition vivante et non par transmission figée de pièces d'antiquité pourrait sans aucun doute contribuer encore très efficacement au nécessaire renouveau théologique et philosophique dans l'Eglise et écrirait elle-même par surcroît, de nouvelles pages de sa propre histoire, parmi les plus grandes et les plus vraies.

C'est également dans cette ligne que l'on pourrait envisager non seulement le développement d'organismes tels que la *Société Thomiste* et de leurs publications, mais même la création par l'Ordre d'instituts spécialisés dont le but serait précisément de travailler, dans l'esprit que l'on vient de décrire et sans aucune crainte de sanctions disciplinaires visant à protéger on ne sait quelle orthodoxie thomiste, à cette loyale et libre confrontation de la pensée historique de saint Thomas avec les autres grandes pensées philosophiques ou théologiques survenues dans le monde depuis le XIIIe siècle. De tels organismes et de telles publications ainsi consacrés à un travail objectif et libéré de tout esprit partisan seraient seuls capables de fournir des bases légitimes aux directives disciplinaires que les autorités responsables, c'est-à-dire le Chapitre Général de l'Ordre, ou le Maître Général, assistés l'un et l'autre d'une Commission des études vraiment internationale, estimeraient devoir prendre quant à l'enseignement de saint Thomas dans les *Studia* de l'Ordre.

Il est permis par contre de penser qu'en l'absence de tels organismes scientifiques de recherche, les directives ou sanctions disciplinaires concernant l'enseignement de saint Thomas et l'obligation de fidélité à l'Ecole thomiste ne pourront qu'accélérer et aggraver la relative stérilité de cette école dans la vie philosophique et théologique de l'heure présente, pour ne rien dire ici de la désaffection croissante que l'on croit constater à l'égard de l'autorité de saint Thomas lui-même parmi les jeunes générations de l'Ordre.

Au total, et ce sera notre conclusion, la réponse à faire à la question qui fut à l'origine de ces pages engage toute autre chose qu'un débat académique ou un simple aménagement de la discipline scolaire et de la *Ratio studiorum*. Elle engage un certain style d'enseignement et de travail à l'intérieur, et au service des options les plus profondes dont nous avons parlé en commençant. On a en outre la conviction qu'il y va non seulement de l'honneur ou du discrédit de l'Ordre dans l'Eglise et dans le monde, mais, ce qui est beaucoup plus important, de sa fidélité à sa vocation propre et donc, finalement, de sa légitimité même et de sa survie.

Dijon, Epiphanie 1965.
Rome, 11 novembre 1965 [20].

20. L'hitoire présentement va vite : depuis ces dates de première rédaction puis de reprise de ces pages, le Concile s'est achevé, les derniers Décrets ou Constitutions en ont été promulgués, le Saint-Office a été transformé, etc. Le lecteur en aura tenu compte en lisant tel ou tel passage déjà anachronique (Sur épreuves, Paris, 25 juin 1966).

# SUR LES VICISSITUDES DES PRINCIPES

par

Etienne Gilson, de l'Académie Française

Les principes sont nés avec la philosophie. En Occident, les premiers Grecs qui se soient interrogés sur ce qu'est en son fond la réalité, ont répondu par le nom d'un principe à quoi le divers de l'expérience pût se ramener. On essaya successivement des principes physiques, tels que l'eau, l'air ou le feu ; Platon proposa des principes intelligibles, tels que les Idées ; on parla aussi de l'Intellect, mais c'est Parménide qui poussa l'enquête jusqu'à son terme, en disant qu'il n'existe finalement d'autre réalité que l'être. Comme devait le faire observer Aristote, l'objet de toute cette recherche avait finalement été de savoir : qu'est-ce que l'être ?

Le détail des réponses n'est pas ici en cause, mais leur nature nous intéresse. L'entreprise réfléchie de définir la réalité est le commencement de la science. Celle de discerner dans la réalité l'élément premier dont elle est faite et d'expliquer à partir de lui le reste, est le commencement de la métaphysique. Pour effectuer ces opérations, l'entendement forme des concepts, il les définit à l'aide de mots formant des propositions, bref il procède à une sorte de décomposition abstraite de la réalité en essayant de dire de quels éléments elle se compose.

Il est donc impossible de penser le réel sans substituer à la réalité continue mais confuse donnée dans l'expérience sensible, une discontinuité intelligible. Le jugement relie ensuite ce qu'a distingué le concept, mais l'unité primitive du donné ne peut jamais être reconstituée. Nous disons simplement qu'elle l'est. En fait, l'entendement substitue à la continuité du réel un réseau de signes mentaux et verbaux, reliés ensemble par des opérations intellectuelles dont l'objet est d'imiter cette continuité du réel en créant la continuité du discours.

Le premier résultat de cette entreprise est de diviser, de morceler et de simplifier la réalité. La possibilité de la connaissance exige qu'il en soit ainsi, ou, plutôt, c'est en cela même qu'elle consiste. La science et la philosophie ont donc commencé lorsque, au lieu de passivement subir l'action des corps sur les sens, l'homme est intervenu librement pour en constituer un équivalent intelligible. L'histoire de la métaphysique est celle des équivalents successivement proposés. Cette histoire est celle même des principes, puisque se demander de quoi la réalité est faite, c'est en chercher les principes. On pourrait relever des signes d'inquiétude chez certains acteurs de cette histoire. Une sorte de nostalgie de l'unité primitive perdue se laisse percevoir dans l'œuvre de certains philosophes, mais elle ressemble au chagrin du tailleur au moment de couper dans une belle pièce d'étoffe. Sans cette mutilation, pas de vêtements possibles. Pas de philosophie non plus sans concepts.

La vie de la philosophie consiste en une suite d'efforts partiellement coordonnés pour approfondir le sens de ces principes, pour en substituer de nouveaux à ceux dont la vertu semble temporairement épuisée, mais aussi pour les critiquer et définir les limites de leur usage légitime. La réforme cartésienne et la critique kantienne marquent deux moments importants de cette histoire. Aujourd'hui, certains signes invitent à penser que la philosophie traverse une crise plus décisive encore. Son existence même est en jeu. Inquiets de la perte de substance infligée au réel par la conceptualisation que les philosophes lui imposent, plusieurs de ceux que l'on tient aujourd'hui pour des chefs de file s'efforcent de remonter, par delà les principes eux-mêmes, à l'expérience initiale dont la pensée réfléchie les a tirés. La critique bergsonienne de la connaissance conceptuelle en est un exemple. Bergson aspirait à une intuition métaphysique unifiante, capable de coïncider, en deçà de son morcelage en concepts clairs et distincts, avec le devenir continu qui est la réalité même. La doctrine est trop connue pour qu'il soit utile de l'exposer une fois de plus, mais il importe d'en rappeler la conclusion, car elle a valeur exemplaire. Pour remonter du principe à sa source, il faut sortir de l'ordre du langage et, par là même, de celui de la philosophie. L'intuition métaphysique bergsonienne est une expérience qu'on ne peut vivre sans renoncer à en parler. La raison se résigne à cette conclusion, si on lui prouve qu'elle est nécessaire, mais puisqu'on lui demande finalement de se renier, ou du moins de se renoncer, elle le fait sans plaisir, avec l'intention secrète de reprendre la parole dès qu'elle en trouvera l'occasion.

En un sens, d'ailleurs, l'opération qu'on tente est impossible ; Il est excellent de revenir souvent à l'expérience immédiate où la philosophie prend sa source, mais il est vain de s'y installer comme si elle était déjà philosophie.

Les tentatives de ce genre sont particulièrement nombreuses de nos jours, sans doute parce qu'elles correspondent à une sorte de désillusion de l'idéalisme qui, sans renoncer à ses méthodes, prend conscience de ses limites. La contribution de l'esprit à la connaissance est d'une étendue telle qu'on peut philosopher longtemps sur elle seule, comme s'il n'y avait pas d'objet ; mais il y a un objet, et puisque connaître est connaître quelque chose, il faut bien lui faire place dans l'analyse de la connaissance. Deux marques permettent de reconnaître ces tentatives de retour à l'objet. Elles sont bien accueillies, parce que leur révélation s'accompagne d'un sentiment de libération et de soulagement dans les esprits qu'elle atteint. Enfin, pense-t-on, la pensée vient de percer la croûte des formules reçues et de se dépasser pour ainsi dire elle-même afin d'atteindre la réalité ! En même temps, le réformateur qui conduit le mouvement éprouve l'impression de faire une découverte, ou d'être sur le point de la faire, en mettant pour la première fois en évidence une erreur plusieurs fois séculaire dont il invite ses lecteurs à se libérer. Si c'est là une illusion, elle est explicable. Pour le philosophe lui-même, il s'agit en effet d'une découverte, car il y a bien de la différence entre la vérité qu'on apprend des autres et celle qu'on acquiert de soi-même. Les découvertes de ce genre n'en sont pas moins parfois, jusqu'à un certain point, des re-découvertes, si bien qu'on ne sait pas au juste si le philosophe qui les fait réinvente, ou s'il se souvient sans le savoir. Le plus gênant pour l'observateur est qu'il ne peut savoir ce que le philosophe eût dit si on l'avait informé d'avance que la voie qu'il croit nouvelle a déjà été en partie explorée. On sait ce qu'il dit quand on l'en informe ; mais à supposer même qu'il ne garde pas simplement le silence, la situation n'est plus la même. A la question : que serait-il arrivé si... ? l'histoire ne peut donner réponse. Nous ne saurons jamais ce qu'aurait pensé Heidegger *s'il avait su* qu'il avait des prédécesseurs dans sa quête de l'être.

C'est donc au philosophe qu'il appartient d'observer les curieuses vicissitudes auxquelles la connaissance des principes semble être soumise. Tout se passe comme si leur évidence était sujette à subir des éclipses. On voudrait ici seulement signaler deux cas particulièrement intéressants, parce qu'ils ne concernent pas le moment où l'évidence se perd de vue, mais celui où, au contraire, elle recommence de briller.

S'il est une pensée où les grands problèmes de la philosophie soient encore vivants de nos jours, c'est assurément celle de Martin Heidegger. Sa critique de l'ontologie classique s'inspire de motifs divers, dont deux au moins sont étroitement liés. Le premier est que l'ontologie souffre d'un mal organique et invétéré, qu'on peut nommer l'oubli de l'être. En effet, comme on ne peut en parler sans se le représenter de quelque manière, on le conçoit comme le plus général, le *Generellste,* c'est-à-dire, en somme, comme l'étant en tant que tel, ce dont on ne dit rien d'autre, sinon qu'il est. C'est pour cela que, de toute antiquité, l'être (*das Sein*) est pris pour l'étant (*das Seiende*) et qu'à son tour l'étant est pris pour l'être. Les deux se trouvent ainsi emmêlés dans une confusion qui, s'il faut en croire l'essai *Ueber den Humanismus,* n'a pas encore été soumise à la réflexion : « in einer seltsamen und noch unbedachten Verwechslung ». Le deuxième motif est que, justement parce que la métaphysique s'est toujours conçue comme la science de l'étant, il est devenu nécessaire de la dépasser enfin pour pénétrer jusqu'à la connaissance de l'être.

Il y a beaucoup de vérité dans ces remarques. Elles décrivent une situation qui a presque toujours existé, mais la description appelle des réserves. Dans son ensemble, la métaphysique traditionnelle fut en effet une sorte de fuite devant l'être accompagnée d'une préférence marquée pour l'étant : *Ens in quantum ens,* l'étant comme étant, c'est bien la définition, traditionnelle depuis Aristote, de l'objet propre de la métaphysique ; non pas ce qui est en mouvement (comme en physique), ni ce qui vit (comme en biologie), mais ce qui est, en tant même qu'il est. Dans la mesure où il en va bien ainsi, la revendication heideggerienne des droits de l'être est légitime et la métaphysique traditionnelle doit être dépassée.

Il est au contraire inexact que les philosophes se soient toujours mépris sur ce point, échangeant l'être pour l'étant, ou inversement, sans s'en apercevoir. La proposition en question est d'abord historique ; elle porte sur un fait, et, dans cette mesure elle n'est pas vraie. Elle est vraie de la philosophie d'Aristote et des innombrables disciples qui lui sont restés fidèles sur ce point capital ; elle est donc *presque* absolument vraie, mais une exception notable doit être prise en considération. Loin de n'avoir fait l'objet d'aucune réflexion sérieuse, le rapport de l'*esse* à l'*ens,* donc du *Sein* au *Seiende,* est devenu aux treizième et quatorzième siècles une pomme de discorde entre philosophes et théologiens. Il est vrai que ces discussions sont demeurées sans conclusion définitive, mais la simple existence de la controverse suffit à prouver que, si la confusion a été commise, elle ne l'a pas été par mégarde. Faut-il concevoir l'être comme un étant, l'*esse* comme un *ens ?* Ou ne faut-il pas plutôt concevoir l'*ens* lui-même comme ce qui possède un *esse,* de sorte que l'étant est tel en vertu de son être ? L'*ens,* disent les partisans de cette dernière position, est un *habens esse.* On peut soutenir que beaucoup de ceux qui participèrent à la discussion ne comprirent jamais clairement les termes du problème ; aujourd'hui encore, certains en parlent abondamment, et passionnément, sans mesurer la portée de leurs propres paroles, mais ce ne fut pas le cas de tous.

Il n'est donc pas vrai de dire, sans plus, que la métaphysique soit essentiellement bornée à la connaissance de l'étant comme tel et qu'il faille la dépasser pour atteindre l'être. Même s'il était vrai que la métaphysique se fût, en fait, toujours arrêtée à l'étude de l'étant comme tel, c'est-à-dire à l'objet que lui ont assigné Aristote et ses disciples les plus fidèles, il n'en résulterait encore pas qu'il soit de son essence de s'en tenir là, mais c'est un fait qu'elle ne s'en est pas tenue là. Lorsque saint Thomas pose l'*esse* comme « l'acte des actes et la perfection des perfections », et lorsqu'il le définit « ce en vertu de quoi l'essence est un étant », il ne confond certainement pas l'étant avec l'être. S'il est une doctrine où la pensée atteigne l'être *dans* la métaphysique, c'est bien la sienne. Il faut donc récuser ensemble et solidairement ces trois affirmations : toutes les métaphysiques de l'être l'ont conçu comme l'étant en général, faisant ainsi de la métaphysique de l'*esse* une logique de l'*ens commune* ; tous les métaphysiciens ont pris l'être pour l'étant et inversement ; enfin, la légitimité de cet échange n'a jamais été soumise à un examen réfléchi. Dans la mesure où elles se proposeraient de définir des faits historiques (et elles ne peuvent avoir d'autre sens) aucune de ces trois propositions n'est entièrement vraie : il convient de le constater, dans un cas où l'importance philosophique des propositions en cause tient à l'universalité de leur validité.

Il va sans dire qu'il s'agit ici de l'histoire vue dans une certaine perspective philosophique, mais il ne saurait y avoir deux histoires de la philosophie, l'une à l'usage des historiens, l'autre bonne pour les philosophes. On doit donc se demander comment sa notion de la métaphysique traditionnelle se justifie dans l'esprit de Martin Heidegger ? On ne peut croire qu'il ait sciemment affirmé comme vraie une proposition dont le contraire est démontrable. Si l'on s'en tient au plan de l'histoire, le vraisemblable est que Martin Heidegger ait été instruit dans cette vue de l'histoire. En effet, la métaphysique de l'*esse,* telle que saint Thomas l'a conçue, a été si généralement méconnue, délaissée ou combattue, à l'intérieur même de l'école thomiste, qu'il est tout à fait possible de ne pas savoir aujourd'hui qu'elle a existé. On peut étudier la philosophie dite ' scolastique ' dans des écrits ou sous un maître qui s'inspirent de la tradition de Suarez, sans soupçonner l'existence de la notion thomiste de l'acte d'être, car non seulement on n'en fait pas mention, mais on lui en attribue une autre, qui réduit précisément l'être à l'étant. Tant de thomistes, dont certains fort connus, prennent sincèrement Cajétan pour un fidèle interprète de la pensée de saint Thomas, à laquelle il substitue souvent la sienne sans mot dire, qu'on ne saurait blâmer personne de s'y laisser tromper.

Supposant l'erreur reconnue, il reste à savoir si sa reconnaissance conduirait Heidegger à modifier sa position ? Je ne le crois pas, mais ce qu'il dirait désormais relèverait de l'ordre de la justification plutôt que de l'évidence. Ce que l'on dit pour montrer qu'on a malgré tout raison n'a pas la même force que ce qu'on affirme sur la vue directe de sa vérité. Mieux vaut donc supposer que cette proposition historiquement insoutenable exprime surtout le sentiment d'un désaccord philosophique profond entre la pensée personnelle de Heidegger lui-même et une notion de la métaphysique qui fut, sinon universelle, du moins très répandue. On dirait alors que, même ces métaphysiques qui ont jusqu'ici subordonné l'étant à l'être, n'ont jamais réussi à le poser en soi et à part de l'étant ; lorsque ces doctrines l'en distinguent, c'est encore à l'être de l'étant qu'elles pensent ; il reste pour eux la cause de ce qui est, comme si toute sa réalité s'épuisait dans l'acte par lequel il fait de l'essence un existant. Ainsi, l'oubli de l'être persisterait dans l'effort même pour le rendre visible à l'esprit.

Il y a certainement dans la pensée de Martin Heidegger une exigence ultime et comme un souci profond de rendre justice à l'être, si profond en vérité que lui-même ne parvient pas à le satisfaire ; on ne peut donc pas espérer y réussir mieux que lui. Il faut pourtant observer que, si on prend la doctrine à laquelle il s'oppose au sens qu'elle-même s'attribue, l'objection en méconnait le sens. Ce qui empêche de le voir est sans doute que la transcendance absolue de l'être sur l'étant n'apparait pleinement, dans la métaphysique de l'*esse*, qu'au moment où, théologisant à fond la notion d'être, elle l'identifie à la notion de Dieu. La pensée se trouve alors en présence d'un *esse* pur dont on peut dire, au choix, soit qu'il n'a pas de quiddité, soit qu'il est lui-même sa propre quiddité, mais que, de toute façon, elle doit s'efforcer de le concevoir sans essence. Un *est* libre de tout *ce qui*, c'est précisément un être qui ne se définit pas comme acte d'un étant puisqu'il resterait identiquement lui-même si nul étant n'existait. Selon cette théologie de l'*esse*, même s'il avait choisi de rester dans sa béatitude solitaire, Dieu n'en serait pas moins l'être pur lui-même : *ipsum purum esse*. Il est le *Sein*, et il se suffit.

Rien ne montre mieux la misère de la recherche philosophique, car nous voici séparé de la pensée dont nous cherchons le contact, par ce qui devrait au contraire nous en rapprocher. On ne veut pas nous laisser dire que l'être « est », de crainte que nous ne comprenions une fois de plus cet « est » comme signifiant « quelque chose qui est ». Et l'on a raison de se méfier, car il est vrai de dire de l'être de l'expérience sensible, qu'il n'est pas, mais que c'est par lui que l'étant est, ou existe. Citons-nous le cas limite de Dieu pour exorciser l'importun « ce qui » dont la présence offusque dans l'étant l'actualité propre de l' « est », on refusera de nous faire confiance : « Der Mensch hält sich zunächst immer schon an das Seiende ». C'est en vain que nous affirmons la transcendance de l'Etre, car nous ne le concevons encore que comme le transcendant de ce qu'il transcende ; c'est une sorte de super-étant, mais toujours un étant : « Le Transcendant est l'étant suprasensible. Il est pour nous l'étant suprême, au sens de première cause de tous les étants ». Ainsi, ignorant délibérément les efforts de tant de philosophes et de théologiens chrétiens pour s'élever, au-delà de toute quiddité, jusqu'à l'acte pur d'être, Martin Heidegger ne tient aucun compte de la théologie négative des autres, bien qu'il sache la faire sienne à l'occasion. C'est sans doute qu'il se sent séparé d'eux au sein de cette aspiration commune même. Que voudrait-il donc que ces philosophes de l'être eussent fait, et qu'ils n'ont point fait ?

Plus nous tentons de pénétrer cette pensée si secrète, et qui peut-être désire le rester, moins nous nous sentons assuré de nos démarches, mais c'est peut-être, soit dit en hommage plutôt qu'en reproche, que le philosophe ne l'est pas trop lui-même. Quand on le lit avec le désir de comprendre ce qu'il attend de nous, on est frappé par le retour incessant d'une formule qui lui est familière : *la vérité de l'être*, chercher *la vérité de l'être*. Sans doute faut-il entendre par là l'effort d'une réflexion qui cherche à atteindre l'être dans sa vérité, c'est-à-dire qui ne s'arrête pas au double abstrait qui le transforme en étant et n'en laisse finalement subsister que le concept vide d'être commun, le *genus generalissimum*, général au point de n'être même plus un genre, ce qui serait pour lui encore trop particulier ; bref, il s'agit d'éliminer radicalement le fameux *ens in quantum ens* dont, sous des noms divers, se repaît la métaphysique. Penser la vérité de l'être, il semble que ce soit bien cela. Et combien notre philosophe a raison ! Mais aussi quel mauvais sort, ou plutôt quel malheur d'un temps oublieux de la sagesse, a pu plonger ce métaphysicien de race dans une méconnaissance invincible de sa propre tradition ! Car enfin nul ne conteste que l'immense majorité des philosophes aient conçu la métaphysique comme une sorte de logique des essences ; du moins n'est-ce pas nous qui le nierons, mais il est excessif de parler comme si tous avaient commis cette erreur. Si rares soient-ils, il y a de vrais métaphysiciens et les plus modestes d'entre eux ont en commun avec les plus grands, au moins ce souci d'approcher d'aussi près que possible l'être même et, s'il se peut, de l'atteindre, c'est-à-dire d'en penser la vérité sans lui substituer aucun autre objet. Venu si longtemps après Parménide et se sentant seul dans cette entreprise, Heidegger estime sans doute que les autres le pensent mal, mais il ne dit pas en quoi, et comment il le pense lui-même, on ne le sait pas.

Cette attitude se comprendrait mieux si notre philosophe nous révélait quelques découvertes inattendues faites par l'intellect sur cette vérité de l'être, mais où sont-elles ? Les esprits les plus profonds qui ont tenté de scruter cet objet se sont tous finalement aveuglés à sa lumière. L'être est, disait déjà Parménide, toute la suite du poème n'étant plus que commentaire *à partir* de l'être plutôt qu'effort pour en pénétrer la profondeur. Vingt-cinq siècles plus tard nous osons à peine aller jusque là. Heidegger ne se sent pas en sûreté avec la proposition *das Sein ist,* car le fantôme de l'étant est toujours là, rôdant autour de l'*est* comme de sa demeure et impatient d'y rentrer. Saint Thomas se méfiait déjà de la formule, et il rendait raison de sa méfiance [1]. Mais comment l'éviter ? Comme disait Parménide, ἐστὶν γαρ εἶναι : car il y a de l'être, donc il est : « Es ist nämlich Sein ». A quoi Heidegger ajoute que « dans cette remarque se cache le mystère initial pour toute pensée ». Puis il exprime le regret qu'aujourd'hui encore cette parole de Parménide demeure « impensée ». Il se peut, mais comment savoir combien ont essayé de la penser sans réussir à vaincre la résistance qu'elle oppose ? On se demande si l'être est et comment il est ? Les réponses sont toutes balbutiantes, ou, s'il s'en offre de fermes, elles tournent court, comme celle que Heidegger lui-même propose à la question : « Was ist das Sein ? » Le *Sein,* répond-il, *Es ist Es selbst.* On aurait mauvaise grâce à se plaindre, car nul n'en a jamais dit beaucoup plus sur le sujet. On admettra même « qu'éprouver cela et le dire soit ce que la pensée de l'avenir doive apprendre à faire ».

1. « Quia non sic proprie dicitur quod esse sit, sed quod per esse aliquid sit ». *In de Divinis Nominibus,* éd. C. Pera, O. P., Rome, Marietti, 1950, § 751. S'il n'y a pas de Dieu, seule exception à la règle, il est absolument vrai de dire que l'être n'est pas. Dans le thomisme authentique, cette proposition est vraie de la totalité de l'étant. Puisqu'il est « ce qui a l'être », l'étant est fini par définition. Dieu n'est pas proprement *ens* ; il n'a pas l'être, il l'est ; il est donc au delà de l'étant, comme sa cause. Ceci n'empêche pas de dire que Dieu est *ens,* pour déférer aux commodités du langage, mais on doit alors se souvenir qu'il est *ens* en tant qu'il est à soi même son propre *esse.* Dieu est donc bien le seul *esse* subsistant.

On ajoutera seulement que c'est ce qu'a toujours fait toute pensée vraiment métaphysique. Au fond Martin Heidegger le sait bien, mais il redoute de voir un autre objet usurper dans la pensée la place de l'être. Son appel au futur n'est qu'une manière d'exorciser un certain passé. Il ne faut pas que l'être soit encore une fois offusqué par quelque ' cause de l'univers ', il ne faut pas que l'être soit une fois de plus confisqué par un ' étant ', fût-ce Dieu.

Il semble donc qu'après plusieurs siècles de survie, suivis d'une période d'abandon, le premier principe retienne de nouveau l'attention des philosophes. Tout se passe comme si, dans l'intervalle, il avait été simplement perdu de vue, et l'on ne sait, en le voyant réaffirmé comme une découverte, ce qu'il faut penser du curieux dédain dont notre temps fait preuve à l'égard de ceux qui furent pourtant les premiers à le formuler. Tout bien pesé, il semble impossible d'interpréter cette attitude comme une ignorance jouée. Dans des esprits entièrement tournés vers la science, comme Descartes, Kant et Comte, le principe est vraiment tombé dans l'oubli ; le moment est simplement venu de le ranimer.

Une autre expérience du même genre est celle de Maurice Merleau-Ponty, dont une mort prématurée a cruellement interrompu la carrière. Il avait inauguré son enseignement au Collège de France par un *Eloge de la philosophie,* et c'était un vrai philosophe, toujours prêt aux sacrifices exigés par la vérité.

Parmi les problèmes qui retinrent sa réflexion, la phénoménologie de la perception était au premier rang, mais précisément parce qu'il prenait la philosophie au sérieux, sa pensée ne s'arrêta pas à la position phénoménologique du problème. Il est intéressant de savoir comment la perception se passe, mais il faut savoir en outre comment elle est possible. En fait, il y a de la perception ; à moins d'être un philosophe dont la pensée met tout en question, nul n'en doute, mais notre pensée de la perception est autre que la perception même. D'elle-même, celle-ci est un acte vital que l'animal exerce aussi bien que l'homme et que l'homme exerce parfaitement sans avoir besoin d'y réfléchir. Ce serait plutôt le contraire, car voir un objet est une chose, penser qu'on voit un objet en est une autre et l'on voit d'autant mieux les choses qu'on fixe davantage l'attention sur elles au lieu de la laisser s'égarer sur la pensée qu'on les voit.

Il y a donc un écart entre la perception et l'idée que nous nous en faisons. C'est par cette fissure que s'introduisent les faux problèmes dont nous instruit l'histoire de la philosophie, et qui d'ailleurs encombrent encore aujourd'hui le champ de la recherche. Dès qu'on y réfléchit, la perception cesse d'être une ; elle se divise entre la conscience qui perçoit et le corps au moyen duquel elle perçoit. La pensée de la vision se substitue aussitôt à la vision ; l'entendement, qui la pense, remplace du même coup la sensibilité, sans que l'on sache au juste comment cette substitution s'opère, ni s'il reste encore possible, une fois qu'elle s'est produite, de reprendre contact avec l'unité immédiate de l'expérience sensible. Le dualisme du sensible et de l'intelligible, inscrit dans la pensée de la perception, est une source abondante d'apories dont on cherche encore les réponses. Pour les lever, sans doute faudrait-il revenir en deçà de ce dualisme, s'installer dans l'épaisseur de la perception même, au point où, ne faisant encore qu'un avec le perçu, elle se contente de le signifier sans le penser.

Une philosophie de ce genre est toute puissante dans la critique. Comme celle de Bergson lorsqu'elle dénonçait, avec une inépuisable ingéniosité les illusions de la pensée conceptuelle, celle-ci réussit sans peine à nous troubler. Elle donne mauvaise conscience en attirant l'attention sur la méprise perpétuelle qui fait concevoir la perception sensible comme une sorte de connaissance de l'objet analogue à celle de la perception même. En développant cette critique, notre philosophe se souvenait d'avoir des prédécesseurs, notamment Descartes, qui avait eu quelque peine à trouver une place pour la sensation dans son système. « On sait déjà assez », écrivait-il au début du Quatrième Discours de sa *Dioptrique,* « que c'est l'âme qui sent, et non le corps ». Mais lui-même n'ignorait pas que sans le corps la sensation est impossible. Il en a donné la démonstration dans les *Méditations métaphysiques* en prouvant que la sensation est inexplicable par la pensée seule, ou par le corps seul et que, pour qu'elle soit possible, il faut admettre une union du corps et de l'âme si intime qu'on puisse les concevoir, en quelque sorte, comme ne faisant qu'un. Cette nécessité crée une situation embarrassante pour le philosophe comme pour son lecteur, car c'est dans cette même sixième méditation que Descartes démontre l'existence réelle de l'étendue. Du même coup, il « achève » de démontrer la distinction réelle de l'âme et du corps. En effet, la distinction ne serait pas vraiment réelle si le corps n'existait pas en réalité. Comment peut-on nous demander, à la fois, de penser le corps et l'âme comme entièrement distincts, à tel point que l'un n'est rien de ce qu'est l'autre, et nous inviter pourtant à les tenir pour formant une troisième nature, qui serait celle de l'union de l'âme et du corps ?

Le moyen suggéré par Descartes est de renoncer à penser cette union pour se contenter de la sentir et de la vivre. Elle est ce que nous expérimentons dans la sensation même, qui est pensée, mais pensée d'une âme dont la présence du corps explique seule la connaissance sensible. La difficulté est si grosse que Descartes ne peut pas ne pas l'avoir vue. Malebranche, Leibniz et Spinoza inventeront des systèmes compliqués pour la surmonter, mais il est intéressant de noter que Descartes lui-même ne s'en soucie guère. On en vient donc à se demander si ce n'est pas nous, informés de l'histoire du cartésianisme que Descartes ne pouvait prévoir, qui inversons les données du problème, en supposant que le philosophe a finalement buté contre un résidu inassimilable à sa doctrine, la sensation, alors que c'est de là même qu'il était parti. En effet, nul ne doute que la sensation soit possible, puisqu'elle existe ; le problème était pour Descartes de nous persuader de la distinction réelle de l'âme et du corps, *en dépit de la sensation.* C'est en celle-ci que s'abolit pratiquement la séparation du monde intelligible et du monde sensible. Dès que nous voulons *penser* la sensation, elle se divise en deux données inconciliables, et qui le sont parce qu'intelligibles. Descartes ne pouvait donc demander à la philosophie de nous conduire à cette confusion, mais de nous en sortir.

Ce que l'on propose aujourd'hui, c'est d'y rentrer. Proposition doublement curieuse, car, d'abord, c'est là suggérer un retour, par delà Descartes, à cet Aristote qui fut sa bête noire, parce qu'il symbolisait pour lui la pensée à l'état d'enfance, encore dominée par la sensation et incapable de concevoir à part un ordre intelligible de l'âme et un ordre matériel de l'étendue. En tant qu'il ramène à l'union « substantielle » de l'âme et du corps (l'adjectif est de Descartes lui-même) le retour à Descartes serait un retour à la scolastique. Non certes pour y rester, mais en tout cas, à l'image d'Aristote, des scolastiques de tout acabit, de Descartes lui-même et de la grande famille des Cartésiens, pour nous en tirer du moins mal que nous pourrons.

Merleau-Ponty l'a fort bien vu. Il était le contraire de ceux qui espèrent atteindre l'originalité en philosophie par l'ignorance de son histoire. Avec un peu de générosité spéculative sans doute, mais non point du tout inexactement, il voyait dans cette étrange situation ce qu'il nommait « ce secret d'équilibre cartésien », et il le définissait aussitôt : « une métaphysique qui nous donne des raisons décisives de ne plus faire de métaphysique », et qui « valide nos évidences en les limitant ». Merleau-Ponty ajoutait : « Secret perdu, et, semble-t-il, à jamais ». Reste alors à en trouver un autre. « Nous *sommes* le composé d'âme et de corps, il faut donc qu'il y en ait une pensée ». Oui, sans doute, mais peut-il y en avoir encore une pensée philosophique ? Sommes-nous, par rapport au problème, dans la situation où nous serions si Descartes n'avait pas engendré Malebranche, qui engendra Berkeley, qui engendra Hume, qui éveilla Kant de son sommeil dogmatique ? On n'écrit pas l'histoire de l'avenir, surtout en philosophie, mais en disant que « *l'espace* n'est plus autour de nous celui de la *Dioptrique* », de quel espace parle-t-on ? S'il s'agit de celui de la science, rien n'est moins sûr. L'espace qualitatif d'Aristote n'a retrouvé aucun crédit près de la science. L'optique s'est beaucoup compliquée ; en un sens, on pourrait dire qu'elle a changé d'objet, mais elle reste une science de l'étendue et du mouvement ; elle n'est pas revenue à l'acte commun du voyant et du visible dont parlait la scolastique, et pourtant, formule à part, c'est à quelque chose de ce genre qu'il faudrait revenir pour considérer l'espace donné dans la sensation, tel qu'il est, « non seulement pour l'esprit, mais pour lui-même » [2].

2. Ces remarques se rapportent à quelques pages du philosophe publiées dans : André Robinet, *Merleau-Ponty, sa vie, son œuvre avec un exposé de sa philosophie,* Presses Universitaires de France, Paris, 1963, pp. 114-118. Joindre les pages 63-65, de M. A. Robinet lui-même, et son important travail sur *Système et existence dans la philosophie de Malebranche,* Librairie Philosophique, J. Vrin, Paris, 1965, qui reprend le problème sous un autre aspect. — Noter,

En le faisant, on abolira vingt-cinq siècles d'histoire de la pensée occidentale. Faisons-le, si c'est nécessaire, mais ne le faisons pas par mégarde. Car enfin, la distinction de l'âme et du corps n'a pas été inventée par Descartes ; il a seulement inventé une manière de les distinguer qui rendait particulièrement difficile de les unir. Descartes n'a pas non plus inventé l'union substantielle de l'âme et du corps ; il a seulement voulu la maintenir après avoir tout fait pour la rendre inconcevable [3]. Le matérialisme moderne ne sert ici de rien, car ce n'est pas l'âme qu'il faudrait supprimer pour résoudre le problème, c'est la pensée. Attribuer la pensée à la matière, c'est se payer de mots, puisque la notion d'un corps pensant est cela même que l'on ne réussit pas à penser. En s'installant dans l'union de l'âme et du corps, on revient donc simplement où l'homme en était avant la naissance de la réflexion philosophique. Il faut de toute façon que la philosophie le fasse, si elle ne veut pas oublier sa raison d'être, mais prendre cette décision pour un progrès philosophique serait de sa part une étrange illusion. En repartant de zéro, la philosophie ne fait que ce qu'elle a fait avec Parménide ; il n'est même pas certain qu'elle puisse le refaire, justement parce qu'elle a depuis longtemps laissé le point zéro derrière elle. Héraclite a ici son mot à dire ; la pensée ne se baigne pas deux fois dans la même philosophie, car elle-même est la réalité de la philosophie et il n'est pas en son pouvoir de n'avoir pas existé.

Il n'en reste pas moins vrai que ce désir d'un retour à ses sources est un caractère remarquable de la philosophie moderne. Ceux qui, pour un temps trop bref, eurent jadis le privilège de vivre à la lumière du Bergsonisme jeune et conquérant dans sa chaire au Collège de France, ne peuvent oublier qu'ils ont vu ce mouvement se produire et même qu'ils y ont alors participé. La nature de l'événement est en soi assez claire. Quoique leur évidence

p. 65, la citation du passage de Merleau-Ponty que voici : La philosophie ne pourra se maintenir « qu'en s'enfonçant dans cette dimension du composé d'âme et de corps, du monde existant et de l'Etre abyssal, que Descartes a ouverte et aussitôt refermée. Notre science et notre philosophie sont deux suites fidèles et infidèles du cartésianisme, deux monstres nés de son démembrement ». (Cf. op. cit., pp. 11-117). Il s'agit de savoir si on peut repartir du composé que nous *sommes* sans fausser compagnie à Descartes, et si on le fait, comment se replonger dans le composé avec chance d'en sortir sans le décomposer ?

3. On lit une curieuse remarque dans la communication si vivante faite par M. Georges Gusdorf à la Société française de philosophie sur *Les sciences humaines et la philosophie* (bulletin de juillet-septembre 1963, p. 79). A propos du mot « anthropologie » dans le *Vocabulaire* d'André Lalande, après avoir signalé un emploi « néo-scolastique » du mot qui serait : « étude du composé humain considéré dans son unité », M. Gusdorf ajoute : « Cette néo-scolastique, je ne sais pas ce que c'est, mais *étude du composé humain considéré dans son unité,* ici on comprend. Car qu'est-ce que le composé humain ? C'est Descartes... », etc. Oui, en un sens, c'est Descartes, mais c'est ce que Descartes conserve malgré lui de l'anthropologie scolastique. Or, loin de conduire à la décomposition de ce composé, l'âme allant d'un côté, le corps de l'autre, la notion scolastique du composé humain en maintenait jalousement l'unité. Elle restait fidèle à l'anthropologie d'Aristote, se développant comme elle en une morale, une sociologie et une politique. Les sciences humaines reprennent une tradition, qui ne fut d'ailleurs jamais tout à fait interrompue. L'étude de l'œuvre de Jaques Maritain peut instruire sur la néo-scolastique ceux qui ne savent pas ce que c'est.

propre soit indéfectible, les principes peuvent être oubliés, perdus de vue pendant des temps plus ou moins longs. Ces époques d'oubli sont celles où la vérité pratique de la connaissance l'emporte dans les esprits sur sa vérité spéculative. Aux environs de 1900-1910, on nous assurait, avec Auguste Comte, que la métaphysique n'a pas à être réfutée, elle tombe d'elle-même en désuétude. C'est dans les époques de ce genre que l'évidence des principes subit une éclipse, qui n'est que celle des principes eux-mêmes. Lorsque la recherche métaphysique disparaît, offusquée par la science, les principes cessent d'être objets de réflexion ; la pensée se contente d'opérer d'accord avec eux et selon leur règle, ce qu'elle ne peut d'ailleurs pas ne pas faire, mais elle ne les pense pas.

Il arrive pourtant toujours un moment où les nouveaux concepts scientifiques, avec les méthodes nouvelles qu'ils exigent, atteignent le terme de leur fécondité. Après avoir heureusement interprété un certain aspect du réel, ils se heurtent à d'autres aspects, qui leur sont inassimilables. Les notions dont ils se sont fait provisoirement des principes exigent alors des savants un effort de critique, et le résultat de cet effort ramène immanquablement au jour les principes proprement dits, ceux de la métaphysique. L'éclipse des premiers principes prend alors fin pour un temps. La notion d'être sort aujourd'hui de celle que la critique kantienne lui a fait subir. On pouvait en effet se demander à quelles conditions pures *a priori* la connaissance scientifique est possible, sans avoir à se souvenir des problèmes de l'ontologie. Peut-être même devait-on se détourner de ces anciens problèmes pour discuter utilement les nouveaux. Mais on ne supprime pas un problème à force de ne pas le poser. Il est ingénieux de poser avec Kant la catégorie de causalité comme une pure condition de la connaissance, mais un jour vient où les problèmes inhérents à la causalité même reparaissent à la surface, et il faut alors que la science elle-même ramène la métaphysique dont on avait pu croire qu'elle dispenserait à jamais.

C'est ce qui s'est produit aussitôt après Descartes. Le monde de l'étendue et du mouvement, tel que Descartes l'avait conçu, provoqua alors une véritable débauche de spéculation métaphysique. Leibniz, Malebranche et Spinoza s'interrogèrent aussitôt sur le sens vrai de notions telles que celles d'espace, de causalité, de pensée et autres de même genre, qu'il ne suffit plus alors d'éclaircir aux fins de leur usage pratique possible, mais en elles-mêmes et comme la spéculation philosophique seule peut le faire. Heidegger sort aujourd'hui de Kant un peu comme Leibniz sortit jadis de Descartes, par un mouvement de « retour *dans le* », et non pas seulement *au,* fondement de la métaphysique. Le *Sein* qu'il cherche à penser était tombé avant lui dans un tel oubli qu'il a pu se croire le premier à en faire l'objet d'une recherche distincte. Nous saurons si ses droits de priorité sont bien fondés quand il l'aura trouvé. En attendant il est du moins vrai que la simple recherche de l'être à laquelle se livre Heidegger, rende une actualité aux spéculations, ignorées de lui semble-t-il, qui, après avoir tenté elles aussi de pousser au delà de l'étant en direction de l'être, avaient vu leur voie désertée et leur effort oublié. Rien n'était pourtant arrivé à l'être, que d'être oublié. Le principe est toujours là. Seulement nous ne savons toujours pas si, du fait que, comme le rappelle Heidegger, *est ist nämlich Sein,* on doit inférer que *das Sein ist,* ou au contraire répéter avec saint Thomas d'Aquin, que l'être de l'étant, par lequel celui-ci est, n'est pas ? On ne doit s'étonner, ni de la longue éclipse subie par le problème, ni qu'il reparaisse de nos jours. Après avoir tenté de connaître à partir d'eux, ainsi que d'ailleurs il se doit, l'entendement sent qu'il a perdu de vue quelque chose d'important et qu'il lui est nécessaire de retrouver. Nous vivons peut-être un de ces moments privilégiés où, après avoir perdu de vue les principes de l'être, l'entendement travaille à les redécouvrir.

# NOTATIONS BIOGRAPHIQUES SUR NICOLAS DE CLÉMANGES

par

Palémon GLORIEUX

C'est à Clémanges, au diocèse de Châlons, que naquit Nicolas Poillevillain, plus généralement connu sous le nom de son lieu d'origine [1].

L'identification, comme la localisation de celui-ci, ne fait pas difficulté, encore que son orthographe soit des plus variables, car les documents portent les quatre graphies : *de Clamangiis, Clamengiis, Clemangiis* et *Clemengiis*. Le dictionnaire des communes de France, lui, précise : Clamanges (Marne), canton de Vertus, arrondissement de Châlons-sur-Marne. A 25 km. au S. O. de Châlons-sur-Marne. Alt. 123 m. Hab. 139.

C'est au diocèse de Meaux, aujourd'hui, de Sens jadis, qu'appartenait La Fontaine-au-Bois, avec son prieuré des Augustins d'Essommes, Sainte Madeleine, où Nicolas vivra de longues années dans la solitude (commune de Melz-sur-Seine, canton de Villiers-St-Georges, à 13 km. au S.E. de Provins).

Par contre la Val-Profonde, avec la Chartreuse où il se réfugiera quelque temps, est du diocèse de Sens (commune de Béon, canton de Joigny (Yonne) à 28 km. au N. O. d'Auxerre). Cette Chartreuse avait été fondée en 1301 par Isabelle de Mello (+ 1313), et après elle par Alix de Montaigu.

Faverolles, dont il sera question aussi, est au canton de Langres, à 17 km. au N.N.O. de cette ville, et à 7 km. de Rolampont. Petit village de 169 hab.

Langres et Provins viennent compléter ce cadre où, avec Paris d'une part et Avignon de l'autre, s'écoulera sa vie.

1. Le premier essai biographique est celui qui a été mis par Jean LYDIUS en tête de son édition des *Opera Omnia* de Nicolas de Clémanges, Leyde, 1613. — Outre les articles des encyclopédies et des dictionnaires, outre P. FÉRET, *La faculté de théologie* de Paris, IV, 275-295, on lira avec profit les études de A. COVILLE, *Recherches sur quelques écrivains du XIV<sup>e</sup> et du XV<sup>e</sup> siècles*, Paris 1935 ; *Gonthier et Pierre Col et l'humanisme en France sous Charles VI* ; et celles de A. COMBES, sur *Jean de Montreuil et le chancelier Gerson*, Paris, 1942 ; Kathleen CHESNEY, *Nicolas de Clamanges, some supplementary biographical notes*, dans *Medium Aevum*, VII, 98, et E. ORNATO, *Jean de Montreuil, Opera*, I. Turin 1963.

Par Clémanges, Nicolas appartient, comme il dit, à la Champagne française [2] ; ou bien, selon une autre version qu'il donne également, à la Belgique, c'est-à-dire à la Gaule belgique, selon les souvenirs classiques qui le hantent. C'est d'ailleurs ce que portera son épitaphe : *Belga fui, Catalaunus eram, Clemangius ortu*

*Hic humus ossa tenet, spiritus astra petit.*

« Hic » signifiant Paris, et plus précisément le Collège de Navarre où il fut inhumé.

De sa famille, on sait assez peu de choses. Il avait un frère, de beaucoup d'années son cadet à ce qu'il semble ; puisqu'il commençait seulement ses études et se trouvait tout jeunet encore quand lui, Nicolas, avait dépassé la quarantaine et était déjà un personnage connu (28). Une sœur également, dont le fils plus tard viendra lui aussi se recommander aux bons soins et au patronage de son oncle (123). On connaît par ailleurs l'existence et même le nom d'un de ses oncles maternels, Henri de Clémanges, qui fut médecin et qu'une épidémie de peste enleva en 1399 à Châlons où il exerçait sa profession (27).

Ces quelques renseignements, comme tous ceux qui doivent nous permettre de retracer les grandes lignes de la carrière de Nicolas, nous viennent de deux sources, fort inégales d'ailleurs comme importance : documents officiels ou textes d'archives d'abord, c'est-à-dire une douzaine de textes ou de dates tout au plus ; puis, précisions fournies par son œuvre littéraire, ses lettres surtout. Les détails autobiographiques s'y trouvent en effet nombreux et variés, mais livrés sans apprêt ni recherche. Il faut les recueillir et les classer, et tirer les leçons qui s'en dégagent.

Il faut surtout, au préalable, préciser autant que possible leur chronologie, soit absolue soit respective. Car, en règle générale, ces lettres ne sont pas datées ; tout au plus présentent-elles des indications de lieu ; non pas toutes même, car 49 d'entre elles n'en portent pas (sur les 151 que l'on possède).

Or le classement que donnent les manuscrits qui les ont conservées (on en connaît vingt-quatre pour le moins), n'est pas partout le même. Il semble bien qu'il y ait eu deux traditions. L'une serait représentée (nous suivons ici les suggestions de A. Coville, p. 284) par le ms. princeps de Montpellier, le ms. 1497 de Troyes (datant de 1450 environ) et le 311 d'Orléans ; l'autre, par les manuscrits de la Bibliothèque Nationale de Paris, de Troyes 915, Aix, Berne, Oxford, etc.

Or le manuscrit de Montpellier, Faculté de Médecine 87, a été révisé par Nicolas de Clémanges lui-même. La démonstration en a été faite par Coville, loc. cit. Il propose même une date pour cette révision, à savoir entre l'automne 1417 et 1418. Tout en étant d'ac-

2. Ambos nempe, dit-il dans son épître 49 à Evrard Moriset, Gallica genuit Campania, ambos aluit, ambos pro parte aliquanta erudiit. Multi itaque sunt inter nos incitamenta amicitiae, primum generale patriae consilium, quod Galli sumus.

cord avec lui sur l'ensemble de son raisonnement, il nous semble que cette date doit être retardée de cinq ans au moins, car le recueil comporte quatre lettres adressées à Réginald, évêque de Soissons, c'est-à-dire Réginald de la Porte, un des amis de Nicolas, qui ne fut élu à ce siège que le 8 janvier 1423.

Quoi qu'il en soit de ce point, l'étude attentive du recueil, indications de lieu et précisions internes, montre très nettement que l'ordre adopté par Nicolas est certainement l'ordre chronologique. Partout où la vérification peut être tentée, elle s'avère probante. Paris, Avignon, Langres, la Curie à nouveau, puis Langres, Valprofond, Fontaine-au-Bois, marquent très certainement les grandes étapes de la vie de Nicolas de Clémanges. Par le fait même, les quelques lacunes rencontrées en cours de route, peuvent être comblées dans le sens indiqué par les lettres environnantes.

Ceci ne vaut toutefois, à notre avis, que jusqu'à l'épître 125 ; ce qui mènerait donc, comme on verra, jusqu'à 1417.

Ce n'est que plus tardivement, vers 1423 au plus tôt, que Nicolas aurait ajouté à son recueil quelques lettres retrouvées de sa correspondance antérieure : cinq à Nicolas de Baye ; une à un anonyme, Gérard Machet peut-être ; quatre à Réginald de la Porte ; une à Guillaume Erard ; celle au roi d'Angleterre, et deux enfin à Simon de Bergères. Mais il n'y faudrait plus chercher d'ordre chronologique. Et l'on répondrait du même coup à l'objection que se faisait A. Coville, et qui motivait sa datation, de 1417-1418 : « il n'est pas vraisemblable que Nicolas n'ait point glissé la moindre allusion à la mort de ses plus chers amis et fidèles correspondants : Gontier Col et Jean de Montreuil massacrés en 1418, Nicolas de Baye, mort le 9 mai 1419 ». Le recueil primitif devait en effet s'arrêter en 1417 [3].

C'est vers 1360, sinon même un peu avant, que Nicolas dut naître. En effet, un rotulus de la faculté de théologie, en date de juillet 1387, le présente alors comme maître ès-arts, étudiant en théologie depuis six années ; âgé de 27 ans par conséquent, puisqu'il faut être maître ès-arts pour entreprendre ses études de théologie, et qu'il faut avoir 21 ans pour conquérir la maîtrise ès-arts. Ceci reporte donc bien vers 1360.

Dès l'âge de douze ans, il fit connaissance avec Paris, et le Collège de Navarre, où il devait poursuivre toutes ses études, et où il reviendra terminer sa carrière. « Quando primum ad urbem illam praeclarissimam » écrit-il aux maîtres de Navarre, ep. 42, « atque a laribus patris ad illum vestrum inclytum perveni studium, alter ab undecimo nondum me ceperat annus ; me tenellum mater illa

3. Nous retiendrons pour les lettres, comme plus haut déjà (28), (123), (27), etc., la numérotation de Lydius, de 1 à 137 ; en y ajoutant cependant sous le N° 138, le De egressu a Babylone, qui n'est qu'une lettre à Gérard Machet, et sous les numéros 138-151 respectivement, les lettres inédites publiées par A. Coville, p. 287-317, dans l'ordre qu'il leur a donné. Elles viendraient s'insérer comme suit : 126 et 127, 129 et 130 après 102 ; 128 après 101 ; 131 ap. 108 ; 138 ap. 75 ; 139 ap. 8 ; 140 et 141 ap. 9 ; 142 ap. 27 ; 143 ap. 21 ; 144 ap. 23 ; 145 ap. 12 ; 146 ap. 26 ; 147 et 148 ap. 29 ; 149 ap. 11.

gremio excepit, sinu fovit, ulnis gestavit, suavissimis denique aluit uberibus. Me prima præterea pene dicam elementa, me ad honorem illum quem amplissimum habet, invitum licet ac renitentem extulit ; me denique ex illo tempore usque ad hanc prope aetatem, doctrina simul ac moribus erudiit ».

Les maîtres sont alors, en ces années 1372-1380, ceux que connut Gerson qui était son contemporain et condisciple : Gilles Deschamps, Jean Loutrarii, puis Laurent de Chavanges et Pierre d'Ailly ; peut-être aussi Jean Courtecuisse, Pierre de Nogent, Nicolas Oresme. Il serait intéressant de connaître celui ou ceux qui parmi ces maîtres contribuèrent à former toute la pléiade d'humanistes de valeur qui se levèrent alors.

C'est au Collège de Navarre que Nicolas de Clémanges noua les amitiés qui marqueront sa vie et contribueront également à développer son génie par les échanges fréquents qui s'établiront entre eux. Ainsi voit-on, selon l'ordre de leur apparition dans sa correspondance : Jean de Montreuil (21 lettres), Jean de Muret (2), Gerson (9), Gonthier Col (16), Pierre d'Ailly, plutôt son maître que son ami (2), Jean de Morson (2), Etienne de Gembly (1), Jacques de Nouvion, entré plus tard semble-t-il dans sa vie (6), Réginald de Fontaines (11), Jean Juvenir (2), Jacques de Bouray (6), Jean Héraud (2), Jean d'Arsonval (3), Martin de Calayo (2), Gérard Machet (5), Raoul de la Porte (6), Jacques Branlart (1), Pierre de Cancella (1).

Tous ne sont pas cependant des amis d'enfance, et ils n'échangent pas entre eux que des souvenirs de jeunesse. Si on en est assuré par exemple, de l'aveu même de Nicolas, pour un Pierre de Cancella [4], un Jean de Muret, un Réginald de Fontaines, on ne peut que le conjecturer pour certains autres [5]. La plupart de ces noms sont bien connus par ailleurs, et on les retrouvera dans la bibliographie déjà citée.

Parmi ces amitiés, quelques-unes furent plus étroites ; l'on connaît à ce propos la déclaration de Jean de Montreuil au sujet du trio qu'il formait avec Nicolas et Jacques de Nouvion : « Sed ut quid hoc optaverim, cum ex quo cum Johanne, Nicolaus et Jacobus idem sint, per regulam logicalem ' quaecumque uni et eidem sunt eadem, inter se sunt eadem ', pariter idem sint Nicolaus et Jacobus necesse est ? Quos jam videre videor simul esse, simul loqui, et de priscis auctoribus sermones texere, ac vulgaritatem istam tempnere nichil prorsus praeter nugas et anilitates agentem ».

Mais il faut se garder d'anticiper.

4. « Quamvis tanta inter nos, ut memoria tenes, fuerit in minoribus annis familiaritas quanta inter unius Collegii incolas atque studii professores esse potest, tamen ex quo regiae confessionis auditorem te fieri contigit, nulla prorsus usque hos dies occasio incidit qua... quidquam a te peterem ». Epist. 123 ad Petrum de Cancella.

5. Certaines listes officielles, tels rôles de l'Université par exemple en date de juillet 1387 (*Chartul. Univers. Paris*. III. n. 1541), du 11 juillet 1388 (*Chart*. III. 1563), viennent corroborer ceci en montrant ceux qui à cette époque se trouvaient être ses contemporains de promotion.

Les documents officiels n'apportent que de maigres précisions sur ses années d'études. Il a dû entreprendre celles-ci à la Faculté des Arts en septembre 1375, puisque en 1379 il est mentionné au Rôle de l'Université comme étant « in quarto anno sue auditionis ». Il est alors présenté comme « Collessono de Clamangiis, cler. Catalan. dioc. scol. in art ». (Chartul. III. p. 282).

C'est deux ans plus tard, en 1381, qu'il reçoit à Ste-Geneviève la licence sous Jean de Roncurio, et fait son « inceptio » en mai. Dès le mois de septembre il doit commencer ses études théologiques puisqu'on le trouvera, en 1387, comme en étant à sa sixième année. Ce qui ne l'empêche pas sans doute, comme beaucoup d'autres, d'enseigner en même temps à la Faculté des Arts [6].

Peu après cette date, il dut obtenir le baccalauréat en théologie. On le trouve explicitement décoré de ce titre, — qu'il ne dépassera plus, d'ailleurs, — dans un acte du 13 décembre 1394.

Il continue à enseigner à la Faculté des Arts ; c'est en cette qualité de maître ès-arts et régent, qu'on le voit mentionné le 25 février 1394.

Sans doute y joint-il d'autres occupations, très probablement celle de rédacteur officiel des actes de l'Université, en raison de sa science du latin, et de son style.

C'est à lui que se voit attribuée la rédaction de grandes lettres de l'Université : en 1394, le 17 juillet : *Coegit tandem nos* au pape Clément (Chart. n. 1690) ; la réponse à l'Université de Cologne, après le 25 juillet (Chart. n. 1658) ; le 5 juin 1394, la lettre de l'Université au roi, sur les trois voies (Cf. Religieux de S. Denys, II. 101) ; le 22 septembre la lettre *Paucis abhinc* (Chart. 1693) au pape Clément, annulée par la mort de celui-ci.

Nicolas a alors de ses amis bien placés : à la Cour de France : Jean de Montreuil, Gonthier Col, Jacques de Nouvion ; à la Curie d'Avignon : Jean de Muret, Jean Mocchio, avec lesquels il est en relations suivies ; près du duc de Berry : Evrard Moriset, etc.

Il doit avoir conscience de sa valeur, et être assez sûr de soi. On le voit qui, en 1393, traite hardiment avec le roi Charles VI (1), et en 1394 avec le pape Benoît XIII (2).

Le cardinal Galeotto de Petramala lui a offert son amitié (4), et lui dit son admiration.

Sa réputation est donc solidement établie, et fort étendue déjà. Dans sa deuxième lettre au Cardinal (5), il parle des auteurs latins qui sont lus ou que personnellement il a « lus » à Paris, et de tous ceux qu'il connaît. Il en fait largement étalage. Un peu plus tard dans sa lettre aux MM. de Navarre (42), il rappelle les services qu'il a rendus comme rédacteur de tant de lettres officielles. « Exstant apud vos mei illius obsequii ac servitii crebra monimenta, nec

6. C'est à quoi fait allusion sa demande dans le *Rotulus* de juillet 1387 (*Chart.* III. n. 1541) où il est précisé que, lorsque le précédent rotulus auquel le pape Clément VII a répondu avec bienveillance, avait été envoyé, Nicolas n'avait pu y joindre sa demande « attento quod tempore missionis dicti rotuli gradum magisterii consecutus esset, quod etiam in remotis partibus scolas regeret et idcirco propter sui absentiam dicti rotuli missionem ignoraret ».

apud vos solos extant sed quacum que christiana religio per orbem diffunditur non ad vestri honoris attenuationem disseminata sunt. Meo itaque jure videor a vobis exigere posse, et non immerito, impetrare debere ut meum stylum quem vestris obsequiis voluptatibusque servientem laeti saepius gaudentesque audistis, nunc pauca apud vos dicturum æquis ac propitiis auribus audire velitis ».

Il veille à se pourvoir de bénéfices. On voit par le Rôle de l'Université, du 13 décembre 1394, qu'à cette date il possède deux chapellenies : l'une, de l'Université, valant seize livres par. ; l'autre au maître-autel de N.-D. « in nova opera ecclesie Cathal. » valant 18 liv. paris. Il n'en demande pas moins alors un canonicat à Châlons.

Pourtant il doit être en cette même année, chanoine de St-Pierre de Lille. Jean de Montreuil, qui est alors prévôt de Lille précisément, le mentionnera comme tel dans une de ses lettres (ep. 95) : « concanonicus meus in Insula ».

L'année suivante, 1395, au 10 juillet, il est présenté comme chanoine et doyen de St-Cloud ; et deux ans plus tard, en 1397, on le voit chanoine de Langres [7].

C'est vers cette date, de 1397, que se situe l'épisode tragi-comique d'Ambroise de' Migli [8], avec l'échange de lettres qu'il provoque de la part de Nicolas (6 et 7), et de Jean de Montreuil (ep. 129, 132, 138, et son dénouement ultérieur, 113).

Le premier voyage à la Curie. — Nicolas n'est pas allé jusqu'alors en Italie et, comme il le précise (4), il n'a point fait d'études à Bologne.

C'est à l'instigation, et par suite des demandes et démarches de ses amis, qu'il va comme secrétaire (14) à la Curie de Benoît XIII, à Avignon, où il est reçu aimablement par le cardinal Galeotto, qui le présente au pape (1). C'est le 13 novembre 1397 qu'il est ainsi nommé secrétaire pontifical. Il restera à la Curie jusqu'en mai 1398.

A son arrivée, une épidémie, de peste ?, règne déjà à Avignon. Il prend cependant toutes les précautions nécessaires (16). Jean de Muret et Jean de Mocchio sont là.

Nicolas écrit à Gerson (9), à Jean de Montreuil (10 ; 140) et Gonthier Col (11). C'est à ce dernier qu'il fait part (12) de la mort, à Vienne, du cardinal Galeotto (début de 1398).

Le pape sent déjà monter contre lui la menace de la soustraction d'obédience. Nicolas l'encourage (13).

Comme il a négligé un peu ses précautions, il est pris par l'épidémie. Il est à la mort. Le bruit de celle-ci a même couru, et on a déjà écrit les élégies pour le pleurer. Les médecins personnels du pape, François de Majorque (27), Jacques de Saint Médard et

7. D'après le matricule du chapitre de Langres, Bibl. de Langres n° 54, f. 21ᵛ.

8. Raconté par A. Coville, *Gonthier et Pierre Col*, p. 121-138.

Lucas de Naples sont auprès de lui. Il est finalement hors de danger (16).

Il obtient son congé ; et le pape lui donne la promesse de la trésorerie de Langres, 22 juin 1398. C'est là qu'il va se rendre.

Le retour s'effectue par Châlons (14). Nicolas se refuse à l'invitation de Jean de Montreuil qui voudrait le ramener à Paris, à la Cour (19).

Il est à Langres, en août 1398. De là il écrit à Gerson (15) et à Jean de Montreuil. Il y a été très bien reçu (16) et se remet de sa secousse. Il s'y plaît, dans le calme et la médiocrité dorée (18). Il redoute cependant, à cause de ses rhumatismes, l'hiver et le froid qui vont venir (19).

Bientôt, sans doute en 1399 et 1400, il entre en procès avec le nouveau doyen du chapitre, Henri de Savoisy, au sujet de sa trésorerie (21. 143. 144. 147).

Il y a alors à Langres (1399), une épidémie de peste, analogue à celle qui règne aussi alors à Paris. Pendant quelque temps Nicolas se réfugie à Faverolles (24), à 17 km. de Langres. Il s'y promène à cheval ; il chasse. Il a un flair étrange pour sentir et déceler la maladie (24).

L'hiver a été chaud ; mais l'été de 1399 est froid. Les inondations ont été nombreuses. Son oncle maternel, Pierre, qui malgré ses avis est resté à Châlons, vient d'y mourir (28) de l'épidémie de peste.

Les discussions autour de sa trésorerie dureront jusque vers 1401 (147).

Il a recommandé avec succès son jeune frère aux bons soins de ses amis (28. 142).

Pour la période 1401-1403 sa correspondance est assez peu abondante. Peut-être en a-t-il supprimé plus tard des éléments compromettants.

Il doit certainement suivre de loin le déroulement des événements qui concernent aussi bien le royaume que l'Eglise et le schisme.

Il intervient, à la fin de 1402, auprès de Charles VI (17), en faveur de la restitution d'obédience.

Un peu plus tôt, au début de 1401, il avait à l'instigation de Pierre d'Ailly composé son De ruina et reparatione Ecclesiae (cf. 31 et 39).

Après l'évasion de Benoît XIII (11 mars 1403), il se décide à le rejoindre (rappelé ou non par lui). Il part après le Carême et fait, semble-t-il, un détour par Paris, d'où il adresse sa lettre (32) à Etienne de Gembly, qui venait d'entrer chez les Célestins.

Il passe par Lyon et Vienne, La Voulte-sur-le-Rhône ; et dès le lendemain de son arrivée à Avignon, il raconte son voyage à Jacques de Nouvion (33).

On le trouve, le 16 octobre, à Sallone où il écrit en faveur de J. Erart et J. de Porta un billet de recommandation pour le pape.

Puis à Marseille (34. 35), Avignon (36), Tarascon (37), à Marseille encore (38), Nice (39), si du moins l'ordre des lettres suit celui de ses déplacements.

Il restera ainsi à la Curie, de l'été 1403 au début de 1408, suivant les vicissitudes de la politique pontificale. Il convient donc de se reporter à celle-ci.

En mai 1405 il est nommé chantre de Bayeux.

Sa correspondance privée est très réduite (33-41). Ici surtout il semble qu'il ait éliminé plus tard de son recueil tout ce qui pouvait être compromettant.

On sait (36) qu'à Avignon il habite avec Jean de Muret.

En fin 1403 - début 1404, il est en contact à Tarascon avec Gerson et l'ambassade française. C'est alors que se situe l'épisode de la lettre de Jean de Montreuil (37) étudié particulièrement par A. Combes [9].

Nicolas demande de la part du pape, à Gonthier Col (38) de faire copier les lettres de Pline.

En 1405, il est avec Benoît XIII dans son expédition italienne. Sans doute a-t-il rencontré à cette occasion la grande ambassade. Mais c'est en vain qu'il a attendu à Nice (41), peut-être à leur retour de Rome et avant leur départ pour Paris, Gerson et d'Ailly.

Dès février 1408, il quitte la Curie, définitivement, — il y pensait depuis deux ans déjà, d'ailleurs —, et va résider à Gênes (45).

Il y écrit sa *Descriptio et laus urbis Januae* ; peut-être aussi sa *Deploratio calamitatis ecclesiasticae*.

Les événements se gâtent. Il quitte Gênes pour la France ; passe par Avignon (42), Langres (43), Paris, où il manque de peu Pierre d'Ailly (44), et Fontaine-au-Bois (44).

Dès son retour en France, sans doute vers le 20 mai, il se voit accuser d'avoir travaillé à la bulle d'excommunication (Savone, 10 mai 1407). On requiert contre lui, exil, prison, privation de prébendes. Il écrit pour se justifier (42, à l'Université ou au Collège de Navarre). Surtout il cherche des appuis de tous côtés (43-56).

Il est pendant quelque temps « in loco sine nomine » (48 ; puis 49-53). Ensuite, il se réfugie à Valprofonde (54-57).

Au début de 1409 il vient s'établir à Fontaine-au-Bois, où il demeurera dorénavant, jusqu'en 1417. Il semble s'y être véritablement plu ; et l'éloge qu'il fait à plusieurs reprises de la solidude, du calme, de l'éloignement des vains soucis, paraît sincère (80. 88).

Les ennuis qu'il avait précédemment éprouvés sont définitivement passés, semble-t-il, vers 1412 (76).

Il suit de loin les événements : guerres, traités, factions. Ses lettres conservent ses considérations, pleines de philosophie et de foi, sur tous ces maux.

A un certain moment, en 1411, pour plus de sécurité, il se réfugia à Langres (76. 77). C'est alors sans doute (ou l'année suivante) qu'il écrit et dédie à Gerson, son *De presulibus symoniacis*.

9. A. Combes, *Jean de Montreuil et le chancelier Gerson*, p. 339-547.

On le trouvera une seconde fois encore à Langres en 1412-13 (89-92).

C'est en ces années que Nicolas de Baye entre dans sa vie, du moins dans sa correspondance.

Au début de 1411, c'est, à Bologne, la mort de Jacques de Novion (69-72).

Un peu plus tard, avant juillet, il écrit son *Oratio ad Galliarum principes*. De même sans doute le *De studio theologico*, adressé à Jean de Piémont.

En 1413, Nicolas de Baye, Gonthier Col (91), Jean d'Arsonval (99), ont été victimes des pillages (sans doute des Cabochiens, 28 avril - 4 août).

La santé de Nicolas connaît encore des accrocs (100. 101 (en 1413) 111).

Il met toutefois à profit sa retraite pour travailler. C'est alors, à Fontaine, qu'il a composé la plus grande partie de ses traités (109). Tels le *De fructu eremi ; De filio prodigo ; De fructu rerum adversarum ; De egressu a Babylone*, à Gérard Machet ; *De novis celebritatibus non instituendis* (août-septembre 1413) ; *Descriptio vitae rusticae ; Descriptio vitae tyrannicae* (paraphrases de Pierre d'Ailly)[10].

A Fontaine toujours, vers 1415, il doit commencer la revision de ces traités, récents et anciens ; et il en compose un recueil (109. 107. 105). Il en fera autant pour sa correspondance, en 1417 ; et ce sera le ms. de Montpellier.

On sait que Nicolas était prêtre (108) ; mais on ne sait trop quand il fut ordonné. C'est Jean de Maraya qui lui apprit à dire la messe (119).

On le voit préoccupé du Concile qui se tient à Constance. Il a une correspondance à ce sujet avec un clerc de Paris (1. 71. 79). Il écrit même directement aux Pères du Concile (112. 113).

A l'automne 1417 se situe sa lettre à Henri d'Angleterre (137) ; sans doute aussi son histoire de Floridan et d'Elvide.

Le 26 février 1418, sa présence est signalée à Constance, avec André de Curia, chez Pierre d'Ailly « in sacra pagina bacallario, cantore Ecclesie Bajocensis » [11]. Sans doute y était-il parti vers la fin de l'automne, ou après l'élection de Martin V.

Plus tard, après 1418, on le retrouvera à Provins (136. 150. 151).

Plus tard encore, après 1423, à Paris (132-135). Il y donne son *Expositio super Isaiam*.

De 1426 à 1429, il y reprend et poursuit ses études théologiques, sous Pierre de Dierreyo. Sa présence est attestée le 17 juin 1429.

On dit qu'il serait devenu proviseur de Navarre.

Sa mort se situe en 1437, et c'est au Collège de Navarre qu'il fut enseveli.

10. Il n'y a aucunement lieu de retenir à l'actif de Nicolas, comme l'avait fait Lydius, ni les cinq lettres publiques, I. 179-181, ni le traité sur les Annates p. 82-100. Celui-ci se réfère aux discussions du Concile en novembre 1415 ; à ce moment Nicolas est certainement à Fontaine-au-Bois.

11. Du Pin, *Joann. Gerson Opera Omnia*, V. 713.

## CORRESPONDANCE ET TRAITES[12]

1393

Paris. — Au roi Charles VI, ep. I. *Non meum princeps.* Lyd. 3.

1394

Paris, 5 juin. — Au roi Charles VI, Epître de l'Université sur les trois voies pour terminer le schisme. Nicolas rédacteur. — *Christianissimo ac religionis orthodoxae... Quamquam majorum nostrorum.* Chart. Univ. III. n. 1683 ; Religieux, II. 136 ; D'Achery, Spicileg. I. 776.

Paris, 17 juillet. — Lettre de l'Université au pape Clément. Nicolas rédacteur. — *Coegit tandem nos.* Chart. Univ. III. n. 1690.

Paris, ap. 25 juillet. — Réponse de l'Université de Paris à l'Université de Cologne. Nicolas rédacteur. — *Litteras parte vestra.* Chart. Univ. III. n. 1688.

Paris, 22 septembre. — Adresse de l'Université au pape Clément, avant que parvienne l'annonce de sa mort. — Nicolas rédacteur. — *Paucis abhinc.* Chart. Univ. III. n. 1693.

Paris, oct.-nov. — Au pape Benoît XIII, ep. 2. — *Grandis pater beatissime.* Lyd. 6.

Paris, oct.-nov. — A un ami, ep. 3. — *Ut stomachi Germani loco.* Lyd. II.

Paris, 1394-1395. — A Galeotus de Petramala, ep. 4. — *Perpulchres pater.* Lyd. 20.

Paris, 1394-1395. — A Galeotus de Petrama, ep. 5. — *Quod in superiori.* Lyd. 24.

1395

Paris. — De Jean de Montreuil, ep. 129. — *Mirabilem et.* Orn. 187.

Paris. — De Jean de Montreuil, ep. 132. — *Portentuosum.* Orn. 194.

Paris. — De Jean de Montreuil, ep. 130. — *Nunc tandem.* Orn. 191.

12. Selon les indications précédentes (*supra* n. 1 et 3) Lyd. renvoie à l'édition de Lydius, opera omnia, 1613 ; — Cov. à l'étude de A. Coville, *Recherches sur quelques écrivains...;* Orn., à l'édition de Jean de Montreuil, opera I par E. Ornato (Turin 1693) ; — Chart. à Denifle Chatelain, *Chartularium Universitatis Parisiensis,* t. III. — Gers. à l'édition en cours des œuvres complètes de Gerson, t. II (1960).

Paris. — A Jean de Montreuil, ep. 6. — *Vidi Johanes carissime.* Lyd. 31.

Paris. — A Amboise de' Migli, ep. 7. — *Justum erat.* Lyd. 33.

1397

Paris, av. nov. — A Jean de Muret, ep. 8. — *Miraris amice dilectissime.* Lyd. 36.

Paris. — A Jean de Montreuil, ep. 139. — *Unde tibi commodius.* Cov. 289.

Paris. — De Jean de Montreuil, ep. 139. — *Multis graviter.* Orn. 204.

1398

Avignon, janv.-févr. — Au chancelier Gerson, ep. 9. — *Tuas pridie.* Lyd. 40 ; Gers. 11. 10.

Avignon. — A Jean de Montreuil, ep. 140. — *Quamquam lues hoc in loco.* Cov. 291.

Avignon. — A Jean de Montreuil, ep. 141. — *Saepe lacius.* Cov. 294.

Paris. — De Jean de Montreuil, ep. 18. — *Statueram praeceptor.* Orn. 24.

Avignon. — A Jean de Montreuil, ep. 10. — *Jocos iterum fabellas.* Lyd. 42.

Avignon. — A Gonthier Col, ep. 11. — *Meas frequentes.* Lyd. 48.

Avignon, 27 janvier. — A Gonthier Col, ep. 149. — *Pluribus tibi alias.* Cov. 311.

Paris. — De Jean de Montreuil, ep. 43. — *Versanti mihi.* Orn. 69.

Avignon, févr.-mars. — A Gonthier Col, ep. 12. — *Mallem tibi laetiora.* Lyd. 49.

Avignon. — A Gonthier Col, ep. 145. — *Nulla tibi queo.* Cov. 303.

Avignon. — A Benoît XIII, ep. 13. — *Multa pater beatissime.* Lyd. 51.

Châlons. — A Jean de Montreuil, ep. 14. — *Audio te summopere.* Lyd. 57.

Paris. — De Jean de Montreuil, ep. 53. — *Ne versaris.* Orn. 86.

Langres, août. — Au chancelier Gerson, ep. 15. — *Post gravem nimium.* Lyd. 57.

Langres, août-sept. — A Jean de Montreuil, ep. 16. — *Si quemadmodum meae res.* Lyd. 60.

Paris. — De Jean de Montreuil, ep. 145. — *Verum tota.* Orn. 211.

Langres, automne. — A Jean de Montreuil, ep. 18. — *Bonum me esse.* Lyd. 72.

Langres. — A Jean de Montreuil, ep. 19. — *Nescio quo referente.* Lyd. 79.

Langres. — A Jean de Montreuil, ep. 20. — *Quod postremum in tuis*. Lyd. 84.

Langres, 1398-99. — A Gonthier Col, ep. 26. — *Miraris dilectissime*. Lyd. 93.

1399

Langres. — A. Gonthier Col, ep. 146. — *Jam ut arbitror*. Cov. 305.

Paris. — De Jean de Montreuil, ep. 66. — *Apridem me*. Orn. 108.

Langres, v. mai. — A Gonthier Col, ep. 27. — *Gravem esse pestilentiam*. Lyd. 95.

Langres. — A Jean de Montreuil, ep. 142. — *Non ferebat tempus*. Cov. 296.

Paris. — De Jean de Montreuil, ep. 146. — *Pluris sunt*. Orn. 212.

Langres. — A Gonthier Col et Jean de Montreuil, ep. 28. — *Ingentes utrique*. Lyd. 101.

Paris. — De Jean de Montreuil, ep. 77. — *Gonthero ut*. Orn. 119.

Paris. — De Jean de Montreuil, ep. 78. — *Heu dolor*. Orn. 120.

1400

Langres. — A Jean de Montreuil, ep. 143. — *Non est quod prolixius*. Cov. 299.

Paris. — De Jean de Montreuil, ep. 145. — *Verum tota*. Orn. 211.

Paris. — De Jean de Montreuil, ep. 141. — *Quis tecum*. Orn. 207.

Langres. — A Jean de Montreuil, ep. 21. — *Crebras me occupatum*. Lyd. 85.

Langres. — A Jean de Montreuil, ep. 22. — *Turbare nuper*. Lyd. 86.

Langres. — A Jean de Montreuil, ep. 23. — *Johanni suo carissimo*. Lyd. 86.

Langres. — A Jean de Montreuil, ep. 144. — *Sicut brevem epistolam*. Cov. 301.

1401

Faverolles, 1400-01. — A Jean de Montreuil, ep. 24. — *Abisse te gratia*. Lyd. 90.

1400-01. — De ruina et reparatione Ecclesiae. *Cum hesterno die*. Lyd. 1. 4-28.

Langres, févr.-mars. — A Jean de Montreuil, ep. 25. — *Heri primum ex ea*. Lyd. 92.

Langres. — A Pierre d'Ailly, ep. 20. — *Quaeris a me pater optime*. Lyd. 104.

Langres. — A Gonthier Col, ep. 147. — *Diuturne tuis a penatibus*. Cov. 307.

Langres. — A Gonthier Col, ep. 148. — *Retulit mihi tuis.* Cov. 309.

Langres. — A Jean de Morsono, ep. 30. — *Nosse multum cupio.* Lyd. 107.

Langres, 1401-02. — Au chancelier Gerson, ep. 31. — *Magnum mihi hororem.* Lyd. 107 ; Gers. 11, 50.

Langres, 1401-02. — Au roi Charles VI, ep. 17. — *Si quibusdam princeps.* Lyd. 61.

1403

Paris. — A Etienne de Gombly, ep. 32. — *Magnam Stephane dilectissime.* Lyd. 110.

Avignon, automne. — A Jacques de Nouvion, ep. 33. — *Quia hesterno.* Lyd. 112.

Sallone, 16 octobre. — Au pape Benoît XIII, supplique. — *Supplicat Sanctitatis vestre devotus.* .

Marseille, fin 1403. — A Jacques de Nouvion, ep. 34. — *Litteris tuis perspectis.* Lyd. 115.

Marseille, fin 1403. — A Jacques de Nouvion, ep. 35. — *Gaudeo quod studio.* Lyd. 117.

Avignon, fin 1403. — A Jean de Montreuil, ep. 36. — *Redditae sunt mihi.* Lyd. 120.

Paris, v. 15 octobre. — De Jean de Montreuil, ep. 60. — *Non scribes.* Orn. 102.

1404

Tarascon, janv. — A Jean de Montreuil, ep. 37. — *Vidi epistolam ad Summum.* Lyd. 121.

Paris, 25 janv. — De Jean de Montreuil, ep. 52. — *Non vacat.* Orn. 84.

Marseille. — A Gonthier Col, ep. 38. — *Est quidam ex pontificis.* Lyd. 121.

Nice. — A Jacques de Nouvion, ep. 39. — *Locus iste valde.* Lyd. 122.

Scion. — A Réginald de Fontaines, ep. 40. — *Trinas a te parvo.* Lyd. 124.

Paris, mai 1404 - févr. 1405. — De Jean de Montreuil, ep. 19. — *Etsi nil.* Orn. 27.

1405

Paris, v. mai. — De Jean de Montreuil, ep. 22. — *Haud mora.* Orn. 33.

Paris, v. mai. — De Jean de Montreuil, ep. 27. — *Ni succuras.* Orn. 38.

Paris, v. mai. — De Jean de Montreuil, ep. 28. — *Cur tantopere.* Orn. 39.

Paris, v. mai. — De Jean de Montreuil, ep. 31. — *Tam varie.* Orn. 45.

Paris, v. mai. — De Jean de Montreuil, ep. 32. — *Habes quod.* Orn. 46.

Nice. — Au chancelier Gerson, ep. 41. — *Tuum cum domino Cameracensi.* Lyd. 126 ; Gers. II, 77.

1406.

Paris, début 1406. — De Jean de Montreuil, ep. 50. — *Est quod.* Orn. 79.

Paris, fin 1406. — De Jean de Montreuil, ep. 20. — *Verissimam mi.* Orn. 30.

Paris, mai 1404-07. — De Jean de Montreuil, ep. 69. — *Quod a reverendissimo.* Orn. 111.

Paris, v. 1407-08. — De Jean de Montreuil, ep. 53. — *Ne versaris.* Orn. 86.

Paris, v. 1408. — De Jean de Montreuil, ep. 67. — *Eruptionem tuam.* Orn. 110.

Paris, av. 1408. — De Jean de Montreuil, ep. 21. — *Ut animo.* Orn. 32.

Paris, av. 1408. — De Jean de Montreuil, ep. 23. — *Sinere hinc.* Orn. 34.

Paris, av. 1408. — De Jean de Montreuil, ep. 24. — *Ne frustra.* Orn. 34.

Paris, av. 1408. — De Jean de Montreuil, ep. 80. — *Ut tibi.* Orn. 121.

Paris, av. 1408. — De Jean de Montreuil, ep. 132. — *Portentuosum prodigium.* Orn. 194.

Paris, av. 1408. — De Jean de Montreuil, ep. 143. — *Impulit me.* Orn. 209.

1408

Début 1408. — De clade Ecclesiae altercatio. = Deploratio calamitatis ecclesiasticae. — *Christe graves sponsae.* Lyd. 1, 32-36 ; Cov. 261-264.

Paris, début. — De Jean de Montreuil, ep. 25. — *More hominum.* Orn. 35.

Paris, début. — De Jean de Montreuil, ep. 15. Dédicace du recueil. — *Sine quo.* Orn. 20.

Gênes, début 1408[13]. — Descriptio et laus urbis Januae. — *Janua quam perhibent.* Cov. 256-259.

Avignon. — Aux maîtres de Paris, ep. 42. — *Novum quidem patres.* Lyd. 127.

Paris. — De Jean de Montreuil, ep. 11. — *Querimoniae tuae.* Orn. 15.

Langres. — A Réginald de Fontaines, ep. 43. — *Super quod te.* Lyd. 131.

13. Il n'y a pas lieu d'attribuer à Nicolas la rédaction des trois lettres de Benoît XIII à Grégoire XII (Lyd. I. 179, 181, 185) ; ni de Benoît XIII à Paul, seigneur de Lucques (Lyd. I. 186), non plus que la lettre de l'Université aux cardinaux en Avignon (Lyd. I. 187).

Fontaine-au-Bois. — A Pierre d'Ailly, ep. 44. — *Summo tuae reverendissimae*. Lyd. 133.

s. l. 1408. — A Jacques de Nouvion, ep. 45. *Si apud Hircanos*. Lyd. 135.

s. l. 1408. — A Gonthier Col, ep. 46. — *Cum omnibus in terris*. Lyd. 139.

s. l. 1408. — A Réginald de Fontaines, ep. 47. — *Memini quod a tuo discessu*. Lyd. 142.

s. l. 1408. — A Jean Juventus, ep. 48. — *Etsi te multae occupationes*. Lyd. 143.

s. l. 1408. — A Evrard Moriseti, ep. 49. — *Si mea ulla in te*. Lyd. 143.

s. l. 1408. — A Jacques de Bouray, ep. 50. — *Non par esse arbitror*. Lyd. 144.

s. l. 1408. — A Jean Héraud, ep. 51. .. *Debebas teque promisso*. Lyd. 145.

s. l. — A Jean d'Arsonval, ep. 52. — *Non dubito tuam erga me*. Lyd. 146.

s. l. — A Jean de Morsomio, ep. 53. — *Bene mecum quamvis*. Lyd. 147.

Valprofond. — A Réginald de Fontaines, ep. 54. — *Qui me dudum*. Lyd. 148.

Valprofond. — A M. de Fontaines, ep. 55. — *Nescio si unquam*. Lyd. 150.

Valprofond. — Au dauphin Louis, ep. 56. — *Delectatus sum vehementer*. Lyd. 154.

Valprofond, 1408 ? — De fructu eremi. — *Doceri per me desideras*. Lyd. 1. 121-132.

Valprofond, 1408 ? — De fructu rerum adversarum. — *Cum maxime praedicatoris officium*. Lyd. 1, 132-143.

1409

Fontaine-au-Bois, début 1409. — Au chancelier Gerson, ep. 58. — *Tempus hoc quod praesenti*. Lyd. 160 ;Gers. II. 116.

Fontaine-au-Bois, mars-avril. — A Jacques de Bouray, ep. 59. — *Ignosci mihi per te*. Lyd. 165.

Fontaine-au-Bois, ap. Carême. — A Jacques de Bouray, ep. 60. — *Exiit tempus indiciarum*. Lyd. 166.

Fontaine-au-Bois, 1409-10. — Au chancelier Gerson, ep. 61. — *Legi gaudens Jacobi*. Lyd. 174 ; Gers. 11. 128.

1411

Fontaine-au-Bois. — Au chancelier Gerson, ep. 62. — *Consolatae sunt me*. Lyd. 177 ; Gers. 11. 142.

Fontaine-au-Bois. — Au chancelier Gerson, ep. 63. — *Quamquam et jam antea*. Lyd. 179 ; Gers. 11. 142.

Fontaine-au-Bois. — A Martin de Calayo, ep. 64. — *Delectavit me vehementer*. Lyd. 183.

Fontaine-au-Bois. — A Martin de Calayo, ep. 65. — *Gratulor plurimum*. Lyd. 184.

Fontaine-au-Bois. — A Jean de Piémont, ep. 66. — *Tuas lacteo eloquentiae*. Lyd. 189.

Fontaine-au-Bois. — De studio theologico, dédié à Jean de Piémont. — *Non fuit animus vir discrete*. D'Achery, Spicilegium (1723), I. 473-480.

S. l. n. d. [14]. — De filio prodigo. — *Audite, o pœnitentes, sermonem*. Lyd. I. 109-121.

Fontaine-au-Bois. — A Gérard Machet, ep. 67. — *Quamquam semper haec*. Lyd. 191.

Fontaine-au-Bois. — Au chancelier Gerson, ep. 68. — *Sentire cogor et credere*. Lyd. 198 ; Gers. II. 132.

Fontaine-au-Bois. — A Jacques de Bouray, ep. 69. — *De morte optimi Jacobi*. Lyd. 199.

Fontaine-au-Bois. — A Jacques de Bouray, ep. 70. — *Jam suspensa fuerant*. Lyd. 201.

Fontaine-au-Bois. — A Raoul de Porta, ep. 71. — *Accepi non sine magna*. Lyd. 204.

Fontaine-au-Bois. — A Raoul de Porta, ep. 72. — *Quod me obnixe*. Lyd. 206.

Fontaine-au-Bois. — A Raoul de Porta, ep. 73. — *Tuae non immerito*. Lyd. 209.

Fontaine au Bois. — A Raoul de Porta, ep. 74. — *Multa jam de speculatorum*. Lyd. 213.

Fontaine au Bois. — A Raoul de Porta, ep. 75. — *Libet ex ea re*. Lyd. 220.

Langres. — A Jean de Muret, ep. 76. — *Hodie redditae sunt*. Lyd. 228.

Langres, 1411-12. — De praesulibus simoniacis ; dédié à Gerson. — *Multa mihi in praesulibus*. Lyd. I. 160-166.

Fontaine-au-Bois, nov. 1410 - juillet. 1411. — Oratio ad Galliarum principes. — *Ad vos nunc mihi, o clarissimi*. Lyd. I. 169-174.

Langres, 1411-12. — Aux MM. de Navarre, ep. 77. — *Quoniam in toto jam prope*. Lyd. 230.

Fontaine-au-Bois ? 1411-12. — A Nicolas de Baye, ep. 78. — *Tuas simul cum suavissimis*. Lyd. 234.

1412

Fontaine-au-Bois ? — A Nicolas de Baye, ep. 79. — *Mirum est inter*. Lyd. 236.

Fontaine-au-Bois ? — A Nicolas de Baye, ep. 80. — *Verendum mihi*. Lyd. 238.

Fontaine-au-Bois ? — A Nicolas de Baye, ep. 81. — *Fidem tibi habeo*. Lyd. 241.

Fontaine-au-Bois ? — A Nicolas de Baye, ep. 82. — *Miratus sum inter*. Lyd. 243.

14. Probablement du séjour à Fontaine-au-Bois. Mentionné par Jean de Montreuil, ep. 102.

Fontaine-au-Bois ? Pâques. — A Nicolas de Baye, ep. 83. — *Desideratissimi adventus tui*. Lyd. 245.

Fontaine-au-Bois. — A Nicolas de Baye, ep. 84. — *Conturbavit mirum*. Lyd. 246.

Fontaine-au-Bois. — A Gérard Machet, ep. 138. De egressu a Babylone. — *Babylone fugiendum esse*. Lyd. I. 174-178.

Fontaine-au-Bois ? — A Nicolas de Baye, ep. 85. — *Laetificaverunt me*. Lyd. 246.

Fontaine-au-Bois ? — A Nicolas de Baye, ep. 86. — *Si erga te longiores*. Lyd. 248.

Fontaine au Bois ? — A Nicolas de Baye, ep. 87. — *Quamquam abbas et conventus*. Lyd. 250.

Fontaine-au-Bois. — A Nicolas de Baye, ep. 88. — *Sicut nauta in mediis*. Lyd. 251.

Langres, fin 1412. — A Nicolas de Baye, ep. 89. — *Famam volgatissimam*. Lyd. 251.

Langres, fin 1412. — A Nicolas de Baye, ep. 90. — *Superiori epistola*. Lyd. 256.

1413

Langres. — A Gonthier Col, ep. 91. — *Laetus admodum nuper accepi*. Lyd. 259.

Langres. — A Jean de Montreuil, ep. 92. — *Ecce me iterum reducem*. Lyd. 263.

Fontaine-au-Bois. — A Jean d'Arsonval, ep. 93. — *Bene vim summamque*. Lyd. 267.

Fontaine-au-Bois ? août-sept. — De novis celebritatibus non instituendis. *Non puto conveniens*. Lyd. I. 143-160.

Fontaine-au-Bois, Avent. — A Raoul de Porta, ep. 95. — *Memini me ante*. Lyd. 273.

Fontaine-au-Bois. — A Réginald de Fontaines, ep. 94. — *De tua et Radulphi*. Lyd. 269.

Fontaine-au-Bois. — A Nicolas de Baye, ep. 96. — *Non egent tua scripta*. Lyd. 276.

Fontaine-au-Bois. — A Nicolas de Baye, ep. 97. — *De nova rursus*. Lyd. 379.

Fontaine-au-Bois, 1413-14. — A Nicolas de Baye, ep. 98. — *Magno et incredibili*. Lyd. 282.

1414

Fontaine-au-Bois, 1413-14. — A Jean d'Arsonval, ep. 99. — *Audivi adversa*. Lyd. 285.

Fontaine-au-Bois, printemps. — A Jean Lelièvre, ep. 100. — *Ad te necdum mense*. Lyd. 286.

Fontaine-au-Bois. — A Nicolas de Baye, ep. 101. — *Multi evoluti sunt*. Lyd. 287.

Paris. — De Jean de Montreuil, ep. 198. — *Tuli nuncusque*. Orn. 299.

Fontaine-au-Bois. — A Nicolas de Baye, ep. 102. — *Cupio tibi aliquid.* Lyd. 290.

Fontaine-au-Bois. — A Nicolas de Baye, ep. 103. — *Adsentior aestimationi.* Lyd. 295.

Fontaine-au-Bois. — A Nicolas de Baye, ep. 104. — *Non egent ad curiam.* Lyd. 296.

1415

Fontaine-au-Bois. — A Nicolas de Baye, ep. 105. — *Laetificavit me.* Lyd. 297.

Fontaine-au-Bois, ap. Mai. — A un étudiant de Paris [15]. — *Ob eam rem dixi.* Lyd. I. 61-65.

Fontaine-au-Bois, v. mai-juillet. — Au même étudiant de Paris. *Bene admones de generalibus.* Lyd. I. 65-77.

Fontaine-au-Bois, v. mai-juillet. — Au même étudiant. — *Verebar illam ad te.* Lyd. I. 78-79.

Fontaine-au-Bois. — A Jacques Branlart, ep. 106. — *Quanto zelo.* Lyd. 298.

Fontaine-au-Bois. — A Jean Lelièvre, ep. 107. — *Desideram aliquid.* Lyd. 300.

Fontaine-au-Bois. — A Gérard Machet, ep. 108. — *Quanta me laetitia.* Lyd. 303.

Fontaine-au-Bois. — A Gonthier Col, ep. 109. — *Vetus inter.* Lyd. 305.

Fontaine-au-Bois. — A Gonthier Col, ep. 110. — *Audieram jam Petri.* Lyd. 307.

Fontaine-au-Bois. — A Nicolas de Baye, ep. 126. — *Magnam mihi tua visitatio.* Lyd. 330 [16].

1416

Fontaine-au-Bois ? — A Nicolas de Baye, ep. 127. — *Satis ex quibusdam.* Lyd. 331.

Fontaine-au-Bois ? — A Nicolas de Baye. — *Non cassae aut futili.* Lyd. 331.

Fontaine-au-Bois, ap. Pâques. — A Nicolas de Baye, ep. 129. — *Veniam mihi.* Lyd. 332.

Fontaine-au-Bois. — A Nicolas de Baye, ep. 130. — *Perlatum ad me est.* Lyd. 333.

Fontaine-au-Bois, printemps. — A Jean Lelièvre, ep. III. — *Dici satis non potest.* Lyd. 308.

Fontaine-au-Bois. — Au Concile de Constance, ep. 112. — *Nisi me Patres.* Lyd. 310.

Fontaine-au-Bois. — A Réginald de Fontaines, ep. 113. — *Est vir omnium linguis.* Lyd. 315.

15. Cette lettre et les deux suivantes constituent la « Disputatio super materia concilii generalis ».

16. Il faut écarter du bagage littéraire de Nicolas le Libellus apostolorum nationis gallicanœ super Annatis non solvendis, édité Lyd. I. 82-100, mais qui est le rapport rédigé à Constance les 24-28 novembre 1415.

Fontaine-au-Bois. — A un ami, ep. 114. — *Mirabar quaenam essent*. Lyd. 316.

Fontaine-au-Bois ? — Au même ami, ep. 115. — *Credebam te eutrapelum*. Lyd. 317.

1417

Fontaine-au-Bois, printemps. — A Gérard Machet, ep. 116. — *Magno ante tuas litteras*. Lyd. 318 ; et l'invitation, en vers : *O tandem dilecte veni*. Cov. 272 sq.

Fontaine-au-Bois. — A Gonthier Col, ep. 117. — *Missa per me tenuissima*. Lyd. 320.

Fontaine-au-Bois, ap. Pâques. — A Jean Héraud, ep. 118. — *Nova dona donis*. Lyd. 322.

Fontaine-au-Bois. — A Gérard Machet, ep. 119. — *Votis meis tua congruunt*. Lyd. 323.

Fontaine-au-Bois. — A Pierre Cauchon, ep. 120. — *Litteras tuas suavissimas*. Lyd. 323.

Fontaine-au-Bois. — A Jacques de Bouray, ep. 121. — *Quoniam tu creditor*. Lyd. 324.

Fontaine-au-Bois ? — A Jean du Temple, ep. 122. — *Placuerunt mihi tuae litterae*. Lyd. 325.

Fontaine-au-Bois ? — A Pierre de Cancella, ep. 123. — *Quamvis tanta inter nos*. Lyd. 326.

Fontaine-au-Bois. — A Jean Juventus, ep. 124. — *Audio te cum Martha*. Lyd. 327.

Fontaine-au-Bois ? — Au Cardinal de Bar, ep. 125. — *Volo apud tuam*. Lyd. 328.

Fontaine-au-Bois, automne. — Au roi Henri d'Angleterre, ep. 137. — *Quoniam princeps illustris*. Lyd. 347.

De Jean de Montreuil, ep. 202. — *Quamquam noverim*. Orn. 303.

A un inconnu, ep. 131. — *Heu dilecte mi*. Lyd. 334.

A Gonthier Col ? av. 1418. — Descriptio vitae tyrannicae ; paraphrase des vers de Pierre d'Ailly. *Rupis in horrende scopulis*. Lyd. 355 ; Cov. 278-281.

Av. 1418 ? — Descriptio vitae rusticae ; paraphrase en hexamètres du Dit de Franc Gontier. — *Fronde super viridi*. Cov. 274-277.

Av. 1418 ? — Historia de raptoris raptaeque virginis lamentabili exitu. — *Rem quemadmodum accipio recenti*. J. Hommery, Supplementum Patrum (1684) 508 ; J. R. Finn, Dissertation abstracts (1960) ; H. Peter Clive, Floridan et Elvide.

v. 1420

Au duc de Bourgogne, ep. dédicatoire du suivant. — *Fama tuae virtutis celeberrimae*. Lyd. I. 37-40.

De lapsu et reparatione justitiae. *Jam dudum princeps illustris*. Lyd. I. 41-53.

Provins. — A Guillaume Erard, ep. 136. — *Tandem aliquando.* Lyd. 346.

Provins. — A Simon de Bergères, ep. 150. — *Nihil jam mihi superesse.* Cov. 315.

Provins, 20 août. — A Simon de Bergères, ep. 151. — *Tuo exhilaratus sum.* Cov. 316.

ap. 1423

Paris. — A Réginald de Soissons, ep. 132. — *Suavem dudum.* Lyd. 335.

Paris. — A Réginald de Soissons, ep. 133. — *Epistolam meam quam te.* Lyd. 339.

Paris. — A Réginald de Soissons, ep. 134. — *Postulas ut inter hos.* Lyd. 342.

Paris. — A Réginald de Soissons. — *Mirabar admodum.* Lyd. 344.

Paris, 1423-26. — Expositio super Isaiam. — Ms. Paris, Arsenal 137.

S. l. n. d. — Prières. Ed. J. Leclercq, Rev. Asc. Myst. 23 (1947) 171-183.

L'attribution à Nicolas des deux traités : De Antichristo et ortu ejus ; Exhortatio ad resistendum contra Machometicos, édités par Lydius, II. 357-9, demeure plus que sujette à caution.

# RÉFLEXIONS SUR LA VÉRITÉ

par

Jacques JOMIER, O. P.

Placé par la vie aux frontières de deux mondes culturels et religieux avec l'espoir de parvenir, sinon à entamer un dialogue toujours délicat, du moins à le préparer, l'auteur de ces lignes voudrait grouper ici quelques réflexions sur la vérité [1]. Tout dialogue en effet est commandé par la conception que les deux partenaires se font de la Vérité. Sans un accord réel sur ce point, les tentatives de rapprochement et de compréhension mutuelle ne peuvent absolument pas aboutir. On piétinera dans l'équivoque, ne mettant pas sous les mots le même contenu ; on restera foncièrement étranger l'un à l'autre [2]. Le mieux que l'on pourra espérer sera de gagner du temps en attendant des jours meilleurs.

1. L'auteur de ces lignes réside en Egypte. Pour lui, comme pour tant d'autres religieux, le P. Chenu fut un « éveilleur » placé par la Providence sur sa route, l'Aîné qui parlait longuement des grandes exigences spirituelles et religieuses de l'homme moderne. Si les bâtiments de notre couvent (construits au Caire entre 1931 et 1933) et même si le premier fonds de l'excellente bibliothèque spécialisée sont dus au P. Jaussen, la sélection et la formation des trois dominicains qui ont lancé l'IDEO (Institut Dominicain d'Etudes Orientales) ont été l'œuvre du P. Chenu. En 1938, alors qu'il était Régent au Saulchoir, il a pressenti ces trois religieux qui étaient encore frères étudiants. Depuis ce moment, il les a suivis affectueusement et intelligemment, sans jamais faillir, les encourageant, les aidant de son mieux même matériellement, s'effaçant lorsqu'il jugeait que son effacement leur serait plus utile. Après leur ordination, et à la fin de leurs études, ces derniers durent commencer leur spécialisation dans trois lieux différents, Alger, Paris et le Saulchoir d'Etiolles ; la guerre les séparait ainsi momentanément. En octobre 1945, l'auteur de ces lignes put rejoindre le Caire où le P. Anawati l'avait précédé depuis l'été 1944. A Pâques 1946, avec l'arrivée du P. de Beaurecueil, la première équipe était enfin regroupée et à pied d'œuvre. C'est en 1953, six mois après la venue du P. Boilot, le quatrième de l'équipe, que le nom d'Institut dominicain d'études orientales du Caire fut officiellement adopté. Le P. Anawati fut alors nommé directeur de cet Institut ; il l'est resté depuis lors et l'est encore à ce jour (1966).

2. Dans le désir de ne plus être spirituellement des étrangers pour les autres, entrera pour une part un souci d'adaptation matérielle. Cette adaptation n'a rien à voir avec la tentation d'un exotisme superficiel et factice. Il ne s'agit pas non plus de faire de faire de l'archéologie morte alors que le monde évolue.

« On nous a préparés au folklore, nous avons trouvé le marxisme », disait avec une pointe de rancœur un missionnaire affronté aux réalités actuelles. L'adaptation est chose trop profonde et trop sérieuse pour se borner à des détails. Les détails eux-mêmes ne prendront toute leur valeur que s'ils sont vrais, c'est-à-dire inspirés par un véritable souci d'aimer nos frères les hommes, d'être avec eux, près d'eux, dans leur tradition vivante et donc dans leur évolution. Il y a certaines adaptations qui sonnent faux.

⁂

Dans le cas de l'Occidental qui cherche à se rapprocher d'autres hommes sous d'autres cieux que le sien, la difficulté du dialogue vient généralement de la formation que cet Occidental a reçue dans sa jeunesse. On a voulu faire de lui un être dont la puissance cérébrale soit particulièrement poussée. On a essayé de lui inculquer certains principes de travail, d'observation, de soumission aux faits. Par contre le souci des valeurs affectives a été rejeté au second plan dans son éducation. Or ce sont les valeurs affectives qui guident l'immense majorité de l'humanité. Si parfois on l'oublie en Occident, le reste du monde se charge de nous le rappeler.

Dans son discours de nationalisation du Canal de Suez, le 26 juillet 1956, le Président Gamâl 'Abd en-Nasser a prononcé une phrase que la plupart des journalistes étrangers n'ont pas remarquée mais qui est allée droit au cœur des Egyptiens : « Nous sommes un peuple sentimental », a-t-il affirmé. Et au fond si l'on jette un regard général sur l'ensemble des événements qui se précipitent actuellement dans le Tiers Monde, n'aurait-on pas le droit d'y voir une défaite cuisante infligée à ceux qui ont foulé aux pieds les valeurs sentimentales, comme si la logique cartésienne ou les lois d'airain des intérêts matériels suffisaient à tout expliquer ? Il y a dans ce qui se passe à l'heure actuelle une revanche, temporaire peut-être mais cinglante, du sentiment et de l'intuition.

Les valeurs sentimentales sont regardées de haut dans certains milieux intellectuels et pourtant il serait bon de ne pas se laisser emporter trop loin dans la critique. Les réactions révolutionnaires ou anti-colonialistes des cent dernières années ont été souvent le fait d'hommes qui sentaient l'injustice d'une situation dont ils étaient les victimes sans parvenir à l'analyser vraiment. Et beaucoup d'observateurs de l'extérieur ont mis longtemps à comprendre la profondeur des bouleversements actuels : car au delà de la surface des slogans qu'ils entendaient répéter, stéréotypés, ne soulignant qu'un côté de la réalité, ils étaient trop souvent incapables de discerner la grande part d'intuition vraie qui les animait.

Il n'y a aucun doute qu'il existe toute une approche sentimentale de la Vérité ; il est des cas où avoir du cœur est l'unique moyen d'être intelligent. Seul un minimum de compassion permet de toucher certaines souffrances auxquelles un pur cérébral risque de rester insensible, aveuglé qu'il est par ses raisonnements ou rassuré par des statistiques incomplètes.

Lorsqu'un homme n'a pas été préparé à vivre dans un milieu où le sentiment occupe la place d'honneur, tout risque de le décontenancer et de lui faire raidir ses positions. Cela se constate à propos d'une certaine conception de la Vérité dans les rapports humains. Dans l'échelle des valeurs d'une société où le sentiment joue un rôle primordial, l'amabilité et la gentillesse sociale passent avant tout. On ne dira jamais « non » à un interlocuteur. La parole est au service de cette amabilité et de cette gentillesse avant d'être à celui de l'objectivité. C'est à l'interlocuteur de comprendre. Lorsqu'il se heurte toujours au même sourire et à la même phrase « Repassez-demain », il y a de fortes chances pour que cette réponse soit l'équivalent d'un refus poli ; pas toujours d'ailleurs car parfois la simple nonchalance ou la routine suffisent à expliquer de telles lenteurs. Bref l'amabilité et la gentillesse ont le pas sur ce qu'on appelle ailleurs la vérité. On assiste à la généralisation absolue du principe suivant lequel une maîtresse de maison juge normal de faire dire « Madame n'est pas là » au visiteur qu'elle ne désire nullement recevoir.

Est-ce un bien ? Est-ce un mal ? Là n'est pas la question. Ce qui est sûr, c'est qu'en pratique ceux qui essaient de réagir contre un tel état de fait, sont perdus d'avance... ils s'enfonceront dans des sables mouvants sans rien trouver de dur à quoi se raccrocher [3]. Lorsque la parole est faite avant tout pour être aimable et gentil, il est inutile de chercher à forcer l'entrée de l'âme de son interlocuteur ; il ne vous dira que ce qu'il voudra bien vous dire. Il se réserve un certain domaine intangible dans lequel il ne laisse personne pénétrer. Sa gentillesse extérieure ne trahit rien de ce qu'il pense ou éprouve en fait. C'est un jeu dans lequel chacun fait assaut de finesse. Si les circonstances l'y forcent, ses phrases deviendront un rideau de fumée qui masquera ce qu'il entend bien cacher.

Une personne à qui l'on demandait : « Pourquoi ne suivez-vous pas l'ordre du Christ dans l'Evangile de dire 'est, est, — non, non' ?» répondait aussitôt : « De quel droit voulez-vous m'obliger à vous attendre demain pour un rendez-vous à dix heures ? Vous avez insisté sans vous apercevoir que je ne voulais pas m'engager. J'ai dit oui par politesse mais je ne viendrai pas ». Le fait de placer l'amabilité et la gentillesse sociale avant l'objectivité renforce le mur qui protège la volonté propre contre ce que cette même personne appelait un viol de la personnalité.

Une tentation assaille alors le nouveau venu, celui que son éducation première n'avait pas préparé à évoluer sur le terrain des sentiments. Peut-être avait-il été d'abord séduit par le charme extérieur des relations sociales ? Mais à partir du moment où il découvre qu'on ne le laissera jamais pénétrer au delà d'une certaine limite, il risque de devenir soupçonneux surtout s'il n'a guère le sens de l'humour. Il aurait tort de se laisser aller à un tel mouvement. Le fait que son interlocuteur se retranche derrière un mur de politesse ne permet en rien de préjuger de ses sentiments. Chez ceux qui ont

3. Je me suis souvent demandé si une nouvelle de Kipling mettant en scène dans les Indes un blanc tombant au milieu de malades parqués dans une sorte de quarantaine au bord de marais et séparés du monde, d'un côté par des dunes infranchissables et de l'autre par des sables mouvants, n'était pas le symbole de cette situation dans l'esprit de son auteur. Les tentatives farouches et stériles, les colères, les rages du blanc emprisonné, voulant à tout prix imposer sa volonté aux sables qui l'enfouissent comme des avalanches lorsqu'il s'attaque aux dunes, qui le sucent lorsqu'il s'avance du côté des marais, représenteraient l'inutilité des efforts de quiconque veut se révolter et braver cette réalité.

du cœur, la gentillesse extérieure correspondra à une gentillesse intérieure remarquable et telle qu'on en rencontre rarement de semblable ailleurs. Chez les autres, cette manière d'agir signifiera le désir de préserver à tout prix sa propre indépendance foncière : l'idéal d'un homme est de faire ce qu'il veut dans la mesure où la société ou sa conscience le lui permettent. Evidemment, des desseins intéressés s'abritent aussi derrière ce mur de protection. Mais en général, il s'agit seulement d'un réflexe de défense que des siècles de vie dans un milieu trop autoritaire ont peu à peu créé et renforcé.

Le meilleur romancier égyptien actuel notait à propos d'une de ses héroïnes, une jeune fille, combien le décalage entre le comportement extérieur et les sentiments profonds est nécessaire pour pouvoir survivre lorsque l'on est aux prises avec le despotisme de son entourage.

« Elle ne pouvait que dissimuler ses sentiments ; car la dissimulation dans cette famille, — surtout quand il s'agissait de sentiments, — était une habitude bien ancrée et une nécessité morale qu'imposait l'ombre de la terreur paternelle »[4].

Facilement ceux qui ont été élevés dans d'autres principes, jugeront qu'une telle conception de la vérité, même si les circonstances la rendent nécessaire et même si personne n'en est dupe, comporte tout de même un appauvrissement humain. Il arrivera qu'un bon thomiste exprime cette opinion ; il se heurtera toujours à l'étonnement sincère d'interlocuteurs qui ne voient vraiment pas ce qu'il veut dire, tant la gentillesse dans les relations sociales éclipse tout le reste chez les peuples sentimentaux.

Mais alors, si la parole n'est plus un absolu, comment les hommes parviennent-ils à se comprendre entre eux, à communiquer les uns avec les autres ? C'est ici qu'intervient encore le facteur affectif. La parole fait partie d'un ensemble qui l'explique, la nuance, suggère l'importance qu'il faut lui accorder suivant les circonstances.

Le premier principe est donc de ne pas faire de peine aux autres[5] sauf lorsque la mesure déborde et que l'on explose, mais même là encore, l'explosion est sentimentale et peut se calmer. Beaucoup de ce que nous prenons pour des absolus se voit affecté d'un coefficient de relativité. On ne cherche pas d'abord la vérité mais l'harmonie : que les choses se passent en paix. On évite le tragi-

4. Naguib Mahfouz, dans *Bayn al-Qaçrayn,* le Caire 1956, p. 212-213 ; cité par Jomier, *La vie d'une famille au Caire d'après trois romans de Naguib Mahfouz,* MIDEO 4, 1957, p. 45.

5. L'Occidental en général ne met pas ce principe de « ne pas faire de peine aux autres » au premier plan de ses préoccupations. En pays tropical, sauf auprès d'une petite élite qui le comprendra, il aura facilement la réputation d'un homme lourd, qui ne saisit pas vite les choses, qui n'a pas de cœur. Il donnera l'impression que pour lui, l'intérêt passe avant tout. Dans le domaine religieux, ces mêmes remarques vaudront avec les transpositions nécessaires. Un prêtre d'Amérique du Sud me disait que chez lui les confrères venus d'Europe sont estimés, appréciés pour leur zèle. Mais si l'on a une grosse difficulté, ce ne sera pas à eux que l'on s'adressera de préférence, semble-t-il ; le peuple a du mal à croire que l'Européen puisse le comprendre.

que... On ne souligne jamais que ce qu'a fait l'autre puisse être une faute. S'il parle, on se laisse prendre par ses paroles comme un nageur par une vague, semblant acquiescer, quitte à revenir aussitôt après à l'endroit précis que l'on vient de quitter. Jamais, à aucun moment, l'on n'aura l'air d'être son maître ou son adversaire.

Comprendre ce qu'un interlocuteur veut réellement dire devient un art alliant la finesse à l'intuition [5 bis]. Les déclarations abstraites, les plans, les décisions même prises en commun, les accords même solennels n'impressionnent guère ; ils auront une valeur variable suivant les circonstances. On ne s'y fie jamais complètement. Par contre, les rapports personnels revêtent une importance primordiale [6]. Eux seuls permettent de s'entendre, de sympathiser, en parlant de tout et de rien, quitte à régler durant les cinq dernières minutes de l'entretien les graves questions pour lesquelles on était venu et dont on n'avait pas soufflé mot jusque là. L'abstrait n'a pas de réalité, de consistance. On s'attache à des personnes et non à des idées [7]. Cela explique ce besoin de sociabilité, de visites, avec le café ou la gazeuse et la cigarette offertes en guise d'accueil, de longs moments passés en commun à deviser ou à être seulement près les uns des autres. Le comportement d'autrui finit bien par vous éclairer sur ses tendances profondes. Ses actes, ses réactions devant une parole ou un événement imprévu, lorsqu'il est surpris et que le fond

5 bis. Le dialogue devient souvent de ce fait un véritable assaut d'esprit. Il existe tout un art du sous-entendu dont on pourrait relever des milliers d'exemples. Ainsi les missionnaires étrangers avaient été un jour qualifiés ouvertement de suppôts du colonialisme dans un article de revue. Comme plus tard l'un d'eux racontait cela à un ami non-chrétien, celui-ci lui répondit simplement en ayant l'air de regretter l'incident et de charger l'auteur de l'article : « Ce n'est pas un diplomate ».

Ou encore un chrétien d'Orient avait été entrepris par un compatriote musulman. La discussion portait sur Mohammad. « Excuse-moi de te parler ainsi, dit à un moment le musulman, vous êtes des fanatiques. Nous reconnaissons la Torah et l'Evangile. Pourquoi n'acceptez-vous pas que le Coran soit vraiment révélé ? » Et le chrétien de répondre, fermement mais très délicatement et d'une façon qui ne pouvait pas blesser : « Si je le disais, je serais musulman ».

Peut-être est-ce à cause de cette finesse que la valeur des meilleurs romans arabes modernes tient pour beaucoup à la qualité de leurs dialogues.

6. Dans le monachisme autrefois en Orient, la règle elle-même était très sommaire et ceux qui étaient ermites vivaient seuls pendant la majeure partie de la semaine. Par contre, chaque novice était confié à un ancien ; le principe d'un règlement abstrait et minuté ainsi que celui du maître des novices unique auraient semblé étrange. Cette vieille façon d'agir créait toute une série de liens personnels entre les moines. Le cadre du désert et les liens personnels avec son ancien étaient les deux influences efficaces qu'acceptait le religieux.

Dans l'histoire de l'Islam, une décision extrêmement importante de Mohammad a été de créer à Médine tout un ensemble de liens personnels entre les musulmans venant de la Mekke (après l'hégire de l'an 622) et ceux de Médine. En « jumelant » ainsi les croyants devenus comme des frères de sang deux par deux, il cimentait solidement la communauté primitive. Rien ne remplace les liens personnels. De même, les liens personnels créés entre familles par les mariages ont joué et jouent encore un très grand rôle dans la propagation de l'Islam.

7. Sur les murs d'une grande capitale du Proche-Orient entre 1945 et 1964, des affiches électorales ont été périodiquement collées. Dans l'immense majorité des cas, elles ne comportaient que le nom des candidats et leur portrait. Il n'y avait aucune indication de programme. Un programme est abstrait et peut être changé ; seule la personne compte.

de son naturel ressort, en diront plus long que toutes les déclarations. D'ailleurs, cette nécessité impérieuse des rapports sociaux dépasse de beaucoup le seul intérêt de l'observation. Il y a une joie qui naît de la présence d'autres personnes. C'est dans la chaleur des relations sociales que l'homme se sent pleinement lui-même, parvient à s'épanouir, à sympathiser avec autrui. Souvent c'est en parlant que ses idées se décantent, qu'il apprend à préciser sa pensée. Plus que jamais, il faut vivre ensemble, vivre les uns avec les autres pour pouvoir se comprendre [8].

Que devient la vérité abstraite dans tout ce contexte affectif ? Cela dépendra beaucoup des cas ; tous les hommes en effet n'ont pas reçu les mêmes dons. Et si le milieu ne pousse pas en général à s'intéresser aux vérités abstraites, les exigences de la société, du progrès, des développements scientifiques conduisent partout un certain nombre d'intellectuels et de savants à se spécialiser. Pour l'ensemble des gens, les idées abstraites restent toujours froides ; elles n'accrochent que dans la mesure où elles sont accompagnées d'émotion, dans un contexte qui frappe l'imagination ou la sensibilité. Pour beaucoup, l'idée n'est pas un absolu qui puisse servir de règle; elle n'est pas faite pour gouverner le sentiment mais pour l'enrichir. On en reste au plan de l'intuition qui permet de « sentir », d'avoir du « flair ». Quant au fait, il ne compte pas en lui-même dans la grande majorité des cas ; mais seulement dans la mesure où il est utilisable en apologétique. Ce primat de l'intuition est compatible avec un certain fanatisme mais s'il reste sur le domaine sentimental, ce fanatisme n'aura pas l'entêtement farouche de celui des doctrinaires et des théoriciens. Si le sentimental en vient parfois à la violence, il laisse toujours une porte ouverte... Les grandes passions permettent aussi les grands retournements. La vérité en fin de compte n'est pas *adaequatio rei et intellectus*, ni a fortiori l'expression extérieure de cet accord mais bien plutôt *adaequatio affectus et vitae ;* on recherche l'harmonie entre la vie et le sentiment.

Le danger d'une telle attitude est que la plupart de ceux qui l'adoptent, fussent-ils cultivés, n'arriveront jamais à une objectivité sereine. La vérité restera le plus souvent subordonnée à des considérations pratiques. Ce qui blesse le moins deviendra facilement le plus vrai. On constate de brusques changements d'opinion chez certains à la suite d'ennuis purement personnels qui ont touché leur sensibilité. Et au fond, cette situation nous forcera peut-être à revenir sur ce que nous disions au début de cet article pour apporter quelques nuances. Tant qu'il s'agissait seulement de rapports so-

8. Ne doit-on pas considérer le Mystère de l'Incarnation également dans ces perspectives. Pour « les siens », parmi lesquels « il est venu », le Verbe de Vie s'est fait chair afin qu'ils puissent voir de leurs yeux, contempler, toucher de leurs mains (cf. Ie Epître S. Jean I, 1) et à travers le sensible, être élevés par grâce à la foi et à la vie. Il est venu au milieu d'hommes qui avaient besoin de ce contact vital et sensible pour pouvoir comprendre. C'est cette vérité qui pousse bien des apôtres à l'heure actuelle à rechercher un mode de vie qui les rapproche de leurs frères les hommes, les fasse participer aux mêmes soucis, aux mêmes espoirs, leur permettant ainsi de renouer un dialogue interrompu.

ciaux, le mot de gentillesse pouvait s'employer. Mais dans le cas d'études ou de livres qui se présentent sous un aspect sérieux tout en voilant certaines réalités pour mieux entraîner l'adhésion du lecteur, est-ce encore de gentillesse qu'il faut parler ? N'y aurait-il pas là une sorte d'antipathie congénitale, d'allergie, qui empêcherait de voir les faits gênants ? Certains parleront d'une volonté arrêtée de ne pas les voir ; il semble que ce soit aller trop loin et mettre du machiavélisme là où il y a surtout le penchant normal de la nature déchue. Mais consciente ou non, cette déformation de l'esprit a des conséquences très graves dans le domaine de la culture. D'autant qu'un facteur nouveau joue, depuis quelques années dans de nombreux pays. Si les gens d'âge mûr, tout au moins au début, gardent leur lucidité, il est difficile d'en dire autant des jeunes. Une propagande scientifique, tenace, bien centralisée est en train de s'attaquer aux nerfs, aux réflexes, à l'affectivité de millions d'êtres humains, commençant à les endoctriner dès les bancs de l'école primaire, sinon du jardin d'enfants. Un mélange d'affectivité et de doctrine bien arrêtée, d'élans spontanés et de préparations policières fausse entièrement le fonctionnement des sentiments. Le premier obstacle au dialogue était, disions-nous, la tournure d'esprit même de l'Occidental qui n'attache pas assez d'importance aux valeurs affectives. Le second obstacle, il faut maintenant le dire, est cette absence d'objectivité qui transforme tout en apologétique ou en propagande politique. Si les rapports sociaux et personnels sont toujours possibles (bien que plus difficiles) dans cette atmosphère, le travail de l'esprit et la coopération scientifique semblent bien compromis en dehors des limites des disciplines purement positives et qui ne peuvent être tournées à des fins utilitaires. Dans beaucoup de cas, il faudra attendre qu'instruite par une expérience qui durera peut-être longtemps, l'élite intellectuelle des milieux atteints par ce mal réagisse elle-même, retrouve le sens de la vérité et ait le courage de s'opposer dans son propre pays aux courants de facilité qui freinent terriblement toute production sérieuse.

Depuis longtemps, les philosophes ont souligné que la seule solution du dilemme connaissance abstraite ou connaissance affective, consistait dans un accord des deux : le sentiment étant au service de la raison, l'éclairant, tandis que la raison endiguerait les débordements de l'affectivité... Toutes deux se complètent et s'enrichissent mutuellement.

S'il n'y a pas cet appui mutuel, que se passe-t-il ? Laissée à elle-même, la connaissance abstraite risque toujours de négliger certains aspects des choses et donc de déformer la réalité. De son côté, la connaissance affective, quand rien ne la contrôle, court toujours le danger de se renfermer sur un certain nombre de ressentiments et de ne plus rien voir en dehors de cela. A force de ne plus penser qu'en « *sed contra* », des blocs hermétiques sont en train de se constituer dans le monde, formés de masses incapables de raisonner tant leurs passions ont été excitées. Et ceci est grave, car devant une affectivité butée, la tentation sera grande de recourir à la violence pour sortir de l'impasse.

Au fond, le contexte historique dans lequel le monde se trouve à l'heure actuelle devrait inciter à approfondir l'idée de Vérité. Qu'est-ce que la Vérité ? Qu'est-ce que l'homme peut savoir, peut affirmer ? La crise par laquelle passe un si grand nombre d'esprits à l'heure actuelle n'est-elle pas d'abord une crise de vérité ? Et derrière tant de divergences manifestes, n'y a-t-il pas entre nous et ceux avec qui nous voudrions dialoguer une divergence fondamentale sur l'idée que nous faisons de la Vérité elle-même ? [9]

***

La Scolastique affirme que la vérité des grands principes philosophiques va de soi. En théorie, l'affirmation est parfaitement exacte : en pratique, les choses sont légèrement différentes. On me parlait récemment d'une réunion groupant quelques évêques et le clergé d'une région d'Afrique : parmi eux se trouvaient des Africains aussi bien que des missionnaires blancs. Un évêque blanc avait fait un bref exposé clair à son point de vue ; il avait été suivi très attentivement par les missionnaires qu'il avait convaincus mais la réaction de leurs confrères africains avait été réservée. C'est alors qu'un évêque africain présent reprit la question, la présenta sous un jour bien plus concret, se servit d'apologues, de paraboles, et ayant dit au fond la même chose que son prédécesseur mais en d'autres termes, il fut chaleureusement applaudi par toute l'assemblée qui, cette fois, avait compris. L'exposé théorique de la vérité est insuffisant ; il ne touchera pas les auditeurs s'il ne parvient pas à faire vibrer leurs sentiments.

Aussi lorsqu'un message dont la vérité n'est pas contestable ne rencontre aucune audience, on peut toujours se demander s'il n'est pas présenté de façon inassimilable. Et par ailleurs, l'on doit examiner s'il n'est pas mis par terre par le contre-témoignage de la communauté qui est censée en vivre. Dans un monde où les valeurs du sentiment revêtent une telle importance, un prédicateur peut enseigner par la parole ; mais la grande prédication sera celle que donnera l'ensemble des chrétiens par l'exemple de leur vie même. Si les actes de la communauté contredisent les paroles des pasteurs, qui voulez-vous que l'on suive ?

A l'heure actuelle, la division des chrétiens est certainement l'un des contre-témoignages les plus graves qui existent. Peut-être si elle était passagère, serait-elle encore admissible vu que les hommes ont été partout et toujours en proie à ce genre de mal. Mais il serait certainement inadmissible qu'un chrétien en prenne son parti et ne fasse rien pour essayer de mettre un terme à une situa-

9. Un des soucis du P. Lagrange dans son travail d'exégèse était de déceler les a priori philosophiques qui commandaient bien des positions particulières de critiques dont il discutait les idées. Le P. Spicq aimait à le rappeler à ses étudiants du temps où nous suivions ses cours.

tion si bouleversante. Dans le Sermon sur la Montagne, le Christ fait allusion à un homme en butte aux reproches d'un adversaire... Il parle de ce différent comme d'une situation malheureusement classique dans la vie courante. Mais aussitôt après, il ajoute que l'homme ainsi brouillé avec l'un de ses semblables doit laisser là toute offrande, abandonner le culte pour aller immédiatement tenter de se réconcilier avec celui qui lui en veut. On n'a pas le droit de s'accommoder d'une telle brouille tant que l'on n'a pas vraiment essayé tout ce qui est en son pouvoir pour la faire cesser.

Pratiquement, on peut se demander si l'atout le plus efficace des musulmans, dans leur apologétique contre nous, n'est pas l'existence de nos dissentions internes [10]. Le Coran les présente comme un châtiment de Dieu qui a semé la zizanie dans nos rangs et en voyant notre situation de fait si conforme à ce qu'en dit le Coran, le musulman moyen ne peut que s'écrier : « Dieu a dit vrai ». En second lieu, les musulmans affirment qu'ils sont les seuls à être restés fidèles à l'esprit du Christ. Ils se considèrent comme les seuls à vraiment comprendre le message de l'Evangile que les chrétiens auraient déformé. Devant cette prétention, que répondre ? A quel signe reconnaîtra-t-on les vrai disciples du Christ ? Au signe de l'amour mutuel, nous a dit Notre-Seigneur lui-même. Si ce signe n'apparaît plus, comment pourrons-nous être crus par nos partenaires ?

Aussi un effort loyal, sincère et continu d'œcuménisme est-il plus que jamais nécessaire pour faire cesser le terrible contre-témoignage de nos divisions. A quoi servirait-il d'élaborer des masses de raisonnements abstraits si nos dissensions devaient s'étaler devant le regard peu indulgent de ceux qui ne partagent pas notre foi ?

Lorsque l'on parle de contre-témoignage, ou de mensonge de la vie, l'on a souvent tendance (en milieu catholique) à envisager d'abord l'aspect moral de la question. On sera prêt à avouer ses faiblesses, reconnaître ses fautes de pécheur, etc... On constate ainsi à l'heure actuelle un mouvement qui se dessine dans certains milieux catholiques en faveur d'une Eglise plus pauvre et plus simple dans ses manifestations extérieures de prestige. Mais par contre, il est bien plus rare que le souci de réforme mette en jeu des valeurs théologales. Or pourtant les transformations religieuses les plus

10. S'imaginer que les musulmans ne sont pas divisés de leur côté serait de la naïveté. A propos de Coran 5 69/64 où il est dit des Juifs : « Nous avons excité entre eux l'hostilité et la haine jusqu'au Jour de la Résurrection » le grand commentateur Fakhr al-Dîn al-Râzi parle des divisions chez les Juifs et les Chrétiens et il formule ensuite l'objection suivante :

« Et si l'on dit : cette même situation s'est parfaitement réalisée entre les sectes musulmanes. Comment donc est-il possible d'en blâmer les Juifs et les Chrétiens ? » Puis il ajoute : « Nous répondrons en disant : Cette situation n'a commencé à se produire qu'après l'époque des Compagnons de Mohammad et le temps de la génération suivante. Au temps du Coran, rien ne s'était encore produit. Aussi, sans aucun doute, l'Envoyé et ses compagnons ont-ils bien fait de jeter le blâme sur les Juifs et les Chrétiens ». FAKHR AL-DIN AL-RAZI, *al-Tafsîr al-Kabîr*, ed. Caire 1938, tome 12, p. 45.

profondes ont toujours été celles qui s'appuyèrent sur une façon plus juste d'envisager le mystère de Dieu.

A l'heure actuelle, le mystère du Christ en face de son Père, celui du Salut que nous avons en lui, par lui, pour retourner avec lui, mus par le Saint-Esprit, vers le Père, inspire-t-il vraiment la vie d'assez de chrétiens ? Les négations mêmes des musulmans devraient nous inciter à un examen de conscience et à un effort de purification de nos vies sur ce point. Puisque les concepts abstraits touchent peu les sentimentaux, il ne faudra pas trop compter sur des exposés théoriques pour faire comprendre notre dogme. L'idée même de Dieu que supposent nos vies, celle qui se dégage indirectement de notre conduite sera beaucoup plus parlante. Il semble que certains éducateurs chrétiens soient pris au dépourvu pour des questions posées par des enfants lorsque celles-ci touchent au mystère des personnes divines [11]. Leurs dévotions privées [12] ne les ont pas toujours préparés à y répondre. Comment répondront-ils aux questions des adultes s'ils ne se mettent pas à vivre profondément ces mystères dans leur vie quotidienne ?

*
**

Les obstacles au dialogue ne sont pas uniquement d'ordre psychologique. Il existe actuellement un certain désarroi des esprits au plan de la pensée, chez les chrétiens qui ne savent pas sous quel jour envisager l'Islam. D'une part, il est clair qu'une dureté médiévale, doublée d'injustices criantes [13] ne peut plus être acceptée aujourd'hui. Mais par ailleurs, une théologie sentimentale à son tour et en prenant trop à son aise avec les réalités aussi bien qu'avec le donné révélé ne peut pas davantage être admise. Il est certain que l'exercice d'une charité vraie et sincère est, dans le domaine de la pensée, aussi important sinon plus que dans le domaine de la vie matérielle. Mais à une condition : c'est que la pensée théologique soit authentiquement théologique.

La question du salut des justes du dehors a déjà fait l'objet de nombreuses études. Il semble cependant que leur cycle ne soit

11. Une religieuse avouait un jour n'avoir pas su répondre à une de ses petites élèves chrétiennes qui lui demandait : « Mais pourquoi Jésus priait-il s'il était Dieu ? ».

12. Ne pourrait-on pas, sans cesser de pratiquer certaines grandes dévotions encouragées par l'Eglise, s'efforcer de les remettre davantage dans la lumière du mystère de Dieu et du mystère du Salut. Loin de les minimiser, cette façon de procéder en soulignerait l'importance. La dévotion au Sacré-Cœur prend toute sa grandeur lorsqu'elle est envisagée dans la lumière trinitaire : la plénitude de l'amour éternel de Dieu ne bat-elle pas dans ce cœur de chair. Et la Très Sainte Vierge Marie n'a-t-elle pas été ici bas la créature dont la vie a reflété avec le plus d'évidence quelque chose du mystère de la Très Sainte Trinité. N'est-ce pas exalter sa grandeur que d'aimer la contempler en présence de chacune des trois personnes divines et dans la perspective de l'économie chrétienne du salut.

13. Que l'on songe seulement à certains récits invraisemblables que les chansons de geste colportaient sur l'Islam. On trouvera un premier aperçu de la question dans Norman DANIEL, *Islam and the West*, Edimburg, University Press.

pas clos et que l'on ait encore besoin de précisions et de réflexions sur ce point.

Tout d'abord, ne craignons pas d'insister, il ne s'agira pas seulement du salut des justes pris individuellement, isolément. Ce thème, classique en théologie, a déjà été l'objet de nombreux exposés. L'on aimerait par contre avoir davantage de lumières sur la place que telle ou telle communauté non-chrétienne, en tant même que communauté, occupe dans le plan divin du salut. Deux cas sont à envisager : le cas des préparations évangéliques dans les sociétés à qui le mystère du Christ n'a jamais été proposé et le cas des communautés fondées en partie sur une attitude de refus à l'endroit de vérités chrétiennes essentielles.

Dans l'un et l'autre cas, l'on souhaiterait avoir une sorte d'examen systématique des signes auxquels on puisse reconnaître l'action de l'Esprit Saint en dehors de l'Eglise visible. Le grand principe du Christ, — on reconnaîtra l'arbre à ses fruits, — a besoin d'être appliqué avec discernement dans le cas si complexe des messages religieux variés. Si l'on insiste sur l'élévation de certaines âmes dans les voies mystiques à l'intérieur de telle religion, on obtiendra une vue assez optimiste ; si l'on s'attarde par contre à faire le bilan des chrétientés ruinées, des communautés stérilisées spirituellement par l'expansion de la même religion, le tableau sera entièrement différent. L'on a donc besoin d'un examen calme, équilibré et complet, envisageant l'ensemble de la question. Le théologien qui, par une étude solide, nous aidera à mieux discerner les signes auxquels reconnaître l'action de l'Esprit Saint en dehors de l'Eglise visible, fera certainement une œuvre bien utile.

Dans le cas des communautés qui n'ont pas encore connu le message chrétien, il sera beaucoup plus facile de parler de pierres d'attente. La doctrine de plusieurs pères grecs sur les préparations évangéliques au sein du monde païen de l'antiquité permettrait peut-être de dégager certains principes de discernement.

Dans le cas des communautés religieuses fondées en partie sur une attitude de refus à l'endroit de valeurs chrétiennes essentielles, le mot de pierre d'attente est beaucoup plus équivoque. Matériellement, il s'agit avant tout de vestiges d'une construction ancienne dont certaines parties sont tombées en ruine et qu'une opposition latente empêche de restaurer ? Les choses offrent alors un double aspect : celui des vestiges et celui du refus. Il semble bien que ce dernier commande tout le reste. Tant qu'il conserve sa virulence, il n'y a pas attente ouverte mais repliement sur soi-même et défiance à l'égard de l'autre. Lorsque le refus a cessé, alors les vestiges reprennent toute leur valeur. Aussi à vrai dire, dans les cas où tout l'essentiel du message chrétien est éliminé, les véritables pierres d'attente ne sont pas les quelques restes épars qui semblent proches de nous car ils sont en fait complètement neutralisés par l'exégèse qu'on en donne. Ce sont plutôt les valeurs naturelles qui peuvent aider l'opposant à comprendre que son refus ne se justifie pas : ce sera le souci de la vérité, le désir foncier de faire la volonté de Dieu et par dessus tout la droiture que la grâce divine donne aux âmes loyales.

Les points qu'un travail théologique permettrait d'éclairer, outre celui des signes auxquels reconnaître l'action du Saint-Esprit en dehors de l'Eglise visible, seraient de deux sortes. Dans le cas des communautés religieuses auxquelles aucun message chrétien n'a été proposé, l'on s'attacherait à la suite des pères à discerner les préparations évangéliques. Des témoignages, calmes et objectifs, sur la façon dont Dieu aime les païens seraient extrêmement précieux. On souhaiterait connaître les cas où cet appel de l'Esprit Saint s'est adressé à des groupes de façon collective pour les guider ensuite dans des voies qui débouchèrent sur le christianisme.

Dans le cas des communautés religieuses fondées en partie sur une attitude de refus à l'endroit de valeurs chrétiennes essentielles, il serait indispensable d'approfondir le sens de l'axiome *Oportet haereses esse*. Pourquoi faut-il qu'il y ait des sectes ? Peut-on discerner historiquement les situations qui appellent leur naissance ? [14] Quelles ont été les conséquences de leur apparition ? Quel bien en est résulté à côté de tant de dommages ? Y a-t-il des constantes que l'on puisse déceler dans l'attitude psychologique et doctrinale des fondateurs de nouvelles communautés ? Par quels processus ces groupements se sont-ils résorbés ? Ont-ils été pour les chrétiens eux-mêmes l'occasion d'un examen de conscience ? Il s'agirait, au delà du premier travail de description que font les historiens et qui est extrêmement précieux, de procéder à un travail de groupement des faits, de réflexion pour essayer de dégager certaines constantes, certaines leçons de l'histoire religieuse de l'humanité [15].

Une dernière difficulté nous retiendra encore quelques instants. S'il est facile de distinguer a priori deux grands types de religions, comme nous l'avons fait plus haut, il est bien plus délicat de décider à quel type l'on doit rattacher certaines d'entre elles. Certes il n'y a pas à hésiter dans des cas comme celui du paganisme grec ou celui de l'hindouisme qui n'ont absolument pas pris parti, et pour cause, à l'endroit du christianisme. Il n'y a pas à hésiter non plus lorsque, comme dans le cas des Mormons par exemple, le mouvement s'est séparé d'une branche chrétienne. Mettons encore à part le Judaïsme ; car s'il a refusé de reconnaître Jésus comme le Christ, du moins a-t-il gardé la nostalgie du Messie et la marque du choix antérieur de Dieu.

14. Des études partielles de ce genre ont été faites récemment à propos des naissances de sectes messianiques en pays colonisés. Je ne sais pas s'il en existe sur l'efflorescence des sectes en pays communistes. Mais outre le fait que ces études sont souvent dominées par des a priori politiques, elles concernent surtout des mouvements d'importance limitée. Il serait utile de dégager systématiquement et objectivement, autant que faire se peut, les raisons qui ont fait naître les grands mouvements de division à l'intérieur du christianisme et sur ses bords.

15. Bien des professeurs d'apologétique ont déjà entrepris ce travail : il s'agirait seulement de continuer dans la même direction mais d'une façon parfaitement objective, autant qu'il est possible ici-bas d'être objectif.

Mais dans quelles catégories situer certaines autres religions ? Il en existe qui semblent rejeter les dogmes essentiels du christianisme, mais même dans ce cas ne pourrait-on pas soutenir qu'il est impossible qu'elles les aient vraiment rejetés parce qu'elles ne les ont pas vraiment connus ? C'est sur cette base qu'une tentative a été effectuée ces trente dernières années par un groupe d'orientalistes catholiques dans l'intention de renouveler la vision chrétienne de l'Islam [16]. Il ne s'agissait pas de l'Islam actuel, vécu par nos contemporains ; ni d'ailleurs de l'Islam tel qu'il a été pratiqué depuis les premiers compagnons de Mohammad. Cet Islam là refuse nettement et clairement les dogmes proprement christologiques. La thèse soutenue était que l'Islam du Coran considéré en lui-même, indépendamment de tous les commentateurs et de toute la tradition, n'avait pas pris position par rapport au christianisme. Cet Islam théorique n'aurait refusé que des caricatures de christianisme que nous aussi nous refusons. On pouvait donc espérer, pensaient ces orientalistes, que l'Islam actuel, opposé à nos dogmes chrétiens, évoluerait dans un sens mystique vers cet Islam idéal et ouvert qui n'avait encore jamais existé. Il est inutile de dire que cette thèse n'a été acceptée que dans de tout petits cercles ; la masse des musulmans comme celle des chrétiens s'en est écartée.

Nous n'avons nullement l'intention de discuter ici cette thèse avec laquelle personnellement nous ne sommes pas d'accord. Mais comme en fait les débats qu'elle a suscités ont fait appel à quelques principes plus généraux, il suffira de signaler ces derniers. Il a fallu forcément envisager les critères qui permettent de reconnaître l'action du Saint-Esprit en dehors de l'Eglise visible. En pratique la position des partisans de la nouvelle vision de l'Islam a été la suivante :

— En premier lieu, ils ont affirmé que le Coran pris en lui-même ne niait aucun dogme chrétien essentiel.

— En second lieu, ils ont insisté sur les passages du Coran parlant de la Ste-Vierge et de sa pureté. Ils ont noté le grand respect du Coran pour la personne de Jésus, prophète et envoyé de Dieu.

— En troisième lieu, ils ont mis en avant la noblesse des pensées de certains mystiques musulmans. Par contraste, certains d'entre eux ont dépeint le monde byzantin sous un jour très noir, laissant entendre que l'Islam n'avait ruiné que des chrétientés déjà minées de l'intérieur. A ces arguments principaux, ils en ont joint d'autres moins importants.

En fait, de ces affirmations, c'est la première qui commande tout le reste. C'est elle qui a été le plus discutée. Encore une fois il s'agit de savoir si le Coran, oui ou non, s'oppose aux dogmes essentiellement chrétiens, à ceux de la Grande Eglise. Le désaccord des uns et des autres sur la réponse à donner ne tient pas tant aux textes coraniques eux-mêmes qu'aux principes mis en jeu

16. Voir les principales références dans JOMIER, *Une nouvelle vision de l'Islam, Parole et Mission* n° 20, janvier 1963, p. 113-125.

pour leur interprétation. Il y a là une dernière difficulté à soumettre aux théologiens. On dira : le Coran ne donne pas une idée précise du christianisme ; ne le connaissant pas vraiment, comment pouvait-il en refuser l'essentiel ? Cette assertion soulève le problème de la part de l'intelligence et de celle de la volonté dans le refus. Est-il nécessaire de connaître parfaitement une doctrine pour pouvoir la refuser ? En quelle mesure le refus peut-il dépasser la connaissance que l'on a d'une personne, d'une chose ou d'une idée ?

Car s'il fallait toujours avoir compris parfaitement pour pouvoir dire non, jamais personne ne prononcerait ce mot. Le privilège du refus serait réservé aux Anges, les seules pures intelligences que l'on rencontre parmi les créatures. On pourrait dire que jamais les athées modernes n'ont refusé Dieu parce que jamais ils ne l'ont compris. Dans le milieu arabe d'avant l'Islam où l'existence de Jésus était connue [17], où le problème de sa divinité se posait réellement (c'est à cause de leur foi en cette divinité que de nombreux chrétiens de l'oasis de Nadjrân, à 800 kms de la Mekke, furent mis à mort un siècle avant l'Islam), fallait-il attendre de connaître les nuances théologiques de la doctrine chrétienne pour pouvoir prendre parti pour ou contre la divinité du Christ ?

Une série de réflexions comme celles-ci ne demande pas de conclusion. Pour terminer, nous voudrions seulement exprimer un souhait : que parmi les théologiens qui liront ces lignes il y en ait un ou deux qui prennent la peine de réfléchir aux questions posées plus haut. Et d'avance nous les remercions pour les lumières que leurs études apporteront.

17. Un texte coranique évoque les réactions des païens lorsque Mohammad parle de Jésus : « Quand le Fils de Marie est proposé en exemple, voici que ton peuple s'écarte de lui. Nos divinités, demandent-ils, sont-elles meilleures ou bien lui ? » Coran 43, 57-58.

# COMMENTAIRES BIBLIQUES ET DROIT CANON

## *Matthieu au Corpus Juris Canonici*

par

Gabriel Le Bras

*Doyen honoraire de la Faculté de Droit et des Sciences économiques de Paris*
*Membre de l'Institut*

### I

Depuis près d'un demi-siècle, le Père Chenu et moi-même travaillons de conserve, plus préoccupés de la vie de l'esprit que des vanités d'un monde où nous cherchons, sans injuste mépris, à répandre le goût de la science et le souci de l'humain. De cette vie commune, de cette vie apostolique (au double sens du mot), qu'il me soit permis d'évoquer trois moments : notre première et grave rencontre en 1920 chez un maître vénéré, Paul Fournier ; notre collaboration étroite et sereine à l'Ecole des Hautes Etudes, pendant des saisons de difficultés provisoires ; nos concélébrations discrètes d'un œcuménisme qui honore l'Eglise et exalte les consciences droites.

Le minuscule essai qui va suivre est un signe d'union entre un grand historien de la théologie et un serviteur chevronné du droit canon, entre deux sciences religieuses dont nous avons toujours, l'un et l'autre, prôné l'étroite coopération.

***

Dans deux études, j'ai mesuré la place des Ecritures au *Corpus juris canonici* [1]. La conclusion ferme est que non seulement Gratien leur demande en de nombreux *dicta* [1 bis], des principes et des exemples, mais encore, que les papes y cherchent les fondements de leur autorité, les arguments de leurs décisions. Le droit classique de

1. *Les Ecritures dans le Décret de Gratien*, Zeitschrift der Savigny Stiftung, K. A., 1938, p. 47-80 ; *Les Ecritures dans la codification des décrétales*, Mélanges Tisserant, 1964, vol. I, p. 245-254.

1 bis. J. Rambaud, dans *Histoire du droit et des institutions de l'Eglise en Occident*, t. 7, 1965, p. 64 note 3 ; p. 83 et 121.

l'Eglise, s'il emprunte à l'ancienne Rome sa technique et beaucoup de ses règles, doit à la Bible son originalité [2].

De ce simple constat, la thèse développée avec tant d'éclat par Rudolf Sohm et qui avait déjà rencontré beaucoup d'opposition, recevait un nouveau démenti : les Ecritures n'ont point, au XIIe siècle, cédé la place à Justinien. Bien mieux : le *Corpus juris canonici* apparaît beaucoup plus évangélique et religieux que le *Codex*, plutôt constitutionnel, administratif et souvent d'allure profane [3].

La pensée qui inspirait le droit classique coïncide-t-elle avec celle des théologiens commentateurs des Ecritures ? Nouveau problème dont la solution exigerait plusieurs volumes. Il conviendrait de suivre pas à pas l'interprétation de chacun des Livres sacrés, puis la place des deux Testaments dans les sources et la littérature canonique.

Notre ambition est infiniment plus modeste. Il nous suffira de tenter une expérience méthodique. Dans le seul *Corpus*, nous relèverons les références à un seul Evangile, celui de Matthieu, de temps à autre éclairé par les gloses [3 bis]. Quelques biblistes médiévaux nous apprendront l'esprit des exégètes professionnels. Une confrontation limitée nous révèlera quelques-unes des préoccupations et des pensées des théologiens et des juristes devant le texte sacré que tous ont médité au cours de leurs études, les seconds avec la double optique du clerc et du juriste [4].

## — I —

Matthieu a pénétré dans le droit canon en plusieurs étapes.

Exégèse et simples citations des Pères étaient — à partir surtout de la Réforme grégorienne — consignées dans des florilèges dont on peut regarder le *Décret* de Gratien comme l'un des couronnements. Jérôme ou Jean Chrysostome, commentant Matthieu, prenaient place parmi les *auctoritates* et Gratien alléguait et parfois introduisait au milieu de ses *dicta* des versets de l'évangéliste. C'est dans le *jus novum*, celui des décrétales, qu'à partir d'Alexandre III, les papes utilisèrent copieusement Matthieu, inspirateur ou décorateur des lois que devaient codifier Grégoire IX, Boniface VIII

2. Il ne peut se justifier rationnellement que par son but : organiser les voies d'accès au salut, par la conformité aux Ecritures. Cf. *L'originalité du droit canon*, Etudes Julliot de la Morandière, 1964, p. 265-275.

3. Cela est vrai, surtout, du *Décret*, dont une des trois grandes séries est composée de fragments patristiques et bien des *dicta* inspirés par la Bible. Mais les recueils de décrétales continuent la tradition et si les Ecritures y tiennent moins de place, c'est qu'elles avaient déjà fourni les fondements des principales institutions.

3 bis. Il n'y a guère qu'une demi-douzaine de références aux trois autres synoptiques, dont cinq dans X III 41 c. 6 et 8.

4. On connaît assez bien la structure des écoles, beaucoup moins bien le *cursus* scolaire des canonistes, les étapes de leurs études de droit canon, de théologie et de droit romain. Ce sujet mérite grande attention.

et Jean XXII [5]. Enfin, les glossateurs interprétèrent et souvent amplifièrent ces fragments de Matthieu et les conséquences que Gratien ou les législateurs en avaient tirées.

Ainsi le biographe de Jésus devint-il source du droit canon. Aux compilateurs, aux législateurs, aux docteurs, il offrait les exemples de l'homme-Dieu, ses principes de vie, l'amorce de développements imprévisibles [6].

Replaçons dans nos cadres traditionnels ces versets, qui concernent les rapports internes, dans l'Eglise ; les rapports externes, entendez ceux de l'Eglise et de ses fidèles avec la société civile ; les rapports supranaturels entre les chrétiens et les puissances d'Au-delà [7].

*
**

Nombreux étaient les versets de Matthieu que l'on pouvait appliquer à la composition, à la hiérarchie, à la paix de l'Eglise.

Par le baptême, que Jésus exigea de Jean [8] et qu'il donna mission à ses Apôtres de répandre parmi les nations [9], se constitue le peuple de Dieu [10].

Que le baptisé puisse être exclu de l'Eglise, la parabole de l'ivraie le laissait prévoir [11]. Les Pères et Gratien, après eux, l'interprètent comme une mise en garde contre l'excommunication prématurée ou arbitraire : Origène (sous le nom, substitué, de Jérôme) requiert l'évidence de la perversion [12] et Gratien, le jugement régulier [13]. Loin de rompre les relations avec le coupable, Augustin s'appuie sur Matthieu pour recommander le contact qui

5. L'histoire de la codification est retracée par Mme Rambaud et Mgr Ch. Lefebvre, dans le t. VII de l'*Histoire du droit et des institutions de l'Eglise en Occident*, Paris, 1965.

Nous citerons les textes de Gratien et des Décrétales :
D. 1 c. 1 = Distinction 1, canon 1
C. 1 q. 1 c. 1 = Cause 1, question 1, canon 1
*De pens.* = C. 33 q. 3
*De cons.* = De consecratione
*Dictum Gratiani* p. c. 8 d. 41 = post
a. c. 9 d. 41 = ante
X I 1 1 = Décrétales de Grégoire IX, livre I, titre 1, chapitre I.
VI I 1 1 = Sexte

Le *Décret* compte 243 références à Matthieu : 23 dans la première partie, 198 dans la deuxième, 22 dans la troisième.

6. Le progrès de l'herméneutique a pour conséquence la découverte, par voie d'analogie ou de déduction, de règles, voire d'institutions que Matthieu ne pouvait prévoir. Il ne s'agit pas d'inventions pures, mais de transpositions techniques : Matthieu pouvait-il prévoir la procédure canonique ? Il lui a cependant fourni de solides bases.

7. Nous avons toujours adopté cette division tripartite, que nous justifions dans les *Prolégomènes* de l'*Histoire du droit et des institutions de l'Eglise en Occident*.

8. Matthieu 3, 13 = *De cons.*, d. 4 c. 9 (Ambroise).

9. Matthieu 28, 19 = *De cons.*, d. 4 c. 13 (Léon), 73 (Augustin), 79 (Canon des Apôtres), 82 (Pélage) ; X III 42, 4 et 5.

10. Notion toujours présente dans l'interprétation de Matthieu.

11. Matthieu 13, 24-30.

12. C. 11 q. 3 c. 22 (*Nolite*). Allusion dans C. 23 q. 4 c. 14.

13. *Dictum Gratiani ante* C. 23 q. 1.

peut hâter la resipiscence [14]. Par l'exemple de Pierre, la réintégration des *lapsi* est amplement justifiée [15].

Ce peuple est évangélisé par un clergé successeur des Apôtres, qui a mission, comme eux, d'enseigner, après s'être instruit [16] et de diriger. Le clerc peut, comme Jean-Baptiste, être ordonné exceptionnellement dès l'adolescence [17] et, selon les exemples de l'Ancien Testament, même par des hérétiques [18].

Le texte fondamental sur la hiérarchie, le *Tu es Petrus* n'est rappelé au *Décret* que par une Fausse Décrétale [19]. Pascal II l'invoque dans la *pars decisa* d'une lettre de grande importance à l'archevêque de Palerme [20] comme en application du principe général de la subordination du disciple et du maître [21]. Innocent III rapporte tout l'épisode pour s'attribuer les causes majeures [22] et il s'appuie sur le *Quodcumque ligaveris* pour fonder le vicariat [23]. C'est aussi ce fragment qu'allègue Boniface VIII [24]. Nicolas III avait tout directement cité le *Tu es Petrus* [25].

La paix dans la communauté dépend d'abord de l'esprit de sage tolérance envers les dissidents — hérétiques ou schismatiques — dont le *Décret* s'appuyant sur Matthieu a fixé la mesure [26]. Elle dépend aussi du respect de la hiérarchie, que les laïcs ne doivent point juger [27]. Enfin, Innocent III tire de Matthieu le dessin d'une procédure nouvelle, la *denunciatio evangelica,* une des plus remarquables transcriptions de Matthieu dans le droit canon. Chez les décrétistes, cette *correctio fraterna* prend un caractère judiciaire [28]. Dès son avènement, Innocent III en fera un mode de pro-

14. Matthieu 9, 12 = C. 2 q. 1 c. 18 (Augustin).

15. *Dictum* p. c. 12 d. 50 : Gratien cite, parmi de nombreux exemples, celui de Pierre *qui negavit Christum et tamen postea princeps apostolorum factus est* (Mt 26). Voyez encore c. 14 (pseudo-Calixte).

16. *Dictum* p. c. 2 d. 36 : Gratien rappelle Matthieu 10, 16 : *Estote prudentes.* — Innocent III, X V 7, 12 (*quum ex injuncto*) cite Matthieu 9, 38 et 10, 27 pour réserver au sacerdoce le magistère.

17. Matthieu 4 = *dictum* p. c. 4 d. 78.

18. Matthieu 23, 2, cité par Anastase II, d. 19 c. 8.

19. Matthieu 16, 18 = D. 21 c. 2 (*In Novo*).

20. X I 6 4 (*Significasti*).

21. Matthieu 10, 24.

22. X III 42 3. Innocent invoque Matthieu 16, 16.

23. Matthieu 16, 18 = X IV 17, 13 (*Per venerabilem*). Dans sa lettre à l'empereur de Constantinople, X I 33, 6 (*Solitae*), Innocent cite Jean 21, 17 (*Pasce oves*). Cf. Maccarrone, *Vicarius Christi.*

24. Extravagantes communes I 8, 1 (*Unam sanctam*). Boniface emploie dans le même texte l'argument des deux glaives qui appartiennent également au pontife romain. Cf. Matthieu 26, 52.

25. VI I 6, 17 (*Fundamenta*). La primauté romaine est énergiquement fondée sur le texte de Matthieu dans ce texte auquel on n'a point accordé assez d'attention.

26. C. 2 q. 1. Cf. Matthieu 9, 12-13.

27. Dist. 28 c. 17 (*Consulendum*). Nicolas fait allusion à Matthieu. — X V 7, 12 : cf. Matthieu 5, 12.

28. Tout le développement technique, à partir de 1140, est minutieusement exposé par Ch. Lefebvre, *Contribution à l'étude des origines et du développement de la denunciatio evangelica en droit canonique,* Ephemerides juris canonici, VI (1960).

cédure, la *denunciatio*, à côté de l'*accusatio*. Dans la célèbre décrétable *Novit*, il insère les trois versets de Matthieu [29].

⁂

Famille, Etat, marché sont les « cadres » où vit le chrétien. Il appartient à une société domestique, politique, économique où Jésus a, de quelque façon, ordonné sa conduite.

C'est à Matthieu [30] que pseudo-Origène, Jérôme, Jean Chrysostome, et Grégoire II, cités par Gratien, se réfèrent pour établir que *sponsa* et *conjux* s'équivalent, c'est-à-dire la formation du mariage par simple consentement [31]. Des paroles de Jean à Hérode, Gratien tire la preuve de la validité du mariage des infidèles [32] ; de la réponse de Jésus aux Pharisiens, le principe de l'indissolubilité sauf renvoi pour fornication [33].

Pendant l'âge classique, les papes ont enrichi sensiblement l'interprétation des versets de Matthieu relatifs au mariage. La conversion de quelques Orientaux, à l'issue de croisades posait le problème de la polygamie. *Adhaerebit uxori suae* ne laissait place au doute [34]. Quant à l'indissolubilité, Alexandre III l'applique au seul mariage consommé [35]. A-t-on assez remarqué l'opposition d'Innocent III à la séparation de corps, même dans le seul cas prévu de fornication [36] ? L'extension du principe d'indissolubilité au mariage de l'évêque avec son église fut le fondement scripturaire de l'opposition au transfert [37].

En deux passages, Jésus enseigne l'obéissance du citoyen à l'Etat. L'épisode des didrachmes était interprété dans un texte d'Ambroise que reproduit Gratien comme un exemple de soumission de tout citoyen au fisc [38] et, dans un *dictum*, Gratien lui-même admet l'imposition des biens profanes : villas, châteaux, cités, que possède

29. X II 1 13 (a. 1204 : *Novit*). Dès 1199, le pape avait pris parti dans la décrétale *Licet Heli*, X V 3 31, mais il a établi le fondement évangélique cinq ans plus tard.
30. Matthieu 1, 16-20.
31. C. 27 q. 2 c. 12, 40, 42, 44.
32. Matthieu 14, 4 = *dictum* p. c. 4 d. 26. Les paroles de Jean : *Non licet tibi habere uxorem fratris tui* montrent avec évidence *inter infideles conjugia esse.*
33. Matthieu 19, 3-9 = *dictum* init. C. 28 q. 1.
34. Matthieu 19, 5 = X IV 19, 8 (*Gaudemus*) ....... « *Verum absonum hoc videtur et inimicum fidei Christianae, quum ab initio una costa in unam feminam sit conversa, et scriptura divina testetur, quod propter hoc relinquet homo patrem et matrem, et adhaerebit uxori suae, et erunt duo in carne una ; non dixit : « tres vel plures », sed : « duo », nec dixit : « adhaerebit uxoribus », sed : « uxori* ».
35. X III 32, 7 (*Ex publico*) Alexandre interprète Matthieu 5, 32. Sont unis indissolublement ceux-là seuls dont le mariage a été consommé. ....... « *Sane, quod Dominus in evangelico dicit, non licere viro, nisi ob causam fornicationis uxorem suam dimittere, intelligendum est secundum interpretationem sacri eloquii de his, quorum matrimonium carnali copula est consummatum, sine qua consummari non potest* ».
36. X II 24, 25 (*Quemadmodum*), référence expresse à Matthieu 18, 15 - 22.
37. X I 7, 2 (*Inter corporalia*), et 3 (*Quanto personam*) Innocent III invoque Matthieu 19, 5.
38. Matthieu 17, 23-26 = C. 11 q. 1 c. 28 (*Magnum*).

l'Eglise [39], *exteriora* qu'un fragment attribué à Urbain grève, selon le droit commun, d'entretien des services publics [40]. Cependant, Gratien semble voir non seulement dans l'exemple du Pharaon mais encore dans un verset du chapitre 17 de Matthieu, l'annonce des immunités [41].

La plus forte leçon que les canonistes tirent de Matthieu, quant aux relations sociales, est celle d'un amour sans borne de la paix. Non seulement Jésus interdit l'agression [42], donne l'exemple de la fuite devant la menace [43], mais il prêche la non-résistance aux coups [44].

C'est encore Matthieu qui fournira l'une de ses bases au testament canonique. Un verset justifie la décision d'Innocent III qui réduit à deux le nombre des témoins requis pour la validité [45].

***

Bien que le *Corpus juris canonici* soit tout autre chose qu'un *Itinerarium mentis ad Deum*, la plupart des textes de Matthieu qui jalonnent la voie surnaturelle trouvent leur place dans le *Décret* et les *Décrétales*. Horreur du scandale, pratique des vertus, recherche de la perfection : l'idéal prêché par Jésus dont Matthieu reproduit les préceptes et les exemples, est affirmé, divulgué, légalisé dans les compilations médiévales [46]. Des textes précis concernent la protection du sacré, la collation des sacrements, les appels à Dieu.

Le domaine du sacré est exposé au péril de la simonie, contre lequel Jésus met en garde les Douze aussitôt après leur élection : *Gratis accipite, gratis date* [47]. Après Léon le Grand, Alexandre III rappelle ce précepte [48].

Pour le traité des sacrements de salut, Matthieu fournit au *Corpus* quelques textes fondamentaux. Innocent III s'appuie sur les termes de la mission apostolique pour exiger la présence d'un mi-

39. Matthieu 22, 21 = Dictum p. c. 20 C. 23 q. 8 : *qui non contenti decimis et primiciis, predia, villas et castella et civitates possident, ex quibus Cesari debent tributa, nisi imperiali benegnitate immunitatem promeruerint ab hujusmodi.* C'est la conception de Pascal II.

40. C. 23 q. 8 c. 32 (Urbain II ?). La décision se fonde sur l'épisode des drachmes.

41. *Dictum* p. c. 22 C. 23 q. 8 : *sacerdotes in omni gente liberos* serait calqué sur *Ergo liberisunt filii.* Matthieu 17, 25.

42. Matthieu 26, 52 = C. 23 q. 4 p. c. 12 : *omnis qui gladio acceperit gladio peribit.*

43. Matthieu 2, 13 = C. 7 q. 1 c. 48 (Grégoire) et Matthieu 10, 23 = C. 23, q. 3, *dictum init.*

44. Matthieu 5, 39 = *dictum init.* C. 23 q. 1 ; Matthieu 5, 11 = C. 23 q. 4 p. c. 26.

45. Matthieu 18, 16 = X III 26, 10 (*Quum esses*) et 11 (*Relatum*). Cf. X II 20, 23, pour le témoignage en justice.

46. Il est bien clair que l'esprit des Evangiles ne pouvait être absent des collections canoniques et que beaucoup de dispositions canoniques sont inspirées par Matthieu, dont Pierre le Chantre dit qu'il contient tout le nécessaire au salut. *P. L.* 205, col. 25. Non seulement éviter le scandale (Matthieu 18, 6 = X I 9, 10 ; III 41, 6) mais pratiquer les vertus enseignées dans le Sermon sur la Montagne (cinq fois rappelé par Gratien). Préoccupation du salut de l'âme (Matthieu 16, 26) dans X V 3, 22.

47. Matthieu 10, 8.

48. C. 1 q. 1 c. 1 ; X V 5, 2 (*Prohibeas*). Lucius III, X V 3, 23, avait rappelé aux simoniaques Matthieu 16, 26.

nistre au baptême et les paroles rituelles [49]. Il rappelle les paroles de Jésus, à la Cène : *Hoc est corpus meum... in remissionem peccatorum* [50].

La nécessité de la pénitence est bien établie par la pratique de Jean-Baptiste, la demande des lépreux [51], et le pouvoir des clés concédé aux Apôtres [52]. Seul, le péché contre l'Esprit est irrémissible [53].

Nulle question plus débattue que l'appel à Dieu en garantie de la vérité d'une parole humaine. Interdit dans le Sermon sur la Montagne, le serment est d'un usage si courant que les Pères ont interprété libéralement le texte de Matthieu [54]. Ce que Jésus a voulu condamner et proscrire, c'est le parjure, offense criminelle à Dieu. Le chrétien s'abstiendra de déférer le serment, mais il peut prononcer le serment qu'on lui défère, si la cause est honnête et la formule correcte, c'est-à-dire invocatrice du seul Tout-Puissant [55].

Cette argumentation remplit une Question entière du *Décret*. Elle est confirmée par Innocent III dans une longue décrétale qui est une dissertation sur les versets de Matthieu [56].

*
**

Il n'est guère de partie du *Corpus* où Matthieu ne tienne une place éminente : primauté, procédure, mariage, excommunication, en chacun des cinq Livres de Décrétales, il inspire ou commande le droit. Tantôt il offre les exemples de la vie de Jésus, tantôt ses propres paroles. L'exégèse des Pères est surtout morale ; celle des Papes, juridique. La lettre ou l'analogie leur fournit ou leur suggère les éléments d'une ecclésiologie, d'une sociologie et il ne sera pas sans intérêt de comparer à l'interprétation pontificale celle des biblistes.

## — II —

Tous ces versets de Matthieu que nous avons relevés au *Corpus*, quel sens leur donnaient les biblistes ? [57] Comme nous avons borné notre recherche au *Corpus*, négligeant les collections et la littérature canonique, nous nous contenterons d'un examen de la

49. Matthieu 28, 19 = X III 42, 4 (*Debitum*) ; et 5 (*Non ut apponeres*). Du texte de Matthieu, Innocent déduit que nul ne peut se baptiser soi-même, *alius est qui baptizatur et alius qui baptizat :* le Christ a donné l'exemple en se faisant baptiser par Jean. Un autre enseignement est la nécessité des paroles consacrées, *verbum et elementum necessaria requirantur*.
50. Matthieu 26, 26 = X III 41, 6 (*Quum Marthae*).
51. Matthieu 3, 6 et 8, 2 allégués dans *De pen.* I, 60, par Gratien.
52. Matthieu 16, 19, *eod. loco* et *dictum init.* C. 24 q. 2.
53. Matthieu 12, 32 = *dictum* Gratien, p. c. 52, *De pen.*, d. 1.
54. Matthieu 5, 33-37.
55. Tel est le sens de la Cause 22, consacrée au serment.
56. X II 24 26 (*Etsi Christus*).
57. Nos guides naturels ont été C. SPICQ, *Esquisse d'une histoire de l'exégèse latine au moyen âge*, Paris, 1944 ; B. SMALLEY, *The study of the Bible in the middle ages*, 2e éd., Oxford, 1952 ; H. DE LUBAC, *Exégèse médiévale. Les quatre sens de l'Ecriture*, 2 vol., Paris, 1959.

Glose ordinaire des Ecritures [58], des *Enarrationes in Matthaeum* éditées sous le nom d'Anselme de Laon, et qui sont de peu antérieures au *Décret* de Gratien [59], de la *Lectura super Evangelium S. Matthaei* de Thomas d'Aquin, d'une trentaine d'années postérieure à la publication des Décrétales de Grégoire IX [60]. Nous ne signalerons qu'exceptionnellement d'autres auteurs et les controverses sur les exégèses que nous avons retenues [61].

***

De la mission donnée aux Apôtres, le glossateur se borne à remarquer la suite précise, *ordo congruus*, dont les *Enarrationes* expliquent les termes, ajoutant que la foi sans les œuvres est vaine. Thomas interprète la formule du baptême, la double nature, humaine et divine du Christ, la régénération par les trois Personnes, la vertu du nom unique de la Trinité [62].

58. Cette œuvre d'Anselme de Laon (mort en 1117) est contemporaine des collections canoniques d'Ives de Chartres. Le P. Chenu en a signalé la mentalité symbolique, *La théologie au douzième siècle,* Paris, 1957, notamment p. 189.

59. *P. L.* 162, col. 1227-1500. Cf. D. van Eynde, *Autour des Enarrationes in Evangelium s. Matthaei attribuées à Geoffroy Babion,* dans Recherches de théologie ancienne et médiévale 26 (1959), p. 50-84. Voyez aussi dom O. Lottin, *La doctrine d'Anselme de Laon sur les dons du Saint Esprit et son influence,* dans les Recherches de théologie ancienne et médiévale 24 (1957), p. 267-295.

60. Une cinquième édition, revisée, de la *Lectura in Matthaeum* a paru à Turin, chez Marietti en 1951. Il s'agit d'un agglomérat de *reportationes :* le cours dut être professé au plus tôt en 1263. De nombreux articles ont été consacrés à cette *Lectura,* notamment par les Pères Synave, Guindon et Shooner. Voir, en dernier lieu, dans *Bulletin thomiste,* XI, pp. 11-14, l'excellent compte-rendu, par B. G. Guyot, de l'article du P. Shooner dans *Angelicum,* 33 (1956), pp. 121-142. Les notes de Pierre d'Andréa et celles de Léger de Besançon (qui vont de 6, 16 à la fin) reproduisent sans doute la pensée de Thomas. Les arrangements du commentaire de P. de Scala ne rempliraient que 5, 11 à 6, 8 et 6, 16 à 6, 18.

Sur la valeur de cette *Lectura,* qui est une des œuvres mineures de Thomas, cf. l'article de P. Spicq, *Thomas,* au Dictionnaire de théologie catholique, t. 15 (1946), col. 694-738), qui analyse profondément l'exégèse de Saint-Thomas. Le P. Chenu, *St Thomas d'Aquin et la théologie,* Paris, 1959, p. 180, remarque le caractère archaïque des commentaires bibliques de Thomas et aussi leur mérite : « Vision d'ensemble, expression homogène et intelligente d'une économie divine, de ses intentions, de sa conduite, de ses étapes ». Dans le chapitre VII de son *Introduction à l'étude de saint Thomas d'Aquin,* Paris, 1950, consacré aux commentaires sur la Bible (p. 199-225), il juge, p. 211, « La rédaction est relativement sommaire et les solutions apportées aux difficultés ne sont pas très élaborées ». Nous avons choisi ce commentaire non pour sa valeur exceptionnelle, mais parce que, aussi solide que la plupart des autres commentaires, bien représentatif, récemment édité, il est d'un génie qu'a si bien honoré le P. Chenu.

61. Nous n'avons pu que jeter un coup d'œil sur les autres commentaires de Matthieu signalés par le P. Spicq, particulièrement sur ceux du XIIIe siècle : Jean de la Rochelle (mort en 1245), Pierre de Scala (mort en 1290), Pierre Olieu (mort en 1298), à la Bibliothèque Nationale de Paris.

62. *Lectura* in c. 28, 18, n. 2464. L'accent est mis sur la connaissance primordiale des vérités de foi, qui précède le baptême, signe de la participation à l'humanité et à la divinité du Christ, moyen de regénération où intervient chacune des trois Personnes (*Pater a quo, Filius per quem, Spiritus quia accipimus donum*). Par la formule trinitaire, l'arianisme est confondu. Il ne suffirait point de baptiser par le Christ, dont le nom incluait la Trinité dans la primitive Eglise. Croyance et baptême ne suffisent point : il y faut joindre l'*instructio morum.*

La séparation de l'ivraie et du bon grain n'a, selon Anselme, aucun rapport avec l'excommunication, dont la fonction est médicinale : Jésus veut enseigner seulement la patience, parce que les méchants peuvent toujours se convertir [63]. Thomas énumère quatre raisons de tolérance : les mauvais peuvent stimuler les bons : sans les hérétiques aurions-nous eu la science des Pères, en particulier d'Augustin ? [64] Ils peuvent même devenir bons : de quel enseignement le meurtre de Paul ne nous eût-il privés ! Extirper avant l'heure convenable nous expose à de graves erreurs [65]. Et si nous frappons un détenteur de la puissance, combien d'innocents risquent de périr avec lui [66]. Cependant, la coaction produit parfois de bons fruits, empêche des ébranlements de la foi : ses périls sont évités par la sagesse des autorités et l'usage des trois monitions [67]. Viendra le temps de la moisson, sur terre et dans le ciel, par l'œuvre des apôtres et des anges. Les mauvais seront rassemblés, liés et jetés au feu ; les bons, purifiés, unifiés et engrangés au ciel [68]. Dans *margarita ante porcos*, Anselme de Laon ne voit qu'un refus de communier les hérétiques, les ivrognes et les courtisanes [69]. Thomas rejette, généralement, infidèles et mauvais chrétiens, symbolisés par chiens et porcs [70].

Anselme comprend que la barque agitée par la tempête représente l'Eglise et que les apôtres sont les matelots, mais il n'en tire point des réflexions sur le sacerdoce [71]. Sans expressions juridiques, il justifie théologiquement et logiquement la primauté romaine. Pierre a reçu les clés, ce n'est point monopole d'absolution mais symbole et garantie d'unité entre participants du même pouvoir de lier ou délier [72] ; c'est, en outre, une affirmation que l'Eglise n'a qu'un titre, préservatrice du schisme, centre spirituel de tout pouvoir, au nom de Dieu [73]. Tout aussi théologique est la *Lectura* de Thomas, qui met en lumière le fondement inébranlable de l'Eglise [74].

63. *P. L.*, 1374 : *Quaeritur, ergo, cur quidam haeretici ab episcopis excommunicantur, et ab Ecclesia separantur, quidam etiam a potestatibus saecularibus interficiuntur ? Sed non agitur hic de excommunicatione, quia illa data est ad correctionem hominum, sed de communi separatione ab agro, id est a mundo, quia non debent episcopi interficere, id est separare a mundo, sicut Petrus, et alii apostoli non recepti in quadam civitate, quaesierunt a Domino, an postularent ignem de coelo, et destruerent !*

64. *Lectura*, n. 1149 : *per malos exercitantur boni .... Qui vellet malos eradicare, eradicaret et multa bona.*

65. *Ibid . quia aliqui videntur mali et non sunt.*

66. *Ibid : Si excludatur, trahit multos secum.*

67. La sagesse se traduit dans la permission comparative, dont l'usage trouve ici un champ privilégié. De deux maux, choisir le moindre : tolérance ou coaction, selon les circonstances.

68. *Lectura*, n. 1156 et suiv. sur le sort des élus et des damnés.

69. Matthieu 7, 6. Anselme P. L. 162, 1314.

70. *Lectura*, n. 639 : *Per canes qui lacerant dentibus, haeretici significantur ; per porcos, qui conculcant pedibus immundi.*

71. *Enarrationes.... Ibid.*, col. 1385.

72. *Ibid.*, col. 1396 : *sed ideo, quasi uni Petro concessit specialiter ut ad unitatem nos invitaret.*

73. *Ideo enim eum principem Apostolorum instituit, ut Ecclesia quasi unum principalem vicarium Christi haberet ad quem diversa Ecclesiae membra recurrerent si forte inter se dissentirent, quoniam si diversa essent capita in Ecclesia unitatis vinculum rumperetur per diversa schismata.*

74. *Lectura*, n. 1384.

*Christus secundum se, sed Petrus in quantum habet confessionem Christi, in quantum vicarius ejus... Specialiter Petri domus, quae est fundata super petram non diruetur.....*

Toutes les Eglises, dont les chefs ont, par succession, les pouvoirs concédés par le Christ aux Apôtres, ont pu céder aux hérétiques, sauf l'Eglise romaine, qui, seule, a toujours résisté, ce qui mérite à Pierre, plus de révérence qu'aux autres Apôtres. Après la Passion, Pierre a reçu les clés, le ministère d'introducteur au Ciel selon la promesse [75].

Pour Saint Thomas, les versets relatifs à la correction fraternelle ont en vue d'éviter le scandale [76]. Une faute d'autrui, particulièrement d'un membre de notre société, si elle ne touche que notre personne, nous pouvons la pardonner après une réprimande, discrète ou publique, selon la publicité de la faute [77]. Devoir de charité, la correction sera prudente, pour éviter le pire. Bien appliquée, elle sera méritoire devant Dieu, bienfaisante au coupable et salvatrice de la fraternité [78]. L'intervention des témoins a été diversement réglée et comprise par les Pères. Avec Augustin, Saint Thomas admet que l'on peut s'adresser à l'évêque, comme juge ou à titre privé [79]. Inefficace, la double démarche préalable contraint d'en appeler à l'Eglise, c'est-à-dire à toute la communauté pour une correction humiliante ou au juge pour une correction officielle. Le coupable résiste-t-il ? Une sentence d'excommunication punira son obstination [80].

***

Les versets relatifs au mariage sont entendus par Anselme de Laon comme impliquant une simple faculté accordée au mari de suspendre toute relation charnelle avec la femme adultère, sans que le sacrement en soit affecté [81]. En aucun cas, le lien de servitude que l'homme a légitimement contracté avec une femme dont

75. *Lectura,* n. 1385 : à Constantinople, l'hérésie a pénétré, jamais à Rome. *Et hoc non solum refertur ad Ecclesiam Petri sed ad fidem Petri et ad totam occidentalem Ecclesiam. Unde credo quod occidentales majorem reverentiam debent Petro quam aliis Apostolis.* Nous n'avons rien remarqué d'original dans une brève inspection de J. de la Rochelle, B. N., manuscrit latin 15593, f. 77 ; de P. Scala, B. N., manuscrit latin 15588, f. 91 v°.

76. Matthieu 18, 15-17 = *Lectura,* n. 1515-1524.

77. *Lectura,* n. 1516 : *Corripe, non increpa vel exaspera.* La crainte de représailles contre l'Eglise est une excuse, mais la crainte de représailles personnelles est un péché.

78. *Lectura,* n. 1519.

79. *Lectura,* n. 1520 : *potest ostendi praelato, vel ordine judiciario vel ut personae privatae.*

80. *Lectura,* n. 1522-1523. Nous n'avons pas relevé de pensée nouvelle chez P. Olieu, B. N. manuscrit latin 15588, f. 97 v° ; ni chez J. de la Rochelle, B. N. manuscrit latin 15593, f. 83 v°.

81. *Enarrationes,* in Matthieu 5, 32 : *Si enim ipsa ruperit legem conjugii, potest eam homo a se separare, ut commistionem illam auferat sibi, quam violavit. Sed tamen sacramentum conjugii remanet ut non aliam ducat, licitum est eam retinere si voluerit......*

il découvre les défauts corporels ou les vices ne peut être rompu, même au cas d'entrée en religion [82].

Que la loi mosaïque permette à un mari la répudiation d'une femme qui a cessé de lui plaire, les Pères l'ont expliqué par la crainte d'un meurtre. Il s'agit d'une permission comparative, l'une des cinq formes de permission. Thomas fait observer que l'exigence d'un libelle de répudiation est un frein à la répudiation : car elle soumet aux sages l'examen de la cause [83].

Le Christ n'autorise le renvoi qu'au cas de fornication, sous peine d'un quadruple péché. Et il interdit un second mariage. Cependant, la fornication spirituelle ne dissout-elle pas le mariage ? Les Pères se divisaient sur ce point. Thomas professe l'indissolubilité du mariage consommé, qui signifie l'union du Christ et de l'Eglise. Cependant la fornication spirituelle qui corrompt l'époux rompt la cohabitation [84]. Thomas exclut six cas de séparation de corps [85].

Les deux épisodes du tribut, d'où Gratien tire des conclusions pratiques, ne suscitent chez Anselme de Laon que des réflexions historiques, apologétiques et mystiques [86]. Il explique le système fiscal d'Auguste, l'exemple d'humilité que Jésus voulut donner, la prescience que montre le miracle. Enfin, l'invention du statère dans la bouche du poisson n'est-elle pas l'image de notre rédemption [87] ? Il commente plus sobrement le chapitre 22 par un brin de numismatique, de comptabilité, d'élévation sur les mystères [88]. L'allusion à la liberté des enfants de Dieu est, dans la glose ordinaire, très générale [89].

Le Christ a deux fois payé le tribut. Thomas s'applique à définir cens et tribut, la filiation charnelle et la spirituelle et à louer la mansuétude, la pauvreté, la prévision, l'humilité de Jésus. Il admire sa science, son adresse et sa leçon de soumission à Dieu, de qui nous sommes l'image et tenons les moyens de vivre et la paix avec le monde où il nous faut vivre [90].

La gratuité du prêt est tenue par Anselme pour une œuvre de miséricorde et non pour une obligation [91].

82. *Enarrationes*.... col. 1299 : « *Si pari consensu voluerint abstinere, possunt separari, ut iste monachus, illa monialis fiat, et tunc non separat eos homo sed Deus* ».

83. *Lectura*, n. 1555 : *quia libellus non fiebat nisi per manum communem, unde remittebat ad sapientes, ut viderent si haberent causam.*

84. *Lectura*, n. 522 : sur la *duplex fornicatio*.

85. *Ibid* : tout ce passage est une discussion serrée de textes patristiques.

86. *P. L.* 162, col. 1405.

87. Anselme note la distinction des biens de Jésus et de ceux de la communauté, la représentation par Pierre de toute l'Eglise.

88. Le sens mystique est seul retenu dans la glose ordinaire et l'exemple d'humilité. *P. L.* 114, col. 156 et 145.

89. Explication aussi vague dans la *Lectura*, n. 1479-1480. Assez longue dissertation dans P. de Scala, B. N. manuscrit latin 15594, f. 165 (s. Matthieu 17, 23), moindre f. 219 (s. Matthieu 22, 17).

90. *Lectura*, n. 1785-1788.

91. P. L. 162, col. 1302. La *Lectura*, n. 819 ne contient qu'une exhortation morale.

⁂

*Gratis date* suggère à Thomas le procès de la cupidité, de l'orgueil. Il assigne l'ordre de la pauvreté aux prélats, de l'austérité des apôtres (encore qu'ils doivent tenir compte des usages étrangers et puissent accepter le nécessaire) [92].

Du sacrement de pénitence, seul le prêtre est ministre. Lui seul a la science requise, le pouvoir de décision qu'il tient de Dieu, par le successeur de Pierre [93]. Absolvant, il libère, le sacrement de la nouvelle Loi réalisant ce qu'il figure [94].

Comme le vœu qui est une promesse à Dieu, le serment, qui est un recours à Dieu en garantie, met la créature en rapport avec le surnaturel. Il est donc normal que les théologiens approfondissent l'interdiction de jurer prononcée par Jésus dans son Discours sur la Montagne [95]. La maxime qui pouvait sembler décisive : *Sit autem sermo vester : est, est ; non, non : quod autem his abundantius est a malo est* devient permissive quand on comprend que *malo* ne signifie point le mal, mais le méchant incrédule qui exige le serment [96]. Puisque le serment peut être exigé, il ne s'agit que d'en préciser la forme et l'usage. Or, Jésus exclut tous les termes qui laissent supposer polythéisme ou magie. On jugera par Dieu, et le moins souvent possible, afin d'éviter le parjure.

Le serment expose au parjure. C'est le premier motif de sa prohibition. Il est cependant permis en sept cas : manifestation et confirmation de la vérité, rétablissement de la paix, resserrement de l'amitié et de la fidélité, promesse d'obéissance et de soumission, maintien de la coutume de l'Eglise. Dans tous les cas, il se réfère à Dieu, toute autre garantie étant exclue [97].

— III —

Si notre enquête restreinte n'autorise point des conclusions générales, du moins peut-elle suggérer quelques observations précises sur l'originalité des canonistes en face des biblistes, sur la

92. *Lectura*, n. 821 : « *...haec fuit quaedam heresis, ut ait Augustinus, quae dicebat quod nullus potest salvari, nisi hi qui nihil possident. Et haec fuit haeresis Apostolorum* ». Tout ce passage est une leçon de sage opportunité : tenir compte des temps et des lieux, des usages constants ou changeants des divers pays.

93. *Lectura*, n. 1388 : intéressante dissertation sur la *scientia sacerdotis*. Les clés ont été données immédiatement à Pierre qui les distribue. « *Et hac ratione Papa, qui est loco sancti Petri, habet plenariam potestatem, alii vero ab ipso* ».

94. *Lectura*, n. 1390 : .... « *sacramenta novae legis efficiunt quod figurant* ».

95. Matthieu 5, 33.

96. *Lectura*, n. 535 : « *non dicit quod malum sit, ut dicit Augustinus, sed a malo, scilicet non tuo, sed ex infirmitate compellentis te jurare, aut incredulitate.*

97. *Lectura*, n. 525-536. Peu de sujets sont aussi attentivement traités. *Prohibetur affectus jurandi non effectus*, écrit Thomas, qui s'ingénie à préciser les conditions d'un serment légitime.

consonance des deux écoles, sur l'histoire des divergences et des accords.

***

Le double tableau que nous venons de peindre nous a révélé de façon saisissante la différence d'attitude des canonistes et des biblistes devant le texte de Matthieu. Curiosités, méthodes, découvertes : presque rien ne leur semble commun.

On pourrait dire, en bref, que le bibliste explique et le canoniste exploite. Anselme et Thomas scrutent le texte, pour en saisir le sens littéral et la leçon. Gratien et Innocent III cherchent une valeur juridique et une loi. Tandis que les exégètes s'appliquent à comprendre la parole de Dieu, les canonistes tâchent d'en dégager le droit divin.

Des opérations si différentes postulent des méthodes appropriées. Anselme et Thomas glosent chaque mot, utilisant le vocabulaire commun, la syntaxe, l'histoire. Ils trouvent dans les Ecritures leurs points d'appui. Chaque assertion de Thomas est appuyée sur un texte des Ecritures, et souvent accompagnée d'une discussion du sens qu'Augustin, Chrysostome ou Jérôme lui ont donné. Il arrive que la moitié de l'alinéa, ou davantage, soit rempli des recours, qui donnent à l'ensemble une allure de florilège [98]. La Bible s'interprète d'abord par la Bible, soit que Thomas relève dans l'Ancien Testament l'annonce de Matthieu soit que dans le Nouveau Testament, il trouve une confirmation ou une amplification.

La confrontation de Gratien et des papes, toute différente, est entre Matthieu et le temps présent, le temps de l'Eglise. Ils cherchent dans les deux Testaments non seulement les institutions définies mais encore les préceptes moraux, les maximes allusives, les figures, pour eux lumineuses, en vue de leur insertion dans le droit, par traduction technique, déduction raisonnable, reconnaissance dans la réalité.

On ne saurait douter de la fonction des Apôtres, ni de la nécessité du baptême, ni des caractères du mariage. Il s'agit seulement de précision (par exemple sur les cas de répudiation) ou d'application (ainsi, la succession apostolique).

Un exemple parfait de traduction purement technique des préceptes moraux nous est fourni par le règlement de paix que propose Jésus à la communauté et qui devient la procédure de dénonciation évangélique. Matthieu n'avait en vue que deux chrétiens en querelle et la communauté à laquelle il voulait éviter le scandale de la division. Au XIIIe siècle, l'assemblée a un tribunal, l'officialité, pour appliquer à la lettre les versets évangéliques.

Les translations de ce genre sont rares. Plus souvent, une maxime suggère des règles précises de droit : *gratis date* signifie

98. Les comparaisons que nous avons faites avec la *Catena aurea*, composée entre 1261 et 1264, par ordre d'Urbain IV (éd. Guarienti, 1953) n'ont point, à notre étonnement, établi un usage ordinaire de ce recueil de sentences patristiques.

la gratuité des services spirituels ; *estote prudentes,* l'opportunité de l'étude pour les clercs ; la parabole de l'ivraie, l'allusion au médecin dictent la conduite du prêtre, parmi les indociles. Aussi bien, Pierre ne figure-t-il point, n'incarne-t-il point la Papauté souveraine ? Un homme, une succession d'hommes sur le Siège romain, une institution immuable qu'une interprétation, qui n'est pas seulement littérale, de Matthieu suffit à justifier.

En fin de compte, les biblistes ont cru découvrir les quatre sens des Ecritures : littéral, mystique, moral, analogique. Sans préoccupation de temps et de lieu, ils ont analysé la parole de Dieu, transmis en un langage accessible à tout chrétien le message des deux Testaments. Nulle préoccupation ne les hante du cadre médiéval de l'Eglise. L'Eternel a inspiré l'évangéliste comme le prophète et le plus noble exercice de la pensée est dans la lecture du texte sacré.

Les trésors que les canonistes découvrent dans Matthieu ne sont point ceux que les biblistes y ont trouvé. Il y a un *sens juridique* des Ecritures.

Si l'on rassemble les interprétations du seul Matthieu dans le *Corpus,* les grandes lignes de l'Eglise y sont tracées : conditions d'entrée et de permanence dans la société des fidèles ; fonctions du sacerdoce, et hiérarchie supérieure ; caractère de l'union conjugale ; règles de la vie publique.

Ainsi Matthieu soulevait des problèmes distincts pour biblistes et canonistes, qui usaient de moyens différents, pour aboutir à des conquêtes en apparence très dissemblables, dans les domaines de la connaissance et de l'action.

*
**

Ces deux familles originales ont-elles une parenté lointaine ou proche ? Mesurons leurs distances et leurs affinités.

On pourrait se demander si l'exégèse de Gratien et des décrétales a pénétré chez les commentateurs de Matthieu au XII^e^ et au XIII^e^ siècle. Nos sondages semblent autoriser la négative. Ils ne nous ont révélé ni une référence au *Corpus* ni une inspiration des canonistes. Ce n'était point l'affaire des exégètes, de savoir les applications présentes d'un texte qu'ils prenaient à sa source et pour en presser tout le sens original.

Trouvera-t-on dans le *Corpus* quelque recours aux biblistes ? Guère davantage. Gratien a pu puiser dans les florilèges patristiques des théologiens, les papes s'inspirer de conclusions du Lombard : ils ne citent jamais une phrase d'exégèse.

Les versets qui intéressent le bibliste ne contiennent pas toujours un aliment pour le canoniste et la réciproque est aussi vraie. Qu'importe à Gratien l'attitude des Pharisiens ou que l'homme ait été créé avant la femme ? à Thomas le mariage d'Hérode ?

Entre les commentaires des biblistes et ceux de Gratien ou des papes, la différence de préoccupation, de raisonnement, de vocabulaire est telle, que l'on hésite parfois à reconnaître une parenté.

D'un côté, méditation pure, de l'autre intention pratique : deux familles d'esprit sont en présence.

La distance est-elle si grande, entre ces collatéraux, qu'il paraît au premier coup d'œil et que souvent ils se plaisent à considérer, sans excessive modestie ? Ne sont-ils pas affrontés à quelques problèmes identiques, pourvus de moyens analogues pour les résoudre, et finalement associés dans les conclusions [98 bis] ?

Ils rencontrent des problèmes communs, qui comportent des solutions identiques et exigent un secours mutuel. Les uns et les autres s'interrogeaient sur la structure de l'Eglise, enseignée ou insinuée dans les versets de Matthieu ; sur l'institution, les conditions et la forme des sacrements ; sur les rapports avec le monde. Et si la préoccupation était différente, plus dogmatique chez les biblistes, plus pratique chez les canonistes, elle avait le même but : construire l'Eglise de Dieu.

Les méthodes des biblistes et celles des canonistes sont commandées par leurs soucis particuliers mais aussi par leur formation. Tous les juristes, à partir du XII^e^ siècle, subissent fortement l'influence du droit romain. Position des problèmes, terminologie, logique du *Corpus juris civilis* hantent les canonistes. Sans doute, les biblistes n'en sont-ils point hantés, mais peut-on dire qu'ils n'en ressentent point la pression [99] ?

Non seulement, on ne saurait relever entre eux de véritables disonnances, mais ils sont complémentaires. Au bibliste de mieux dégager et explorer les fondations communes, au canoniste de construire un système de droit. Les commentaires des théologiens (parmi eux, Anselme et Thomas) fournissent à la fois les fondements et le couronnement des textes du *Corpus*.

Quel meilleur commentaire de la C. 23 q. 4 à 7 que la *Lectura* de Thomas sur Matthieu, c. 13 v. 24-30 ? Gratien se préoccupe des conduites à tenir envers les hérétiques dans la société ; Anselme et Thomas, des dispositions morales qui doivent inspirer ces conduites : la douceur et la miséricorde qui se traduisent extérieurement, par la compression ou la répression, encore plus méritoire, de la colère ; par une véritable participation à la misère d'autrui, temporelle ou spirituelle [100].

Soit l'épisode du tribut. Thomas s'ingénie à définir chaque mot, à explorer chaque parole du Christ, à la justifier par les Ecritures. Les canonistes à qui les Pères ont ouvert le chemin y cherchent une solution du problème des immunités. Ils ne peuvent défendre l'immunité que par le caractère du sacré ; et l'affirmation de ce caractère, ils la trouvent dans la Bible.

Ainsi, un monument d'apparence toute juridique est soutenu

98 bis. Bon exemple : M. D. CHENU, *Officium. Théologiens et canonistes* dans *Etudes* .....dédiées à Gabriel Le Bras, Paris, 1965, t. II, p. 835-839.

99. Rappelons les controverses sur le caractère juridique de l'œuvre de Saint Thomas (Lachance, Olgiati, Eschmann) et particulièrement sur l'influence du droit romain (Aubert, Arbus). De leur côté, les canonistes ont besoin des théologiens, par exemple, pour la théorie de la loi.

100. *Lectura,* n. 1139-1157.

par la Bible. Pour un chrétien, le fondement évangélique suffisait, le *Corpus* lui apparaissait comme un Code qui, sans avoir la majesté de la Loi mosaïque, tirait son autorité non seulement des papes mais du fondateur de l'Eglise dont ils invoquaient la parole.

***

Ces distinctions et cette concorde de la théologie et du droit canon ne datent point du *Corpus* : elles se préparaient dans l'Antiquité. L'exemple de Matthieu nous permet d'en discerner les étapes ; chacun des textes que nous avons cités nous la révèleront dans leur histoire ; nous entreverrons sans effort les conséquences de l'alliance et de la séparation.

Dès le second siècle, Matthieu prend place dans un recueil que l'on tient pour ancêtre des collections canoniques, la Didaché [101]. Les Pères commentant Matthieu, mêlent aux reflexions morales des insinuations juridiques [102]. Beaucoup de ces fragments mixtes entreront dans des florilèges, sources de collections canoniques jusqu'à Gratien [103].

La dissemblance du langage et de la méthode n'est pas aussi tranchée qu'une première lecture le ferait supposer. Il y a des matières, comme le mariage, l'excommunication, le serment où les exposés se ressemblent inévitablement [103 bis]. Et quant à la méthode, elle est sans doute plus scolastique chez Thomas, mais chez Gratien elle est déjà préscolastique.

***

Quelques exemples, choisis dans chacun de nos trois secteurs nous rendront sensible la vie des textes de Matthieu.

Le texte sur la correction fraternelle avait pris place dans une homélie d'Origène [104]. Augustin commente la première phrase, au cours d'un sermon [105] et la dernière est dans un Faux Capitulaire [106], tandis que pseudo-Isidore reproduit une lettre de Grégoire le Grand qui la contient tout entière [107].

101. E. MASSEAUX, *Influence de Saint Matthieu sur la littérature chrétienne avant saint Irénée*, Louvain, 1950.

102. Les Pères sont témoins du droit romain et ils l'insinuent dans l'Eglise. Ambroise et Augustin et déjà Tertullien et Cyprien ont une culture juridique dont la théologie et le droit canon cueilleront les fruits.

103. Voyez J. DE GHELLINCK, *Le mouvement théologique du XII^e siècle*, 2^e éd., Paris, 1948 et l'*Histoire des collections canoniques en Occident, op. cit...*.

Nul n'a mieux montré que le P. de Ghellinck la multiplicité, l'étroitesse des rapports entre canonistes et théologiens.

La place de Matthieu à l'époque grégorienne pourrait être le sujet d'un article. Que l'on consulte seulement l'Index du Registre publié par Caspar. On y verra, par exemple, la place qu'y tient Matthieu 16, 19.

103 bis. Thomas donne un petit traité du mariage : formation et dissolution, caractères et empêchements.

104. Septième homélie, sous le nom de Jérôme, dans D. 45 c. 17.

105. Sermon 82, dont un morceau est dans C. 9 q. 1 c. 19.

106. III, 433, au Décret sous l'inscription : concile d'Orléans. C. 35 q. 8 c. 3 (*Incestuosi*).

107. *Ad Felicem*, dans HINSCHIUS, p. 752.

La fortune de *Tu es Petrus* fut plus tardive. Pour la première fois, le verset est invoqué au v^e^ siècle, par le pape Léon le Grand [108]. Pélage II le rappelle [109] ; sur lui Pseudo-Pie fonde son autorité [110], Anaclet, la réserve des causes majeures [111]. Au x^e^ siècle, Abbon de Fleury adoptera l'interprétation de saint Léon, reconnaissant au pape la plénitude de puissance, tandis que la plupart des auteurs ne le tiendront que pour la clé de voûte de l'épiscopat ou la plus haute instance d'appel [111 bis].

Nous avons naguère ébauché en suivant la longue série des réflexions sur le mariage, le destin des textes fondamentaux de Matthieu, où seul le cas de fornication pouvait donner lieu à quelque explication [112] et dans un opuscule sur les immunités fiscales [113], l'interprétation du *Date Caesari* et de la liberté des fils, qui se résume dans l'exonération des biens sacrés et la soumission des biens profanes, *exteriora*.

Depuis l'Antiquité, les textes relatifs à la simonie et au serment avaient été disséqués, analysés, discutés sans interruption [114].

Nous en venons à constater que les conclusions juridiques dont Matthieu a fourni les fondements ne sont point une improvisation de Gratien et des papes, mais le couronnement d'une tradition théologique, infléchie vers le droit dès le haut Moyen Age.

Les contacts entre la science de la divinité et la tradition antique avaient été trop fréquents pour qu'un divorce fût possible. Des rapports maintes fois étudiés, subsistèrent entre théologie, droit canon et droit romain [115].

Matthieu donna occasion ou prétexte, plusieurs fois, à ces rencontres utiles. Il nous est cependant témoin de la distinction bien marquée des genres.

*
**

La séparation des biblistes et des canonistes a eu, nous semble-t-il, des avantages et des inconvénients.

108. W. Ullmann, *Leo I and the theme of Papal Primacy*, dans Journal of theological Studies, n. s., 11 (1960), p. 25-51.
109. Lettre au synode de Constantinople. Hinschius, p. 721.
110. Hinschius, p. 117.
111. Hinschius, p. 74.
111 bis. Toute la tradition est évoquée dans les belles études de W. Ullmann et de Maccarrone.
112. Dictionnaire de théologie catholique, au mot *Mariage*. J. Dauvillier, *Le mariage dans le droit classique de l'Eglise*, Paris, 1933.
113. *L'immunité réelle*, thèse, Paris, 1920.
114. Voyez les historiens de la simonie (bibliographie dans Saegmuller, II, 379) et du serment (en dernier lieu B. Guindon, *Le Serment*, Ottawa, 1957, particulièrement p. 87-92.
115. Ils seront étudiés encore dans deux ouvrages sous presse, le t. VIII de l'*Histoire du droit et des institutions de l'Eglise en Occident* et dans un fascicule de *Ius romanum Medii Aevi*.

Comme toute « spécialisation », elle fut une condition de l'épanouissement de la science. La théologie jusqu'au XIIe siècle, essentiellement biblique [116], se détache et se développe quand la philosophie et la dialectique des Grecs lui ouvrent un vaste horizon et lui offrent des moyens de s'épanouir, autonome [117]. Le droit, jusqu'au XIIe siècle, essentiellement patristique et compilateur, s'émancipe et se technicise, quand les recueils et les recettes des Romains lui apportent les problèmes et les méthodes indispensables à tout système [118].

Peut-être, en revanche, les canonistes eurent-ils tendance à s'isoler dans leur discipline, à se laisser envahir par l'esprit du droit romain. Le *Corpus*, nous l'avons vu, garde un certain caractère religieux, mais les glossateurs ne seront guère que des romanistes déguisés. Sous leur plume, on ne trouvera jamais de renvoi à la Bible : seul le *Corpus juris civilis* — Digeste, Code et Novelles — leur fournit d'abondantes références. Les marges de leurs manuscrits en sont pleines [119].

Matthieu est noyé dans ce flot. L'interprétation juridique du texte est sèchement résumée. Que reste-t-il du Sermon sur la montagne dans leurs gloses ? Gratien l'avait cité, pour en tirer des conclusions juridiques. Jean le Teuton résume les conclusions juridiques pour les assaisonner de droit romain. *Diligite inimicos vestros.* Saint Paul précisait : *Si esurierit... ciba illum.* La glose ordinaire limite cette générosité par le droit civil : l'homme valide qui mendie est, selon le Code, réduit en esclavage. La décrétale *Et si Christus* suggère à Bernard de Parme des analogies nombreuses entre les conceptions romaines et canoniques du serment.

Ce glissement profane pourrait-il nous surprendre ? Le problème pour les maîtres du droit canon était d'appliquer le divin à l'humain, d'introduire les paroles évangéliques dans les disputes d'école ou d'officialité, d'édifier sur les Ecritures un système juridique. Peu à peu la technique offusquait le sacré. Jésus juxtaposait la Loi nouvelle à l'ancienne Loi, les Pères opposaient parfois les deux Testaments à la Loi civile, les canonistes associaient l'un et l'autre droit.

Une telle alliance renforçait les structures de l'Eglise, mais, faisant perdre de vue sa finalité, elle compromettait sa vie profonde. Le caractère spécifique du droit canon s'estompait. Ainsi paraissait justifiée la méfiance qu'il suscitait chez beaucoup d'hommes religieux [119 bis].

***

116. Le P. de Lubac insiste sur ce point capital.

117. Incidemment, Thomas dans sa *Lectura,* évoque Platon 3 fois ; Aristote, 15 fois ; Pythagore, 3 fois. Le droit canon n'est allégué que 2 fois.

118. La pénétration du droit romain se fera surtout dans les écoles et, par elles, dans la loi et la pratique.

119. Un second fascicule de *Jus romanus medii Aevi* montrera plus tard, la profondeur de cette pénétration.

119 bis. Georges de Lagarde rappelle leur protestation, dès le XIIe siècle.

La modeste enquête que nous venons de mener devrait être étendue à tous les livres des deux Testaments et à tous les commentaires bibliques ou canoniques. Une histoire de l'interprétation de chaque texte — et d'abord des plus importants, comme ceux qui concernent la position de Pierre, l'indissolubilité du mariage, le pouvoir des clés serait une histoire de la pensée chrétienne et des conceptions juridiques de l'Eglise depuis les origines jusqu'à la fin de l'âge classique [120].

120. Faut-il ajouter que si les commentaires bibliques n'ont pas chez les historiens du droit et des institutions canoniques une place suffisante, ils n'ont point, cependant, été négligés par de savants auteurs. Il conviendrait de les mieux insérer parmi les sources de la pensée chrétienne et des institutions qui sont « la forme du corps mystique ». (M. D. Chenu, *St Thomas d'Aquin et la théologie*, p. 98). On verrait ainsi qu'une institution fondamentale, comme la primauté romaine était admise par la conscience chrétienne (voyez les historiens de la Papauté) avant que l'on eût publiquement invoqué Matthieu 16, 18.

# S. BERNARD PRÊCHEUR, D'APRÈS UN EXEMPLE INÉDIT

par Dom Jean LECLERCQ, o.s.b.

## I. LE PROBLÈME : *Littérature et prédication.*

Dans un sermon pour la fête de saint André, saint Bernard de Clairvaux, parlant de ce qu'il a appelé « l'ordre des prêcheurs », a évoqué, par anticipation, un aspect de ce que serait, cent ans plus tard, l'Ordre des prêcheurs. A propos de la pêche à laquelle se livrait l'Apôtre, il parle de la mer, du fleuve et des étangs, et au sujet du second il écrit : *Fluvius quippe est prædicatorum ordo, non in eodem permanens loco, sed extendens se et currens, ut diversas irriget terras* [1]. Après quoi il ajoute, non sans humour, pour caractériser la stabilité de l'*ordo monachorum,* de ceux qui vivent en clôture, qu'ils sont semblables à des poissons d'étang, pour ainsi dire volontairement incarcérés, en attendant leur changement, leur passage dans l'éternité [2]. Pouvait-on mieux symboliser les deux pôles vers lesquels sont orientés ceux qui veulent pénétrer la terre de la parole de Dieu et, d'autre part, ceux qui aspirent, pour le monde et eux-mêmes, vers le royaume à venir ?

L'œuvre du Père Chenu fut, en grande partie, consacrée aux premiers. Qu'il soit ici permis à l'amitié d'attirer l'attention sur un représentant des seconds. Lui aussi, il est vrai, étendit sa prédication à des régions diverses ; il le fit au titre d'une vocation qui lui était personnelle, mais qui n'était point celle de l'institution à laquelle il appartenait. Aussi avait-il soin de mettre les moines en garde contre le *desiderium prædicandi,* on oserait dire la tentation de prêcher, surtout s'il s'agissait de le faire « en public », non seulement auprès de ceux avec lesquels on vit, mais auprès des autres et de tous [3]. Lui-même a prêché dans des synodes et des assemblées, ou sur les routes, lorsqu'il annonçait la croisade ou essayait de confondre les hérétiques. Mais il n'a rédigé aucun de ces sermons, il ne les a point publiés ; tout ce que nous savons d'eux est connu

1. *In festo S. Andreae,* sermo 1, 3, *P.L.* 183, 505-506.

2. « Sunt et in stagnis mundi pisces, qui in claustris Deo serviunt in spiritu et veritate. Merito siquidem stagnis monasteria comparantur, ubi quodam modo incarcerati pisces evagandi non habeant libertatem, quo videlicet parati sint semper ad epulas spirituales, dicentes singuli intra se : Quando veniet qui me deferat ? Cunctis diebus, quibus nunc milito, exspecto donec veniat immutatio mea », *Ibidem* 506.

3. « Interdum... subit animum desiderium praedicandi, non quidem ad parentes et propinquos..., sed... passim ad extraneos et ad omnes... publice praedicare nec monacho convenit... », *Super cant.,* 64, 3, éd. *S. Bernardi opera,* II, Rome 1958, p. 167-168 ; dans le même sens, *Epist.,* 365, 1, *P. L.,* 182, 570.

par des auditeurs [4]. Quand il a recueilli en vastes collections toute son œuvre oratoire, il n'y a retenu que ce qu'il avait écrit sur un mode contemplatif, pour expliquer à des moines l'Ecriture Sainte à propos de la liturgie, ou encore pour exposer sa doctrine spirituelle à l'occasion du Cantique des cantiques. Or, ces textes soulèvent tout le problème des rapports qui ont existé, dans le monachisme, entre l'art littéraire et l'art d'annoncer Dieu. Car en Bernard, avec celui qui compose des sermons pour les éditer, il y a celui qui prêche réellement. Comment se concilient ces deux aspects d'une même personnalité ? Pour considérer la question correctement, il faut la poser en des termes précis, et tenter de la résoudre, non a priori, mais d'après l'analyse d'exemples bien déterminés.

Les sermons de S. Bernard pour l'année liturgique, non plus que ceux qui commentent le Cantique, n'ont pas été prononcés tels qu'ils sont écrits dans les éditions que nous en possédons [5]. La question qui se présente à l'esprit est donc celle-ci : quel rapport y a-t-il entre ces productions littéraires et la prédication réelle de Bernard ? Il est difficile de le dire. Pourtant, il existe des cas où nous pouvons l'entrevoir ; ce sont ceux dans lesquels nous possédons d'un même sermon deux versions dont la seconde n'est pas seulement une rédaction corrigée de la première, au prix d'améliorations portant sur des détails parfois très raffinés [6], mais un texte entièrement différent, sinon quant au sujet, du moins quant au style : il ne s'agit plus de variantes particulières, mais d'une divergence d'ensemble.

Deux de ces cas sont, pour ainsi parler, privilégiés, parce qu'ils sont clairs à souhait. Le premier est constitué par le premier sermon pour l'Annonciation. Il comporte, dans une partie de sa seconde rédaction, l'un de ces débats fictifs, de ces *conflictus*, que Bernard a aimé imaginer, mais qu'il n'a guère introduits dans les grands textes qu'il destinait à la publication ; aussi n'en retrouve-t-on que dans des sentences [7], des sermons brefs [8] et des paraboles [9].

4. Sur tous ces points, j'ai donné des indications dans *Recueil d'études sur S. Bernard*, I, Rome 1962, ch. VI, *Les sermons synodaux attribués à saint Bernard*, p. 113-131 ; ch. III, *S. Bernard et ses secrétaires*, p. 13-20.

5. Cf. *Recueil*, I, p. 193-212.

6. Cf. *Recueil*, I, p. 321-351, et *Aspects littéraires de l'œuvre de S. Bernard*, dans *Cahiers de civilisation médiévale*, 1 (1958), p. 437-450.

7. *Inédits bernardins dans un ms. d'Orval*, I, 13, dans *Analecta monastica*, I, Rome 1948, p. 148 ; H. Rochais, *Inédits bernardins dans le manuscrit Harvard 185*, dans *Analecta monastica*, VI, Rome 1962, p. 113, n. 151 ; *Miscellanea* publiés sous le nom de Hugues de Saint-Victor, IV, '71, *P. L.*, 177, 736 (sur l'authenticité, cf. H. Rochais, *Enquête sur les sermons divers et les sentences de S. Bernard*, dans *Analecta S. Ord. Cisterc.*, XVIII (1962), p. 148-153) ; Sentences *Haec quattuor virtutes in Christo...*, mss Paris, B. N. lat. 6674, f. 71v-73 ; Cambridge, Jesus, 46, f. 244 ; *Istae quattuor virtutes...* ms. B. N. lat. 10628, f. 69-72v et autres mss.

8. *De diversis* 14, 2, *P. L.*, 183, 575 ; 125, 3, *ibid.*, 748. *Factum est in caelo colloquium...*, mss Londres, B. M., Harley 3337, f. 26 ; Utrecht, Univ., 4 D 10, éd. Hommey, *Supplementum Patrum*, Paris 1686, p. 139. *Divina potentia duo fecit palatia...*, mss Cambridge, Gonville and Caius 290 (682), f. 98-100 ; Londres, B. M., Add. 34763, f. 63 ; Harley 5235, f. 122-127 ; Royal 6 E iii, f. 16v-18v ; Rome, Casanatense 970, f. 235-239 ; Tarragone 54, f. 41-47v.

9. Cf. H. Rochais, *Enquête sur les sermons divers...*, p. 36 et 57 ; J. Leclercq, *Recueil d'études sur S. Bernard*, I, p. 57, n. 3.

Or, la première rédaction du sermon sur l'Annonciation ne consiste qu'en un débat entre les « filles de Dieu », ces attributs divins qui sont comme des vertus personnifiées et qui discutent sur le salut de l'homme, jusqu'à ce que soit décidée l'Incarnation [10]. Nulle part, dans l'œuvre de Bernard, ce thème littéraire n'est utilisé avec autant de vie, d'ampleur et de bon goût [11].

Il est un autre exemple de rédaction double, et caractéristique des deux styles — oral et parlé — de saint Bernard, dans le premier sermon pour Pâques. Il mérite qu'on lui accorde attention. Le second texte — le dernier, le définitif — est déjà dans les éditions [12] ; le premier sera donné en bas des pages dans l'édition nouvelle. Comparons-les, et nous mesurerons la distance qui les sépare, en même temps que la qualité qui est propre à l'un et à l'autre. Afin de pouvoir le faire, il faut d'abord publier celui qui n'est pas encore connu, et dont la transmission soulève quelques problèmes.

## II. *La tradition d'une rédaction inédite*

Il n'est pas toujours facile d'établir une édition sûre des premières rédactions des sermons de saint Bernard, et ceci pour deux raisons. D'abord parce que ces textes n'ont guère connu de diffusion ; ils ont été supplantés par les recensions définitives qui sont entrées dans les collections publiées. En second lieu, parce que l'auteur lui-même, puis des copistes et des réviseurs ont pu modifier le premier jet avant qu'il n'eût reçu sa forme définitive.

Nous nous trouvons ici dans l'un de ces cas difficiles. Peu nombreux sont les témoins anciens ; force est donc de recourir à des manuscrits plus tardifs. Six, en tout, ont pu être retrouvés pour ce sermon, et collationnés. Les variantes, telles qu'on les verra dans l'apparat critique, révèlent que les manuscrits se répartissent en deux groupes que l'on peut désigner par A et B ; chacun de ces *codices* sera ici d'abord représenté par son sigle [13] :

A :

*J :* Paris, Sainte-Geneviève 236 ; XII<sup>e</sup> s. ; provient de l'abbaye des chanoines réguliers de Saint-Jean-de-Jard.

*Sc*[1] *:* Tarragone 16 ; XIIe s. ; de l'abbaye cistercienne de Santes Creus, de la filiation de Clairvaux.

*Ge :* Paris, B.N. lat. 13576 ; XIIIe s. ; de Saint-Germain-des Prés, O.S.B.

10. Sous le titre *Nouveau témoin du « Conflit des filles de Dieu »*, dans *Rev. bénéd.* 58 (1948), p. 110-124, j'ai donné des indications sur ce genre littéraire.

11. *In Annunt.*, I, 7-14, *P. L.* 183, 386-390.

12. MABILLON, *S. Bernardi opera*, I, Paris 1690, col. 892-899 ; *P. L.* 183, 383-390.

13. Sur ces mss, des précisions sont données dans *Recueil d'études..*, II, Rome 1966, p. 212-213.

B :
*Cb :* Chambéry 24 ; XII^e s.
*Ma*[1] *:* Tours 43 ; XII^e s. ; de Marmoutier, O.S.B.
*Mz :* Paris, Mazarine 1005 ; XIII^e s.

Aucun de ces mss n'est entièrement exempt de fautes. Pourtant, deux des plus anciens, *J* et *Cb,* semblent fournir le texte qui est à l'origine de celui des autres. Puisqu'il s'agit ici de reconstituer, autant que possible, le tout premier jet, A sera adopté. En effet, les variantes de B ne semblent pas pouvoir s'expliquer par des accidents de tradition manuscrite ou par l'intervention d'un reviseur, mais comme une recension due à Bernard lui-même, améliorant déjà une première rédaction. On y trouve des additions, et la phrase est parfois plus nerveuse. Le style, aussi, est davantage biblique. Par exemple, aux l. 16-17, il y a allusion claire à Io 12,32, mais également à Gen 37, 30, avec évocation de Joseph comme figure du Christ. Aux l. 23-27, Io 8, 24 et 11, 16 sont associés, comme le fait souvent Bernard ; en outre, les comparaisons et les contrastes sont plus poussés.

A l'intérieur même du groupe B, *Ma*[1]*-Mz* se séparent plusieurs fois de *Cb. Mz* comporte des omissions qui paraissent dues moins à un phénomène d'homeoteleuton qu'à une volonté d'abréger. Mais quand *Ma*[1] et *Mz* sont d'accord, ils présentent des variantes qui ne sont pas fautives et qui sont peut-être dues à l'initiative d'un copiste ou d'un reviseur. Par exemple, l. 183, *sigilla,* au lieu de *signacula,* est une allusion à Apoc. 3, 1-12. Aux l. 190-191, la transformation est curieuse : le texte *Ma*[1]*-Mz* n'est pas moins biblique que l'autre, puisque *occultus,* au sujet du Christ, est johannique (cf. Io. 7, 4 ; 7, 10 ; 18, 20), et que *agnosco* l'est aussi (Io. 24,16) ; les deux termes s'appliquant également bien au *Dominus maiestatis* de 1 Cor. 2, 8 selon la *Vetus latina.* A et *J* ont une expression négative compensée par l'adverbe « beaucoup, *nimis* », *Ma*[1]*-Mz* ayant une formule positive, avec l'adverbe « moins, *minus* » ; il est curieux qu'ils aient supprimé le mot *carnis,* qui est si paulinien. Y aurait-il eu, à l'origine, une mauvaise lecture de *nimis* en *minus,* d'où s'en serait suivie la nécessité de modifier l'*occultabatur ?* A la l. 229, l'*adhærent* de *Ma*[1]*-Mz* est plus proche que *adhæserunt* de 1 Cor. 6,17.

De même, dans le groupe A, si *Ge* est parfois bizarre (par exemple l. 92, *pinnam* au lieu de *pinnaculum*) ou original (l. 79, 99), il offre, l. 168, une leçon de bon aloi : l'addition de *visu* rappelle Gen. 3, 5 : *aspectu delectabile.* On pourrait se livrer à d'autres observations du même genre, et à des conjectures. En ce domaine, il faut savoir s'arrêter à temps et ne point vouloir forcer tous les secrets de la psychologie de l'auteur, des copistes et des reviseurs. En chacun d'eux, la liberté a joué selon des intentions, et peut-être des mécanismes, qui nous échappent en grande partie. Du moins a-t-on le droit de poser aux manuscrits le plus de questions possibles, afin de vérifier la solidité de l'édition qu'ils permettent d'établir. On peut dire que, dans notre cas, cette condition est assurée. Nous pouvons donc lire maintenant le texte [13a].

Die sancto Paschæ, de venenato verbo Iudæorum : *Si rex Israel est, descendat de cruce,* et de eo quod legitur in Apocalypsi : *Vicit leo de tribu Iuda, radix David, aperit librum et solvit septem signacula eius.*

1. *Vicit leo de tribu Iuda, radix David, aperire librum et solvere septem signacula eius.* Ubi modo sunt qui dicebant : *Christus, rex Israel, descendat de cruce, et credimus ei ?* Ubi, inquam, sunt qui improperabant, et movebant ante crucem capita sua, ut caput nostrum moveretur ab ea ? Ubi sunt qui, cum Deus, rex noster ante sæcula, operaretur salutem in medio terræ, cum prophetiam impleret dicentem *quia Dominus regnavit a ligno,* ubi, inquam, sunt qui tunc dicebant : *Si rex Israel est, descendat de cruce ?* O lingua venenata, o lingua dolosa ! Vere *lingua eorum gladius acutus,* vere acuerunt ut gladium linguas suas, et *venenum aspidum sub labiis eorum.*

2. Persuadetis, o Iudæi, ut de cruce ille descendat. Quid igitur ego facerem ? Obsecro, Domine, obsecro ne acquiescas eis : si enim salvus esse non poterit nisi qui perseveraverit, quanto minus poterit esse Salvator. Quid dicam fratribus meis, membris tuis, si tu de cruce descenderis ? Unde consolabor pusillanimes, unde admonebo pigros et a via veritatis pene retro euntes ? Quomodo dicam huiusmodi : « Tu locum tuum ne deseras », si respondere potuerit quia Christus suum deseruit ? Quam multi etiam modo tentantur et pene descendunt de cruce sua, nonnulli autem etiam descendunt ! Quis igitur remanebit, si tu descenderis et occasionem dederis pusillanimitati et impatientiæ nostræ, quæ nos omnino paratos inveniet ? *Proni enim sunt sensus hominis et cogitationes eius ab adolescentia in malum.* Quomodo iam dices : *Qui vult venire post me, tollat crucem suam,* si prius ipse relinqueris

13a. Dans l'apparat critique, l'abréviation *i. v.* de *inversa verba* indiquera que, dans tel ms, ou groupe de mss, l'ordre des mots est inversé.

5 Apocc 5,5 ; Responsorium *Ecce vicit* ad vigilias Paschae. 6 Mc 15,32 (Vg : nunc de cruce ut... et credamus). 8 Mt 27,39 et 44. 10 Ps 73,12. 11 Ps 95,10 (Vg ; cfr. Hymnus *Vexilla Regis* in tempore Passionis). 12 Mt 27,42 (Vg : descendat nunc). **13 Ps 139,4. 13 Ps 51,6. 13 Ps 56,5. 14 Ps 63,4.** 14 Ps 139,4. 17 Prov 1,10. 18 Mt 10,22. 20 Mt 27,40. 1 Thess 5,14. 21 Sap 5,6. 27 Gen 8,21 (Vg : sensus enim et cogitatio humani cordis in malum prona sunt ab adolescentia sua). 29 Mt 16,24 (Vg : si quis vult post me venire... tollat).

*GeJSc*$^{1}$ *CbMa*$^{1}$*Mz*

1-4 Die... eius : *om Ge,* Sermo in die Paschae *J,* Sermo de resurrectione Christi *Ma*$^{1}$ *alt manu.* 1-3 De... septem : *om J.* 1 verbo : morbo *Sc*$^{1}$. 2 legitur : legimus *Cb.* 5 Vicit : Dicit *Cb.* 6 dicebant : Si *add Ma*$^{1}$. 6 Christus : Si *Mz.* 7 Israel : est *add Ma*$^{1}$. 7 descendat : nunc *add Ge Mz.* 7-8 qui improperabant : Imperabant *Cb.* 8 ante crucem : *om Cb.* 9 ab ea : per eam *Ma*$^{1}$ *Mz.* 10 operaretur : operatus est *Geac,* operatus sit *Gepc.* 11-12 ubi... cruce : *om Ma*$^{1}$. 12 cruce : et credimus ei *add Ge.* 16-17 Quid... facerem : Ego vero, illo descendente, quo ibo ? (Gen 37,30) Exaltatus enim a terra trahit ad seipsum (Io 12,32) *Cb Ma*$^{1}$ *Mz.* 17-18 si enim : etenim si quis *Ma*$^{1}$ *Mz,* etenim si quid *Cb.* 20 descenderis : Et *add Sc*$^{1}$. 21 pene : *om Ma*$^{1}$ *Mz.* 23 potuerit : potuerint *Ma*$^{1}$ *Mz.* 23 quia : quoniam *Cb Ma*$^{1}$ *Mz.* 23 Christus : Dominus *add Cb Ma*$^{1}$. 23 suum deseruit : *i. v. Cb Ma*$^{1}$ *Mz.* 23-27 Quam multi... inveniet : quam importune etiam nunc multis suadet tentator ut descendant de cruce (sua de cruce descendant *Ma*$^{1}$ *Mz*) ; nonnullis autem et persuadet ! Itaque, si descendis (si descendis descendens *Ma*$^{1}$ *Mz*), Domine, descendimus (descendemus *Ma*$^{1}$ *Mz*) et nos tecum et morimur (moriemur *Ma*$^{1}$ *Mz ;* Io 11, 16) in peccatis nostris (Io 8, 24). Ne dederis occasionem, Domine (Domine : *om Mz*), pusillanimitate nostrae. Facilius quippe, sed non utilius descendentem imitamur (imitamur : in vitam *Ma*$^{1}$ *Mz*) quam in patibulo perseverantem *Cb Ma*$^{1}$ *Mz.* 23 modo : multum *add Sc*$^{1}$, non multum *Ge.* 24 etiam : *om Ge.* 28. ab... malum : in malum ab adolescentia sua *Ma*$^{1}$ *Mz.*

tuam ? *Absit a te, Domine,* propitius esto nobis : non fiat istud ! Satanas enim est, qui id persuadere nititur : inimicus salutis est, qui salutis opus impedire conatur. Ad quid enim proderit sacrificium istud, — sacrificium, inquam, vespertinum —, ad quid proderit, si causa defuerit ? Sola virtutum coronatur perseverantia, et eam mihi vult surripere inimicus. Sed quomodo, fratres, quomodo perseverabit in cruce, cum videat inde Iudæos exprobrantes, hinc discipulos suspirantes ? Nonne valde timendum est ne forte descendat ad confortandos amicos et confutandos inimicos ? Dicunt Iudæi : *Alios salvos fecit ; se ipsum non potest salvum facere.* Dicunt discipuli : *Nos sperabamus quia ipse esset redempturus Israel.* Exsultat et insultat Iudæus ; Petrus desperat et negat : eius enim consilio crucem non ascenderas, ipse nosti.

3. Quod si descenderis, quid erit ? Nonne prima fronte perdimus quattuor virtutes maximas, quattuor cornibus crucis affixas ? Si enim prius crucem deposueris quam posueris animam, ubi est magna illa caritas, qua maiorem nemo habet ? Ubi quidem, ait discipulus quem diligebas : *Et cum dilexisset,* inquit, *suos, in finem dilexit eos.* Nam et si vellent ut descenderes, pace eorum dixerim : « Eant retro, quoniam non sapiunt, nec salubre est eorum consilium, quoniam expedit eis ut tu vadas. Alioquin ubi est plena et perfecta obœdientia, si non fueris obœdiens usque ad mortem ? Ubi patientia, ubi humilitas, quas nobis imitandas proponis, si, propter Iudæorum ludibria descendens de cruce, potestatem tuam ostenderis ? Deleri oportebit de Evangelio verba illa suavissima et dulciora super mel et favum : *Maiorem hac dilectionem nemo habet, quam ut animam suam ponat quis pro amicis suis ;* et illud : *Sicut mandatum dedit mihi Pater, sic facio,* et ad Patrem : *Opus consummavi quod dedisti mihi ut facerem,* illud quoque nihilominus : *Discite a me, quia mitis sum et humilis corde.* Iam non diceret Apostolus : *Christus dilexit nos et tradidit semetipsum pro nobis,* sed nec illud : *Christus factus est obœdiens Patri usque ad mortem, mortem autem crucis.* Non diceres ipse quoniam *saturatus sum opprobriis,* sed nec illud de Psalmo : *Ego autem sum vermis et non homo, opprobrium hominum et abiectio plebis.* Omnia hæc perdimus, si descenderis : non

30 Mt 16,22 - 23. 33 4 Reg 16,15 ; Esd 9, 4 etc. 34 Ex 29,22 ; Lev 3,9 etc. 39 Mt 27,42. 40 Lc 24,21 (Vg : *om* ipse). 45 Io 15,13. 47 Io 13,1 (Vg cum, suos qui... mundo in). 48 Mc 8,33. 49 Io 16,7. 50 Phil 2,8. 54 Ps 18,11. 55 Io 15,13 (Vg : habet ut). 56 Io 14,31. 57 Io 17,4. 58 Mt 11,29. 59 Eph 5,2. 60 Phil 2,8 (Vg : *om* Christus ; *om* Patri). 62 Thren 3,30 (Vg : saturabitur). 63 Ps 21,7.

30 non : ne *Sc*[1]. 31 est qui id : qui istud *Mz.* 34 causa : cauda *Sc*[1]. 35 mihi : *om Ma*[1] *Mz.* 35 vult surripere : *i. v. Ge Sc*[1] *Cb,* subripere conatur *Ma*[1] *Mz.* 37 Nonne : Nam *Ma*[1] *Mz.* 38 confutandos : confundendos *Ge,* nihilominus *add Cb.* 39 fecit : facit *J.* 40 ipse : *om J.* 40 esset red. : *i. v. Ge.* 42 crucem : *om* Sc[1]. 43 descenderis : descenderit Cb. 44 maximas quattuor : *om Ma*[1] *Mz.* 44 crucis : *om J.* 45 magna illa : *i. v. Ge Sc*[1] *Ma*[1] *Mz.* 46 quidem : est quod *Ge Ma*[1] *Mz.* 47 Et : *om Ge Sc*[1] *Cb Ma*[1] *Mz.* 47 inquit suos : suos inquit (inquit : *om Ge*) qui erant in mundo *Ge Ma,* Iesus inquit qui erant in mundo *Mz.* 48 et : *om Ma*[1] *Mz.* 48 pace : pacem *Cb.* 48 dixerim : dixerint *Cb.* 48 quoniam : qui *Sc*[1]. 49 non : bene *add Sc*[1]. 50 Alioquin... est : Ubi est alioquin *Ma*[1] *Mz.* 50 et perfecta : *om Ma*[1]. 53 potestatem... ostenderis : tuam ostenderis potestatem *Cb Ma*[1] *Mz* (potentiam *Mz*). 55 hac : hanc *Sc*[1]. 55 quam : *om Sc*[1] *Mz.* 58-59 sum... humilis : et humilis sum *Mz.* 59 diceret dicet *Cb.* 60 est : pro nobis *add GeSc*[1]. 61 oboediens : pro nobis *add Ma*[1]. 61 Patri... mortem : usque ad mortem Patri *Cb.* 61 mortem... crucis : *om Ge.* 61-62 diceres : dices *Cb,* diceres autem *Ma,* dices autem *Mz.* 64 perdimus : perdidimus *Cb.*

erit iam incentivum caritatis, non erit obœdientiæ forma ; non erit nobis patientiæ vel humilitatis exemplum. Ecce mysterium, fratres, ecce magnum crucis dominicæ sacramentum, nam quattuor istas virtutes habemus in ea. Sit ergo in summitate supereminentior caritas ; sit obœdientia in dextro cornu : ipsa enim facit filios dexteræ ; sit patientia in sinistro, quam oportet adversis exhibere ; sit humilitas in imo cornu, quæ est radix et fundamentum totius virtutis. Hinc persuadebat Iudæus, immo vero diabolus ore Iudæi, ut descenderet Filius Dei : vere, Domine, quia utrumque pro me susceperas, utrumque pro me ponebas, ut clavis vulnerareris in corpore, linguis in corde.

4. Sed ecce crescit omnino tentationis materia, si tamen esset cui posset nocere tentatio. Nunc autem ipse est in quo nihil proficiet inimicus et filius iniquitatis non apponet nocere ei. Audi tamen quid dicit : *Si rex Israel est, descendat de cruce, et credimus ei.* Ille id loquebatur ore Iudæorum, qui serpentis quondam ore locutus est. Scimus, fratres, quia desiderio desiderabat Christus salutem populi sui ; unde ut propter eos sit conquestio illa plena pietate : *O vos omnes qui transitis per viam, attendite et videte si est dolor sicut dolor meus,* illis maxime fugientibus salutem, quibus præcipue Salvator advenerat, sicut ipse ait : *Non sum missus nisi ad oves quæ perierunt domus Israel.* Nunc autem, cum illi dicant : *Descendat, et credimus,* quid restat, nisi ut descendat et credant ? O Domine, tu nosti corda omnium ; tu scis quia non suam salutem, sed meam isti quærunt damnationem, nec ipsi credere volunt, sed laborant ut nec ego te possim credere Deum, cum dicat Scriptura quoniam *Dei perfecta sunt opera.* Omnino ille loquitur, ille molitur hunc descensum persuadere, qui, super pinnaculum templi positum, ausu sacrilego de præcipitio ausus est tentare. Nam si credere volunt Iudæi, nonne maiora eis opera demonstrasti ? Annon maius erat quod videbant dæmones ad imperium tuum de corporibus obsessis exire, quam si clavos de ligno crucis faceres exsilire ? Quid respondes huic populo, Domine ? *Exspecta me in die resurrectionis meæ.* Quid festinas et quid prætergrederis viam ? *Exspecta me,* inquit, *in die resurrectionis meæ ;* etenim quæ de me sunt

68 Eph 3,19. 75 Ps 11,3. 77 Ps 88,23. 79 Mt 27,42 (Vg : descendant nunc). 80 Gen 3,7. 81 Lc 22,15. 83 Thren 1,12 ; ut in Responsorio *Caligaverunt* ad vigilias Fer. VI Hebd. Sanctae. 85 Mt 15,24. 87 Io 21,17 ; Lc 16,15. 91 Deut 32,4. 92 Mt 4,5-6. 94 Io 5,20. 97 Soph 3,8 ; ut in III Cantico ad vigilias Paschae. 98 Ps 79,13. 99 Lc 22,37.

66 vel : et *Mz.* 67 fratres : *om Ge Sc*$^1$. 67 dominicae : *om Ge Sc*$^1$. 67-68 nam... ea : in quo (quo *Ma*$^1$ *Mz*) tam manifeste principales virtutes quattuor commendantur *Cb Ma*$^1$ *Mz.* 69 facit : cum *Cb.* 70 dexterae : dexteri *J.* 70 oportet : oporteat *J.* 70 exhibere : exhiberi *Ge Ma*$^1$ *Mz.* 71-72 totius virtutis : omnium virtutem *Ma*$^1$ *Mz.* 73 quia : *om Ma*$^1$. 73-78 vere... ei : *om Mz.* 76 si : sed *J Cb.* 77 posset nocere : *i. v. Ma*$^1$. 79 dicit : Iudaeus *add Ge.* 79 descendat : nunc *add Ma*$^1$. 80 quondam ore : *i. v. Mz,* quondam *Ma*$^1$. 81. desiderabat : desiderat *Cb Ma*$^1$ *Mz.* 81 Christus : *om Cb.* 82 ut : et *Ge Sc*$^1$; sit: fit *Sc*$^1$. 82-83 ut... pietate : est et (et *om Mz*) miserabilis conquestio *Cb Ma*$^1$ *Mz.* 84 dolor : similis *add Ma*$^1$ *Mz.* 86 ad : vos *add Cb.* 86 perierunt : perierant *Mz.* 86-99 Israel... meae : *om Mz.* 87 credimus : si *add Ge Cb.* 88 Domine : *om Ma*$^1$. 88 omnium : hominum *Sc*$^1$. 88 quia : *om Ma*$^1$. 89 quaerunt damnationem : *i. v. Ge Ma*$^1$. 91 sunt : omnia *add Geac.* 92 persuadere : suadere *Cb Ma*$^1$. 92 pinnaculum : pugnaculum *Cb,* pinnam *Ge.* 92 templi : deum *add Ge.* 94 maius : magis *Ma*$^1$. 95-96 de... exire : exire de obs. corp. *Ma*$^1$. 95-96 corporibus obsessis : *i. v. Ge.* 97 Quid : ergo iam *add Sc*$^1$ *Cb,* igitur *add Ma*$^1$. 98 et : *om Ge Cb.* 98-99 Quid... meae : *om Ma*$^1$. 99 inquit : *om Sc*$^1$ *Ma*$^1$. 99 me$^2$ : scripta *add Ge.*

tempus suum habent, nec poteris illud confundere. Nam et passionem meam aliquando moliebaris ante tempus suum, et audisti : *Nondum venit hora mea.*

5. Ita nunc quoque, si signa quæris, o Iudæe, *exspecta me in die resurrectionis meæ.* Generatio ista prava et perversa signum quærunt, et signum non dabitur eis, nisi signum Ionæ prophetæ. Quæris signum descensionis ? Illud ego non dabo, sed magis signum resurrectionis. Ecce qui dicebas : *Descendat de cruce, et credimus ei ;* ecce maiora et multa maiora fecit. Annon maius est exire clauso tumulo quam descendisse de ligno ?

6. Sed forte quæritis unde id scio, quia clauso exierit monumento. Heri audistis quod venientibus ad monumentum mulieribus sanctis, terræmotus factus est, et angelus descendit de cælo et revolvit lapidem de quo conquerebantur ad invicem, et super eum sedit, et dixit quia non esset inibi quem quærebant, sed iam surrexisset. Liquet ergo quia nondum revolutus erat lapis magnus quem Iudæi apposuerant et signaverant, quando Salvator exivit ; et hos certe maius miraculum quam si de cruce descendisset ; aliud quoque multo mirabilius fecit, quia a morte surrexit. Fuerunt quidem aliquæ resurrectiones prius, sed præambulæ quædam istius erant, et in duobus superantur ab ista : illi namque surrexerunt iterum morituri, sed Christus resurgens iam non moritur. Unde et primitiæ resurgentium Christus est, quia primus post mortalitatem surrexit. Ceteri rursum opus habent iterum resuscitari ; Christus semel mortuus est et semel surrexit.

7. In alio quoque superat omnes alias dominica resurrectio : nam suscitati sunt aliqui ab aliis, nemo ante Christum potuit suscitare seipsum. Elisæus, qui mortuos suscitavit, iamdiu est ex quo mortuus iacet et nondum surrexit. Solus Christus suscitare se potuit, quia solus inter mortuos liber fuit. Quid poterit vivens in æternum et dicens Patri : *Resurrexi, et adhuc tecum sum,* qui tam potens fuit in numero mortuorum ?

8. Optime vero factum est ut tertia die resurgeret, propter illud : *Vivificabit nos post duos dies, in die tertia suscitabit nos.* Sic enim in nobis debet fieri, sicut in capite notro præcessit. Una

102 Io 2,4. 103 Mt 12,39 ; 1 Cor 1,22. 104 Mt 12,39 ; Deut 32,5. 108 Io 14,12. 111 Mt 28,1-7 ; Mc 16,1-7. 116 Mt 27,66. 118 Mt 27,52. 121 Rom 6,9. 122 Rom 15,20 et 23. 124 Rom 6,10. 127 4 Reg 4,35. 129 Ps 87,6. 130 Ps 138, 18 ut in Introitu *Resurrexi* in Dom. Resurrectionis.

100 tempus : finem *Cb Ma*[1]. 103 signa : singula *Cb Ma*[1]. 104 perversa : exaperversa *Cb*. 104-105 signum... et : quaerit signum videre sed *Mz*. 105 quaerunt : quaerit *Ge Ma*[1]. 105 eis : ei *Sc*[1] *Ma*[1] *Mz*. 108 multa : multo *Ge Ma*[1] *Mz*. 108 Annon : Nam *Ma*[1] *Mz*, Non *Ge*. 109 tumulo : monumento *Ma*[1] *Mz*. 109 descendisse : si descendisset *Ge Sc*[1]. 109 ligno : cruce *Ma*[1] *Mz*. 110 exierit : exiret *J*. 111 ad monumentum *om Cb*. 112 est : magnus *add Ge Ma*[1] *Mz*. 114 dixit : mulieribus *add Ma*[1]. 114 inibi quem : ibi quod *Cb*, ibi quem *Ge Ma*[1] *Mz*. 115 surrexisset : resurrexisset *Mz*. 115 ergo : enim *Cb*. 115 nondum : iam *add Ma*[1] *Mz*. 119 aliquae : aliae *Ge*. 119 praeambulae : id est praecedentes *add Ma*[1] *Mz*. 122 resurgentium : dormientium *Sc*[1] *ac*. 122 post mortalitatem : in immortalitatem *Ge Cb Ma*[1] *Mz*. 123-124 Ceteri... surrexit : *om Mz*. 124 semel... est : mortuus est semel *Ma*[1]. 125 In... superat : Est et aliud in quo exsuperat *Cb Ma*[1] *Mz*. 126 suscitati : resuscitati, resusciti *Ma*[1]. 126 ante : autem *Ge*. 126 Christum : si ipse *add Ge*. 129 fuit : *om Ma*[1] *Mz*. 129 Quid : Qui *Mz*, Quis *Ge*. 130 Resurrexi : Surrexi *Ma*[1] *Mz*. 130 tecum sum : *i. v. Ma*[1] *Mz*.

die in cruce fuit, altera in sepulchro, tertia glorificatus est resurrectionis triumpho. Sic et nos, si vere membra eius sumus, si caput nostrum sequi volumus, prima die, id est dum sumus in carne ista mortali, perseveremus in cruce pænitentiæ nostræ, de qua ipse ait : *Qui vult venire post me, tollat crucem suam et sequatur me.* Non descendemus, sicut nec Christus descendit. Cum iam mortuum deposuerunt viri iusti, nos deponant angeli sancti. Sic feliciter consummata hac die, iam secunda, quæ est post mortem, erimus in sepulchro, in pace in idipsum dormientes et ab omni labore quiescentes ; *amodo enim iam dicit Spiritus ut requiescant a laboribus suis.* Tertia die resurgemus, ut semper in gloria et vita æterna simus. Quartam diem Christus non debuit exspectare, quia quatriduani fœtent, et de eo scriptum erat : *Non dabis sanctum tuum videre corruptionem.*

9. Filii Adam quartum diem adinvenerunt ; propter quod computruerunt tamquam iumenta in stercoribus suis. Tres enim dies ordinavit Deus : in labore unum, in requie secundum, in regno tertium. Filii Adam quartum adinvenerunt, volentes nunc aliquando tempore in deliciis et honoribus vivere, et pænitentiam differentes ; propterea quatriduani facti sunt, et iam fœtent. Sed Dominus quartam hanc diem non novit, et ideo, tertia die resurgens, corruptionem non vidit. *Vicit* itaque *leo de tribu Iuda.* Occisus est agnus, sed vicit leo. *Leo rugiet : quis non timebit ? Leo,* inquam, *fortissimus bestiarum,* qui *ad nullius pavebit occursum.* Sed leo est de tribu Iuda : paveant igitur qui alieni sunt : tribus Iuda quid timeat ? Non enim in suos fremit ira leonis, sed in alienos ; leo quidem iste fortis est, non crudelis, sed magna tamen indignatio eius, et intolerabilis ira columbæ.

10. Beati ergo qui sunt de tribu Iuda, qui confessione induti sunt, ut omnia ossa eorum dicant : Deus, quis similis tibi ? Omnia

133 Os 6, 3 ; ut in I lectione liturgiae Fer. VI Hebd. Sanctae. 136 Eph 4, 15-16. 139 Mt 16, 24. 141 Lc 23, 50. 143 Ps 4,9 ; ut in Antiphona *In pace* ad vigilias Sabbati Sancti. 144 Apoc 14, 13 ; ut in Epistola missae quotidianae pro defunctis. 147 Io 11,39. 147 Ps 15, 10 (Vg : nec dabis). 149 Ioel 1, 17. 156 Apoc 5, 5. 157 Apoc 5, 12. 157 Am 3, 8. 158 Prov 30, 30. 162 Ier 25, 38. 163 Ps 103, 1 ; 34, 26. 164 Ps 34, 10. 164 Ps 144, 10.

135 altera : die *add Sc*$^1$. 135 tertia : die *add Ma*$^1$ *Mz.* 138 ipse : *om Ma*$^1$. 139 me : abneget semetipsum et *add Ge Sc*$^1$. 139 tollat... suam : abneget semetipsum *Mz.* 141 iusti : isti *Cb,* isti *add Ge.* 144 Spiritus : Scriptura *Ma Mz.* 145 et : in *add Sc*$^1$ *Ge.* 145-146 vita aeterna : in vita *Ma*$^1$ *Mz.* 146 Christus... debuit : non debuit Christus *Ge Ma*$^1$ *Mz.* 146 non debuit : noluit *Cbpc.* 147 quatriduani : quatriduana *Sc*$^1$. 149 propter quod : propterea *Ma*$^1$ *Mz,* propter hoc quod *Sc*$^1$. 149-152 propter... adinvenerunt : *om Mz.* 151 Deus : et *add Sc*$^1$. 151-152 in$^1$... tertium : unum in labore, secundum in requie, tertium in regno *Ma*$^1$ *Mz.* 152 Filii : Et Filii *Ma*$^1$ *Mz.* 155 diem : *om Sc*$^1$. 156 Vicit... Iuda : *om Mz.* 158 qui : *om Sc*$^1$. 159 sunt : a tribu Iuda *add Sc*$^1$ *in mg.* 160 tribus : tribu *Cb.* 160 Non : Neque *Cb Ma*$^1$ *Mz.* 161 est : sed *Ma*$^1$ *Mz,* sed *add Cb.* 161 sed : *om Cb Ma*$^1$ *Mz.* 162 tamen indignatio : *i. v. Cb.* 162 indignatio eius : *i. v. Ma*$^1$ *Mz.* 162 et intolerabilis : sed tolerabilis *Ma*$^1$ *Mz.* 163 Beati... Iuda : Felix proinde tribus Iuda et beati *Cb Ma*$^1$. 163-169 Beati... fortis : *om Mz.* 164 ut : et *Ge Sc*$^1$. 164 dicant : dicunt *Ge.* 164 Deus : Domine *Ge Cb.* 164 Omnia$^2$: omniaque *Ma*$^1$.

eorum opera, quia opera Dei sunt, confitentur ei ; ipse quoque *leo de tribu Iuda* est *radix David,* non David radix eius. Ipse enim David confitetur : *Fortitudinem meam ad te custodiam ;* David manu fortis et desiderabilis, Dominus autem radix fortitudinis, radix desiderii, radix desiderabilis, radix fortis. Hic leo vicit ut aperiret librum et solveret signacula eius. Sciunt qui noverunt historiam Apocalypsis, quomodo Ioannes, videns librum clausum atque signatum et desiderans videre quæ scripta erant in eo, flere cœpit quod nemo inveniretur dignus aperire librum ; sed dixit ei unus de senioribus : *Ne fleveris : vicit leo de tribu Iuda, radix David, aperire librum et solvere signacula eius ;* et post pauca audivit cantantes : *Dignus est agnus qui occisus est aperire librum et solvere signacula eius.* Ipse agnus, ipse leo, ipse denique liber est iste. Et quid mirum si nemo dignus est aperire hunc librum ? Ioannes ipse, quo nemo maior surrexit inter natos mulierem, se profitetur indignum : *Non sum,* inquit, *dignus solvere corrigiam calceamenti eius.* Venit enim ad nos calceata divinitas, venit sapientia Dei clausa in libro ; quod ergo ligat corrigia calceamenti, hoc signant etiam signacula libri.

11. Sed quæ sunt hæc septem signacula ? Septem, ut arbitror, quæ maxime celabant et occultabant præsentiam maiestatis in carne et quodam modo aperiri librum et agnosci Dei sapientiam non sinebant, e quibus sunt matris desponsatio, per quam partus Virginis et conceptio sancta celabatur, ita ut propter hoc fabri filius putaretur, et corporis infirmitas, qua, vagiens et plorans, esuriens et lactens, ceterasque sustinens miserias carnis, nimis occultabatur Dominus maiestatis ; circumcisio quoque cauterium latronum, infirmorum medicina, remedium peccatorum, quæ non minus claudebat et firmabat hunc librum. Sed et fuga in Ægyptum a facie Herodis reguli plurimum celabat Dei Filium et regem cæli. Sic et in tentatione diaboli, in qua etiam illud loqui ausus est ut cadens adoraret eum, quis agnosceret Christum Domini ? Iam vero et de cruce quid dicam, ubi inter duos latrones pependit tamquam unus eorum ? Multum certe et sepultura clausit hoc magnum pietatis sacramentum, quia, sepulto Domino, sola iam

166 Apoc 5, 5. 167 Ps 58, 10. 176 Apoc 5,5 (Vg : ecce vicit). 176 Apoc 5, 9 (Vg : es Domine accipere librum et aperire signacula eius quoniam occisus es). 174 Mt 11, 11. 180 Lc 3, 16 (Vg : calceamentorum). 182 1 Cor 1, 21 etc. 184 Apoc 5, 1-2. 187 Lc 1, 27. 189 Mt 13, 55. 193 Mt 2, 13. 196 Mt 4, 9. 196 Lc 2, 26. 197 Lc 23, 33. 199 1 Tim 3, 16.

165 eorum opera : *i. v. Sc*$^1$ *Ma*$^1$. 165 quia : et *Ge.* 165 quia... confitentur : tamquam Domini opera confiteantur *Cb Ma*$^1$. 165 sunt : et *add Ge.* 166 est : omne *add Cb.* 166 est radix : *i. v. Ge.* 167 ad : a *Cb.* 167 custodiam : nam *add Ma*$^1$. 168 et : visu *add Ge.* 168 et desiderabilis : vel desiderabilis interpretatur *Ma*$^1$. 169 desiderii : et *add Cb.* 170 solveret : septem *add Mz.* 171 noverunt : norunt *Cb.* 171-172 librum clausum : *i. v. Ma*$^1$ *Mz.* 173 coepit : coeperit *Ge.* 173 aperire : adaperire *Ge Sc*$^1$. 174-175 vicit... eius : *om Mz.* 175 solvere : septem *add Ma*$^1$. 176 audivit cantantes : *i. v. Ma*$^1$ *Mz,* audivit *Ge.* 177 solver : septem *add Ma*$^1$ *Mz.* 178 est : *om Sc*$^1$ *Cb.* 178 est iste : *i. v. Cb.* 182 Dei : *om Sc*$^1$. 182 corrigia : haec *add Ge.* 183 etiam : esse *Cb.* 183 signacula : sigilla *Ma*$^1$ *Mz.* 188 sancta : *om Mz.* 188 celabatur : celebratur *Ma*$^1$. 190-191 carnis... occultabatur : minus agnoscebatur *Ma*$^1$ *Mz.* 191 quoque : et *add Ma*$^1$ *Mz.* 192 infirmorum medicina : *i. v. Ma*$^1$ *Mz.* 192-193 quae... librum : magnum quoddam (quondam *Ma*$^1$ *Mz*) libri huius signaculum fuit *Cb Ma*$^1$ *Mz.* 195 etiam : esse *Cb.* 196 Domini : Deum *Mz.* 197 vero : *om Ma*$^1$ *Mz.* 197 et : *om Ge.* 197 ubi : nisi *Ge.* 199 pietatis sacramentum : sacramentum sapientiae et pietatis *Ge.* 199 quia sepulto : sepulto enim *Ge Ma*$^1$ *Mz.*

restare videbatur desperatio.

12. Merito proinde flebat Ioannes quod non inveniretur qui signacula solveret et, aperto libro, clausam intus Dei sapientiam manifestaret. Sed dignus est agnus qui occisus est, leo qui resurgit, liber ipse dignus est seipsum aperire, quod sine dubio factum est in resurrectione : in illa namque manifeste ostenditur omnia quæ prædiximus voluntaria fuisse, non necessaria, dignationis non condicionis.

13. Ecce, o Iudæe, qui moliebaris disrumpere crucis signaculum, ecce nunc apertum est, non dirutum. Noluit illud rumpere, quia virtutes illas, quas supra meminimus, in eo nobis tradere voluit et commendare. Ecce nos in cruce magnum quiddam adepti sumus : accipe tu vel in resurrectione, *et noli esse incredulus, sed fidelis.* Immo vero, quia contemnit Iudæus obstinatus, accipiat verus Iudæus spiritu circumcisus, non littera ; Iudæus in occulto, non in manifesto, accipiat in cruce, in resurrectione, in ascensione, divitias et gloriam. Sicut enim scriptum est : *In sinistra eius divitiæ et gloria, in dextera longiturnitas vitæ, in cruce sunt divitiæ et gloria,* quia remissio peccatorum — *mortuus enim,* ut ait Apostolus, *propter delicta nostra* — in resurrectione quoque iustificatio, id est donatio meritorum, *resurrexit enim propter iustificationem nostram.* Similiter in ascensione spes et exspectatio præmiorum : ascendit propter glorificationem nostram. *Si enim,* inquit, *abiero, iterum veniam, et assumam vos ad meipsum. Et nunc* Deus Pater *exaltavit caput meum,* nihil dubium quin exaltet et membra, si tamen sequi voluerint caput suum, et per idem foramen passionis intrare. Alioquin oportebit ea separari a capite et perire. Fieri enim omnino non potest ut per unum foramen intret caput, membra vero per aliud. Quæ vero adhæserunt ei, nihil dubitent : fiducialiter sperent, secure

201 Apoc 5, 2-4. 202 Apoc 5, 12. 213 Io 20,27 ; Evangelium missae I Dom. post Pascha. 214 Rom 2, 28-29. 217 Prov. 3, 16 (Vg : Longitudo dierum in dextera eius et in sinistra illius divitiae et gloria). 219 Rom 4, 25 ut in Responsorio « Expurgate » in feria VI post Pascha. 220 Rom 4, 25. 223 Io 14, 3 (Vg : et si, venio et accipiam). 224 Ps 26, 6 ; cf. Act 2, 33. 226 Cant 5, 4.

201 inveniretur : inveniebatur *Ma*$^1$ *Mz.* 201-202 signacula : signa *Mz.* 202 clausam : clauso *Ma*$^1$ *Mz.* 204 ipse : iste *Sc*$^1$. 204 seipsum aperire : *i. v. Cbpc Ma*$^1$ *Mz,* aperire semetipsum *Cbac,* ipsum aperire *Jac.* 205 manifeste... omnia : innotuit manifeste universa *Ma*$^1$ *Mz.* 211 eo : ea *Sc*$^1$. 211 et : *om Ge.* 212 vel : *om Ma*$^1$ *Mz,* et *Ge.* 213 esse incredulus : *Ge Ma*$^1$ *Mz.* 213-214 contemnit Iudaeus : *i. v. Ma*$^1$ *Mz.* 216 Sicut : Sic *Sc*$^1$. 216 enim : *om Cb Ma*$^1$ *Mz.* 217-218 in dextera... gloria : *om Cb.* 218 remissio : remissiones *Ma*$^1$ *Mz.* 219 mortuus : est *add Ge Sc*$^1$*pc.* 221 nostram : Et *add Ma*$^1$ *Mz.* 222-223 glorificationem : iustificationem *Sc*$^1$. 224 nunc : si *Ma*$^1$ *Mz.* 225 voluerint : voluerit *Cb,* volunt *Ma*$^1$ *Mz.* 226 intrare : *om Sc*$^1$. 227 perire : Oportebat enim pati Christum et resurgere a mortuis et ita intrare in gloriam suam (Lc 24, 26 et 46) *add Cb Ma*$^1$ *Mz.* 227 enim : *om Jac Cb Ma*$^1$. 227 omnino : vero *Cb Ma*$^1$, *om Mz.* 228 intret caput : *i. v. Mz,* caput intraret *Ma*$^1$, caput intret et *Cb.* 228 membra vero : et membra *Ma*$^1$. 228 membra... aliud : et per aliud membra *Mz.* 228 vero : *om Cb.* 228-229 Quae vero : Quaeque ergo *Cb,* Quaecumque ergo *Ma*$^1$ *Mz.* 229 adhaeserunt : adhaeserint *Sc*$^1$, adhaerent *Ma*$^1$ *Mz.*

expectent. *Volo,* inquit, *ut ubi sum ego, ibi sint et hi mecum.* Si vult ille, quis prohibebit eum ? Nonne *vita in voluntate eius ? Si Deus pro nobis,* quis pro nobis, *quis contra nos ?* Propterea et affirmans ait : *Ubi sum ego, illic et minister meus erit.* Eius minister ego modo sum, eius delicias, Agnum paschalem vobis apponens. Ipse sua pietate concedat mihi sic ministrare, ut inter dispensatores fidelis inveniar, ut ministratio mea et mihi et vobis sit in salutem.

230 ubi : ibi *Cb.* 230 sum ego : *i. v. Sc$^1$ Cb.* 230 ibi : *om Cb.* 231 prohibe-
233 Io 12, 26. 235 1 Cor 4, 2.

230 ubi : ibi *Cb.* 230 sum ego : *i. v. Sc$^1$ Cb.* 230 ibi : *om Cb.* 231 prohibebit : prohibet *Cb.* 231 eius : est *add Ge.* 232 quis pro nobis : *om Ge Sc$^1$ Ma$^1$ Mz.* 232 et : etiam *Ge Sc$^1$ Ma$^1$ Mz.* 233 ait : ut *Cb.* 233 sum ego : *i. v. Ma$^1$ Mz.* 233 illic : ibi *Ge.* 234 Agnum : scilicet *add Ge.* 235 sic : vobis *add Ge.* 236 sit : prosit *Mz.* 237 salutem : Amen *add Ma$^1$ Mz.*

## IV. *Caractères littéraires*

Comparons maintenant cette rédaction première (qui sera désignée par l'abréviation P) à la seconde (S), laquelle a fait l'objet elle-même d'une troisième recension (T) ; mais celle-ci, tout en apportant à la précédente près de soixante améliorations de détails — termes plus rares, constructions plus recherchées, addition de quelques lignes en deux endroits — ne la modifie pas profondément [1]. C'est donc avec S — représentant S et T — que nous pouvons ici, pour simplifier et conformément à l'objet de la présente recherche, mettre en parallèle P. Il faut considérer successivement la composition et le texte.

1. Du point devue de *la composition,* une constatation s'impose dès l'abord : S occupe 17 pages, 550 lignes dans l'édition de Mabillon, alors que P n'a que 6 pages et 237 lignes. A vrai dire cette proportion ou, plus exactement, cette disproportion ne porte que sur une partie du tout, comme on le verra bientôt.

En effet, S est composé de deux parties distinctes. La première, qui s'étend sur les paragraphes ou numéros 1 à 13, commente les deux mots par lesquels débute le thème biblique : *Vicit* et *leo.* Ici encore, le développement suit un ordre assez rigoureux. Le Christ « remporte la victoire ». Sur qui ? Sur les juifs qui blasphèment en disant : *Descendat de cruce ;* à ce sujet sont consacrés les n$^{os}$ 1-4. Il est « lion » : qu'est-ce à dire ? Qu'il est fort, et qu'il le prouve par sa résurrection. Ce second thème général, qui est traité aux n$^{os}$ 5-13, inclut plusieurs thèmes mineurs : celui des trois jours qui précèdent la résurrection, et qui est brièvement suggéré à la fin du n° 8 et au

1. Les « corrections d'auteur » par lesquelles Bernard a modifié S en T sont du genre de celles qui ont déjà été signalées ailleurs (voir plus haut, note 6) et auxquelles sera consacrée une étude ultérieure *Sur le caractère littéraire des sermons de S. Bernard,* à paraître dans *Studi medievali,* 7, 1966.

début du n° 9 ; celui des sept sceaux (n° 11) ; celui du livre ouvert (n° 12). Le tout s'achève sur une exhortation morale (n° 13). Alors commence un nouveau développement, sur l'état glorieux du Christ ressuscité : il occupera les n°s 14 à 18 ; il n'y s'agit plus, comme dans la première partie, du fait de la résurrection, mais du mystère qu'il a accompli : le passage de la condition charnelle à la condition spirituelle, dans le Christ, puis dans le chrétien : le fait que celui-ci doit réaliser ce mystère est énoncé d'une façon générale (n° 15), puis en sont indiquées les exigences, qui offrent l'occasion d'une exhortation à la pratique de la morale (n°s 16-17) ; mais cette difficulté ne doit pas décourager : la conclusion est toute de confiance et d'espoir, et le sermon finit sur une note de joie (n° 18). Nous reconnaissons en tout ceci les qualités de composition, à la fois précise et souple, que l'on admire en tant de textes de Bernard [2].

Quelle impression fait, par comparaison, la rédaction première ? Elle est plus courte, et de beaucoup, puisqu'elle n'occupe que 6 pages au lieu de 17, et 237 lignes au lieu de 550. Mais elle ne correspond qu'à la première des deux parties de S, celle qui comprenait les n°s 1-13, et par rapport à celle-ci, qui comptait 375 lignes, elle est presque moins longue de moitié.

Ainsi P se présente comme un sermon, alors que S ressemble à un traité, long et en deux parties. Reprenant son premier texte, Bernard l'a remanié, développé, amplifié, il en a fait une seconde édition revue et corrigée, et considérablement augmentée.

Si maintenant nous examinons *le style* de P, nous le trouvons plus concis, plus nerveux. Non qu'il compte moins de périodes : dans les deux cas, les phrases sont généralement courtes. Dans les deux cas, Bernard est orateur ; mais sa manière est plus directe en P. Dès le début sont posées des questions, inspirées du thème de l'*Ubi sunt* qu'a aimé l'abbé de Clairveaux [3]. Quatre interrogations sont suivies d'une exclamation (n° 1). Puis les unes et les autres ne cessent d'alterner. Voici d'abord un dialogue haletant qui harcèle de questions successivement les juifs, le Seigneur et le fidèle : *Quid igitur... ? Quid dicam... ? Unde consolabor... ? Quomodo dicam... ? Quis igitur... ? Quomodo iam dices... ? Ad qui enim..., ad quid... ? Sed quomodo..., quomodo... ? Nonne... ?* Les réponses sont brèves et pleines d'énergie : *Quam multi... ! Absit... non fiat... !* Il n'y a guère d'affirmations calmes : un souffle de ferveur anime ces apostrophes adressées à Jésus ou bien aux auditeurs. Le ton est personnel, et ardent : on parle plus au Seigneur que de lui, et la finale de ce n° 2 évoque le contraste entre les juifs et les apôtres, et elle comporte un jeu de mots : *exsultat-insultat*.

2. *Nouveaux aspects littéraires de l'œuvre de S. Bernard*, dans *Cahiers de civilisation médiévale*, 8 (1965) 299-326 ; *L'art de la composition dans les traités de S. Bernard*, 87-115 dans *Rev. bénéd.*, 76 (1966) ; *L'art de la composition dans les sermons de S. Bernard*, dans *Studi medievali* 67, (1966).

3. Sur les sources, E. Gilson, *De la Bible à François Villon*, et *Tables pour l'histoire littéraire du thème Ubi sunt* dans *Les idées et les lettres*, Paris, 1932, p. 9-38.

Il y a encore cinq interrogations au début du n° 3, dans lequel Bernard s'adresse presque toujours au Crucifié. Jusqu'à la fin, le style reste direct, engageant dialogue soit avec le Seigneur, soit avec un auditeur qui se trouve désigné au singulier : *Audi* (n° 4), soit avec la communauté des moines : *Scimus, fratres* (n° 4) : le fait que ces deux expressions se succèdent à deux lignes près trahit peut-être une certaine inconséquence dans la composition. Le paragraphe suivant (n° 5) apostrophe le juif : *o Iudæe,* lui pose une nouvelle série de questions. Puis le ton semble se calmer pour une explication donnée au moyen d'antithèses, parfois scandées par *sed* (n°ˢ 6-7).

Le thème des jours est traité assez longuement, plus que ce n'est le cas dans S ; il occupe ici deux paragraphes (8 et 9) ; les thèmes du livre ouvert et des sept sceaux se mêlent l'un à l'autre, aux n°ˢ 10-12. La fin est une exhortation morale, animée de parallélismes, d'oppositions, de questions, et qui se termine par une allusion personnelle au ministère de Bernard quand il prêche, et par une prière (n° 13).

Tel est ce texte plein de vie, facile à lire, bien fait pour inculquer aux auditeurs et aux lecteurs la mémoire du thème commenté, et dont chacun des termes est successivement expliqué au moyen de comparaisons, d'images, de citations tirées de l'Ecriture. Rien de théorique, d'abstrait, de recherché. Les transitions sont abruptes, parfois, ou même inexistantes, moins travaillées qu'elles ne le sont dans les pages écrites avec soin. Nous sommes ici en présence d'un morceau qui est de style oral et qui nous donne, à coup sûr, une idée de ce que devait être la parole de l'abbé de Clairvaux.

## V. *L'utilisation de l'Ecriture*

La comparaison des deux textes n'éclaire pas seulement ce qu'on pourrait appeler la « psychologie littéraire » de saint Bernard, mais aussi sa « psychologie biblique ».

Dans P, il y a 110 réminiscences bibliques pour quelque 200 lignes, soit plus d'une toutes les deux lignes ; 52 sont des citations expresses, plus de la moitié étant des allusions. 17 des citations comportent des variantes par rapport à la Vulgate ; reste donc un tiers seulement de textes reproduits exactement. Tous les autres ont donc été donnés de mémoire, et celle-ci est marquée, façonnée par la liturgie : beaucoup de citations viennent des lectures des messes du temps de la Passion et de Pâques, une dizaine de souvenirs bibliques se retrouvent dans les offices du même temps, et ils sont parfois introduits selon la teneur qu'ils ont reçue de ces sources [4]. Le thème initial lui-même, inspiré de l'Apocalypse, est, en réalité, tiré d'un répons des vigiles du jour de la Résurrection.

4. Des observations analogues se sont imposées à propos d'autres textes ; cf. *La Bible dans les homélies de S. Bernard sur « Missus est »* dans *Studi medievali,* 5 (1964), p. 617-619 ; *De quelques procédés du style biblique de S. Bernard,* dans *Cîteaux* 15 (1964), p. 330-346 ; *Recueil,* 1, p. 305-307.

Pour la partie correspondant à ce sermon dans S, c'est-à-dire pour les n°s 1-13, qui y sont presque deux fois plus longs, le nombre des réminiscences bibliques est de 179 ; la proportion est donc élevée, mais moindre que dans P. Un examen minutieux de quelques exemples nous montrera que les allusions scripturaires y sont plus recherchées, plus étudiées. Dans le texte de style oral, la « mémoire liturgique » a joué plus spontanément.

Dans le n° 1, l'énoncé du *Vicit leo* est, en P, aussitôt suivi de l'*Ubi sunt*. Mais en S, le verbe a évoqué une formule biblique et liturgique chère à Bernard et dont il a aimé parler : *Sapientia vincit malitiam, attingens a fine usque ad finem fortiter*...[5]. Ce dernier mot fait penser au *fortis armatus* des Evangiles (Lc 11, 21 ; Mt 12, 29), et cette idée rappelle celle du triomphe remporté sur la mort, d'après Hebr. 2, 14. Il y a donc, dans la nouvelle rédaction, trois thèmes au lieu d'un, avant que ne commence le développement du suivant, l'*Ubi sunt*, et il en va ainsi du reste, en ce même paragraphe. Mettons en parallèle une exclamation qui revient dans les deux textes :

| P | S |
|---|---|
| O lingua venenata, (Ps. 139, 4)<br>o lingua dolosa ! (Ps. 51,6) | O venenata lingua, (Ps. 139, 4)<br>verbum malitiæ, (Ps. 140, 4)<br>sermo nequam ! (Ps. 63, 6) |

En S, dans le premier membre de la phrase, les mots ont été inversés, procédé qui est familier à Bernard quand il veut passer de la construction qui est spontanée pour nous en français et pour lui en langue romane à celle que préfère une latinité correcte[6]. Puis les termes ont été variés : le vocabulaire des Psaumes a permis d'éviter la répétition de *lingua* et d'introduire deux synonymes : *verbum* et *sermo*. Dans P, les deux réminiscences étaient suivies de trois citations (Ps. 56, 5 ; 63, 4 ; 139, 4) ; dans S, elles ne sont qu'à l'état d'allusions. Le mot-clé reste la mention du « venin » au Ps. 139 ; mais le jeu est devenu subtil, presque dissimulé.

Au début du n° 2, l'adjectif *salvus* n'est suivi que de *Salvator*, dans P. Dans S, le thème du salut fait l'objet d'une variation supplémentaire, avec dix termes appropriés : *salvabit, salvum* (2 fois), *salvus, Salvator, salvos, salvatione, salus, salutem, salutaris*. Comme Bernard a dû s'amuser !

On pourrait poursuivre cette analyse, montrer que, dans la suite, les idées sont substantiellement les mêmes, bien que l'ordre soit différent : il est plus logique dans S, par exemple là où les quatre vertus sont d'abord énoncées, avant que deux d'entre elles — *caritas* et *obœdientia* — ne fassent l'objet d'un traitement spécial (n° 3). Les citations bibliques sont insérées dans une rédaction plus ample. Au début du n° 6, l'allusion *Heri audistis* a été suppri-

5. Cf. *Recueil*, I, Rome 1962, p. 124-127.
6. Cf. *Notes sur la tradition des épîtres de S. Bernard*, dans *Scriptorium*, 18 (1964), p. 198-209.

mée, ayant sans doute été jugée trop familière pour le style noble du sermon écrit.

Même précision, au n° 7, dans l'explication du contraste entre *surgere* et *suscitare ;* toutefois, l'exemple d'Elisée, qui tient, en P, en une seule phrase, et brève, en occupe deux longues en S. Même mention de l'union entre tête et membres, au n° 8, et c'est là encore une idée chère à Bernard [7]. Au n° 9, aux deux noms d'animaux — *leo* et *agnus* — s'en ajoute, en S, une troisième : *columba.* Au n° 10, le thème du livre — également aimé de l'abbé de Clairvaux [8] — est suivi de l'étymologie, non plus de Juda, qui veut dire *confessio* [9], mais de David : *Dicitur enim David desiderabilis, vel manu fortis* [10]. Vers la fin de ce même paragraphe, la formule *Venit enim ad nos calceata divinitas* est inspirée d'un passage de S. Grégoire tel que le résumaient des florilèges comme celui qui fut utilisé contre Gilbert de la Porrée [11] ; dans S, l'expression n'est plus reproduite littéralement, mais amplifiée, littérairement élaborée : *Venerat enim ad nos calceata maiestas, divinitas incarnata.* Au n° 11, le cinquième des mystères évoqués par les sept sceaux, celui de la tentation de Jésus, est développé, en S, au moyen de citations de l'Evangile qui font défaut en P. Au n° 12, la mention de la résurrection fait penser au signe de Jonas ; elle est explicitée, dans S, en plusieurs lignes. Enfin, dans le n° 13, le début seul est semblable dans les deux textes : l'exhortation conclusive est plus longue en P, alors qu'en S elle est simplement indiquée et qu'elle y sert de transition avec la partie ajoutée à la rédaction première. A été supprimée, en particulier, une allusion aux *foramina petræ* de Cant. 4, 5, laquelle était traditionnelle et a été développée ailleurs par Bernard [12] ; mais elle n'avait plus sa place dans la nouvelle rédaction.

Bref, la première apparaît comme une sorte de canevas où quelques lignes étaient tracées. Bernard a brodé, coloré, enrichi de toute façon. Le tissu biblique est devenu plus dense, et, cependant, c'est le texte antérieur qui en fournit la trame. L'écrivain est réellement parti d'un modèle qu'il avait sous le regard, mais qu'il a embelli. P nous fait assister au jeu spontané d'une intense mémoire biblique ; S nous révèle un effort de recherche, qui fut

7. Cf. par ex. *In Quadrag.*, I, 1-2, *S. Bernardi Opera* IV, 353-355. De même, le thème des quatre parties de la Croix, développé à la fin du n. 3, a été traité ailleurs, *De S. Andrea,* 2, 8, *P. L.* 183, 513-514. Mais là sont évoquées les quatre vertus de continence, prudence, patience, humilité, ici celles de charité, obéissance, patience, humilité.

8. Cf. *Aspects de la symbolique du livre au XII*e *siècle,* dans *L'homme devant Dieu. Mélanges H. de Lubac,* Paris, 1964, II p. 63-72.

9. Cf. S. Jérôme, *Liber interpretationis hebraicorum nominum,* éd. *Corpus Christ.,* 72 (1959), p. 67, 19 ; p. 152, 15 ; p. 157, 4.

10. Cf. *Ibid.,* p. 103, 11.

11. Sur les sources de cette formule, *Recueil d'études sur S. Bernard* II, p. 345.

12. Sur ce point, j'ai cité des textes en étudiant *Le Sacré-Cœur dans la tradition bénédictine au moyen âge,* dans *Cor Iesu,* Rome 1959, t. II, p. 5-16 ; cf. *Recueil,* I, p. 291.

voulu, mais qui resta facile et naturel, nullement artificiel, parce que cette mémoire était inépuisable.

## VI. Conclusion : *Prédication et contemplation*

Ce phénomène de la réminiscence évoque un verset de Psaume que saint Thomas citera, d'après saint Grégoire le Grand, à propos de cet acte de vie active qui « dérive de la plénitude de la contemplation » : la prédication : *Memoriam abundantiæ suavitatis tuæ eructabunt* [13]. Si les prédicateurs peuvent être considérés comme des prophètes, c'est, selon saint Bernard, parce qu'ils contemplent les mystères cachés de Dieu [14]. Aussi convient-il parfois que le labeur de la prédication soit imposé à ceux qui tendent vers le repos de la contemplation [15]. Encore faut-il alors ne rien se réserver de l'abondance des suggestions que l'Esprit Saint fait à celui qui parle [16] : le prédicateur est un canal, non un réservoir ; il transmet ce qu'il reçoit, et, quand il surabonde, il déverse de ce trop-plein [17]. Pour le faire utilement, il doit le faire dignement [18], sans négliger les ressources de l'art oratoire. Sans doute, il doit, pour posséder un langage de feu, pour trouver des paroles ardentes, écouter l'Esprit qui suggère le bien à la mémoire [19], entendre cette voix intérieure qui instruit et enflamme [20]. Mais l'effort qu'il accomplira pour communiquer ces inspirations et pour puiser sans cesse dans

13. Ps 144, 7, dans *Sum. theol.*, IIa-IIae, q. 188, a. 6, c.

14. « Et sancti praedicatores non ab re prophetae appellantur, qui et arcana mysteriorum Dei contemplantur », *De div.* 95, 1, *P. L.* 183, 718 D.

15. « Et nitenti ad contemplationis quietem labor praedicationis imponitur », *Sup. Cant.*, 41, 5, éd. *S. Bernardi opera,* II, Rome 1958, p. 31.

16. « Scio hominem aliquid aliquando inter loquendum ex his quae suggerebat Spiritus, et si non infideli, minus tamen fidenti animo retentantem et reservantem sibi, ut haberet quid diceret denuo tractaturus... Sic mihi iugiter abundare dignetur fons ille indeficiens sapientiae salutaris... », *ibid.*, 82, 1, p. 292.

17. « Quamobrem, si sapis, concham te exhibebis, et non canalem. Hic siquidem pene simul et recipit, et refundit ; illa vero, donec impleatur, exspectat, et sic quod superabundat, sine suo damno communicat... », *ibid,* 18, 3, t. I, 1957, p. 104.

18. « Dat sentire fideliter, dat proferre utiliter, dat efficaciter adimplere..., si recte sentias, si digne proloquaris, si vivendo confirmes... », *ibid.*, 16, 2, p. 90.

19. « Venit tunc super Discipulos in linguis igneis, ut linguis omnium gentium verba ignea loquerentur, et legem igneam linguae igneae praedicarent. Nemo conqueratur quod minime nobis illa manifestatio Spiritus fiat... Memoriae suggerit bona in cogitationibus sanctis... Propterea quoties huiusmodi suggestionem boni senseris in corde tuo, da honorem Deo, et age reverentiam Spiritui Sancto, cuius vox sonat in auribus tuis... », *In festo Pentecostes,* I, 2 et 5, *P. L.* 183, 323 et 325.

20. « Itaque cum sic adveniens Spiritus totam possederit animam, suggerendo, instruendo, afficiendo, loquens semper in cogitationibus nostris, ut audiamus et nos quid loquatur in nobis Dominus Deus, rationem illuminans, voluntatem inflammans... » *ibid.*, 6, col. 325.

les flots de l'Ecriture Sainte l'eau salutaire qu'il déversera, n'ira pas sans effort ni fatigue [21].

Le premier jet du sermon de saint Bernard nous montre en lui, pour ainsi dire, le mécanisme de l'inspiration ; le second texte nous fait entrevoir quelque chose de son travail.

J. LECLERCQ, O.S.B.

Clervaux.

21. « Novit Sponsus quibus deliciis Spiritus foveat dilectam, quibus singulariter refocillet sensus eius inspirationibus et mulceat odoramentis. Sit tibi fons proprius... Ceterum derivantur aquae inde in plateas. Eas me habere ad manum fateor, dum tamen nemo mihi molestus sit aut ingratus, si de publico haurio et propino. Nam, ut paulisper ministerium meum in hac parte commendem, nonnullius profecto fatigationis est atque laboris, quotidie exire scilicet, et haurire etiam de manifestis rivulis Scripturarum, et ex eis singulorum necessitatibus inservire... », *Sup. Cant.*, 22, 2, t. I, p. 130.

# RÉFLEXIONS SUR LA NATURE ET L'UNITÉ DE LA THEOLOGIE

par

Marie-Joseph Le Guillou, o. p.

Trop longtemps saint Thomas est resté une autorité que l'on a invoquée sans que l'on ait eu une conscience suffisamment aiguë de l'originalité de ses prises de position ; en fait il doit être pour nous un *témoin privilégié* de la foi de l'Eglise, avec lequel le dialogue dans une communion renouvelée s'impose. Il serait absurde de l'accuser d'avoir rompu avec la tradition des Pères, comme on le fait encore fréquemment, alors que son génie porte à son point de perfection la réflexion patristique sur la nature de la théologie tout en préparant prophétiquement l'ouverture au monde moderne et à ses dimensions historiques.

## I — La crise théologique actuelle.

Malheureusement, entre saint Thomas et nous s'est interposé le courant scotiste. Et la déviation de la tradition thomiste qui en est résultée, et que l'examen du problème crucial, si souvent mal compris, de la connaissance de Dieu révèle avec une force incomparable, a eu des conséquences néfastes : il n'y a pas eu de réponse vraiment adéquate aux grands problèmes posés par la grande crise de la pensée chrétienne des XIVe-XVe siècles (génératrice de nouvelles orientations dans les recherches philosophiques et, pour une large part, cause de la rupture de la Réforme), par la Renaissance et le développement prodigieux de l'expérience humaine, par l'avènement des méthodes historiques, par la prise de conscience du devenir historique et social de l'humanité, par tous ces mouvements qui ont provoqué des mutations extrêmement profondes dans la manière d'aborder aussi bien le monde que la Révélation.

### 1) *L'ampleur de la crise.*

La profondeur de cette crise de la conscience chrétienne, ouverte dès la fin du XIIIe siècle, scandée par les drames et les bouleversements que nous venons d'évoquer, apparaît encore plus grande quand on saisit l'arrière-fond œcuménique sur lequel elle se déroule. Malgré l'effort de saint Thomas pour renouer avec la grande tradition patristique grecque, la rupture de l'Eglise catholique avec l'Orient a entraîné un appauvrissement de la tradition théologique et, par réaction contre le schisme, une insistance particulièrement forte sur le juridisme ainsi qu'une relative méconnaissance des structures sacramentelles de l'Eglise. De plus, l'évolution de la théologie occidentale vers une élaboration de style purement conceptuel dûe au déséquilibre profond de la tradition théologique dont nous venons de parler a sans doute compromis définitivement toute possibilité de dialogue vrai avec la tradition orientale : on oubliait que la réflexion théologique se nourrit du concept certes (car il est une dimension absolument essentielle de la connaissance humaine) mais aussi de l'expérience et de la perception de la réalité du Mystère [1].

De son côté, la Réforme, loin d'apparaître comme une simple réaction contre les abus du catholicisme au XVIe siècle, est réellement une révolution théologique par la mise en question qu'elle fait du rapport traditionnel entre la foi et la raison. Luther n'a cessé de s'emporter contre la courtisane Raison, et le commentaire de l'Epitre aux Romains dit avec éclat l'ampleur du débat :

« Aliter Apostolus de rebus philosophatur et sapit quam philosophi et metaphysici. Quia philosophi oculum ita in praesentiam rerum immergunt, ut solum quidditates et qualitates eorum speculentur, Apostolus autem oculos nostros revocat ab intuitu rerum praesentium, ab essentia et accidentibus earum, et dirigit in eas secundum quod futurae sunt. Non enim dicit « essentia » vel « operatio » creaturae..., sed... « expectatio creaturae », ut eo ipso, cum animus audit creaturam exspectare, non ipsam creaturam amplius, sed quid creatura exspectat, intendat et quaerat... » [2].

Certes Luther entend retrouver le dynamisme même du Mystère du Christ, mais, dans sa réaction violente contre la raison, il a compromis toute analogie et toute mesure entre Dieu et l'homme, au profit d'une opposition dialectique existentielle. La conséquence en est une évacuation radicale de la contemplation du Mystère au profit d'un actualisme de l'événement, et l'un des signes les plus manifestes de cette prise de position spirituelle est l'exclusion du canon des Ecritures de tous les livres sapientiaux opérée par la Réforme et l'accent mis dans la littérature paulinienne sur les Epitres aux Galates et aux Romains, au détriment des écrits de la captivité (lettres aux Ephésiens, aux Colossiens) d'une authenticité toujours plus ou moins suspecte.

L'ampleur même du drame spirituel vécu par les Réformateurs a cependant l'avantage de nous rappeler que la christologie ne peut se limiter à une analyse objective et formelle de ce que

1. Nous pensons en particulier à la grande crise palamite et à l'incompréhension dont fit si longtemps montre l'Occident à l'égard du thème de l'inconnaissance de Dieu.

2. LUTHER, *Commentaire de l'Epître aux Romains,* éd. Weimar, t. LVI, p. 371.

le Christ est en lui-même et pour lui-même selon l'une et l'autre natures unies seulement par l'identité du sujet personnel. Elle attire notre attention sur ce que le Christ dans son humanité révèle à notre foi : elle nous invite à considérer celui-ci comme Dieu *pour nous*, comme Parole de Dieu adressée à nous et réalisant par son Esprit « le Christ en nous ».

2) *Les étapes modernes de la crise.*

Quelle que soit l'importance de la perspective œcuménique pour comprendre le développement spirituel du monde moderne, il importe cependant de reconnaître que la crise de la pensée chrétienne ne s'est révélée dans la plénitude de sa gravité que depuis un peu plus d'un siècle. Il nous faut en évoquer rapidement les dernières étapes :

a - *La crise mennaisienne.*

Il peut paraître étrange de citer au premier plan Lamennais, trop souvent considéré comme un grand écrivain, mais non comme un véritable théologien. En vérité, il a eu une perception vraiment œcuménique des problèmes et il a vu avec une clarté prophétique la nécessité d'un profond renouveau théologique pour que l'Eglise puisse affronter le monde moderne et y poursuivre avec fruit son apostolat : il en a mesuré l'urgence et il a tenté pour servir ce dessein de retourner à la grande tradition de l'Eglise et particulièrement à la théologie patristique. Malheureusement, son absence de formation vraiment traditionnelle, sa sensiblité aux questions modernes et les contradictions qu'il a subies l'ont conduit finalement à une vision du christianisme où la valeur des énoncés doctrinaux a été radicalement contestée : le Christ n'est pas venu proposer des dogmes à l'intelligence ; il révèle simplement à elle-même la conscience religieuse en dévoilant la charité que ne limite aucune expression de sectarisme théologique. Bien qu'encore mal connue, la crise mennaisienne est peut-être la plus significative et la plus profonde des temps modernes : elle précède et orchestre d'avance tous les thèmes de la crise contemporaine [3].

b - *Libéralisme et crise moderniste.*

La théologie mennaisienne rejoint paradoxalement la théologie libérale protestante relative à l'expérience de l'Eglise chrétienne comme tout en mouvement capable de progrès et de développement dans l'intelligence et l'assimilation de ce qui est acquis dans le Christ. Le développement de la doctrine n'est ainsi que l'aspect intellectuel d'une croissance totale au cours de laquelle l'expérience du Christ pénètre peu à peu, en la transformant,

3. Cf. L. Le Guillou, *L'évolution de la pensée religieuse de Lamennais*, A. Colin, 1965. — Nous publierons d'ici quelque temps un ouvrage intitulé : *La crise théologique mennaisienne.*

l'expérience et la vie de l'humanité jusqu'à l'achèvement de celle-ci dans la communauté universelle des personnes.

Cette conception permet, comme l'a bien montré le R. P. Walgrave, de comprendre le cœur de l'expérience moderniste :

« Le point de départ, qui en commande l'élaboration ultérieure, est l'idée que de par sa nature la révélation n'est qu'une expérience religieuse toujours active dans l'Eglise ou dans l'humanité. Cette expérience est donc générale ou spéciale. Dans le premier cas, elle traverse et inspire l'histoire entière de la religion, et l'expérience de Jésus n'est qu'une norme relative en tant qu'elle se présente à travers les témoignages évangéliques comme éminente et exemplaire. Dans le second cas, il s'agit d'une expérience spécifiquement chrétienne, et l'expérience de Jésus est une norme absolue en tant qu'elle est un événement inaugural et parfait auquel les chrétiens après lui ne participent que d'une manière moins lumineuse.

Cette révélation-expérience donne lieu à des formes doctrinales qui varient avec le temps suivant l'évolution de la conscience humaine. Le message évangélique lui-même n'exprime cette expérience qu'en termes empruntés à des idées cosmiques et messianiques juives qui n'ont plus aucune valeur pour nous. La relation des doctrines variables à l'expérience religieuse, qui est leur fond commun, n'est pas une relation de vérité logique. Les dogmes ne dévoilent pas le contenu de cette expérience qui échappe aux prises de l'intelligence. Ils ne font que créer et commenter un monde mythique qui reflète cette expérience dans le miroir objectif de l'imagination et de la pensée explicite. Ainsi le système dogmatique à la manière d'une métaphore ou d'un symbole tire des profondeurs de l'inconscience des valeurs qui se soustraient à l'attaque directe de l'intelligence. Il les ramène indirectement à la surface de la conscience, les introduisant ainsi dans le monde de notre vie personnelle et active. C'est la raison pour laquelle la doctrine religieuse est nécessaire sans que ses représentations imaginaires et ses conceptions intellectuelles en deviennent pour autant immuables. Au contraire, elles doivent changer avec le changement du monde humain, c'est-à-dire du monde tel qu'il nous apparaît à travers l'interprétation que la pensée objectivante en donne. Car c'est ce monde humain qui est notre habitat véritable » [4].

L'élément conceptuel de la foi, tel que le présente l'Eglise, ne joue plus qu'un rôle de protection extrinsèque et finalement, pragmatique par rapport au noyau essentiel de la foi : il évoque simplement l'expérience religieuse de toute la tradition et il invite à la vivre. La dissociation entre les expressions dogmatiques et intellectuelles de la Révélation et l'aspect d'illumination intérieure de la foi ou, si l'on préfère, entre l'aspect expérientiel et l'aspect conceptuel de cette vertu théologale est dès lors pleinement consommée.

4. John Henry Cardinal NEWMAN, *Essai sur le développement de la doctrine chrétienne.* Introduction par J.-H. WALGRAVE, O. P., p. 36-37.

La crise mennaisienne et la crise moderniste posent ainsi, avec une profondeur sans précédent, le problème du rapport entre la vérité telle qu'elle est en elle-même et la vérité telle qu'elle transparaît dans l'esprit humain conditionné par l'histoire.

c - *La théologie bultmannienne.*

Les crises qui avaient trouvé un début de solution dans le renouveau théologique du début de ce siècle rebondissent de nos jours, avec une acuité renouvelée, dans deux efforts théologiques modernes que nous voudrions succinctement évoquer.

La théologie bultmannienne, fondée sur la phénoménologie, réduit le christianisme à une réflexion sur le contenu de la conscience transcendantale de l'homme. C'est seulement à partir des interrogations recelées dans son existence que l'homme peut parler de Dieu : car on ne peut en parler que dans la mesure où il parle existentiellement dans l'existence. Dès lors les êtres surnaturels dont nous entretiennent la Bible et les dogmes chrétiens ne sont plus que des *objectivations* d'un drame vécu dans l'intérieur de la conscience ; sans contenu réel, en toute rigueur de termes incompréhensibles, ils doivent être « démytholigisés », s'il est vrai que le langage mythique du christianisme n'est que la transcription de la réalité, c'est-à-dire de l'histoire de l'homme malheureux aux prises avec son salut [5].

Le christianisme apparaît alors comme pur message de salut dans la cohérence de la vision luthérienne. Bultmann a d'ailleurs la prétention de pousser jusqu'à ses ultimes conséquences *dans le domaine de la pensée* la révolution introduite par les Réformateurs du XVIᵉ siècle dans le sphère de l'action [6].

Le christianisme, tout entier référé au moi conscient, devient totalement accessible par nature à la réflexion, qui peut en donner une présentation philosophique, préparée d'ailleurs par la Bible et l'histoire de l'Eglise.

La méthode bultmannienne, soucieuse de comprendre les mythes en les situant dans l'existence des hommes et de décaper les mythes chrétiens par une opération analogue à celle qu'elle met en œuvre pour les mythes païens, met entre parenthèses la question de l'historicité des événements de l'histoire révélée. En eux-mêmes ceux-ci sont privés de sens. Les miracles du Christ et sa Résurrection rentrent simplement dans l'histoire de *mon* salut. Donner une autre consistance aux miracles du Christ ou à sa Résurrection serait les situer dans l'histoire *mondaine* et donc les nier comme faits chrétiens.

Dans une telle perspective, ni Dieu ni le mystère du salut ne sont objectivables : l'Evangile est un simple *Dass* (que) sans *Was*

5. Nous ne pouvons songer à citer ici toute la littérature concernant Bultmann.

6. Voir en particulier : A. MALET, *Mythos et Logos — La pensée de R. Bultmann*, Labor et Fides, Genève, 1962.

(ce que) ; il est rencontre existentielle pure, à la limite sans contenu intelligible objectif [7].

Il est facile de découvrir que semblable théologie met en question la réalité chrétienne dans quelques-uns de ses aspects majeurs :

1° - La signification traditionnelle des énoncés bibliques ou dogmatiques de la Révélation,

2° - L'historicité des événements de l'histoire du salut (celle-ci n'est pas toujours radicalement contestée, mais elle se trouve à tout le moins mise entre parenthèses),

3° - La spécificité du christianisme (on assimile les structures de la Révélation chrétienne à celles des mythes païens),

4° - La structure de la foi, dont on oublie qu'elle n'est pas plus compréhensible par la raison que le mystère même du Christ, dont elle dépend.

d - *La phénoménologie de M. Duméry.*

C'st au danger analogue de vider la foi de son contenu que conduit l'œuvre de M. Duméry : reconnaissons cependant qu'une étude développée amènerait à nuancer sur bien des points cette affirmation.

Selon cet auteur, la critique ayant mis en évidence l'impossibilité de « la prétention de spéculer sur Dieu *sub ratione scientiae divinae* » [8], la théologie devrait se définir essentiellement « récupération méthodique du sens inclus dans le donné de la foi », ou, si l'on préfère, « réflexion sur le *sens* de l'histoire du salut ».

Comme dans la perspective de M. Bultmann, Dieu, terme de la visée théologique, est, comme tel, référé à la condition humaine telle que je la vis. « Le théologien, à la différence du philosophe..., n'opère pas une reprise radicale de ses fondements. Par l'acte de foi, il décide du sens global du donné qu'il reçoit ; puis il exploite ce donné, il en cherche les significations de détail en stricte conformité avec le sens général » [9]. Il nous semble que pareille déclaration ne se vérifie pas pour la théologie mais bien plutôt pour une philosophie du christianisme, c'est-à-dire pour une compréhension *humaine* de celui-ci.

« Une fois que la révélation a pris corps, qu'elle est devenue histoire et texte, tradition et écriture, il est normal qu'elle devienne aussi réflexion sur les faits ou sur les écrits qui en portent le message. La théologie sera justement cette *réflexion :* non plus, sommairement, entrée dans la science de Dieu — le mystère divin est littéralement a-scientifique — mais bien récupération méthodique du *sens* inclus dans le donné de la foi, en même temps qu'effort pour vivre ce sens (lequel éclaire et oriente la

7. Cet aspect est mis en vive lumière dans le livre de A. Malet, précédemment cité.
8. H. Dumery, *Critique et religion*, Paris, 1957, p. 269.
9. *Ibid.*, 278.

situation de l'homme en face de Dieu). En d'autres termes, la théologie n'est que l'expression intellectuelle de la relation théandrique ressaisie à partir d'un certain matériel de faits ou de textes, que l'acte de foi transfigure en signes, en preuves de la présence de Dieu à l'homme et à son histoire » [10].

Certes ce qu'il y a de positif dans ce texte pourrait servir à ébaucher une véritable solution du problème théologique, mais cela présupposerait qu'on perçoive *avec clarté* combien grand est le danger de réduire le message chrétien à un message de salut, sans contenu intelligible, et qu'on n'oublie jamais que si la foi est l'attitude suprême de l'homme, elle n'existe jamais que tout entière engendrée et déterminée par l'objet même de la révélation : Dieu. Il ne peut être question de nier que la pensée théologique puisse utiliser les recherches phénoménologiques : il est évident qu'elle le *doit*, à condition toutefois de susciter un renouvellement de la métaphysique à partir de l'anthropologie (il est frappant de voir combien la métaphysique, chez S. Thomas lui-même, est liée à certaines catégories cosmologiques aujourd'hui dépassées) et non d'évacuer toute métaphysique et tout contenu objectif de la foi.

3) *L'urgence du renouveau théologique.*

Ce survol rapide de l'ampleur de la crise de la conscience chrétienne contemporaine montre avec quelle urgence un renouveau théologique est requis pour faire droit, dans la continuité de la tradition, aux requêtes les plus authentiques du monde moderne. Il nous convie à manifester dans une lumière plus pure l'unité, intelligible et dynamique à la fois, du Mystère chrétien, comme aussi (ce n'en est qu'une simple conséquence) à retrouver, plus forte que jamais, l'unité de la recherche philosophique désormais consciente de l'historicité de l'homme et de la recherche théologique soucieuse de garder plus profondément le contact avec l'histoire du salut.

Sans cet effort de renouvellement, ce n'est pas sans drames que se déroulera la crise théologique actuellement amorcée, qui met en cause la réalité chrétienne elle-même. Le climat déterminé par ces études et ces mises en question aboutit en effet à une dissociation plus ou moins consciente entre la théologie et l'économie. Le péril apparaît nettement dans la structure d'un ouvrage aussi remarquable que *Fragen der Theologie heute* [11] qui, en voulant réagir contre une insistance unilatérale sur la théologie mal comprise, aboutit à ne plus traiter que l'histoire du salut, dans un oubli navrant des questions *proprement théologiques*. On court ainsi le risque de ne plus voir dans la théologie qu'une science historique des *faits* de la révélation et de méconnaître les véritables dimensions du Mystère chrétien.

10. *Ibid.*, 269.

11. *Fragen der Theologie heute* (Feiner, Trütsch, Böckle), Benziger Verlag, Zurich, Köln, 1960.

Trop de théologiens modernes seraient, en effet, tentés de mettre radicalement en question toute sagesse, la sophiologie biblique comme la sophiologie patristique et scolastique leur paraissant faire partie de l'aspect culturel d'un monde dont la disparition s'est consommée à la fin du moyen âge. Trop facilement certains d'entre eux accepteraient que la théologie de l'histoire du salut, comme celle développée par O. Cullmann, mette de côté toute théologie proprement spéculative, en la considérant comme une contamination de la pensée grecque. Et il n'est pas rare de voir des exégètes et des théologiens catholiques opposer l'approche originale et existentielle de l'homme total (corps et âme, intelligence et sensibilité) par la Parole de Dieu à l'optique cérébralisée et intellectualiste héritée de la culture gréco-latine qui, selon eux, aurait influencé le christianisme.

A la limite, l'économie ne permettrait plus aucune affirmation concernant la théologie : les conséquences pratiques ne sont pas moins sérieuses que les conséquences spéculatives puisqu'elles aboutissent à une véritable inversion hérétique de la liaison entre l'amour de Dieu et l'amour du prochain : l'amour actif du prochain serait l'attitude unique à travers laquelle pourrait se manifester notre amour pour Dieu, comme si notre charité pour Dieu devait rester *toujours implicite* dans l'amour de l'homme, ou encore la spiritualité du profane *comme profane* devient la trace même de l'action du Dieu Sauveur dans le monde [12].

Il nous faut oser le reconnaître : la tendance antispéculative et anticontemplative d'une grande partie de la théologie contemporaine comporte de grands dangers : elle a certes raison de réagir contre la théologie rationalisée de la basse scolastique et celle du siècle des lumières, qui avaient trop souvent dissocié le contenu de la foi de sa valeur salvifique et du déroulement historique, mais elle ne retrouve pas pour autant l'équilibre et elle est dès lors tentée par le relativisme, à raison même de sa conscience aiguë de l'historicité de l'homme : elle risque alors de rejeter inconsidérément à travers l'acquis extrêmement précieux de la réflexion théologique de l'Eglise le cœur même de la tradition ecclésiale.

Cette mise en question de la théologie par l'histoire et la phénoménologie contemporaine nous conduit à dégager avec plus de rigueur ce qu'est son essence. Elle nous incite à faire un effort pour approfondir la signification de la théologie et saisir l'importance des renouvellements nécessaires. Nous voudrions préciser dès maintenant notre position : loin de perdre sa valeur, nous pensons que le projet thomiste — qui n'est en vérité que le projet ecclésiastique le plus traditionnel devenu pleinement conscient de sa visée —, doit retrouver après une véritable purification sa vigueur native. Saint Thomas a dégagé de façon définitive *l'essence* de la théologie, avec les caractères d'objectivité et d'universalité propres à toute science. C'est là un acquis selon nous indépassable — dans la ligne même de la théologie patristique —, qui condam-

12. On connaît l'influence de D. Tillich, Bonhoeffer, Robinson, etc...

ne irrémédiablement tout retour à un statut indifférencié de la théologie. Certes ce projet peut et doit être profondément renouvelé en fonction d'une écoute plus profonde de la parole de Dieu et d'une auscultation plus totale de l'expérience humaine, comme nous aurons l'occasion de le montrer à la fin de cet article, mais cette reprise approfondie du projet thomiste qui, de structure, est essentiellement et fondamentalement catholique, devra plus que jamais demeurer fidèle au dévoilement fait par saint Thomas de la nature de la théologie.

## II. — Le propos thomiste

Avant d'analyser de façon plus précise la position de saint Thomas, nous voudrions rappeler quelques formules par lesquelles nous avons défini le propos thomiste dans « Le Christ et l'Eglise, théologie du Mystère ».

### 1) *La signification de la théologie thomiste.*

Nous avons présenté la théologie thomiste « comme l'intention de construire une *théologie du Mystère* ou, si l'on préfère, du Dieu vivant qui, dans son Verbe, Sagesse de Dieu et Puissance de Dieu, nous révèle le Mystère, le Secret du Père et de son économie salvatrice, dans l'Esprit, pour nous introduire dans la communion de sa béatitude » [13].

La théologie thomiste « est essentiellement *contemplation du Mystère,* c'est-à-dire reflet, dans le multiple d'un discours ordonné, du Verbe unique en qui Dieu se dit lui-même tout ce qu'il est et tout ce qu'il fait » [14].

« Le plan de la Somme apparaît alors dans sa simplicité : celle même du plan de Dieu. Saint Thomas, fidèle à toute la tradition grecque et en particulier à saint Jean Damascène, qui est pour lui le modèle, tient à garder les pôles de toute théologie : le Mystère trinitaire, l'Incarnation rédemptrice, mais il les relie l'un à l'autre par la logique même du plan de Dieu, la finalité — ou la vocation — assignée par Dieu au monde. *Après l'étude de Dieu en lui-même et de Dieu principe de toutes choses, en fonction même de la fin voulue par Dieu, saint Thomas étudie les différentes étapes de l'économie dans leurs liens de sagesse à travers son sujet, l'homme. Le plan de Dieu éclate de splendeur dans la lumière divine.* Le Dieu vivant, dont le nom propre est *Je Suis,* communique aux hommes sa Sagesse personnelle, le Christ, pour les appeler à communier à sa béatitude : il se dévoile en lui, qui commande toute la création comme toute l'histoire du salut. La théologie thomiste est donc une théologie du Verbe de Dieu, Sagesse et Puis-

13. M.-J. Le Guillou, o. p., *Le Christ et l'Eglise, théologie du Mystère,* Le Centurion, 1963, p. 153.
14. *Ibid.*, p. 155.

sance de Dieu, nous révélant dans l'Esprit *l'unité organique du mystère trinitaire et de l'économie du salut.* Dieu lui-même révèle librement son propre Mystère — *occultum divinitatis* — dans son Verbe.

Ces notions de Mystère et de Sagesse apparaissent structuralement liées à celle de secret, de Verbe et de Parole, d'Esprit-Saint, de connaissance et de gloire, de manifestation, de révélation et de prédication, enfin de communion de l'Eglise, puisqu'en elle se fait la révélation transformante du Mystère » [15].

ou encore :

« Le propos théologique du Docteur commun nous apparaît désormais clairement dans sa visée essentielle : fonder la *Sacra Doctrina* sur la révélation divine (c'est-à-dire sur l'acte par lequel Dieu se fait connaître à l'homme dans son Verbe pour le faire entrer dans sa Gloire) et dégager *la logique du Mystère,* ce que nous appellerions plus volontiers encore *les catégories structurantes de la Parole de Dieu* » [16].

« *Sacra doctrina,* au sens défini dans les chapitres précédents, elle est *théologie* au sens le plus fort du mot puisqu'elle cherche à tout contempler dans cette lumière de sagesse dans laquelle Dieu se voit lui-même et toutes choses en lui, *sur la base de la révélation qu'il nous a faite de lui-même dans son Fils, à travers l'Ecriture et la tradition de l'Eglise* » [17].

« Saint Thomas ne dégage pas ce que nous appellerions aujourd'hui une théologie biblique mais, plus profondément, il essaie de faire ressortir les *catégories structurantes de la révélation divine et de l'expérience chrétienne.* Il contemple le mouvement de la révélation dans la Sagesse divine : les notions de Parole, de Verbe, d'Image, de Sagesse, d'Esprit, commandent tout le développement de l'économie divine toute polarisée par l'assimilation de la sagesse dans la béatitude, toute pénétrée par l'inspiration de l'Esprit, toute éclairée par la Loi divine à travers les médiations de l'humanité du Christ » [18].

2) *Théologie et histoire du salut.*

Dans une telle perspective, l'histoire du salut, loin d'être opposée à la théologie, est incluse en elle ou, si l'on préfère, la théologie ne nous est connue qu'à travers *une dispensation temporelle du salut,* selon l'expression d'Augustin, résumant toute la tradition antérieure. Le Mystère trinitaire implique toujours nécessairement l'arrière-plan de l'incarnation et saint Thomas en a eu une parfaite conscience puisqu'il voit toujours la révélation comme une *manifestation* (comme une épiphanie) sanctificatrice et glorificatrice de Dieu à travers l'histoire sainte et finalement à travers Celui qui s'est fait pour nous *via salutis.* Le Mystère du Christ est

15. *Ibid.,* p. 185.
16. *Ibid.,* p. 281.
17. *Ibid.,* p. 281.
18. *Ibid.,* p. 286.

donc centré, aussi fortement que chez S. Paul ou S. Jean, sur *Dieu :* qu'il nous suffise de citer ce texte du commentaire sur S. Jean :

« Possumus etiam ex praedictis accipere triplicem rationem, quare Deus voluit incarnari.

Una est perversitas humanae naturae, quae ex sui malitia iam obtenebrata erat vitiorum et ignorantiae obscuritate. Unde supra dixerat quod tenebrae eam non comprehenderunt. VENIT ERGO IN CARNEM DEUS, UT TENEBRAE POSSENT APPREHENDERE LUCEM, IDEST COGNITIONEM EIUS PERTINGERE. Is. IX, 2 : *Populus, qui ambulabat in tenebris, vidit lucem magnam.*

Secunda propter insufficientiam prophetici testimonii. Venerunt enim prophetae, venerat Ioannes ; sed sufficienter illuminare non poterant, quia non erat ille lux. UNDE NECESSARIUM ERAT UT post Prophetarum vaticinia, post Ioannis adventum, LUX IPSA VENIRET, ET SUI COGNITIONEM MUNDO TRADERET ; et hoc est quod Apostolus dicit, Hebr. I, 1 : *Multifarie, multisque modis olim Deus loquens patribus in prophetis, novissime locutus est nobis in Filio ;* et II Petr. I, 19 : *Habetis propheticum sermonem, cui bene facitis attendentes, donec dies illucescat.*

Tertia propter creaturarum defectum. Nam creaturae insufficientes erant ad ducendum in cognitionem creatoris ; unde mundus per ipsum factus est, et ipsum non cognovit. UNDE NECESSARIUM ERAT UT IPSE CREATOR PER CARNEM IN MUNDUM VENIRET, ET PER SEIPSUM COGNOSCERETUR : et hoc est quod Apostolus dicit, I Cor. I, 21 : *Nam quia in Dei sapientia mundus non cognoscit per sapientiam Deum, placuit Deo per stultitiam praedicationis salvos facere credentes* » [19].

Ou plus brièvement dans le grand texte du *De Veritate* (q. 14, a. 8), où S. Thomas définit l'objet de la foi :

« Quamvis divino testimonio sit de omnibus credendum, tamen DIVINUM TESTIMONIUM, SICUT ET COGNITIO, PRIMO ET PRINCIPALITER EST DE SEIPSO, et consequenter de aliis ; Joan XIV, 8 : *Ego testimonium perhibeo de meipso.* Unde fides est principaliter de Deo, consequenter de aliis » [20].

« Quamvis per veritatem primam deducamur in creaturas, principaliter tamen PER EAM DEDUCIMUR IN SEIPSAM, QUIA IPSA PRINPALITER DE SEIPSA TESTIFICATUR ; unde veritas prima se habet in fide et ut medium et ut objectum » [21].

ou encore :

19. *Commentaire sur S. Jean,* Ed. Marietti, n. 141.

20. *De Veritate,* 14, 8, ad. 2um. — Voir, de plus, le corps de l'article. « Unde oportet quod fides, quae virtus ponitur, faciat intellectum hominis adhaerere veritati quae in divina cognitione consistit, transcendendo proprii intellectus veritatem. Et sic fidelis per *simplicem et semper eodem modo se habentem veritatem liberatur ab instabilis erroris varietate,* ut dicit Dionysius, c. VII de divinis Nomin. Veritas autem divinae cognitionis hoc modo se habet, quod primo et principaliter est ipsius rei increatae ; creaturarum verum quodammodo consequenter, in quantum quidem cognoscendo seipsum omnia alia cognoscit. Et *ita fides, quae hominem divinae cognitioni conjungit per assensum, ipsum Deum habet sicut principale objectum ; alia vero quaecumque sicut consequenter adjuncta.*

21 *Ibid.*, ad. 9um.

« IPSUM AUTEM TESTIMONIUM VERITATIS PRIMAE SE HABET IN FIDE UT PRINCIPIUM IN SCIENTIIS DEMONSTRATIVIS »[22].

On comprend dès lors parfaitement que S. Thomas puisse écrire dans la première question de la Somme : « Au sens le plus propre, la théologie traite de Dieu comme la cause suprême, c'est-à-dire non seulement selon ce que nous pouvons en connaître à partir des créatures... *mais selon ce que seul il connaît de lui-même et communique aux autres par révélation* »[23], et, dans le Prologue de la Tertia Pars : « *viam veritatis nobis in seipso nobis demonstravit* ». C'est là mettre l'accent sur la manière dont le Dieu vivant s'adresse concrètement aux consciences humaines ou, si l'on préfère, sur la manière dont le Dieu créateur se fait personne pour nous en nous révélant son visage en Jésus-Christ. Il ne s'agit pas ici, comme on le pense encore trop souvent, d'une révélation consistant en quelques formules de vérités inaccessibles à la raison : il s'agit d'une conscience aiguë, extrêmement vivante chez S. Thomas, de ce qu'il y a de plus caractéristique dans l'histoire du salut.

Le grand théologien pense, en effet, que Dieu parle et se communique non seulement par des mots ou par des signes — ce qui est le propre de l'homme — mais encore — et cela Dieu seul le peut — par l'assomption de réalités auxquelles il donne une signification au-delà de celle qui leur convient formellement en raison de leur nature. On oublie trop l'importance du petit article 10 de la première question de la Ia Pars, qui souligne vigoureusement la *spécificité même de la théologie chrétienne :*

« Auctor sacrae Scripturae est Deus, in cuius potestate est ut non solum voces ad significandum accommodet (quod etiam homo facere potest), sed etiam res ipsas. Et ideo cum in omnibus scientiis voces significent, HOC HABET PROPRIUM ISTA SCIENTIA, *quod ipsae res significatae per voces etiam significant aliquid* »[24]. C'est sans doute la clé d'une lecture correcte de la IIIa Pars où l'humanité du Christ apparaît comme le signe et la parole révélatrice de Dieu et de sa gloire éternelle.

« Quia Salvator noster Dominus Iesus Christus, teste Angelo, populum suum salvum faciens a peccatis eorum, viam veritatis nobis in seipso demonstravit, per quam ad beatitudinem immortalis vitae *resurgendo* pervenire possimus, necesse est ut ad *consummationem totius theologici negotii,* post considerationem ultimi finis humanae vitae et virtutum ac vitiorum, de ipso omnium Salvatore ac beneficiis eius humano generi praestitis nostra consideratio subsequatur »[25].

Le symbolisme, que l'on a trop facilement opposé au réalisme, permet de comprendre l'histoire d'Israël comme une histoire sainte culminant en Jésus Christ, dans laquelle Dieu se révèle.

Ceci revient à dire qu'une réalité entre dans le champ de la

22. *Ibid.*, ad. 16um.
23. Ia, 1, 6, c.
24. Ia, 1, 10, c.
25. *Prologue,* de la IIIa Pars.

foi — et par là dans l'objet de la théologie — dans l'exacte mesure où elle tombe *sous la lumière de la Révélation :*

« Non enim fides de qua loquimur assentit alicui, *nisi quia est a Deo revelatum* » [26].

Et sans doute faut-il donner sa pleine valeur à la formule du *De Veritate :*

« Omnia illa quae in symbolo ponuntur ad creaturam pertinentia, non sunt materia fidei, *nisi secundum quod eis aliquid veritatis primae adjungitur ;* ipsa enim passio non cadit sub fide nisi in quantum credimus eam divina virtute fieri » [27].

Cette doctrine est constante :

« Ea quae pertinent ad humanitatem Christi, et ad sacramenta Ecclesiae, vel ad quascumque creaturas, cadunt sub fide, *in quantum per haec ordinamur ad Deum et eis etiam assentimus propter divinam veritatem* » [28].

Affirmer que Dieu est le sujet de la théologie serait insuffisant si nous n'ajoutions immédiatement pour lever toute équivoque : Dieu comme Dieu personnel est le sujet de la théologie, sous la modalité même par laquelle Dieu s'est lui-même révélé à la lumière intérieure de la foi à travers l'histoire du salut.

Tout est ainsi commandé par une révélation d'alliance qui dirige tout le déploiement du monde, comme le montre bien ce texte :

« Amicitia non potest haberi nisi ad rationales creaturas, in quibus contingit esse redamationem et communicationem in operibus vitae, et quibus contingit bene evenire, vel male, secundum fortunam et felicitatem ; sicut et ad eas proprie benevolentia est. Creaturae autem irrationales non possunt pertingere ad amandum Deum, neque ad communicationem intellectualis et beatae vitae, qua Deus vivit. Sic igitur Deus, proprie loquendo, non amat creaturas irrationales amore amicitiae, sed amore quasi concupiscentiae, *in quantum ordinat eas ad rationales creaturas, et etiam ad se ipsum, non quasi eis indigeat, sed propter suam bonitatem et nostram utilitatem.* Concupiscimus enim aliquid et nobis et aliis » [29].

La division de la Somme nous paraît dès lors d'une limpidité incomparable :

— Dieu,

— l'ordination à Dieu,

— le Christ comme via.

Elle permet d'étudier *en fonction de Dieu* appelant l'humanité à communier à sa vie dans la vérité d'une rencontre personnelle et libre tout le déroulement historique à travers lequel s'est faite la Révélation ou, selon une autre expression de S. Thomas, tous les effets de la Divinité grâce auxquels l'homme est aidé à tendre à la divine fruition.

26. II IIae, 1, 1. c.
27. *De Veritate,* 14, 8, ad 1um.
28. II IIae, 1, 1, ad 1um.
29. Ia, 20, 2, 3um.

### 3) *Connaissance de Dieu et Mystère du Christ.*

La théologie ne se définit donc pas comme inventaire ou phénoménologie de la conscience religieuse. Elle est, à la faveur de la Révélation, participation à la connaissance que Dieu a de lui-même ; elle nous livre la conscience que, contemplant l'œuvre du salut librement posée par lui, Dieu a de Lui-même et elle s'efforce de tenir dans l'unité du regard divin tous les éléments de la connaissance et de l'action de Dieu conduisant l'humanité au salut. Elle réfracte ainsi dans la condition humaine le Mystère de Dieu. L'objet de la théologie est ainsi le Dieu Sauveur, c'est-à-dire Dieu tel qu'il se révèle dans l'acte par lequel il se communique à sa créature.

Une véritable intelligence de cette formule : Dieu est l'objet de la théologie, suppose cependant la prise de conscience de la façon dont S. Thomas conçoit la connaissance de Dieu.

L'auteur médiéval ne cesse d'affirmer qu'ici-bas nous ne connaissons Dieu que comme le sujet d'attribution, inconnu en lui-même, des effets de nature et de grâce que la Révélation nous permet de saisir dans la foi :

« *licet de Deo non possimus scire quid est,* utimur tamen in hac doctrina effectu ejus vel naturae vel gratiae, loco definitionis ad ea quae de Deo in hac doctrina considerantur » ; [30]

« licet per revelationem gratiae in hac vita *non cognoscamus de Deo quid est, et sic ei quasi ignoto conjungimur,* tamen plenius ipsum cognoscimus, in quantum plures et excellentiores effectus ejus nobis demonstrantur, et in quantum ei aliqua attribuimus ex revelatione divina, ad quae ratio naturalis non pertingit, ut Deum esse trinum et unum » [31].

Nous sommes renvoyés une fois de plus à la révélation telle qu'elle nous a été donnée dans l'histoire du salut. A travers son action dans les événements de l'histoire et à travers ses paroles, Dieu se dévoile à nous en nous faisant connaître ce qu'il est et ses dispositions à notre égard. *L'en-soi* de Dieu est saisi à travers le *pour-nous* qu'il commande.

C'est ce qui explique que S. Thomas ne cesse de répéter : nous ne pouvons connaître Dieu que *négativement* « quid non est » et *relativement* « qualiter alia se habent ad ipsum » ; Dieu demeure toujours *inconnu* « nobis remanet ignotum », mais à travers ses effets naturels et surnaturels nous en avons une connaissance *relative.*

Il nous semble que l'on pourrait dire que, tout en visant un contenu positif et affirmatif qui demeure à jamais hors de notre portée, mais que, dans notre tension vers Dieu, nous pressentons sur l'axe même du contenu de nos concepts, notre connaissance de Dieu est négative et relative. En d'autres termes, le contenu

30. Ia, 1, 7, 1um.
31. Ia, 12, 13, 1um.

implicite mais informulable de notre connaissance de Dieu nous permet d'utiliser les termes relatifs ou négatifs dont nous avons parlé. Ce qui revient à affirmer que la connaissance conceptuelle implique toujours en son sein une connaissance non conceptuelle d'un type très particulier qui l'enveloppe et la soutient.

L'oubli de cette théologie de la connaissance de Dieu, sauvegarde du mystère de Dieu, que nous ne pouvons ici qu'évoquer, est sans doute un des drames de l'histoire du développement de la théologie occidentale ; sa présence active aurait dû être pour nous le point majeur d'une rencontre théologique avec l'Orient.

Une remise en valeur de cette orientation théologique suppose encore de notre part une redécouverte de la signification positive de la raison : elle n'est pas à comprendre de façon étroite, rationaliste et cartésienne, manifestant l'autosuffisance de cette faculté ; elle est, au contraire, à concevoir comme cette racine commune du pouvoir de vérité et de liberté, de réflexion et de justification, d'écoute et de réponse qui fait de nous des êtres humains. La raison est le principe même des actes humains, affirme constamment S. Thomas : c'est donc elle qui instaure cette ouverture libératrice et cet espace spirituel dans lequel le dialogue est possible. On s'étonne quelquefois de la place accordée par les gens du moyen âge à la raison, mais notre surprise cesserait vite si nous donnions, comme eux, à la raison une compréhensivité aussi souple que celle de l'exister humain se comprenant lui-même.

De plus, si l'on remarque que dans la première question de la Somme S. Thomas traite du salut de l'homme qui est Dieu et plus tard de l'objet de la foi défini par « ce qui est requis pour connaître notre destinée surnaturelle et ce qui nous y ordonne d'une manière surnaturelle » [32], il est clair que la grande division de la Somme passe entre la Ia Pars, d'une part, et la 2a et 3a Pars, d'autre part : [33] c'est la notion d'alliance dans la liberté qui commande tout le *motus rationalis creaturae in Deum* et qui s'épanouira dans le Christ. Car l'analyse si lucide de la vie spirituelle, telle que S. Thomas l'a menée tout au long de la 2a Pars, ne trouve la plénitude de son sens et son achèvement qu'insérée dans l'imitation des mystères de la destinée personnelle du Sauveur, comme le dit bien le texte suivant :

« Il est convenable que se passe dans le membre incorporé au Corps mystique ce qui s'est passé dans la tête » [34],

32. III Sent. 24, 3, 1, 3um. — Voir le texte de II IIae, 1, 8 : « ... illa per se pertinent ad fidem quorum visione in vita aeterna perfruemur, et per quae ducimur ad vitam aeternam. Duo autem nobis videnda proponuntur : scilicet occultum Divinitatis, cujus visio nos beatos facit ; et mysterium humanitatis Christi, per quem in gloriam filiorum Dei accessum habemus, ut dicitur ad Rom. 5. Unde dicitur Joan. 17, 3 : Haec est vita aeterna ut cognoscant te Deum verum, et quem misisti Jesum Christum. Et ideo prima distinctio credibilium est quod quaedam pertinent ad majestatem Divinitatis, quaedam vero pertinent ad mysterium humanitatis Christi, quod est pietatis sacramentum, ut dicitur I ad Tim. 4. »

33. Comme l'ont bien montré G. Lafont, o. s. b., *Structures et méthode dans la Somme théologique de S. Thomas* (Paris 1960) et Albert Patfoort, O. P., *L'unité de la Ia Pars et le mouvement interne de la Somme théologique de S. Thomas d'Aquin*, Rev. des Sc. Ph. et Théol., 47, 1963, pp. 513-544.

34. IIIa 73, 3.

ou encore :

« Resurrectio Christi causa est nostrae resurrectionis per virtutem Verbi uniti... ut scilicet conformemur Christo patienti et morienti in hac vita passibili et mortali, deinde perveniamus ad participandum similitudinem resurrectionis » [35],

ou, plus explicitement :

« Toutes les autres créatures ont reçu le don de la grâce en vue de la grâce du Christ, selon cette parole de l'Apôtre aux Romains (8, 29) : « *Ceux qu'il a connus d'avance, Dieu les a prédestinés à devenir conformes à l'image de son fils, pour qu'il soit le premier né parmi beaucoup de frères...* Le Christ a le pouvoir de diffuser la grâce et de la produire dans tous les membres de l'Eglise, selon ce mot de saint Jean (Jn 1, 16). Nous avons tous reçu de sa plénitude » [36].

Etant donné le fait que Dieu s'est révélé dans une vie humaine, la IIIa Pars prend valeur *anagogique* pour toute la vie humaine : la destinée personnelle du Christ, comme manifestation progressive de sa gloire éternelle, atteignant sa plénitude à la résurrection, devient pour nous *via veritatis* par la foi. Tous les *acta et passa Christi in carne,* repris dans le témoignage que la vérité divine donne d'elle-même, deviennent salutaires pour nous et dès lors nous sommes inclus *en mystère* dans l'humanité du Christ pour refléter à notre tour sa gloire divine.

La IIIa Pars couronne ainsi tout le travail de la IIa Pars et lui donne son plein statut théologique. Nous avons déjà montré dans « Le Christ et l'Eglise, théologie du Mystère » [37], que S. Thomas distinguait deux opérations dans l'humanité du Christ, l'une qui lui convenait seulement en vertu de l'union hypostatique (à cette action correspond la causalité efficiente du salut), l'autre « in quantum est natura quaedam » (à cette action correspondent les aspects de causalité morale, méritoire) et que l'action instrumentale était pour lui la principale. Quelle que soit l'importance de l'analyse formelle et abstraite de la Personne du Christ dans ses deux natures, l'analyse théologique doit considérer d'abord et avant tout la venue de Dieu, sa révélation et son action salvatrice *dans* le Christ et à travers son humanité. Saint Thomas l'a remarquablement bien vu. Et cette simple remarque montre une conscience très vive du fait que *l'analyse théologique est profondément et structuralement diversifiée :* la IIIa Pars a son statut propre qu'il importe de ne jamais oublier.

Nous avions écrit dans « le Christ et l'Eglise, théologie du Mystère », à propos de la pensée des Pères de l'Eglise : « La pensée patristique est totalement commandée par le mouvement de la Révélation et de l'économie du salut qui va de Dieu par le Christ à l'Eglise. Elle saisit tout à la lumière de la Révélation et de l'action salvatrice de Dieu en Jésus-Christ. C'est ce qui explique que, dans le dynamisme de leur liaison intime, elle découvre Dieu, le

35. IIIa, 56, 1, 1um.
36. IIIa, 8, 1.
37. p. 224-225.

Christ, l'Eglise, les sacrements. Réalité première, absolue, à laquelle tout se réfère, Dieu réalise tout dans le Christ, Sagesse et Puissance de Dieu, Image du Père, principe de la création et cause du salut, et dans l'Esprit-Saint opérant en toute créature. Il suscite, à l'image du Fils, l'Eglise qui, jaillie de l'action de la Parole, s'accomplissant dans les sacrements, se dévoile comme communion à la Sagesse dans l'Esprit, en attendant la pleine manifestation de la gloire. C'est ce mouvement fondamental, qui est précisément celui du Mystère, que nous voudrions dégager pour lui-même.

Nous n'entendons certes pas réduire à un schéma théologique unique le tradition patristique. Nous voudrions plutôt appréhender, dans son axe essentiel et dans sa dynamique propre, l'orientation la plus fondamentale de cette tradition dans sa compréhension du Mystère du Christ : *c'est, selon nous, la considération de l'économie historique du salut à partir de la préexistence du Logos et de sa présence dynamique à travers les signes de son humanité, dans l'œuvre personnelle du Christ.*

Seule cette perspective dynamique et symbolique permet de comprendre la conception ancienne de l'Eglise. Il est sans doute exact d'affirmer, comme on le fait souvent, que l'Eglise est dans la tradition orientale vue essentiellement dans la ligne anthropologique de la divinisation : « Il s'est fait homme afin que nous devinssions Dieu », et dans la ligne christologique du dogme de Chalcédoine : « Cette divinisation de l'homme est possible parce que le Christ est vraiment homme ». Mais l'unité du mouvement vivant, qui lie ces deux affirmations et leur donne valeur, risque alors d'être quelque peu oubliée si elle n'est pas perçue dans la vision globale du Mystère » [38].

Ce texte convient pour caractériser la pensée de S. Thomas, et nous sommes de plus en plus convaincu de la fidélité de celuici à cette pensée patristique. Au sens le plus fort du mot, il est *théologien* engagé au cœur même de la vie de l'Eglise et rien ne le montre mieux sans doute que ce petit texte sur le scandale, qui témoigne d'une contemplation du Mystère du Christ dans l'Eglise vue dans sa parfaite transparence :

« Nullus autem commovetur qui rei immobili firmiter inhaeret. Majores autem sive perfecti soli Deo inhaerent, cujus est immutabilis bonitas ; quia etsi inhaereant suis praelatis, non inhaerent eis, nisi in quantum illi inhaerent Christo, secundum illud I ad Corinth. 4, 16 : Imitatores mei estote, sicut et ego Christi. Unde quantumcumque videant alios inordinate se habere dictis vel factis, ipsi a sua rectitudine non recedunt, secundum illud psal. 124, 1 : Qui confidunt in Domino, sicut mons Sion, non commovebitur in aeternum qui habitat in Jerusalem. Et ideo in his qui perfecte Deo adhaerent per amorem, scandalum non invenitur, secundum illud psal. 118, 165 : Pax multa diligentibus legem tuam, et non est illis scandalum » [39].

38. p. 69-70.
39. II, IIae, 43, a, 5, c.

### III. — L'URGENCE DU RENOUVEAU

Nous avons insisté sur la valeur de la théologie thomiste parce qu'il nous semble qu'en ce temps d'œcuménisme l'affrontement avec des mondes spirituels différents n'est possible que dans une conscience aiguë de la valeur de la tradition catholique, mais nous affirmons avec autant de vigueur que c'est la qualité de cette tradition qui nous convie à un affrontement renouvelé avec le monde moderne pour faire droit à ses requêtes : nous l'avons souvent remarqué, la tradition ne nous est jamais donnée dans sa vérité que dans un regard vers l'avenir [40].

C'est toujours à partir de la nouveauté d'une situation historique déterminée — et ce fut le cas pour S. Thomas, comme le R. P. Chenu l'a admirablement montré — que se produit un renouvellement de la théologie. Le retour aux sources (Ecriture, Patristique, Liturgie), la rencontre avec la théologie des communions séparées, la profonde évolution des formes de l'expérience humaine et de la réflexion philosophique, nous conduisent à un approfondissement de la théologie : les crises que nous avons évoquées au début de cet article ne doivent pas nous effrayer (car la peur ne mène jamais qu'à des impasses), mais elles doivent être pour nous un appel à une théologie à la fois neuve et traditionnelle.

Nous ne pouvons songer, dans les limites de cet article, à analyser tous les points où la remise en question par le contexte moderne s'impose : nous nous contenterons donc de quelques remarques concernant quelques problèmes particuliers.

Pour S. Thomas, les principes de la science théologique nous sont donnés par la Révélation et c'est précisément cette affirmation même qui doit nous conduire à une reprise des fondements de la théologie pour une nouvelle présentation du donné, dans une saisie plus complète et plus adéquate de l'intention divine telle qu'elle se manifeste à travers l'histoire du salut.

L'un des approfondissements les plus décisifs, mais aussi des plus difficiles, concernerait à ce niveau le statut propre de notre connaissance de Dieu. Il devrait souligner, d'une part à quel point le contenu de notre foi demeure inexprimable dans ce qu'il a de plus spécifique, et nous est cependant livré dans des concepts suscités par notre expérience de l'histoire du salut. Le thème de l'inconnaissance de Dieu, si développé chez les Pères Grecs et dans toute la tradition orientale, devrait retrouver pour nous sa vigueur, et sur ce point M. Gilson a sans doute raison de voir en S. Thomas le docteur du dialogue avec l'Orthodoxie [41].

D'autre part, la profondeur de la crise bultmannienne nous convie, par delà toutes les déviations qu'elle peut susciter, à une remise en valeur des rapports entre philosophie et théologie dans

40. Voir en particulier, M.-J. Le Guillou, o. p., *Mission et Unité — Les exigences de la communion*, Paris, le Cerf, 1961.

41. Nous pensons au discours de M. Gilson, à propos du R. P. Sertillanges (15 déc. 1964).

leur concrétude existentielle. Trop de théologiens catholiques s'offusquent encore de voir les philosophes modernes interférer sur le champ de la théologie, alors qu'il est clair que la philosophie tend existentiellement à être vécue comme attitude suprême en face de la réalité, à moins qu'elle ne soit reprise à l'intérieur de la théologie. Nous devrions au contraire profiter de la conjoncture moderne pour manifester clairement que c'est au point précis où l'homme donne sens à toute son existence, où il décide métaphysiquement et mythiquement du sens de la réalité dernière, que s'est produite la Révélation.

Une telle conception nous permettrait de profiter, dans un regard de foi, de tout le renouveau philosophique moderne pour mieux cerner l'objet de la théologie. Elle éliminerait tout risque de fidéisme et d'illuminisme, si fréquent dans la pensée moderne, en montrant dans un approfondissement de la pensée chrétienne le caractère spécifique et toujours mystérieux de la réalité révélée, ce qui suppose la théologie de la connaissance de Dieu, dont nous avons parlé plus haut. Plus que jamais l'Eglise a besoin d'une authentique doctrine de sagesse.

Nous avons souligné aussi, en parlant de S. Thomas, à quel point il avait conscience du lien de la théologie et de l'économie : nous ne reviendrons pas sur cette affirmation, mais nous voudrions simplement remarquer combien de nos jours nous avons les moyens d'en manifester avec beaucoup plus de force la nature : il est clair, par exemple, que l'exploration moderne de l'expérience humaine doit renouveler, reprise à la lumière de la foi, notre anthropologie ; elle doit nous permettre de mieux comprendre à quel point le caractère corporel, incarné, et par là historique de l'homme, ont une signification profonde pour l'histoire du salut. Nous aurions sans doute à redécouvrir combien pour S. Thomas le corps participe à l'âme qui lui donne son esse.

« ... anima illud esse in quo subsistit, communicat materiae corporali, ex qua et anima intellectiva fit unum ; ita quod illud esse quod est totius compositi, est etiam ipsius animae ; quod non accidit in aliis formis, quae non sunt subsistentes ; et propter hoc anima humana remanet in suo esse, destructo corpore ; non autem aliae formae » [42].

Ces développements supposeraient évidemment une théologie des rapports de l'Ecriture et de la Tradition, qui montrerait combien la réalité de la vie de l'Eglise est plus riche que sa formulation scripturaire dans son sens explicitement littéral. C'est l'Eglise tout entière qui est le sujet de la tradition et le magistère est la norme dernière de notre foi et de notre interprétation de l'Ecriture et de la Tradition.

L'unité de la vision sapientielle et de la vision dynamique du Mystère apparaîtrait alors dans toute sa force. Ne citons qu'un texte de S. Thomas, relatif à la nature de la théologie :

« Hoc enim habet sacrae scripturae doctrina, quod in ipsa

42. I, 86, 1, 5um.

non tantum traduntur speculanda, sicut in geometria, sed etiam approbanda per affectum. Unde Matth. v. 19 : Qui autem fecerit et docuerit, etc. In aliis ergo scientiis sufficit quod homo sit perfectus secundum intellectum, in istis vero requiritur quod sit perfectus secundum intellectum et affectum. Loquenda sunt igitur alta mysteria perfectis. I Cor. II, 6 : Sapientiam loquimur inter perfectos.

Unusquique enim secundum quod est dispositus, sic iudicat ; sicut iratus aliter iudicat durante passione, et aliter ipsa cessante. Et similiter incontinens aliter iudicat aliquid esse bonum tempore passionis, aliter post. Et ideo dicit Philosophus, quod unusquisque qualis est, talis sibi finis videtur. Et quia quae ei sacra scriptura traduntur, pertinent ad affectum, et non tantum ad intellectum, ideo oportet esse perfectum in utroque.

Et ideo, Apostolus volens ostendere qui sint perfecti, quibus sit tradendus iste solidus cibus, dicit quod sunt illi, qui pro sua consuetudine habent sensus exercitatos » [43].

Il nous faudra cependant toujours bien maintenir la prévalence de la valeur contemplative de la foi, incessamment soulignée et avec raison par S. Thomas : la foi est toujours pour lui spéculative et pratique [44], et c'est pourquoi ausi la théologie est spéculative et pratique, mais principiellement spéculative [45] ; les dons du Saint-Esprit sont spéculatifs et pratiques, mais principiellement spéculatifs [46]. Toute la morale chrétienne suppose dès lors la contemplation du Mystère de Dieu.

En terminant, nous soulignerons une fois de plus combien la notion de Mystère, au sens paulinien de ce mot, peut jouer un rôle central pour retrouver cette profonde unité de la théologie qui, depuis quelques siècles, s'est trouvée pratiquement brisée. Des études récentes en ont montré la fécondité et l'importance [47].

43. *Commentaire sur l'épitre aux Hébreux,* Ed. Marietti, n° 273.
44. *De articulis fidei et Ecclesiae sacramentis,* Prooem.
45. Ia, qu. 1 a, 4.
46. II, II 8, 3 ; 6 ; II, IIae, 45, 3, 3um, etc...
47. Soulignons simplement l'importance de : 1) P. LAMARCHE, *Le Prologue de Jean* dans Recherches de sc. relig., 52, 1964, pp. 497-537 : « *Le Logos.* Après avoir ainsi éclairci le sens du verset 3 nous pouvons comprendre la signification exacte du mot « Logos ». Il ne s'agit pas ici d'une visée directement trinitaire, ni purement « fonctionnelle », la perspective est centrée sur l'économie du salut. On l'a souvent dit, saint Jean en présentant le Logos pense au monde à sauver, et ce n'est pas sans raison qu'on voit dans ce titre essentiellement christologique la Parole évangélique, préparée par la Parole prophétique, législative et créatrice. Cependant si l'on veut donner au mot Logos la nuance qui lui convient ici, il faut remonter encore plus haut et au-delà de ses manifestations atteindre la Parole intérieure, le dessein salvifique universel conçu par Dieu « dès avant la création » et assumé par la deuxième personne de la Trinité. Voilà donc en conformité avec l'idée directrice du Prologue la signification exacte du Logos, signification qui rejoint l'un des sens du *dabar* hébraïque (cf. v. g. *Ez.* 38, 10) et qui met un lien étroit entre le Verbe et la Sagesse. De plus, si nous comparons Jean et Paul, nous constatons que le Logos correspond exactement au mystère paulinien assumé par la personne divine du Christ. Et ce n'est sans doute pas par hasard que nous trouvons une fois chez Paul côte à côte les mots « logos » et « mystère » ; Paul n'a-t-il pas pour mission « d'accomplir chez (les Colossiens) la parole de Dieu (τὸν λόγον τοῦ θεοῦ τὸ μυστήριον), le mystère caché depuis les siècles... et maintenant révélé » (Col. 1, 25 s.). Sans doute le logos paulinien n'est-il pas identique au Logos johannique, cependant le rappro-

Nous pouvons dire notre conviction : seule une théologie consciente de l'importance de la vie contemplative et spéculative, ouverte à toute la mission de l'Eglise, sauvera les renouveaux biblique, patristique, liturgique, pastoral, missionnaire et œcuménique et leur permettra de prendre leur plein essor. Nous sommes heureux de remercier du plus profond de nous-même le R. P. Chenu de nous avoir aidé à mieux prendre conscience de cette exigence. Plus que jamais, *c'est l'heure de la théologie.*

chement opéré par Paul entre la Parole de Dieu et le mystère ouvrait la route à un approfondissement de la notion du Logos dans le sens du mystère ; la parole de Dieu avant d'être révélation du mystère était, en effet, parole intérieure, mystère caché, dessein de Dieu. De même la présentation paulinienne du Christ comme premier-né de toute créature par qui tout a été créé (Col. 1, 15 s.) et en qui Dieu a conçu son dessein salvifique universel. (Ep. I, 3 ss.), préparait parfaitement les esprits à identifier le Christ avec ce dessein (Jn. I, 1 ss.).

En voyant dans le Logos johannique une signification de mystère ou de dessein de Dieu, nous retrouvons non seulement le milieu de pensée de Paul, mais encore celui de Qumrân, sans parler de l'*Evangile de Vérité :* nous avons cité plus haut des textes proches du Prologue qui baignaient dans une atmosphère de dessein et de mystère, il suffira ici de rapporter le passage de 1 QS. 11, 11 : « Par sa science tout a été produit et tout ce qui arrive par son dessein il le fixe et en dehors de lui rien ne se fera ». Dans cette phrase si proche de *Jn.*, 1, 3, ce qui tient la place du Logos johannique c'est le dessein de Dieu », art. cit., pp. 526-527.

2) de J. Cambier, *Justice de Dieu* (dans Revue Biblique, 71, 1964, pp. 554-555) : « Dans la première partie de la *I Cor.*, la réalité salvifique de l'Evangile est désignée par le terme de sagesse, en tant que la réalisation du salut par la mort en croix du Christ exprime la sagesse profonde et inscrutable de Dieu ; suivant celle-ci, l'homme n'a plus aucune possibilité de vanterie personnelle (I Cor. I, 29 ss.), recevant son salut entièrement et exclusivement de Dieu. *Rom.* 11, 33, et 17, 27, font allusion à cet aspect de l'Evangile ; le but du plan divin est que toute gloire revienne à Dieu seul (Rom. 11, 36).

« Vers la fin de sa carrière apostolique, — et principalement sous l'influence de son ministère en Asie mineure, — Paul appelle aussi l'Evangile le « mystère » de Dieu ou du Christ (cf. Eph. 3, 3 ss.). Tout comme c'était le cas pour l'Evangile, Paul rattache étroitement son apostolat à la réalité du mystère : il est chargé de le manifester au monde, cf. Eph. III, 9 : φωτίσαι. Ici aussi, — et c'est encore plus souligné que dans le thème de l'Evangile (cf., cependant I Cor. 2, 6-16) — la connaissance que l'apôtre possède du mystère joue un rôle important.

« Une synthèse entre les deux thèmes d'Evangile et de mystère a été faite par Paul dans Rom. 16, 25-27 : la prédication de l'événement de Jésus-Christ (cf. I, 3 s.) qui, selon l'Evangile de Paul, apporte le salut (cf. I, 16 s.) est un mystère profond et caché depuis toujours, mais qui maintenant, et selon la prédiction des Ecritures (cf. I, 2, 17 b) a été révélé à toutes les nations, afin qu'elles le reçoivent en foi (cf. I, 16 ss.). On remarquera le vocabulaire de la littérature sapientielle et du courant apocalyptique, — celui de cette dernière tendance étant ici plus accentué —, dans la finale de Rom. tout comme dans notre logion : cela confirme le genre littéraire de Rom. I, 16 s. et indique à quelles origines culturelles il faut rattacher les expressions qui expliquent le mot paulinien εὐαγγέλιον ».

et enfin 3) F.-M. Braun, *Jean le Théologien,* Paris, 1964. *Prophétie et sagesse, La Sagesse parmi nous,* pp. 121-127.

Au moment de corriger ces épreuves, nous pouvons annoncer la parution prochaine de A. Feuillet : « Le Christ, Sagesse de Dieu ». (Gabalda 1966), qui confirme très fortement nos positions.

# LE SAGE SELON CHARLES DE BOVELLES

par

Henri de LUBAC, s.j.

Charles de Bovelles (Bovillus), dit aussi de Bouelles, ou quelquefois de Bouilles, né à Saint-Quentin en 1479, mort à Noyon en 1566, fut un grand voyageur et un écrivain fécond. Célèbre dès sa jeunesse, mêlé de près pendant vingt-cinq ans environ au mouvement intellectuel de son époque, il mena ensuite une longue vie retirée, comme chanoine de Saint-Quentin, puis de Noyon. Un demi-siècle après sa mort, il était déjà, du moins en France, presque oublié, partageant en cela le sort de ceux qui écrivirent en latin à l'heure où la langue vulgaire était près de s'imposer. La première notice un peu substantielle qui s'efforce de le faire connaître dans sa patrie est celle que lui consacre en 1738 le barnabite Nicéron, au tome trente-neuvième de ses *Mémoires pour servir à l'histoire des hommes illustres dans la République des Lettres*. Notice quelque peu ironique : le goût était alors, dans l'Eglise elle-même, à cette critique de surface, souvent voltairienne avant la lettre, qui n'envisageait guère que par leurs plus petits côtés les monuments de la tradition chrétienne. Nicéron citait en particulier un traité *De duodecim numeris*, dans lequel, disait-il, Bovelles se donne « bien de la peine pour prouver que le nombre de six est celui des Hommes, et celui de sept le nombre de Dieu » [1].

Avec plus de justesse, même s'il exagère un peu, le tome premier du *Dictionnaire universel*, publié à Paris en 1760 « par le R.P. Richard et autres religieux dominicains », nous dit de Bovelles qu'il fut « l'un des premiers hommes de son temps, habile grammairien, fameux orateur, philosophe, mathématicien, grand théologien, instruit de toutes sciences, et excellent dans toutes ». Mais ni cette notice élogieuse, ni l'intérêt porté à Bovelles par quelques étrangers, ne réussirent à le tirer vraiment de l'oubli. La *Nouvelle biographie générale* de G. Brunet lui donnait, en 1855, l'unique titre de « philologue français », parce que dans un ouvrage, rédigé d'ailleurs en latin, il a expliqué, à la manière d'Erasme dans ses *Adages*, six cent cinquante proverbes français : *Proverbiorum vulgarium libri tres*, et publié en outre un Traité *De differentia vulgarium lingua-*

1. Paris, 1738, p. 158-171. On trouve une nomenclature des œuvres de Bovelles dans J.-A. FABRICIUS, *Bibliotheca latina mediae et infimae aetatis*, éd. de Florence, 1858, t. I, p. 310-313.

*rum et gallici sermonis varietate* [2]. Deux historiens de la philosophie, les Allemands Henri Ritter, dans un volume de son *Histoire de la philosophie,* et Joseph Dippel, dans ses *Principes de la philosophie moderne* (1865), se sont occupés de lui ; mais les historiens de la théologie ne l'ont guère pris au sérieux : le *Nomenclator* de Hürter signale à peine quelques-uns de ses écrits [3], et en notre siècle le monumental *Dictionnaire de théologie catholique* l'ignore. Les historiens de l'humanisme eux-mêmes ne le mentionnent que rarement. Imbart de la Tour, cependant, lui consacrait une bonne page, en 1909, au deuxième volume de ses *Origines de la Réforme* [4]. En préparant sa thèse sur *Préréforme et humanisme à Paris pendant les premières guerres d'Italie* (1594-1617), M. Augustin Renaudet rencontrait Bovelles presque à chaque pas ; sur sa vie, ses relations, ses œuvres, il apporte maints renseignements précieux ; mais, disséminés à travers les 740 pages du volume, ces renseignements ne semblent pas avoir attiré une attention bien active [5]. Un article, principalement biographique, publié en 1936 par M. Paul-Henri Michel dans la *Revue des études italiennes* [6], n'eut pas, croyons-nous, de suite et n'a pas éveillé non plus, du moins en France, un grand écho, pas plus que l'exposé « précis et très élogieux » de la pensée de Bovelles paru peu auparavant dans l'ouvrage allemand d'Ernst Cassirer : *Problèmes de la connaissance dans la philosophie des temps modernes.*

Un écrit de notre auteur a toutefois fait l'objet, depuis quelque temps, d'une étude apparemment plus attentive. Il s'agit d'un *Liber de Sapiente,* qui se trouvait achevé au 13 novembre 1509 et qui fut imprimé par H. Estienne, avec six autres traités de Bovelles et un choix de ses lettres, en 1510 [7]. Il occupe dans ce recueil les folios 116 à 148, entre un *Liber de generatione* et le *Liber de duodecim numeris.* Une édition critique de ce *Liber de Sapiente* a été procurée en 1927 par Raymond Klibansky, en appendice à un ouvrage de Ernst Cassirer, *Individuum und Kosmos in der Philosophie der Renaissance* [8].

Si le *Liber de Sapiente* intéresse aujourd'hui plusieurs de nos historiens de l'humanisme, c'est parce qu'il leur paraît tenir une place originale dans l'histoire de l'anthropologie. Il représente à leurs yeux un anneau particulièrement important dans le déroulement de la chaîne qui, à partir de l'idée de l'homme reçue de la révélation chrétienne, conduit à la conception aujourd'hui régnante ; pour tout dire en deux mots : de la transcendance à l'immanence. Plus précisément, au long de cette chaîne, le *De Sapiente* de Bovellès leur paraît assurer la transition immédiate entre l'*Oratio* de Pic de

2. Paris, 1531 et 1533. Cf. Marcel BATAILLON, *Erasme et l'Espagne* (1937), p. 667-668. — Brunet, t. VI, col. 897.

3. T. II (2ᵉ éd., 1906), col. 1502-1504.

4. *L'Eglise catholique, la crise et la renaissance* (1909), p. 551-553.

5. Pour l'étude de la philosophie de Bovelles, A. Renaudet renvoie à Dippel (p. 606, note). Lucien FEBVRE l'appelle « notre Bouelles » (*Combats pour l'histoire,* p. 276), mais il n'eut pas l'occasion de l'étudier particulièrement.

6. T. I (1936), p. 176-187 : *Un humaniste picard, Charles de Bovelles.*

7. Carolus BOVILLUS Samarobinus : *Liber de intellectu ; Liber de sensu,* etc.

8. *Studien der Bibliothek Warburg,* B. G. Teubner, Leipzig.

la Mirandole et le *Microcosme* de Maurice Scève. Ils s'attachent, pour le démontrer, à quelques expressions caractéristiques tirées de ce *De Sapiente*.

Ecoutons d'abord M. H. Weber, dans sa thèse sur *la Création poétique au XVIe siècle en France, de Maurice Scève à Agrippa d'Aubigné* (1956) :

... Les idées de Pic de la Mirandole seront en partie reprises par Charles de Bovelles, qui, dans son *De Sapiente*, à travers un tissu de correspondances allégoriques entre le monde physique et le monde moral, exalte le sage, qui maintient et surmonte en lui les contradictions de l'univers. Selon Charles de Bovelles, l'homme ne prend conscience de lui-même que par la connaissance de l'univers et l'action sur le monde extérieur. Le monde n'acquiert sa véritable unité qu'à travers la conscience de l'homme... (p. 21.)

Les limites de son travail ne permettaient guère à M. Weber de s'étendre sur un ouvrage très antérieur aux dates qu'il s'était assignées. Mais en 1948, dans sa grande thèse sur *Maurice Scève*, M. Verdun - L. Saulnier avait été plus explicite. Suivant M. Saulnier, Charles de Bovelles modifie l'idée de Pic de la Mirandole, pour qui l'homme était microcosme par sa création même. L'homme de Bovelles « s'élève lui-même à cette dignité par un lent effort à penser le monde » :

... Le sens de la terre s'aiguise ainsi, de pas en pas, dans l'histoire de ce mythe (d'Adam), et le sens du ciel s'émousse. L'Homme se créera lui-même microcosme, et par un effort physique plus que métaphysique. L'évolution mécanique de son être le porte du fœtus au nourrisson, à l'enfant, à l'homme : fœtus, simple substance, il imite le minéral ; nourrisson, âme végétative, il imite la plante ; enfant, âme sensitive, il imite l'animal ; homme enfin et âme raisonnable, il doit devenir microcosme (p. 421).

Mais ce n'est pas tout. Le plus nouveau, le plus caractéristique, aux yeux de M. Saulnier, ce par quoi Bovelles dépasse Pic et annonce Scève, ce qui fait de lui un précurseur important de l'immanentisme moderne, c'est que, par sa méthode aussi bien que par sa pensée, il se maintient toujours « près de la terre ». Quoiqu'il « méprise profondément les travaux manuels », cependant, il appelle l'homme « à la découverte du monde » ; il le conduit, d'invention en invention, « jusqu'à l'achèvement du Microcosme ». Bovelles, donc, « s'installe résolument dans le domaine concret et terrien de l'homme », et c'est ce que montrent parfaitement certaines de ses formules, « bourrues, drues et claquantes comme des devises de blason » : *Homo es, sistere in homine. — Sta, sede, et stabilire in his quæ sunt. — Rationem sequere, in ratione persiste* (p. 421-422).

Dix ans auparavant, en 1938, M. Albert-M. Schmidt avait abordé le même sujet, dans un chapitre de sa thèse sur *la Poésie scientifique en France au XVIe siècle*. Déjà il avait proposé de voir en Bovelles l'intermédiaire entre Pic de la Mirandole et Maurice Scève dans la constitution de l'humanisme qui devait se substituer à l'ancien humanisme chrétien :

> Charles de Bovelles, dans son *De Sapiente,* dont les historiens de la philosophie commencent à reconnaître l'importance, transforme profondément les principales notions mirandoliennes et les incarne. Il se défend de croire que l'homme, par ses possibilités latentes, naisse microcosme, et estime qu'il ne saurait atteindre cette plénitude sans un labeur infini. S'il admet, comme Pic de la Mirandole, que l'homme se crée lui-même, c'est en songeant moins à un processus mystique qu'à une lente évolution physiologique... (p. 113.)

Mais l'idée de cette évolution, du fœtus à l'âme raisonnable, qui fait pas à pas ressembler l'homme à tous les ordres du cosmos, est encore « une idée assez banale ». Par là, l'homme n'est pas encore vraiment microcosme :

> Il doit... assumer tout d'abord plus d'humanité que l'homme naturel, non pas, comme le préconisaient les néoplatoniciens, en s'évadant le plus tôt possible du monde créé pour s'établir dans l'inqualifiable obscurité divine, mais en accomplissant, dans la durée et dans l'espace terrestres, la tâche suprême à quoi sa vocation le destine : penser le monde... ... Pour Bovelles, la fin de l'être humain n'est jamais une sorte de contemplation passive, de *frui Deo,* mais un discernement actif et scientifique de tout ce qui est. Chaque fois que le sage conçoit une notion neuve, résout un problème scientifique, le microcosme devient en lui présent, et lui-même se hausse d'un degré vers la dignité microcosmique... (p. 113 et 114.)

Si telle est la conception de Bovelles, on ne doit pas être étonné qu'il évoque le mythe de Prométhée, ni qu'il tende « à rejeter Dieu dans une abstraction métaphysique, pour laisser l'homme se développer plus commodément ». Ainsi le Sage de Bovelles prépare-t-il les voies à l'Adam scévien :

> Cette éthique intellectualiste et pourtant strictement fidèle à la terre, se traduit dans le *De Sapiente* par une suite de frappantes sentences qui peuvent fournir sans difficulté les règles spirituelles d'un commentaire sur le poème de Scève. *Homo es, sistere in homine,* dit Bovelles. Qui, plus que l'Adam scévien, s'établit en l'homme ? *Rationem sequere, in ratione persiste,* poursuit Bovelles. Adam attend de la raison la joie de pénétrer tous les secrets du monde. *Sta, sede, et stabilire in his quæ sunt,* suggère Bovelles, avec décision. Adam ne songe jamais à délaisser l'Univers immédiat de la sensation, mais à l'approfondir. (p. 114.)

On aura remarqué la parfaite conformité de vues entre MM. Weber, Saulnier et Schmidt. Aussi MM. Weber et Saulnier se réfèrent-ils l'un et l'autre à leur devancier. Laissons ici de côté ce qui concerne Pic de la Mirandole et ce qui concerne Maurice Scève. L'exégèse que ces trois auteurs nous proposent du *De Sapiente* de Bovelles est-elle entièrement recevable ? L'idée maîtresse de Bovelles réside-t-elle bien dans cette exaltation de l'homme microcosme ? L'idéal de son sage est-il vraiment circonscrit « dans la durée et dans l'espace terrestres » ? Prêche-t-il vraiment cette sorte de « fidélité à la terre » aux dépens de la pensée du ciel ?

Pour peu qu'on ait quelque connaissance du personnage de Bovelles et de l'ensemble de son œuvre, on ne peut manquer de se poser la question. Charles de Bovelles était homme d'Eglise. Assurément, cela ne constitue pas une indication suffisante. Mais cet homme d'Eglise était un ascète, et il nous est même dit qu'une fois, à la suite de jeûnes trop rigoureux, il tomba malade à Paris [9]. Le célèbre abbé Trithème, qu'il était allé visiter à Sponheim, en Rhénanie, au cours de l'année 1503, devait prononcer bientôt de lui cet éloge, après avoir suivi ses publications : « On dirait que la nature l'a créé pour la recherche des secrets divins de l'univers et de l'essence cachée des êtres plutôt que pour vivre en un corps mortel une simple vie humaine ; c'est à la philosophie contemplative et aux abstractions de la géométrie qu'il s'est principalement consacré » [10]. L'éloge peut paraître légèrement ambigu. Mais d'autre part Bovelles lui-même, dans un *Opusculum communium ad metaphysicam spectantium* qui date de 1504, trace un premier portrait du sage : il l'oppose au physicien, qui est de nature humaine, comme étant « de la nature des anges » [11]. Il était grand admirateur de Raymond de Sebonde, dont il contribua peut-être à publier la *Theologia naturalis sive Liber creaturarum,* et il écrivait la vie de Raymond Lull. De pair avec Josse Clichtoue, il fut à Paris, dès 1495, disciple de Lefèvre d'Etaples, comme lui membre de la « nation » picarde ; il demeura son collaborateur et son ami. Il dédiera à Lefèvre deux *Dialogues sur la Trinité,* et Lefèvre lui donnera une préface pour son *In artem oppositorum Introductio.*

Comme son maître, Charles de Bovelles s'intéresse fort activement à la science sacrée, et pas simplement en amateur. Il en veut renouveler les méthodes, moins par l'introduction des sciences que l'on appellera plus tard « positives », exégèse ou histoire, disciplines encore « terrestres », que par une dialectique en partie nouvelle et par l'usage à la fois rationnel et mystique des mathématiques. C'est ainsi qu'en 1513 il s'efforce d'éclairer le concept d'éternité par des analogies tirées de la géométrie [12]. « Sine numerorum et magnitudinum luce, écrit-il à Guillaume Budé, theologus et mutus et mancus efficitur » [13], et c'est en effet la mystique des nombres qu'admirera le plus chez lui, sur la fin du XVIe siècle, le théologien Pierre Bongo, chanoine de Bergame. Ses deux *Dialogues sur la Trinité,* nouvel exemple d'un genre très ancien dans la littérature chrétienne, sont l'écho d'entretiens qu'il eut à Rome avec un docteur israélite. Il compose encore sept livres de *Questions théologiques,* suivis bientôt de dix livres de *Conclusions théologiques,* qui supposent les uns et les autres de sa part bien autre chose encore que « le sens de la terre ».

9. Cf. A. Renaudet, *op. cit.,* p. 419.
10. Cité par P.-H. Michel, *loc. cit.,* p. 180. Bovelles fut d'ailleurs déçu par Trithème : Renaudet, p. 417-419.
11. A. Renaudet, *op. cit.,* p. 420, 521, 620. Mais c'est encore pour conclure (ch. 27) : « Universi clavis in sapientis manu collocata ».
12. Lettre à Lefèvre, 1er avril 1513 (Renaudet, p. 635).
13. 8 octobre 1511 (Imbart de la Tour, *op. cit.,* p. 552). De même, à Germain de Ganay, 2 juin 1508 (Renaudet, p. 506).

Les titres de ses autres ouvrages ne semblent guère dénoter non plus un auteur soucieux de maintenir ou de ramener l'homme aux seuls horizons terrestres. N'a-t-il pas écrit un *De animi immortalitate ?* N'a-t-il pas composé, longue pièce de vers, un *Carmen ad mentis assurrectionem et ad altissimum illius stuporem pertinens ?* Oui, certes, l'obscurité divine est pour lui, comme dit M. Schmidt, « inqualifiable », et l'on s'en aperçoit par exemple en lisant son traité *De Nihilo ;* mais il n'y trouve pas une raison d'en détourner son regard. Bien plutôt est-il fasciné par elle. Cette obscurité lui est en même temps lumière, quoique lumière « impénétrable » ; c'est à la fois un océan de lumière et une ténèbre sereine :

> ... Conspicor immensum, video impenetrabile lumen :
> En lucis pelagus cerno oculis brevibus.
> En circumfundor radiis, caligo serena
> Umbrarum horrores incutit et tenebras... [14].

Un autre de ses ouvrages s'intitule précisément : *Liber divinæ caliginis.* S'inspirant de la *Théologie mystique* de Denys et, comme dans le *De Nihilo,* de la *Docte Ignorance* de Nicolas de Cuse [15], Bovelles y étudie comment, par l'extase, l'esprit humain transcende ce monde sensible, y compris le monde céleste, ainsi que toute créature, pour s'unir, au-dessus de lui-même, à Dieu seul, par la force de la contemplation ; il y enseigne par quelles « échelles », ou, mieux, au moyen de quelles « ailes » se réalisent ces « excessus », ces « extases », ces « sacræ et beatæ assurrectiones » [16]. Il aime, comme on le voit, ce dernier mot, dont saint Ambroise avait usé dans le même sens pour désigner les pensées célestes [17]. Dans un *De prophetica visione,* passant en revue les principaux exemples que fournit la Bible, et en ajoutant même quelques autres tirés de la Grèce antique et des « Gymnosophistes » de l'Inde, il donne une preuve de plus de l'intérêt passionné qu'il porte aux choses divines. Son *De laude Hierusalem* est un long commentaire, mot par mot, du psaume « Lauda, Jerusalem, Dominum » ; il y montre comment le mystère de notre élévation divine est corrélatif d'un premier mystère, celui de la « scala divinæ inclinationis », par les degrés de laquelle Dieu est d'abord descendu jusqu'à nous, se faisant intelligible aux anges, audible à Abraham, visible à Moïse, enfin palpable en Jésus-Christ ; pensée toute chrétienne, aux résonances patris-

14. *Liber divinae caliginis* (Lugduni, 1526), in fine.

15. Il dit de Nicolas de Cuse : « vir cum in divinis tum in humanis disciplinis prae cunctis admirandus » (*Libellus de mathematicis supplementis*). En 1511, il publie un commentaire du *Pater,* qui fait correspondre chaque demande à l'un des chœurs angéliques de Denys.

16. *Liber divinae caliginis,* c. 17, Propositio dubietatis, qualiter mens per media immensa discurrens optato fini jungatur. « Quibus ergo alis subvecta, quibusve scabellis fulta, pervigil ac sollers mentis industria hujus patentissimi et prorsus immensi chaos hiatum transvolabit : quo ad decorum et superamabile expetitae circularitatis bravium, quod eidem in fine nemo negatur, pertingat ?... ... qualiter hi beatissimi mentium in alta intentium excessus, extases sacraeve assurrectiones perficiantur ». — C. 18 : « Per summam extasim et nescientiam quandam sui mentium ab imis ad summa beata perfici assurrectiones ».

17. Saint Ambroise, *De Abraham,* l. 2, c. 7, n. 39 : « Dicitur ergo Abrahae : surge. Non corporalem adsurrectionem significat, sed spiritalem, hoc est : surge qui dormis, surge a terrenis, surge a corporalibus, relinque terrena, caelum aspice... » (Ed. C. Schenckl, CSEL, 32, p. 595).

tiques, qu'il reprend dans le *De laude Gentium,* commentaire du psaume « Laudate Dominum omnes gentes », ainsi qu'au septième livre de ses *Conclusions théologiques* (ch. 76 à 98). Aux quatre livres de sa *Praxilogia Christi,* qui correspondent aux quatre évangiles, il ajoute, choix remarquable, un *Commentarius in primordiale Evangelium divi Joannis.*

Partout, même en dehors de ses ouvrages religieux, s'affirment ses tendances contemplatives. Il est encore l'auteur d'une *In Artem oppositionum Introductio,* par laquelle il espère bien, en effet, apprendre à son lecteur à « penser le monde », mais non point à s'enfoncer dans le « domaine terrien » ou dans « l'univers de la sensation ». Ici encore, en un sujet où l'on s'y attendrait moins, c'est finalement à l'extase qu'il fait confiance pour pénétrer le réel. La comparaison qu'il institue entre Aristote et Pythagore — ce dernier pris comme figure de saint Paul et de son disciple Denys, — est significative. « Aristote, dit-il en son langage mystique, est la vie de la connaissance, Pythagore en est la mort, mais c'est une mort supérieure à la vie. Le premier enseigne par la parole, le second par son silence ; mais ce silence est action et cette parole est privation. Chez Paul et chez Denys, vous trouvez beaucoup de silence... Au contraire, chez Aristote, pas de silence, mais beaucoup de mots. Or le silence parle, et les mots se taisent » [18]. *Silentium dicit, et tacent voces.*

Non moins significatif de son goût des sublimités spirituelles est le *De raptu divi Pauli libellus.* C'est un ouvrage en trente-trois chapitres, qui commence par dénombrer divers ordres de cieux, jusqu'au « mysticum Dei solium », où se trouve la « divina sessio », la « divinæ beatitudinis immota requies ». Alors se posent au théologien toutes sortes de questions, concernant les rapports du troisième ciel et du paradis, la nature du « raptus », et autres semblables. Arrivant enfin au cœur de son sujet, Charles de Bovelles émet sur le « rapt » de saint Paul une opinion qui, en l'identifiant à la vision du chemin de Damas, offre pour nous l'intérêt de réunir en elle les deux courants de la tradition antérieure au sujet de saint Paul considéré comme maître de l'interprétation des Ecritures ; c'est-à-dire de réconcilier les exégètes à la manière d'Origène et les mystiques à la manière de Denys [19] :

> ... Quod Paulus, in eo suæ repentinæ immutationis instanti, quo Judaismo repente vocatus est in militiam Christi, viderit Deum : ne quis forte neget, testatur ipsemet, cum hæc verba fudit : « Novissime autem tanquam omnium abortivo visus est et mihi » [20].

Et l'opuscule poursuit sa route, étudiant au passage la perte des âmes saintes en Dieu dès cette vie présente et leur retour à la

18. Traduction Michel, *loc. cit.,* p. 185-186.
19. Cf. Henri de Lubac, *Exégèse médiévale,* t. 4 (1964), p. 494-495. E.-B. Allo, *Saint Paul, Seconde Epître aux Corinthiens,* p. 305-307.
20. Caroli Bovilli Samarobrini, *De raptu divi Pauli libellus,* auctus ab ejus epistola ad fratrem Innocentium Guenotum, in Caelestinensium monachorum ordine Deo militantem (Paris, 1531), c. 13, De modo raptus beati Pauli (fol. 8).

condition charnelle, — commentant les mots brûlants de l'Apôtre : « Cupio dissolvi, — Mori lucrum, — Quis me liberabit de corpore mortis hujus ? », — célébrant encore les visions des Prophètes, — expliquant le rapt d'Elie sur le char de feu, — comparant les motions spirituelles des saints de l'Ancien Testament et de ceux du Nouveau, — redisant que notre « provectio in Deum » est une suite de l'Incarnation divine, car « humiliatus est Deus, non ob aliam causam, quam ut elevaremur » etc... [21].

Rien de tout cela, on en conviendra volontiers, ne fait pressentir le parti pris de se tenir toujours « près de la terre », de rejeter Dieu dans une abstraction indifférente et de ne concevoir le progrès humain que comme une avance par degrés « vers la dignité microcosmique », parti pris qui caractériserait le *Liber de Sapiente.*

Ce *De Sapiente* lui-même, si maintenant nous le considérons, que nous dit-il ?

Observons tout d'abord qu'il est dédié « amplissimo patri Guillelmo Briconeto, præsuli Lodovensi », c'est-à-dire à Guillaume Briçonnet, le célèbre prélat auquel, quelques mois auparavant, Lefèvre d'Etaples venait de dédier son *Quintuplum Psalterium* (1509) [22]. Dès sa dédicace, Bovelles explique que la sagesse consiste, comme l'a proclamé jadis l'oracle d'Apollon, à se connaître soi-même. N'est-ce pas là ce que proclame également le Psalmiste, lorsqu'il dit : « Homo cum in honore esset non intellexit, comparatus est brutis et jumentis insipientibus, et similis factus est illis » ? Or, se connaître soi-même, c'est essentiellement se connaître comme image de Dieu, douée de raison et d'immortalité. La sagesse de l'homme ne peut être que le reflet de la Sagesse dont il est question dans les Livres saints, cette Sagesse qui appelle les passants sur les places publiques, en leur promettant l'immortalité et l'amitié divine [23]. Elle fait de l'homme un « dieu terrestre », en l'élevant au-dessus de la terre [24]. Aussi voyons-nous Bovelles, ici comme ailleurs, citer la Bible et Denys. Il cite également par deux fois un poète moderne, le Ferrarais Louis Bigo Pittori (Bigus), dont les *Opuscula christiana,* parus depuis une douzaine d'années, venaient

21. *Op. cit.,* c. 14 à 33 (fol. 8-32). C. 33, Lapsum divini spiritus in animam, esse et ipsius animae in Deum extollentiam : «... Etenim cum finis Testamenti unius sit initium alterius : cum etiam divini Spiritus benignum in nos declinium nil sonet in auribus aliud, quam nostrarum animarum subvectionem et elevationem in Deum : huic, si quid disphoniae, divisionis aut separationis in hac utraque beatarum animarum affectione quidquam vestiget, non minus hic sua indagine falletur, quam in plane sibi ipsi sua opinione illuderet qui clementissimum ad nos Dei descensum negaret dici debere nostram in Deum provectionem et felicem mansionem. Humiliatus est enim Deus, non ob aliam causam, quam ut elevaremur etc. » (fol. 22).

22. C'est Briçonnet qui avait obtenu pour Bovelles un logement à Saint-Germain des Prés.

23. *Loc. cit.,* fol. 116-118 ; R. Klibansky, p. 301-302. Sur l'homme « secunda Dei imago » (la première étant l'ange) « relicta a Deo, juxta Scripturam, in manu sui consilii » : *Conclusiones theologicae* (1515), l. 7, c. 33 (fol. 112 r.).

24. C. 19 : Sapiens omnium finis et ut terrenus quidam Deus (fol. 129 ; Klibansky, p. 341).

d'être réédités en 1509 à Strasbourg, par les soins d'un ami commun de Lefèvre et d'Erasme, l'érudit alsacien Beatus Rhenanus [25]. Citations, elles encore, bien caractéristiques. Parlant des progrès accomplis par le sage, Charles de Bovelles montre que, quoique vivant par son corps sur terre et au milieu des bêtes brutes, cependant, « animo cælos exterebrans, cælestes exedres perlustrat ; intellectualia sola meditatur, immortalia et eodem semper modo habentia sapit » ; doctrine qu'il illustre par ces quatre vers de Bigus :

Natus ad ætheriæ solatia spiritus aulæ,
Terrena numquam sede quietus erit.
Ad superas opus est, Sapiens ut transvolet aras,
Gutture se pleno si satiare cupit [26].

Un autre vers du poète viendra, au dernier chapitre, confirmer la conclusion du livre entier : « Humana etenim doctrina nos ut plurimum jejunos relinquit atque sitibundos. Divina autem Sapientia, esca ejusmodi est, quæ, ut Bigus ait,

... satiat vivo pectora nostra cibo [27].

Certes, l'auteur du *Liber de Sapientia* connaît la vieille théorie de l'homme microcosme. Il ne manque pas de l'exposer, comme tant de ses devanciers, et l'on sent qu'il se meut à l'aise dans le jeu des correspondances : aux sept planètes du grand monde il fait correspondre les sept facultés dont est doué le petit monde, etc... Mais il ne manque pas non plus de reprendre à son compte le paradoxe venu des Pères de l'Eglise, en affirmant que le sage n'est pas seulement un autre monde plus petit que le grand, mais qu'il est lui-même un plus grand monde, puisque, par son esprit (*mens*), il est capable d'embrasser le monde entier. Chacun des deux mondes se trouve donc être, selon l'aspect sous lequel on l'envisage, le plus grand ou le plus petit des deux. Le monde matériel est le corps de l'homme, mais l'homme est la gloire, la science, la lumière et l'âme de ce monde [28].

Par ce dernier trait, toutefois, si l'homme est magnifié, on peut dire que les frontières du monde ne sont pas encore franchies.

25. Beatus Rhenanus est l'un des rares humanistes faisant le lien entre le groupe de Lefèvre et celui d'Erasme. Bovelles était en rapports amicaux avec Alberto Pio, neveu de Pic de la Mirandole, auteur d'un *Contra Erasmum*. Sur Pittori : Girolamo TIRABOSCHI, *Storia della Letteratura italiana*, t. VI, 2 (Roma, 1784), p. 241-242. *Biographie universelle*, t. 33, p. 449-450 (par Weiss).

26. C. 8 (fol. 121 ; Klibansky, p. 321). BIGUS, *op. cit.*, l. 2, 37 : *Dissolvi cupit et esse cum Christo*. Bovelles écrit « sapiens ut » au lieu de « ut libera (mens) », et « satiare » au lieu de « saturare ».

27. C. 51 (fol. 410 ; Klibansky, p. 410). BIGUS, l. 2, 28 : *De divina pace*.

28. C. 11, Comparatio sapientis ad solem et planetas (fol. 125 ; Klibansky, p. 326-328). C. 8, Profectus foenusque sapientis : « ... Sapiens homo est, qui veraciter minor mundus, majoris mundi... filius celebratur. Solus etenim sapiens semetipsum ad majoris mundi imitationem composuit, discrevit, perfecit. ... Solus omnes sui partes partibus universi consonas et proportionabiles servat. Et profecto sapiens non modo minor, sed et major alter mundus juste est appellandus, quandoquidem (ut liber de intellectu recensuit), tanta est mens sapientis, quanta totius mundi capacitas etc.» (fol. 121 ; Kl., p. 320). C. 19 : « ... homo denique fulgor est, scientia, lux et anima mundi ; mundus vero est ipsius hominis corpus. Uterque maximus est et minimus etc. » (fol. 129 ; Kl., p. 343).

Mais nous ne sommes pas au bout. A diverses reprises, le *De Sapiente* insiste sur la contemplation des choses éternelles, ainsi que sur l'immortalité. C'est dans les biens intelligibles, non dans les biens terrestres et sensibles, que l'esprit humain se libère et se dilate [29]. On peut le comparer, dans sa beauté, à l'arbre qui pousse des feuilles, des fleurs et des fruits (Bovelles est coutumier de ces sortes d'analogies et de divisions ternaires, et il est ingénieux à trouver une certaine trinité en toute connaissance) :

> Animæ etenim folium, sui cognitio est ; flos vero, angelica gnaritudo ; fructum demum, divina scientia. His trinipara anima cælos exterebrat, his tricipitem se corpore sensibilique mundo Sapiens exerit, ipsoque cælo sublimior efficitur. Alio siquidem capite sibi jugiter est præsens, alio angelicis choris annumeratur, alio in divinitatis conspectum procedit [30].

Il y a trois classes d'esprits (*mentes*) : Dieu, l'ange et l'homme. Mais entre eux tous règne une parenté, car il n'y a qu'une seule raison : cette raison par laquelle, grâce à la médiation des anges, Dieu illumine nos âmes [31].

Enfin, quelle que soit la dose de néoplatonisme qu'il ait absorbée, notre théologien n'oublie pas qu'il est chrétien. On l'a déjà reconnu à plus d'un trait. Comme dans des autres ouvrages, il adore ici le mystère de l'Incarnation, et rappelle une fois encore que c'est parce que Dieu est descendu jusqu'à l'homme que l'homme peut, lui le dernier des esprits, monter jusqu'à Dieu. Il faut croire au Christ pour connaître la Trinité divine, principe de toute intelligence : car l'intelligence est la consommation de la foi, comme la foi est le commencement sacré de l'intelligence [32].

Entre ce résumé du *Liber de Sapiente* et le condensé que nous en lisions plus haut chez quelques historiens de l'humanisme, l'écart — pour ne pas dire la contradiction — est manifeste. Nous n'avons rien trouvé jusqu'ici, dans les cinquante premiers chapitres de l'ouvrage, qui ressemble, même de loin, aux trois formules « bourrues, drues et claquantes comme des devises de blason » citées par M. A.-M. Schmidt et, à sa suite, par M. Verdun-L. Saulnier, telles du moins que ceux-ci les expliquent. Mais il y a un cinquante-et-unième chapitre, le chapitre de conclusion. Sans doute est-ce lui qui

29. C. 17 : « ... Unde fit iterum, ut in intellectualibus bonis solutior, liberior et amplior sit animus quam in tellureis et sensibilibus... » (fol. 128 ; Klibansky, p. 338). Cf. c. 13 : De animae immortalitate (fol. 125-126 ; Kl., p. 396), etc.

30. C. 13 (fol. 123 ; Klibansky, p. 321). Cf. c. 23 : Omnem cognitionem aliquo pacto esse trinitatem (fol. 131 ; Kl., p. 349) ; c. 44 : Trina esse spectata et objecta ; tria quoque spectativa et speculativa (fol. 144 ; Kl., p. 376-377). Cf. c. 41.

31. C. 35 : « ... Trinae igitur sunt mentes... Unica vero ratio est, quia Deus per angelum medium nostris animabus innotescit... » (fol. 137 ; Kl., p. 376-377).

32. C. 29 : In divinae et sacratissimae Trinitatis agnitione soli merito Christicolas gloriari possunt : « ... Est enim intelligentia fidei consummatio, fides vero, intelligentiae dispositio sacrumque initium » (fol. 133 ; Klibansky, p. 388). C. 43 (44) : « Est enim homo ultimus qui evadit scanditque in Deum ; et iterum ultimus in quem demittitur descenditque Deus » (fol. 149 ; Kl., p. 394).

doit nous livrer la signification dernière de l'œuvre, et c'est en effet dans ce dernier chapitre que se trouvent les trois formules. Il était donc légitime de s'en remettre à elles pour définir en quelques mots la pensée de Charles de Bovelles. Seulement, comment ces formules doivent-elles être comprises ?

Ce dernier chapitre est rédigé sous forme d'exhortation : « Exhortationis sermo ad sapientiam capescendam ». Après avoir instruit en détail son lecteur de ce qu'est la sagesse, l'auteur veut maintenant lui montrer comment il doit l'accueillir et la réaliser en lui. Jusqu'à présent, lui dit-il en substance, tu n'as pas vécu en homme véritable ; tu ne te connaissais ni ne te possédais toi-même ; il est temps de sortir de tes ténèbres, qui te font ressembler aux êtres inférieurs et te ravalent à leur rang :

> Igitur, o homo, qui natura homo, non homo es,... qui tibimetipsi ab initio ignotus es, incompos tui, divisus abs teipso : sapientiam libens capesce, enitere pro viribus nosse teipsum. Tuas discute tenebras... Ne, homo, lapidesce ; ne in plantam degenera ; neve obrutesce : *Homo es, sistere in homine... Rationem sequere : in ratione persiste* [33].

Voilà déjà les deux premières de nos trois formules. Elles ne signifient pas, on le voit, que l'homme devrait s'en tenir à l'homme et à la raison humaine, sans rien chercher au-dessus. Le mouvement ou l'attitude qu'elles recommandent est inverse : elles signifient que l'homme doit se hausser jusqu'à l'homme et jusqu'à la raison, au lieu de rester, ou de s'abaisser au niveau de la bête brute, de la plante ou de la pierre. Qu'on remarque les verbes : *sistere, persiste* ; c'est un effort qui est réclamé de l'homme, par un rappel de sa dignité supérieure. Qu'on se souvienne aussi de ce que disait un chapitre antérieur, sur l'unicité de la « raison ».

Par elles-mêmes, cependant, ces deux premières formules ne déterminent pas exactement ce que Bovelles entend ici par l'homme, ou par la raison. La troisième formule, si on la prend seule, ne le fera pas davantage. Mais elle introduit un long développement, qui apporte toute clarté (en plein accord avec l'ensemble du livre) :

> *Sta, sede ac stabilire in his quæ sunt.* Ede ea quæ vivunt. Animalia tibi famulentur, Dominator tui. Sensu in mundum veheris peregrinus. Ratione in te ipsum colligitor. Hac demum cælos exterebrato : meditator cælestia. In cælestibus lente resideto. In spiritalem synam ad sacratissimi monothetæ Dei admissus conspectum, ne retro aspicito. Ne carnis illecebræ tibi mox in Ægypti latomias, in priscæ vallem servitutis, in obscurissimam mortis umbram, in æternæ noctis catabasim stygiasque paludes repedandum sugillent. Hære, jungere, assentire Deo...

L'exhortation se poursuit sur ce thème, et sur ce ton, pendant plusieurs pages : la lumière du soleil est belle, mais « meliorem aliam invisibilem conjici lucem »... Ce monde est beau, mais « præstantior es mundo »... « Finis ipse es mundi, ac tui ipsius notitia mundanæ cogitationis est finis »... Tout ce qui est de ce monde

33. Dans l'édition de 1510, c'est le chapitre 50 ; dans l'édition Klibansky, ch. 51. (La différence commence au ch. 41). Fol. 147-148 ; Kl., p. 407.

visible est périssable : adhère à l'unique Sagesse, « quæ ab initio et ante sæcula creata et usque ad futurum sæculum non desitura, a sacris eloquiis prædicatur... » Car toute doctrine humaine nous laisse le plus souvent affamés et assoiffés, mais la Sagesse divine est l'aliment vivant qui nous comble. Enfin, et ce sont les derniers mots :

> ... Agnosce Patrem luminum, a quo lux omnis procedit, suique motus initium sumit. Ac ne pro iis qui non sunt ipsum ens verum unumque permutes : cui sapida et suaveolens agnitio vera est, perfecta et consummata sapientia. Vale, beare [34].

Pas plus la conclusion du *Liber de Sapiente* que le corps entier de l'ouvrage ne nous paraît donc favoriser le moins du monde le portrait de Charles de Bovelles qui tend à se répandre aujourd'hui. Encore une fois, que notre auteur adopte le vieux thème du microcosme, cela n'est pas en question ; que selon lui l'homme ait à connaître le monde, pas davantage. Mais qu'il s'en tienne là, bien plus, qu'il faille interpréter sa pensée comme un refus, ou seulement un oubli de la transcendance ; qu'il ait prôné « une science purement humaine », « une démarche scientifique résolument bornée aux objets terrestres » [35] ; qu'il écarte toute tentation de « frui Deo » pour s'installer uniquement « dans la durée et dans l'espace » ; que ce représentant du « premier humanisme » en France ait délibérément voulu « que l'homme soit — ni plus ni moins — un homme », sans aspirer à rien de supérieur [36] ; qu'il se trouve être de la sorte l'un des « grands créateurs » d'un « nouveau mythe d'Adam » [37] : voilà ce qu'il nous paraît tout à fait impossible d'admettre. Bien au contraire, toute son œuvre en fait foi, il veut que le sage pratique les « sacras et beatas assurrectiones » ; il veut le voir « animo cælos exterebrare » et « cælestes exedras perlustrare », sans oublier que ces ascensions et ces recherches ferventes ne peuvent aboutir que grâce à l'initiative de la « divine Sagesse », laquelle ne cesse de clamer son invitation : « Omnes sitientes, venite ad aquas » [38].

En nous efforçant de rétablir la vraie pensée de Charles de Bovelles, nous n'avons aucunement l'intention, faut-il le dire, de la proposer telle quelle en modèle. Nous ne voulons nullement, d'autre part, contester le mérite d'ouvrages, souvent admirables, et qui nous ont beaucoup instruit. Tout historien, nous le savons, est exposé, sur un point ou l'autre, à quelque erreur de fait ou d'interprétation. Nous n'aurions pas relevé celle que l'on vient de voir, si elle ne nous avait semblé provenir d'un certain a priori, qui en

34. C. 50 (51) ; fol. 147-148 ; Klibansky, p. 408-411.
35. Albert-Marie SCHMIDT, *La poésie scientifique en France au XVI^e^ siècle*, p. 117 et p. 114-115.
36. Vincent-L. SAULNIER, *Maurice Scève*, p. 427, sur la « philosophie concrète et totalement humaine » du « premier humanisme » ; et : la Littérature française de la Renaissance (2^e^ éd., 1948), p. 123 : « Le catéchisme du XVI^e^ siècle pourrait se résumer en un précepte : ne mutilons pas la nature... Que l'homme soit — ni plus ni moins — un homme... »
37. Albert-Marie SCHMIDT, *Tradition et Invention*, dans *Réforme*, 30 novembre 1963, p. 12.
38. Voir *supra* (notes 16 et 26, etc.), et *De Sapiente*, c. 50 (51) ; fol. 148, Kl. p. 410.

engendre d'autres, analogues. Une certaine philosophie de l'histoire, concernant l'humanisme, tend à régner aujourd'hui. Une certaine idée du développement humain, un certain schéma du progrès qui se réaliserait au cours des siècles dans les conceptions que l'homme se fait de lui-même, ont si bien conquis la conscience commune de notre époque, que l'on se croit obligé de les vérifier dans les faits, ou plutôt qu'on se trouve inconsciemment incliné à le faire, et ce qui, dans les faits, résiste, se trouve inconsciemment éliminé. Nous pensons en avoir donné ici un exemple assez clair.

N.B. — Augustin RENAUDET reconnaissait mieux, chez Bovelles, la marque de « la mystique des spirituels chrétiens » (*Paris de 1494 à 1517*, dans *Courants religieux et humanisme...*, Colloque de Strasbourg 1957, Paris, PUF, 1959, p. 18-19). Bernard GROETHUYSEN aussi disait plus justement que « chez Bovillus... les liens qui rattachent l'homme au monde, et l'élan qui le pousse à le dépasser, forment en l'homme un ensemble indissoluble ». Il replaçait le fameux *Homo es...* dans son contexte. Il observait que pour Bovelles, grâce à la pensée, « le grand monde passe dans le petit monde » et que, au ciel, macrocosme et microcosme seront réunis pour l'éternité. Mais son interprétation est unilatérale lorsqu'il s'en tient à dire que « tout oriente l'homme vers ce monde-ci » et que « sa tâche consiste à penser le monde », sans allusion à ce que dit Bovelles de la contemplation de Dieu. L'interprétation devient même aberrante lorsqu'il ajoute, abusant de l'expression « ut terrenus quidam deus » : « Ainsi un nouvel Homme-Dieu est né, qui tient toute sa dignité de cette terre. L'art florentin l'a annoncé, et Ficin et Pic de la Mirandole ont chanté ses louanges. Mais c'est dans la métaphysique de Bovillus, du grand penseur de la Renaissance française, que l'homme nouveau semble prendre pleinement conscience de lui-même ». *Anthropologie philosophique* (Paris, Gallimard, 1952), p. 190-200. — Le Père Teilhard de Chardin a cité une fois Bovelles (d'après Groethuysen). Chose curieuse, on a fait à son sujet une méprise analogue à celle qui était faite sur le *Sistere in homine* de Bovelles. Parce qu'il a écrit, dans *l'Esprit de la Terre*, que « l'Homme seul peut servir à l'Homme pour déchiffrer le Monde », on a voulu faire de lui un nouveau Protagoras !

# CONDICIO - CONDITIO

## « NOTES DE LEXICOGRAPHIE MÉDIÉVALE »

par

Pierre MICHAUD-QUANTIN

Le sous-titre que nous nous permettons de donner à ces pages n'est pas un plagiat, encore moins une prétention injustifiée, il ne vise qu'à exprimer au T. R. P. Chenu la très sincère reconnaissance du « Glossaire du Latin philosophique médiéval » : ses articles de lexicographie doctrinale nous ont servi de modèles et de sources d'inspiration [1], il a bien souvent accepté de donner à l'entreprise des indications et des directives précieuses, l'idée même de la recherche menée dans ces pages est née d'une suggestion formulée par lui. En reprenant cette expression, nous cherchons simplement à rappeler la dette que nous avons envers lui et que c'est un devoir de justice, une joie aussi, de reconnaître.

Les philologues pourront considérer comme une hérésie d'entreprendre l'étude simultanée de *condicio* et de *conditio* : il s'agit de deux substantifs distincts venant respectivement des verbes *condico* et *condo,* les lexiques médiévaux sont les premiers à le reconnaître, mais les scribes ont été bien incapables de respecter la frontière, pour eux *c* et *t* sont interchangeables, le *Thesaurus* en fait déjà la remarque pour la transmission des textes antiques, et pour l'ensemble des médiévaux tout se passe comme si existait un seul vocable *conditio* : Dès le IXᵉ s. Godescalc d'Orbaix expliquait : « Conditio non semper significat creationem sed aliquando tenorem, causam, rationem... quod hypothetici, i. e. conditionales, pandunt syllogismi » [2], et cela dans un ouvrage de grammaire ! Une telle situation de fait justifie l'étude simultanée des deux termes, qui ne méconnaît pas d'ailleurs ce qu'elle peut avoir d'anormal en principe.

### I a

L'acception la plus simple du mot *conditio,* l'orthographe *condicio* serait ici régulière, est celle qui correspond à l'adjectif

1. Cf. ci-dessus, *Bibliographie du P. M.-D. Chenu,* nᵒˢ 12, 14, 23, 25, 27, 58, 76, 91, 97, 109, 133, 204, 215, 283.
2. GODESCALC D'ORBAIX, *Opusc. 2 de rebus gramm.,* éd. C. LAMBOT, p. 467-8.

moderne « conditionnel » : Une condition est un fait de l'existence ou de la réalisation duquel dépend la vérité ou l'accomplissement d'un autre. Pour prendre deux exemples classiques dans la dialectique et le droit médiévaux, « Si Socrate court, il se déplace » et « Si ton père me donne cent livres, je t'épouserai » expriment clairement cette dépendance entre les deux événements qu'exprime la *conditio*.

Les logiciens ne se sont guère attachés à l'étude du terme lui-même, il traduit le grec *hypothesis*, dont la transcription se rencontre aussi fréquemment et qui a en latin un autre équivalent, *suppositio*. « Hypothesis graece latine dicitur conditio » [3] dit Gerland et avec une élaboration supplémentaire d'un siècle et demi, Roger Bacon affirme : « Est autem hypothesis idem quod suppositio vel conditio facta ad aliquam conclusionem »[4]. Cette notion générale leur suffit et les médiévaux s'attachent surtout aux mécanismes compliqués de son utilisation dans le raisonnement, à l'influence qu'elle exerce sur la vérité de l'énoncé et spécialement sur sa nécessité logique. Jean de Salisbury se référant aux *Syllogismes hypothétiques* de Boèce qui restent le texte de base en la matière, explique : « Omnes volunt... necessariam tenere consequentiam. ...Hoc profitentur adiecta conditione » [5]. Odon Rigaud au XIII<sup>e</sup> siècle développe ainsi l'idée : « Non ex omni propositione vera contingit transformari argumentum necessarium, sed ex solis conditionibus ». On pourrait tirer de cette phrase la définition : la condition est ce qui donne à l'énoncé son caractère de nécessité, et le théologien l'explique par le fait que c'est elle qui exprime les rapports de l'antécédent et du conséquent, « v. g. quia antecedens debet esse causa consequentis » [6]. Nous empruntons à un commentaire de l'Ethique la formulation de l'exemple classique depuis Boèce : « Ex conditione... Socrates currere, quando currit, est necesse », mais si l'on supprime la condition, il pourrait aussi bien ne pas courir [7]. Siger de Brabant apporte la preuve par le contraire : « Principium firmissimum non est ex conditione, i. e. ex suppositione alterius » [8].

L'adjectif *conditionalis* complète notre connaissance de cette acception, l'équivalence avec le grec est parallèle « Hypotheticum namque sonat conditionale » traduit Abélard [9]. Jean Scot Eriugène s'était déjà préoccupé de cet adjectif : « Syllogismus componitur conditionalis ex categoricis cum additamento 'si' » et expliquait ainsi le terme qu'il rattachait correctement à *condico* : « Simul enim dicuntur quaestio et argumentum », c'est-à-dire l'énoncé et la preuve [10]. Roger Bacon reprendra la même idée en termes plus clairs : « Conditionalis est, in quo duae propositiones coniungun-

3. GERLAND, *Dialectica*, éd. L. M. DE RIJK, VI, p. 127. 4.
4. R. BACON, *Sum. dialect.*, Opp. hactenus ined. XV, 246. 24.
5. J. DE SALISBURY, *Metalogicon*, III, 6, éd. WEBB, p. 144.
6. Cité par A. M. LANDGRAF, *Dogmengeschichte*... I, 1, p. 262, n. 66.
7. Cité par O. LOTTIN, *Psychol. Morale*, III, p. 643. 17.
8. SIGER DE BRABANT, *IV Metaph.*, éd. C. DE GRAIFF, p. 203. 64.
9. P. ABELARD, *Logique « Ingredientibus »*, éd. B. GEYER, p. 389. 1.
10. J. S. ERIUGENE, *Annotationes in Martianum*, éd. C. LUTZ, p. 83. 28 et 103. 25.

tur mediante hac conditione ' si ' vel ' hoc quod dico ', ut cum dico : Si Sor currit, Sor movetur ; » la première proposition gouvernée par *si* apporte sa preuve à la seconde [11].

Les logiciens médiévaux ont même fabriqué le verbe *conditionare*, rendre conditionnel. Ainsi Gérard de Crémone dans sa traduction de Thémistius expose qu'une démonstration est vraie « quia iam conditionavimus (eam) hac conditione » [12]. Jean de Jandun montre qu'une autorité d'Aristote entraînerait, telle qu'elle est, une conclusion absurde, « Unde conditionanda est modo praedicto » [13].

## I b

Les juristes médiévaux de leur côté trouvèrent dans le droit romain de multiples exemples de *conditio*, mais, il suffit de jeter un coup d'œil sur le *Thesaurus* et spécialement son renvoi aux « liaisons » pour s'en convaincre, le principal intérêt de ces exemples était dans leur contexte ; gens pratiques avant tout, les jurisconsultes de Justinien avaient réuni des cas mais ne s'étaient pas préoccupés d'élaborer une doctrine, le moyen âge au contraire tint à bien distinguer et mettre à leur place les divers éléments qui peuvent s'appliquer à un contrat et dès le XII<sup>e</sup> siècle courait le vers mnémotechnique : « Scito quod ' ut ' modus est, ' si ' conditio, ' quia ' causa ». On déclare parfois que la théorie en fut faite pour la première fois dans la Glose ordinaire de *Cod. Just.* 6.46.1, aux mots *modus* et *pro conditione* pour aboutir à la définition « Futurus eventus in quem actio suspenditur » [14]. L'affirmation peut être exacte si l'on pense à l'établissement d'une théorie pleinement développée, mais un demi-siècle avant Accurse, les canonistes, se préoccupant de la validité des conditions apposées à un consentement matrimonial, avaient déjà très suffisamment éclairci la notion, définie chez Bernard de Pavie « promissionis suspensio per coniunctionem conditionalem » [15], formule encore assez proche de la pensée des logiciens. Nous n'entrerons évidemment pas ici dans les multiples problèmes et les divisions complexes que l'on rencontre dans les traités juridiques, ils n'apporteraient rien au sens du mot lui-même. Il suffira de retenir que son caractère essentiel est l'incertitude dans laquelle on se trouve au sujet de l'issue de l'événement : si cette issue se trouve n'avoir pas d'influence réelle sur l'acte principal considéré, « conditio habetur pro non adjecta » [16] ; Pierre le Chantre emploie un adjectif curieux pour exprimer ce trait : « sub ex-

11. R. Bacon, *Sum. dialect.*, p. 246. 29.
12. G. de Cremone, tr. Themistius, *I Poster.* in *Med. St. 20,* 1959, 28.
13. J. de Jandun, *In III De an.*, q. 25, f. 90 va F.
14. Cf. Ange de Chiavasso, *Summa*, s. v. Conditio § 1 et 2.
15. B. de Pavie, *Summa decretalium* IV. 5 éd. E. Laspeyres, pp. 146-8. Le canoniste se préoccupe essentiellement du mariage mais sait que la théorie de la condition est plus vaste « Nimirum dationes et promissiones... »
16. Godefroid de Fontaines, *Quodl.* X. 8, éd. Hoffmans, p. 330.

pectatione et pendula conditione » [17]. Encore qu'au sens large on puisse parler d'une condition passée ou présente, l'expression est impropre pour un juriste, « Proprie est conditio quando suspendit in futurum eventum, sive incertitudo sit respectu rei, sive diei » [18].

I c

On a vu plus haut les rapports de la condition avec la nécessité logique, mais il en existe de tout à fait analogues avec la nécessité considérée dans le domaine de la métaphysique ou dans celui de la psychologie et de la morale : Ce qui est *sub* (*ex*) *conditione, conditionalis* ou *conditionatus* s'oppose à l'absolu. Vers 1160 un décrétiste montre le rapprochement des deux acceptions en appliquant au champ de l'action la distinction des dialecticiens : Il y a « duae necessitates, una simplex, quae a Boethio dicitur absoluta, alia conditionis, i. e. sub determinatione » [19] ; un siècle plus tard Thomas de Sutton pour expliquer la possibilité de la liberté humaine utilise encore la même référence en citant le même texte, pour lui la *necessitas absoluta* s'oppose à la *conditionata* « secundum quod ex aliquo posito sequitur necessarium [20] ». Un domaine de l'absolu, si l'on peut dire, se délimite ainsi : Le principe doit jouir lui-même de ce dont il est la cause, dit Laborans, en parlant de celui de la vie, « et supervacue vis ulla conditionis adjicitur, cum sit omnifariam haec necessitas absoluta [21] ». Jean de Dacie déclare que Dieu seul est absolument nécessaire, tous les autres êtres le sont conditionnellement, présupposant l'existence d'une cause [22]. Roger Bacon oppose l'*aeternitas absoluta* de la Cause première à celle *conditionata* des substances spirituelles, elles sont éternelles à condition d'exister et donc d'avoir reçu cette existence [23]. On pense évidemment à rapprocher ces positions de la doctrine aristotélicienne du premier principe *non conditionale,* mais il faut noter que les commentateurs du Stagirite semblent avoir pris son affirmation dans l'ordre de la connaissance et non dans celui de l'être [24].

En ce qui concerne l'action, Godefroid de Poitiers parle en Dieu même de sa *potestas conditionalis,* dont la condition est définie par l'ablatif absolu « manentibus decretis quae Ipse constituit » [25] ; on

17. P. LE CHANTRE, *Summa de sacramentis,* éd. DUGAUQUIER, § 116, l. 46, p. 218.
18. SYLVESTRE DE PRIERIO, *Summa summarum,* s. v. Conditio § 4. I f. 94 vb. Cf. A. DE CHIAVASSO, *loc. cit.* n. 14 § 6. Il va sans dire que l'adjectif *conditionalis* se retrouve aussi en droit pour désigner l'acte affecté d'une condition, on peut prendre en dehors des contrats le cas du vœu, ainsi est *conditionale* « celui d'un pèlerinage, si Dieu me donne la santé », et il n'est obligatoire qu'après réalisation de la condition, (RAYMOND DE PENYAFORT, *Sum. de cas. poenit.* I. 8, § 2, p. 56 b).
19. *Sum. parisiensis,* C. 23, q. 4, dpc. 24, p. 214.
20. Cité par O. LOTTIN, *Psychol. Morale,* I. 368. 10.
21. LABORANS, *De justitia et justo,* IV, 3, éd. LANDGRAF, p. 39. 8.
22. J. DE DACIE, *Sum. grammat.,* éd. A. OTTO, p. 365. 16.
23. R. BACON, *Quaest. in XI Metaphys.* Opp. adhuc ined. VII, 5. 20.
24. Cf THOMAS D'AQUIN, *IV Metaph.* [3. 1005 b 12] l. 6., éd. CATHALA-SPIAZZI, n° 598, p. 167, ALEXANDRE D'ALEXANDRIE, *IV Metaph.,* 8 f. 83 va A ; cf. note 8.
25. Cité par A. M. LANDGRAF, *Dogmengesch.* II, 2, p. 103, n. 30.

voit ici se profiler la distinction des puissances absolue et ordonnée que développeront les nominalistes. C'est toutefois surtout au sujet de l'action humaine que se constitue la notion d'une condition imposée à l'action d'un de ses ressorts, la volonté elle-même ou la contrainte qui peut s'exercer sur cette faculté : « Voluntas conditionalis, définit la Somme d'Alexandre de Hales, est qua volumus aliquid ratione causae trahentis vel impellentis », et d'appliquer ce concept au problème du volontaire mixte avec l'exemple du marchand dans la tempête qui décide de jeter sa cargaison à la mer pour au moins sauver sa vie [26]. Gauthier de Bruges dit que pour accomplir un acte méritoire la volonté doit être *conditionata,* motivée par le désir d'obtenir la récompense et d'éviter le châtiment, que Dieu lui réserve [27]. Godefroid de Fontaines fait coïncider cette distinction avec une autre : la volonté absolue a pour objet la fin de l'action, la conditionnelle les moyens nécessaires pour l'atteindre, elle agit « ex suppositione finis alicuius » [28].

Les juristes au contraire s'intéressent moins à la faculté qu'à la contrainte qui peut s'exercer sur elle : la *coactio absoluta* est la violence physique, celle qui s'applique en traînant de force quelqu'un là où l'on veut qu'il aille, la *coactio conditionalis* la violence morale qui s'exerce en obligeant la victime à agir dans le sens voulu par son tourmenteur, « puta per minas vel rerum suarum ablationem vel verbera vel alias similes coactiones » [29], selon la formule de Raymond de Penyafort. Son glossateur parle dans le même sens d'un clerc ordonné malgré lui, « si coactio fuerit conditionalis, ut si fiat comminatio mortis seu cruciatus, nisi se patiatur ordinari » [30]. Cette distinction qu'utiliseront aussi les moralistes trouve ses bases dans celle de Rufin qui parle de violence passive, où le sujet n'est qu'un instrument inerte aux mains de ceux qui l'emploient, violence active, où il coopère, à contre-cœur mais effectivement néanmoins, à l'action qui lui est imposée [31]. Les catégories ainsi étudiées par les canonistes, les romanistes aussi, qui aboutissent aux mêmes conclusions en marge de *Dig.* 4. 2, et les théologiens n'ont pas qu'un intérêt spéculatif : elles permettent de mesurer la part d'imputabilité ou de responsabilité de l'agent placé dans de telles situations, nulle dans la contrainte absolue, entière dans la volonté absolue, réduite à divers degrés dans les cas où il y a eu conditionnalisation de l'une et l'autre.

## II

Nous passerons plus rapidement sur une série de sens qui se situent dans le domaine juridique ou institutionnel, se rattachant à l'idée de déclaration commune, proclamation, loi, action légale,

26. *Summa fr. Alexandri,* III, 126 II ad 1 et 2, p. 179 b.
27. G. de Bruges, *Quest. disput.* 12, ad 2, éd. E. Longpre, p. 114.
28. G. de Fontaines, *Quodl.* VIII, 16, p. 165.
29. R. de Penyafort, *Sum. de cas. poen.,* éd. Rome 1601, I. 4, § 2, p. 33.
30. Guillaume de Rennes, *Glose de R. de P.* III. 22, § 16, p. 313 a.
31. Rufin, C. 22, q. 5, c. 1, p. 400.

traité, avec parfois l'orthographe *condictio* qui souligne l'origine du terme. Isidore de Séville avait recueilli l'une de ces acceptions : « Condictiones sunt testium... a condicendo quia non ibi testis iurat unus sed duo vel plures, vel... quod inter se consentiat sermo testium » [32]. Cependant l'autorité dont jouissent les *Etymologies* n'impose pas cette acception dans la scolastique, en dépit des citations des lexicographes, qui, de Papias au xvᵉ s., répètent la formule isidorienne. On trouvera dans le *Lexicon* de J. F. Niermeyer un échantillonage très satisfaisant de ces sens, mais ils semblent peu à peu disparaître de l'usage ; comme le note dans un récent article W. Schwarz, qui y cite de nombreux textes, la période la mieux représentée est celle qui va du VIIIᵉ au XIᵉ s. [33]. Au XIIᵉ on trouve encore sous la plume de Jean de Salisbury le refus d'une « feriendae conditionis dilatio », le délai pour parvenir à un accord [34], ou sous celle d'Adam de Brême la mention du fait que le pape mourut « conditionibus utrimque protractis », pendant le prolongement des négotiations [35]. Vers les années 1200, un vocabulaire juridique définit le droit naturel « conditio rebus creatis ab ipsa divina dispositione imposita » [36]. Au XIIIᵉ, l'*Oculus pastoralis,* un traité de rhétorique et de droit municipal, offre un modèle de harangue qui réprouve la transgression des « praecepta conditionis utriusque iuris » [37], mais l'on voit que le sens se fait rare. L'adjectif *conditionalis* a suivi ici la fortune de son substantif. La trêve de Dieu promulguée au XI s. en Alsace est conclue par une *acclamatio conditionalis* et prescrit que celui qui y manquerait « conditionali legi subiaceat » [38]. Alphonse VII en confirmant le fuero de Tolède expose que la mise par écrit des privilèges est une nécessité qu'atteste la « conditionalis imperialis auctoritas » [39], le texte est de 1155.

Mais en sortant du domaine strictement juridique, on retrouve cette idée de loi, d'obligation imposée, prise toutefois dans un sens moins strict. Un commentateur de Boèce à la fin du XIᵉ s. explique « Humanae naturae conditio, i. e. lex et proprietas » [40], il y a à la fois dans le mot la notion de « propriété », état, situation caractéristique où se trouve le sujet, et celle de l'obligation qui en découle pour lui. Hugues de Rouen représente le Christ semblable à l'homme « pro conditione naturae nostrae » mais en différant « pro libertate iustitiae suae », on notera l'antithèse *libertas-conditio* [41]. Le même sens apparaît encore plus nettement quand un génitif, du nom ou

32. I. DE SEVILLE, *Etymologies,* V. 24. 29.
33. W. SCHWARZ, *Jurisdictio et conditio. Eine Untersuchung zu der Privilegia libertatis der Kloster. Ztschr. Savigny-Stiftg. Kan. Abt.* 76 (45), 1959, 35-98 ; Cf. spécialement 88-9.
34. J. DE SALISBURY, *Hist. pontif.*, éd. M. CHIBNALL, p. 7.
35. A. DE BREME, *Gesta,* éd. SCHMEIDLER, CLXXV, p. 23.
36. Lexique du Ms. Vat. Regin. lat. 435 in *Scripta anecdota glossat.* (Bologne 1893), p. 187 a.
37. *Oculus pascens,* VI. 5, éd. MURATORI, c. 125 c.
38. §§ 8 et 11, WAITZ, *Urkunden...* nᵒ 13, p. 33-4.
39. T. MUNOZ Y ROMERO, *Colección de fueros y cartas...* p. 377.
40. *Saeculi noni auctoris in Boetii Cons. philos. comment.*, éd. T. SILK, II. 5, p. 94.
41. H. DE ROUEN, *Sentences,* III, 16, PL 192. 1078 CD.

du gérondif, vient préciser quelle est la loi qui est ainsi imposée. Foulcoie de Beauvais écrit dans l'épitaphe de la reine Mathilde : « A mortis redimi si possit conditione »[42]. Hugues de Bologne offre un modèle de lettre de condoléance : « Cum omnibus una mortalibus sit moriendi conditio »[43].

Il y a aussi un sens d'obligation indéniable dans la construction *ea conditione ut,* l'acte a été posé avec une intention, dans un but qui s'impose au sujet. Dès le haut moyen âge Loup de Ferrières laisse partir prématurément des messagers « ea conditione obstrictos, ut per nos, dum reverterint, profisciscantur »[44]. D'après Richer, le comte Gilbert rentre en grâces auprès de Charles le Simple qui lui restitue les biens confisqués « ea rerum conditione ut... ea tantum... reciperet, quorum possessores iam obierint »[45]. Au XII<sup>e</sup> s. Bernard Silvestre décrit d'un point de vue spéculatif ce qui lui semble la loi inévitable de l'humanité : « Ea enim conditione sub Iove vivendum, ut, si quando de temporalibus causae delectationis obveniant, obveniant et doloris »[46]. Dans un cas particulier Jean de Salisbury se plaint : « Conditio dura et dira mihi proponitur, ut aut conflictum ineam... aut... turpi mendacio acquiescam »[47]. Rufin n'admet pas que la fin justifie les moyens : « Non licet cuique peccare ea conditione, ut alius convertatur ad fidem »[48]. Hugues de Rouen en publiant son *Hexaméron* l'offre au lecteur « ea conditione data, ut omnia falsa falso mihi, omnia vera Spiritui veritatis habeant imputari »[49]. Alain de Lille peint le père de famille répartissant leur tâche aux serviteurs « ea conditione, ut singuli ad eius arbitrium parati sint »[50]. Alexandre de Hales explique à propos du péché originel qu'Adam « ea conditione recepit gratiam ante peccatum, ut eam transfunderet ad posteros »[51]. On voit par ces exemples que cette acception du mot se maintient et qu'on la rencontre chez des auteurs doctrinaux plus que les précédentes ; ne se rapproche-t-elle pas déjà un peu de l'idée de situation, état propre du sujet ? L'obligation qui lui incombe semble bien en effet un élément qui détermine sa place, le caractérise.

## III

Le sens de création avec lequel se rencontre *conditio* vient, comme on l'a noté, du verbe *condo, -is.* Il remonte à l'antiquité, mais non à l'époque classique, c'est un vocable spécifiquement chré-

42. H. Omont, in *Mélanges J. Havet*, p. 224. Cf. Baudri de Bourgueil, poème 216. 76, éd. Abrahams, p. 276 où le mot est employé en rapport avec une évocation des Parques : Atropos autem / mortis conditio...
43. Edité par L. Rockinger, *Briefsteller...* I, p. 94.
44. L. de Ferrieres, *Epist.* 70, éd. Levillain, II, 8.
45. Richer, *Histoire...* 38, éd. Latouche, p. 76-8.
46. B. Silvestre, *De mundi univ.*, éd. Barach-Wrobel, II. 5, p. 42, 84.
47. J. de Salisbury, *Metalogicon*, III, p. 118.
48. Rufin, C. 32 q. 8 pr., p. 496.
49. H. de Rouen, *Hexaemeron*, PL 192, 1247-8.
50. A. de Lille, *De Virtutibus...* éd. O. Lottin, in *Med. Stud.* 12, 1950, 49.
51. A. de Hales, *II Sent.*, 31. 7, p. 301. 26.

tien, très largement employé par les Pères et les auteurs ecclésistiques occidentaux et correspondant au grec *ktisis* avec son double sens, actif, le geste créateur, et passif, l'ensemble des créatures qu'il appelle à l'être. C'est surtout le sens actif que retiendra et utilisera le moyen âge : Nous avons vu plus haut que *creatio* était la première acception du mot pour Godescalc : « Conditio non semper significat creationem », attitude normale chez un auteur nourri de textes patristiques et spécialement augustiniens, et que l'on pourrait retrouver chez les écrivains médiévaux de façon continue. Avec le XII^e s. toutefois un développement se produit, on analyse le concept avec plus de précision, en insistant sur l'idée de commencement, origine que connotent cette production première et cet appel à l'existence. Ainsi dans un recueil de Sentences, le soleil « prima die in cœli substantia exstitit per conditionem » [53], bien qu'il ne soit apparu comme astre qu'au quatrième jour. Les *Sententiae divinae paginae* pour insister sur le libre arbitre précisent que « illa potentia fuit data homini per conditionem » [53]. Hugues de Rouen dit que le diable « est mendax ab initio non conditionis suae... sed ab initio sui mendacii » [54]. Les sentiments naturels pour Raoul Ardent « a prima creatione et conditione sunt nobis insiti » [55] et Adam Scot oppose les deux phases de l'œuvre divine en l'homme « Felicitatem confert in fine, cui dignitatem contulit in conditione » [56]. Pierre Lombard reprenant des idées et des formules d'Augustin recherche à propos des anges « quales facti fuerunt in ipso primordio suae conditionis », et s'interrogeant sur les raisons de la création de l'homme dit que Dieu a voulu, par l'union de l'âme et du corps, « ut in humana ostenderet conditione novum exemplum beatae unionis quae est inter Deum et spiritum » [57]. Dans la traduction d'Isaac Israeli par Gérard de Crémone on trouve la formule « Definitio conditionis et creationis : Creatio est essentialitas entium ex non ente » [58]. Les poètes eux-mêmes connaissent et utilisent le terme : « Rerum quas cernis enarra conditionem, / Dic Deus omnipotens opus istud quomodo fecit » [59].

C'est l'école victorine qui utilise et approfondit le mot avec le plus de soin, avec et après Hugues ; elle distingue l'*opus conditionis* pour l'opposer à l'*opus restaurationis*, l'œuvre créatrice et l'œuvre rédemptrice, la première est « illud quo factum est, ut quod non erat esset et quo informia sunt formata et formata disposita » [60]. Au pluriel les *opera conditionis* sont les *naturae rerum*

52. Cité par O. Lottin, *Psychol. Morale*, V. 1, p. 88, n° 101.
53. *Sent. divinit.*, IV, p. 28.
54. Hugues de Rouen, *De fide cathol.*, PL 192. 1329 B. L'idée se trouvait déjà chez Gerbert, qui avec le même terme montre le diable « non per conditionem... factum esse malum » (Epist. 180„ éd. L. Havet, p. 162).
55. R. Ardent, *Spec. universale.*, Ms. Paris, Bib. Maz. 709 f. 30 vb.
56. A. Scot, *Sermon*, 2. 13, éd. Petit, p. 139.
57. P. Lombard, *II Sent.*, 3. 1 et 2. 10.
58. I. Israeli, *Liber de definitionibus*, éd. Muckle, *Arch. Hist. doct. litt. M. A.* 11, 1937-8, 326. 12.
59. *Carmina trudonensia*, éd. Boutemy, in *Mél. J. de Ghellinck*, II, 595. 89.
60. H. de Saint-Victor, *De sacramentis*, PL 176. 183, ou encore : « Opus conditionis est mundus cum omnibus suis elementis » (*Ib.*).

que les philosophes ont tenté de comprendre et d'expliquer [61]. Une autre distinction apparaît, celle de l'*ordo conditionis* qui s'oppose à l'*ordo cognitionis* [62] ; dans ce dernier l'homme par son intelligence remonte des œuvres de Dieu à leur auteur, alors que celui-ci a créé le monde suivant le plan de sa Sagesse pour l'offrir à la réflexion humaine, comme moyen de parvenir jusqu'à Lui.

Surtout après l'effort des Victorins, on pouvait se croire en présence d'une notion bien élaborée et stable, susceptible de s'intégrer au vocabulaire de la grande scolastique du XIII<sup>e</sup> s., il n'en a cependant rien été. Le mot *conditio* au sens de création ne disparaît évidemment pas entièrement, il était transporté par trop de textes patristiques et avait été trop repris au début du moyen âge pour qu'une disparition complète fût possible. Un opuscule, plus moral que spéculatif, de Robert Grosseteste, le *De cessatione legalium*, l'emploie constamment et encore au XV<sup>e</sup> s. Antonin de Florence exposera longuement dans sa *Somme* ce qu'est l'*opus conditionis* [63], mais chez les théologiens dans leurs œuvres doctrinales, le terme pris dans cette acception se fait plus rare, elle se retrouve parfois dans des expressions traditionnelles qui l'entraînent : Bonaventure dit : « Ad cognitionem conditionis rerum supponitur cognitio creatoris » [64], Guillaume de Méliton : « in diffusione bonorum quae tempus respiciunt, scilicet conditionem et conditi conservationem in esse » [65]. Thomas d'Aquin emploie bien la formule « in statu primae conditionis » [66], sur laquelle nous aurons à revenir, mais dans son traité sur la création, on ne trouve pas celle-ci désignée par le mot *conditio*. Il ne s'agit pas d'un phénomène accidentel et la Somme alexandrine met sur la voie de l'explication quand elle distingue *creatio* et *conditio* dans l'œuvre des six jours : « Creatio est exitus de non esse in esse, cui immediatus est exitus de potentiali materiali in actum ; hoc autem est facere, sed in operibus sex dierum est factio sive conditio, ergo ante non fuit nisi creatio » [67].

Le mot *conditio* avait toujours eu une certaine ambiguïté et le traitement par lequel les Victorins l'avaient enrichi ne pouvait que l'accentuer : il connotait à l'idée de production dans l'être celle d'organisation, de disposition des êtres ainsi produits ; il représentait l'ensemble de l'opération divine dans ses réalisations, nécessairement successives si on les envisage dans le temps où elles s'accomplissent. Les médiévaux n'avaient pas non plus oublié que *conditio* peut s'appliquer à des œuvres purement humaines, acception largement deprésentée dans les textes antiques, et qu'emploient encore les auteurs du XIII<sup>e</sup> s. Guillaume d'Auvergne évoque les annales « in quibus narrantur conditiones, sive aedificationes atque

61. Id., *De arca morali*, VI, 6, col. 1272 B.
62. Id., *Didascalicon*, VII. 29, col. 835 A.
63. Antonin de Florence, *Sum. theol.*, I, 1. 3 pr. et § 1, col. 31.
64. Bonaventure, *II Sent.* 36.
65. G. de Meliton, *I Quaest. de sacram.* (éd. Quarrachi), 16 b, p. 10. 31.
66. T. d'Aquin, *De malo*, 3. 1, ad 9 ; *Sum. theol.* II. II 5. 1, ad 2 m.
67. *Sum. fr. Alexandri*, II. 1, n° 248 a, p. 306 b.

fundationes civitatum magnarum nominatarum » [68] ; Philippe de Tripoli en traduisant le célèbre ouvrage pseudo-aristotélicien *Secretum secretorum* met dans la bouche du Juif une question : « Nonne indicavi tibi legem meam et eius conditionem ? » [69]. Au XII<sup></sup>ᵉ s. cette polyvalence du vocable n'avait guère d'importance, mais quand au XIIIᵉ se sont répandues les doctrines gréco-arabes sur l'éternité du monde, l'ambiguïté devenait dangereuse, et pour exprimer le dogme chrétien de la production des êtres *ex nihilo,* il fallait employer exclusivement un terme sans équivoque possible, celui de *creatio,* ainsi peut-on expliquer l'effacement que subit le mot *conditio* pris au sens de création.

## IV a

Le sens principal et le plus largement représenté de *conditio,* celui qui l'emporte définitivement en ce domaine de la pensée en général, par opposition au sens particulier des logiciens. est celui dans lequel le mot désigne la situation dans laquelle se trouve le sujet, la position qu'il occupe dans l'échelle des êtres ou dans une catégorie sociale particulière s'il s'agit d'un homme ; la notion est alors assez proche de *status* et tend à supplanter ce terme dans la mesure où celui-ci n'implique pas un système de références particulières. Il peut s'agir d'un individu isolé, et ici l'on rencontre une acception spéciale héritée de la rhétorique ancienne, que mentionnent de nombreux glossaires par les équivalences *fortuna, eventus, casus* [70] ; parmi les auteurs médiévaux on ne trouve guère que Jean de Salisbury pour en faire un emploi régulier dans le *Polycraticus,* si inspiré de l'antiquité : « Conditio est fortuitus personae status, qui aut adversis deprimitur aut extollitur prosperis » [71].

En envisageant le sens général de *conditio,* sans référence au hasard ou à la fortune, nous nous retrouvons dans le domaine des juristes qui en forme un cas particulier. Le terme désigne alors la position d'un individu dans le cadre et à l'égard d'un système juridique donné. Bernard de Pavie ajoute que les choses ont aussi leur condition, ainsi les servitudes dont peut être grevée une propriété [72], mais les médiévaux ont montré moins d'intérêt pour la condition des biens que pour celle des personnes : Rufin commentant la Cause du *Décret* sur la simonie, expose que celle-ci intervient dans les affaires « circa quae ecclesiasticae religionis conditio movetur » [73] ; à la fin du moyen âge, Sylvestre de Prierio note qu'une chose peut être de condition libre ou servile, il ne précise toutefois ni le sens ni les conséquences de la distinction [74]. De même les romanistes font

68. G. D'AUVERGNE, *De universo,* I. 2. 11, p. 696 a H.
69. P. DE TRIPOLI, tr. *Secr. secretorum,* III, 14 in *Opp. hactenus ined. R. Bacon,* V, p. 145. 17.
70. V. g., cf. les lexiques (s. v. Conditio) des mss. Paris, Bibl. Nat. lat. 7642, 7644, 7500, 7600 qui s'échelonnent du XIᵉ au XIIIᵉ s.
71. J. DE SALISBURY, *Polycraticus,* IV. 4, p. 291. 25 ; cf. 5, p. 293. 20.
72. B. DE PAVIE, *Sum. decretal.,* IV. 5. 1, p. 146.
73. RUFIN, C. 1, princ. p. 196.
74. S. DE PRIERIO, *Sum. sum.,* s. v. Conditio.

obligation au juriste de connaître « varias rerum conditiones » en restant dans le vague [75]. On dira encore de deux églises dont aucune n'a de juridiction sur l'autre qu'elles sont *paris conditionis* [76]. L'usage du terme reste limité et ne donne pas lieu à un examen approfondi de sa signification.

Son application à l'homme est au contraire très développée. Pillius demande au juge de prendre en considération la *vita et conditio* des témoins et les éléments en sont : leur liberté, leur âge, leur renommée (*honor*), leur sexe, leur richesse, leur conduite sans reproche [77]. On trouve sans cesse mentionnée dans les manuels de jurisprudence la *conditio, melior* ou *potior, inferior* ou *deterior, par* ou *aequalis* des parties ou de toute autre personne qui apparaît dans le procès, tantôt dans le sens général que lui donne Pillius, tantôt pour désigner sa situation dans l'affaire en cause [78]. A cette acception plus stricte on peut rattacher la remarque faite par Jean de Salisbury que le droit exige : « nemo debet esse ignarus conditionis eius cum quo contrahit » [79], ou la règle donnée par Innocent IV : Peu importe le nom dont on désigne un *procurator*, ce qui compte est la *conditio* de qui lui a donné mandat [80]. Plus large est l'intention d'Othon de Freising, et sortant du droit strict, quand il reproche aux Lombards d'appeler à la chevalerie « inferioris conditionis juvenes » [81].

Le terme sert souvent à désigner l'appartenance aux grandes catégories sociales, à l'égard desquelles diffèrent les règles de droit : Ainsi les clercs et les laïcs ; leurs crimes peuvent être égaux, il faut distinguer entre eux, « ut alia sit clericorum, alia laicorum conditio » devant la sanction à leur appliquer [82]. Raymond de Penyafort envisage le cas où le duel judiciaire est impossible « propter... personae conditionem, cum sit clericus » [83]. Rufin emploie le mot pour désigner la dignité : Si l'évêque de Bologne devient archevêque de Ravenne, il y a « mutatio circa conditionem personarum » [84]. Plus fondamentale encore dans la société médiévale et empruntée au droit romain dans sa doctrine comme dans son vocabulaire est le clivage entre les hommes libres et ceux qui ne le sont pas, même s'il est uniquement de droit positif : « Lex humana duas inducit conditiones » [85]. Albéric du Mont-Cassin interroge : « Cuius conditionis es ? i. e. es servus aut ingenuus ? » [86] et un commentateur de saint Paul explique, « omnis conditio, tam dominorum

75. Cité par J. Flach, *Etudes critiques...*, p. 304.
76. *Incerti auct. quaest.*, éd. Thaner, p. 99.
77. Pillius, *De ord. judic.*, III, 8, p. 66.
78. Cf. la collection éd. par Wahrmund et les index des divers volumes.
79. J. de Salisbury, *Metal.*, III, 10, p. 162.
80. Innocent iv, *Apparatus*, II, 7. n° 5, p. 254 b.
81. O. de Freising, *Gesta Friderici*, II. 14, éd. ad us. scol., p. 115.
82. Richard d'Ely, *Dial. de Scaccario*, éd. Johnson, p. 98.
83. R. de Penyafort, *Sum. de cas. poenit.*, I. 8 § 3, p. 57 b.
84. Rufin, C. 7, q. 1 d.a.c. 19 § 3, p. 290 ; cf. C. 27 princ., p. 430.
85. Adalberon de Laon, *Carm. ad Rotbertum*, éd. G. H. Huckel, *Mél. Hist. M. A. 13*, 1901, 155. 278.
86. Alberic du M.-C., *De dictam*, in Rockinger, *Briefsteller...*, p. 42.

quam servorum » [87] ; encore que cet état de choses ne doive pas faire oublier que « conditio libertatis est favorabilis universitati hominum » selon les mots du cardinal Laborans [88] et que tout le monde apprenne dans le *Graecismus,* une grammaire élémentaire, que « De natura sibi (homini) libera conditio sit ». Dans la pratique le contexte le plus fréquent où l'on trouve cette acception est celui de ses conséquences canoniques entraînées par la situation de l'intéressé. Guy d'Orchelles résume l'enseignement théologico-canonique de l'époque précédente qui est devenu classique « Error conditionis impedit matrimonium, ut si credatur aliquis liber, qui est servus » [89] ; peu avant, l'anonyme édité par Thaner pose le cas « Quidam volebant intrare monasterium, quorum conditio ignorabatur » [90], il faut enquêter à ce sujet de peur que ce ne soit quelques dépendants que leur maître a le droit de venir rechercher.

Employé absolument, *conditio* s'applique de façon spéciale, autre héritage de l'antiquité, à la position de l'esclave : « Hoc nomen servus simpliciter positum conditionem ponit » [91]. Saint Anselme décrit un homme menacé d'une injuste servitude comme « violentae conditioni addictus » [92]. Guillaume de Rennes précise la manière dont un cultivateur est lié à la terre qu'il exploite : « Qui colonus est non ex conditione sed ex conductione, monachus fieri potest » [93]. Les canonistes en traitant du sujet de l'ordination étendent la signification du mot à toute espèce de dépendance ou d'obligation même dépourvue de caractère servile et résultant de liens sociaux ou professionnels d'un autre ordre. La *Summa parisiensis* affirmait déjà « Qui alicui conditioni, ut curiales vel liberti, obnoxii sunt, non debent promoveri, nisi penitus ab omni debito liberantur » [94] ; Etienne de Tournai développe en explicitant l'assimilation : « Qui propter conditionem ordinari prohibentur, scl. curiales, officiales post baptismum militantes, in foro decertantes, servi, liberti, originarii, adscriptitii » [95].

On rencontre encore dans le vocabulaire juridique *conditio,* souvent *conditiones,* au sens de redevance(s), on en trouvera de nombreux exemples dans Du Cange, qui met cette acception en tête de son article, et dans le *Lexicon Minus* de J. F. Niermeyer. Roland Bandinelli nous fournira un exemple chez un auteur doctrinal « Nullas exactiones (ecclesiae) imponendas, exceptis conditionibus tempore consecrationis constitutis sive servitiis » [96]. On

87. *Comm. cantabrig. in Epp. Pauli*, éd. A. M. Landgraf, Tit. p. 626.
88. Laborans, *De vera libert.*, I. 1, éd. A. M. Landgraf, p. 44. 10.
89. G. d'Orchelles, *Tract. de sacram.*, p. 210. 23.
90. *Incerti auct. quaest.*, éd. Thaner, q. 26, p. 276.
91. *Op. cit.*, n. 87, Rom. I, p. 7.
92. Anselme, *Ep.* 17, éd. F. S. Schmitt, p. 123. 28. 1
93. G. de Rennes, *Glos. Sum. Raymundi de Penyafort*, I. 8, § 6 s. v. Colonus.
94. *Sum. parisiensis*, D. 34 c. 10, p. 33.
95. E. de Tournai, D. 54, p. 77-8. Approximativement les *curiales* et *officiales* sont des « fonctionnaires », l'*adscriptitius* et l'*originarius* comme le *colonus* (cf. n. 93) des non-libres que les médiévaux distinguaient clairement de l'esclave au sens strict de l'antiquité (*servus*), sans être d'accord sur les termes à employer ni les réalités recouvertes par ces termes.
96. R. Bandinelli, *Stroma*, C. 18. q. 2. c. 27, p. 67.

rencontre ici une des difficultés que présente un mot double comme *conditio-condicio* : J. Niermeyer l'écrit *conditio*, le rapprochant de *datio* ; il ne nous semble cependant pas impossible que cette redevance soit une forme de *condicio* signifiant la sujétion, l'obligation à laquelle se trouve soumise une personne physique ou morale [97].

A mi-chemin entre ces sens techniques du droit et les acceptions plus générales que l'on rencontre ensuite, figure un certain nombre d'emplois de *conditio* pour indiquer la situation dans la société, mais sans référence à des catégories juridiques précises : Il indiquera la profession chez Foulcoie de Beauvais quand il parle de Vulcain : « Huic... conditione fabro » [98]. L'idée reste souvent plus vague, Arnoul de Lisieux dit que l'on ne peut nier « quod nec ulla conditio, nec aliquis etiam sexus ignoret » [99]. Pierre de Blois compare le sort des bêtes de somme à qui l'on accorde des jours de repos refusés aux malheureux *curiales*, « In hoc melior est conditio jumentorum ! » [100]. André le Chapelain indique à titre d'excuse pour leur activité courtoise que « Dominus... eorum (clericorum) conditionem in hoc noluit facere meliorem ut carnis ab eis stimulum... removerit » [101]. Il peut aussi s'agir de valeur morale, Nigel de Longchamp décrit les maux auquels « subjacet persepe conditio et consuetudo divitum » [102], Roger Bacon prescrit « Considerandae sunt conditiones legumlatorum, ut merito sui digni, quatemus eis credatur » [103] avant de montrer combien de ce point de vue le Christ l'emporte sur tous les autres. Mais l'idée la plus souvent exprimée est celle de « rang », Raoul Ardent est partisan du juste milieu « Est autem conditio melior mediocris, quae videlicet inter nimis minimumque constituta (est) » [104]. Gilbert de Tournai enseigne au futur roi « Principes debent attendere propriae vel privatae conditionis statum, quod non devenustent publicae dignitatis gradus » dans l'octroi de leur faveur [105], et Thomas d'Aquin exprime de façon plus concise la même idée « Conditio personae in distributiva justitia attenditur » [106] Il en va de même dans ces distributions de vêtements, qui sont une forme de traitement des officiers royaux, d'après Gilles de Rome « Consideranda est conditio personarum... laici... clerici, et inter utrosque quidam superiores, quidam infe-

97. L'adjectif *conditionalis* suit le substantif dans le sens de privation de liberté : les non-libres « terram alicuius... ad conditionale servitium reddendum tenent ». (RUFIN, D. 54, c. 11, p. 141). Le substantif *conditionarius* désigne ceux qui sont ainsi dépendants : « Conditionarios, servos glebae et similes » (*Sum. paris.*, D. 50. c. 58, p. 47).
98. F. DE BEAUVAIS, *Epist.* 19. 76. *Traditio*, 10, 1954, 258.
99. A. DE LISIEUX, *Epist.* 49, p. 90.
100. P. DE BLOIS, *Epist.* 14 PL 207. 43 A.
101. A. LE CHAPELAIN, *De amore*, éd. BATTAGLIA, I. 6 H, p. 216.
102. N. DE LONGCHAMP, *Tract. contra curiales*, éd. BOUTEMY, p. 153.
103. R. BACON, *Metaph. fr. Rogerii, Opp. hactenus ined.* I. 28. *Legislator* selon le vocabulaire des Arts est celui qui communique une Révélation (*lex*) aux hommes, ou prétend le faire.
104. R. ARDENT, *Spec. univers.* I. 43, Ms. Paris, Bib. Maz. 3229 f. 9 va. Cf. n. 81.
105. G. DE TOURNAI, *De erudit. regum*, II. 9, p. 33.
106. T. D'AQUIN, *S. th.*, 2a 2ae 61. 2. ad 3.

riores » [107]. Hervé Nédellec veut que l'on fasse attention « ad modum vivendi qui competit... homini talis vel talis conditionis », il varie pour chacun selon sa situation sociale [108].

### IV b

Dépassant le cadre social, la *conditio* fixera la place qu'occupe un être, ce qu'il est et quelles sont ses caractéristiques qui lui assignent cette situation, au plan de la nature et par rapport à son auteur. Parfois il s'agit de tout l'ensemble de la création ; paraphrasant la *Genèse*, Hugues de Rouen dit que, regardant les êtres qu'il avait appelés à l'existence, « Deus vidit... bona pro auctore, pro natura, pro conditione » [109]. Selon Robert de Melun, pousser abusivement dans l'âme humaine la recherche de similitudes trinitaires aboutit à une attitude absurde, injurieuse pour Dieu « nec rerum conditioni aliquo modo respondet » [110]. Se bornant au monde matériel, Anselme avait déjà dit que la rotation du ciel est provoquée par la « violentia naturalis conditionis » [111]. Au XIIIe s. Gilbert de Tournai définit la « conditio creaturae » en quatre points qu'il invite son élève à étudier [112]. Thomas de Sutton montre que Dieu connaît « unumquodque secundum conditionem suam » et le fait agir en conséquence [113].

Plus souvent il s'agit d'une catégorie donnée d'êtres dont les auteurs cherchent à définir les caractéristiques, il peut même s'agir du domaine logique, ce sont des traducteurs qui introduisent cet emploi : Gérard de Crémone (Isaac Israeli) déclare : « Conditio in contradictione est quod sermo disputantis contradicit sermoni disputantis et expellit ipsum et evanescere facit » [114] ; Dominique Gundissalvi (Avicenne) dit de son côté : « Ad conditionem vero contrariorum non sufficit tantum ut sit unum subjectum et in quod ipsa sibi succedant » [115]. Le XIIe s. latin avait déjà appliqué le terme à des réalités métaphysiques : pour Bernard Silvestre, si la matière première est susceptible de toutes les modifications, c'est que sa *conditio* est *anceps* [116], elle sera déterminée par les formes. Celles-ci sont elles-mêmes, d'après Othon de Freising, en perpétuel devenir « neque unquam in existendi conditione constanti et rata perseverantes » [117] ; seules les idées platoniciennes posséderaient une

107. G. de Rome, *De regim. princ.* II. 3. 17.
108. H. Nedellec, *De paup. Christi et App.* 30, *Arch. Hist. doct. litt. M. A. 11*, 1937-8, 253.
109. H. de Rouen, *De fide cath.* PL 192. 1332 C.
110. R. de Melun, *Sent.* I. 4. 8, éd. R. Martin, p. 109.
111. Anselme, *Cur Deus homo,* II. 17, éd. F. S. Schmitt, p. 125. 13.
112. G. de Tournai, *De modo addisc.*, IV. 20, p. 227.
113. Cité par O. Lottin, *Psychol. Morale,* I, 336. 31.
114. G. de Cremone, trad. I. Israeli, *Lib. de diff.*, *Arch. Hist. doct. litt. M. A. 11*, 1937-1938, 308. 2.
115. D. Gundissalvi, trad. Avicenne, *Métaph.* III. 6 (Venise 1493), 12 ra. 17.
116. B. Silvestre, *De univ. mundi,* I. 2, p. 10. 6. cf. p. 9. 23
117. O. de Freising, *Gesta Frider.* I. 5, ed. ad usum schol., p. 21.

telle permanence, « Intelligibilia... vigoris conditionis suae eadem perseverant » [118], explique Jean de Salisbury. Pour préciser la nature du fluide vital, Alfred de Sareshel indique son indépendance et sa dépendance simultanée à l'égard de la *conditio corporis* [119]. « Bonum est conditio finis proprie » [120], proclame Robert Kilwardby, ce que Gérard de Bologne précise sur le plan psychologique « Conditio finis, quod est operari talis boni gratia, est in intentione omnis operantis virtuose » [121]. Les rapports proportionnels entre les éléments sont ainsi traduits par Barthélémy de Bologne : « Eadem conditione se habet aer ad aquam et ignis ad aerem » [122]. Henri de Gand rapproche *conditio* de *natura* et de *ratio* : « Natura autem dicit conditionem principii... propter quod natura potest esse conditio, in principio, per quod habet rationem principii » [123]. Nicolas d'Autrecourt caractérise l'action de la cause naturelle, « operatur secundum conditionem naturae suae » [124].

La *conditio* n'est pas un privilège des grandes catégories logiques ou métaphysiques, elle se retrouve chez les êtres concrets et en premier lieu chez l'homme, la *conditio humana* (*hominis, nostra...*) a fourni aux médiévaux la matière de nombreuses spéculations. Suivre celles-ci nous entraînerait à parcourir tout un secteur de l'anthropologie médiévale, il suffit à notre but d'en déceler quelques orientations [125]. Le plus souvent elle est mentionnée sans complaisance, il suffit d'évoquer les centaines de manuscrits qui nous ont conservé le *De miseria* (*vilitate*) *humanae conditionis* du futur Innocent III pour saisir quelle était la tendance dominante. Les auteurs antiques déjà avaient rappelé sa faiblesse naturelle et un lettré comme Jean de Salisbury l'évoque « Multa... praepediunt intelligentiam, utpote... fragilitas conditionis, vita brevis » [126], mais le moyen âge pense surtout à sa culpabilité. L'homme n'atteindra sa fin que « suffocata conditione rea », dit Baudry de Bourgueil [127] ; la culpabilité est inséparable de la « conditio humana, cui subiecta est tota posteritas Adae » [128]. Guillaume de Saint-Thierry distingue l'humilité de l'homme « cum ex cognitione et conditione sui... ipsi sibi vilescit » de celle du Christ, il la nomme *humiliatio*, « in ultima conditionis humanae semetipsum sponte deponentis » [129]. Il y a eu

118. J. DE SALISBURY, *Metalog.*, III. 35, p. 204.
119. A. DE SARESHEL, *De motu cordis*, 10. 1, p. 38. 3.
120. R. KILWARDBY, I *Sent.* 3, *Arch. Hist. doct. litt. M. A. 10*, 1935, 347.
121. G. DE BRUGES, *Qu. disp.*, 2 ad 8, éd. LONGPRE, p. 22.
122. B. DE BOLOGNE, *Qu. I de fide*, p. 16. 27.
123. H. DE GAND, *Sum. quaest. ordin.*, a. 52, q. 2 ad 2, Tome II, f. 57 v Y.
124. N. D'AUTRECOURT, *Tract. univ.* 11. *Med. Stud. 1*, 1939, 257. 37.
125. La Somme alexandrine souligne qu'il existe pour l'homme deux conditions différentes, l'une qu'il tient de sa nature et qui est identique chez tous les membres de l'espèce humaine, l'autre, propre à chacun est une « conditio dispar secundum voluntatem et meritum » (III. 477 ad 3, p. 703 b). Cette distinction intervient dans une réponse à une objection pour mieux dégager le sens le plus large, conditio naturae ou naturalis, celle qui, en dehors du domaine juridique et social, retient davantage l'attention des médiévaux.
126. J. DE SALISBURY, *Metal.* IV. 40, p. 213.
127. B. DE BOURGUEIL, *Poème*, 216, 898, éd. ABRAHAMS, p. 296.
128. SIMON DE TOURNAI, *Disput.* 59, q. 3, p. 168. 21.
129. G. DE SAINT-THIERRY, *Comm. Cant.*, éd. M. M. DAVY, § 91, p. 118.

un renversement de situation dit Henri d'Augsbourg, « Humanum genus est mortale per unum, /Impos non cadere, conversa conditione » [130]. Elmer de Canterbury enjoint à ses lecteurs : « Intueantur propriae imbecillitatem conditionis » et ne se croient pas supérieurs à d'illustres et saints personnages [131] ; au siècle suivant Gilbert de Tournai reprend plus dogmatiquement la même idée : se dispenser des obligations imposées à tous les hommes est « animam supra conditionem extollere,... naturae consortium recusare » [132].

Parfois un auteur constate ce qu'est la nature humaine sans la juger explicitement, ainsi Pierre de Blois, peut-être avec un sourire, dit du népotisme d'un de ses correspondants « Hoc et naturae conditio et ordo postulat caritatis » [133] ; ou alors faut-il attendre les commentaires de l'*Ethique*, où elle devient une mesure de l'humain, Jean Buridan expose : « Limites conditionis humanae communiter acceptas vocamus ad quas omnes homines habentes usum rationis sunt potentes venire per bonam vel malam consuetudinem et conditionem », au dessus sont les vertus héroïques, au dessous la *bestialitas*, on sort des normes de l'humanité [134]. A mesure toutefois que l'on réhabilite la nature, la *conditio* bénéficie du même processus et se voit reconnaître une valeur positive, Lothaire de Segni n'envisageait-il pas d'écrire un *De dignitate humanae conditionis* qui aurait complété son *De miseria ?* [135] Godefroid de Saint-Victor, dont son éditeur a souligné les tendances humanistes, dit que l'Ecriture « ei (homini) commemorat naturalia sua ad recolendum suae conditionis dignitatem » [136].

Le sens du terme *conditio* autour des années 1200 tend en effet à s'assimiler à celui de nature, il n'y a pas jusqu'aux traditionnelles expressions augustiniennes, telle *prima rerum conditio*, qui ne se trouvent entraînées et infléchies dans cette direction. Etienne Langton explique à propos de la création d'Eve : « Non habuit prima rerum conditio, id est natura, ut secundum cursum secuturum sic fieret mulier » [137]. Simultanément le mot se trouve amené à recueillir et assumer les valeurs qu'exprime la *conditio-creatio*, dont on a vu que l'emploi disparaissait peu à peu. On arrivera ainsi à des formules telle que celle de Thomas d'Aquin dans le *De veritate* : « Homini ex sua naturali conditione sunt praevisa quae sunt necessaria ad naturalem finem consequendum... Ex natura conditionis suae ad hoc factus est ut sit particeps aeternae beatitudinis » [138]. On est à première lecture porté à traduire « du fait de sa condition naturelle », toutefois en réfléchissant à ces expressions et à leur con-

130. H. d'Augsbourg, *Planctus Evae*, v. 1240. *Traditio, 12*, 1956, 196.
131. E. de Canterbury, *Epist.* 8, § 12, *Analecta monast.* II, 93 sv.
132. G. de Tournai, *De modo addisc.*, IV. pr. p. 134.
133. P. de Blois, *Epist.* 130, PL, 207. 385 B.
134. J. Buridan, *Eth.*, VII q. 1, p. 572-3.
135. Lotharii Cardinalis, *De miseria hum. condit.* Prol., éd. M. Maccarrone, p. 3. 12.
136. G. de Saint-Victor, *Microcosmus*, éd. Ph. Delhaye, § 148, p. 163. 11.
137. Cité par A. M. Landgraf, *Dogmengesch*, I. 1, p. 243, n. 26. Le texte d'Augustin est *De Gen. ad litt.*, (C.S.E.L. 28. I, 293).
138. T. d'Aquin, *Qu. disp. de Veritate*, 14. 10 obj. 2.

texte, on ne peut entièrement écarter l'idée de création et l'auteur confirme cette interprétation : dans la réponse qu'il donne à cette objection, il emploie la formule « ab ipsa prima institutione naturae ». La solution du problème que pose ce texte ne peut être que celle suggérée, en le présentant à ses auditeurs des Hautes-Etudes, par le T.R.P. Chenu : *Conditio* est ici à la fois la place de l'homme, sa nature, et sa mise en place par Dieu, sa création : Sa situation, sa position, son *status* est en même temps ce qu'il reçoit du Créateur quand celui-ci l'appelle à l'existence. Il n'y a là rien de fondamentalement nouveau dans la pensée chrétienne, mais le terme *conditio* avec le sens complexe qu'il titre de sa double origine en constitue une expression privilégiée. On conçoit alors la densité que peut prendre ce mot : il évoque, nous l'avons vu plus haut, les données de la condition-loi qui s'impose à l'être, ses nécessités physiques comme ses obligations morales, il exprime aussi que la place de chaque être est celle prévue pour lui dans le plan de la création et en fonction de laquelle est établie sa nature.

## V

Il reste à voir un dernier emploi de *conditio,* les cas dans lesquels le mot est utilisé au pluriel, il apparaît occasionnellement au XII^e^ siècle, mais on le rencontre surtout à partir de la diffusion des traductions de textes gréco-arabes. Jean de Salisbury le rapproche de *modus* : « Mortalis et immortalis... potius modos vivendi indicant aut naturae conditiones » [139], mais l'acception sur laquelle s'accordent en général les auteurs est celle de *proprietas* : Traduisant Aristote, Gérard de Crémone après l'étude comparée du syllogisme et de la démonstration conclut : on a dit « quid est unusquisque eorum et quibus conditionibus et proprietatibus completur » [140]. A la fin du XIII^e^ s. Humbert de Prouilly demande « Utrum circumstantia sit proprietas vel conditio actus moralis ? » et sa réponse montre que *vel* a ici le sens de *sive* [141]. Jacques de Pistoie cherchant ce qu'est le bonheur, commence « Ad investigandum quid sit... felicitas, oportet incipere a conditionibus et proprietatibus eius essentialibus » [142].

Cet usage du mot au pluriel est très fréquent au XIII^e^ siècle, on peut en donner quelques exemples où il s'incorpore dans les grandes théories de la scolastique : Depuis le chancelier Philippe les transcendantaux sont les *conditiones concomitantes* de l'être [143]. Ce semble être au même auteur que remonte la considération des *conditio-*

139. J. de Salisbury, *Metal.* III. 8, p. 150.
140. Aristote, *Anal. pr.* II. 19 (99 b 15), *Arist. lat.* IV. 3, p. 95. 12.
141. J. Grundel, *Die Lehre der Umstanden... im M. A.* (Münster/Westf 1963), p. 663. 1.
142. J. de Pistoie, *Qu. de felic.* in *Medioevo Rinascim.* (Florence 1955), p. 443.
143. H. Pouillon, *Le premier traité des propriétés transcendantales. Rev. néoscol. 42,* 1939, 43. Cf. *Tract. de transcendentalibus conditionibus* I, 1, p. 64. 2 et pss. in *Franzisk. Stud.,* 1959.

*nes universales* nécessaires à toute vertu morale et que réalisent les vertus cardinales [144]. Plus fréquemment encore est-il question dans les problèmes de l'abstraction des *conditiones materiales, individuantes, individuales* dont doivent se dépouiller l'intelligible et l'universel [145]. En dehors de cette utilisation dans les grandes doctrines, les *conditiones* sont les qualités, les caractéristiques qui permettent de définir, décrire serait plus exact, un être : « Ponit (Aristoteles) quatuor conditiones intellectus agentis » [146], dit Thomas d'Aquin, et Siger de Brabant : « Ponit tres conditiones primi principii » [147]. La formule devient courante dans les commentaires ; elle ne fait pas toujours appel à l'Auteur, Albert de Saxe expose personnellement : « Sequuntur quaedam conditiones augmentationis » [148].

De façon moins didactique les auteurs mentionnent quelles sont les *conditiones* qui déterminent les caractéristiques de l'être dont ils traitent. Robert Grosseteste oppose les êtres produits par Dieu tout au début et ceux qui les ont suivis, pour ceux-là, « quaedam vult (Deus) fieri pro loco et tempore et ceteris conditionibus creaturarum » [149]. Raymond Lulle réfute une théorie en montrant que « est contra conditiones entis, in hoc quod existentia concordantiam habere debet cum suo fine » [150]. Godefroid de Fontaines explique le choix : « Quando in obiecto concurrunt aliquae conditiones appetendae et aliquae fugiendae... cognitio... dum attendit ad unam conditionem, non attendit ad aliam » [151]. Au début du XIV^e^ siècle, Gérard de Bologne écrit « Non experimur... conditiones finis nostri, utpote quod visio nuda et fruitio Dei... Hanc et alias conditiones quae finem reddunt appetibiliorem... » [152]. Un commentaire de la bulle *Unam sanctam* commence sa démonstration « Primo ponuntur conditiones generales Ecclesiae » [153]. Pour faire l'éloge de la science qu'il enseigne, Robert Holkot annonce « Ad sacrae theologiae conditiones descendam » [154]. Marsile d'Inghem prouve ainsi une proposition sur la division des sciences naturelles « Maior nota per conditiones subjecti (scientiae) » [155]. Le mot trouve même son emploi dans le domaine de la pratique, la connaissance des *conditiones hostium* est nécessaire au chef d'une armée, enseigne Gilles de

144. PHILIPPE, cité par O. LOTTIN, *Psychol. Morale,* III, 175. 5. JEAN DE LA ROCHELLE, *Tract. de div. multipl. potent. an.* III. 15, éd. MICHAUD-QUANTIN, p. 167. La même idée se trouve aussi avec une problématique un peu différente dans les commentaires de l'Ethique de la fin du siècle, Gilles d'Orléans et divers anonymes. Cf. O. LOTTIN, *Psychol. Morale,* IV. 534. 26 ; 536. 28.

145. JEAN DE LA ROCHELLE, *op. cit.,* II. 14 et 15, p. 82. 435, 461, etc. Pour Albert le Grand, cf. U. DAEHNERT, *Die Erkenntnislehre des Alb. Magnus...* (Leipzig 1934), p. 193. THOMAS D'AQUIN, *Sum. theol.,* I. 85. 1 ad 5.

146. T. D'AQUIN, *Comm. De an.* III, 1. 10, éd. PIROTTA, n. 732, p. 174 a.

147. S. DE BRABANT, *IV Métaph.* p. 202-3.

148. A. DE SAXE, Q. 9 sr II *Gen. corrupt.* f. 137 va.

149. R. GROSSETESTE, *Qu. de voluntate Dei* in *Mél. Powicke,* p. 200. 29.

150. R. LULLE, *Declaratio...* (Beiträge VII, Münster/Westf. 1909) n. 9, p. 112. 31.

151. G. DE FONTAINES, *Quodl.* XV. 1, p. 3.

152. Cité dans *Rech. Théol. anc. méd.* 20, 1953, 139. 30 et 130. 25.

153. Ce commentaire, peut-être par Gilles de Rome, est édité in *Arch. Hist. doct. litt. M.A. 13,* 1942, 128.

154. R. HOLKOT, *Sermo finalis. Med. Stud. 11,* 1949, 220.

155. M. D'INGHEM, Q. 1 sr I *De gen. corrupt.* f. 65 va.

Rome [156]. En morale *conditio* sert à désigner les *circumstantiae* qui affectent l'acte et sa valeur : « Ubi est meritum, oportet quod sit opus cum conditione », dit Godefroid de Poitiers [157] et Albert le Grand définit : « Circumstantiae proprie dicuntur speciales conditiones quae circumstant personam, negotium » [158].

Dans ces divers emplois au pluriel, les *conditiones* unissent, dans des proportions variables selon les cas, deux des valeurs que peut prendre le mot : elles sont les *con-dictiones,* les énoncés, indications complémentaires, qui accompagnent celui du sujet que l'on traite et permettent de mieux le définir et le caractériser ; elles sont aussi les éléments de la *conditio-status,* son analyse et sa résolution en petites unités constitutives, on est tenté de dire qu'elles forment la « petite monnaie » de l'acception si dense que revêt le mot au singulier. Leur emploi pour l'expression de doctrines importantes de la scolastique, la fréquence et la variété de leurs usages montrent que l'importance de l'utilisation du mot au pluriel est loin d'être négligeable.

156. G. de Rome, *De regim. princ.* III. 3. 6, p. 570, cf. 14, p. 593
157. Cité par A.M. Landgraf, *Dogmengesch.* I. 1, p. 267, n. 67.
158. Cité par J. Grundel, *op. cit.,* (n. 41), p. 508. 31 et 58.

# TÉRATOLOGIE ET THÉOLOGIE CHEZ JEAN SCOT ÉRIGÈNE

par

René ROQUES

Le R. P. M.-D. Chenu a bien mis en relief l'importance et la nature des influences grecques sur « la mentalité et la théologie symboliques » du XIIe siècle [1]. Parmi ces influences, il souligne d'un trait plus fort l'apport du Pseudo-Denys dont le premier Moyen Age occidental a surtout connu les œuvres par la traduction latine de Jean Scot Erigène et à travers les intreprétations qu'il en a proposées [2]. Mais — et le P. Chenu en convient — lorsqu'il s'agit d'un intermédiaire de la taille d'Erigène, on peut s'attendre qu'il imprime sa marque propre aux doctrines qu'il transmet, et c'est ce qu'il nous semble possible de constater sur ce point très particulier que constitue sa symbolique « tératologique » [3].

***

A vrai dire l'idée d'un symbolisme « tératologique » ou « monstrueux » n'est pas tout-à-fait absente du *corpus* dionysien. Elle correspondrait au cas extrême de ce qu'il appelle symbolisme « dissemblable », et dont le chapitre II de *Hiérarchie céleste* pro-

1. *La théologie au douzième siècle* (= *Etudes de Philosophie médiévale*, XLV), Paris, 1957, surtout pp. 159-209. Ces pages reprennent des articles antérieurs dont la liste et les références sont indiquées dans la *Note bibliographique* de la p. 410.

2. *Ibid.* ; cf. pp. 274-308 ; l'importance accordée par le P. Chenu à Denys l'Aréopagite et à Jean Scot Erigène ressort de manière pour ainsi dire matérielle des nombreuses références dont ces deux auteurs font l'objet tout au long de l'ouvrage : voir *Table des auteurs*, pp. 400-401.

3. Jean Scot a eu maintes occasions de revenir sur ce thème soit dans le *De divisione naturae* (que nous citerons d'après l'édition de H. J. FLOSS, PL, 122, col. 441 A - 1022 D, en attendant l'édition critique de I. P. SHELDON-WILLIAMS, dont le premier tome est en voie d'impression), soit surtout dans les *Expositiones super ierarchiam caelestem S. Dionysii* (éd. FLOSS, PL, 122, col. 125 B - 266 B, à compléter par H. DONDAINE, *Les « expositiones super ierarchiam caelestem » de J. S. E.*, dans *Arch. d'hist. doctr. et litt. du M. A.*, XVIII, 1950-1951, pp. 252-302, pour les chap. III à VII et XV, dont le R. P. Dondaine a retrouvé le texte intégral dans le ms. *Douai* 202). L'ensemble du texte des *Expositiones* de *Douai* 202 vient d'être collationné par Mlle J. Barbet, en vue d'une édition critique de tout le commentaire érigénien ; c'est d'après cette collation, dont l'auteur nous a obligeamment communiqué une dactylographie, que nous corrigerons quelques passages de l'édition de Floss (surtout pour le chap. II).

pose la justification, en identifiant d'une certaine manière son orientation et ses effets à ceux de la théologie négative [4].

Comme illustration de cette doctrine, Denys reprend en effet tels symboles de l'Ecriture qui, au regard des natures et des réalités que l'expérience nous révèle, constituent bien des « anomalies », des êtres étranges ou des « monstres ». C'est le cas, par exemple, des six ailes (τῶν πτερῶν ἑξαπλῆς ἱεροπλαστίας)[5], des «pieds» nombreux (νόας πολύποδας) [6] et des multiples visages (πολυπροσώπους) [7] que l'imagerie biblique attribue aux intelligences célestes. Toutefois ces « anomalies » ne sont traitées comme telles par Denys que sous le rapport de la « dissemblance » du symbole, c'est-à-dire en tant qu'elles sont radicalement inaptes à signifier les réalités qu'elles représentent. Le fait qu'il s'agit là de « compositions » proprement « monstrueuses », ne trouvant pas ordinairement leur illustration et leur vérité dans un ordre de natures déterminées et connues de nous, ne suscite chez Denys aucune explication particulière. Pour lui, cet assemblage déconcertant de « pieds », d'ailes et de visages doit être interprété selon les mêmes normes que les images simples, bien qu'elles aussi « dissemblables », du lion, du cheval, des roues ignées [8], des passions (θυμός, ἐπιθυμία), de l'absence de raison ou de sensibilité (ἀλογία, ἀναισθησία) [9], de l'ébriété ou du sommeil [10]. A tous ces cas l'exégèse spirituelle (κάθαρσις, ἀνακάθαρσις, ἀνάπτυξις) appliquera un traitement uniforme, en soulignant l'altérité radicale qui sépare les réalités symbolisées des symboles banals, grossiers ou aberrants sous les-

4. Sur ces thèmes, nous nous permettons de renvoyer à nos études antérieures : art. *Contemplation,* dans *Dict. de spiritualité,* II, Paris, 1952, col. 1886-1888 et 1902-1903 ; *Denys l'Aéropagite : la Hiérarchie céleste* (en collaboration avec G. Heil et M. de Gandillac), « Sources chrétiennes » 58, Paris, 1958, *Introduction,* pp. XXI-XXIV et LXXX-XCI ; *Structures théologiques,* Paris, 1962, pp. 135-179. Nous citons Denys d'après l'édition de Migne, PG, 3, sauf pour la *Hiérarchie céleste* dont nous donnons le texte critique de G. Heil (= « Sources chrétiennes » 58), mais toujours avec l'indication des divisions de Migne, commodément reproduites par l'édition de Heil.

5. Cf. CH, XIII, 4, 304 D : il s'agit des Séraphins, à propos d'*Isaïe* VI, 6 qu'explique tout ce chap. XIII de CH. Les six ailes sont mentionnées dans *Is.* VI, 2 et *Apoc.* IV, 8 (à propos des quatre animaux) ; cf. *Ez.* I, 6, 8, 11, 23 (les quatre animaux sont ici des Chérubins, comme l'indique *Ez.* X, 15 et 20 ; cf. *Ez.* X, 8, 12, 19, 21). Denys fait encore état d'ailes et d'yeux multiples en CH, VI, 2, 200 D - 201 A : τὰ πολυόμματα καὶ πολύπτερα τάγματα Χερουβίμ. Outre les passages bibliques déjà indiqués, voir, pour le thème des yeux multiples, *Ez.* I, 18 ; X, 12 ; *Apoc.* IV, 6 et 8 ; V, 6.

6. CH, II, 1, 137 A ; cf. EH, IV, 7, 481 A : πολυποῦν : cf. *Is.* VI, 2 : les pieds sont ici un « euphémisme pour désigner le sexe » (*La sainte Bible... de Jérusalem,* Paris, 1956, p. 995, n. *b*), *Ez.* I, 7.

7. CH, II, 1, 137 A ; cf. CH, XIII, 4, 305 A et EH, IV, 7, 481 A : ἀπειροπρόσωπον. Sur la multiplicité des visages des apparitions prophétiques, voir surtout *Ez.* I, 10 ; X, 14 et 22 ; *Apoc.* IV, 7. Nous retrouverons ces mêmes textes à propos des *Expositiones* de Jean Scot Erigène.

8. CH, II, 1, 137 A ; XV, 2, 328 C ; XV, 9, 337 C - 340 A ; cf. *Ez.* I, 15-21 ; X, 2, 6, 13, 19 ; *Dan.* VII, 9.

9. CH, II, 4, 141 C - 144 C, par ex.

10. EP. IX, 1, 1105 B, par ex. Les *Expositiones* de Jean Scot vont reprendre et illustrer par des exemples bibliques ces derniers groupes de symboles : voir ci-dessous, pp. 424 suiv.

quels elles sont représentées : ἀνομοίως... τῶν ὁμοιοτήτων ἐκλαμβανομένων, καὶ τῶν αὐτῶν οὐ ταὐτῶς [11]. La symbolique « tératologique » se trouve ainsi réduite à la symbolique « dissemblable », et leur commune justification sous le signe de la dissemblance et de la négativité ne diffère d'ailleurs pas essentiellement de celle qui légitime la symbolique « ressemblante » par la « réduction anagogique » qui est elle-même négativité [12].

Les termes de signification « tératologique » ou « monstrueuse » ne sont pourtant pas inconnus de Denys. Mais, outre qu'il les emploie très rarement, il ne leur donne jamais leur acception pleinement « technique ». C'est ce qui ressort avec évidence du début de la *Lettre* IX, l'unique passage du *corpus* dionysien où l'on relève une seule fois les deux substantifs τερατολογία et τερατεία, qui voisinent avec le terme ἀτοπία, dont ils ont à peu près la signification : « Dans la *Théologie symbolique* [13], nous avons exposé en détail [à Timothée] toutes les [représentations] de Dieu dont usent les Ecritures et qui, aux yeux de la foule, apparaissent comme des monstruosités (πάσας... τὰς τῶν λογίων περὶ Θεοῦ δοκούσας εἶναι τοῖς πολλοῖς τερατολογίας). C'est en effet une impression d'effrayante absurdité qu'éprouvent les âmes non initiées (ἀτοπίαν δεινὴν ἐναπομόργνυνται ταῖς ἀτελέσι τῶν ψυχῶν), si par hasard les Pères [instruits] de la sagesse cachée (ὁπόταν οἱ τῆς ἀπορρήτου σοφίας πατέρες) révèlent au moyen d'énigmes secrètes et hardies la vérité divine et pleine de mystère, à laquelle les profanes n'ont pas accès (διὰ δή τινων κρυφίων καὶ ἀποτετολμημένων αἰνιγμάτων ἐκφαίνωσι τήν θείαν καὶ μυστικὴν καὶ ἄβατον τοῖς βεβήλοις ἀλήθειαν). [...] Nous avons estimé nécessaire [...] de proposer, dans la mesure de nos forces, une exégèse (ἀναπτυχθῆναι) des figurations de toute sorte sous lesquelles la symbolique des Ecritures représente Dieu (τὰ παντοδαπὰ μορφώματα τῆς περὶ Θεοῦ συμβολικῆς ἱεροπλαστίας). Car [pour qui ne voit que] leur apparence extérieure, quel comble d'incroyable et monstrueuse fiction ! (τά γὰρ ἐκτὸς αὐτῆς ὁπόσης ἀναπέπλησται τῆς ἀπιθάνου καὶ πλασματώδους τερατείας ;) » [14].

Ce texte appelle deux remarques. D'abord il est évident que la « monstruosité » (τερατολογία, τερατεία) et l'« effrayante absurdité » (ἀτοπίαν δεινήν) dont il est ici question correspondent à une impression (ἐναπομόργνυνται) que ressentent les « non initiés » (ἀτελέσι τῶν ψυχῶν), la « foule » (τοῖς πολλοῖς), les « profanes » (βεβήλοις) devant la symbolique de l'Ecriture à l'état brut, c'est-à-dire sans une explication ou exégèse (ἀναπτυχθῆναι) qui en révèle la signification spirituelle. En second lieu, cette impression de

11. CH, II, 4, 144 B - C. Nous avons longuement analysé ces formules et des formules semblables dans les études citées ci-dessus, n. 4.
12. Sur la corrélation entre symbolisme et théologie négative, voir *Structures théologiques*, pp. 164-179.
13. Un traité perdu, ou, plus probablement, fictif : cf. *Structures théol.*, pp. 129-130.
14. EP. IX, I, 1104 B - C.

« monstruosité » est essentiellement liée au fait que le profane voit uniquement le symbole du dehors (τὰ... ἐκτὸς αὐτῆς). Pour comprendre les figurations de l'Ecriture, il faut pouvoir, pour ainsi dire, les « dévêtir » et les considérer dans leur « nudité », c'est-à-dire, dans l'intériorité de leur signification spirituelle : δεῖ δὲ καὶ ἀποδύντας αὐτὰ ἐφ' ἑαυτῶν γυμνὰ καὶ καθαρὰ γενόμενα ἰδεῖν [15]. Or c'est là précisément ce que ne peut pas accomplir le profane. Et même la plupart des « initiés » ne vont pas très loin dans cette voie, puisqu'ils s'arrêtent souvent, eux aussi, à l'enveloppe sensible et matérielle du symbole [16].

Ainsi ce qui, dans tous les cas, fait trouver aux figurations bibliques une apparence d'« absurdité » ou de « monstruosité », c'est essentiellement un manque d'aptitude des intelligences restées plus ou moins profanes à entrer dans la signification intérieure et cachée de ces figurations. Le thème est banal et vaut à peine d'être rappelé. Mais il comporte ici une précision, ou une imprécision, qui nous intéresse plus directement. La notion de « monstruosité » ou d'«absurdité » qu'il met en cause n'affecte pas de manière physique ou physiologique la nature même du symbole ; ce qui est proprement « monstrueux » ou « absurde », c'est de vouloir trouver une réalité ou une signification « divines » dans des représentations d'ordre sensible, quelles que soient ces représentations. En elles-mêmes en effet ces représentations ne correspondent pas nécessairement à des monstres, et, même si une fois ou l'autre elles y correspondent, ce caractère, comme tel, n'importe aucunement pour le traitement du symbole et ne fait l'objet d'aucune considération particulière. Il est pratiquement indifférent à Denys qu'une figuration de Dieu, des anges ou des réalités spirituelles corresponde à une nature déterminée et strictement définie, ou qu'au contraire elle soit cette caricature qui, par l'excès, le défaut ou le mélange de parties ou d'organes essentiels à une ou à plusieurs natures, constitue à proprement parler les « monstres ».

Les passages concernant le Séraphin aux six ailes, aux « pieds », aux visages et aux yeux multiples [17] ne font jamais état d'une symbolique proprement « tératologique ». Ils traitent seulement les divers aspects de ces figurations selon les normes communes d'interprétation des symboles dissemblables, et les termes de τερατολογία et de τερατεία ne sont même pas employés au cours des exégèses qui en dégagent la signification cachée [18]. Inversement, la *Lettre* IX, qui emploie ces mêmes termes, propose, pour les illustrer, des images bibliques, inaptes certes à exprimer les mystères

15. EP. IX, 1104 B.
16. *Ibid.* : Διὸ καὶ ἀπιστοῦμεν οἱ πολλοὶ τοῖς περὶ τῶν θείων μυστηρίων λόγοις. Θεώμεθα γὰρ μόνον αὐτὰ διὰ τῶν προσπεφυκότων αὐτοῖς αἰσθητῶν συμβόλων.
17. Voir ci-dessus, n. 5, 6 et 7.
18. CH, II, XIII et XV en particulier n'emploient nulle part ces termes.

divins, mais parfaitement conformes à ce que nous constatons dans l'ordre des natures. En fait, les « fictions incroyables et monstrueuses (τῆς ἀπιθάνου καὶ πλασματώδους τερατείας) », annoncées par le début de cette *Lettre*, ne sont rien d'autre que des anthropomorphismes, des « anthropopathismes », des « zoomorphismes », des « phytomorphismes » ou de simples images matérielles. Qu'on en juge par la suite du texte : « En ce qui concerne, par exemple, la génération suressentielle de Dieu (ἐπὶ μὲν τῆς ὑπερουσίου θεογονίας), les Ecritures nous représentent le ventre de Dieu engendrant Dieu de façon corporelle (γαστέρα Θεοῦ σωματικῶς Θεὸν γεννῶσαν), et le Verbe même sortant comme un souffle d'air d'une poitrine humaine (εἰς ἀέρα προχεόμενον ἀπὸ καρδίας ἀνδρικῆς ἐξερευγομένης αὐτόν). Elles nous décrivent l'Esprit Saint comme expiré par la bouche (ἐκπνεόμενον ἀπὸ στόματος). Elles parlent du sein divin qui engendre le Fils de Dieu (κόλπους θεογονικοὺς ἐναγκαλιζομένους Θεοῦ Υἱόν), nous le représentant sous forme corporelle par des images physiques (σωματοπρεπῶς...φυσικῶς). Elles usent d'images telles que celles d'arbres, de bourgeons, de fleurs, de racines, ou encore de fontaines d'eaux jaillissantes, de sources lumineuses aux éclatants rayonnements, et toutes ces autres allégories par lesquelles l'Ecriture révèle les mystères du Dieu suressentiel » [19].

Même si ces représentations ne révèlent pas Dieu et sont indignes de lui, aucune néanmoins ne correspond, au sens propre et fort de cette expression, à une « fiction monstrueuse(πλασματώδους τερατείας) ». On doit en dire autant des symboles ou épisodes bibliques évoqués dans les lignes qui suivent : animaux, bêtes sauvages ; ornements ou équipements divers ; comportement artisanal, guerrier ou royal ; festins, boissons, enivrement, colère, douleur, etc. [20]. Il n'y a rien là de proprement « monstrueux », rien qui ne corresponde à de vraies natures, rien que l'on ne puisse constater une fois ou l'autre dans le comportement ordinaire des natures

Aussi bien l'intérêt de la symbolique dionysienne n'est-il pas fixé sur les natures symbolisantes en tant qu'elles sont des natures, et les « monstruosités » dont cette symbolique semble radicalement grevée ne doivent-elles pas être entendues proprement et d'abord comme des malfaçons, des mutilations ou des excroissances qui affecteraient la structure même des natures, leur forme, leur anatomie ou leur physiologie, mais plutôt et plus banalement comme un écart et une inadéquation insurmontables qui séparent Dieu ou les réalités divines de toutes les représentations qu'on en propose. La seule « monstruosité » qui intéresse et préoccupe Denys, c'est le fait ou même la simple pensée que Dieu et les réalités spi-

19. EP. IX, 1, 1104 C - 1105 A, trad. M. DE GANDILLAC, *Œuvres complètes du Pseudo-Denys l'Ar.*, Paris, 1943, p. 351.
20. EP. IX, 1, 1105 A - B ; cf. CH, XV qui donne l'« exégèse » de plusieurs de ces symboles et de beaucoup d'autres, mais plus spécialement en fonction de l'univers angélique qui fait l'objet du traité.

rituelles soient figurés et puissent donc être confondus avec n'importe quoi, et peu lui importe que ce « n'importe-quoi » soit réellement « monstrueux » en lui-même ou non.

***

Scot Erigène formule sa symbolique à peu près dans les mêmes termes que Denys, pour la raison qu'il le fait surtout à l'occasion de ses *Expositiones in ierarchiam caelestem,* et que, comme la plupart des commentateurs médiévaux, il se soucie assez peu de marquer l'originalité de sa propre pensée en face de l'« autorité » qu'il commente [21]. Un examen attentif de son commentaire révèle cependant qu'il accorde à la symbolique « tératologique » un relief très particulier et une fonction théologique de tout premier ordre. Et cette position doctrinale apparaît déjà dans la manière dont Scot Erigène expose la double théorie du symbolisme ressemblant et du symbolisme dissemblable présentée par Denys dans le chapitre II de sa *Hiérarchie céleste.* Voici, mis en regard, le texte de Denys et la traduction de Jean Scot, d'une part, et, de l'autre, les explications correspondantes des *Expositiones :*

Hiérarchie Céleste II, 2-3

...ὡς διττός ἐστι τῆς ἱερᾶς ἐκφαντορίας ὁ τρόπος. Ὁ μέν, ὡς εἰκός, διὰ τῶν ὁμοίων προϊὼν ἱεροτύπων εἰκόνων· ὁ δὲ διὰ τῶν ἀνομοίων μορφοποιῶν εἰς τὸ παντελῶς ἀπεοικὸς καὶ ἀπεμφαῖνον πλαττόμενος (PG, 3, col. 140 BC).

Expositiones

*Duo,* inquit [Dionysius], *modi sunt,* quibus sanctae manifestationes sanctorum angelorum in divina Scriptura per imagines fiunt, *quorum unus est,* qui spiritualium substantiarum intelligibiliumque virtutum, quibus rationalis anima decoretur, absolutis quibusdam convenientibusque imaginationibus formatur, ut est in Propheta : « Vidi Dominum sedentem super solium » (II *Paral.* XVIII, 18), et in *Apocalypsi :* « Mulier amicta sole, et luna sub pedibus ejus » (*Apoc.* XII, 1). Haec quippe humanis rationibus spiritualiumque animae ornamentorum si-

21. La remarque n'est d'ailleurs pas entièrement justifiée pour Jean Scot. Si, dans les *Expositiones,* il suit, avec « révérence » et sans le critiquer, le texte qu'il commente, il n'en va pas toujours ainsi dans le reste de son œuvre, et notamment dans le *De divisione naturae* (voir par ex. DDN, II, 545 C - 548 A, à propos de l'explication de *Gen.* I, 1) ; sur l'ensemble du problème des « autorités » chez Jean Scot, voir M. Cappuyns, *Jean Scot Erigène, sa vie, son œuvre, sa pensée,* Paris-Louvain, 1933, pp. 280-290.

TRADUCTION D'ÉRIGÈNE

...quomodo *duplex* est sanctae manifestationis *modus, unus quidem* quasi [*Douai, 202 : qui sic,* au lieu de *quasi*] consequens, propter similes provenientium sacrarum figurarum imagines, *alter vero* propter dissimiles formarum facturas in omnino inconsequens et indecorum formatus (PL, 122, 1041 A et 152 C).

militudinibus assumpta sunt. *Alter vero,* qui bestiarum ferocium superbarumque, ut leonis et equi, seu turpium, ut ursi et vermis, seu, quod longissime putatur distare, insanientium hominum, ut David in porta Geth, aut temulentorum, ut Noe et Loth, aut furibundorum, ut saepissime legitur : « Iratus est Dominus » et « exarsit furor ejus » (cf. *Ps.* II, 13), ceterorumque horum similium configurationibus fingitur. *Huc etiam accedit* formarum confusio, dum in una eademque imagine species humana, vitulina, [*Douai 202 ajoute : leonina*], aquilina monstruose miscetur, quod omnino absolutis naturalibusque formis contrarium perspicitur (PL, 122, col. 152 C-153 B).

Ce commentaire est caractéristique de la manière d'Erigène. Il reprend les termes et les exemples de la dichotomie pseudo-dionysienne auxquels il ajoute, à titre de justification supplémentaire, quelques références bibliques. Il y a donc bien deux types de symbolisme (*duo modi*) : le premier (*quorum unus*) correspond à des images pures, nettes, sans mélange (*absolutis*) [22] et « convenables » (*convenientibus imaginibus*) [23], dans ce sens qu'elles ne suscitent pas l'étonnement ni le scandale. Le trône de Dieu [24], le soleil et la

22. Noter déjà que ce terme ne figure pas dans la traduction de Jean Scot et n'a pas son équivalent dans le grec correspondant de Denys (PL, 122, col. 152 C, à rapprocher du texte de Denys, PG, 3, col. 140 B - C) ; il est introduit par le commentaire de Jean Scot (*Expositiones,* 153 A).

23. Ce terme traduit ὡς εἰκός, de même que *similes* a traduit ὁμοίων.

24. Sur l'image du trône, voir EP. IX, 1, 1105 A ; CH, II, 1, 137 A : θρόνους ὑλαιους τῇ θεαρχίᾳ πρὸς ἀνάκλησιν ἐπιτηδείους ; CH, XV, 2, 329 A : θρόνους πυρίνους ; EP. VIII, 6, 1100 C : τοῦ ὑπερουρανίου θρόνου ; CH, VI, 2, 200 D ; VII, 1, 205 A et D ; XI, 1, 284 C ; EH, I, 2, 372 C : tous ces derniers passages concernent l'ordre angélique des trônes qui, avec les deux autres ordres de la première triade céleste, ont pour qualité essentielle de « recevoir Dieu » (θεοδόχος, θεοδοχία : cf. CH, VII, 4, 212 C ; XIII, 3, 304 A). A notre connaissance, Denys ne cite pas explicitement *II Paral.* XVIII, 18. Mais l'image du trône est assez commune dans la Bible pour qu'il ait pu se dispenser, comme il le fait pour tant d'autres symboles, de références précises : cf., par ex., *Ps.* LXXXIX (LXXXVIII), 37 ; *Ez.* I, 26 ; *Dan.* VII, 9 ; *Apoc.* IV, 2-6 ; VII, 9-11, 15, 17 ; XIV, 3 ; et, dans le sens d'ordre angélique, cf., par ex., *Col.* I, 16.

lune [25] illustrent cette première catégorie de symboles. La seconde catégorie (*alter vero*) est globalement qualifiée par la dissemblance, l'« inconvenance » et la laideur (*dissimiles, inconsequens, indecorum*) [26]. Et trois groupes d'exemples sont d'abord évoqués pour illustrer cette seconde catégorie : « animaux féroces et orgueilleux (*bestiarum ferocium superbarumque*) », comme le lion et le cheval [27] ; animaux « honteux (*turpium*) », comme l'ours et le ver de terre [28] ; enfin, des symboles « qu'on estime tout à fait éloignés [de leur signification] (*longissime putatur distare*) », comme la folie (*insanientium hominum*), l'ivresse (*temulentorum*), la colère (*furibundorum*) [29]. Tout cela n'avance guère au delà de la pensée de Denys, malgré les quelques illustrations qu'on lui ajoute et les modifications de détail qu'on lui impose. Il n'en va plus tout à fait de même, semble-t-il, avec la suite du commentaire.

Bien que le *Huc etiam accedit*, par quoi commence la dernière phrase, s'inscrive dans les développements relatifs à la seconde catégorie de symboles, Jean Scot va mettre en relief l'un de ses caractères, ou, plus exactement, celles de ses expressions qui justifient le plus rigoureusement sa dénomination de symbolisme dissemblable et où s'exerce avec le plus de force et d'efficacité sa vertu « cathartique » et « anagogique ». Il s'agit en effet des représentations proprement « monstrueuses » qui « brouillent » et détruisent en quelque manière les natures symbolisantes (*formarum con-*

25. *Apoc.* XII, 1 n'est pas cité par Denys. Mais le symbole solaire lui est familier : cf., par ex., CH, II, 5, 144 C ; avec le symbole de l'étoile du matin et celui de la lumière, il appartient à la classe des symboles nobles (τιμίων), tandis que le feu et l'eau appartiennent seulement à la classe des symboles moyens (μέσων) (*ibid.* 144 D). Quant à la lune, Denys ne la mentionne pas expressément comme symbole, mais en parle seulement au sens propre, à propos de l'éclipse qui accompagna la mort du Sauveur (EP. VII, 2, 1080 C - 1081 B).

26. Ce sont les termes mêmes par lesquels Jean Scot traduit (*Expositiones*, 152 C) les termes dionysiens ἀνομοίων, ἀπεοικός, ἀπεμφαῖνον (CH, II, 3, 140 C).

27. L'image du lion revient en CH, II, 1, 137 A - C ; II, 5, 144 D ; XV, 8, 336 D ; ce dernier passage donne la signification symbolique de cette image : *domination, force indomptable*, et DN, IV, 25, 728 B explique qu'il appartient à la nature (φύσις) du lion d'être *fort et orgueilleux :* τὸ μὲν ἁδρὸν [qq. mss : ἀνδρεῖον] καὶ γαῦρον ὁ λέων ἀπολέσας, οὐδὲ λέων ἔσται. Idée reprise par Erigène, *Expositiones* II, 160 C : « mitis leo, leo non est ». Sur la métaphore du lion, ses emplois bibliques et ses significations, voir M. DE GANDILLAC, *Denys l'Ar. : La Hiérarchie céleste*, SC 58, p. 184, n. 2. L'image du cheval apparaît bien dans EP. IX, 1, 1105 A ; CH. II, 1, 137 A et C ; XV, 8, 337 A, mais ce dernier passage en interprète le symbolisme dans le sens de l'*obéissance* et de la *docilité* (*au frein*) *:* τὸ εὐπειθὲς καὶ εὐήνιον ; ce sont seulement les chevaux rouges (ἐρυθρῶν) qui symbolisent l'énergie et la vigueur du feu (τὸ πυρῶδες καὶ δραστήριον). Sur les divers chevaux, leurs couleurs et leurs symbolismes, et sur les sources bibliques assez librement reprises ici par Denys, voir M. DE GANDILLAC, *o. c.*, p. 186, n. 2, p. 187, n. 1 et 2.

28. L'ours est mentionné en CH. II, 5, 144 D, et le ver de terre *ibid.*, 145 A, mais Denys rapproche le symbolisme de l'ours de ceux du lion et de la panthère ; bien que tous trois semblent rattachés à la dernière classe de symboles (ἐσχάτων, 144 D), rien n'indique chez Denys qu'on doive les qualifier de honteux (*turpe*). Le symbolisme du ver de terre, en revanche, est présenté par Denys comme τὸ πάντων ἀτιμότερον (145 A). Le regroupement de Jean Scot (ours, ver de terre) paraît donc assez approximatif par rapport à la lettre de Denys. Et *Osée* XIII, 7-8 qui inspire ici Denys et Jean Scot, rapproche bien lionne, panthère, ourse et lion : « Et ego ero eis quasi leaena, sicut pardus in via Assyriorum. Occurram eis quasi ursa, raptis catulis ; et dirumpam interiora jecoris eorum, et consumam eos ibi quasi leo, bestia agri scindet eos ». Le symbole du ver de terre vient de *Ps.* XXII (XXI), 7.

*fusio*), en « bloquant » dans une seule et même image (*in una eademque imagine*) des éléments empruntés à plusieurs natures, voire l'intégralité de plusieurs natures qui sont en elles-mêmes distinctes, complètes et indépendantes (*absolutis*). Un seul exemple biblique est ici rapporté, ou, plutôt, évoqué : celui qui, dans une représentation unique, « mêle de façon monstrueuse la forme huhumaine, celle du veau, celle du lion et celle de l'aigle (*in una eademque imagine species humana, vitulina, leonina, aquilina monstruose miscetur*) » [30]. Or ce « mélange monstrueux » est tout à fait contraire à la pureté, à la netteté et à l'« autonomie » qui caractérisent les formes constitutives des diverses natures : *quod omnino absolutis naturalibusque formis contrarium conspicitur.*

Il est remarquable que le terme *absolutus*, dont on ne trouve pas l'équivalent dans le texte dionysien ici commenté, ait été retenu par Jean Scot pour qualifier les représentations du symbolisme ressemblant (*absolutis quibusdam convenientibusque imaginibus*), et repris à la fin de notre texte pour être radicalement refusé (*omnino... contrarium*) aux symboles « tératologiques ». La dichotomie de la division dionysienne et du commentaire érigénien (symbolisme ressemblant ∽ symbolisme dissemblable ; *unus modus* ∽ *alter vero*) semblerait même exiger que la qualification d'*absolutus* fût déniée à tout l'ensemble du symbolisme dissemblable. Or c'est là chose impossible puisque les symboles, dissemblables à divers titres, du lion, du cheval, de l'ours, du ver de terre constituent bien des « natures » au sens propre et « absolu » du terme. Il faudrait donc accorder que la symbolique « tératologique » correspond bien à une espèce particulière à l'intérieur du symbolisme dissemblable, et que, seule, elle s'oppose parfaitement à la symbolique ressemblante sous le rapport de l'*absolutum* des natures. Selon cette interprétation, le *Huc etiam accedit* de la phrase finale introduirait une nouvelle classe de symboles aux caractères très bien définis, et nous ferait ainsi passer de la dichotomie dionysienne à une véritable trichotomie, à laquelle Erigène, par respect pour l'autorité qu'il commente, éviterait de donner son nom.

29. Ces divers symboles sont surtout présentés dans EP. IX, 1, 1105 A - B et CH, II, 4, 141 B - 144 B. Les allusions à la folie de David (I *Sam.* XXI, 14-16), à l'ivresse de Noé (*Gen.* IX, 20-24) et de Loth (*Gen.* XIX, 31-35), l'évocation de *Ps.* II, 13 et de nombreux passages de l'Ecriture (*saepissime :* par ex., *Ex.* IV, 14 ; *Deut.* III, 26 ; IV, 21 ; *Ps.* XXX [XXIX], 6), concernant la « colère » du Seigneur, sont propres à Jean Scot.

30. Reprise libre d'*Ezéchiel* I, 10 : « Similitudo autem vultus eorum, facies hominis et facies leonis a dextris ipsorum quatuor, facies autem bovis a sinistris ipsorum quatuor, et facies aquilae desuper ipsorum quatuor » ; cf. X, 14 : « Quatuor autem facies habebat unum : facies una, facies cherub ; et facies secunda, facies hominis ; et in tertio facies leonis, et in quarto facies aquilae » ; cf. les quatre « animaux » de *Apoc.* IV, 7, dont la représentation est inspirée d'Ezéchiel, mais qui, eux, correspondent à quatre images différentes, non « confondues » : « Et animal primum simile leoni, et secundum animal simile vitulo, et tertium animal habens faciem quasi hominis, et quartum animal simile aquilae volanti ». On notera que, plus proche d'Ezéchiel pour la représentation « bloquée » des diverses figures, Jean Scot a cependant retenu le terme *vitulus* de l'*Apocalypse,* au lieu du terme *bos* d'*Ezéchiel.*

En fait, suivant de très près le texte qu'il explique, soucieux à l'extrême de sauvegarder et d'exploiter la corrélation double que Denys a si fortement marquée entre théologie affirmative ∽ théologie négative, d'une part, symbolisme ressemblant ∽ symbolisme dissemblable, de l'autre, Jean Scot n'a pas accordé ordinairement un traitement particulier à la symbolique « tératologique » dont il définit la nature et les vertus sous la dénomination générique de symbolisme dissemblable. Et cette attitude apparaît dans le commentaire même du double parallélisme dionysien : « Si, dit [Denys], les refus, c'est-à-dire les négations (*depulsiones, hoc est negationes*), que les Grecs appellent ἀποφάσεις, sont vrais quand il s'agit de signifier les réalités divines, en revanche, les adhésions, c'est-à-dire les affirmations, que les Grecs appellent καταφάσεις, ne sont pas appropriées et ne conviennent pas (*non autem intentiones, affirmationes videlicet... compactae et convenientes*) [31] [...]. Car on est dans la vérité en niant que Dieu soit tel être qui existe, mais on n'est pas dans la vérité en l'affirmant, puisqu'il échappe à tout de manière absolument suressentielle (*super omnia superessentialiter ab omnibus removetur*). Assurément une manifestation par le moyen de figures dissemblables est beaucoup mieux adaptée (*multo aptior... manifestatio*) à l'obscurité des [mystères] secrets, c'est-à-dire ineffables, qu'une manifestation par le moyen de figures ressemblantes. Ce qui revient à dire : si, dans l'ordre des réalités divines, la négation est vraie (*vera*),tandis que l'affirmation n'est pas vraie, mais métaphorique (*non autem vera sed metaphorica*), [...] quoi d'étonnant si les représentations très étrangères aux formes naturelles et simples, [les représentations] mélangées, confuses, correspondant à des formes altérées (*naturalibus simplicibusque formis longe dissimiles, mixtae, confusae, deformesque*) ont plus de valeur pour signifier les réalités divines que les représentations nettes, simples et exemptes de toute confusion que constituent les formes naturelles (*absolutae et simplices omnique confusione carentes naturalium formarum imaginationes*) ? » [32]. Nous restons toujours, matériellement du moins, dans la dichotomie et dans le parallélisme du Pseudo-Denys.

On notera cependant que l'opposition des deux symbolismes (ressemblant et dissemblable) n'est guère présentée par Jean Scot selon le registre esthétique (beauté-laideur) qui domine surtout dans le chapitre II de *Hiérarchie céleste*, ni selon le registre moral (vertu-vice) plus sensible dans la *Lettre* IX. Car la δυσμορφία [33] ou les αἰσχρὰ μορφώματα [34] de la dissemblance dionysienne ne doivent

31. Cf. CH, II, 3, 141 A : Εἰ τοίνυν αἱ μὲν ἀποφάσεις ἐπὶ τῶν θείων ἀληθεῖς, αἱ δὲ καταφάσεις ἀνάρμοστοι, τῃ κρυφιότητι τῶν ἀρρήτων οἰκειοτέρα μᾶλλον ἐστιν ἐπὶ τῶν ἀοράτων ἡ διὰ τῶν ἀνομοίων ἀναπλάσεων ἐκφαντορία ; trad. de Jean Scot : « Si igitur depulsiones in divinis verae, intentiones vero incompactae, obscuritati arcanorum magis apta est per dissimiles reformationes manifestatio » (*Expositiones*, II, 155 B ; cf. *Versio*, 1041 C). Sur la traduction latine de ἀπόφασις et κατάφασις, voir les remarques de Jean Scot dans DDN, I, 461 B - D.

32. *Expositiones*, II, 155 B - C.

33. Le terme apparaît une seule fois en CH II, 3, 141 B.

34. CH. II, 2, 140 B ; cf. II, 3, 141 B : αἰσχρὰς εἰκόνας.

pas s'entendre d'abord de la structure même des natures (amputations, contaminations, mélanges, déformations intrinsèques), mais plutôt de l'impression désagréable que tels symboles inesthétiques, mais « naturels », peuvent apporter à nos sens, de la répugnance ou du scandale que tels autres symboles prélevés, eux aussi, dans l'ordre ordinaire des natures, peuvent inspirer à une conscience digne de ce nom. Au sens le plus radical de ce terme, la dissemblance érigénienne semble aller beaucoup plus loin. Elle entre au cœur des natures et trouve son terrain de choix dans leurs ruptures internes, dans leurs dislocations et leurs amalgames, dans cette sorte d'éclatement physique et ontologique qui les dissout et dans cette fantaisie apparente qui les combine entre elles selon des normes irréelles. Ce qui revient à dire qu'une telle dissemblance est essentiellement étayée sur une « tératologie » : elle dissout la pureté structurale des natures (*naturea absolutae, simplices* ∽ *imaginationes mixtae*) ; elle efface pour ainsi dire leurs traits en les insérant dans des ensembles où elles perdent leur autonomie de natures (*naturae omni confusione carentes* ∽ *imaginationes confusae*) ; au sens métaphysique du terme, elle attaque les natures dans leurs « formes » qu'elle « déforme » et contrefait (*naturales simplicesque formae* ∽ *naturalibus simplicibusque formis longe dissimiles, deformes imaginationes*).

La symbolique « tératologique » porte ainsi la négation au cœur même des natures. Elle est une négation en acte, directement constatable, sans qu'ait pour ainsi dire à intervenir une démarche de l'esprit. Et ce caractère la différencie profondément des symboles « dissemblables » empruntés à des natures simples, même si ces natures sont très humbles ou très laides, car la démarche « anagogique » de l'intelligence doit ici juger et nier elle-même ces natures vraies, simples et complètes sur lesquelles elle s'appuie et qu'elle doit dépasser. Cette nouvelle constatation nous amène à redire qu'il n'y a pas discontinuité réelle entre symbolique ressemblante et symbolique dissemblable dans la mesure où l'une et l'autre envisagent des natures déterminées : nobles ou vils, beaux ou laids, tous leurs symboles correspondent à des natures simples, intégrales et nettes ; ils appartiennent tous à l'univers de la création et, à ce titre, ils sont tous dissemblables et ressemblants par rapport aux réalités divines qu'ils représentent [35]. Comme négation des natures, au contraire, la symbolique « tératologique » se situe d'une certaine façon en dehors des notions de ressemblance et de dissemblance : dans la négation même des natures, elle affirme et constate l'échec, ou plutôt, comme on va le voir, la meilleure réussite de la symbolisation.

35. Ce point a été bien vu, après Erigène et Denys, par Hugues de saint-Victor (cf. *Structures théol.*, pp. 339-340). L'argument qui doit faire juger ressemblante à quelque degré toute symbolique empruntée à des réalités naturelles, quelles qu'elles soient, c'est que, la création terminée, Dieu a estimé que celle-ci était « très bonne » (*Gen.* I, 31, cité par CH, II, 3, 141 C ; traduit et commenté par Jean Scot, *Expositiones*, II, 160 A - B ; cf. 161 B).

***

Un seul exemple devrait montrer concrètement la signification que Jean Scot attache à la symbolique « tératologique » ainsi conçue et les effets qu'il en attend. Il s'agit de la représentation de l'« homme ailé » que propose l'Ecriture [36]. Jean Scot interprète cette image avec beaucoup de soin dans le chapitre II des *Expositiones,* comme une illustration des principes d'exégèse qu'on vient de rappeler. Ce nouveau développement prend d'ailleurs la suite immédiate des textes remarquables où ces principes ont été formulés [37].

Fidèle à sa méthode qui refuse de séparer symbolique tératologique et théologie négative, Erigène propose d'abord deux négations classiques de la théologie négative pour leur rattacher directement l'image tératologique qu'il se propose d'éclairer : « Pour m'exprimer plus clairement, dit-il, j'ai une meilleure intelligence de Dieu (*plus intelligo Deum*) quand j'entends dire de lui : il n'est pas essence (*essentia*), il n'est pas bonté (*bonitas*), puisqu'il est suressentiel et plus que bon (*superessentialis, plus quam bonus*), que quand j'entends dire : il est essence, il est bonté. Cette dernière manière de parler range en effet Dieu au nombre de tous les êtres (*Deum inter omnia connumerat*) ; l'autre, au contraire, l'exalte au dessus de tous les êtres (*super omnia ipsum exaltat*) ». [38].

L'écueil le plus dangereux de toute théologie est bien de laisser croire que Dieu « fait nombre » avec l'ensemble des êtres et peut être défini par les «idées» ou les « noms » qui les définissent ; et la tâche la plus urgente et la plus constante du théologien est de sauvegarder rigoureusement une vraie transcendance. La chose n'est possible qu'au prix de la négation. Ces raisons qui, au niveau des concepts, justifient ainsi la théologie négative, doivent également, au niveau des représentations sensibles, justifier la symbolique tératologique. Et c'est ce que souligne avec vigueur le *eadem ratione* par quoi se poursuit le raisonnement. Mais, ici encore, l'excellence et la nécessité de la symbolique tératologique vont être établies en fonction de l'insuffisance et des dangers de la symbolique ressemblante et par opposition à cette dernière, tout comme l'excellence de la théologie négative vient d'être rappelée par comparaison et par opposition avec la théologie affirmative : « Pour la même raison (*eadem ratione*), poursuit Erigène, quand, dans les saintes visions des saints prophètes, je perçois une figure humaine belle, nette et parfaitement conforme à sa nature (*humanan effigiem pulchram, absolutam, omnimodisque na-*

36. Pour la représentation biblique de l' « homme ailé », voir, par ex., *Ez.* I, 5-6 : « Et hic aspectus eorum, similitudo hominis in eis. Quatuor facies uni, et quatuor pennae uni » (il s'agit des quatre animaux, dont la figuration complexe emprunte quelques traits de la figure humaine) ; cf. *Ez.* I, 10-11 ; X, 14-16 et 21-22.
37. *Expositiones,* II, 155 C-156 C.
38. *Expositiones,* II, 155 C-D.

*turalem*) représentant celui-là même qui, au delà de toute forme et de toute figure, subsiste en lui-même sans forme et sans figure (*in significatione ipsius qui super omnem formam et figuram in seipso absque forma subsistit et figura*), je cours un plus grand risque d'erreur (*plus possum decipi*) en estimant que Dieu, indéterminé en lui-même, est déterminé par les traits d'une figure humaine (*Deum, ipsum incircumscriptum, humana effigie circumscribi*), et que, invisible et ineffable [en lui-même], il fait l'objet [de notre regard et] de notre discours (*et invisibilem et ineffabilem* [*videri*] *ac de eo aliquid fari*) [39]. Mais quand, dans ces mêmes visions, je trouve l'image d'un homme ailé qui s'exerce au vol (*pennati hominis ac volitantis imaginem*), représentant les vertus célestes ou la divinité elle-même qui, comme dans un vol rapide, pénètre toute chose (*veluti celeri volatu omnia penetrantis*) [40], je ne puis pas m'y tromper facilement (*non facile fallor*), car je n'ai ni vu, ni lu, ni entendu dire que, dans la nature des êtres visibles, [il y eût] un homme ailé s'exerçant au vol (*in natura rerum visibilium pennatum hominem et volitantem nec vidi nec legi nec audivi*). Il s'agit là, en effet, d'une [représentation] tératologique et parfaitement étrangère à la nature humaine (*est enim monstruosum et omnino ab humana natura alienum*) » [41].

Pour mieux étayer sa « démonstration » et souligner d'un trait plus fort la fausseté évidente et intrinsèque de sa représentation tératologique, Erigène n'hésite pas à recourir à un exemple mythologique très voisin du sien [42], où le sens du ridicule et de

39. Le *videri*, ajouté par l'édition de FLOSS (= Migne) nous semble donner un sens excellent, conforme à l'ensemble de la phrase, et c'est pourquoi nous l'adoptons. Mais il n'est donné par aucun manuscrit. Les mss de *Paris, Munich* et *Vatican* donnent le texte suivant : *plus possum decipi, ut existimem ipsum Deum incircumscriptum humana effigie circumscribi et invisibilem et ineffabilem ac de eo inquit fari ; Munich* porte en outre deux corrections postérieures : *et* après *incircumscriptum*, et *aliquid* par dessus *inquit* (écrit *inquid*) ; *Douai* porte *visibilem* après *ineffabilem*. Mais *videri* ne figure nulle part. Précisions communiquées par Mlle J. Barbet.

40. Cf. *Sag.* VIII, 1 : « Attingit ergo a fine usque ad finem fortiter » ; *Eccli.* XXIV, 45 : « Penetrabo omnes inferiores partes terrae » ; *Ps.* XIX (XVIII), 7 : « A summo caelo egressio ejus et occursus ejus usque ad summum ejus ». Ajoutons cependant que la métaphore du vol ne figure pas dans ces textes.

41. *Expositiones*, II, 155 D - 156 A.

42. Moins intransigeant sur ce point que Denys qui repousse, au moins en principe, tout recours à la « sagesse de ce monde » (cf. DN, I, début, avec référence aux passages correspondants de saint Paul) pour l'explication des noms divins et, à plus forte raison, pour la représentation symbolique de Dieu, Jean Scot fait au contraire une place importante aux disciplines libérales (*Expositiones*, I, 139 C - 140 A ; cf. DDN, I, 475 A - B, 486 C - D, 521 B), attribuant à Denys, dans l'intention de se justifier lui-même, les qualités du « parfait rhéteur » (*summus retor : Expositiones*, IV, éd. DONDAINE, p. 267, l. 4-6) : il compare, en outre, les représentations symboliques de la Bible à celles des poètes profanes : *Quemadmodum ars poetica per fictas fabulas allegoricasque similitudines moralem doctrinam seu physicam componit... ; ita theologica veluti quaedam poetria sanctam Scripturam fictis imaginationibus... conformat* (*Expositiones*, II, 146 B - C). Ce dernier développement est d'ailleurs étayé sur un contresens : Denys (CH, II, 137 A) parle des représentations *sans art* (ἀτέχνως) de l'Ecriture ; Erigène a lu εὐτέχνως et traduit : *valde artificialiter* (*Expositiones*, II, 146 A) ; et il commente : *multum artificiose theologia... factitiis, hoc est fictis sanctis imaginationibus... usa est* (*ibid.*). Cf. DDN, I, 512 A : *artificiosa Scriptura.*

l'impossible a cependant interdit aux « poètes » profanes de franchir certaines bornes dans l'ordre de la fiction : « Car, fait-il observer, même les poètes, en présentant le récit totalement faux du vol de Dédale, n'ont pas osé imaginer que des plumes et des ailes aient pu pousser selon les lois de la nature du corps même de cet être humain (*nam et poetica figmenta in falsissima fabula de volatu Daedali non ausa sunt fingere plumas et alas de corpore ipsius hominis naturaliter crevisse*) : c'eût été chose incroyable et monstrueuse (*deforme*) [43] ».

Et, revenant à son propre exemple, Erigène en souligne avec une vigueur accrue le caractère « déformé », « monstrueux », « anti-naturel » qui le rend parfaitement inintelligible dans l'ordre et au niveau des natures, et ne lui laisse plus, dans sa signification purement négative, que sa vertu « cathartique » et « anagogique ». Et il poursuit : « C'est pourquoi j'incline plus vite à nier (*citius adducor ad negandum*) [44] qu'une telle représentation définisse parfaitement les vertus divines et Dieu lui-même, et les fasse entrer dans une forme qui est l'altération d'une forme (*omnino circumscribi et deformiter formari*) — car tout ce qui est contraire à une nature est honteux et altère sa forme (*omne siquidem quod contra naturam est, turpe atque deforme est*) —, qu'à accorder que de telles figures correspondent à la nature des êtres célestes (*quam ad consentiendum* [45] *tales figuras naturaliter in caelestibus esse*). Et, immédiatement, sans aucun retard (*continuo, nulla mora interstante*) [46], je perçois que ces images de la divine Ecriture sont les signes de réalités naturelles, vraiment simples, dépourvues de formes et de figures sensibles et déterminées (*significativas esse naturalium rerum, simplicium quidem, omnique forma atque figura sensibili circumscriptaque carentium*), mais qu'elles ne s'identifient pas aux natures mêmes que nous révèlent ces signes destinés à purifier nos pensées terrestres (*non autem ipsas naturas, quae istis significationibus ad purgandas nostras terrenas cogitationes intimantur*) » [47].

La conclusion de ce développement est donnée en deux temps.

43. *Expositiones,* II, 156 A - B. *Deforme* est à entendre ici dans son sens le plus fort : altération radicale de la *forma* ou de la *species* qui constitue la nature.

44. C'est exactement le sens d'une antériorité temporelle qu'il faut donner ici à *citius,* la négation devant être la réaction la plus spontanée, la plus rapide, la plus immédiate. Cette antériorité chronologique va d'ailleurs avec l'excellence de la connaissance apophatique.

45. Nous lisons ainsi avec le ms. de *Douai* 202 ; Floss (Migne) a lu : *consequendum.*

46. Noter encore l'insistance d'Erigène sur la rapidité, la spontanéité, l'immédiateté de la saine exégèse (apophatique) que doit provoquer la symbolique « tératologique ».

47. *Expositiones,* II, 156 B. L'opposition finale est reprise un peu plus loin, *ibid.,* 158 B : « sacras figurationes divinae Scripturae significativas esse, non autem substantivas ». La valeur « cathartique », « anagogique » de ces représentations « mélangées » est de nouveau soulignée, *ibid.,* 159 A (où est commentée la formule de CH, II, 3, 141 B : ὑπονύττουσα τῇ δυσμορφίᾳ τῶν συνθημάτων...) : « Et suggerens, velut proprie transfertur subpungens seu substimulans mentem, ipsa theologia per deformitatem compositionum, hoc est, per deformes imaginationum mixturas ».

On souligne de nouveau, comme on l'a fait en commençant, la rigueur de la double corrélation : théologie affirmative ∽ théologie négative et symbolisme ressemblant ∽ symbolisme dissemblable (essentiellement tératologique) : « C'est pourquoi de même que la négation est préférée à l'affirmation pour signifier [les réalités divines], de même les figures sans ressemblance et aux formes altérées (*inconvenientes atque deformes species*) sont préférées aux images et expressions belles et ressemblantes (*formosis convenientibusque... imaginationibus manifestationibusque*) des réalités divines qui dépassent de manière ineffable soit l'ordre des sens corporels, s'il s'agit des vertus angéliques, soit l'ordre entier des intelligences, s'il s'agit de la divinité elle-même » [48].

Le second temps de la conclusion étend à l'ensemble des représentations tératologiques les normes d'interprétation qu'on a pu dégager sur l'exemple précis qui vient d'être proposé : « Et ce que nous venons de dire au sujet de la représentation de l'homme ailé, doit s'entendre également du lion ou du veau couverts de plumes (*idipsum de leone vituloque pennoso*), de l'aigle représenté sous les traits du visage humain (*item de aquila humano vultui configurata*) [49], et des autres images mêlées (*ceterisque confusis figuris*) ou, selon le même genre de figuration, dotées d'éléments superflus (*seu in eodem genere superfluis*), comme ces fameux animaux aux six ailes (*ut animalia illa senas alas habentia*). De même en effet que toutes ces représentations sont la négation des formes naturelles (*naturales abnegant formas*), pareillement elles laissent entendre de manière très claire que les vertus célestes sont dépourvues de toutes ces apparences (*his omnibus speciebus carere*) » [50].

*
**

Tout au long de cette explication qui, sur un simple exemple, définit sa méthode, Erigène ne s'écarte guère de la considération physique ou ontologique des natures ; celles-ci sont présentées comme pures, simples, inaltérables, douées d'une vraie consistance interne qui les distingue et les constitue. Ce point de vue n'élimine pas complètement, il est vrai, le point de vue esthétique ou moral de Denys, mais on doit observer que ce dernier point de vue est ordinairement ramené à celui des natures. Evoquant tel symbolisme ressemblant de l'Ecriture, Erigène parle, lui aussi, de « belle figure humaine (*humanam effigiem pulchram*) » [51], mais l'adjectif *pulchram* est immédiatement suivi de deux autres qui affirment de la manière la plus nette que la notion de beauté ne peut pas être séparée de l'intégralité de la nature dans son autonomie et sa distinction : *pulchram, absolutam, omnimodisque naturalem* [52].

48. *Expositiones*, II, 156 B - C.
49. D'après *Douai* 202 ; FLOSS a lu : *aquila humana vultu configurata.*
50. *Expositiones*, II, 156 C.
51. *Expositiones*, II, 155 D.
52. *Expositiones*, II, 155 D - 156 A.

Un peu plus loin, l'idée de honte (*turpe* ; αἰσχρός chez Denys) qui s'attache aux représentations dissemblables, n'est pas expliquée d'abord par Erigène comme une offense à des normes morales ou à des canons esthétiques, mais comme une contradiction ou une contrefaçon de la nature, et, dans ce sens, l'adjectif *deforme* est associé à l'adjectif *turpe* qu'il explique et précise : *omne siquidem, quod contra naturam est, turpe atque deforme est* [53].

Toute symbolique n'est certes pas tératologique et on ne doit pas oublier que Jean Scot explique d'abord le texte de Denys qui parle seulement de ressemblance et de dissemblance. C'est pourquoi il ne donne pas toujours aux termes *conveniens, formosus, pulcher, inconveniens, deforme, turpe* et à leurs synonymes le sens fort et l'acception physique que l'on vient de préciser, surtout quand le commentaire n'est que la reprise à peine paraphrasée des formules de Denys [54]. Il est rare cependant que les termes péjoratifs de ce vocabulaire ne soient pas présentés, ici ou là, comme susceptibles d'une signification tératologique. L'explication de l'adjectif *immundus* en fournit, nous semble-t-il, une nouvelle preuve. Denys a parlé, sans autre précision, des « compositions indignes de leur modèle » ou « impures », proposées par la Bible (τὰς ἀνιέρους... συνθέσεις) [55] ; Jean Scot traduit par *immundas compositiones* et indique trois interprétations possibles de la formule dionysienne : « Denys, dit-il, parle de compositions impures : ou bien parce qu'elles sont élaborées à la ressemblance des animaux terrestres ; ou bien parce qu'elles résultent du mélange des formes diverses d'animaux différents (*aut quia mixtim ex diversis formis diversorum animalium componuntur*) ; ou bien peut-être parce qu'elles sont imaginées à partir des animaux impurs que la Loi interdit de consommer, comme les lions et les chevaux » [56]. La deuxième interprétation réserve ainsi la possibilité d'appliquer cet adjectif de signification évidemment morale (*immundus*, ἀνίερος) aux mélanges des formes et des natures.

L'idée de nature doit permettre de préciser encore le champ

53. *Expositiones*, II, 156 B. Notons cependant que, même chez Erigène, *deforme* et *contra naturam* peuvent s'entendre dans un sens moins fort que nous ne disons ici à propos de la symbolique proprement tératologique. L'adjectif et l'expression peuvent s'appliquer, par ex., aux passions humaines qui déforment moralement et troublent momentanément l'ordre de notre nature : cf. DDN, I, 512 A - B. Mais ces mêmes passions qui ne modifient notre nature ni physiquement ni ontologiquement, bien qu'elles lui soient moralement contraires (*naturae contraria, contra naturam, ibid.*, 512 A), sont conformes à la nature de tels animaux et n'y introduisent aucune difformité (cf. DDN, IV, 761 D - 762 A). En quoi Jean Scot suit la pensée de Denys : voir, ci-dessus, n. 27, les textes de Denys et d'Erigène sur l'absence de douceur du lion qui est parfaitement conforme à sa nature, et *Expositiones*, II, 160 C - 161 C et 162 A - 163 A, où sont expliqués les termes *furor* et *concupiscentia* (θυμός et ἐπιθυμία de Denys).

54. Voir la fin de notre texte (*Expositiones*, II, 156 B - C) et la colonne précédente (155 B), où les deux symbolismes sont mis en parallèle avec les deux théologies, à propos de CH, II, 3,141 A (traduit précisément dans *Expositiones*, II, 155 B). Ces rappels du texte commenté sont d'ailleurs encadrés dans l'explication de Scot Erigène que l'on connaît.

55. CH, II, 2, 137 C.

56. *Expositiones*, II, 149 A - B.

et les caractères de la symbolique tératologique. En un sens, cette symbolique peut faire penser à ce que le langage commun appelle des « monstres » : ici et là, il s'agit en effet de mélange de membres et de parties appartenant à diverses natures, de suppression ou de multiplication anormales de tel organe ou de tel membre dans une même nature (tête, bras, jambes, cœur, etc). Aristote s'appliquait déjà à l'observation de ces phénomènes et à l'étude des causes, d'ordre génétique notamment, qui peuvent les provoquer [57]. Et, pour lui aussi, la « monstruosité » correspond bien à une mutilation de la nature καὶ γὰρ τὸ τέρας ἀναπηρία τίς ἐστιν [58], toute nature normale devant engendrer des individus normaux de sa propre espèce et de sa qualité [59]. Mais, excès ou défaut dans la nature [60], le caractère monstrueux ne peut pas être opposé à la nature de manière absolue ; il s'oppose seulement à ce qui, dans telle nature, arrive le plus souvent. En un sens, ajoute même Aristote, cette dérogation à la nature peut être présentée comme conforme à la nature, puisqu'elle provient, dans la nature même, d'un échec de la forme à dominer la matière [61].

Erigène ne s'est pas engagé dans ce genre d'explications, pour la simple raison qu'il n'a pas voulu étayer sa symbolique sur une tératologie empirique. Les « monstres » dont il fait état ne sont pas de ceux qu'on rencontre dans la nature (*nec vidi, nec legi, nec audivi*). Ils relèvent de l'imagination, de l'art, de la fiction et de l'artifice (*imaginationes, factitia, ficta, artificiose, artificialiter*), l'artifice du théologien n'étant d'ailleurs ici que l'artifice de l'Ecriture qu'il commente (*artificiosa Scriptura*). La fonction de ces « montages » irréels n'est pas d'expliquer des natures, moins encore des phénomènes aberrants de la nature ; elle est simplement de nier toutes les natures (*naturales abnegant formas*) par un « brouillage » radical et une confusion systématique que ne rappellent même plus les déformations les plus graves des monstres « naturels ». A cet égard, les « monstres » d'Erigène doivent être rapprochés de telles représentations mythiques auxquelles Platon, en raison de leur inextricable invraisemblance, refusait

57. Cf. *De animalium gener.* IV, 3, 769 *b* : après avoir mentionné les cas de monstruosité où d'animaux de telle espèce naîtraient des animaux d'espèce différente, Aristote signale des phénomènes plus proches des illustrations de la symbolique érigénienne : τὰ δὲ [τῶν τεράτων] τῷ πολυμερῆ τὴν μορφὴν ἔχειν, πολύποδα καὶ πολυκέφαλα γινόμενα (éd. A. L. Peck, *Aristotle, Generation of animals with English translation*, by..., Cambridge Mass., London, 1953, p. 418).

58. *Ibid.*

59. C'est là déjà le sentiment de Platon : cf. *Crat.* 393 *b* - *c* ; 394 *a* et *d* : ce dernier passage étend la loi aux qualités morales.

60. *De animalium gener.* IV, 4, 770 *b* : τὸ γὰρ ἐκλείπειν ἢ προσεῖναι τι τερατῶδες (*éd. cit.*, p. 424).

61. *Ibid.*, *IV*, 4, 770 *b* : ἔστι γὰρ τὸ τέρας τῶν παρὰ φύσιν [τι], παρὰ φύσιν δ' οὐ πᾶσαν ἀλλὰ τὴν ὡς ἐπὶ τὸ πολύ˙ [...] διὰ τὸ καὶ τὸ παρὰ φύσιν εἶναι τρόπον τινὰ κατὰ φύσιν, ὅταν μὴ κρατήσῃ τὴν κατὰ τὴν ὕλην ἡ κατὰ τὸ εἶδος φύσις (*éd. cit.*, pp. 424-425) ; même idée un peu plus haut, *ibid.*, IV, 3, 769 *b* : τῆς δ' ὕλης οὐ κρατουμένης (p. 416).

avec une ironique modestie de chercher la moindre signification [62]. Ce n'est pas, non plus, dans l'ordre des natures ou de la raison qu'Erigène voudrait chercher une explication aux figurations « monstrueuses » de l'Ecriture.

Cette attitude est particulièrement remarquable chez un auteur qui a déjà consacré la plus grande partie de son œuvre à la « division des natures » [63], qui n'a pas seulement vu en elles des « images » ou des « vestiges » de Dieu harmonieusement répartis dans un univers « théophanique » [64], mais qui a perçu en outre et affirmé avec beaucoup de force la solidité intrinsèque de ces natures [65]. Car, s'il est vrai que leur engagement dans le temps et dans l'espace altère en quelque manière et diminue les natures, en les éloignant de leurs causes primordiales [66], ces natures cependant sont toujours rattachées à leurs causes, dans lesquelles

62. Cf. *Phèdre* 229 *c* - 230 *a* : « Quant à moi, j'estime d'ailleurs que des explications de ce genre, Phèdre, ont leur agrément ; mais il faut trop de génie, trop d'application laborieuse, et l'on n'y trouve pas du tout le bonheur : ne serait-ce que parce qu'après cela, on sera bien forcé de remettre d'aplomb l'image des Hippocentaures, puis plus tard celle de la Chimère ; et nous voilà submergés par une foule pressée de semblables Gorgones ou Pégases, par la multitude, autant que par la bizarrerie, d'autres créatures inimaginables et de monstres légendaires (καὶ ἐπιρρεῖ δὲ ὄχλος τοιούτων Γοργόνων καὶ Πηγάσων καὶ ἄλλων ἀμηχάνων πλήθη τε καὶ ἀτοπίαι τερατολόγων τινῶν φύσεων) » (trad. L. ROBIN, coll. « Les Belles Lettres », Paris, 1944, pp. 5-6).

63. Le traité DDN est approximativement daté des années 862-866, et les *Expositiones* seraient de 865-870, postérieures en tout cas au DDN auquel elles renvoient à plusieurs reprises : cf. CAPPUYNS, *o. c.*, pp. 189 et 220.

64. Sur les natures comme théophanies, voir J. M. ALONSO, *Teofania y visión beata en Escoto Erigena,* dans *Revista española de Teología,* 10, 1950, pp. 361-389 et 11, 1951, pp. 255-281 ; T. GREGORY, *Giovanni Scoto Eriugena. Tre Studi* (= *Quaderni di letteratura e d'arte raccolti da Giuseppe de Robertis,* 21), Firenze, 1963, I : *Dall'uno al molteplice,* pp. 1-26 ; *Note sulla dottrina delle « Teofanie » in G.S.E.,* dans *Studi medievali,* 3a Série, IV, 1, 1963, pp. 75-91. Entre bien d'autres passages où est rappelé le caractère « théophanique » de la création, voir DDN, V, 919 C : « Theophanias autem dico visibilium et invisibilium species, quarum ordine et pulchritudine cognoscitur Deus esse... » ; cf. DDN, III, 633 A - B ; 678 B - 679 B ; 681 A - D.

65. Deux communications (à paraître dans les *Actes* du *III<sup>e</sup> Congrès International de Philosophie Médiévale,* Passo della Mendola, 31 août - 5 sept. 1964) envisagent directement le problème des natures chez Jean Scot : B. BOSNJAK, *Dialektik der Theophanie : Ueber den Begriff der Natur bei J. S. Eriugena,* et I. P. SHELDON-WILLIAMS, *Natura* (φύσις) *in Eriugena ;* pour la nature humaine, on verra la pénétrante étude de J. TROUILLARD, *L'unité humaine selon Jean Scot Erigène,* dans *L'homme et son prochain : Actes du VIII<sup>e</sup> Congrès des Sociétés de Philosophie de langue française* (Toulouse, 6-9 sept. 1956), Paris, 1956, pp. 298-301.

66. Cette condition de la création (qui correspond à la troisième forme de la division érigérienne des natures : *la nature qui est créée et ne crée pas*) est décrite surtout en DDN, III. On sait que, pour la nature humaine, sa condition présente est liée au péché originel, qui « coïncide » avec sa création dans le temps et dans le lieu : cf. par ex. DDN, IV, 807 D - 808 A : « animale quidem corpus atque terrenum..., bestiarum similitudine procreationis multiplicatio, indigentia cibi et potus indumentique... et similia, quibus omnibus humana natura, si non peccaret, omnino libera maneret, quemadmodum libera futura est [sc. : post reditum ad causam] ».

elles sont en droit inaltérables, parfaites et éternelles [67], et leur destinée finale les rendra toutes à leur perfection originelle en les restituant à elles-mêmes, c'est-à-dire à l'éternelle perfection de leurs causes [68]. L'état final apportera même à la nature des élus ce surcroît de perfection que constitue la divinisation (θέωσις) et qui n'entrait pas dans leur condition initiale [69]. Toutes les natures certes ne seront pas divinisées, mais toutes seront sauvées, dans ce sens qu'elles retrouveront, au terme de leur retour, la perfection qui leur fut donnée à l'origine, dans leurs causes [70].

Nier ces natures parfaites et éternelles, contester leur structure interne, les déformer, les diviser selon les fantaisies les plus aberrantes de l'imagination, les faire entrer, mutilées, déformées et mélangées, dans des représentations absurdes et irréelles pour signifier Dieu et les réalités divines, c'est rendre le plus bel hommage à une transcendance qui défie toute expression et tout symbole. De ce point de vue, il est peut-être paradoxal mais il n'est pas téméraire d'affirmer que la pensée de Jean Scot Erigène associe la théologie négative la plus radicale à la vision la plus optimiste des natures, de leur consistance interne et de leur destinée.

67. Cf. par ex., DDN, V, 933 C : « nulla siquidem natura seipsam corrumpere potest ; accidens est enim omni naturae sui corruptio » ; 935 A : « quid restat, nisi ut sola universalis creatura omni faece malitiae et impietate purgata, omni morte corruptionis libera, penitusque absoluta remaneat » ; 942 C : « Et quemadmodum divina bonitas in omnibus participantibus se tota est..., ita humanitas in omnes homines diffunditur, et tota in omnibus est, et tota in singulis, sive boni sint sive mali » ; 944 B : « ipsa videlicet natura ubique in seipsa, et in omnibus eam participantibus bona, salva, integra, illaesa, incontaminata, incorruptibilis, impassibilis, immutabilis participatione summi boni permanente, ubique beata, gloriosissimaque in electis, in quibus deificatur, optima in reprobis » ; 946 A : « In utrisque tamen, justis dico et impiis, salva, et integra, et incontaminata, omnique contraria passione libera erit et semper erit humana natura ».

68. DDN, V, 944 D : « Omnia quippe visibilia et invisibilia in suis causis quiescent » ; pour le processus de ce retour aux causes, cf. V, 1020 B - 1021 A.

69. Par ex., DDN, V, 1020 C : « Tertius de reditu theoriae modus versatur in his, qui non solum in sublimitatem naturae in eis substitutae ascensuri, verum etiam per abundantiam divinae gratiae, quae per Christum et in Christo electis suis tradetur, supra omnes naturae leges ac terminos superessentialiter in ipsum Deum transituri sunt, unumque in ipso et cum ipso futuri ».

70. Outre DDN, V, 944 B et 946 A (cités ci-dessus, n. 67), voir, par ex., DDN, V, 1020 B : « Secundus vero modus suae speculationis obtinet sedem in reditu generali totius humanae naturae in Christo salvatae in pristinum suae conditionis statum, ac veluti in quendam paradisum in divinae imaginis dignitatem, merito unius, cujus sanguis communiter pro salute totius humanitatis fusus est, ita ut nemo hominum naturalibus bonis, in quibus conditus est privetur, sive bene sive male in hac vita vixerit ».

# PEUT-ON ÉCRIRE UNE « THÉOLOGIE DE L'ANCIEN TESTAMENT » ?

par

Roland DE VAUX, O. P.

La question peut paraître naïve : en moins de trente ans, plus d'une demie douzaine de « Théologies de l'Ancien Testament » ont été publiées : entre les deux volumes de la *Theologie des Alten Testaments* de W. Eichrodt (1933-1938) [1] et les deux volumes de la *Theologie des Alten Testaments* de G. von Rad (1957-1960) [2], se sont succédé les théologies de L. Köhler (1936), Th. C. Vriezen (1949), O. Procksch (1950), Ed. Jacob (1955) et, du côté catholique, P. Heinisch (1940), P. van Imschoot (1954-1956). Ce renouveau d'intérêt et cette activité de publication sur l'aspect religieux — même doctrinal — de l'Ancien Testament sont salués avec joie. Cependant, on s'interroge encore sur l'objet et sur les méthodes d'une théologie de l'Ancien Testament. Les deux volumes de G. von Rad, parce qu'ils ouvrent des voies nouvelles, ont suscité une vive opposition, spécialement en Allemagne [3]. G. von Rad a répondu à certaines critiques dans la préface à son second volume et dans la préface à la deuxième édition du premier volume ; plus récemment encore, il a repris sans intention polémique certains problèmes fondamentaux et il a, d'une manière significative, intitulé son article : « Questions ouvertes dans le domaine d'une théologie de l'Ancien Testament »[4]. De fait, on n'a pas cessé de s'interroger depuis que, voici presque deux cents ans, Gabler essaya de définir les limites de la théologie

1. W. EICHRODT, *Theologie des Alten Testaments*. I, *Gott und Volk*, 1933, 4e éd. 1957 ; II-III, *Gott und Welt, Gott und Mensch*, 1938, 5e éd. 1961.
2. G. VON RAD, *Theologie des Alten Testaments*. I, *Die Theologie der geschichtlichen Ueberlieferungen*, 1957, 2e éd. 1962 ; II, *Die Theologie der prophetischen Ueberlieferungen*, 1960.
3. En particulier : F. HESSE, *Die Erforschung der Geschichte Israels als theologische Aufgabe*, dans *Kerygma und Dogma*, IV, 1958, 1-19 ; J. HEMPEL, *Alttestamentliche Theologie im protestantischer Sicht*, dans *Bibliotheca Orientalis*, XV, 1958, 206-214 ; XIX, 1962, 267-273 ; V. MAAG, *Historische und aushistorische Begründing alttestamentlicher Theologie ?*, dans *Schweizer Theologische Umschau*, XXIX, 1958, 6-18 ; F. BAUMGARTEL, *Gerhard von Rad's « Theologie des Alten Testaments »*, dans *Theologische Literaturzeitung*, LXXXVI, 1961, 806-816 ; 895-908.
4. G. VON RAD, *Offene Fragen im Umkreis einer Theologie des Alten Testaments*, dans *Theologische Literaturzeitung*, LXXXVIII, 1963, 402-416.

biblique et sa distinction d'avec la théologie dogmatique [5]. Séparée de la dogmatique, la théologie de l'Ancien Testament devint bientôt une science purement historique, une Histoire de la Religion de l'Ancien Testament. Les deux titres étaient choisis presque indifféremment : on vit paraître, couvrant le même domaine et utilisant les mêmes méthodes, une *Theologie des Alten Testaments* de W. Stade et une *Alttestamentliche Religionsgeschichte* de R. Smend. La *Theologie des Alten Testaments* d'A. Keyser (1886) fut reprise par K. Marti, en 1907, sous le titre : *Geschichte der israelitischen Religion.* A partir d'Eichrodt, les auteurs que j'ai cités signifient, par le choix de leur titre, une réaction contre l'historicisme et un retour aux préoccupations théologiques. En conséquence, ils crurent devoir adopter (sauf Procksch qui fait un compromis) un plan systématique dans lequel les doctrines de l'Ancien Testament étaient groupées selon leurs affinités conceptuelles autour de certaines notions centrales : après un long circuit, le mode d'exposé de la théologie biblique se rapprochait de celui de la théologie dogmatique.

C'est ici que se place l'intervention de G. von Rad.

Selon lui, l'objet d'une théologie de l'Ancien Testament est ce qu'Israël lui-même a confessé sur Yahvé. Ces confessions sont moins des exposés de foi que des prises de conscience des rapports entre Dieu et son peuple. La formule la plus importante et la plus répandue est une epiclèse cultuelle : « Yahvé qui a fait sortir Israël du pays d'Egypte ». D'autres formules désignent Yahvé comme celui qui a appelé les Patriarches et qui leur a promis le pays de Canaan. Très tôt aussi, la foi d'Israël s'exprima dans des sommaires de l'histoire du salut, spécialement dans le *credo* historique de *Deut.*, XXVI, 5-9, que tout Israélite devait réciter en offrant les prémices : « Mon père était un Araméen errant qui descendit en Egypte et c'est en petit nombre qu'il vint s'y réfugier, avant d'y devenir une nation grande, puissante et nombreuse. Les Egyptiens nous maltraitèrent, nous brimèrent et nous imposèrent une dure servitude. Nous avons fait appel à Yahvé, le Dieu de nos pères. Yahvé entendit notre voix, il vit notre misère, notre peine et notre état d'oppression et Yahvé nous fit sortir d'Egypte à main forte et à bras étendu, par une grande terreur, des signes et des prodiges. Il nous a conduits ici et nous a donné ce pays, un pays où ruissellent le lait et le miel ». Pour le plus ancien groupe de traditions, l'histoire commençait avec les promesses faites à Abraham. Ce fut le Yahviste le premier qui, audacieusement, remonta à la création de l'homme ; après lui, et dans une perspective différente, la tradition sacerdotale remonta jusqu'à la création du monde. La création apparaît comme l'acte de Dieu qui inaugure l'histoire, une histoire qui, dès l'origine, est orientée vers Israël et son destin. C'est dans cette histoire que Dieu se révèle par ses actes et par ses paroles. La foi d'Israël est entièrement fondée sur une interprétation théologique de l'histoire.

5. J. Ph. Gabler, *De justo discrimine theologiae biblicae et dogmaticae regundisque recte utriusque finibus,* 1787.

Mais cette interprétation est-elle vraie ? L'étude des traditions a montré que les grands ensembles historiques de la Bible avaient été composés en combinant des traditions particulières, primitivement indépendantes et hétérogènes, en imposant à des événements disparates un cadre ou un sens qui leur étaient étrangers ; les découvertes des cent dernières années permettent aujourd'hui d'écrire une histoire ancienne de l'Orient où Israël est mis à sa place, qui n'est pas celle que lui donne la Bible. L'historien moderne, appliquant aux textes bibliques et extrabibliques les méthodes de sa science positive, écrit une histoire dans laquelle les événements s'enchaînent par l'action des causes naturelles ou humaines mais dans laquelle Dieu n'intervient pas. Il ne nie pas Dieu, il se passe de lui. Israël a eu un sens diamétralement opposé de son histoire : c'est une « histoire sainte », une *Heilsgeschichte,* une histoire de Dieu agissant dans et par les événements du monde, plus précisément de Dieu conduisant les événements du monde à l'intention de son peuple Israël.

Il en résulte deux manières très différentes d'exposer les faits et de les expliquer. Je prends quelques exemples. La Genèse raconte l'histoire des ancêtres d'Israël, la lignée des Patriarches, Abraham, Isaac et Jacob, de qui sont issus les Douze Tribus. Ils adorent le le même Dieu, qui deviendra le Dieu d'Israël. Ce Dieu a appelé Abraham, il lui a promis que sa descendance deviendrait un grand peuple et que ce peuple posséderait la Terre Sainte. Les mêmes promesses ont été renouvelées à Isaac et à Jacob, elles ont été réalisées par la conquête de Canaan. De cet ensemble si solidement structuré, la critique littéraire et la critique historique des traditions de l'Hexateuque ne devraient, au regard de G. Von Rad, à peu près rien retenir. L'historien ne se trouve sur un terrain un peu sûr que lorsqu'il en arrive à la Fédération des Douze Tribus, après leur installation en Canaan. Cette conquête de Canaan est présentée par *Jos.*, ii-xii comme l'action commune des Douze Tribus, conduites par Josué et aidée par les interventions miraculeuses de Yahvé. Déjà la Bible elle-même donne, dans *Jug.*, i, un tableau différent et beaucoup moins glorieux de l'installation des tribus et le savant moderne devrait renoncer à écrire une histoire de la conquête ; sa certitude est, en tout cas, que les Douze Tribus n'ont pas toutes partagé les mêmes vicissitudes ni éprouvé les mêmes expériences religieuses.

Le divorce entre les deux histoires se continue aux époques postérieures, où les événements relatés ne sont plus contestés mais où leur interprétation est divergente. En 597 et 587, Jérusalem est prise par l'armée de Nabuchodonosor et ses habitants sont déportés en Mésopotamie. L'historien trouve à cette invasion étrangère et à ses conséquences une explication suffisante dans la rivalité politique des empires de Babylone et d'Egypte, dans la révolte d'Israël contre Babylone dont il était le vassal, dans l'inégalité des forces en présence ; l'historien explique cette guerre comme il fait de toute autre guerre. La Bible, elle, voit dans la ruine de Jérusalem et dans l'exil de sa population la punition des fautes religieuses d'Israël, le châtiment que les Prophètes avaient annoncé, et elle voit dans les Babyloniens les instruments de la vengeance de Dieu. Cinquante ans plus tard, Cyrus autorise les Juifs exilés à aller rebâtir le Temple à Jérusalem : pour le Second Isaïe, Cyrus a été suscité par Dieu pour que s'accomplisse la restauration d'Israël, il est l'Oint de Yahvé. Mais les textes orientaux nous apprennent que les mesures prises en faveur des Juifs ne furent que l'application d'une politique générale : les statues divines déplacées par l'hérétique Nabonide furent rendues à leurs temples et les prêtres de Babylone disaient que Cyrus avait été appelé par Marduk.

En dehors des faits de l'histoire politique, cette divergence d'interprétation s'étend aux institutions. Les traditions bibliques présentent l'établissement de la royauté en Israël tantôt comme voulue par Dieu, tantôt comme arrachée par le peuple au consentement de Dieu, mais toujours comme sanctionnée par Dieu, qui choisit le roi, fait alliance avec lui, le constitue sauveur de son peuple, le déclare son fils adoptif et lui confère par l'onction un caractère sacré. Mais l'historien moderne explique l'établissement de la royauté comme l'évolution naturelle, dans ce milieu oriental, de la forme de gouvernement pour les tribus qui sont désormais sédentarisées, cette évolution étant précipitée par le besoin de s'unir et de s'organiser en face du péril philistin ; l'historien des religions accumule, à propos de l'élection du roi par Dieu, de son rôle sauveur et de son caractère sacré, des parallèles orientaux qui vont parfois jusqu'à une identité de termes. Toute l'organisation du culte, selon la Bible, a été fixée par Moïse au désert, mais l'histoire des religions nous apprend qu'une part de ces formes cultuelles est probablement prémosaïque, même préisraélite, qu'une part plus grande a, d'une manière plus ou moins probable, été empruntée aux Cananéens, ainsi les rites de l'holocauste et du sacrifice de communion, ainsi encore les grandes fêtes des Azymes, des Semaines et des Tentes.

On pourrait multiplier ces exemples. En fait, toute l'histoire, toutes les institutions, toute la vie d'Israël sont vues sous une optique différente par le savant moderne et par les auteurs bibliques ; ceux-ci ne font pas de l' « histoire », ils proclament un « kerygme ». Cette interprétation des faits n'est pas jugée « authentique » par l'historien moderne ; en réalité, elle échappe à sa compétence : elle est l'expression de la foi d'Israël, de la conscience qu'il a eue des rapports existant entre Dieu et lui. Il reste que cette prise de conscience est elle-même un fait de l'histoire, et un fait qui a agi sur le développement de l'histoire. C'est ce témoignage rendu par Israël qui est l'objet de la théologie de l'Ancien Testament.

Mais ce témoignage est multiple et il est varié : les mêmes événements reçoivent dans la Bible des interprétations différentes. L'histoire des traditions nous a appris à reconnaître les grands ensembles littéraires comme le résultat d'un long processus prélittéraire et littéraire de combinaison, de croisement, d'accroissement, de modification des traditions particulières. Les grandes œuvres du Yahviste, de l'Elohiste, du Deutéronomiste, de l'écrit sacerdotal, du Chroniste ont raconté et expliqué chacune à sa manière les interventions de Yahvé dans l'histoire. Les moments décisifs sont les « alliances » conclues par Yahvé. Dans le Yahviste, les deux points culminants sont l'alliance avec les Patriarches et l'alliance du Sinaï, deux groupes de traditions originairement indépendantes ; dans les deux cas, l'alliance est conclue unilatéralement et le partenaire humain reste passif. Pour l'Elohiste, l'alliance n'est conclue que lorque le partenaire humain a manifesté son acceptation. Le Deutéronomiste insiste sur le lien entre l'alliance avec Dieu et la révélation de sa volonté dans la loi. L'écrit sacerdotal connaît deux alliances, celle avec Noé et celle avec Abraham (il connaissait probablement aussi l'alliance du Sinaï, qui n'a pas été retenue au moment de sa fusion avec le Yahviste et l'Elohiste) ; dans sa conception, l'alliance est étrangère à la loi, elle est un libre don du salut par Yahvé. Avec la possession de Canaan, les anciennes promesses sont réalisées. Une nouvelle étape commence avec l'alliance conclue avec David et sa race et le choix de Sion comme résidence terrestre de Yahvé. La grande histoire deutéronomiste montre comment cette alliance qui aurait dû garder à Israël le fruit des premières promesses — la possession de la Terre Sainte — devient une épreuve pour Israël qui, confronté à la loi, refuse de lui obéir et va lui-même à sa ruine. Le Chroniste reprend cette histoire à partir de David et la conduit jusqu'à Néhémie et Esdras ; il donne l'impression que, pour lui, l'histoire du salut commence avec David et que de lui date l'organisation du culte ; le pragmatisme de l'histoire deutéronomiste est poussé à l'extrême. Les prophètes classiques offrent une interprétation très différente : le passé n'est plus, pour eux, une histoire du salut, c'est l'histoire des infidélités d'Israël ; au lieu des promesses, ils prononcent une sentence de condamnation ; mais, au delà de cette condamnation, ils annoncent un autre salut, un recommencement. Ils sont tournés vers l'avenir, les faits anciens ne sont qu'une analogie de ce qui doit arriver et, selon celle des traditions historiques qu'ils retiennent surtout, ils annoncent un nouvel exode (Osée et le Second Isaïe), ou une nouvelle alliance (Jérémie), ou un nouveau David (Isaïe). Chacun interprète à sa manière les faits du passé, et parfois d'une manière contraire : pour Jérémie, l'époque du désert est celle des relations les plus pures, du premier amour entre Yahvé et Israël ; pour Ezéchiel, c'est l'époque où commencèrent les infidélités d'Israël et où il fut déjà condamné, c'est comme une préfiguration du jugement dernier. La perspective change encore avec les apocalypses et le primat qu'elles donnent à l'eschatologie.

Il n'est donc pas possible — pense G. von Rad — d'écrire *une* théologie de l'Ancien Testament : il y a *des* théologies qui varient avec les époques et les livres. On ne peut les réduire en système qu'en choisissant arbitrairement entre elles et en sacrifiant ce qui fait l'originalité de chacune. G. von Rad étudie donc chaque tradition pour elle-même, d'abord les traditions historiques puis les traditions prophétiques. D'une manière un peu lâche, les Psaumes et les écrits sapientiaux sont rattachés aux traditions historiques comme étant la réponse d'Israël aux interventions salutaires de Yahvé. La seule unité qu'une théologie de l'Ancien Testament puisse rechercher est celle qu'Israël lui-même a perçue. Sans repos, génération après génération, Israël a repensé les grandes œuvres de Yahvé en sa faveur et a cherché à se définir en face de lui. Cette actualisation du passé peut prendre des formes variées, mais celles-ci ont toujours le même fondement : à chaque moment de son histoire, Israël s'est senti en mouvement entre les promesses faites par Dieu et leur réalisation, entre une annonce et son accomplissement. Le devoir du théologien est de retrouver l'unité du plan divin derrière la multiplicité des événements ; les témoins de la foi en Yahvé lui indiquent la voie : ils ont reconnu dans les faits et les situations du passé les figures, les modèles, les *types* des choses à venir. A son tour, le Nouveau Testament reprendra cette méthode et expliquera typologiquement l'Ancien. G. von Rad a consacré toute la fin de son second volume aux rapports entre les deux Testaments. Dans son article postérieur — qui marque un progrès dans sa pensée — il conclut que si ce dernier pas qui conduit au seuil du Nouveau Testament n'est pas fait, si la liaison n'est pas établie avec le témoignage des Evangélistes et des Apôtres, si l'étude se limite au seul Ancien Testament, cette étude — pour utile qu'elle soit — n'est pas une « théologie », elle est une « histoire de la religion de l'Ancien Testament ».

Dans une recension du second volume de G. von Rad[6], j'avais dit que c'était seulement une histoire de la religion de l'Ancien Testament qu'il avait écrite et je ne crois pas devoir modifier mon jugement après les explications qu'il a données.

On peut étudier l'Ancien Testament avec les préoccupations et les méthodes de l'histoire moderne. Par l'examen critique des traditions bibliques et en utilisant les textes extrabibliques et le témoignage de l'archéologie, on essayera de reconstruire la préhistoire et l'histoire politique, sociale et religieuse du peuple d'Israël, on expliquera les raisons de ses succès et de ses échecs, on étudiera dans leur origine et leur fonctionnement ses institutions civiles et religieuses, le culte officiel et ses déviations. La Bible est ainsi traitée comme n'importe quel document d'histoire. Cela est légitime, mais tout le monde convient que ce n'est pas de la théologie.

On peut prendre l'Ancien Testament comme le document de la foi d'Israël, reconnaître la distance qui sépare l'histoire « vraie » de l'histoire « crue », l'événement de son interprétation, et choisir d'étudier ce qu'Israël a cru, la conscience qu'il a eue de ses rapports avec Dieu au cours de son histoire. Cela est légitime aussi mais cela encore n'est pas de la théologie, c'est une histoire de la foi

6. *Revue Biblique,* LXX, 1963, 291-293.

d'Israël, une histoire de la religion de l'Ancien Testament. C'est ce que G. von Rad a fait et une telle histoire n'est pas transformée en théologie parce qu'elle est conduite jusqu'au seuil du Nouveau Testament ou même qu'elle le franchit, car elle fait cela sans changer ses méthodes et sans utiliser une autre lumière que celle de la raison. Cette étude a pour objet les confessions de foi d'Israël, mais elle peut être menée à bout sans que l'historien partage cette foi.

Or la théologie est la science de la foi, non seulement par son objet matériel mais par son objet formel, par la lumière sous laquelle elle travaille. *Fides quaerens intellectum.* Le théologien cherche l'intelligence de *sa* foi, guidé par les données de *sa* foi. En théologien chrétien, je reçois l'Ancien Testament comme la Parole de Dieu, la Parole de *mon* Dieu, adressée à son peuple élu mais destinée aussi pour *moi* qui suis son descendant spirituel. L'Ancien Testament contient la révélation de *mon* Dieu.

Cette révélation se fait dans l'histoire et G. von Rad a insisté avec raison sur le caractère « historique » de la foi d'Israël : elle est fondée sur l'interprétation d'événements dans lesquels il a reconnu la main de son Dieu. Mais, pour que cette interprétation puisse commander la foi d'Israël et ma foi, il faut qu'elle soit vraie et qu'elle soit proposée par Dieu lui-même. Or, selon von Rad, elle n'est ni l'un ni l'autre. Cette « histoire sainte » n'est pas l'histoire vraie, elle est l'interprétation changeante et fausse — au regard de l'historien — que les hommes religieux d'Israël ont donnée des événements de l'histoire. La seule conclusion qu'on en puisse tirer — et contre laquelle a protesté, par exemple, un théologien luthérien comme J. Hempel — est que la foi d'Israël est une « foi erronée » ; lorsqu'ensuite G. von Rad propose aux chrétiens de rechercher de la même manière une interprétation « charismatique » — donc encore une fois individuelle et faillible — des moments et des objets de la foi d'Israël, il enlève à notre foi sa certitude, il la supprime en supprimant son fondement qui est la véracité de Dieu. Il y a là une grave insuffisance des notions de révélation et d'inspiration.

Dieu se révèle dans l'histoire : l'élection d'Israël, son salut, les promesses qui lui furent faites et les châtiments qui lui furent imposés sont donnés comme des *faits,* dans le Nouveau Testament l'incarnation est un *fait,* la Résurrection est un *fait*. Il faut que ces faits soient vrais : « Si le Christ n'est pas ressuscité, dit saint Paul, notre foi est vaine ». Le paradoxe de la foi, et qui découle de son essence, est que ces faits d'histoire ne peuvent pas être saisis par les méthodes de l'histoire. Ils sont des objets de foi, des faits interprétés. Il faut ici préciser : toute Histoire (avec une majuscule) est une interprétation ; pour l'historien, le fait brut, singulier, isolé, qui se produit dans un point de l'espace et du temps, n'a pas de sens à lui seul, il est une pierre qu'il doit faire entrer dans l'édifice qu'il construit et il ne reconnaîtra ce fait comme un fondement, ou un soutien, ou la clé de voûte de l'édifice que lorsqu'il aura comparé ce fait à beaucoup d'autres et déterminé leurs rapports. Si son interprétation est humaine, même si elle est vraie, elle ne peut pas commander ma foi, qui est une adhésion à la vérité divine. Dire que Dieu se révèle dans l'histoire ne signifie pas seulement que Dieu suscite des événements qu'il laisse l'homme interpréter, ni seulement que Dieu donne aux événements qu'il n'a pas conduits un sens qu'ils n'ont pas. La révélation est communiquée à la fois par l'action et par la parole de Dieu : elles sont inséparablement liées. Il ne s'agit pas seulement d'une liaison entre la parole et un événement à propos duquel elle est prononcée, ni seulement d'une liaison entre une promesse et l'événement qui paraît la réaliser, entre une ancienne prophétie et son accomplissement ; cela reste extrinsèque. Il s'agit d'un lien intrinsèque : Dieu est à la fois le maître des événements de l'histoire, qu'il dispose à son gré, et le maître de leur interprétation. Il peut arriver que l'intervention de Dieu dans l'histoire suspende ou modifie l'enchaînement des causes naturelles, mais cela n'est pas nécessaire — ni ordinaire — car Dieu ordonne les causes naturelles pour produire l'événement qu'il veut. Il peut arriver que l'interprétation divine des événements soit différente de celle que l'homme en donne, car l'homme les explique seulement par leurs causes naturelles.

Mais, pour que ces faits et leur interprétation soient reconnus porteurs de la révélation, pour que cette histoire sainte s'impose à la foi d'Israël et à ma foi, il faut qu'elle soit communiquée avec la garantie de Dieu. La Bible n'est pas l'Ecriture Sainte seulement parce qu'elle contient l'Histoire Sainte, elle l'est surtout parce qu'elle est écrite sous l'inspiration de Dieu pour exprimer, conserver et transmettre la révélation de Dieu aux hommes. L'objet d'une théologie de l'Ancien Testament ne peut pas être seulement, ainsi que dit G. von Rad, de définir comment Israël a conçu ses rapports avec Dieu, la conscience qu'il a eue que Dieu intervenait dans son histoire ; le théologien, acceptant l'Ancien Testament comme la parole de Dieu, y recherche ce que Dieu lui-même a voulu, par l'histoire, enseigner à Israël et à nous-mêmes.

Dieu étant à la fois le maître des événements et de leur interprétation, il ne peut y avoir de contradiction des uns à l'autre et il doit y avoir un lien entre eux. Admettre que le kerygma n'est pas fondé en fait, admettre que la confession de foi historique d'Israël n'a pas de racines dans l'histoire, c'est vider la foi de son contenu. Il est bien clair, nous l'avons vu, qu'il y a une différence, une grande différence entre l'histoire d'Israël que reconstitue la science historique moderne et l'histoire du salut que les auteurs de la Bible ont écrite. Mais celle-ci s'appuie sur des faits que l'historien, usant de ses méthodes positives, doit pouvoir contrôler. G. von Rad doute que cela soit possible et il estime, en tout cas, que cela n'importe pas. Cela importe extrêmement car cela engage la véracité de Dieu et la solidité de la foi.

Sur la possibilité — ou l'impossibilité — de réduire cette distance entre l'interprétation et les faits, G. von Rad est d'ailleurs trop pessimiste. Reprenons certains des exemples que nous avons donnés. La Bible représente la ruine de Jérusalem comme un châtiment de Dieu punissant les infidélités d'Israël. Nabuzardan, le général de Nabuchodonosor, se représentait l'événement d'une autre manière. Cette manière n'est pas davantage celle de l'historien moderne, qui explique le fait en le replaçant dans l'histoire générale. Mais cet historien établit comme historiquement vrais les faits sur lesquels s'appuye l'interprétation biblique : que Jérusalem a été prise par les Babyloniens — nous savons, grâce aux Chroniques babyloniennes, l'année, le mois et le jour, — que le peuple de Juda pratiquait à la veille de cette conquête, et malgré la réforme inefficace de Josias, un Yahvisme corrompu, que la chute de Jérusalem a consommé pour toujours la ruine du royaume de Juda. C'est l'interprétation de ces faits qui est différente chez l'historien moderne et dans l'Histoire Sainte ; il n'y a pas à demander quelle explication est vraie : elles le sont toutes les deux, mais à des plans différents et l'interprétation divine échappe au jugement de l'historien.

Cela est relativement simple. Prenons le cas plus difficile et plus important des faits de salut qui sont à la base de la foi d'Israël : les promesses faites aux Patriarches, le séjour en Egypte, la sortie d'Egypte, l'installation en Terre Sainte. C'est le domaine où l'application des méthodes de l'histoire moderne semble avoir fait le plus de dommages : elle ne gardait à peu près rien des récits bibliques. Cependant, une étude plus approfondie des traditions bibliques, la découverte de nouveaux textes et le témoignage de fouilles récentes ont diminué ce scepticisme. On peut maintenant établir que les traditions bibliques conservent des souvenirs anciens et exacts sur l'époque des Patriarches et sur leur milieu ethnique et social, que les ancêtres des Israélites sont des proto-araméens, qu'une partie des tribus a séjourné en Egypte, qu'elles se sont installées en Canaan au moins partiellement par voie de conquête et y sont passées d'une vie semi-nomade à une vie sédentaire. Ce sont les faits que retenait aussi la confession de foi de *Deut.*, xxvi : « Mon père était un Araméen errant qui descendit en Egypte... » La foi d'Israël disait que tout cela s'était produit sous la conduite de Dieu ; l'historien moderne n'a ni le droit ni la possibilité de la contredire.

Cette histoire sainte, pour le Chrétien croyant, ne s'achève pas avec l'Ancien Testament, elle ne fait que commencer là : l'Ancien Testament se prolonge dans le Nouveau qu'il prépare. L'un comme l'autre sont écrits sous l'inspiration de Dieu et ils contiennent sa parole. Pour comprendre cette parole, il faut la saisir dans son entièreté. Les promesses faites dans l'Ancien Testament ne découvrent toute leur richesse que si elles sont éclairées par leur réalisation dans le Nouveau. Cela ne signifie pas que le théologien doive retrouver, en l'imposant aux textes, tout le Nouveau Testament dans l'Ancien, ce qui serait nier sa nouveauté même. Cela signifie qu'il reconnaît dans l'Ancien Testament le fondement sur lequel le Nouveau est construit, deux étapes d'un même plan divin. Mais cela est une position de foi : l'historien peut montrer que l'Ancien Testament, en lui-même, reste inachevé, en ce sens que les promesses qu'il contient ne sont pas réalisés lorsqu'il se clôt, mais il en conclura, en historien, que les espérances d'Israël étaient trompeuses. L'historien peut montrer que l'Eglise primitive a cru qu'elle était l'héritière d'Israël et que le Christ réalisait les prophéties, mais il ne peut pas décider si cette croyance était fondée. L'unité des deux Testaments est une donnée de foi et le théologien qui l'accepte ne peut plus considérer un Testament à l'exclusion de l'autre. Cela signifie qu'il ne doit pas y avoir une théologie de l'Ancien Testament et une théologie du Nouveau Testament : il ne doit y avoir qu'une théologie biblique, utilisant toutes les données de la Révélation.

Cependant, étant donné qu'une science se définit d'abord par sa méthode, il est légitime d'appliquer cette méthode théologique à des objets limités, à des parties ou à des étapes de cette révélation. En ce sens, il peut y avoir une théologie d'Ezéchiel, ou des Prophètes, ou de tout l'Ancien Testament, à condition qu'aucun de ces objets ne soit considéré comme autonome. Une telle théologie d'Ezéchiel ne peut pas être maintenue séparée de la théologie des Prophètes, ni de celle de l'Ancien Testament en général ; de même une théologie de l'Ancien Testament ne peut pas être maintenue séparée d'une théologie du Nouveau Testament. Ce sont les éléments interdépendants d'un édifice qui n'a toute sa signification que lorsqu'il est construit dans toutes ses dimensions.

Il reste une dernière question : un tel édifice peut-il être construit ? Construire signifie organiser, réduire à l'unité. G. von Rad nie qu'il soit possible de réduire à l'unité la doctrine de l'Ancien Testament, qui présenterait plusieurs théologies qu'il faut renoncer à mettre en système. La même question se pose pour le Nouveau Testament : la théologie de saint Paul n'est pas la théologie de saint Jean, celle de l'Epitre aux Romains n'est pas celle de l'Epitre aux Hébreux. Tout cela est vrai. Mais, si les livres de l'Ancien Testament et ceux du Nouveau sont inspirés par le même Dieu, s'ils sont les témoins de l'action du même Dieu dans le monde, s'ils contiennent l'enseignement du même Dieu aux hommes, il doit y avoir une unité qui est celle du plan divin et de la révélation divine. Retrouver cette unité est la tâche du théologien. L'opposition entre la théologie biblique et la théologie dogmatique doit disparaître parce que doit disparaître la distinction entre deux théologies. Le Père Chenu, à qui ce volume est dédié, dit, dans son Introduction à l'étude de saint Thomas, que celui-ci, en composant sa Somme, s'est trouvé devant « ce grand problème de transformer une histoire sainte en une science organisée ». C'est exactement la tâche que nous avons finalement assignée au théologien « biblique », mais, pour saint Thomas, l'idée d'une théologie « biblique » conçue comme une science séparée aurait paru absurde : il y a simplement la théologie, qui est l'intelligence du donné révélé contenu dans l'Ecriture, *fides quae-*

7. M.-D. Chenu, *Introduction à l'étude de Saint Thomas d'Aquin*, 1950, p. 258.

*rens intellectum.* Et c'est ce qui s'est toujours fait à toutes les étapes de la révélation. G. von Rad a bien défini les grandes œuvres du Yahviste, de l'Elohiste, du Chroniste... comme autant de synthèses théologiques des traditions antérieures repensées par leur foi. La théologie de saint Jean et celle de saint Paul, dans le Nouveau Testament, sont également des synthèses. Toutes se situent à l'intérieur du développement de la révélation, avant qu'elle soit close, et elles sont garanties par l'inspiration. Mais ce travail se continue dans l'Eglise, gardienne et interprète du dépôt révélé : la recherche de l'intelligence de la foi y a abouti à des systèmes théologiques. Ces systèmes sont différents — que l'on songe à ce qui sépare la théologie augustinienne de la théologie thomiste, par exemple, — comme étaient différentes les « théologies » de l'Ancien et du Nouveau Testament. Cela tient à l'impossibilité où est l'homme de saisir Dieu, à la distance qui sépare la vérité une et infinie de son expression pour l'homme et de l'intelligence que l'homme peut en avoir. Mais l'effort doit être perpétuellement repris et la tâche de la théologie biblique, de la théologie tout court, est de scruter la Parole de Dieu pour s'approcher davantage de la Vérité de Dieu.

New-York, 1er Septembre 1964.

# VIE COMMUNE ET APOSTOLAT MISSIONNAIRE
## INNOCENT III ET LA MISSION DE LIVONIE

par

Marie-Humbert VICAIRE, O. P.

En 1310, le pape Clément V institua évêque du Maroc un prêtre séculier portant le nom de Pierre [1]. Les clercs de ce diocèse missionnaire étant alors exclusivement des Prêcheurs, l'évêque sollicita du pape l'autorisation d'entrer dans leur Ordre ; ce qui lui fut concédé par une bulle le 1er août de la même année [2]. Le vicaire général des Prêcheurs au Maroc était chargé de recevoir au nom du Souverain Pontife la démission de l'évêque, puis sa profession religieuse ; après quoi, toujours au nom du Souverain Pontife, il lui restituerait son diocèse. L'évêque serait désormais intégré à l'Ordre de saint Dominique.

L'opération n'avait pas pour but d'augmenter son pouvoir sur les religieux qui constituaient son clergé, car le fait d'être évêque le privait de toute autorité intérieure à l'Ordre. Elle n'avait pas seulement le dessein de faire disparaître à la source l'opposition, si ruineuse à l'époque, des séculiers et des réguliers, ni de désamorcer les réactions catastrophiques de l'esprit de corps. Elle devait établir entre l'évêque et les religieux une communauté féconde, à la fois visible et invisible.

Le Prêcheur devenu évêque par des voies légitimes continuait à jouir, dans la vie comme dans la mort, de la fraternité, des suffrages et autres bénéfices spirituels de l'Ordre [3]. Il devait persister à se « conformer à l'Ordre » en tout ce qui ne faisait pas obstacle à sa charge d'évêque, jusque dans le détail visible de l'habit et de la chaussure [4]. Il y était aidé par la présence auprès de lui d'un *socius* Prêcheur, qui restait strictement obligé aux prescriptions

1. C. EUBEL, *Hierarchia cathol. medii aevi* I, Munster ²1913, 327. G. G. MEERSSEMAN, *La chronologie... de fr. A. Buenhombre O. P.* dans *Archivum Fr. Praed.* X (1940), 90.
2. *Regestum Clementis V*, Rome 1887, n° 5651.
3. *Acta Capit. gen. O. P.* I, éd. Reichert, Rome 1898, 61, 67, 72 (chapitres de 1252, 4, 5).
4. *Acta* I, 39 (ch. de 1247). Il est vrai qu'au Maroc, Honorius III avait autorisé les missionnaires qui voudraient pénétrer auprès des captifs à abandonner à l'occasion la tonsure et l'habit et, même, à porter de l'argent, bulle du 17 mars 1226, POTTHAST, n° 7550 ; PRESSUTTI, n° 5865 ; *Analecta S. O. Pr.* III, Rome 1897, 376, n° 138.

dominicaines relatives aux « jeûnes, abstinences, façons de vivre, vêtement » [5]. Cette « uniformité des mœurs » n'avait d'ailleurs d'autre intention, pour employer les termes des constitutions dominicaines, que de « réchauffer et représenter au dehors » l'unité qui devait régner dans les cœurs de tous les religieux, afin que tous ensemble n'aient vraiment « qu'un cœur et qu'une âme » [6] (Actes IV, 32). L'intention était ressentie comme particulièrement urgente lorsqu'il s'agissait, comme c'était le cas, de missionnaires en territoire païen.

La prise d'habit d'un missionnaire dans le dessein de se conformer entièrement à des collaborateurs religieux n'était pas en effet insolite. Elle répondait à une suggestion expresse des décrétales de Grégoire IX. On trouve au livre III de cette collection (I, 11), un texte que les éditions modernes présentent en ces termes :

« Pour éviter de scandaliser, des religieux missionnaires de diverse robe, prêchant à des convertis de fraîche date, peuvent se conformer les uns aux autres en prenant un habit et une observance commune et supérieurs » [7].

Voici le texte original de 1234 :

« Deus, qui ecclesiam suam nova semper prole foecundas *et infra*. Ne igitur, si dispar in vobis observantia fuerit et dissimilis habitus, apud eos, quibus unum evangelium praedicatis, scandalum suscitetur, Mandamus, quatenus, eo non obstante, quod inter vos monachi sunt, et canonici regulares, vel alii etiam regularem vitam sub alia districtione professi, omnes pariter in unum regulare propositum et honestum habitum, quantum ad hoc spectat officium, conformetis » [8].

La décrétale est entrée dans la collection de Grégoire IX par l'intermédiaire de la *Compilatio IIIa* [9]. On sait que cette dernière collection fut composée en 1210 sur l'ordre d'Innocent III, pour reproduire les texte des douze premières années de son pontificat qu'il jugeait importants pour l'enseignement du Droit et la pratique de l'Eglise ; aussi la fit-il envoyer sur le champ aux écoles de Bologne avec une bulle qui l'authentifiait en la promulgant.

La décrétale, cependant, n'est que le premier fragment d'une lettre d'Innocent. La compilation partageait en trois ce document, afin d'en répartir les morceaux en fonction de leur contenu dans ses différents livres [10]. Il s'agit finalement d'une bulle [11] adressée le 19

5. *Acta* I, 61, 67, 72 (chapitres de 1252, 4, 5).
6. Prologue des Constitutions dans M.-H. Vicaire, *S. Dominique de Caleruega*, Paris 1955, 139.
7. *Corpus iuris canonici*, éd. Friedberg II, Leipzig 1879, 451.
8. C. 11, X, III, 1 (*de vita et honestate clericorum*). Ed. Friedberg II, 451.
9. *Quinque compilationes antiquae*, éd. Friedberg, Leipzig 1882, 118 (III, I, 2).
10. III, I, 2 (*De vita et honestate clericorum*) ; IV, XIV, 3 (*De divortiis*) ; V, XX, 1 (*De penitentiis*). Ed. Friedberg, 118, 129, 133.
11. Potthast, n° 1323 ; Lub (: F. G. Bunge, *Liv., Esth. und Curländisches Urkundenbuch* I, Reval 1853), 15-18, n° 13, avec la date erronée de 1199 ; cfr III, Regest. 2 ; éd. M. Maccarone, d'après l'original de Stockholm, dans *Riforma e sviluppo della vita religiosa con Innocenzo III, Rivista di storia della Chiesa in Italia*, XVI (1962), 41, n. 28.

avril 1201 à Albert de Buxhövden, évêque de Riga, et aux « Frères qui sont avec lui ». L'original de cette bulle se trouve encore aux archives d'Etat de Stockholm. Voici la traduction du fragment qui nous intéresse. Les décrétales de Grégoire IX l'avaient considérablement écourté.

« Innocent, évêque, serviteur des serviteurs de Dieu, à l'évêque de Livonie et aux frères qui sont avec lui, salut et bénédiction apostolique.

Celui qui ne cesse de féconder son Eglise en lui donnant de nouveaux fils, désirant conformer nos temps modernes aux temps primitifs et propager la foi catholique, vous a inspiré aussi bien qu'à vos prédécesseurs le sentiment généreux qui vous fit pénétrer dans la province de Livonie pour annoncer aux païens l'Evangile du nom de Notre-Seigneur Jésus-Christ, à l'exemple de ceux à qui fut dit : *Allez enseignez toutes les nations, les baptisant au nom du Père, et du Fils, et du Saint-Esprit* [Matth. XXVIII, 19] et dont on précise ensuite en l'Evangile : *Ils partirent donc et prêchèrent partout avec la coopération du Seigneur, qui confirmait leurs paroles par les miracles qui les accompagnaient* [Marc XVI, 20].

Or le maître de domaine évangélique, sachant que la moisson est grande et les ouvriers peu nombreux [Matth. IX, 37 s], continue d'envoyer des ouvriers à sa moisson et des vendangeurs à sa vigne, en cette sorte de onzième heure, et les récompensera du même denier que les premiers [Matth. XX, 7 et 9] ; puisque sous l'inspiration de celui *qui a uni ce qui était divisé* [Ephés. II, 4], vous avez assumé la charge de l'évangélisation, vous devez marcher dans un esprit de charité et d'unité, suivant l'exemple de ceux dont on lit que *la multitude des croyants n'avait qu'un cœur et qu'une âme* [Actes IV, 32]. Par conséquent, pour éviter de provoquer le scandale parmi ceux à qui vous prêchez un unique Evangile, par la disparate de vos observances et la dissemblance de vos habits réguliers, et pour ne point risquer de partager ce peuple en tronçons avant même que ne le rassemble l'unité de l'Eglise, car l'ennemi est toujours prêt à semer la zizanie dans la moisson du Seigneur [Matth. XIII, 25], nous vous mandons par ces lettres apostoliques, faisant appel à votre bon jugement et vous exhortant dans le Seigneur, de vous conformer les uns aux autres, en ce qui concerne votre mission, en assumant tous également, quoique vous soyez respectivement moines, chanoines réguliers ou profès de toute autre vie régulière, la même observance régulière et le même habit de perfection. Il ne faudrait pas en effet que la tendre pépinière de l'Eglise en Livonie, rougie par le sang de ton prédécesseur de pieuse mémoire, mon frère dans l'épiscopat, soit exposée, du fait de ceux qui sont chargés de l'enraciner dans la foi catholique et de la réchauffer, à un scandale, même léger ».

Quels sont les destinataires de la bulle ? L'évêque de Livonie est, à l'époque, Albert de Buxhövden [12] (début 1199 — + 1229), troisième titulaire de ce siège, fondateur de Riga et véritable organisateur de l'Eglise en ce pays [13]. Il a marqué son œuvre d'un sceau très personnel. Consacré en 1199 par un puissant archevêque de Brême, son oncle, pour faire renaître une chrétienté ruinée à peu de temps de sa naissance, succéder à un évêque massacré, reprendre en main une population dont les baptisés eux-mêmes se sont soulevés, il conduit son œuvre dans la mentalité et avec tous les moyens spirituels et temporels d'un prince-évêque germanique. Après une préparation diplomatique de grande envergure, il rejoint les bords de la Duna dans l'été 1200 avec un groupe de clercs et de croisés allemands. Parvenu à prendre pied, il envoie à Rome un des plus anciens missionnaires de Livonie, le Cistercien Thierry de Treyden [14] († 1219), pour demander au pape les pouvoirs et les interventions qui lui paraissent indispensables à la fondation d'une puissante capitale : bulle de croisade et interdiction faite aux marchands chrétiens de débarquer dans un autre port qu'à Riga [15]. La bulle du 19 avril 1201, qui contient en dehors des dispositions dont on a lu le texte, une série d'allégements disciplinaires en matière de mariage et de pénitence au bénéfice des nouveaux convertis, fait partie de ce train de documents pontificaux. Elle est d'ailleurs le seul d'entre eux qui nous soit parvenu. Tandis que les deux autres bulles assuraient les bases économiques et militaires de la mission de Livonie, celle-ci en assure la réorganisation spirituelle et institutionnelle.

Les « Frères qui sont avec l'évêque » sont bien déterminés. La chronique d'Henri les mentionne fréquemment [16]. Il s'agit d'un groupe de religieux qui tient la place d'un chapitre de cathédrale et partage avec l'évêque le souci du diocèse. Dès la fondation de celui-ci (1186), alors réduit à l'unique paroisse d'Uxkull, le premier évêque, Meynard, avait comme on verra constitué avec ses collaborateurs un chapitre de chanoines réguliers augustins, selon l'observance du couvent de Segeberg dont il était lui-même issu.

12. Article de M. Hellmann, dans *Lexikon f. Theologie und Kirche* I, Fribourg-en-Br. ² 1957, 280 s. et A.-M. Ammann, *Kirchenpolitische Wandlungen im Ostbaltikum bis zum Tode Alexander Newski's. Orientalia christiana analecta* 105, Rome 1936, 107-177.

13. Voici, avec leurs sigles, les sources et les études que l'on utilisera pour cette histoire : Lub, cfr. *supra*, n. 11. — H : *Henrici chronicon Livoniae*, éd. L. Arbusow et A. Bauer, dans *Scriptores Rerum Germanicarum in usum scholarum*, Hanovre ² 1955. — Winter : F. —, *Die Cistercienser des nordöstlichen Deutschlands*, Gotha 1868. — Hauck : A. —, *Kirchengeschichte Deutschlands*, IV, Leipzig ³·⁴ 1913. — Ammann : A. —, *Kirchenpolitische Wandlungen im Ostbaltikum bis zum Tode Alexander Newski's*, Rome 1936. — Schmidt : W. —, *Die Zisterzienser im Baltikum und in Finnland*, dans *Finska Kyrkohistoriska Samfundets*, A°rsskrift XXIX - XXX, Helsinki 1941. — Backmund : N. —, *Monasticon Praemonstratense*, 3 t. Straubing 1949-56. — Johansen : P. —, *Nordische Mission, Revals Gründung und die Schwedensiedlung in Estland*, Stockolm 1951. — Tillmann : H. —, *Papst Innocenz III*, Bonn 1954.

14. M. Hellmann, articles *Dunamunde* et *Dorpat*, dans *Lex. f. Theol. u. Kirche*, III, 599 s et 525 s. Johansen, 94-106.

15. H IV, 6 et 7.

16. H I, 11 et n. 6 ; II, 8 et n. 2, 10 et n. 3 ; IV, 2 ;VI, 2 et 3.

Après la mort violente de son éphémère successeur, l'évêque Berchtold, nombre de ces chanoines étaient repartis en Saxe, tant pour fuir la Livonie que pour chercher dans la métropole de Brême un successeur à l'évêque (été 1199). Il en reste pourtant à Uxkull que le nouvel évêque, Albert, trouve en y parvenant lui-même dans l'été 1200. Tel est le cas du chanoine Alabrand, un des meilleurs missionnaires du pays. Il y trouve aussi des moines cisterciens, tel Thierry de Treyden qu'on a mentionné plus haut. Albert lui-même va joindre au groupe son propre frère, le chanoine Engelbert [17], du couvent de Neumunster, chapitre augustin qui avait fondé jadis Segeberg et lui avait fourni son observance. Enfin, d'après la bulle, on rencontre également parmi les « Frères qui sont avec l'évêque » quelques religieux d'une observance différente.

Le caractère régulier de ces grands clercs est déjà remarquable. Le diocèse de Livonie, en dépit de la difficulté de ses commencements, a tenu dès ses origines à se ranger parmi les diocèses que la réforme grégorienne avait dotés d'un chapitre cathédral régulier ; il n'y a pas renoncé en 1201, bien au contraire ! Mais, fait plus remarquable encore, ces religieux épiscopaux sont, d'un bout à l'autre de la bulle, identifiés avec les missionnaires de Livonie. Bien plus, la même bulle du pape Innocent établit un lien étroit entre le caractère religieux de ces grands clercs et leur mission d'évangélisation. Car il ne s'agit rien moins dans ce texte que de réunir les religieux missionnaires en communauté proprement dite, à l'habit et à l'observance uniformes, en vue de les adapter de façon plus parfaite à leur prédication de l'Evangile.

La bulle, en effet, n'est pas une pure exhortation à la bonne entente entre les religieux qui vivent avec l'évêque ; le scandale dont elle parle n'est pas une aigre et classique querelle entre des religieux de différentes robes. Il serait dans ce cas bien naïf de leur conseiller pour remède d'abandonner leur habit et leur observance, et d'en adopter d'autres en commun ! Le scandale vient d'une autre cause, plus profonde.

Il est le fait des nouveaux convertis qui confrontent le groupe disparate de leurs grands clercs missionnaires à un groupe idéal que la bulle désigne d'une manière précise : la communauté des apôtres « qui n'avaient qu'un cœur et qu'une âme » au sein de la primitive Eglise. Au début du XIII$^e$ siècle, dans cette région de la Baltique où le christianisme n'a pris pied que depuis deux décades à peine, les néophytes sont donc persuadés, sans doute parce que certains des missionnaires en sont spécialement convaincus [18], que la vie communautaire d'unanimité selon le modèle des apôtres, la *vita apostolica* dont les moines et les chanoines réguliers de l'époque entendent

17. H VI, 2 et n. 1 et 2.
18. On a remarqué (H Introduction, p. XXXV) la fréquence des citations des Actes des apôtres par la chronique de Henri. On notera en particulier l'usage qui est fait du verset sur l'unanimité (Actes IV, 32) : H p. 64, l. 1 à 4 ; 80, l. 22 s ; 116, l. 10.

s'inspirer les uns comme les autres [19], conformément à une tradition qui remonte aux temps des Pères de l'Eglise, convient tout particulièrement aux collaborateurs immédiats de l'évêque, qui sont en même temps les missionnaires de Livonie. Continuateurs de l'œuvre d'évangélisation des apôtres, ces missionnaires se doivent, sous peine de scandaliser, de donner en terre païenne le témoignage d'unité profonde dans la foi et dans la charité, dont l'uniformité de leur habit et de leurs observances sera le signe visible, symbole en même temps que soutien. De là le conseil du pape. Or il ne fait qu'exprimer une idée déjà traditionnelle, dont on peut suivre en particulier la trace dès les origines de la mission de Livonie.

C'est vers 1185 que le prêtre Meynard [20] (+ 1196), chanoine régulier de Segeberg, près de Lubeck, est parti pour la Livonie, « praedicandi tantum causa ». Il accompagnait des marchands de ce port qui trafiquaient avec les riverains de la Duna. La mission est purement spirituelle. Il ne s'agit pas d'une colonisation ou d'une conquête germanique. Meynard a demandé à Vladimir de Polotzk, prince russe dont les Livoniens sont tributaires à l'époque, l'autorisation de les évangéliser [21]. Un jour, les missionnaires bâtissent une chapelle en bois à Uxkull et s'installent au milieu de quelques baptisés. Un petit nombre de chefs — dont un certain Caupo qui accompagnera plus tard l'un des missionnaires auprès du pape — se sont spontanément et profondément convertis. Les missionnaires apprennent à leurs chrétiens à se fortifier, pour se mettre à l'abri des raids des Lituaniens et d'autres païens des régions voisines qui se réitèrent à chaque printemps. L'église est rebâtie en pierre. Meynard devient évêque en 1186, évêque d'une unique paroisse, Uxkull.

Or, à ce moment, il rassemble ses collaborateurs en un chapitre de chanoines réguliers auquel il donne l'observance de son couvent originel, Segeberg. Les mots de la chronique d'Henri sont à citer expressément : « eos sibi conformare volens [22] ». Ainsi, dès ces origines lointaines, l'évêque d'Uxkull entend que ses missionnaires constituent avec lui une communauté uniforme. Peu après, le Cistercien Thierry le rejoint (avant l'automne 1187) [23].

Le 10 avril 1190, une bulle de Clément III [24] encourage les religieux et les clercs qui voudraient s'associer à l'évêque Meynard, avec l'autorisation de leur supérieur, et leur accorde une dispense significative. Les missionnaires peuvent se conformer à la population pour la nourriture et la boisson, en acceptant ce qu'on leur offre,

19. M.-H. Vicaire, *L'imitation des apôtres. Moines, chanoines, mendiants* (ive-xiiie s.), Paris 1963, 13-66 ; particulièrement, p. 30, pour les Cisterciens, et p. 61, où l'on verra cité le prologue des Coutumes de Prémontré sur l'unanimité apostolique, qui a été repris intégralement par les Prêcheurs ; on l'a cité plus haut, p. 442 et n. 5.
20. H I, 1 à 14 ; Ammann, 102-105.
21. H I, 3.
22. H VI, 3.
23. Johansen, 96.
24. Jaffe-Loewenfeld, n° 16578. Ed. W. Holzmann, dans RHE L (1955), 425 Cf. Lub IV, n° 11 a.

nonobstant les interdits alimentaires de leur règle, usant en cela du mot d'ordre donné par le Christ aux apôtres lorsqu'il les envoya prêcher : « Edentes et bibentes quae apud illos sunt » [Luc X, 7]. C'est l'une des dispositions de la *regula apostolica,* le code d'imitation des apôtres que certains déchiffrent depuis le XI<sup>e</sup> siècle dans les récits que fait S. Luc (IX et X) de l'envoi des apôtres en prédication, et qu'adopteront les Ordres mendiants [25]. Elle passera dans les Décrétales par l'intermédiaire de la *Compilatio IIa* [26].

Le 27 avril 1193 l'évêque reçoit de Célestin III une nouvelle bulle [27]. Celle-ci lui accorde pleins pouvoirs de s'associer quiconque lui paraîtra nécessaire et idoine à ce ministère. Il lui accorde le droit d'enjoindre à tous ceux qui viendraient avec lui l'office de la prédication et le droit de les dispenser « in cibis et potibus » : c'est la dispense déjà concédée en 1190. Le texte ajoute : « quin et vestibus ». La dispense est nouvelle et tout à fait exceptionnelle à l'époque [28], même en territoire d'hérésie ou de mission ; l'habit est étroitement lié à la profession religieuse et garde aux yeux des réguliers une importance capitale. Cependant la bulle expose clairement la raison de cette dispense : c'est la variété des Ordres d'où sont issus les missionnaires qui la rend nécessaire [29]. La dispense n'a donc pas pour but, comme en 1190 celle de la nourriture et de la boisson, de conformer les missionnaires aux indigènes, mais entre eux. C'est une dispense d'unanimité ; nous restons dans la ligne communautaire de l'institution du chapitre régulier d'Uxkull.

Deux ou trois ans plus tard (1195-6) s'avère l'échec de l'évangélisation [30]. Les expéditions meurtrières des Lituaniens, des pirates d'Oesel, ou d'autres païens voisins mettent en continuel péril la chrétienté naissante. Pis encore, nombre des baptêmes, obtenus cependant par des voies purement évangéliques, n'étaient pas sincères ; les promesses ne sont pas tenues. La vie des missionnaires ne tient parfois qu'à un fil. L'évêque est surveillé un peu comme un otage. Le Cistercien Thierry parvient à s'échapper pour demander conseil au pape Célestin III qui aurait répondu : « qu'on ne devait pas abandonner ces baptisés ; mais qu'il fallait les contraindre à pratiquer la foi à laquelle ils s'étaient spontanément engagés ». C'est l'application du principe alors couramment admis, issu d'un mot de saint Augustin [31], qui autorise dans la chrétienté l'emploi de la contrainte envers les fils de l'Eglise infidèles à leurs vœux. Il en sortira

25. M.-H. VICAIRE, *L'imitation des apôtres,* 75.
26. V, 6, 10. Ed. Friedberg, Leipzig 1879, II, 774 s.
27. JAFFE-LÖWENFELD, n° 16991. PL 206, 995 s.
28. A propos des dispenses occasionnelles accordées aux missionnaires du Maroc (mentionnées *supra,* p. 441 et n. 4), B. ALTANER (*Die Dominikanermissionen des 13. Jahrhunderts,* Habelschwerdt 1924, loo) note qu'à sa connaissance de telles dispenses n'ont jamais été conférées ailleurs au cours du XIII<sup>e</sup> s.
29. « Caeterum, quia plures ex diversis ordinibus ad hujusmodi officium... accesserunt... dispensandi cum eis in cibis, potibus quin et vestibus... tribuimus facultatem ».
30. H I, 5 à 14.
31. H I, 12 ; cfr. S. AUGUSTINUS, *Contra litteras Petiliani* II, 83. PL. 43, 315.

une succession de bulles de croisades [32], qui mettront finalement les entreprises de Livonie sur le pied de celles de Terre-Sainte, amenant chaque année des contingents plus ou moins importants de « pèlerins », clercs ou laïcs, au service de l'Eglise du pays ; il en résultera également l'institution en 1202 de la Milice du Christ en Livonie, dite des Chevaliers Porte-Glaive, dont les entreprises d'évangélisation par les armes dépasseront souvent les bornes du principe invoqué par le pape. Ainsi se prépare une véritable évangélisation militaire, dont l'instrument sera trop souvent la clause de baptême, mise comme condition à tout traité de paix. Livoniens, Estoniens, gens de Courlande, de Sémi-galle ou de l'île d'Oesel entreront successivement dans le christianisme par des voies où la conviction et même la catéchèse n'auront que rarement joué le premier rôle [33].

L'évêque Meynard meurt sur ces entrefaites (1196) [34], avant que le tournant ne soit accompli. Son successeur, Berchtold, abbé cistercien de Loccum (Hanovre) mais ancien missionnaire de Livonie (entre 1187 et 1195), après une tentative de reprise de l'évangélisation pacifique, déclanche la croisade au cours de laquelle il est tué (1198) [35]. Il est remplacé par Albert, on sait dans quel esprit.

Cependant, la spiritualité évangélique d'unanimité qui animait les missionnaires de Livonie depuis les origines n'en est nullement brisée. Telle est la mentalité de l'époque, où les aberrations et les fidélités les plus attentives à l'Evangile se marient de façon surprenante. La bulle du 19 avril 1201 reprend les dispositions de celle de 1193 sur l'uniformité des missionnaires en matière d'habit, mais elle fait un pas en avant sur un point encore plus décisif : l'observance. Elle souligne d'ailleurs beaucoup plus clairement que le texte précédent la raison des dispenses autorisées ; il s'agit de permettre l'adoption d'une observance et d'un habit communs. La conformité des religieux entre eux pourra devenir complète. Leur conformité aux apôtres également.

Car, remarquons-le bien, en dépit de la diversité des motifs et des buts invoqués dans les bulles de 1190, 1193, 1201, il n'y a pas discontinuité. En permettant aux religieux par les dispenses de 1190 de se conformer aux habitants quant à la nourriture, par celles de 1193 et 1201 de se conformer entre eux quant à l'habit et aux observances régulières, dans les deux cas les bulles se réfèrent à une unique inspiration, à laquelle se rattachait déjà la fondation du chapitre régulier par l'évêque Meynard : il s'agissait de toutes façons d'assumer des éléments essentiels de l'imitation des apôtres, plus précisément de la *regula apostolica* telle qu'on la concevait au début du XIII$^{e}$ siècle.

32. Bulles de croisade mentionnées dans H I, 12 (1195/6) ; II, 3 (1197) ; III, 2 (5. X. 1199) ; IV, 6 (1200/1). Seul le texte des bulles du 5. X. 1199 (POTTHAST, n° 842) et 12. X. 1204 (POTTHAST, n° 2299) a été conservé, LUB I, n$^{os}$ 12 et 14 ; PL. 214, 739.

33. B. ALTANER, *Die Dominikanermissionen*... 186-188.

34. 14 août ou 11 octobre ? H I, 14.

35. H II, 1-6. Croisade en juillet. Le 24, il est emporté par son cheval, qu'il ne sait pas gouverner, au milieu des ennemis en déroute, qui le tuent.

Dans l'espèce, le dernier pas était sensationnel. Si sensationnel que les éditeurs modernes du fragment de la bulle de 1201 recueilli par les décrétales ont jugé nécessaire, dans le regeste qu'ils en ont donné, d'ajouter un mot aux termes employés par Innocent III : « [un habit et des observances] *supérieurs* » [36]. Cette précision est, en réalité, une restriction. C'est qu'en effet la disposition prise par le pape Innocent équivaut à un changement d'Ordre, lequel n'est autorisé à l'époque que vers le haut, vers une observance plus stricte. On peut mesurer par ce fait la vigueur de l'inspiration qui a suggéré et obtenu du pape une telle décision.

Nous retrouvons cette inspiration « apostolique » bien vivante encore le 30 octobre 1213 dans une bulle d'Innocent III [37] au bénéfice cette fois de Thierry de Treyden, devenu depuis 1211 évêque en Estonie [38] où le christianisme s'étend maintenant à parter de la Livonie, au cours de bien des luttes. La bulle, donc, recommande le nouvel évêque à la générosité des fidèles de Saxe, auprès desquels l'évêque va se rendre quêter pour son Eglise. Le pape explique la raison de la pauvreté du prélat missionnaire.

« Entre tous ceux à qui le Seigneur *a révélé son saint bras* [Isaïe LIII, 2] parmi les païens *afin qu'ils aperçoivent le salut de son Seigneur Dieu* [LII, 10],notre vénérable frère l'évêque d'Estonie a beaucoup travaillé et, avec l'aide de la grâce divine, beaucoup produit de fruit. Bien qu'il lui fût permis de *moissonner les biens temporels de ceux auxquels il dispensait les biens spirituels* [I Cor. IX, 11] — car *on ne doit pas museler la bouche du bœuf qui foule l'aire* [IX, 9] ; et que *le Seigneur a donné l'ordre à qui annonce l'Evangile de vivre de l'Evangile* [IX, 14] — il n'a pas voulu user de ce pouvoir, parce qu'étant évêque de récents convertis, il a craint d'opposer un obstacle à l'Evangile du Christ. Il est donc allé *sans bâton, ni besace* [Luc IX, 3], pour le nom de Dieu, en présence des rois et des peuples ».

Les trois textes invoqués pour justifier les droits dont Thierry a refusé d'user signifient classiquement la dîme [39]. Le problème est connu. De la Saxe à la Prusse et jusqu'au fond de la Baltique, la levée des « droits de chrétienté » et avant tout des dîmes sur tous les baptisés, dès l'établissement de l'Eglise, a pesé lourdement sur l'évangélisation. « A peine [les nobles] apprennent-ils que quelques païens ont reçu la grâce de la renaissance, ils se hâtent de les accabler de charges serviles, si bien que ces pauvres gens, au moment même où ils accèdent à la liberté chrétienne, tombent dans une pire

36. *Corpus iuris canonici*, éd. Friedeberg II, Leipzig 1879, 451.
37. Potthast, n° 4831 ; PL 216, 991 CD.
38. C'est le 20. X. 1210 qu'Albert a reçu du pape pouvoir de créer un nouvel évêque comme s'il était archevêque (droit exercé jusqu'alors en Livonie par l'archevêque de Brême). C'est après son retour, au milieu de 1211, avec les 3 évêques de Verden, Paderborn et Ratzebourg, qu'il consacre avec eux Thierry comme évêque en Estonie, dont ni le siège, ni le territoire, pour la plus grande part, n'existent encore. Cfr H XV, 4 et n. 1. Johansen, 101.
39. C. 20, X, III, 30 (*de decimis*). Ed. Friedberg II, 562 dernière ligne (de Lucius III). S. Thomas, *Summa theologica*, IIa-IIae, qu. 87, art. II et III.

condition qu'au temps où ils demeuraient sous le joug de leur ancienne servitude »[40], se plaignait en 1212 Innocent III à propos de la Prusse. En Livonie, le pape reprochait en 1213 à l'évêque Albert de Riga, « d'avoir imposé à de nouveaux convertis des charges qu'on n'aurait pas osé faire peser sur des païens »[41]. Reproches, il est vrai, insinués par des adversaires de l'évêque, eux-mêmes autrement âpres au gain[42]. En fait, depuis 1198, à Uxkull et à Holm, au lendemain de la mort de l'évêque Berchtold, les missionnaires avaient institué au lieu et place de la dîme une redevance infiniment moins lourde, une mesure de 18 doigts de blé par cheval ou charrue[43]. Depuis 1211, l'évêque Albert, sur le conseil de Thierry et des trois évêques de Verden, de Paderborn et de Ratzebourg venus en qualité de croisés dans le pays, avait renoncé aux dîmes, lui aussi, dans la plus grande partie de la Livonie et s'était contenté d'établir la mesure de blé par cheval[44]. En Estonie, la situation est beaucoup plus complexe. Les droits sont revendiqués simultanément par l'évêque local, l'évêque de Riga et la milice fondée à Riga depuis 1202-3 qu'on appelle les Chevaliers Porte-Glaive, enfin même par un prince russe[45]. En 1213, la question n'est réglée que pour quelques districts anciennement baptisés, qui jouissent des privilèges de la Livonie. Thierry a donc choisi de ne pas charger ses néophytes.

Or, pour justifier son attitude, cette fois encore, c'est au programme de la mission des apôtres que la bulle se réfère, à une formule de la *regula apostolica,* dont les ordres mendiants feront bientôt leur loi fondamentale : « Ne prenez rien pour la route, ni bâton, ni besace, ni pain, ni argent » [Luc IX, 3].

Entre les bulles adressées aux missionnaires de Livonie-Estonie en 1190, 1193, 1201, 1213, la continuité est manifeste et le développement certain. Il n'est pas possible de n'y pas reconnaître l'attrait exercé sur les missionnaires et sur leurs évêques par un idéal de l'imitation des apôtres très conscient et tout autrement orienté vers le ministère d'évangélisation que la vie monastique ou canoniale traditionnelle. Cette idée, cependant, ne les a pas conduits à tourner le dos à leur idéal de moine ou de chanoine pour devenir de purs prédicateurs itinérants, semblables à ceux que le XIIe siècle avait vus se multiplier[46]. Le prédicateur itinérant était un « singulier », même lorsque les foules l'accompagnaient ou que des frères l'imitaient. Les missionnaires de Livonie, on en a le témoignage encore par la bulle de 1201, croient aux valeurs apostoliques éminentes de l'unanimité, la communauté de vie dont les apôtres

40. Bulle du 13. VIII. 1212, à la noblesse de Pologne et de Poméranie, POTTHAST, n° 4575 ; PL 216, 670 BC.
41. Bulle du 11. X. 1213, POTTHAST, n° 4822 ; PL 216, 918 AB.
42. Il s'agit des Chevaliers Porte-Glaive, cfr lettre du 31. X. 1213, POTTHAST, n° 4835 ; PL 216, 921 BC.
43. H II, 7 et n. 1. Cfr X, 13 et n. 4.
44. H XV, 5 et n. 1. Cfr XVI, 5 ; XVIII, 3. LUB I, n° 105.
45. H XV, 8 ; XX, 4. Ce n'est qu'en 1216 qu'un partage des revenus d'Estonie interviendra entre ces diverses parties.
46. J. VON WALTER, *Die ersten Wanderprediger Frankreichs,* 2 vol. 1903/06 (trad. française dans *Bulletin de la comm. hist. de la Mayenne,* XXIV, 1908, par P. Cahours).

ont donné le modèle dans l'Eglise de Jérusalem. Ils s'efforcent de les assumer dans leur ministère.

En 1201-2, aussitôt après les fondations de Riga, Albert de Buxhövden transporte dans sa nouvelle capitale le groupe des frères demeurés à Uxkull [47]. Il lui confie sa cathédrale, dédiée à la Vierge comme tout le diocèse, d'où le nom du chapitre : « couvent de Sainte-Marie », et de la Livonie : « Terre de Sainte-Marie ». Puis l'évêque s'en retourne chercher des croisés en Allemagne.

Peu après arrive à Riga le propre frère de l'évêque, Engelbert, chanoine régulier de Neumünster et, comme tel, de même observance que le chapitre de Riga. Peut-être vient-il exercer la fonction, capitale dans les fondations de villes à l'époque, du « *locator civitatis* » [48]. Quoiqu'il en soit les Frères l'élisent pour prévôt. Le chanoine Alabrand fait partie de la communauté, également Rothmar de Buxhövden, autre frère de l'évêque, chanoine de Segeberg ; enfin, sans doute quelques religieux d'observance naguère différente, signalés par la bulle [49]. Ainsi se trouve constituée la forte communauté prévue en 1201. Elle regroupe les missionnaires et grands clercs du diocèse, à l'exception toutefois du Cistercien Thierry de Treyden et de quelque confrères qui vont se rassembler en communauté dans une autre région.

Avant l'été de 1203 [50], Thierry s'occupe en effet avec son évêque de rassembler les Cisterciens missionnaires de Livonie. En 1205 [51], après son retour d'un long voyage à Rome, il installe le dit monastère, dont il devient l'abbé, à l'embouchure et sur la rive droite de la Duna : c'est l'abbaye de Dunamunde qu'on appelle aussi le Mont-Saint-Nicolas. Thierry a déjà longuement évangélisé cette région, dont il porte le surnom (Treyden ou Thoreida). Le cloître, bâti non sans motif [52] comme une forteresse [53], sera le puissant point d'appui et comme la place d'armes de l'évangélisation de l'Estonie, dont Thierry deviendra le premier évêque en 1211.

Dès l'origine les évêques de Livonie ont reçu du pape les facultés qui leur permettent de grossir la communauté de leurs Cisterciens missionnaires. En soi, la règle de Cîteaux interdit la prédi-

47. H VI, 3.
48. H VI, 2 et n. 3.
49. Cfr *supra*, p. 443. Notez aussi que la bulle du 12. X. 1204, parlant de l'évêque, précise : « ad conversionem illorum Livonum operam tribuens efficacem, tres religiosorum ordines, Cisterciensium videlicet, monachorum et canonicorum regularium, qui, disciplinae insistentes pariter et doctrinae... studuit ordinare ». Lub, n° 14, col. 19. Il s'agit là de projets. Les moines dont il s'agit n'ont pu entrer que dans les communautés de Riga ou de Dunamunde.
50. Henri parle de cette fondation en 1202 et 1205, H VI, 3 et IX, 7. On pense généralement que la première mention est une anticipation, cfr H, p. 17, n. 11 ; Winter, 306 s ; Schmidt, 37 s. Mais la mention de cette fondation par Innocent III en octobre 1204, prouve qu'on l'avait déjà au moins décidée avant l'été 1203 date du départ de Thierry pour Rome. Il est certain, néanmoins, que Thierry ne porte le titre d'abbé qu'après 1205, H IX, 7 et X, 1.
51. H IX, 7.
52. Continuellement exposé aux coups de mains des pirates d'Oesel ou de Courlande (H XIV, 5 ; XIX, 1 et 2 ; XX, 1 ; XXII, 8), il sera entièrement détruit en 1228 par les Coures et les Sémi-galles, Schmidt, 285.
53. Schmidt, 42.

cation à ses moines, même autorisés par leurs supérieurs, à moins d'un ordre du pape. La bulle de 1190 et, plus expressément, celle de 1193 ont surmonté cet obstacle en donnant à l'évêque le pouvoir d'enjoindre la mission de prêcher à des religieux de tout Ordre. Celle de 1201 permet à l'évêque de conformer aux Cisterciens tout religieux venu prêcher en Livonie. En avril 1200, le pape avait requis tous les abbés et moines de Cîteaux de se mettre éventuellement à la disposition d'Albert pour la mission de Livonie [54]. Dans les années qui suivent, il se fait plus pressant et donne même à Albert le droit exorbitant de recruter de sa propre autorité dans chaque abbaye ou chapitre de basse Germanie un collaborateur pour sa mission [55], ce qui, dans certains cas, pourra se faire sans l'assentiment de l'abbé [56]. Le pape se charge parfois lui-même de procurer à Albert directement un Cistercien d'envergure [57]. Enfin, en octobre 1213, il accorde à Thierry, devenu évêque d'Estonie, le même droit de recruter un religieux missionnaire par couvent ou chapitre qu'il avait donné à Albert [58].

En juillet 1208, parmi les clercs croisés qu'Albert ramène en Livonie, un certain nombre entrent à Dunamunde. Un groupe de Cisterciens en fait partie, conduit par un abbé Florentius, sans doute de Marienfeld [59]. Aussi la tradition de l'Ordre situe-t-elle l'installation de la communauté dans son cloître au 29 juillet de cette année-là. Trois ans plus tard arrivera à Dunamunde le comte Bernard de Lippe, fondateur puis moine de Marienfeld, qui prendra sur le champ la succession de l'abbé Thierry, avant de devenir en 1218 évêque de Sémi-galle [60].

Cependant en 1209, une grave transformation s'opère au cœur du diocèse dans le chapitre de la cathédrale [61]. Le prévôt, frère d'Albert, étant mort, l'évêque le remplace par Jean, Prémontré de Scheda (Westphalie) et décide de conformer l'ensemble du chapitre

54. L. Arbusow, *Römischer Arbeitsbericht* I dans *Acta Universitatis Latviensis* XVII, Riga 1928, 322 s. Cfr Schmidt, 23.

55. H IX, 6. Voyez les cas du Cistercien Frédéric de Alt-Zelle, H XVIII, 8 et n. 1 ; du prieur de Riddagshausen, L. Arbusow, *Röm. Arb.* I, 322.

56. C'est ce qu'affirme Albert aux dires du chapitre général de Cîteaux en 1209, *Statuta Cap. gen. ord. Cisterciensis* I, éd. Canivez, Louvain 1933, 36. Tel est le cas de Pierre de Conflans qui, poussé par l'espoir du martyre, s'en vint rejoindre Thierry, alors évêque d'Estonie, sans la permission de son abbé, Césaire de Heisterbach, *Dialogus miraculorum* II, Coblence 1851, 93.

57. D'après H XV, 1 et 4, c'est le cas du comte Bernard de Lippe, fondateur de l'abbaye cistercienne de Marienfeld (1185), dans laquelle il entra en 1196, croisé de Livonie en 1198, puis, sur l'ordre exprès du pape, revenu en 1211 en Livonie comme prédicateur, successeur de Thierry comme abbé de Dunamunde (1211-18), enfin évêque de Sémi-galle († 1224).

58. Bulle du 30.X.1213, Potthast, n° 4833 ; Lub, n° 34 ; PL 216, 920.

59. H XII, 5. Winter, I, 307 s a établi que Dunamunde est fille de l'abbaye de Pforte (Thuringe), de la ligne de Morimond ; aussi considère-t-on couramment que le groupe cistercien conduit par l'abbé Florentius vient de Pforte, Schmidt, 34-36 et 41 ; H p. 61 n. 1. Il serait surprenant cependant que l'abbé Florentius de Marienfeld et trois ans plus tard Bernard de Lippe, fondateur et moine de la même abbaye, soient intervenus autrement que pour fonder. M. Hellmann, *Lx. f. Theol. u. Kirche* III, 599 s. pense que c'est bien le cas. Pforte n'aurait fondé l'abbaye qu'après la destruction totale de 1226.

60. Cfr *supra*, n. 57.

61. H XIII, 3 et n. 5 s.

à son nouveau prévôt, en d'autres termes de le muer en couvent Prémontré. Se transportant en Saxe dans l'été 1210 pour chercher des croisés, il en profite pour réaliser cette incorporation et, en retour, se procurer des religieux nouveaux. Le 21 décembre 1210, à l'abbaye de Cappenberg (diocèse de Münster), il donne à l'Ordre de Prémontré, qui l'accepte, tous les biens de la cathédrale et concède au chapitre renouvelé le droit d'élire l'évêque et de définir les canons. Tout ceci est fait, dit la charte qui consigne l'événement [62], « sur le conseil et par l'autorité du pape Innocent », allusion manifeste aux pouvoirs conférés naguère par la bulle du 19 avril 1201. L'évêque selon l'expression de la Chronique de Henri « mue en blanc — qui signifie la pureté — les tuniques et chapes noires des chanoines » [63].

Pour aider à la mutation, des groupes de Prémontrés viendront des abbayes de Cappenberg et de Gratia-Dei (diocèse de Magdebourg). La communauté sera définitivement incorporée à l'Ordre en 1227 et 1238. Elle fournit dès le début au diocèse des prédicateurs et collaborateurs de toute sorte [64].

Il est intéressant de relever dans la chronique d'Henri — toute orientée cependant vers les péripéties militaires qui marquèrent les débuts de l'Eglise de Riga — les traits qui manifestent l'inspiration évangélique des chanoines missionnaires : présence désarmée et périlleuse au milieu des païens ; préparation au martyre ; ardeur à s'élancer pour prêcher dès qu'une porte s'entr'ouvre ; souci de former les néophytes à l'esprit de justice et de paix ; originalité des moyens d'instruction religieuse, tels que la représentation du grand jeu des prophètes ; vie liturgique et contemplative des religieux qui, un hiver durant, entendent l'archevêque danois missionnaire André Sunesen leur commenter les psaumes. Le tout résumé dans l'attitude que les Livoniens — non sans ironie — opposent à celle des croisés, et qui résume assez bien la pratique antérieure de l'évêque Meynard et de ses premiers compagnons : amener, sans armée, les baptisés à pratiquer leur foi et attirer les autres par la parole, non par les coups [65].

Entre 1202 et 1209, l'œuvre de rassemblement dans l'unanimité apostolique des religieux missionnaires du diocèse de Livonie, prévue par la bulle du 19 avril 1201, s'est donc réalisée en deux com-

62. Lub, n° 56. Pour la date authentique H, p. 68, n. 7.

63. H XIII, 3.

64. N. Backmund, *Monasticon Praemonstratense* I, Straubing 1949, 408-414, où l'on corrigera une erreur (venue sans doute d'une lecture trop rapide de F. Winter, *Die Prämonstratenser des zwölften Jahrh. u. ihre Bedeutung für das nordöstliche Deutschland*, Berlin 1865, 225-7). L'évêque prémontré, ami d'Albert, est Isfrid de Ratzebourg († 1209), non Philippe, qui était cistercien. Ce dernier n'est pas venu en 1209, mais en 1211 à Riga. Cfr *Ibidem* I, 158, 219, 275, n. 6.

65. Pour ces différents points, voyez successivement : *a*) I, 5 et 9 à 11 ; II, 2 et 9 ; VII, 5 ; X, 7. — *b*) X, 5 ; XV, 9 ; XVIII, 8 ; XXII, 8. — *c*) VI, 2 ; X, 12 ; X, 14 s. ; XI, 7 ; XV, 9. — *d*) X, 15 ; XII, 6 ; XIII. 5 ; XVII, 1. — *e*) IX, 14 ; X, 9. — *f*) VII, 6 ; X, 13 ; XIV, 11 ; XVII, 1 ; XIX, 6. A quoi l'on ajoutera la facilité avec laquelle Meynard et Thierry, et même Albert, s'adressent tour à tour aux Russes, puis aux Allemands, enfin aux Danois pour autoriser, faciliter ou protéger la mission.

munautés, l'une au cœur du diocèse, à Riga, l'autre à l'embouchure de la Duna. L'une tournée vers l'enracinement du christianisme en Livonie, l'autre vers la conquête chrétienne de l'Estonie. Et ces communautés sont étroitement apparentées par la tunique blanche et par l'observance, car on connaît l'étroite analogie des coutumes de Prémontré et de Cîteaux.

F. Winter a montré naguère le rôle éminent joué par les Cisterciens et les Prémontrés dans l'évangélisation du nord-ouest de l'Allemagne et de la Baltique [66]. A. Hauck [67], sans nier un fait évident, en a diminué l'importance en faisant remarquer que ces couvents ont essentiellement agi de par leur autorité de propriétaires terriens et qu'ils n'ont vraiment prospéré que lorsqu'ils étaient portés par une puissante émigration germanique, en sorte que le phénomène capital est cette migration de populations alors très catholiques. Ainsi s'expliquerait le fait que l'abbaye cistercienne de Leubus, par exemple, est vraiment responsable de la christianisation de la Silésie. Mais l'explication n'est pas suffisante. Elle apparaît particulièrement inexacte dans le cas de la Livonie où des religieux, spécialement des Cisterciens, ont été les pionniers et ont conçu l'installation ultérieure de leurs communautés comme la création de centres de rayonnement « apostoliques » indispensables à l'évangélisation.

C'est bien ainsi que les a vues le pape Innocent III lui-même, dont le rôle dans cette évangélisation ne doit pas être minimisé. Certes Innocent n'a pas pris l'initiative d'une vaste activité missionnaire dans l'Eglise [68]. Mais, dès le début de son pontificat, il s'est attaché très particulièrement aux missions du Nord-Est de l'Europe, par les Allemands comme par les Danois. Il a doté André Sunesen, archevêque de Lund, et Albert de Buxhövden, évêque et fondateur de Riga, de pouvoirs exceptionnels [69]. Il s'est étroitement tenu au courant des progrès de l'évangélisation dont il a communiqué les succès avec fierté comme s'il s'agissait d'une affaire toute personnelle [70]. Surtout, il s'est efforcé de mettre au service de cette mission le réservoir immense d'hommes et de générosité chrétienne que représentait l'Ordre de Cîteaux. Ce n'était pas aisé. La vocation contemplative et retirée du monde cistercienne, « dans les embrassements de Rachel », semblait l'écarter radicalement d'un ministère « au service de Lia » [71]. L'Ordre se chargeait de le rappeler de temps

66. Dans les 2 ouvrages cités *supra* n. 13 et 58.
67. HAUCK, 581-585.
68. TILLMANN, 212 et n. 1.
69. Pour André Sunesen, archevêque de Lund, cfr JOHANSEN, 101-102 et M.-H. VICAIRE, *Histoire de S. Dominique* I, Paris 1957, 133 ss et II, 75-78.
70. Voyez les lettres du 21. I. 1205 au clergé de Constantinople, après le passage à Rome de Thierry de Treyden : « ubi ego in verbo Dei laxavi rete, conclusimus, ego et fratres mei, piscium multitudinem copiosam, sive in Livonia, convertendo paganos per praedicatores illuc directos ad fidem, sive in Bulgariam ». (POTTHAST, n° 2382) PL 215, 513, et du 31. I. 1208, après le passage de André de Lund, citée dans H, p. 47, n. 5 (n'est pas dans POTTHAST), ainsi que les *Gesta Innocentii* III, PL 214, col. CLXIV.
71. Bulle de Célestin III à l'évêque Meynard, du 27. IV. 1193, LUB, n° 11 et PL 206, 995. Sur le thème Lia-Rachel, M.-H. VICAIRE, *Hist. de S. Dominique* I, Paris 1957, 113 n. 1 et 172 n. 116.

en temps avec insistance et respect ; parfois une impatience [72]. Mais il y avait dans la vie d'unanimité que pratiquaient les Cisterciens comme les chanoines Prémontrés, une imitation très consciente des apôtres qui pouvait servir de point de départ à un ministère également apostolique. Certains Cisterciens ou Prémontrés le savaient. Le pape aussi.

C'est pourquoi Innocent III ne se contente pas de puiser dans le réservoir de Cîteaux, quoique l'Ordre en puisse penser, pour l'évangélisation de la Prusse ou de la Livonie. Il envoie des Cisterciens prêcher en Sicile, en Toscane. Il leur réserve aussi le ministère de la prédication auprès des hérétiques albigeois ; ce qu'il a fait dès 1199 en dirigeant là-bas son propre confesseur, frère Rainier, avant d'y envoyer d'autres Cisterciens, puis l'abbé même de Cîteaux [73].

Le conflit amical (car il naît d'une prédilection explicite) qui l'oppose de ce chef à l'Ordre de Cîteaux n'a-t-il à sa base que l'importunité du chef de l'Eglise qui, pour trouver les prédicateurs et les missionnaires dont il a besoin, puise sans arrêt dans les rangs d'une institution contemplative ? On est en droit d'y voir également une divergence dans la conception de la place occupée par la vie cénobitique dans l'édifice de l'Eglise. Il est manifeste que, conformément à une tradition continuellement affirmée au cours du XII^e^ siècle, le pape considère que la vie commune et austère des Cisterciens, qu'eux-même rattachent avec insistance à la *vita apostolica*, les adapte d'une manière particulièrement efficace, peut-être même indispensable, au ministère de la prédication apostolique [74].

Le pape avait raison sans doute de voir une nécessité de l'Eglise dans l'orientation vers la prédication missionnaire des religieux de « vie apostolique ». Les Cisterciens n'avaient pas tort d'estimer dangereuse pour la fécondité de leur tradition propre les exigences pontificales. Cette contradiction ne se résoudra que lorsque le génie de fondateur de saint Dominique, en 1215-1220, parviendra à couler dans l'institution des Prêcheurs, premier des ordres mendiants, les éléments épars de l'imitation des apôtres, communautaires et missionnaires évangéliques [75].

Aussi ne s'étonne-t-on pas de voir en Livonie, comme dans l'ensemble de la Baltique et de la Scandinavie, les Prêcheurs prendre la relève des Cisterciens et des Prémontrés, sous l'impulsion du cardinal Guillaume de Modène, le légat que le pape Honorius III

72. Aux chapitres généraux de 1209, 1212, 1213, *Statuta cap. gen. ord. cisterc.* I, éd. Canivez, Louvain 1933, 36 ; 312 ; 414.
73. Mandonnet-Vicaire-Ladner, *S. Dominique, l'idée, l'homme et l'œuvre*, Paris 1938, I, 123 ss, 172 n. 43 ; II, 40 ss et Tillmann, 11 n. 63, 25 s, 173 n. 103, 180, 210.
74. Surtout la lettre du 31. V. 1204 à l'abbé de Cîteaux et aux autres légats cisterciens (Potthast, n° 2229), PL 215, 359 B. Sur le lien du ministère et de la vie apostolique, M.-H. Vicaire, *L'imitation des apôtres*, Paris 1963, 63-66.
75. M.-H. Vicaire, *L'imitation...*, 67-90.

envoie au début de 1225 résoudre les difficultés inextricables où l'Eglise de Riga se débattait au cours de ce pontificat [76].

N. B. — On notera, en terminant, comment l'histoire que l'on vient d'esquisser éclaire certains détails de la préhistoire dominicaine : les prises d'habit cisterciennes assez énigmatiques de Pierre de Castelnau, en 1203, à la veille de sa légation albigeoise et de Diègue, évêque d'Osma, en 1206, à son retour de Rome, avant qu'il ne se trouve à son tour engagé dans l'affaire albigeoise [77] sous l'autorité de l'abbé de Cîteaux ; enfin, la bulle du 12 mai 1220, où le pape, en mettant sous l'autorité de saint Dominique une équipe de prédicateurs issus d'Ordres divers, précise, comme une exception à la pratique habituelle, que ces religieux continueront néanmoins de porter leur habit.

76. En mars et avril 1220, Honorius III fait encore appel aux Cisterciens pour la Baltique, POTTHAST, n°s 6211, 6212, 6229 ; B. ALTANER, *Die Dominikanermissionen des 13. Jahrh.* Habelschwerdt 1924, 186-191. Fondation du couvent OP de Reval en 1229 ; de Riga 1234. A. DONNER, *Kard. Wilhelm von Sabina*, Helsingfors 1929, 156 ne parle que de l'action du cardinal sur l'implantation des Prêcheurs en Prusse.

77. M.-H. VICAIRE, *Histoire de S. Dominique* I, Paris 1957, 138 s et 177.

# *PROCESSUS IN INFINITUM* ET PREUVE DE DIEU CHEZ JEAN DE RIPA

par

Paul Vignaux

Comparant l'attitude de Descartes devant l'infini divin avec celle des « docteurs scolastiques », le regretté Alexandre Koyré a remarqué que chez ces derniers « toutes » les « déductions par lesquelles ils cherchent et tendent à prouver et à atteindre l'infini sont basées sur la considération de séries finies, sur l'impossibilité d'une série infinie » : en cela, il apercevait « une contradiction assez surprenante » [1]. Cette objection à une théologie naturelle qui prétend atteindre démonstrativement une cause infinie par l'impossibilité de poursuivre à l'infini la recherche des causes à partir des effets, nous la trouvons formulée au milieu du XVe siècle dans la *Lectura super Primum Sententiarum* du franciscain *formalizans* Jean de Ripa, à la Question I de la Distinction II : *Utrum in latitudine entium sit aliquis simpliciter primus gradus et omniquaque immensus ?* [2] Nous commenterons plus loin le terme *latitudo* et son application aux êtres, à l'être même. Pour l'instant, rappelons simplement la formulation de la *Lectura* de Jean Duns Scot : *Utrum in entibus sit aliquod ens actu infinitum ?* [3] ; c'est sous l'aspect de l'être infini qu'il s'agit de prouver l'existence de Dieu ; avec Jean de Ripa, c'est sous l'aspect d'un premier degré d'être absolument infini ; ces deux derniers mots traduisent *immensus*, terme adopté par l'auteur pour exprimer, comme nous le verrons, l'infinité propre à Dieu.

La Question ainsi énoncée, le premier argument *Quod non* se présente comme suit : « qu'un tel degré soit ne peut être prouvé avec évidence ; il n'existe donc pas ». Reste à développer l'argu-

1. *Essai sur l'idée de Dieu et les preuves de son existence chez Descartes*, Bibliothèque de l'Ecole des Hautes Études, Sciences Religieuses, t. XXXIII, Paris, Leroux, 1922, p. 127-128.

2. Jean de Ripa, *Conclusiones* publiées par André Combes, Paris, Vrin, 1957, p. 60. Les textes inédits cités ci-dessus le sont d'après le manuscrit de Paris B. N. lat. 15369, dont Mgr. Combes a bien voulu nous communiquer la transcription, nous permettant ainsi de donner cette note après d'autres et plusieurs « séminaires » à l'Ecole Pratique des Hautes Etudes (Ve Section) : pour ces textes nous signalerons ci-dessous le folio et la colonne de ce manuscrit comme les signalent les *Conclusiones*.

3. *Opera Omnia*, t. XVI, Civitas Vaticana, 1960, p. 111.

ment en établissant d'abord la nécessité de la seconde proposition à partir de la première, supposée vraie, en montrant ensuite la vérité de cette proposition antécédente. La première tâche est accomplie comme suit : de la position dans l'être d'un degré premier absolument infini suit sa priorité dans l'ordre de la causalité sur tout autre degré et, corrélativement, à partir de tout autre degré la possibilité d'inférer l'existence de ce premier degré ; un tel degré absolument infini n'existe donc pas si on ne peut en prouver l'existence. Or, déclare Jean de Ripa, abordant la seconde tâche, « je prouve » l'impossibilité d'une telle preuve : *tout* raisonnement — pensant à la remarque d'Alexandre Koyré, nous soulignons « tout » — qui conduit les philosophes ou les théologiens à l'existence de cette cause infinie se fonde sur une proposition, médiatrice indispensable, selon laquelle la série des causes essentiellement ordonnées n'est pas infinie ; mais cette proposition n'énonce pas une nécessité ; en effet, entre cette cause première que nous posons infinie et toute cause finie supposée donnée, il y a place pour une infinité de degrés possibles de causalité : dans les termes de l'auteur, une *infinita latitudo causalitatis* qui apparaît comme un ensemble infini de degrés qui s'ordonnent d'eux-mêmes hiérarchiquement, *infiniti gradus essentialiter ordinabiles.* Il n'est donc nullement nécessaire de s'arrêter, dans la *latitudo entium* ainsi conçue, à un premier degré [4]. Autrement dit : l'infinité du principe divin que l'on veut atteindre fondant la possibilité d'une infinité des degrés inférieurs d'être qui en peuvent dériver, elle interdit de l'atteindre comme le terme d'une série nécessairement finie.

Le *Confirmatur* joint à ce premier argument *Quod non* présente la perspective de degrés allant à l'infini comme une vue de théologiens : quand il s'agissait de s'arrêter afin de prouver, les *philosophi* étaient aux côtés des *theologi ;* ces derniers, par contre, sont seuls cités comme posant entre le degré d'être absolument premier et tout degré d'être fini, au-dessous de l'un et au-dessus de l'autre, la possibilité d'une hiérarchie infinie de degrés spécifiquement distincts ; à savoir une infinité d'espèces intermédiaires [5]. Référence au problème méthodiquement examiné et résolu dans la Question III de la même Distinction, déjà touché dans la *Quaestio juxta materiam collationis,* en son deuxième article ; nous avons indiqué

4. 118 a : Primo sic : *Nam hujusmodi gradum esse non est evidenter probabile : igitur etc. Consequentia patet : nam, posito tali gradu in esse, sequitur quod ipse est prior causaliter quolibet alio gradu essendi, et per consequens ex quolibet alio gradu essendi evidenter inferri potest hujusmodi gradum esse ; patet igitur consequentia. Assumptum probo : nam omnis ratio per quam deducitur per philosophos vel theologos hujusmodi gradum esse innititur huic medio quod in causis essentialiter ordinati non est processus in infinitum ; sed hoc medium non est simpliciter necessarium ; quod probo sic : inter primam causam simpliciter, quam ponimus infinitam, et quamcumque causam finitam est infinita latitudo causalitatis simpliciter : igitur infiniti sunt gradus in hujusmodi latitudine alterius rationis essentialiter ordinabiles.*

5. 118 a : *Confirmatur : Nam inter primum gradum essendi simpliciter et quemcumque gradum finitum essendi ponunt theologi infinitos possibiles alterius rationis essentialiter ordinabiles sub et supra, puta infinitas species possibiles intermedias ; sed...*

ailleurs l'essentiel de la solution proposée dans ces textes : les classes entre lesquelles se répartissent les êtres d'un monde créé ne constituent pas une hiérarchie nécessairement finie ; c'est à l'infini que va l'ordre ascendant des natures spécifiques finies possibles, ordre dans lequel est toujours concevable une nature plus haute que toute nature donnée ; les *theologi* qui ont reconnu l'infinité de cet *ordo essentialis* sont des *moderni,* adversaires d'*antiqui* qui arrêtaient la hiérarchie des créatures à une espèce suprême d'êtres finis *maxima species a Deo creabilis ...tantum finita ;* sans terme fini, la série des natures créables en a cependant un, pour Jean de Ripa, mais infini ; en réponse à la question d'Ecole sur la *species suprema,* il admet une espèce suprême mais infinie [6], c'est-à-dire, parmi les intensités possibles des natures d'être créable, un degré infini *creabile infinitum* ; l'expression est pour le moins suggérée à la Distinction XXXVII de la *Lectura super Primum Sententiarum.* Si, comme l'indique ce dernier texte, le théologien a le devoir de ne pas restreindre indûment la toute puissance de Dieu, nous apercevons aussitôt comment l'amplitude de cette puissance fondait, aux yeux d'un de ses défenseurs, — *defensans divinam virtutem,* — la possibilité de multiples infinis : infinité du temps concevable sans commencement ni fin — *tempus ymaginarium eternum a parte ante et a parte post* — qui, réalise, serait celui d'un monde éternel ; infinité de l'espace vide infini concevable selon Thomas Bradwardine au-delà du ciel, enveloppe du cosmos, — *situs ymaginarius infinitus, vacuum ymaginarum infinitum extra celum* — mais que remplirait un corps infini ; infinité donc de ce *corpus infinitum* occupant un *locus infinitus* ; infinité encore mais spirituelle de la nature spécifique infinie posée à la Distinction II — *intelligentia infinita possibilis* — comme « terme » de la série elle-même infinie des natures finies, en correspondance avec le nombre infini et la suite des nombres finis qui va elle-même à l'infini [7]. C'est le principe de possibilité de tant d'infinités diverses : Dieu lui-même infini dans sa causalité comme dans son être, qui, selon le *Confirmatur* que nous ex-

6. Jean de Ripa, *Quaestio de gradu supremo,* édition critique par Mgr. André Combes et Paul Vignaux, Paris, Vrin 1964 ; la doctrine de l'article II, p. 195-205, est présentée dans l'*Introduction,* p. 118-128. — Enoncé de la q. III de la *Lectura* signalée au texte : *Utrum in latitudine entium sit possibilis aliqua species suprema creabilis et Primo immediate, Conclusiones,* p. 65-70. — Dans la Dist. XXXVII q. u., on lit, 313a : ... sicut doctores multi probabiles ponunt Deum posse producere aliquid intensive infinitum ita et posse creabile infinitum...

7. Pour la Dist. XXXVII, *Conclusiones,* p. 221-224 ; texte utilisé en manuscrit (édition en préparation) : 313 a. A la Dist. II, q. III, a. I : *Utrum aliqua sit possibilis suprema species a Deo creabilis et finita ?,* Jean de Ripa répétant des objections contre sa réponse négative déclare, 136 C : *Sed iste rationes nequaquam convincunt defensantem divinam virtutem.* — Sur la doctrine évoquée au texte, cf., outre l'*Introduction* citée n. précédente à la *Quaestio de grado supremo :* A. Combes, *La métaphysique de Jean de Ripa,* in *Die Metaphysik im Mittelalter...,* Berlin, W. de Gruyter, 1963, p. 543-557 et P. Vignaux, *Note sur le concept de forme intensive dans l'œuvre de Jean de Ripa* in *L'aventure de l'esprit,* Mélanges Koyré II, Paris, Hermann, 1964, p. 517-526. — Sur Bradwardine, cf. A. Koyre, *Le vide et l'espace infini au* XIVe *siècle,* article des *Archives d'histoire doctrinale et littéraire du Moyen Age,* 1949, reproduit dans *Etudes sur l'histoire de la pensée philosophique,* Paris, Colin, 1961.

pliquons, fonde la possibilité d'un *processus in infinitum* dans la quête de causes de plus en plus hautes : la première cause n'étant pas moins active qu'elle n'*est*, elle-même — *cum prima causa non minus sit activa quam ista sit ens,* — la distance n'est pas moindre entre sa causalité — *esse causalitatis* — et celle de toute cause finie donnée qu'entre son être infini et une nature finie quelconque ; comme entre cet être et cette nature, il y a possibilité d'un infini d'intermédiaires spécifiquement distincts, une infinité de causes hiérarchiquement ordonnées est concevable entre une première cause infinie et une cause finie quelconque [8]. Reprenant pour un autre usage le verbe *infinitare* dont use Jean de Ripa, disons que « les théologiens », tels qu'il nous suggère de les voir, semblent, en « infinisant » Dieu, l'avoir rendu indémontrable. Commentant un texte d'un autre franciscain, du XIV^e siècle, Nicolas Bonet, Duhem a remarqué qu'admettre la possibilité d'un infini actuel de causes essentiellement ordonnées, c'était ruiner « la preuve de l'existence de l'Etre nécessaire qu'Avicenne avait donnée et que saint Thomas d'Aquin avait acceptée » [9]. Faut-il donc conclure que, si la considération de l'objet de la théologie comme infini rend concevable un *processus in infinitum* dans la hiérarchie des autres êtres et des autres causes, elle rend du même coup impossible de démontrer l'existence de cet objet et de constituer une discipline qui reste, en le visant, *pars philosophiae ?*

Il semble que, dès ce premier *Quod non* de la Question I, Distinction II du Premier Livre, Jean de Ripa s'interdise d'adopter pareille attitude : son argument suppose que, s'il y a un premier degré de l'être, l'existence en est démontrable à partir de tout autre. C'est que la même conception de la *latitudo entium* qui ôte sa nécessité au moyen classique de prouver Dieu permet d'élaborer une preuve plus évidente de son existence et de son absolue infinité même. Son fondement étant accessible ainsi, l'infinitisme que nous découvre la *Lectura* après la *Quaestio de gradu supremo* apparaît pleinement fondé en raison ; situation qu'à la fin de la Question de la *Lectura,* la première réponse *ad rationes principales* exprime simplement en ces termes : *Patet quod non omnis ratio probans primum gradum simpliciter innititur huic medio, quod non est possibilis processus infinitus in causis ; ymo, dato illo processu, eque evidenter et evidentius concluditur primus gradus, et maxime ejus immensitas* [10]. *Ymo... evidentius... immensitas.* Nous avons à retrouver ce mouvement de pensée.

Nous connaissons le sens du terme *latitudo* et de son application à l'être : il s'agit, sous une image d'extension linéaire, d'un en-

8. Suite du texte cité n. 5. 118 a : ... *sed non est minor distantia inter primam causam simpliciter in esse causalitatis et quamcumque causam finitam, cum prima causa non minus sit activa quam ipsa sit ens. Sequitur propositum.* —

9. *Le système du monde,* t. VII, Paris, Hermann, p. 130.

10. *Conclusiones,* p. 61, l. 30-46 ; 119 d- 120 b.

semble de degrés intensifs ; la *latitudo entium* est une *latitudo essendi* et, pour autant qu'elle concerne l'être possible ou créable, — et pas seulement celui existant, créé de fait, — elle apparaît infinie. Ainsi, dans l'article I de la Question I, à la Distinction II de la *Lectura,* lorsqu'après avoir méthodiquement défini, entre une série de causes d'un effet donné, un ordre essentiel selon son opposition classique à un ordre accidentel, (premier « point » de l'article I), l'auteur se demande (second point de l'article I) si cette série, comme le veut la conception classique, est nécessairement finie : *numquid in hujusmodi causis sit necessario status ?* Raisonnant en théologien qui admet une première cause créatrice, il considère la causalité que celle-ci peut communiquer à ses créatures, causalité telle qu'entre celle d'une cause finie donnée *b* d'un effet *c* et l'infini de la causalité première, il y a place pour une infinité de degrés de causalité seconde : *infinita latitudo causalitatis create communicabilis.* La création est communication d'être, mais non de l'être incréé qui se communique seulement dans la Trinité et l'Incarnation : communication d'être créable et de causalité dérivée ; comme dans le *Confirmatur* de l'argument *Quod non,* les natures spécifiques finies constituant une série infinie, c'est à l'infini que monte par degrés la hiérarchie des causes secondes essentiellement ordonnées. C'est bien en montant — *ascendendo* — à partir d'un effet donné que l'on va ainsi à l'infini : en descendant d'une causalité plus intense à une moindre — *versus causas remissiores* — il faut au contraire s'arrêter à la cause la plus proche de l'effet. Dans cet univers du possible, tout effet donné peut donc dépendre en deçà de la cause première, d'une infinité de causes secondes finies qui constituent, pourrait-on dire, un ensemble ordonné : *tota coordinatio hujusmodi causarum possibilium.* Et comme, à l'ensemble infini des natures spécifiques finies, Jean de Ripa joint l'infini créable d'une espèce suprême, il y fait correspondre une suprême causalité créée : *aliqua causa suprema in tota coordinatione... et talis est causa creata.* Il suffit d'envisager comme *latitudo* l'être de la causalité — *esse causalitatis* — pour apercevoir combien est faux — *falsum medium* — le moyen classique de prouver l'existence d'un Etre premier.

Reste à voir comment la *latitudo infinita* conduit à cet Etre qu'elle semble avoir dérobé aux prises de la raison. Telle que nous l'avons considérée, elle n'est jamais, même infinie, que de l'être créable, donc dérivé et dépendant dans la mesure même où il *est.* Il suffit de prendre conscience de cette situation métaphysique pour trouver dans le *processus in infinitum* de la hiérarchie causale le moyen de prouver l'existence d'un être absolument premier : *aliquid esse simpliciter primum* (troisième et dernier point de l'article I). En effet dans la montée des degrés possibles de causalité à partir du degré le plus bas de la série envisagée, soit *a,* on rencontre une cause deux fois plus parfaite que *a,* une cause trois fois plus parfaite, et ainsi de suite à l'infini : *in tali coordinatione est possibilis causa in duplo perfectior quam ' a ' et in triplo, et sic in infinitum.* Avec ce degré de perfection qui se laisse ainsi multiplier par un nombre, nous retrouvons le schéma de la *latitudo,* l'intensité assimilable à une distance : *distantia intensiva,* comme il est dit ailleurs. Dans le raisonnement même que nous analysons, le verbe *quantificari* va paraître : nous sommes dans une quantification de l'être qui, lorsqu'il s'agit d'être essentiellement dépendant, emporte une quantification de la dépendance, telle que, par un apparent paradoxe, là même où il y a plus d'être il y a davantage de dépendance, exactement dans la même proportion. Moment décisif dans la dialectique qui lève l'aporie de la théologie naturelle proposée au début de cette note et de la Question considérée de Jean de Ripa : *Quelibet causa perfectior in data coordinatione, in qua proportione est intensior alia quoad gradum essendi, in ea proportione precise est dependentior alia quacumque remissiore.* Dans une série hiérarchique de causes qui se subordonnent les unes aux autres, la plus basse requiert, à proportion même de ce qu'elle est, celle qui se trouve immédiatement au-dessus, mais celle-ci, degré d'être supérieur, se trouve en requérir davantage une autre, et ainsi de suite. L'exigence du bas vers le haut, le rapport même de dépendance apparaît quantifié : *respectus dependentiae... quantificatur.* Considérons à nouveau le terme le plus bas d'une série causale ascendante, soit toujours *a,* nous pouvons, en suivant l'image de la *latitudo,* nous représenter les termes supérieurs comme résultant de la croissance de *a* ; nous saisirons aussitôt comment la dépendance croît au même rythme que l'être : si « a » — *per ymaginationem — cresceret intensive... continue equaliter sicut cresceret in latitudine essendi ita acquireret latitudinem dependentiae.* C'est un rapport de dépendance qui lie les termes de la suite d'êtres constituant un ordre essentiel de causes : cette *latitudo essendi* coïncide avec une *latitudo dependentie* [11]. Dans une telle situation, si loin que la série se développe (et elle peut aller à l'infini), elle n'offrira jamais un terme absolument premier, à savoir un être nécessaire qui, pour être, a seulement besoin de soi : *aliquod unum per se necesse esse et simpliciter primum... quod sufficit sibi ad esse... quod dependit a nullo alio ad esse.* Au contraire, pourrait-on dire, l'exigence d'un être souverainement indépendant, extérieur donc à la série, augmente dans la proportion même de sa montée par degrés : *in tali coordinatione ab infima causa versus superiores... ascensus... proportionaliter in latitudine dependendi.* Les causes supérieures requérant davantage autre chose d'où dépendre que les termes inférieurs, si (comme on en a le droit dans une doctrine admettant un nombre infini) on considère un ensemble infini de causes ainsi ordonnées, on constate que tout ensemble fini de ces causes dépendantes laisse hors de lui un ensemble encore plus dépendant et qu'en dernière analyse l'infinité de l'ensemble permet plus d'évidence dans la preuve de l'existence d'un être extérieur à lui, premier absolument : ... *sequitur quod in tali coordinatione cause superiores magis exigunt extrinsecum*

11. *Conclusiones,* p. 61, l. 48-59 ; 121 ab. — *distantia intensiva,* p. 62, l. 2, l. 19-20.

*a quo dependeant quam inferiores, et per consequens, data quacumque multitudine finita in tali coordinatione versus causam infimam, illa minus est dependens quam tota coordinatio residua : igitur ex tota coordinatione infinita evidentius arguo aliquod simpliciter primum et extrinsecum a quo dependeat quam ex coordinatione finita; et per consequens evidentius probatur ex multitudine infinita hujusmodi causarum aliquod esse simpliciter primum et per se necesse esse...* [12]. Reste à prouver que cet *aliquod simpliciter primum*, ce *necesse esse* est un *immensum esse :* ce sera la tâche de l'article III.

Par la *latitudo dependendi*, la *multitudo infinita* de la *latitudo essendi* mène donc à l'infini divin. Cela, dans une structure de l'être où est inscrite une double possibilité : non seulement la possibilité d'un *processus in infinitum* vers des natures créables de plus en plus hautes, mais la possibilité aussi, toujours dans le créable, d'une nature suprême. La considération de ce *creabile infinitum* n'est point absente de l'article I dont nous avons déjà vu qu'il le signalait (en son deuxième point) comme suprême cause créée possible. A ce *terminus inclusivus* Jean de Ripa applique la loi de la série causale : son être — *entitas* — infini apparaît d'une dépendance plus grande que celle de toute autre cause, d'une dépendance donc infinie, *hujusmodi entitati corresponderet major dependentia quam alicui causa citra ipsam, et per consequens dependentia infinita.* Reprenons l'*imaginatio* selon laquelle les degrés de causalité sont traités comme résultant de la croissance du degré *a* le plus bas ; au terme de cette croissance — *in fine crementi* — nous apercevons un degré infini à la fois de perfection et en dépendance . *Si 'a' — per ymaginationem — cresceret acquirendo totam latitudinem perfectionem et causalitatis date coordinationis, in fine crementi haberet precise totam latitudinem perfectionis et causalitatis prius acquisite : in tali instanti esset sub infinito gradu perfectionis et dependentia, cum illi extremo correspondeat gradus dependentia infinitus* [13]. C'est au-delà de cet infini intensif d'être dépendant qu'il faut situer l'infinité — *immensitas* — propre à l'être nécessaire. La spéculation sur le *creabile infinitum,* cet *infinitum secundum quid,* semble avoir pour fonction de situer plus haut l'absolu de l'infinité : *... videndum est pro pleniori discutione qualis infinitas potest competere aliis gradibus citra ipsum* (*primum simpliciter*) *: hoc enim magis declarabit immensitatem proprii sui gradus* [14] ; ainsi commencera la Question III à laquelle il est réservé de traiter dans toute son ampleur le problème de l'espèce suprême. Qui n'a pas conçu l'infini accessible au créé ne saurait concevoir la transcendance de Dieu.

Pour concevoir cet *immensum esse,* il faut plus généralement avoir vu comment le Premier être démontré à l'article I de la Question I est extérieur à la série de tous les autres, au-delà de l'ensemble infini de leurs degrés concevables : *Primus gradus simpliciter*

12. 121 b.
13. 121 c.
14. 135 b.

*totam ymaginariam latitudinem citra ipsum immense excedit,* conclusion 6 de l'article II qui montre ce Premier être rigoureusement incomparable à tout autre. La *Quaestio juxta materiam collationis* l'avait déjà expliqué : chaque degré en deçà du Premier se mesure à sa distance du non-être, « degré zéro », dirions-nous (pour Jean de Ripa, *non gradus*) de l'échelle constituée, — à partir de cette origine, — par la série ascendante de tous les degrés concevables : *tota latitudo ymaginaria ;* il s'agit d'une *distantia intensiva,* fragment d'une *latitudo essendi ;* est ainsi mesuré en termes de *latitudo* l'avoir en être du degré considéré : *tantum habere de latitudine essendi,* la mesure étant, pour ainsi dire, intérieure au mesuré : chaque degré contient, au moins idéalement — *ymaginarie,* — les degrés inférieurs qui apparaissent ainsi en constituer la réalité même. Constitution, composition inconcevables dans un « degré » absolument premier : aucune *latitudo,* même *ymaginaria,* n'entrant dans son être, celui-ci n'est mesurable à aucune distance du non-être, comme sont mesurables tous les autres degrés, y compris le *creabile infinitum,* terme, — nous l'avons vu, — de la suite infinie des natures finies, mais *terminus inclusivus.* Le *terminus exclusivus :* Dieu, se situe hors de la série par son *non esse mensurabilem penes aliquam latitudinem.* Ce *non esse mensurabilem* n'est-ce point identiquement son *esse immensum ?* Sans aucun doute, s'il ne s'agit pas seulement de la *latitudo* de tel ou tel être fini mais aussi de la *latitudo infinita* que réaliserait l'espèce suprême conçue par Jean de Ripa : il faut avoir exactement conçu cet « en-deça » pour concevoir « au-delà » l'infini divin. Impossible à mesurer par rien d'autre, cet « immense » est cependant *mesure* au sens d'exemplaire sans doute ; après avoir établi la possibilité de l'espèce suprême infinie, la Question III déclare : ... *apparet qualis infinitas competere potest alicui citra Primum, et qualis est immensitas Primi, qualiter etiam excedit omnem infinitatem et omnis infinitatis est mensura...* [15]. Un infini auquel se réfèrent d'autres infinis qu'il transcende : tel est le Dieu de Jean de Ripa, telle sa dimension propre.

Infini absolu, il ne peut être atteint qu'en passant par des infinis *secundum quid* dont la possibilité, sans détruire la différence du créé à l'incréé, interdit de l'exprimer simplement par l'opposition classique du fini à l'infini. Lorsque, quatre siècles plus tard, Georg Cantor engagera avec des théologiens néo-scolastiques un dialogue tel que son transfini devait trouver une place dans leur monde créé, il l'opposera comme *infinitum creatum* à l'*Infinitum aeternum increatum* qu'est l'Absolu divin, en fondant sur la perfection suprême du Créateur la possibilité d'une création de *transfinitum ordinatum,* en refusant d'entendre seulement de nombres finis la parole biblique : *Omnia in pondere, numero et mensura disposuisti.* Quand il considérait l'*immensitas* comme *mensura omnis infinitatis,* Jean

15. *Conclusiones,* p. 61, 5 ; p. 62, l. 24 et p. 67, l. 64-66 ; *Quaestio de gradu supremo...* p. 100-111 et p. 147-170.

de Ripa interprétait déjà ce texte du Livre de la Sagesse en un sens infinitiste. Inversement, Georg Cantor ne se présente-t-il pas comme *defensans divinam virtutem* lorsqu'il reconnaît dans la Toute-Puissance divine le fondement de la création possible du *transfinitum* [16]. En passant par dessus les siècles pour signaler ces textes, il ne s'agit nullement de préjuger du rapport qu'il y eut chez le fondateur de la théorie des ensembles entre l'esprit religieux et le mathématicien, mais simplement de faire mieux saisir, par ce second exemple, la démarche d'une « ontothéologie » admettant un infini créable, conçu au XIV<sup>e</sup> siècle en termes de *latitudo*.

C'est comme au-delà de la *latitudo infinita*, son *terminus exclusivus* et le fondement de sa possibilité, que Jean de Ripa atteint son Dieu, à la fois reprise du *quo majus* anselmien selon ce schéma de toute « grandeur » créable et annonce de l' « infiniment infini » de Descartes ou de Spinoza [17]. Il suffit d'évoquer ces doctrines pour constater que notre analyse nous laisse au seuil d'une élucidation ultérieure : l'objet en serait la coïncidence de l'*esse immensum* avec l'*esse necessarium* qui semble, à la Question II, même Distinction II de la *Lectura super Primum Sententiarum*, assurer l'impossibilité de nier le Dieu unique [18] et constituer la clé de voûte d'une construction théologique *in lumine naturali* qui suppose un mode — à éclaircir encore — de connaître l'Infini.

Pareille tâche dépassant les limites de la présente note, nous rappellerons plutôt le rôle de l'infini métaphysique dans la *doctrina sacra :* dans l'analyse du salut, d'un salut par grâce, en référence au Christ. La Question I de la *Lectura* demande en quel sens la *natura immensa* peut être dans la béatitude non seulement objet mais *forme* de l'entendement et de la volonté : Mgr Combes a montré comment la notion d'*immutatio vitalis* permet de lui reconnaître ce rôle dans une doctrine de la vision béatifique cohérente, selon une liaison de problèmes classique dans l'Ecole, avec des analyses de la charité justifiante, à la suite de Pierre Lombard, et de la science du Christ à la suite de Hugues de Saint-Victor [19]. En insistant dans la *Quaestio de gradu supremo* sur le trop bref article 4 et reprenant les textes présentés par Schwamm sur la contingence en Dieu, on découvrirait comment l'Etre immense qui agit par une puissance non moins immense, toujours égale à elle-même, est aussi, à l'égard de tout autre, radicalement libre, d'une liberté d'indifférence [20]. Nous avons enfin situé nous-même l'Incarnation du Verbe dans l'univers de la *latitudo* [21]. Ce rappel de travaux récents

16. Georg CANTOR, *Gesammelte Abhandlungen*, Berlin, Springer, 1938, p. 399 et p. 406.
17. A. KOYRE, *op. cit.*, n. 1, p. 14 : « ... Dieu... n'est pas pour Descartes simplement infini, mais infiniment infini ».
18. *Conclusiones*, p. 63, l. 4-5, p. 65, l. 1-16.
19. *Présentation de Jean de Ripa* in *Archives d'Histoire Doctrinale et Littéraire du Moyen Age*, 1956, p. 220-235.
20. Cf. *Quaestio de gradu supremo*, p. 132-139.
21. *Dogme de l'Incarnation et métaphysique de la forme chez Jean de Ripa* in *Mélanges offerts à Etienne Gilson*, Paris, Vrin, 1959, p. 661-672.

suffit à indiquer, chez un auteur dont le langage est si loin du nôtre, des éléments au moins d'une grande théologie.

En hommage à un historien de la théologie, théologien lui-même, qui a su donner à nos contemporains le sentiment de la vitalité puissante et diverse de la scolastique des XII^e^ et XIII^e^ siècles, il convenait sans doute de proposer ces quelques remarques sur un *formalizans* du XIV^e^ siècle qui inscrivit en tête d'une de ses œuvres la parole : *Qui elucidant me vitam eternam habebunt*[22] et conduisit son élucidation de l'Absolu où se trouve le salut en usant de toutes les ressources d'un infinitisme où, dans les possibilités de la création, l'infinité absolue de Dieu a pour corrélatif non la finitude de tout créable, mais des *processus in infinitum*, du *creabile infinitum*.

22. JEAN DE RIPA, *Determinationes*, éd. A. COMBES, p. 19, l. 2.

# TABLE DES MATIÈRES

ACHEVÉ D'IMPRIMER LE 22 MAI 1967
SUR LES PRESSES DE L'IMPRIMERIE
LIENHART ET Cie, AUBENAS (ARDÈCHE)
DÉPÔT LÉGAL : 2e TRIMESTRE 1967